U0107739

新編新注十三經

周易新注

王錦民 撰

下

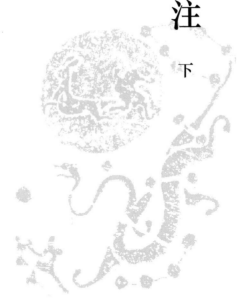

中華書局

家　人

☰☲離下巽上

家人:①利女貞。②

【校注】

①家人,卦名,由離☲、巽☲二單卦相重而成。《釋文》曰:"《說文》: '家,居也。'案人所居稱家。《爾雅》: '室內謂之家。'是也。"《釋 文》所說,猶未足以釋此卦義。此卦名"家人"者,家人猶言室家、 家室,《詩·桃夭》云"宜其室家"、"宜其家室"、"宜其家人",《毛 傳》:"家室,猶室家也。"鄭玄箋:"家人,猶室家也。"室家、家室, 即家庭;家人,即家庭內之人,其核心爲夫婦,進而言之,父子、兄 弟、夫婦,皆在其範圍。於此家人卦,上述義又須有所增廣,卦爻 辭所言家,以其可受王命,故非指尋常之家,當指貴族之邑,鄭玄 《周禮·春官宗伯·家宗人》注有云:"家,謂大夫所食采邑。"而 若以邑言家,則家人除父子、兄弟、夫婦外,亦包含家臣、武士、僮 隸之屬。又家人乃君子居家之稱,在家乃行家人之禮,非君臣之 禮。《漢書·齊悼惠王劉肥傳》:"帝與齊王燕飲太后前,置齊王 上坐,如家人禮。"顏師古曰:"以兄弟齒列,不從君臣之禮,故曰家 人也。"又此家人卦,旨歸在家富而後受王命,受王命乃使家世得 以延續。《詩·桓》:"于以四方,克定厥家。"言武王用武事於四 方,然後使周家得以永存,孔穎達疏云:"家者,承世之辭。"此卦固

不用武王伐紂興周事,然則取家世延續之義則同也。

②"利女貞"者,貞問家中婦女之事,貞告爲利。《集解》引馬融曰:
"家人以女爲奧主,長女、中女各得其正,故特曰'利女貞'也。"馬
云"奧"者,爲老婦之祭,則以女爲奧主,意謂女爲中饋祭祀之主。
鄭玄讀"奧"作"爨",爨,炊也,女爲爨主,即女爲中饋酒食之主。
馬、鄭二説皆通,鄭説尤長。

《彖》曰:家人,女正位乎内,男正位乎外,①男女正,天地
之大義也。②家人有嚴君焉,父母之謂也。③父父、子子、兄兄、
弟弟、夫夫、婦婦而家道正。④正家而天下定矣。⑤

【校注】

①此據二五之位説上下卦,下卦六二得中得位,是"女正位乎内";上
卦九五得中得位,是"男正位乎外"。以家言之,則女主家内,男主
家外。王弼注曰:"謂二五也。家人之義,以内爲本者也,故先説
女矣。"

②義同宜。《集解》引虞翻曰:"男得天正於五,女得地正於二,故
'天地之大義也'。"男女各得其正,則天地得其大宜。

③嚴,猶尊。"嚴君"者,家中以父母爲尊,其在家,若朝中之君也。
鄭玄《論語注》引此傳文,曰:"父母爲嚴君,則子孫爲臣民。"《集
解》引王肅曰:"凡男女所以能各得其正者,由家人有嚴君也。家
人有嚴君,故父子、夫婦各得其正。家家咸正,而天下之治大
定矣。"

④父正其父位,子正其子位,兄正其兄位,弟正其弟位,夫正其夫位,
婦正其婦位,家人各正其位,則家道得正也。

⑤《集解》引陸績曰:"聖人教先從家始,家正而天下化之,修己以安
百姓者也。"此本《禮記·大學》齊家而後治國、平天下之説。案
"正家而天下定",若就天子言之,天子一家正,則天下定也,乃順

理成章。若非天子之家，則一家正，不足以使天下定，必推闡言之，謂各正其家，無家不正，而後天下定也。故在此經、傳之義有所不同，經所言唯在一家之内，其極致在受命延世，並未旁及天下定，傳則發揮及之。

《象》曰：風自火出，[①]家人。君子以言有物，而行有恒。[②]

【校注】

①此釋上下卦象，下離爲火，上巽爲風。巽又爲木。《集解》引馬融曰：“木生火，火以木爲家，故曰家人。火生於木，得風而盛，猶夫婦之道相須而成。”木與火猶家人，火與風猶夫婦。孔穎達《正義》云：“巽在離外，是風從火出。火出之初，因風方熾，火既炎盛，還復生風，内外相成，有似家人之義。”皆通。

②余案：“風自火出”實乃炊煙之象。有物可烹，則起火，起火則生煙，而烹之有時，則炊煙之起滅亦有常，故觀其炊煙狀態可以知其家是否齊治矣。君子法此，言行亦如炊煙，言之有物，行之有恒也。恒，恒常。

初九，閑有家，[①]悔亡。

【校注】

①《釋文》：“閑，馬云：闌也，防也。鄭云：習也。”二訓皆通，以鄭義爲優。閑訓防閑，孔穎達《正義》曰：“治家之道，在初即須嚴正，立法防閑。”是謂以法防閑家中之亂。閑訓閑習，謂閑習家事，亦有治理整齊之義。《詩·駉駉》：“四馬既閑。”《毛傳》：“閑，習也。”《詩·卷阿》：“君子之馬，既閑且馳。”鄭玄箋：“閑，習也。”又阜陽本閑作閒，假借字。

《象》曰：“閑有家”，志未變也。[①]

【校注】

①君子閑習家事，其志一貫，無有變改，故云"志未變"也。《集解》引荀爽曰："初在潛位，未干國政，閑習家事而已，未得治官，故悔。居家理治，可移於官，守之以正，故'悔亡'。而未變從國之事，故曰'志未變也'。"余案：初之悔在初九動欲之外，閑之在內，故"悔亡"。初能持治家之志不變，終得應四"富家"。至於移於官，志在國云云，乃引申之義也。

六二，无攸遂，①在中饋，②貞吉。

【校注】

①遂，通也。《漢書·谷永傳》谷永云："《易》曰：'在中饋，無攸遂。'言婦人不得與事也。"《後漢書·楊震傳》楊震云："《易》曰：'無攸遂，在中饋。'言婦人不得與於政事也。"李賢注引鄭玄云："二爲陰爻，得正於內。五，陽爻也，得正於外。猶婦人自修正於內，丈夫修正於外。'無攸遂'，言婦人無敢自遂也。"又劉向《列女傳·母儀》云："孟母曰：'夫婦人之禮，精五飯，羃酒漿，養舅姑，縫衣裳而已矣。'故有閨內之修，無境外之志。《易》曰：'在中饋，無攸遂。'"可知"无攸遂"者，意謂婦人專主內事，無通乎外事也。

②饋，酒食。又饋，可指祭物。"在中饋"者，婦人在家中專門辦理生活與祭祀所需之酒食。《詩·斯干》："無非無儀，唯酒食是議。""無非無儀"，意謂女子處事當不違命、不擅自做爲；"唯酒食是議"，意謂女子唯在酒食上可以有所主持。《集解》引荀爽據此詩釋此爻辭，爲得其義也。

《象》曰：六二之吉，順以巽也。①

【校注】

①"順以巽"，同蒙傳之"順以巽"，意謂婦人能踐其位而能順和。

《集解》引荀爽曰："六二處和得正,得正有應,有應有實,陰道之至美者也。"案《雜卦》:"家人,内也。"故二居内爲卦主,以順巽獲吉。又注家謂二巽順於五,五乃受命之君子,家主也。

九三,家人嗃嗃,悔;^①厲,吉。^②婦子嘻嘻,^③終吝。

【校注】

①此"家人"非謂家中君子,當與"婦子"平列,指家臣、僮隸之屬也。《釋文》:"嗃嗃,馬云:悦樂自得貌。鄭云:苦熱之意。荀作確確,劉作熇熇。"余以爲,嗃嗃同熇熇。《詩·板》曰:"天之方虐,無然謔謔。老夫灌灌,小子蹻蹻。匪我言耄,爾用憂謔。多將熇熇,不可救藥。"詩中謔謔、蹻蹻、熇熇,皆小子不聽勸告,肆意妄爲之貌。謔謔爲喜樂貌,蹻蹻爲驕慢貌,熇熇爲熾盛貌。經云"家人嗃嗃"亦同此,馬、鄭之訓皆得其義,乃謂家中家臣、僮隸之屬若謔謔、蹻蹻、熇熇,缺少管教,故言"悔"也。

②厲,勸厲、嚴厲之爲。"厲,吉"者,君子嚴厲治家,管束家人,故轉悔爲吉也。或訓厲如惕厲,謂君子居家,於"家人嗃嗃"之際而能有所惕厲,不爲讒慝所陷,則雖有悔而不失吉,亦通。

③婦子,家中婦人。《釋文》:"嘻嘻,馬云:笑聲。鄭云:驕佚喜笑之意。張作嬉嬉,陸作喜喜。"諸家均有豫樂之義,言婦人耽於豫樂,終將陷入吝窮。案於家中言之,則家臣、僮隸之屬爲外,婦子爲内。君子治家,治外之家臣、僮隸,然内之婦子,則未能治,故"厲,吉"不包括婦子。其能治内者,唯主婦也。

《象》曰:"家人嗃嗃",未失也。^①"婦子嘻嘻",失家節也。^②

【校注】

①"未失"者,言得君子之嚴厲治理,未失家道也。

②徵諸周秉鈞《尚書易解》,其以爲《尚書·皋陶謨》所云"朋淫於家",

乃謂群婚之俗,[1]由此推測,"婦子嘻嘻"之義非僅在於耽於娛樂,亦在妻妾成群,而若無尊卑制度,故曰"失家節也"。此亦可由《詩序》所云"《桃夭》,后妃之所致也。不妒忌,則男女以正,婚姻以時,國無鰥民也",發明其大義。案三爲陽當位,故君子居之未失,婦人居之則失之。

六四,富家,①大吉。

【校注】

①"富家"者,謂君子之家得治,其家勢力漸長,聲望漸隆。案《左傳》襄公二十九年季札云:"大夫皆富,政將在家。"故大富之家,乃可以影響國政也。

《象》曰:"富家,大吉",順在位也。①

【校注】

①《集解》引虞翻曰:"'順在位也',謂順於五也。"孔穎達《正義》云:"'順在位'者,所以致大吉,由順承於君而在臣位,故不見黜奪也。"余以爲,順,順前勢而長。在位,言家所居之爵位、禄位。"順在位"者,意謂其家之爵與禄皆得以發展,故而"富家,大吉"。

九五,王假有家,①勿恤,吉。②

【校注】

①《集解》引陸績曰:"假,大也。五得尊位,據四應二,以天下爲家,故曰'王大有家'。天下正之,故無所憂則吉。"王引之《經義述聞》云:"此假與'王假有廟'之假不同,彼當訓至,此當訓大。陸以假爲大,是也,而謂以天下爲家,則與家人之義不合。家謂門以内,非謂天下也。'王假有家'者,王者寬假其家人也。"案陸訓大,較虞翻、王弼訓假爲至,爲優,王氏訓寬假,又較陸氏爲優,然

---

[1]　周秉鈞《尚書易解》,第41頁,嶽麓書社,1984年。

猶未盡達意。余以爲，“王假有家”，非謂王者寬假王之家人，乃謂
王假此君子之家，假訓大，當取嘉美之義，《方言》：“凡物之壯大
而愛偉之，謂之夏。周秦鄭之間謂之假。”故“王假有家”者，亦即
王命嘉美此君子之家，故於君子言之，爲君子在家受王命之象也。
又《釋文》：“假，鄭云：登也。”登，上也。“王假有家”，亦即王乃使
此家地位上升。登、假義通，《莊子・德充符》：“彼且擇日而登
假。”登假，即上升。鄭説亦通。

②“勿恤”者，毋須憂慮。帛本“吉”作“往吉”，當從。“往吉”，往受
　王命吉也。

《象》曰：“王假有家”，交相愛也。[1]

【校注】

①孔穎達《正義》云：“‘交相愛也’者，王既明於家道，天下化之，六
　親和睦，交相愛樂也。”余案：就卦爻辭言之，此五乃當君子，惟其
　爲受王命之君子也。前揭鄭玄注云：“二爲陰爻，得正於内。五陽
　爻也，得正於外。猶婦人自修正於内，丈夫修正於外。”故“交相
　愛”亦可謂二、五相應，内、外皆正，夫婦交相愛也。

上九，有孚，威如，[1]終吉。

【校注】

①有孚，有信於王。威如，顯威儀之貌。此是君子既受王命，故顯威
　儀，得禄位，延家世也。九五言“往吉”，此云“終吉”，其義前後
　相承。

《象》曰：威如之吉，反身之謂也。[1]

【校注】

①《爾雅》：“身，我也。”此言“反身”，猶謂反諸我，亦即將此“威如之
　吉”還加諸我家也。此言君子之家，得王命嘉美，故其家世大顯赫

矣。余案:上九不當位,故當逸歸也,其猶蠱卦上九之"不事王侯,高尚其事"。

【疏義】

家爲古代社會構成之基本單位,家與家相分,家與國亦相對,家中之人包括父母與子孫,以及家臣、僮隸之屬,此家人卦即明治家之道。王弼注云:"家人之義,各自修一家之道,不能知家外他人之事也。"可知家人卦皆言家內事,自正家至富家,富家而後受王命之嘉美,受王命之嘉美則家世顯達,治家之道始終限止在一家之內。

正家者誰?其能正一家者,首先是家中之嚴君也,亦即父母。而此卦尤明夫婦在正家中之作用。《彖》云"女正位乎內,男正位乎外",前揭鄭玄云"二爲陰爻,得正於內。五,陽爻也,得正於外。猶婦人自修正於內,丈夫修正於外"。尤當措意者,家人卦"利女貞",猶重婦人之作用,其所正者在於中饋,亦在於家閫,此皆丈夫所不能爲也。後儒有謂正家者爲丈夫,所正者爲婦人,則至謬矣。

此卦最難釋者在於九五爻"王假有家",注家或曰王即家中之嚴君,或曰王即此家先祖之靈,皆不可取也。此一爻乃涉及家與國之關係。單一之家必依附於國,家雖正而富,不得國之承認,亦不足以安立。故此"王假有家"之王,即國之君王,必經王命之嘉美,此家乃能獲得在國中之名譽、地位。

余以爲,《彖》傳釋經,乃據晚周以降之觀念爲説,與《禮記‧大學》之説類似。如《彖》云"父父、子子、兄兄、弟弟、夫夫、婦婦而家道正",父子、兄弟、夫婦固家之本體,然則古之家,實爲一社會單位,家中尚有家臣、僮隸之屬,同爲家之成員。一家之中復有內外之分,而丈夫、婦人各有所分職,男主外,女主內,始得家道之全。又《彖》云"正家而天下定矣",推家至乎天下,與《大學》齊家而後治國、平天下之説混同,實則超出家內之範圍,非經文所包含之義也。

而上述由《彖》所擴展之説,影響後世解經者至深,尤其爲崇尚

《大學》之宋儒所津津樂道，例如程頤《易傳》云：“家人者，家內之道。父子之親，夫婦之義，尊卑長幼之序，正倫理，篤恩義，家人之道也。”又云：“夫人有諸身者，則能施於家。行於家者，則能施於國，至於天下治。治天下之道，蓋治家之道也。推而行之於外耳。”

睽

≣兑下離上

睽:①小事吉。②

【校注】

①睽,卦名,由兑☱、離☲二單卦相重而成。《釋文》:"睽,苦圭反。馬、鄭、王肅、徐、吕忱並音圭。《序卦》云:乖也。《雜卦》云:外也。《説文》云:目不相視也。"《集解》引鄭玄曰:"睽,乖也。"孔穎達《正義》:"睽者,乖異之名。"于省吾《雙劍誃易經新證》以睽同金文之奰。余以爲,奰爲睽本字,從眲與癸會意。從眲者,《説文》:"眲,左右視也。"徐灝箋:"左右視者,驚顧之狀。"《説文部首訂》:"蓋驚恐者目善摇。"從癸者,癸,通揆,揆度也。竹書作楑,《説文》:"楑,一曰度也。"段玉裁注:"此與手部揆音義皆同,揆專行而楑廢矣。"故知睽訓相乖,僅得其一,復當合以睽度之義。睽卦之睽,首先爲所視不清,驚疑不定,其次則審視揆度,得其實情。相乖、揆度二義均當含此睽卦中,《象》云"以同而異",相乖則異,揆度則同,乃得此睽卦大義。舊注多唯以物情相乖釋睽,而未及揆度義,於經義則不全也。

②阜陽本作"吉,大事敗"。"吉",當是"小事吉"之殘文,推測阜陽本卦辭應作"小事吉,大事敗"。"小事吉,大事敗"之義類似屯卦之"小貞吉,大貞凶",意謂當此睽卦,既有乖異之象,行小事尚吉,

舉大事則敗也。

《彖》曰:睽,火動而上,澤動而下。①二女同居,其志不同行。②説而麗乎明,柔進而上行,得中而應乎剛,是以小事吉。③天地睽而其事同也,男女睽而其志通也,萬物睽而其事類也。睽之時用大矣哉!④

【校注】

①此釋上下卦象。上離爲火,火欲炎上,故曰“火動而上”;下兑爲澤,澤欲潤下,故曰“澤動而下”。上者欲上,下者欲下,乃相背而行,故有睽乖之義。《集解》引鄭玄曰:“火欲上,澤欲下,猶人同居而志異也。”

②兑、離皆陰卦,故以二女象之。《説卦》離爲中女,兑爲少女。“二女同居”,意謂二女同爲陰而共處;“其志不同行”,意謂其志不能相通。案此句適與下云“男女睽而其志通”相反,猶云女女睽而其志不相通也。

③説,兑也。麗,附麗。明,離也。下兑至上離,是兑説附麗於離明。“柔進而上行”者,言下兑以柔悦之德而上行,與在上者相和同也。“得中而應乎剛”,言上離五得中,而應下兑二之剛。案就上下卦言,兑、離二陰卦猶二女,相睽;而就二五爻言之,二陽五陰則可以既睽而又相通。“是以小事吉”者,《集解》引鄭玄曰:“二五相應,君陰臣陽,君而應臣,故‘小事吉’。”於此卦君應臣,猶云君能明辨,獨應乎與其志相通者也。

④同,和同。“天地睽而其事同”者,天地雖相分,而其發揮功用則和同一體也。《集解》引王肅曰:“高卑雖異,同育萬物。”必天地分而和,然後萬物育焉。“男女睽而其志通”者,男女雖有別,而其心志可以相通也。《集解》引侯果曰:“出處不同,情通志合。”“萬物睽而其事類”者,萬物雖千差萬別,然其任使則各從其類也。《集

解》引崔覲曰："萬物雖睽於形色,而生性事類,言亦同也。"總其義言之,天地、男女、萬物,皆睽而相異,然皆可以相和、相通、相類也。"睽之時用大矣哉"亦在於此,事物呈現在眼中的差異,乃至錯覺諸異象,遂使萬物各不相同,而君子雖見異象而能知其常、用其常也。《集解》引《九家易》曰:"乖離之卦,於義不大,而天地事同,共生萬物,故曰'用大'。"案若云"睽之義",是唯及其分,而云"睽之用",則言雖分而能用同也。

《象》曰:上火下澤,^①睽。君子以同而異。^②

【校注】

①此釋上下卦象,上離爲火,下兌爲澤。

②同,和同。而,安也。屯《象》"宜建侯而不寧",鄭玄讀"而"爲"能",猶安也。"君子以同而異"者,意謂君子見天地萬物之異,能和同其異,得其常道也。《集解》引荀爽曰:"大歸雖同,小事當異。百官殊體,四民異業,文武並用,威德相反,共歸於治,故曰'君子以同而異'也。"案經之言睽,取義在視之不清,諦視之後得其實情;而《彖》、《象》則引申之,言既辨別天地萬物之異,而後能使異歸同。經義古奧,《彖》、《象》傳義則爲晚出之説。

初九,悔亡,喪馬勿逐,自復。^①見惡人,无咎。^②

【校注】

①"喪馬勿逐",帛書本作"亡馬勿遂",亡同喪,遂同逐。喪馬,有馬亡失。勿逐,勿追趕使遠去也。蓋馬牝牡相誘,逃亡之馬若逃之不遠,因風之誘,會自行歸復。若追趕使遠,使風不相及,則不可復。喪馬爲異,爲悔,"自復"則爲常,爲"悔亡",此以常制異之義也。又《尚書·費誓》:"馬牛其風,臣妾逋逃,無敢越逐;祇復之,我商賚汝。"《孔傳》云:"衆人其有得佚馬牛、逃臣妾,皆敬還復之,我則商度汝功,賜與汝。"則喪馬之自復,亦可謂得佚馬者將送

還之。亦通。

②惡人,此謂形殘貌醜之人。《孟子·離婁》曰:"西子蒙不潔,則人皆掩鼻而過之。雖有惡人,齋戒沐浴,則可以祀上帝。"趙岐注:"惡人,醜類者也。面雖醜,而齋戒沐浴,自治絜淨,可以侍上帝之祀。"故形貌惡者,其內在未必盡惡。"見惡人,无咎"者,意謂視見形殘貌醜之人,必生驚訝,然其未必真是邪惡之人,故無咎害也。

《象》曰:"見惡人",以辟咎也。①

【校注】

①《釋文》:"辟,音避。"初見形殘貌醜之人,不知其善惡,權避之不與其成遇,則無咎害也。案見,目視之,猶未接觸。初當位而行,故雖見惡人,不妨礙其前行也。

九二,遇主于巷,①无咎。

【校注】

①主,主人也。巷,里中道。王引之《經義述聞》云:"睽九二'遇主于巷',亦謂所主之人也。所主之人,謂六五也。二將往歸於五,五已來交於二,不期而遇於里巷。"《玉篇》:"遇,見也,道路相逢也。"《公羊傳》隱公四年:"遇者何? 不期也。"《穀梁傳》隱公八年:"不期而會曰遇。""遇主于巷"者,與主不期而會於里巷,倉猝間不能成禮,雖事屬異常,而無咎害也。

《象》曰:"遇主于巷",未失道也。①

【校注】

①孔穎達《正義》云:"'未失道'者,既遇其主,雖失其位,亦未失道也。"余案:二當往五相會,而不期而遇於巷中,不可謂之相會也。此猶云我欲往主人之居所相會,中途有偶遇之際,並不能成其禮,

故仍須前往主人之居所。"未失道"亦即未取消此行程也。

六三,見輿曳,其牛掣,其人天且劓。①无初有終。②

【校注】

①"見輿曳,其牛掣",此二句帛書作"見車惄,亓牛謴"。竹書作"見車𣪘,𠂔牛𠈉"。阜陽本作"見車渫,其牛絜"。輿同車,其、亓、𠂔同。以阜陽本校帛書,帛書或誤置,當作"見車謴,亓牛惄"。此從李零《死生有命,富貴在天》讀,李識謴、𣪘、渫皆同軌,今本"見輿曳"即見車轍。余以爲,帛書謴或當識爲諜,諜同渫,《莊子·列禦寇》:"形諜成光。"孫詒讓《札迻》謂諜爲渫之假借字,云:"'形渫成光',謂形宣渫於外,有光儀也。"孫訓渫通洩,《集韻》:"渫或作洩。"據此今本曳當讀同洩。"見輿曳"者,即見車之洩,洩,車載之物散落也。王弼注曰:"輿曳者,履非所位,失所載也。"失所戴,非若孔穎達疏謂之牽曳不能前,乃指車所載之物散落也。"其牛掣"者,《釋文》:"掣,鄭作挈,云:牛角皆踊曰挈。《説文》作㓺,云:角一俯一仰。子夏作契,《傳》云:一角仰也。荀作觭。劉本從《説文》,解依鄭。"《集解》掣作㓺,與《説文》同。帛書惄,竹書𠈉,阜陽本絜,李零同讀作㓺。案帛書作惄,惄謂拉車之牛急躁,《集韻》:"忦,急也,憂也。古作惄。"牛角一俯一仰,正謂其急躁之貌。合上述兩象言之,則牛急躁而俯仰,致使車中之物翻洩,失所載也。"其人天且劓"者,"其人",自車、牛之外,又見一人。《釋文》:"天,剠也。馬云:剠鑿其額曰天。"又:"劓,截鼻也。"《集解》引虞翻曰:"黥額爲天,割鼻爲劓。"又俞樾《群經平議》讀天同兀,刖足曰兀,亦爲刑餘。故"其人天且劓"者,所見之人看似被剠、劓之刑,有刑餘之貌。車陷事故之中,見此形貌之人,難免驚異,疑遇寇盜也。

②"无初有終"者,初始見其怪異,驚疑不定,終則將知其人爲四之"元夫"。案《集解》引虞翻曰:"其人謂四,惡人也。"然"惡人"只

是乍見爲惡人,實則爲元夫也。

《象》曰:"見輿曳",位不當也。^①"无初有終",遇剛也。^②

【校注】

①"見輿曳"該"見輿曳,其牛掣"二句,"位不當"者,三陰居陽位,不當位也。

②"遇剛"者,將遇九四之剛。三遇四爲陰陽交孚,故云"遇剛"也。又孔穎達《正義》曰:"'遇剛'者,由遇上九之剛,所以'有終'也。"以三上相應爲説,亦備一説。

九四,睽孤,^①遇元夫,^②交孚,属无咎。^③

【校注】

①《集解》引虞翻曰:"孤,顧也。在兩陰間,睽五顧三,故曰'睽孤'。"余案:訓孤爲顧,是也;然睽爲左右視,顧爲回視,或曰睽之視,尚不清晰,顧則一視再視,而得其真實。《古文尚書・太甲》:"先王顧諟天之明命。"《孔傳》:"顧,謂常目在之。"故"睽孤"者,言先睽而後顧也。此睽卦兩言"睽孤",三之"其人天且劓"乃睽,四之"遇元夫"乃顧,其人則一也。上九言"睽孤",先睽之"見豕負塗,載鬼一車",再顧之乃知"匪寇婚媾",其例相同。

②元,大。元夫,猶言大漢,亦即三之"其人"。其人睽之似惡人,顧之則非惡人也。程頤《易傳》訓"元夫"爲善士,爲得其義。

③孚,信。交孚,相交而有信。"属无咎"者,可以興作而前行,無咎害也。又属訓危属,此情此景看似危属,實則無咎,亦通。

《象》曰:交孚无咎,志行也。^①

【校注】

①焦循《易通釋》云:"凡稱'志行'者,謂由志而行。"故"志行"者,意謂所遇"其人"似惡實善,故其志得以通行而無阻。又二、四同功,

此言"志行",意謂二往見五之志在四仍得行也。

六五,悔亡。厥宗噬膚,往何咎?①

【校注】

①帛書"厥"作"登",當從帛書。《爾雅》:"登,陞也。"登、陞皆爲入義。宗,廟門内之牆也。李道平《周易集解纂疏》云:"巷者,宮中之道;宗者,廟内之牆。"二者相承而言,二在巷遇主,五則登入其廟。李氏又云:"'厥宗噬膚',餕禮也,祭畢而食曰餕。"得入其廟,與主人共食祭肉,意謂主人以宴饗之禮待來者,是以"悔亡"而有慶,故云"往何咎"。

《象》曰:"厥宗噬膚",往有慶也。①

【校注】

①慶,賓主相慶也。二五相應,往見必合,故曰"往有慶也"。又王弼注云:"非位,悔也。有應,故'悔亡'。"依王弼説,"悔亡"者,五不當位有悔,應二故悔亡。余以爲非是,此"悔亡",當謂二之悔至五乃亡,其悔見於三、四之際,至五則其悔亡矣。《象》云"往有慶",往者,二往五,非五往二也。

上九,睽孤。①見豕負塗,載鬼一車,②先張之弧,後説之弧。③匪寇婚媾。往,遇雨則吉。④

【校注】

①"睽孤",同九四。

②"豕負塗",虞翻謂豕背有泥。案豕非駕車者,此是視之難審之象,意謂來者之牛已被泥水玷汙,形象模糊,如在泥中之豕,不能分辨。車上之人,亦不能分辨,狀若"載鬼一車"。鬼,怪而難識者也。

③"先張之弧"者,弧,弓也。張弓以對,意謂加以防範。"後説之弧"者,説,同悦。弧,《釋文》:"本亦作壺,京、馬、鄭、王肅、翟子

玄作壺。"帛書、阜陽本亦作壺。知今本弧爲誤,當以壺爲是。壺,酒尊。悦之壺,意謂來者既"匪寇婚媾",故與來者相悦,以酒水待之也。

④"遇雨則吉"者,如遇下雨,則能洗脱風塵泥土,可視之清楚,不致驚疑也。案朱駿聲《六十四卦經解》引一説云此爻有亢旱之象,旱則兑澤成泥塗,有旱魃爲虐,故有"豕負塗"、"鬼一車"之幻像,而此幻像遇雨則消矣。蓋此睽卦澤上有火,説者或據此而云旱象也。又《尚書・洪範》七稽疑:"乃命卜筮,曰雨,曰霽,曰蒙,曰驛,曰克,曰貞,曰悔。"則"遇雨"者,或謂卜得雨,乃告其事吉也。婚媾爲大事,故必卜筮以稽疑。

《象》曰:遇雨之吉,群疑亡也。①

【校注】

①睽故有疑,其疑在於風塵泥土迷人,誤牛作豕,疑人作鬼,若得雨水之洗刷,則視之清楚可辨,驚疑乃可消除。又若以卜筮"遇雨",則意謂以卜稽疑,群疑乃亡。又王弼注以雨爲陰陽相和之象,三與上陰陽相和,故"遇雨之吉"。孔穎達《正義》云:"'群疑亡也'者,往與三合,如雨之和。向之見豕、見鬼、張弧之疑並消釋矣。"乃於義理有所得也。

【疏義】

自《彖》、《象》以降,諸儒説此睽卦,皆本睽爲乖異、離散爲義;繼而又申明天地人雖或相異、相離,終將有同、有合,一卦中含有異與同、離與合之辯證關係。其如《彖》云:"天地睽而其事同也,男女睽而其志通也,萬物睽而其事類也。睽之時用大矣哉!"

君子處乎睽世,應對之道即在"小事吉"。王弼注以"説而麗乎明,柔進而上行,得中而應乎剛"爲三德,有此三德,雖當睽之際,亦可"小事吉"。後儒發揮其説,謂"小事吉"即以柔順應對睽世,能小事吉則大事亦吉。《周易折中》引何楷云：“業已睽矣，不可以忿疾之心驅迫之也。唯不爲已甚，徐徐轉移，此合睽之善術也，故曰‘小事吉’。小事猶言以柔爲事，非大事不吉而小事吉之謂。”然則阜陽本作“小事吉，大事敗”，何氏之説不攻而破矣。

據經文論此睽卦大義，尚有《彖》、《象》未及者。其關鍵在睽自目視取義，其初爲目視不清，驚疑不定，繼而則審視揆度，得其實情。睽卦之睽，兼含乖異、揆度二義。考爻辭所言諸事，皆乍見之爲怪異之象，再三審視則實情如常者，其猶云現象不可徵信，現象與本質未必一也。帛傳《繆和》以越王勾踐既克吳而後欲伐荆事説此上九爻辭，謂越王貌似強大，實則如強弩之末，初臨以戰，終必媾和，適爲所見與實情適相反之例證。又《漢書·五行傳》引京房《易傳》亦以見異象爲説，惟其涉及妖祥，不合經義。而所謂“小事吉，大事敗”者，乃意謂當睽之際，事之真僞尚不能確定，行小事尚可，如行大事難免乎敗也。

睽卦多疑，必釋其疑。欲釋其疑，當“睽孤”以得其實情，由現象深抵本質，此其一也；其二則必心懷誠意，堅信二五必將交孚，而後可以行乎疑中而不失其道，不改其志。有此二者，乃可以使“群疑亡”，“群疑亡”而後事功成也。

蹇

䷦ 艮下坎上

蹇：①利西南，不利東北，利見大人。②貞吉。③

【校注】

①蹇，卦名，由艮☶、坎☵二單卦相重而成。《釋文》云："蹇，《彖》及《序卦》皆云：難也。"舊注多同此説，而高亨《周易古經今注》以爲，蹇借爲謇，《一切經音義》十引本卦名作謇，六二爻辭："王臣蹇蹇，匪躬之故。"《楚辭·離騷》王注、《後漢書·楊震傳》李注、《三國志·魏書·陳群傳》裴注、《文選·辨亡論》李注並引"蹇蹇"作"謇謇"，謇當訓直諫。高説甚是。漢唐文籍引經作"謇謇"者頗多見，《經籍籑詁》引《衡方碑》、《張表碑》亦作"謇謇"。《釋文》謂王肅讀蹇作紀偃反，正同諫音。謇之爲諫，謂直言相告，《正字通》："謇，直言貌。"竹書蹇作訐，訐亦謂直言，《集韻》："訐，直言。"訐有當面直言争執之義。知此蹇卦之蹇，或爲謇之借字，或當以訐爲本字，亦即直言相諫也。然蹇卦之蹇，讀作謇、訐，訓爲諫，其義猶有未盡，《玉篇》："諫，謀也。"諫亦通謀，訓作諫諍之諫，不若訓如謀難之謀爲洽。諫指進不同之意見，廣義言之，此亦獻其謀也。上古邦國有廣集四方賢人、國人，咨謀以定大事、難事之制。遇國之大事、難事，如國危、國遷、立君等，皆大會諸侯、卿士、國人以定謀。若盤庚之遷殷，"王命衆悉至于庭"，《洪範》稽

疑,謀及卿士,謀及庶人。《説文》:"慮難曰謀。"《詩·皇皇者華》:"載馳載驅,周爰咨謀。"《毛傳》:"咨事之難易爲謀。"《左傳》襄公四年:"咨難爲謀。"桓公六年:"夏,會於成,紀來諮謀齊難也。"襄公五年:"《詩》曰:'講事不令,集人來定。'"杜預注:"逸詩也。言謀事不善,當聚致賢人以定之。"即如《彖》、《序卦》之以蹇爲本字,訓蹇爲難,亦當謂有險有難在前,君子乃進而以謀止險,以謀克難,是爲蹇卦之大義。而孔穎達《正義》云:"有險在前,畏而不進,故稱爲蹇。"殊失也。

②君子將欲參預咨謀,貞問四方,貞告利西方、南方,不利東方、北方。"利見大人",見讀如字,意謂往西方、南方,將有見大人之利。

③貞,正,同征。"貞吉",意謂往西南,見大人,有吉也。案前既云利,已是判辭,故此貞可訓征。訓"貞吉"爲貞告爲吉,亦通。

《彖》曰:蹇,難也,險在前也。①見險而能止,知矣哉。②蹇利西南,往得中也。不利東北,其道窮也。③利見大人,往有功也。④當位貞吉,以正邦也。⑤蹇之時用大矣哉。⑥

【校注】

①《釋文》:"蹇,《彖》及《序卦》皆曰難也。"蹇同謇,謇亦訓難。《離騷》:"謇吾法夫前修兮。"王逸注:"謇,難也。"然則此難非行走之難,乃謂前有難。"險在前"者,意謂面臨艱險,或曰艱險將至。案此卦以二爲卦主,故以下艮爲言,上坎爲險,故險在前。

②能止,能止險。艮爲止,坎險在艮前,君子面臨坎險而能以謀止險,可謂智矣。知,同智。贊曰"知矣哉"者,意謂非大智不足以以謀止險克難。

③往謇之事,利西南方,不利東北方。案此與坤卦辭相通,"利西南",即坤之"西南得朋",於此卦則有五之"朋來",二往之五,陰陽相應,得中得位,故云"往得中"。《釋文》:"中,鄭云:和也。"謇

爲進謀,謀必得大人之應,是爲和。"不利東北",即坤卦"東北喪朋",於此卦則謂君子往謇之東北方,則爲坎險所阻。又《集解》引荀爽曰:"東北,艮也。艮在坎下,見險而止,故'其道窮也'。"

④此句意謂六二之君子往謇,能以謀止險克難,得大人納之,而成其功。《集解》引虞翻曰:"大人謂五,二往應五,五多功,故往有功也。"案卦、爻辭各言"利見大人",此《彖》之所贊,當相應於卦辭"利見大人",於卦位乃指二往見五;至於上六爻辭"利見大人",則謂謇事既功成之後,受大人之貴重也。

⑤此句贊卦辭"貞吉",此貞訓正,所正者邦國。《集解》引荀爽曰:"謂五當尊位正,居是群陰順從,故能正邦國。"案五雖當尊位正,然處坎險之中,不能自正邦國,須得二之謇助,始能正邦國,故"當位貞吉"者,乃兼謂二五皆當位且相應也。

⑥謇之爲進諫、獻謀,貴以時,故有利西南、不利東北之別,必得其時,乃見其功,故云"謇之時用大矣哉"。《論語·微子》:"孔子曰:'殷有三仁焉。'"微子、箕子、比干,於時用有所不同,徐幹《中論·智行》云:"君子以微子爲上,箕子次之,比干爲下。故《春秋》大夫見殺,皆譏其不能以智自免也。"

《象》曰:山上有水,蹇。①君子以反身修德。②

【校注】

①此釋上下卦象,下艮爲山,上坎爲水。孔穎達《正義》曰:"山者是巖險,水是阻難,水積山上,彌益危難。"余案:若以卦象論之,則艮山爲止,坎水爲險,故當取水止在山上之象。若山上之水洩下,必爲洪災,此"險在前"之義也。此卦君子在二,亦即在山,在下山而能止上水,猶云臣在下而能正在上之君,是君子謇之爲用者也。

②反,退也。此云"反身",對言進身,猶謂退而未出之時。"君子以反身修德"者,意謂君子未進身之時,能修其德,廣其智以備用世也。"反身修德"與"進德修業"相對言。《論語·述而》:"子曰:

'德之不修,學之不講,聞義不能徙,不善不能改,是吾憂也。'"修德、講學、聞義、遷善,皆當在未進之時。君子德智既備,面臨艱險之時,乃能進身而用世,以智以謀而克難止險。《二三子問》所謂"智(知)難而備之,則不難矣;見幾而務之,□有功矣",亦含有備無患之義。案舊注釋"反身",多採用孟子"行有不得者,反求諸己"之説。王弼注云:"除難莫若反身修德。"孔穎達疏云:"蹇難之時,未可以進,惟宜反求諸身,自修其德,道成德立,方能濟險,故曰'君子以反身修德'也。"然若險難已至之時,無預備之謀以克難,挺身而出,反而不進而止,自修其德,是固能獨善其身,其於險難之事已失其時,無濟於事矣。君子當險難來臨之時,惟以德之不修爲憂,而修德之事必預備於前也。

初六,往蹇,[①]來譽。[②]

【校注】

①"往蹇"者,往謇,君子往而參與咨謀之會也。

②來,非往來之來,王引之《經傳釋詞》云:"來,詞之是也。"並舉《詩·谷風》"伊予來塈",《桑柔》"反予來赫",《四牡》"將母來諗",《采芑》"荊蠻來威",《江漢》"淮夷來求"、"淮夷來鋪"、"王國來極"等,來皆讀是。此蹇卦之"來譽"、"來反"、"來連"、"來碩"皆當同此例。"來譽",言君子有美譽,有身份也。

《象》曰:"往蹇,來譽",宜待也。[①]

【校注】

①"宜待"者,君子於初,雖有善謀之譽,未得建謀之位,須等待時機。《釋文》:"張本作'宜時也',鄭本'宜待時也'。"《集解》本作"宜待時"。當從鄭本。初不當位,雖來往謇,尚須待時也。

六二,王臣蹇蹇,[①]匪躬之故。[②]

【校注】

①王臣，王之群臣。蹇蹇，同謇謇，言其屢屢謇進之狀。"王臣謇謇"者，王之群臣進諫、獻謀於君。劉向《説苑·正諫》："《易》曰：'王臣蹇蹇，匪躬之故。'人臣之所以蹇蹇爲難而諫其君者，非爲身也，將欲以匡君之過，矯君之失也。"以"王臣蹇蹇"，或作"王臣謇謇"，爲臣之諫君，乃漢唐通説也。

②王引之《經義述聞》訓故爲事，"言王臣不避艱難，盡心竭力者，皆國家之事，而非其身之事也"。王説可從。《論語·學而》記曾子曰："吾日三省吾身：爲人謀而不忠乎？與朋友交而不信乎？傳不習乎？"爲人謀事，爲人而不爲己，則謂之忠。王臣既謀於國，則當盡心爲忠，不慮一己之私，亦即"匪躬之故"。又帛本"匪躬之故"作"非今之故"，竹書作"非之古"。帛傳《二三子問》云："《易》曰：'王臣蹇蹇，非今之故。'孔子曰：'"王臣蹇蹇"者，言其難也。夫惟智（知）其難也，故重言之，以戒今也。君子智（知）難而備[之，則]不難矣；見幾而務之，□有功矣。故備難□易。務幾者，成存其人，不言吉凶焉。"非今之故"者，非言獨今也，古以狀也。'"推闡其義，"非今之故"、"非今之古"，皆言以古事勸諫今事。帛傳云"成存其人，不言吉凶"，乃謂此諫爲人謀而非鬼謀也。今本與帛書、竹本差異較大，不當混同，可並存之。

《象》曰："王臣蹇蹇"，終无尤也。①

【校注】

①尤，過失。二得中得位，雖忘身而謇謇於王事，終無咎害。王弼注云："處難之時，履當其位，居不失中，以應於五。不以五在難中，私身遠害，執心不回，志匡王室者也。"案二爲臣，五爲君，謇謇者，乃二進諫、獻謀於五。此云"終无尤"，謂二臣往謇五君，終無所憂。古者咨謀大會，乃猶"民主"之俗，進諫、獻謀者，皆不以意見獲罪也。

九三,往蹇,來反。[①]

【校注】

①"來反"者,猶云"是反",言往謇者之舉止是反。反,猶云反反。《詩‧賓之初筵》:"威儀反反。"《毛傳》:"反反,言重慎也。"重慎即自重、謹慎,言其應答之際,行爲、言語謹慎不失禮之貌。又《執競》:"威儀反反。"《毛傳》:"反反,難也。"鄭玄箋:"反反,順習之貌。"孔穎達疏云:"箋以'反反'爲順習之貌,傳言'反反,難'者,謂順禮閑習,自重難也。"又云:"此時祭之末節,人多倦而違禮,故美其禮無違者,以重得福禄,即經之'來反'也。"所言"經之'來反'",當謂此蹇卦爻辭,可知於孔氏彼疏以爲"來反"同"威儀反反"也。

《象》曰:"往蹇,來反",内喜之也。[①]

【校注】

①内,往者將入之處爲内,於此卦臣往諫君,故君所居處爲内。此"内喜之"之内與上六傳"志在内"之内,當同一指。故"内喜之"者,往謇之臣禮儀周全,重慎合禮,故爲居内之君所喜也。案《集解》引虞翻説,以内謂六二。又孔穎達《正義》:"'内喜之'者,内卦三爻,惟九三一爻居二陰之上,是内之所恃,故云'内喜之也'。"是皆不解反字義,釋"來反"同反身,三當位應上,正當進身之際,何須反身?且又拘泥於説内爲内卦,故有失傳義也。

六四,往蹇,來連。[①]

【校注】

①《釋文》:"連,馬云:難也。鄭如字,遲久之意。"當從鄭訓。連,同連連。《詩‧皇矣》:"執訊連連。"《毛傳》:"連,徐也。"鄭箋:"皆徐徐以禮爲之,不尚促速也。"故此"來連"者,意謂進諫、獻謀者徐徐以禮而進,從容不急促。又《集解》引虞翻讀連作輦,訓難,案

王念孫《廣雅疏證》曰：“輦之言連也，連者，引也，引之以行，故曰輦。”故讀連作輦，亦當取其引義，徐徐引而進之。

《象》曰：“往蹇，來連”，當位實也。①

【校注】

①六四當位，五陽爲實，四當位而承五，亦即“當位實也”。帛傳《繆和》云：“貪亂之君不然，群臣虛立(位)，皆又(有)外志，君無賞禄以勸之。”而此云“當位實”者，與之適相反，可謂群臣實其位，志在内，上承君也。又《集解》引荀爽説，謂四承五，與至尊相連，故曰“來連”，處正承陽，故曰“當位實也”。荀釋“來連”、“當位實”，爲四承五，與至尊相連，則亦含遵君臣之禮義，遠勝俗説。

九五，大蹇，①朋來。②

【校注】

①“大蹇”者，王者遇大事難事，遂大會諸侯、卿士、國人以定謀也。
②朋，友朋。坤卦云“西南得朋”，此卦云“利西南”，當同指西南之有相應、相助者。李零《死生有命，富貴在天》云竹書朋作不，不與朋陰陽對轉字。帛書朋作佣，乃倗之訛。又漢石經朋作崩。佣、崩皆通朋。“朋來”者，亦即往謇者得到應和。來訓到來之來。

《象》曰：“大蹇，朋來”，以中節也。①

【校注】

①“中節”者，意謂衆説紛紜中取其合宜者，國之疑難由是決矣。中節即和，《象》云“往得中”也。案《集解》引干寶説，謂此爻乃象文王遭被囚之難，而四臣以權智相救。其説雖難以徵信，然謂此爻臣以權智解君之難，當爲得義也。

上六，往蹇，來碩，①吉。利見大人。

【校注】

　①碩,大也。《詩》中常以碩言人之形貌突出。"來碩"者,猶言往謇之君子在大謇中出類拔萃,故爲眾人所尊大也。

《象》曰:"往謇,來碩",志在內也。^①"利見大人",以從貴也。^②

【校注】

　①內,當謂五,君爲內。"志在內"者,謂臣之諫、謀皆志在君,無有外志。其義同於臨卦上六《象》傳"敦臨之吉,志在內也"。

　②貴,大人,在此謂五,君也,亦君子志之所向。君子既於眾人大謇中碩然獨立,則可遂其志而見君,是爲"從貴"。案上六當位順五,其志在內、從貴,意謂君子將在朝事君,往謇之志達成也。

【疏義】

　《彖》、《序卦》皆曰:"謇,難也。"舊注通說此謇卦大義,即在君子處險難之道。君子於險難中有所往來,上進爲往,止而不進則爲來,於往來之際可見君子之志與智。程頤《易傳》云:"上進則爲往,不進則爲來。止而不進,是有見幾知時之美。"而君子遇險不能進則止,安位守正,反身修德,如程子云:"孟子曰:'行有不得者,皆反求諸己。'故遇艱謇,必自省於身有失而致之乎。是反身也,有所未善,則改之,無歉於心,則加勉,乃自修其德也,君子修德以俟時而已。"又據"王臣謇謇"而言,君子在六二,志在濟君於險難之中,雖其才難以勝任,志義可嘉也。又據"利見大人"而言,能解此險難者,必爲九五之大人。君臣和合,則謇之難終可濟也。

　舊注之說雖影響深遠,然究其義幾近鄉愿。見險則止,抑或計較於往來進退,豈君子所當爲耶?遇險則退而修德,又何濟乎眼前之事耶?君子不能解難而仰賴大人,"王臣謇謇"之志何以往有功耶?其皆因失於訓詁,遂生歧義。

余以爲，蹇同謇，王臣以進諫、獻謀以濟國難也。君子"反身修德"，德智既備，面臨艱險之時，乃能進身而用世，以智以謀而克難止險。其在初，雖不當位，猶待時而作；其在二、三、四，皆當位而進謇，二中正而謇，不顧己身，三有威儀之剛，四有承上之柔；其在五，則謇而中節，乃得克難；其在上，則謇謇之志大成。尤當注意者，上古邦國有廣集四方賢人、國人，咨謀以定大事、難事之制，往謇者可以有西南、東北之選擇，且用之則進，不用則藏，亦猶後世諸子之干諸侯也。故此謇卦之謇，不當限於後世之一朝之內臣諫君，若局限於君臣之義而論此卦，亦有所失焉。

解

䷧坎下震上

解:^①利西南,无所往,其來復,^②吉。有攸往,夙,^③吉。

【校注】

①解,卦名,由坎☵、震☳二單卦相重而成。《釋文》於卦名下云:
"解,音蟹。《序卦》云:緩也。"又在"《彖》曰解"下云:"音蟹。"又
在"維有解"下云:"音蟹。""解而"下云:"佳買反。"陸以爲經傳舉
卦名及"維有解"之解讀蟹,其餘"解而拇"等解字讀佳買反。孔
穎達《正義》云:"解者,卦名也。然解有兩音,一音古買反,一音
胡買反,解(古買反)謂解難之初,解(胡買反)謂既解之後。《彖》
稱'動而免乎險',明解衆難之時,故先儒皆讀爲解。《序卦》云:
'物不可以終難,故受之以解。解者,緩也。'然則解者,險難解釋,
物情舒緩,故爲解也。"孔意解讀古買反,爲解難之解,即解除、解
開,表動作,其事在初;解讀胡買反,爲緩解之解,即鬆懈之懈,表
狀態,其事在終。陸云音蟹,同胡買反,佳買反同古買反。余以
爲,經文中解字三見,其見於卦名,當讀胡買反,其見於九四"解而
拇",當讀古買反,其見於九五"君子維有解",又當讀胡買反。此
解卦之大義,當綜合此兩讀之義也。

②"利西南",言利往西南。"无所往"猶云"无往所",亦即往而無停
居之目的地。"其來復",往者征伐既成,則復歸故地,其故地在西

南。案"无所往"不等於"不利有攸往",非謂無往也,乃謂往而"其來復"。于鬯《香草校書》疑"无所往"爲衍文,非也。"无所往"承"利西南"爲句,意謂利往西南而無往他方。從爻辭推斷,此卦辭非但云征伐者回復西南故地,亦含將征伐所俘獲民衆帶回西南也。

③"有攸往",謂"其來復"之往,將往西南。夙,竹書作佰,《集韻》:"夙,隸作夙,古作佰、佰。"帛書作宿,宿又作宿,與佰同。《説文》:"宿,止也。從宀佰聲。古文夙。"故此卦辭之夙,當同宿訓止,意謂往西南,而後止居於西南,乃吉也。

《彖》曰:解,險以動,動而免乎險,解。①解利西南,往得衆也。②其來復吉,乃得中也。③有攸往,夙吉,往有功也。④天地解而雷雨作,雷雨作而百果草木皆甲坼,⑤解之時大矣哉!⑥

【校注】

①此釋上下卦象,下坎爲險,上震爲動。《釋文》:"《彖》曰解,音蟹。"可知首"解"字爲卦名,不當讀"解險以動"。"險以動"者,乃言卦勢自下坎險至上震動。"動而免乎險"者,免,解脱,以震動之故,險得以解脱。而震之所以能解險,以其使萬物甲坼分解也,故末一"解"當讀佳買切。

②"解利西南","解",又稱卦名,猶云此解卦之云"利西南"者;"往得衆",亦即利於往西南,往西南則能得衆也。孔穎達《正義》:"往之西南,得施解於衆,所以爲利也。"又《集解》引荀爽曰:"西南,衆之象。"

③於此卦西南乃所往之方,故當指二往五,"其來復",謂二往五,亦即復於五也。五不當位,然得中矣。

④"往有功"者,往西南,止於西南,是爲有功。案李道平《周易集解纂疏》云:"二陽位卑,往居於五,得位則吉。二往據五,坎難已解,

五多功,故有功也。"李氏知"來復吉"、"往有功"皆就二往五言之,乃得傳義也。

⑤解,音蟹,同懈,緩也。"天地解"者,猶言天地舒緩,二月天地舒緩,雷雨乃作。"百果草木皆甲坼"者,意謂植物之表皮裂開,長出新芽。百果草木,泛指植物。甲,植物之表皮。《釋文》:"坼,《說文》云:裂也。《廣雅》云:分也。馬、陸作宅,云根也。"《集解》本坼亦作宅。王引之《經義述聞》謂宅爲乇之假借,坼、宅、乇古並同聲,又通作坼。案楊樹達《積微居甲文說》謂卜辭所見之"東方曰析"、《山海經·大荒東經》之"東方曰折",《廣雅》析、折二字皆訓分,析、折義同,皆通"百果草木皆甲坼"之坼。坼,《說文》訓裂,《廣雅》一訓分,一訓開,與折之斷艸,析之破木,皆有分開之義。余以爲,傳此言"甲坼",取義不在萬物之出生,乃在萬物之分形。左思《蜀都賦》:"百果甲宅,異色同榮;朱櫻春熟,素柰夏成。"必待百果草木甲坼之後,乃可辨其色味同異。《尚書·堯典》:"厥民析。"《孔傳》:"言其民老壯分析。"就此卦推闡,則謂使君子、小人相分,使賢、不肖相分也。

⑥時,百果草木甲坼,在於春時。案傳言"時大矣哉",贊其能及時也;若言"時義大矣哉",則贊其能宜時,亦即選擇合宜之時機也。

《象》曰:雷雨作,解。①君子以赦過宥罪。②

【校注】

①此釋上下卦,上震爲雷,下坎爲雨,合而爲解卦之象。

②君子效法此卦,能赦宥人之過罪。孔穎達《正義》云:"赦謂放免,過謂誤失,宥謂寬宥,罪謂故犯。過輕則赦,罪重則宥,皆解緩之義也。"案《後漢書·李膺傳》應奉上疏求免李膺等罪,有云:"夫立政之要,記功忘失,是以武帝捨安國於徒中,宣帝徵張敞於亡命……。《易》稱'雷雨作,解。君子以赦過宥罪',乞原膺等,以備不虞。"則傳云"君子以赦過宥罪",亦可釋爲赦宥君子之過罪,

其義應乎"君子維有解"也。

初六,无咎。①

【校注】

①此言初始之時尚無咎害。案二爲征伐,當初則征伐未至。或曰初
六處柔弱無位之地,故無遭征伐之虞。

《象》曰:剛柔之際,義无咎也。①

【校注】

①際,交接。初陰雖不當位,然上承二,遠應四,是爲"剛柔之際",故
按諸卦理當無咎害也。"義无咎"者,於理宜無咎。王弼注云:
"或有過咎,非其理也。義猶理也。"

九二,田獲三狐,得黃矢,①**貞吉。**

【校注】

①田,田獵,乃喻征伐之事。王弼注:"狐者,隱伏之物也。"孔穎達
《正義》:"狐是隱伏之物,三爲成數,舉三言之,搜獲備盡。"故"田
獲三狐",喻指田獵者將隱伏者盡數搜獲也。黃矢,即金矢,銅箭
鏃。獵狐者用黃矢,黃矢貫狐體,故於狐體得之。

《象》曰:九二貞吉,得中道也。①

【校注】

①孔穎達《正義》云:"九二以剛居中而應於五,爲五所任,處於險
中,知險之情,以斯解險,無險不濟,能獲隱伏,如似田獵而獲窟中
之狐。"據孔説,則田獵者爲在九二之君子。余案:孔説有失。朱
駿聲《六十四卦經解》云:"此如文王田於渭濱,得呂、散之剛直如
矢者也。"朱説近是。田者爲王公,狐者喻將俘獲之人衆。經云
"黃矢",指中黃矢之狐,又喻人衆中之君子。然則若謂九二君子
如呂、散,亦不盡然。余以爲當方諸王公征伐,盡得其族,君子與

其民皆被俘也。在九二，君子乃被俘者，故至六五，則"君子維有
解"也。九二不當位而得中，其上應於五，故雖被俘而終將得"赦
過宥罪"，是以"貞吉"也。

六三，負且乘，致寇至，①貞吝。

【校注】

①負，背負財貨。且，又。乘，乘車。承前田獵所獲既多，背負之又
車載之。財貨外露，則招致他人寇掠。案"負且乘"有行旅之象，
乘二之田，乃爲運輸田獵所獲之物於途中，就征伐言之，則是攜征
伐所獲人衆、財物而回歸之情狀。又負者，小人之事，乘者，君子
之事，"負且乘"意謂君子、小人相混，負乘雜行，悖亂之象也，故易
招致寇至。

《象》曰："負且乘"，亦可醜也。①自我致戎，又誰咎也。②

【校注】

①此云"亦可醜"，與觀、大過《象》傳之"亦可醜"相通，可作兩釋。
一訓類、儔，意謂負之小人，乘之君子，本非同類，而於此被俘遷徙
途中，姑且相雜相混。一訓醜惡之醜，"負且乘"意謂小人或乘君
子之車，爲可醜之事。《繫辭》："子曰：'作《易》者其知盜乎？
《易》曰："負且乘，致寇至。"負也者，小人之事也。乘也者，君子
之器也。小人而乘君子之器，盜思奪之矣。上慢下暴，盜思伐之
矣。'"舊注多據後説。

②三未出下坎，三、四、五又互坎，坎爲險，爲寇，是在坎險中又遭寇。
三爲悖亂之原，以己之不當，自招寇掠、征伐。"又誰咎"者，意謂
此咎由自取，無可歸咎於他人。《釋文》："'自我致戎'，本又作
'自我致寇'。"另本與經文同，可從。

九四，解而拇，①朋至斯孚。②

【校注】

①解，解脱係縛。而，其。帛書作其，竹書作亓，當從。《釋文》：
"拇，陸云：足大指。王肅云：手大指。荀作母。"《集解》作母，同
荀本。案本當作拇，足大指、手大指皆曰拇，可兼指手脚。"解
而拇"者，謂既已至歸復之目的地，則解脱被俘遷徙人衆之手脚
係縛也。

②朋，相比，成群結隊貌。孚，同俘。"朋至斯孚"者，猶云斯孚朋至，
意謂所俘人衆成群結隊而至。又帛書作"傰至此復"，傰同朋，
《周禮·秋官司寇·士師》："爲邦朋。"鄭玄注："故書朋作傰。"
復，歸復，猶云成群結隊而復，適相應於卦辭"其來復"。帛書亦
通，於義尤勝。

《象》曰："解而拇"，未當位也。①

【校注】

①四以陽居陰，是"未當位也"。案當此雖"解而拇"，然於此君子、
小人未分，故是君子尚未當位也。

六五，君子維有解，①吉。有孚于小人。②

【校注】

①君子，謂被俘遷徙者中之貴族。《集解》維作惟，帛書作唯，惟、唯
同，當訓獨。《釋文》謂"維有解"之解音蟹，同懈，訓緩。"君子維
有解"者，謂被俘人衆中唯有君子得緩其罪也。

②孚，信。帛書孚作復，經文"有孚"爲常語，故此不當改讀復。"有
孚于小人"之主語當謂既解之君子。王公既解被俘人衆之君子，
又使之治民，故有孚於小人也。類諸史事，此猶周公之征東，遷殷
頑民於成周，而仍以殷之貴族治其舊族。《説苑·貴德》引周公
云："無變舊新，唯仁是親。"仁，君子也。

《象》曰：君子有解，小人退也。①

【校注】

①五爲王位，唯王公可以"赦過宥罪"，故此云"君子有解"，乃謂在二被俘之君子，至五乃得王公之赦宥也。唯君子有解，小人不解，是君子、小人之分離，君子得進，而"小人退也"。

上六，公用射隼于高墉之上，^①獲之，无不利。

【校注】

①公，王公，主征伐者。隼，鷙鳥也。"公用射隼"，猶言王公舉行射禮，率衆習射，非謂王公獨射隼也。《釋文》："高墉，馬云：城也。"此乃意謂王公於高城之上舉行射禮，於行射諸人中選賢。帛傳《二三子問》云："卦曰：'公用射雛於高墉之上，無不利。'孔子曰：'此言人君高志求賢，賢者在上，則因□而用之，故曰無不利。'"又《繫辭》云："子曰：'隼者，禽也；弓矢者，器也；射之者，人也。君子藏器於身，待時而動，何不利之有？動而不括，是以出而有獲，語成器而動者也。"是則謂君子於射禮中得顯其能。孔穎達彼疏云："以前章先須安身可以崇德，故此第二節論明先藏器於身，待時而動，而有利也。"二傳皆謂此爻關乎以射選賢之事。

《象》曰："公用射隼"，以解悖也。^①

【校注】

①悖，悖亂，上下前後錯亂。下坎有悖亂之象，尤見於六三"負且乘"；至上震終解之，公用射隼，則君子、小人分離，賢、不肖亦分，是由悖亂之象轉成新秩序也。案舊注或訓悖爲悖逆之人，此以射隼解悖，亦即射去悖逆之人，其說恐不確。解，解紓，悖，混亂，"解悖"者，即解紓此混亂之狀態。《尚書·君奭》："公曰：'嗚呼！君肆其監于兹。'"蔡沈《集傳》引吕祖謙曰："盤錯棼結，欲其解紓。"乃通此傳解悖之義。

【疏義】

《序卦》曰："蹇者，難也。物不可以終難，故受之以解。解者，緩也。"故説此解卦者，多將難歸諸前之蹇卦，解繼蹇，則謂蹇難既解之後，當舒緩爲治也。程頤《易傳》云："當天下之難方解，人始離艱苦，不可復以煩苛嚴急治之，當濟以寬大簡易，乃其宜也。"朱熹《周易本義》亦云："難之既解，利於平易安静，不欲久爲煩擾。"其釋初六爻辭，乃以"難既解矣"爲起始，餘下諸爻皆言解難後舒緩爲治之道。其如程子云，湯除桀之虐而以寬治，武王誅紂之暴而反商政，皆從寬易也。而大難之後，天下國家必紀綱法度廢亂，而後禍患生，聖人則當修復治道，正紀綱，明法度，進復先代明王之治也。

孔穎達《正義》釋此解卦者，乃分解難之初與既解之後，兼解難與舒緩二義。此一過程皆當於本卦觀之，不當上藉蹇卦。余以爲，就卦體言之，卦中之難，在下坎，上震破坎，即爲解難，而解難見諸舒緩，亦即《象》云"天地解而雷雨作，雷雨作而百果草木皆甲坼"，解難與舒緩，其事一也。雷雨作，解緩天地之閉藏而萬物生生，萬物生生又必陷乎草昧悖亂，必分解其悖亂而後萬物生生而條理也。就卦爻辭所及人事言之，始被難者爲君子，後脱難得舒緩者亦君子，《象》云"君子以赦過宥罪"，而必赦宥君子者，乃在必待"君子維有解"，而後君子與小人分，賢與不肖別也。

此解卦之緩義易明，分義不易明也。王夫之《周易內傳》云："解者，解散其紛亂也。中四爻陰陽各失其位，而交相間以雜處，於是而成乎疑悖。解之之道，使陰陽各從其類以相孚，而君子小人各適其所欲，則雖雜處而不爭。"可謂卓識。而陳夢雷《周易淺述》謂此卦主於去小人，雖亦能明乎君子、小人之辨，然未若謂此卦主於立君子更得經傳之義。當解緩之際，小人亦未必除也，君子小人各適其所欲，君子孚於王公，小人孚於君子，則天下之悖亂可解，新秩序可成焉。

損

兌下艮上

損：^①有孚，元吉，无咎。^②可貞，利有攸往。^③曷之用？二簋可用享。^④

【校注】

①損，卦名，由兌☱、艮☶二單卦相重而成。《釋文》："損，虧減之義也。又訓失。"案損卦之損，有二義須明：一者損與益二卦相連，損卦損下益上，益卦損上益下，其同則皆損剛益柔；一者二卦之損此益彼，並非此多彼少，損有餘之此以益不足之彼也。後一義至關重要，王弼注釋損云："損之爲道，損下益上，損剛益柔也。損下益上，非補不足也。"又孔穎達《正義》釋益云："下已有之，而上更益之。"故損益之事，非謂於一多一少之間衡取其平，關鍵在損下益上與損上益下之間，別見在下、在上者之德也。《道德經》有云："天之道損有餘而補不足。人之道則不然，損不足以奉有餘。"此損與益適言人道之事，是故《淮南子·人間訓》云："孔子讀《易》，至損、益，未嘗不憤然而嘆曰：'益損者，其王者之事與！事或欲以利之，適足以害之；或欲害之，乃反以利之。利害之反，禍福之門户，不可不察也。'"損益於天道本無利害，而其於人道則生利害也。又《集解》引鄭玄曰："猶諸侯損其國之富，以貢獻於天子，故

謂之損矣。"此卦主言祀,故其言損者,乃謂諸侯損減自身祀事之
費用,以貢獻於天子之祀事,是爲此卦大義所在焉。

②"有孚",有孚於上,諸侯有孚於天子。"元吉",大吉。"无咎",言
諸侯自身祀事雖有損減而無獲咎於鬼神也。

③"可貞"者,可,可用、堪用,即貞告此損下益上之事將發揮適當之
作用。"利有攸往"者,意謂諸侯往,有所貢獻於天子之祀事,爲
利也。

④曷,同何,問詞。用,祀事之用。"曷之用"者,猶云貢獻多少耶。
《集解》引崔覲曰:"曷,何也。言其道上行,將何所用可用? 二簋
可享也。"《釋文》:"簋,蜀才作軌。"當作簋。簋,宗廟祭祀之器。
《集解》引荀爽曰:"簋者,宗廟之器,可以享獻也。"天子宗廟之
祭,用八簋。《禮記·明堂位》:"周之八簋。"《祭統》:"八簋之
實。"鄭玄注:"天子之祭八簋。"而"二簋可用享"者,意謂諸侯損
己而益天子,其貢獻可充八簋之二簋,乃得多少之宜也。

《彖》曰:損,損下益上,其道上行。^①損而有孚,元吉,无
咎,可貞,利有攸往。曷之用? 二簋可用享。^②二簋應有時,^③
損剛益柔有時。^④損益盈虛,與時偕行。^⑤

【校注】

①此釋損卦大義。"損下益上"者,亦即損剛益柔,下兌多剛,上艮多
柔,損下之剛,以益上柔。《集解》引鄭玄曰:"艮爲山,兌爲澤,互
體坤,坤爲地。山在地上,澤在地下,澤以自損,增山之高也。猶
諸侯損其國之富,以貢獻於天子,故謂之損也。""其道上行"者,
諸侯自損以益天子,則可以上行,往而從王之祀事。

②"損而有孚"云云者,引用卦辭文,無釋。

③"二簋應有時"者,諸侯以二簋進獻於王之祀事,當應合於時。
《集解》引虞翻曰:"時,謂春秋也。爲春秋祭祀,以時思之。"諸侯

以二簋進獻於天子，不當時，則將涉諂諛而有過咎；當乎時，則有孚，無過咎也。此損下益上或涉諂諛，略取諸王、孔説。余案：諸侯之貢獻充天子之二簋，非謂天子之祀，僅以二簋薄祭焉。王弼注云："曷之用，言何用豐爲也。二簋，質薄之器也。行損以信，雖二簋而可用享。"又云："至約之道，不可常也。"孔穎達《正義》云："申明二簋之禮，不可爲常。二簋至約，惟在損時應時行之，非時不可也。"若據王、孔説，天子在損之際，僅用二簋爲時祭，是豈可耶？雖以常、變説之，亦難免大失禮義矣。

④"損剛益柔有時"，承前"二簋應有時"，意謂損下剛益上柔，須合時宜也。此句之"時"，時宜，恰當之時機。

⑤"損益盈虛，與時偕行"者，意謂損益盈虛之事，不合乎時而行，則生利害吉凶，合乎時而行，則可以大吉也。案此"與時偕行"，乃言其消息變化之道，剝卦《象》曰："君子尚消息盈虛，天行也。"豐卦《象》曰："日中則昃，月盈則食，天地盈虛，與時消息。"均同此義。

《象》曰：山下有澤，損。①君子以懲忿窒欲。②

【校注】

①此釋損之上下卦，下兌爲澤，上艮爲山，合爲山下有澤之象。

②《釋文》、《集解》本懲作徵，《釋文》云："徵，鄭云：猶清也。劉作懲，云：清也。蜀才作澄。"又《釋文》："窒，鄭、劉作恎，慎，止也。孟作恎，陸作恎。"余案：今本作"懲忿窒欲"最善，而舊注多類同於孔穎達之謂"懲止忿怒，窒塞情欲"，則不盡合傳義。"懲忿窒欲"當本諸"山下有澤"之象取義，亦即前揭鄭玄曰"澤以自損，增山之高"。《説文》："懲，艾也。"艾通艾，《詩·小毖》："予其懲。"鄭玄箋云："懲，艾也。"懲當訓艾，即割除之，與損義通。忿，言其滿盈者。《莊子·達生》："忿滀之氣。"彼《釋文》云："忿，滿也。"《駢雅》："忿葦，茂盛也。"窒，止也。欲，上求之欲望。故"懲忿"者，下兌之澤乃自損其滿而不向上山盈漫。"窒欲"者，自止上求

之欲望,猶云澤自行沉落以增山之高,山澤互動。《大戴禮記·保傅》云:"(天子)不能懲忿窒欲,不從太師之言。"是謂天子應當虛己下人,尊師於上,然後可以從師之言。傳云"君子以懲忿窒欲"固有自我節制之義,然其未必專指君子自止其忿怒、情欲也。

初九,巳事遄往,①无咎,酌損之。②

【校注】

①《釋文》:"巳,本亦作以,虞作祀。"《説文》引經作目,同以。《集解》本同虞作祀。虞翻云:"祀舊作巳也。"當從虞本,讀"巳事"爲"祀事",祀事,祭祀之事。遄,帛書作端,《釋文》:"荀作顓。"余以爲,荀本字爲善。顓、端皆通專。專,謂自專,其猶專己、專行,在此指自己決定所持獻物多少也。又專可訓小,《淮南子·本經訓》:"民之專室。"高誘注:"專室,小室也。"故"巳事遄往"者,意謂諸侯從天子之祀事,乃持自己之一份獻物而往,而其獻物小也。舊注多訓遄爲速,遄往即速往,此不從。

②"酌損之"者,乃就諸侯自身言之,以酌之方式損自身之富。《集解》引虞翻曰:"酌,取也。"酌,酌取,從整體中取一部分。或曰斟酌、酌度。又酌通約,孔穎達《詩·酌》序疏曰:"酌,《左傳》作約,古今字爾。"《廣雅》:"約,少也。"案"酌損之"與"巳事遄往"之遄讀如顓且訓專一致,唯酌損之,故其量少也。

《象》曰:"巳事遄往",尚合志也。①

【校注】

①《集解》本尚作上,尚、上同。"尚合志",往從君祀,上合於君之志。案初應四,初"巳事遄往",四"使遄有喜",初自損以應四,貢獻二簋以成祀事。

九二,利貞。①征凶,弗損益之。②

【校注】

①"利貞"，貞告利，義同卦辭"可貞"，意謂此損事可成也。

②"弗損益之"舊注有兩讀：一讀"弗損益之"，即不可有損益之舉，不損亦不益；一讀"弗損，益之"，即當此不宜再損，而應益之。王弼讀"弗損，益之"，云："柔不可全益，剛不可全削，下不可以無正。初九已損剛以順柔，九二履中而復損己以益柔，則剝道成焉，故不可遄往而'利貞'也。進之乎柔，則凶矣，故曰'征凶'也。故九二不損而務益，以中爲志也。"案上述兩讀皆難通。此卦義在損剛益柔，初損剛益四柔，二損剛而益五柔，上損剛而益三柔，當九二，謂之不損不益，或不損唯益，不合卦義也。余以爲，弗字爲費之假借，當以費爲本字，"弗損益之"即"費損益之"。《史記·衛康叔世家》："子敬公弗立。"司馬貞《索隱》："《系本》弗作費。"《十二諸侯年表》："晉穆侯弗生。"司馬貞《索隱》："《系本》作費生。"是以弗作費之例。《説文》："費，散財用也。"費，亦猶言其用多，"費損"者，即損之多也，與初之"酌損"爲損之少相比較。九二損己益五，有十朋之龜，適爲其多之證。"益之"者，則言上益於五也。而諸侯多損己以益天子，則自身貧弱，當此"征凶"矣，不若初九酌損之，"无咎"。

《象》曰："九二利貞"，中以爲志也。①

【校注】

①中，於爻言之，九二不得位而得中，而上應五，故其志向五也。此猶言居二之諸侯志不在己，而以上事天子爲志。

六三，三人行，則損一人；一人行，則得其友。①

【校注】

①此爻辭頗費解，當合卦爻與文義以説之。三人者，下三爻也，損，減也。"三人行，則損一人"者，於三人中損出一人也。下三爻初、

二皆剛,可損剛益柔,而唯三爲柔,不能損下益上,故爲損出之人也。“一人行,則得其友”者,一人,即此六三,其無應於四、五,獨應上,與上爲友也。友,成群也。

《象》曰:一人行,三則疑也。①

【校注】

①疑,亂也,此謂於祭祀之禮有所不合。《禮記·燕義》:“不以公卿爲賓,而以大夫爲賓,爲疑也。”疑即亂義。此“一人行”者,言三獨行應上,是相應而當宜;“三則疑”者,若三同行於初、二,則亂禮也。依卦義,三人皆來從祀者,初、二損己益上,猶各增天子祭祀一簋,亦即卦辭云“二簋”,乃得從祀;三則貧窮無貢獻,故不得從祀也。

六四,損其疾,①使遄有喜,②无咎。

【校注】

①疾,速也,在此猶言及早也。“損其疾”,言初九損己益上,其事争先爲之。

②使,役也,在此言役物,亦即用其貢獻之物。“損其疾,使遄有喜”者,因損下益上之事争先,故雖貢獻之物區區不多,亦可得喜會也。《周禮·考工記》疏引鄭玄説:“四以簋進黍稷於神也。”四之簋,來自初之獻。祀事可成,故曰“有喜”。

《象》曰:“損其疾”,亦可喜也。①

【校注】

①帛傳《易之義》:“損先難而後易。”《要》:“損之始凶,其冬(終)也吉。”損自四始由難轉易,由凶轉吉,故“亦可喜也”。

六五,或益之十朋之龜,①弗克違,②元吉。

【校注】

①或,有人自外來。帛本無"或"字。益之,下益上,此言二以十朋之
龜益五。龜,古者貨貝曰寶龜,即後世之金錢。王引之《經義述
聞》非議馬、鄭以"十朋之龜"爲神龜之説,而據《集解》引崔覲説,
有云:"十朋之龜,猶言百金之魚也。"王國維《觀堂集林‧釋貝》
云:"古貝五枚爲系,二系爲朋。"十朋爲百貝。

②克,猶被也。帛本違作回,違、回古通。"弗克違"者,亦即被接受。
此爻辭意謂二自損而益上,十朋之龜爲王所受,故得從王祀事也。

《象》曰:六五元吉,自上祐也。①

【校注】

①《釋文》:"祐,本亦作佑。"《集解》本作右。上,上天、鬼神。案五
爲天子祭祀之位,而六五柔居尊位,是天子祭祀之用不足之象,得
諸侯之貢獻而後祭祀成,祭祀成乃得上天、鬼神之祐也。

上九,弗損益之,无咎,貞吉。①利有攸往,得臣无家。②

【校注】

①"弗損益之",亦讀"費損益之"。王者祀事既成,則廣散其財以周
濟貧窮者。《集解》引虞翻曰:"損上益三也。"

②帛本作:"有攸往,得僕无家。"臣、僕古通。"得臣无家"者,猶云
得無家者爲臣僕也。案此句意謂初、二得從王祀,故受命有家;而
三只能附麗王公,乃無一己之私家。《集解》引虞翻曰:"謂三往
之上,故'利有攸往'。"

《象》曰:"弗損益之",大得志也。①

【校注】

①"大得志"者,上得三來歸,三無家,皆臣屬於我,是爲大得志也。
案《漢書‧五行傳》引谷永曰:"《易》稱'得臣無家',言王者臣天

下,無私家也。"蔡邕《答詔問災異》亦云:"《易》曰'得臣無家',言天下何私家之有。"又《集解》引王肅云:"陽剛居上,群下共臣,故曰'得臣'矣,得臣則萬方一軌,故'無家'也。"諸儒乃謂王者無一己之私家,則是據大一統之漢世所作引申之説。

【疏義】

損卦本諸方國諸侯貢獻於天子之事。《尚書·禹貢序》:"禹別九州,隨山濬川,任土作貢。"孔穎達疏云:"貢者,從下獻上之稱。"貢之事,常以助祭爲名,即《周禮》九貢之祀貢,此卦之"二簋"、"十朋之龜"皆謂助祭之貢,以此代指諸貢之事。《左傳》昭公十三年所載子產爭承故事,則可見貢之義,頗有助於理解此損卦。由彼傳文及注疏文可知,周制諸侯按爵位高低進貢,爵高者貢多,爵低者貢少,若不按時進貢,或進貢不合其宜者,則將招致征討。傳引孔子曰:"合諸侯,藝貢事,禮也。"貢之有藝,猶云有法制。孔穎達疏引鄭玄《周禮》注云:"必足其國禮俗喪紀祭祀之用,乃貢其餘。"如諸侯貢獻過多,則必傷及本國之根基,子產曰"貢獻無極,亡可待也",此子產所以爭承,孔子稱贊子產之行爲"足以爲國基矣"者也。知此故事,損卦大義思過半矣。古者諸侯之進貢於天子,乃政教之大事,貢獻之合時、合宜,則上下交有孚。朱熹《周易本義》云損卦有"剥民奉君之象",後儒若張爾岐《周易説略》則進而云損卦爲常賦之外而別有所取,則言之過矣。

就損卦之義理言之,損益相連,損極則益,益極則損,此固天之道也;然則君子乃行人之道,故憂患於損益之間,究心乎損益之利害、禍福,損益不當其時,不得其宜,其利害、禍福將有無常之轉,孔子由是讀《易》至損、益而興嘆也。

經云"二簋可用享",即當時、得宜之象。王弼注云:"二簋,質薄之器也。行損以信,雖二簋而可用享。"自此注家多謂"二簋"爲節省,爲薄祭,説皆失乎禮義。天子以八簋祭祀,諸侯損己益上,助其二簋,乃合禮也,何簡陋之有?

又《象》云“君子以懲忿窒欲”，孔穎達《正義》云：“懲止忿怒，窒塞情欲。”結合《繫辭》“損者，德之修也”，注家遂以此損卦義重在自修一己之德，以法損之德處乎儉損之世，或謂之自損私欲以益公理，自損其身家以益天下。然則損之爲德，不僅在一己自修，必有孚於上，乃可受命有德位，居乎德位，乃可謂之有德。君子行始於損下益上，繼而有孚於上，元吉，得上天之祐，然後成其修德之功。損之爲德大矣，必此與彼、諸侯與天子上下交孚而後見也。

益

䷩震下巽上

益:①利有攸往,利涉大川。②

【校注】

①益,卦名,由震☳、巽☴二單卦相重而成。《釋文》曰:"益,增長之名,又以弘裕爲義,《繫辭》云'益長裕而不設'是也。"案裕,《新書·道術》:"包衆容物謂之裕。"設,猶云設限,不設,即不設限,使其裕而不止也。由此釋此益卦之益,兼有兩義:一者增益,益本字象水注入器皿中,水不斷增加爲益;一者弘裕,言容水之器皿弘裕,雖不斷注水,而皆能包容,而毋須設也。當此益卦,經云"大作",即作大邑,猶作器皿,遷殷民以居,則猶如以水注入器皿,而此大邑弘裕,盡可包衆容物,不必設而止之。于省吾《雙劍誃易經新證》謂益卦利遷徙,其云"利用爲依遷國",應讀"利用爲殷遷國",蓋"指周成王時事以爲言也。《史記·周本紀》周公奉成王命伐誅武庚、管叔,放蔡叔,以微子開代殷後,國於宋,頗收殷餘民以封武王少弟封爲衞康叔,是遷殷國於宋,而封康叔於殷墟朝歌也"。案于説遷殷之事,頗中肯綮。然以遷殷國於宋爲説,似有未安。周公東征,除遷殷國於宋外,還在洛邑營造完成之後,遷大量殷民於成周,《尚書·多士》:"成周既成,遷殷頑民。"此周公營洛邑、遷殷民事,或爲益卦之所本。遷殷民於洛邑,乃免其流離失

所,亦能施以教養,爲益卦之大義在焉。

②"利有攸往,利涉大川",同指一事,然則一事兩説,乃分涉兩義。

《彖》曰:益,損上益下,民説无疆。^①自上下下,其道大光。^②利有攸往,中正有慶。^③利涉大川,木道乃行。^④益動而巽,日進无疆。^⑤天施地生,其益无方,^⑥凡益之道,與時偕行。^⑦

【校注】

①此釋益卦大義。案損、益二卦言損益,皆損陽以益陰,惟損"損下益上",益"損上益下"。《集解》引鄭玄云:"陰陽之義,陽稱爲君,陰稱爲臣。今震一陽二陰,臣多於君矣。而四體巽之下,應初,是天子損其所有以下諸侯也。人君之道,以益下爲德,故謂之益也。"按鄭意損卦乃諸侯損其國之富,以貢獻於天子,而益卦則是天子損其所有,以益諸侯。鄭特謂其見諸四應初者,初爲作大邑,四爲遷國,遷國於何? 遷於大邑也。四遷居於初,乃益卦大義之所在焉。説同悦。疆,竟。"民説无疆"者,意謂四方無疆之民皆悦樂也。

②"自上下下"者,五居中正,而能下應於二。"其道大光"者,王道廣被天下也。道,王道。光,同廣。此猶言周公之臨殷,是"自上下下",周之王道亦由此廣被天下。

③"利有攸往"者,自上下下,五下二,王和合君子之往也,王弼注及孔穎達疏以爲,五處中正,自上下下,故無往而不利。慶,賞也,福也。"中正有慶"者,五下二,益之十朋之龜,用享於帝,是有慶也。

④"利涉大川"者,舊注或以爲與"利有攸往"同義,余以爲,"利涉大川"意謂涉過險難而無咎,在此當指四之往初,亦即遷國、遷民之行程也。"木道乃行"者,舊注釋"木道",皆以木爲舟,利涉大川爲言。王弼注云:"木者,以涉大川爲常而不溺者也。"然則以木爲舟之象,乃在渙卦,而在此益卦,木應爲耜、耒之象。《繫辭》曰:

“斲木爲耜，揉木爲耒，耒耨之利以教天下，蓋取諸益。”木可斲、揉而成耜、耒，以此釋“木道”，則意謂行耕種教化之道也。

⑤“益動而巽”者，益卦下震爲動，上巽爲令，意謂下震之動乃奉上巽之令。《集解》引鄭玄曰：“震爲雷，巽爲風，雷動風行，二者相成。猶人君出教令，臣奉行之。”“日進无疆”者，震奉巽令而進，則其進日新，無有止境。

⑥“天施地生”者，天下施，地生育，總言天地間之生物。“其益无方”者，天地生物，增益日廣，若無道率之，必混亂無方矣。

⑦《小爾雅》：“凡，要也。”凡益，謂總領、約束生生之益。偕時，與時齊等。“凡益之道，與時偕行”者，以與時偕行爲道，可以統率天施地生之益也。案益動而巽，猶云動而奉教令，而教令之出，必偕其時，偕時故益有方，不偕時則益將無方也。又此益卦始吉終凶，王弼注云：“益之爲用，施未足也。滿而益之，害之道也。”施未足，時也；滿而益之，非時也。亦得益之時義。又案傳於損、益皆言“與時偕行”，可以互參。

《象》曰：風雷，益。①君子以見善則遷，有過則改。②

【校注】

①此釋上下卦象，下震爲雷，上巽爲風，合而爲益。案益卦乃風益雷，意謂人君出教令，臣奉行之。見前揭鄭玄說。

②君子於此際不可盲從震動，必使動以巽，以其動而合乎教令爲善，不合爲過，故傳云“見善則遷，有過則改”。又朱駿聲《六十四卦經解》云：“遷善如風速，改過如雷猛。”君子遷善、改過，當效法風雷之迅疾。亦通。

初九，利用爲大作，①元吉，无咎。②

【校注】

①“大作”者，謂大興土木，營造城邑。《尚書·召誥》：“其作大邑。”

《多士》："今朕作大邑于兹洛,予惟四方罔攸賓。"即其事也。"利用爲大作",意謂大興土木,營造洛邑以容納來歸之民,乃有利也。

②元,始也。初始有吉,先易而後難。

《象》曰："元吉,无咎",下不厚事也。①

【校注】

①下,言初在下,在此謂下民。厚,不薄也。"下不厚事"者,猶云大作之事不大費民力也。案下雖有陽實,然不必損己以奉上,當此大作之際,則意謂不必厚勞下民。大作必徵民工於營造,故有厚勞、奪時之憂。之所以大作而吉、無咎,以其"下不厚事";如若"下厚事",則難致吉、無咎。又案《集解》引虞翻、侯果,皆訓"大作"爲耕種,侯果並謂"不厚事"爲不厚勞於下民,不奪時於農畯。然則耕種乃民之本分,宜其有勞、當時也,若云厚勞、奪時,必是耕種之外又有所徵用,故以訓"大作"爲營造城邑爲宜。

六二,或益之十朋之龜,弗克違,永貞吉。①王用享于帝,吉。②

【校注】

①"或益之十朋之龜,弗克違",同損卦六五爻辭,在此意謂臣受君之賜,受而弗違也。"永貞吉"者,意謂貞問此受福之情況是否長久,貞告吉。

②"王用享于帝"者,意謂王享祭上帝,令有功之臣從祀之。案《尚書·洛誥》："今王即命曰:'記功,宗以功,作元祀。'""宗以功,作元祀"義通"王用享于帝"。此爲功臣配食之禮。《盤庚》:"兹予大享於先王,爾祖其從與享之。"又《周禮·夏官司馬·司勳》:"凡有功者,銘書於王之大常,祭於大烝,司勳詔之。"可知此禮殷周皆有之。又案《集解》引干寶曰:"聖王先成其民,而後致力於神,故'王用享于帝'。"則此祭祀之禮,當在大作之後行之。

《象》曰：或益之，自外來也。①

【校注】

①下卦稱內，上卦稱外，"自外來"者，謂五來益二，天子益諸侯也。

六三，益之用凶事，无咎。①有孚，中行告，公用圭。②

【校注】

①"益之"者，謂遷殷民以益洛邑也。大作之洛邑既成，益殷民以入
　其中。孔穎達《尚書·多士》疏云："成周之邑既成，乃遷殷之頑
　民令居此邑。頑民謂殷之士大夫從武庚叛者，以其無知，謂之頑
　民。民性安土重遷，或有怨恨。"凶事，焦循《易章句》釋曰："克伐
　之事，兵事也。"故"用凶事"，謂以武力強迫其遷居。

②有孚，有信於天下。中行，于鬯《香草校書》以爲官名，同復卦。案
　此"中行"，當謂遷徙途中之行人官。《周禮》司寇屬下有大行人：
　"掌大賓之禮及大客之儀，以親諸侯。"有小行人："掌邦國賓客之
　禮籍，以待四方之使者。"則行人有招待外賓之職。《尚書·多
　士》云："今朕作大邑于茲洛，予惟四方罔攸賓，亦惟爾多士攸服奔
　走臣我多遜。"則洛邑之作，本爲四方來賓，殷民來遷，故當設有行
　人一類官職，負責接引。《釋文》："用圭，王肅作用桓圭。"桓圭，
　《周禮》六瑞之一，公所執者也。故"中行告，公用圭"者，意謂有
　中行之官傳告天下，有執圭之公主持大事，發號施令焉。

《象》曰：益用凶事，固有之也。①

【校注】

①固，固持。《國語·晉語》："亦固太子而攜之。"韋昭注："固，固持
　也。""固有之"，猶云固殷民而有之。有，猶藏，《詩·芣苢》："薄
　言有之。"《毛傳》："有，藏之也。"案三上相應，上陽益三陰，所益
　者，乃武力也。三得上之益，故能夠以武力固持殷民而有之。又
　《集解》引干寶曰："六三失位而體姦邪，處震之動，懷巽之權，是

矯命之士,爭奪之臣,桓、文之爻也。"余以爲,"六三失位而體姦邪"者,不必用後世桓、文例,當是殷頑民未安、未化之象,故治之以凶事也。

六四,中行告公從。①利用爲依遷國。②

【校注】

①從,本字爲从,跟隨。"公從",猶"從公",唯公是從也。"中行告公從"者,中行之官傳告衆人,皆當跟隨公而行。又承前公執圭用事,亦可謂從公之命。

②依同殷,《康誥》:"殪戎殷。"《中庸》引作"壹戎衣",鄭玄注:"衣讀如殷,聲之誤也。"衣同依,皆謂殷。"利用爲依遷國"者,爲殷民遷國,或分之宋、衛,或遷往洛邑,其爲利也。

《象》曰:"告公從",以益志也。①

【校注】

①"以益志"者,以誥示增強殷民從公遷徙之志向。殷民不願遷徙,故以誥示增強其志。案舊注釋"公從",謂公從王,猶周成王東遷,晉、鄭是從,則志,亦可謂從王之志。余以爲非是,四之"爲依遷國",乃本遷殷入周事,四下應初,亦即四遷於初之大作也。

九五,有孚惠心,勿問。①元吉,有孚惠我德。②

【校注】

①惠,順。《詩·抑》:"惠于朋友。"鄭玄箋:"惠,順也。"在此"惠心"對應"惠我德","心"者,民之心也,"我德"者,君之德也。問,疑問、責問。王引之《經義述聞》云:"《爾雅》曰:'惠,順也。''有孚惠心'者,言我信於民,順民之心也。'有孚惠我德'者,言民信於我,順我之德也。"又云:"《象傳》曰'損上益下',君順民心之謂也。又曰'民說無疆',民順君德之謂也。"王說甚諦。

②《集解》引虞翻,"勿問元吉"連句,按諸下《象》,則"元吉"當屬
"有孚惠我德"之判辭,《象》釋曰"大得志也"。

《象》曰:"有孚惠心",勿問之矣。"惠我德",大得志也。①

【校注】

①"勿問之"者,我信新民,無疑問、責問。"大得志"者,君得新民,
其志大得。孔穎達《正義》云:"天下皆以信惠歸我,則可以得志
於天下,故曰'大得志也'。"案二、五均得中得位而相應,五益二,
君順民心,二順五,民順君德,則王者之志大得矣。

上九,莫益之,或擊之,立心勿恒,凶。①

【校注】

①立心,確立順服我之心。此心與"有孚惠心"之心同。恒,心志向
我,長久不變。此爻辭當以"立心勿恒"爲主,意謂若立心有恒,則
或"益之";若"立心勿恒",則"莫益之,或擊之"。"莫益之",即不
許其遷入。"或擊之",言我不許其入,又或擊之也。

《象》曰:"莫益之",偏辭也。①"或擊之",自外來也。②

【校注】

①《集解》偏作徧,引虞翻曰:"徧,周帀也。"《釋文》:"偏,孟作徧,云
周帀也。"黃焯《經典釋文彙校》引他本《釋文》帀作匝,並引阮元
云:"帀、匝,正俗字。"又云:"寫本《周易》偏作徧,與《釋文》'孟作
徧'合。"余案:當從今本作"偏辭"。"偏辭",意謂"莫益之"之爲
辭,言其偏也。《左傳》成公十五年:"桓氏雖亡,必偏。"杜預注:
"偏,不盡。"竹添光鴻《會箋》:"偏,言猶有餘族也。"此經言"莫益
之",亦即猶有不益之之剩餘者,是謂偏也。

②"自外來",已見六二《象》"或益之,自外來也",彼外乃就二、五爻
言,二爲內,五爲外。此爻居外卦之上,已無可外,而又云"自外

來",當實指自邑外而來之民。上居益卦之終,上下相孚者皆已居邑内,復有自邑外而來者,其猶比之"後夫凶",則不受其入,或將攻擊之也。案三、上相應,然皆不當位。三能聽命於五,見善則遷,有過則改;而上乘五,亢陽,乃不聽五命之象,猶見善不遷,有過不改者也。帛傳《要》曰:"[益之]始也吉,其冬(終)也凶。"

【疏義】

損、益爲覆卦,就卦象言之,損、益皆損陽益陰,損卦損下益上,益卦損上益下,孔子讀《易》至損、益而興歎,損、益乃共成一義理。然則損、益二卦所涉之人事,則各有所本,損卦言祭祀,益卦言遷國,皆政教之大端也。

《象》於損、益,皆云"與時偕行",損益不偕於時,則將利害、禍福無常,《淮南子·人間訓》載孔子曰:"益損者,其王者之事與!事或欲以利之,適足以害之;或欲害之,乃反以利之。利害之反,禍福之門户,不可不察也。"可知損益共同之時義大矣。此益卦始吉終凶,又是戒爲益之道不可至極也。

損益之道要在損陽益陰。損之損下益上,見諸初酌損以益四,二費損以益五;益之損下益上,則見諸上益三以武力,五益二以財富。注家或以損卦以三益上,益卦以四益初,皆不合卦爻辭之義。損之三與上,益之四與初,皆謂陰爻不能損己益彼,唯有順從於陽爻也。又損、益之本皆在上下交孚,損之上下交孚見功於上,益之上下交孚見功於下。損、益二卦初四、二五、三上皆應,益二五正應,損二五非正應,益爲經,損爲權,故益較之損,尤有利於天下,君順民心,民順君德,故《彖》有"民説无疆"、"其道大光"之贊辭也。

益《彖》云"木道乃行",《象》云"君子以見善則遷,有過則改",乃含有教化風行之義,益道中雖有凶事,而目的則在教化民衆。上益下以教化,善莫大焉。又漢儒引此益卦,用明朝廷當開倉賑民,紓民困乏,則是引申發揮此卦上益下之義。

夬

䷪乾下兑上

夬：^①揚于王庭，孚號有厲。^②告自邑，不利即戎。^③利有攸往。^④

【校注】

①夬，卦名，由乾☰、兑☱二單卦相重而成。《釋文》："夬，古快反，決也。"夬之訓決，義爲分決。《説文》："夬，分決也。從又屮，象決形。"徐鍇《繫傳》："屮，物也，丨，所以決之。"以丨決屮，即將一物切分爲二。於此夬卦，猶云將人群決分爲君子、小人，而所以決分者，以王之號令爲標誌。《説文解字叙》云："'夬，揚于王庭'，言文者宣教明化於王者朝廷，君子所以施禄及下，居德則忌也。"則按許氏説，王之號令爲教化之令。又《易緯·乾鑿度》云："設人文夬。"亦可知夬事關乎人文教化也。注家説此夬卦，多謂五陽決去一陰，決訓決去、決除，恐非是。《雜卦》云："夬，決也，剛決柔也，君子道長，小人道憂也。"剛決柔，猶云剛柔分，惟其剛浸長，柔則漸消。由五所發號令施於下，而不及上，是以五下遵號令之君子漸多，而乘五不遵號令之小人漸少矣。

②揚，越也，音聲激越。王命宣於王庭，其聲激越而遠播，是爲"揚于王庭"。孚號，號令有信，意謂真實無妄。厲，號令之聲高厲，遠者

可聞也。此二句當讀如"孚號有厲,揚于王庭"。

③告,同誥。"告自邑"者,王之號令自王所居之城邑向外傳播。"不利即戎"者,王之號令爲教化之令,乃文事,非武事也。即戎,謂以兵相接。《周禮・春官宗伯・巾車》:"以即戎。"鄭玄注:"即戎,謂兵事。"《論語・子路》:"亦可以即戎矣。"何晏注引包咸云:"可就兵攻戰也。"

④"利有攸往"者,轉謂在遠者聞王號令,當迅疾前往,往則有利。案此卦初、二、三、四爻,皆言聞令而往,亦即剛長之狀也。

《象》曰:夬,決也,剛決柔也。①健而説,決而和。②揚于王庭,柔乘五剛也。③孚號有厲,其危乃光也。④告自邑,不利即戎,所尚乃窮也。⑤利有攸往,剛長乃終也。⑥

【校注】

①此釋夬卦義,"剛決柔"者,猶云剛柔分決。若以上下卦言之,乾爲剛,兌爲柔,自下乾至上兌,是爲"剛決柔"。于鬯《香草校書》云:"夬卦乾下兌上,乾剛而兌柔,故云'剛決柔',義屬至顯。注家多據爻言,以爲五剛爻決一陰爻,殆非也。"

②乾爲健,兌爲説,其勢"健而説"。上兌以號令召遠人,下乾聞號令而來,來則君子道長,小人道消,是謂"決而和"也。

③"揚于王庭"者,發號令者位在九五,《集解》引干寶曰:"夬九五,則飛龍在天之爻也。應天順民,以發號令。""柔乘五剛"者,柔,文柔。此乘非卦爻承乘之乘,乘,因也,猶云藉助。傳以"柔乘五剛"釋"揚于王庭","揚于王庭"者,號令也,"柔乘五剛"之主語當同爲此號令,號令爲文柔之物,藉助五剛之王權而行也。

④《廣雅》:"危,正也。"《論語・憲問》:"邦有道,危言危行。"號令乃使人行正。光,同廣。"其危乃光"者,謂號令所能正之者廣矣。

⑤尚,同上,此有往義。"所尚乃窮"者,意謂號令之下達若即戎而

往,則其道乃窮困也。顧炎武《日知録》云:"《易》之言邑者,皆内治之事。夬曰'告自邑',如康王之命畢公'彰善瘅惡,樹之風聲'者也。"以其爲内治,故尚文不尚武。

⑥"剛長乃終"者,若不即戎而往,而是和悦而往,則剛之增長乃不困窮而得其終也。余案:號令自五而發,五自身爲剛,若號令以剛克下達,必衝突於下四剛,使下四剛難以上長。而若號令以文柔下達,則下諸剛和悦而從,增長而上,得其終於五也。

《象》曰:澤上於天,夬。①君子以施禄及下,居德則忌。②

【校注】

①此就上下卦象爲釋,下乾爲天,上兌爲澤,合而爲夬。《集解》引陸績曰:"水氣上天,決降成雨,故曰夬。"

②此據夬象引申説義。夬象"澤上於天",水聚於高處,有將潰決之勢也,而"君子以施禄及下"者,猶高處之澤必分決使其下流,君子亦將禄分散下施於民衆也。居,閉塞不分散之狀,《吕氏春秋·季春紀》:"一有所居則八虚。"高誘注:"居,猶壅閉也。"德,恩也,通前言之禄。忌,有害,不祥。"居德則忌"者,如不能施恩禄及下,猶上澤閉塞而不分決,則將爲害也。

初九,壯于前趾,①往不勝,爲咎。②

【校注】

①"壯于前趾",義同大壯初九之"壯于趾",意謂勇健躁動而進。

②不勝,猶云不盡速、不盡力也。此意謂聞號令則"壯于前趾"而往,躑躅不前者乃有咎也。舊注或謂"往不勝"爲往而不能克勝,然則《象》云"不勝而往",顯謂"不勝"爲出發之狀態,非往至之結果。

《象》曰:不勝而往,咎也。①

【校注】

①以爻位言之,初九當位,處乾初,故應及時上進,若不盡速、盡力前往,將有咎害。其咎害將如四之所遭遇者,或曰若初能勝往,則無四之咎也。

九二,惕號,①莫夜有戎,勿恤。②

【校注】

①《集解》引虞翻曰:"惕,懼也。"竹書惕作啻,惕、啻音同。《集韻》:"啻,高聲。"啻號,言號令之聲高。"惕號",言以號令相聞,使有所戒懼。二訓雖異而其義相通。

②莫,同暮。有戎,以兵戎守備。恤,憂也。暮夜之中以號聲相聞,以兵戎守備,則可無憂。又《釋文》:"莫夜,鄭如字,云無也,無夜,非一夜。"意謂每夜皆如是也。

《象》曰:有戎勿恤,得中道也。①

【校注】

①二不當位而得中,不當位,故有來寇之憂;得中,則守備應對合宜也。又"得中道"者,意謂行於中途而得其安,不廢其行也。《論語·雍也》:"力不足者,中道而廢。"在初能盡其力而往,在二則力足而不廢於中道。

九三,壯于頄,①有凶。君子夬夬獨行,②遇雨若濡,有慍无咎。③

【校注】

①《釋文》:"頄,顴也。翟云:面顴,煩間骨也。鄭作頯,頯夾面也。"帛本同鄭。楊樹達《積微居小學述林·釋頯肫頤》申其高義,以頄爲面顴高起。《禮記·曲禮》:"凡視,上於面則敖,下於帶則憂,傾則奸。""壯于頄"者,意謂其面上揚,其視無禮,强傲而不馴服

之貌,猶《古文尚書·益稷》“不面從”之謂,故云“有凶”。

②帛書夬夬作缺缺,與卦名夬不同字,故不當同訓。《道德經》有云:
“其政察察,其民缺缺。”帛書《老子》甲本缺缺作夬夬,可知夬夬
同缺缺。王弼彼注云:“殊類分析,民懷争竞,故曰‘其民缺缺’。”
河上公注云:“疏薄。”綜諸家訓,此“夬夬”,當讀如缺缺,乃相互
間疏薄,不抱團,分散離衆而去之貌,故云“獨行”。案此句意謂君
子不同於衆之“壯于頄”,而“夬夬獨行”也。

③濡,爲雨所濕。《集解》引荀爽曰:“雖爲陰所濡,能愠不悦,得无
咎也。”是荀訓“有愠”爲愠藏不悦,《集韻》:“愠,心所藴積也。”則
“有愠”,意謂能忍耐遇雨之不悦。君子夬夬獨行,途中遇雨,爲雨
所濕,能忍耐其苦則無咎害,乃言其冒雨而進也。又竹書“有愠”
作“又礦”,當爲“有屬”之訛,“遇雨若濡”,其事危屬。亦通。

《象》曰:“君子夬夬”,終无咎也。①

【校注】

①此特明“君子夬夬”不同於“壯于頄”,故不“有凶”,然遇雨有咎,
若能忍耐遇雨之苦,則“終无咎也”。案九三當位而進,三居乾上,
上承兑雨,其類睽卦之“遇雨則吉”。睽之遇雨則視之清晰無可
疑,此夬之遇雨,則君子、小人自是分別也。

九四,臀无膚,其行次且,①牽羊悔亡,聞言不信。②

【校注】

①臀,臀部。膚,肌肉也。此爻辭言“臀无膚”,或就馬相而言之,
《吕氏春秋·恃君覽》云古之善相馬者,“許鄙相脽”,脽同尻,臀
也。故“臀无膚”者,意謂相見馬臀無肌肉,知其羸瘦難以駕車。
若云人“臀无膚”,則必曲説之。《釋文》:“次,本亦作赼,或作
跂。”又:“且,本亦作趄,或作跙。”次且,即赼趄、跂跙。《説文》:
“赼趄,行不進也。”或言難行之貌。馬既羸瘦,其駕車而行必赼

趄。劉向《新序·雜事》引宋玉之言,並引《詩·節南山》"駕彼四牡,四牡項領"與此卦"臀无膚,其行趑趄",其義乃指處勢不便,不可以量功校能,如玄蝯在枳棘之中也。宋玉之言可注意者二:一則言君子處困厄;二則兩引皆當言馬車駕之貌,於義乃洽也。

②《釋文》:"牽,子夏作掔。"掔與牽通。《周禮·天官冢宰·宰夫》:"凡朝覲、會同、賓客,以牢禮之法掌其牢禮、委積、膳獻、飲食、賓賜之飧牽,與其陳數。"鄭玄注:"牽,牲牢可牽而行者。"此經言"牽羊",亦即牽牛羊牲牢而行之義。"牽羊悔亡"者,牲牢猶在,則悔亡。其行次且而喪羊則悔,其行次且而牽羊則悔亡也。"聞言不信"者,唯號令是從,或聞疑惑之言,不信之也。《禮記·儒行》:"久不相見,聞流言不信。"猶存此義。竹書"聞言不信"作"聞言不冬(終)",聞,或讀如聞,《廣韻》:"聞,古文聞字。"終,已也。《左傳》僖公二十四年:"婦怨無終。"杜預注:"終,猶已也。"聞言不終,亦即不以聞言而終止其行也。亦通。

《象》曰:"其行次且",位不當也。①"聞言不信",聰不明也。②

【校注】

①此猶云以"位不當",故"其行次且"。四以陽居陰,失位,故云"位不當"。此意謂君子行於小人之中,如玄蝯在枳棘之中,將有"臀无膚,其行次且"之困厄。

②此猶云以"聰不明",故生疑惑,而君子當"聞言不信"。聰,聽也,聞也。"聰不明",亦即聽不清楚,言其間有異聲相擾。《尚書璇璣鈐》:"鬼哭山鳴。"鄭玄注:"山鳴,聽不聰之異也。"案九四爻辭,乃言君子聽號令而往,不受困厄、異常之事所擾,不改其初衷。以其不當位,故行遇困厄、異常之事也。

九五,莧陸夬夬,①中行,②无咎。

【校注】

①莧陸,《釋文》:"莧,閑辯反。三家音胡練反。一本作莞,華板反。"又:"陸,馬、鄭云:莧陸,商陸也。"孔穎達《正義》:"馬融、鄭玄、王肅皆云莧陸一名商陸,皆以莧陸爲一。"馬、鄭説可從。王弼以莧陸爲"草之柔脆者也,決之至易,故曰'夬夬'也。夬之爲義,以剛決柔,以君子除小人者也。而五處尊位,最比小人,躬自決者也。"按王説,莧陸乃柔象、小人之象,其象當在上六。余以爲此説可商榷。莧陸,即此九五君子之象。莧陸爲草本植物,長二三尺,棵棵分立,而無藤蔓類之相互糾纏。夬夬,帛書同作缺缺,亦當訓分離貌。在此"莧陸夬夬"者,猶云諸上往之君子如莧陸之狀,分立而有禮也。

②"中行",猶云行在正路也。案此"中行"義通復卦之"中行獨復",其與九四君子其行越趑,適相對比。

《象》曰:"中行无咎",中未光也。①

【校注】

①光,同廣。"中未光"者,九五當位得中,爲發號令於王庭者,然其號令被下五陽,而不能被上一陰,故云未廣也。案此九五爻之象,以其爻位言之,亦即卦辭之"王庭"也。又此爻辭君子夬夬、中行,則是諸陽行在王庭之象也。

上六,无號,終有凶。①

【校注】

①"无號,終有凶"者,謂王號令未及者,或謂未能聽王號令者,終將有凶也。又于鬯《香草校書》以爲"无號"者,意謂亡國之君,號令不能出。案《集解》引鄭玄曰:"陽氣浸長至於五,五,尊位也,而陰先之,是猶聖人積德悦天下,以漸消去小人,至於受命爲天子。"于説或本此,故以九五爲新天子,上六爲亡國之君。

《象》曰：无號之凶，終不可長也。[①]

【校注】

①《集解》引虞翻曰："陰道消滅，故不可長也。"朱駿聲《六十四卦經解》云："一陽之剝，終不可用；一陰之夬，終不可長。凡終皆言上。"余案：上六本當位，以其位極乘陽，不聽王之號令，故有凶。又上六多爲逸象，或類亡國之君，或化外之民，而此類"无號"者，將爲王所棄之，終不可長久。此卦自初至五，下五剛聽王號令，逐次上行，而上六一柔孤懸在上，自外於五剛，故爲與眾君子所分決出之小人也。

【疏義】

自王弼、孔穎達至程頤、朱熹以下諸儒，説此夬卦大義，皆云陽長陰消，五剛共決一柔，亦即君子共決小人也。經云"揚于王庭"者，意謂聲罪正辭於百官所在之王庭，示公正而無隱私。"孚號有厲"者，則意謂警戒危懼，君子之道雖長盛，而不敢忘戒備，尚有危道。至於諸爻所言，皆爲剛來決柔之情狀，其如初九躁進而難勝，九二臨事而懼，有備無患，九三過剛而有凶，九四進退失據，九五剛決上六之柔，上六則終爲眾陽所決除也。

本注與舊説差異較大。余以爲，釋此夬卦大義，有兩個關鍵點。一者夬當訓分決，亦即分開、分立，並非一者決除一者。於此卦言之，君子、小人當分決而不相混處，即便君子亦當各自獨立，秩然有序。一者按鄭玄義，"揚于王庭"爲於王庭之上聲討小人之罪惡，而按《説文》序，則爲於王庭之上宣明教化之令，前者爲王弼以降注家所取，後者則幾無聞矣。本注乃取許氏説，以爲此夬卦大義在施行人文教化。以號令分決，五爲卦主，五以下爲得號令、從號令而來者，即被教化之人，而五之上爲不得號令、不從號令者，即化外遭摒棄之人。由此可見遠人來服，亦可見放之荒陲，政教之施行，決分內外也。夬卦教化之義，尤見於五下諸陽聞號令而來之過程，其行多憂患，或有寇盜之難，或有遇雨之憂，或其行且次，流言疑惑，然其終能夬夬而來，剛長有終也。而四陽齊至於五，若不能從號令以禮行，其將危於五者，恐勝於上之一陰矣。

　　上六之一陰爲小人，然此小人者，不得令、不從令，亦不得預於衆君子而已。譬如人事言之，此上六一陰或爲亡國之君，或爲隱逸之人，或爲化外之民，並非罪大惡極，必集五陽之力決除之而後快者也。然則既存留有此一陰，亦足以使諸陽心存憂患也。王夫之《周易内傳》云："夬之爲決者，絶而擯之於外，如決水者不停貯之，決而任其所往，求其無相淹濡，而不復問所以處之也。爲卦陽盛已極，上居天位，下協衆志，一陰尚留，而處之於外。陽已席乎安富尊榮，而絶陰於無實之地，以是爲剛斷之已至矣。乃陰終乘其上而睥睨之，陰固不能忘情於陽，陽亦豈能泰然處之而不憂？故爻辭多憂，而象辭亦危。"又云："嗚乎！天下豈有五陽同力而不能勝一陰者哉！唯恃其盛而擯之以爲不足治，乃不知彼之方逸居於局外，以下窺我之得失也。"此總説大義頗有可取，至於分説經傳之文，則不盡然也。

姤

䷫巽下乾上

姤:^①女壯,勿用取女。^②

【校注】

①姤,卦名,由巽☴、乾☰二單卦相重而成。《釋文》:"姤,薛云:古文作遘。鄭同。《序卦》及《彖》皆云:遇也。"《雜卦》"姤"作"遘"。于省吾《雙劍誃易經新證》云:"按金文有遘無姤,是遘正字,姤借字也。"于氏《甲骨文字釋林》釋"遘"云,甲骨文以冓字爲初文,孳乳爲覯、遘或遘。《爾雅》:"遘,遇也。"卜辭屢見之"其遘方"、"不遘方",皆就能否會遇到其他方國言之。余案:于説是,此姤卦之姤,本字當作遘,遘者,與他國、他方之人相會遇也。古人分居各國、各方,而又於特殊時節與場合而舉行四方之會,如《保卣》曰:"遘于四方,會王大祀。"凡舉行四方之會,或因大祭祀,或因有戰事,或因經濟往來。此卦之姤,即謂於此四方之會中相遇焉。而據卦爻辭推測,此四方之會最有可能關涉乎經濟往來,其如《禮記·月令》云仲秋之月"易關市,來商旅,納貨賄,以便民事。四方來集,遠鄉皆至"也。又案遘訓遇,遇者,謂不期而遇。遘通逅,《説文新附》:"逅,邂逅,不期而遇也。"於此四方之會中,人與人乃不期而遇,與陌生人交往之道,爲此姤卦之要義之一。

②壯,當同大壯卦"壯于大輿之輹"之"壯",突前直撞之貌。"女壯"
者,有女壯然而來,意謂四方之人相會之時,迎面偶遇、猛然撞見
之女子。"勿用取女"者,如此猛然撞見,亦即偶然相遇之女子,不
宜娶爲妻。《釋文》本取作娶,故知"取女"言娶妻也。案此卦辭
"勿用取女"通乎蒙卦六三爻辭之"勿用取女",皆言不能娶來歷
不明之女子爲妻,此固爲上古婚姻之重要禁忌,於四方之會,互不
相識之際,尤當如是,故首揭明之。

《彖》曰:姤,遇也,柔遇剛也。①勿用取女,不可與長也。②
天地相遇,品物咸章也。③剛遇中正,天下大行也。④姤之時義
大矣哉!⑤

【校注】

①以上下卦而論,巽爲柔,乾爲剛,自巽而乾,是"柔遇剛"。若依爻
言之,此卦唯初六一柔,此柔上遇九二之剛,乃遇之正道;若上而
咸遇五剛,則將亂群剛之序,非遇之正道也。《集解》引鄭玄曰:
"姤,遇也。一陰承五陽,一女當五男,苟相遇耳,非禮之正,故謂
之姤。'女壯'如是,壯健以淫,故不可娶,婦人以婉娩爲其德
也。"王弼注亦曰:"施之於人,即女遇男也。一女而遇五男,爲壯
至甚,故不可取也。"皆謂遇之失道。

②此釋卦辭。與,男女相與。在四方之會之際男女相遇,若非禮而
野合者,時至而聚,時過則散,不能相與長久。案此二句乃云相遇
交易之際,不可行男女相誘之事,其事非禮,且不能長久,其事若
《詩·氓》抱布貿絲之男子終棄偶遇而合之女子也。

③"天地相遇,品物咸章"二句,乃總論天地萬物、四方百姓必當相遇
之理也。余案:此天地相遇,固有柔遇剛、剛遇剛兩種可能,於此
姤卦,當取法後者,亦即下文"剛遇中正"之遇也。

④"剛遇中正"者,謂九二上遇九五,於人事言之,則猶云交易之事,

男子與男子相遇而行之,且行之公平,故能"天下大行"也。

⑤姤之事,柔遇剛不可行,剛遇剛可行,此非陰陽相應之常,乃因時而行之舉,故曰"姤之時義大矣哉"。

《象》曰:天下有風,姤。①后以施命誥四方。②

【校注】

①此釋上下卦象,上乾爲天,下巽爲風,重而爲姤卦。又巽爲風,亦爲令,《集解》引翟玄曰:"天下有風,風無不周布,故君之施令告化四方之民矣。"

②后,施命者,王也。《釋文》:"誥四方,鄭作詰,止也。王肅同。"誥當如鄭、王作詰,然詰之訓止,非謂休止,當訓治,猶云彈正糾察。《周禮·天官冢宰·太宰》:"以詰邦國。"《釋文》:"詰,彈正糾察也。"此姤卦當四方聚會、遭遇之時,王弗止之,惟以命令匡正之也。上古人民之交易發生在不同部落之間,非在一邑之内,故特言"四方"。《尚書·吕刑》:"度作刑以詰四方。"《孔傳》訓"詰四方"爲治四方,與此傳義相同。

初六,繫于金柅,貞吉。①有攸往,見凶。②羸豕孚蹢躅。③

【校注】

①《釋文》曰:"柅,《廣雅》云:止也。《説文》作檷,云:絡絲趺也。王肅作抳,從手。《子夏》作鑈。蜀才作尼,止也。"孔穎達《正義》曰:"柅之爲物,衆説不同,王肅之徒皆爲織績之器,婦人所用,惟馬云:'柅者,在車之下,所以止輪令不動者也。'王注云:'柅,制動之主。'蓋與馬同。"余案:諸家説皆不盡確。柅通檷,《説文》:"檷,絡絲柎也。"段玉裁注:"絡絲柎者,若今之絡絲架子。"柎、趺古今字。柅又通屎,《説文》:"屎,篗柄也,或作柅。"《説文》:"篗,收絲具也。"則柅、檷、屎通,皆指收絲之器具,絲可纏繞其上,王肅所謂織績之器即指此物。又王引之《經傳釋詞》:"于,猶如也。"

俞敏《經傳釋詞札記》謂"于"表示比較前後兩者之程度,如云"危於累卵",乃意謂比累卵還要危險。故此"繫于金柅"者,繫謂繫縛貨物,繫得如同絲纏繞柅一樣,或曰繫得比絲纏繞柅還要結實。若云將某物繫在金柅之上,則無論柅謂刹車之器,或織績之器,皆不可通矣。又柅云"金柅"者,金謂其明亮之色也。

②見,顯現、暴露。"見凶"者,暴露其貨物或將引發凶事也。

③《集解》引宋衷曰:"羸,大索,所以繫豕也。"《釋文》:"羸,陸讀爲累。"羸、累,皆謂繫縛。"羸豕",言繫縛豬豕,牽之使前也。孚,同俘,甲骨文作🔣,于省吾《甲骨文字釋林》釋"孚"云,孚摯乳爲🔣,因爲俘虜需要毆之以行,故從彳。《集解》本蹢躅作蹢蹬。《説文》:"蹢,蹢躅,逗足也。"段玉裁注謂蹢躅雙聲連綿,同踟蹰、躊躇,住足不前之貌。"孚蹢躅"者,毆擊住足不前之豬豕也。

《象》曰:"繫于金柅",柔道牽也。①

【校注】

①"柔道牽"者,柔之爲道不自進,被牽而進也。案"柔道牽"當釋"羸豕孚蹢躅"句,帛傳《易之義》:"句(姤)之[適(蹢)]屬(躅),陰之失也。"初爲柔,不當位,其失在蹢躅不欲進,必牽之使進也。

九二,包有魚,①无咎,不利賓。②

【校注】

①《釋文》:"包,本亦作庖。虞云'白茅包之'。"當從虞説,訓如"白茅包之"之包,包裹在中之謂。竹書本包作橐,橐同橐,《説文》:"橐,囊也。"魚,魚鹽之物,言供交易者也。"包有魚"者,意謂有攸往之途,行囊中包裹有魚鹽之物。

②《玉篇》:"賓,客也。"賓與我對言,與我遭遇者爲賓客,"不利賓"即不利賓客。若以交易言之,則與我交易者爲賓。我"包有魚",意謂我儲藏魚鹽之物,我獨有之,此事於我無咎,然不利四方賓客

與我交易,不能互通有無,是"不利賓"之義。

《象》曰:"包有魚",義不及賓也。[1]

【校注】

①義,宜。《集解》引虞翻説,初爲魚,九二"包有魚"是二包初。案初有四方民運輸貨物而往之象,而二包之,猶言二聚斂初之貨物。虞翻又曰賓謂四,二、四同功,二我既"包有魚",則宜四賓"包无魚"也。

九三,臀无膚,其行次且。厲,无大咎。[1]

【校注】

①"臀无膚,其行次且"與夬卦辭同義,言車行難進。"厲,无大咎"者,厲,危厲。《集解》引虞翻曰:"三得正位,雖則危厲,故無大咎矣。"

《象》曰:"其行次且",行未牽也。[1]

【校注】

①傳云"行未牽",當對言夬卦九四之"牽羊悔亡"。彼不當位,然以牽羊,故悔亡;此則未牽,猶云無財貨,故有厲,而以其當位,故"无大咎"也。

九四,包无魚,起凶。[1]

【校注】

①依《集解》引虞翻説,我謂二,賓謂四,我既"包有魚",則賓必"包无魚"。帛本起作正,竹書作已,起、已音形近,故當從今本作起。起,發動。"起凶"者,意謂引起有魚者、無魚者之間爭鬥之凶也。

《象》曰:无魚之凶,遠民也。[1]

【校注】

①民,初也,來交易者。遠,言四與初中隔二、三,故爲遠。《集解》引崔覲曰:"雖與初應而失其位,二有其魚而賓不及,若起於兢,涉遠行難,終不遂心,故曰'无魚之凶,遠民也',謂初六矣。"崔説以初六爲民、爲魚,四失位而不能得之,二得初爲有魚,四不得初爲無魚,故是"遠民"。

九五,以杞包瓜,①含章,②有隕自天。③

【校注】

①帛書杞作忌,竹書作芑。杞、忌、芑三字聲近義不同,余意己、巳通,杞異體作杞,當讀如巳事之巳,祀也。包瓜,即匏瓜,星名,見載於《史記·天官書》,司馬貞《索隱》、張守節《正義》均謂匏瓜星占之可預知歲熟與否,魚鹽貴賤。此言"以杞包瓜"者,意謂祭祀匏瓜星,以占星術預知歲之凶穰,以此知關市交易之物貴賤、輕重,以及斂散之宜。《漢書·食貨志》引管子而論云,歲有凶穰,故穀有貴賤;令有緩急,故物有輕重。當歲熟之年,穀物必價輕,人君則當爲斂之;當歲凶之年,穀物必價重,人君則當爲散之;則無論凶穰,市場常平,民無饑餓,穀無屯積也。其説見《管子·國蓄》。王鳴盛《十七史商榷》謂以時斂散即常平之法,孟子亦嘗言及,其源出於《周禮》,由來古遠。案以後説之常平之法釋古經爻辭,固未必實然,然關鍵在上古關市交易必有應然之常法,且其常法乃本諸歲時之凶穰,有自天降命之意義,故人君及四方之民皆當敬順遵守之也。

②此云"含章",殊於坤卦"含章"之含美不發義。《淮南子·繆稱訓》以《易》之"含章可貞"通乎《詩》之"執轡如組","執轡如組"見《簡兮》、《大叔于田》,按諸《毛傳》及鄭玄箋,其義皆在使有組織、有秩序,乃御衆而有文章之謂也。此姤之"含章"適與"執轡如組"義通。

③隕，墜落。星落爲隕，此意謂祭祀匏瓜星而有徵驗顯現也。"有隕
自天"者，天垂象而示吉凶，爲人君者，則當得天命而順爲之。竹
書作"又(有)慇自天"，慇字形近慂，慂同德。德，得也，人得之自
天者。故"有隕自天"必言天命有降也。

《象》曰：九五含章，中正也。①"有隕自天"，志不舍命也。②

【校注】

①九五得中得位，能御衆而有文章，是謂"中正也"。

②《詩·羔裘》："舍命不渝。"鄭玄箋曰："舍，猶處也。是子處命不
變，謂守死善道，見危授命之等。"則"舍命"言固執於命，不渝變。
而"不舍命"亦即不固執於命，隨時而變。古者關市交易之道，每
年之貴賤、輕重，不固定無改，當隨天星所示歲之凶穰，以權衡其
宜。《象》云"后以施命誥四方"，其所詰正者，當順遂"有隕自天"
之天命，天命無常，天命變，君命亦變，不必固執於舊有成命而不
變，此即所謂"志不舍命"也。

上九，姤其角，吝，无咎。①

【校注】

①姤，遇也。王引之《經傳釋詞》："其，猶乃也。"角，競也。以姤事
言之，相遇乃角者，言交易中之爭競、爭搶也。吝，言交易之物貧
乏。交易中有爭競而言"无咎"者，是其爲初民社會常有之事，雖
非正，未爲咎害也。

《象》曰："姤其角"，上窮吝也。①

【校注】

①"上窮吝"，意謂在姤之末，已窮吝無多也。姤重時義，至於上九，
則失時矣。就爻位言之，上九陽極而在上，若乾之亢龍，失位無
應，乃以爭競取物，故云"上窮吝也"。《易之義》："句(姤)之離

角,剛之失也。"

【疏義】

姤者,遇也。"天地相遇,品物咸章",人與人、物與物皆非分離獨化,必相遇而後顯其價值。然則遇者,乃不期而遇,事多意外,故當以王令正之,使之相遇有時,遇之有道,其相互交通之事乃成也。姤卦大義不外乎此。

姤卦始於初六一陰,此一陰乃遇之關鍵。鄭玄以此一陰爲女,上五陽爲男,故以一女遇五男,其遇非禮之正也。後儒則極力非議此一陰,以之爲小人,程頤《易傳》云:"姤,陰始生而將長之卦,一陰生,則長而漸盛,陰長則陽消,小人道長也,制之當於其微而未盛之時。"其若夬卦必欲以五陽決去一陰,此姤則必欲抑止一陰之將長,同視一陰若寇讎矣。然則漢儒尚不盡如此説,《後漢書・魯恭傳》恭上疏云:"案《易》,五月姤用事,經曰:'后以施令誥四方。'言君以夏至之日,施命令止四方行者,所以助微陰也。"則此一陰最貴,乃爲王令所欲助長者也。

初六一陰之長,若泛言其上遇五陽,固非禮之正也,而此姤卦適以明陰長之正道。初六之上行,將應於四,是爲卦中唯一有相應關係者,然則經戒之以"勿用取女",乃排除此種之相應。初六之正道,在於近爲二所繫牽,而非遠應於四,更非咸遇五陽。王夫之《周易内傳》云:"一陰而遇一陽,與二相守則不失其貞吉矣。若不繫而逞,遇所宜從者而前進,則將干亂群陽,而天下遇其毒矣。"王説頗得經義,"遇所宜從者"之遇,或當作逾。初乃能生物者,故有財貨之實;而其爲二所包,二包初之實,故可以藉此實而上行之五,得預四方交易之會焉。初六一陰之可貴、可長,見乎此也。

姤卦之交易在陽與陽之間,其主體在二與五,二、五相敵,適爲交易公正之所本也。九五之"含章"、"中正",爲此姤卦之主。案"含章"坤、姤兩見,一爲陰之"含章",一爲陽之"含章",其義有所不同。於此姤卦,乃御衆而有文章之謂也。九五之德,在於下助微陰之長,且使九二之來者"剛遇中正",四方之會,秩然有序也。至於三、上之間,則屬於交易之物寡少,或與會不及時,雖無"後夫至"之凶,亦宜其"窮吝"矣。至於姤卦之"時義",一見諸"以杞包瓜",一見諸二五及時,三上失時也。

萃

䷬坤下兑上

萃：①亨。②王假有廟。③利見大人亨，④利貞。用大牲吉，利有攸往。⑤

【校注】

①萃，卦名，由坤☷、兑☱二單卦相重而成。《釋文》："萃，《彖》及《序卦》皆云：聚也。"孔穎達《正義》云："萃，聚也，聚集之義也。能招民聚物，使物歸而聚己，故名爲萃也。"萃訓聚，以招民聚物，使物歸而聚己爲義，乃得此萃卦大義。然據卦爻辭而探究萃之爲事，則猶有未明焉。《易緯·乾鑿度》所謂"聚民以萃"，萃即聚民。然則聚民首先在於聚民衆之首領，亦即大人。萃之爲事，即爲王與諸大人，行大聚之禮，以示天下。卦辭所言王假廟祭祀，用大牲盟誓，皆關乎此大聚之禮。而按諸古史，其如周之先公先王篳路藍縷以開周土，聚合諸部落，或如武王剪商之後，收攏諸小國，皆可藉爲萃卦之歷史背景。

②帛書、竹書卦名"萃"下無"亨"字。《釋文》："王肅本同。馬、鄭、陸、虞等並無此字。"《集解》本有此字，然李道平《纂疏》用本無此字。《集解》引鄭玄曰："上下相應，有事而和通，故曰'萃，亨'也。"又似鄭本有此字。阮元《校勘記》："石經、岳本、閩、監、毛本

同。"是自陸德明所見王弼本後,諸本多有此"亨"字。余案:此
"亨"字可存,宜如鄭玄説,讀"萃,亨",其義爲上下相應,有事而
和通,乃一卦之總判辭。注家或讀亨如享,"享,王假有廟"爲一
句,意謂王假有廟致孝享。然涣卦:"涣,亨。王假有廟。"彼
《象》分釋"涣,亨"與"王假有廟",顯然"亨"義不屬"王假有
廟"下也。

③假,至也。李賢云假當讀格。竹書假作𢆶,即格。"王假有廟",即
王至於廟。王至於何廟,何爲?《象》云:"王假有廟,致孝享也。"
致孝享即祭祀祖先,亦可知王所至之廟爲祖廟。《後漢書·章帝
紀》:"庚申,假於祖禰,告祠高廟。"李賢注:"假,至也,音格。禰,
父廟。《易》曰:'王假有廟。'"李賢以此卦辭所言之廟指祖廟。
又孔穎達《正義》云:"天下崩離,則民怨神怒,雖復享祀,與無廟
同。王至大聚之時,孝德乃昭,始可謂之有廟矣。"此説於訓詁言
有失,王引之《經傳述詞》云此"有"字爲語助詞,竹書"有"作
"于",可知孔穎達釋"有廟"之"有"爲"有無"之"有"非是。然則
孔説之大義不可因此忽視,未聚之時,王有廟與無廟同,大聚之
後,王始可謂之有廟,乃説明此一祭祀不同以往,當意謂王至祖
廟,以文、武之祀,一天下之所宗,共其天命也。

④見,見諸。亨,嘉會。大人,則謂從王祀之衆大人。從祀衆大人即
來聚者,而衆大人從祀於王,意謂與王同宗文、武,與王共有一天
命也。

⑤《集解》引鄭玄曰:"大牲,牛也。言大人有嘉會,時可幹事,必殺
牛而盟,既盟則可以往,故曰利往。"鄭以"大人亨"爲大人有嘉
會,"用大牲"爲殺牛而盟。大人有嘉會,殺牛而盟,乃謂王與來聚
之衆大人行盟誓之禮也。春秋時尚存其禮,及後漢馬援之治交
趾,以立銅柱而盟誓,亦爲其例。案此卦辭涉及二事,一祭祀,一
盟誓,二者不可混淆。"利有攸往"者,既祭祀、盟誓而後,天下一

家,故此天下皆可往,是謂"利有攸往"也。

《彖》曰:萃,聚也。^①順以説,剛中而應,故聚也。^②王假有廟,致孝享也。^③利見大人亨,聚以正也。^④用大牲吉,利有攸往,順天命也。^⑤觀其所聚,而天地萬物之情可見矣!^⑥

【校注】

①此釋卦名之義。

②"順以説",釋上下卦,下坤爲順,上兑爲説。"剛中而應,故聚"者,九五剛中應六二,故二乃率下坤群陰來聚。《集解》引荀爽曰:"謂五以剛居中,群陰順説而從之,故能聚衆也。"

③王至宗廟,以百物獻祭先祖。《詩・天保》:"吉蠲爲饎,是用孝享。"《毛傳》:"享,獻也。"《集解》引陸績曰:"王者聚百物以祭其先,諸侯助祭於廟中。"前者爲"致孝享",後者乃"利見大人亨"。

④此句《集解》本作:"利見大人亨,聚以正也。利貞。"王引之《經義述聞》謂《九家易》及虞翻本當作"利見大人亨,利貞,聚以正也"。"聚以正"乃釋"利貞"之語。余案:王説是。"利見大人亨",亨訓嘉會,亦即陸績説諸侯皆來助祭。諸侯皆來助祭,爲聚;助祭者可據其從王祭祀之位而正其爵位,故云"聚以正也"。又於義言之,王祭祀先祖,以此彰顯於天下,天下見之而知正之所在,同歸聚焉,是亦"聚以正也"。又《集解》引虞翻曰:"坤爲聚。"下坤聚而往歸五,五以天命正之。

⑤前揭鄭玄説,"用大牲"爲殺牛而盟。案王祭先祖,受命而王,而後王又與諸侯盟誓,同順一王之天命,故云"順天命也"。

⑥觀,見也。"觀其所聚"者,天下觀見王與諸大人之大聚之禮也。"而天地萬物之情可見矣"者,由觀此人事之聚,聚之有禮,亦可見天地萬物之聚,聚之有道也。王弼注云:"方以類聚,物以群分,情同而後乃聚,氣合而後乃群。"又《集解》引虞翻注文中作"天地之

情可見矣",似脱"萬物"二字。虞云此萃卦與大壯、咸、恒同義,大壯《彖》作"天地之情",咸、恒《彖》作"天地萬物之情",可知兩作皆可。

《象》曰:澤上於地,萃。①君子以除戎器,戒不虞。②

【校注】

①此釋上下卦象,上兑爲澤,下坤爲地,合而爲萃。《集解》引荀爽曰:"澤者卑下,流潦歸之,萬物生焉,故謂之萃也。"意謂大澤積貯在地上,可以納衆水,生萬物。

②戎器,兵器。《釋文》:"除,本亦作儲。又作治。王肅、姚、陸云:除,猶修治。師同。鄭云:除,去也。蜀才云:除去戎器,修行文德也。荀作慮。"《集解》引虞翻曰:"除,修也。戎,兵也。"王弼注:"除者,治也。"余案:諸家之説,可爲之疏通。"除戎器",除當訓修治,既云修治,非其用時也。萃之時,當不用戎器,用文德。然雖不用戎器,亦不可去之,須用以備不虞之需,故繼而云"戒不虞"。孔穎達《正義》云:"除,治也。人既聚會,不可無防備,故君子於此之時,修治戎器以戒備不虞也。"

初六,有孚不終,乃亂乃萃。①若號,一握爲笑。②勿恤,往无咎。③

【校注】

①有孚,在此意謂民與所歸依之主有孚信。"有孚不終"者,猶言殷民與殷王間之孚信不得其終。"乃亂乃萃"者,殷民無可依之主,無信之命,於是有混亂、萃聚之後果。

②若,如此。號,號咷。《釋文》:"鄭云:握當讀爲'夫三爲屋'之屋。蜀才同。"帛本握作屋,與鄭本同。鄭云"夫三爲屋",出《司馬法》。在此乃引申其義,一,不亂也,屋,聚比爲群,有組織、秩序之貌。惠棟《周易述》據鄭説,以一屋三夫謂下坤之象,坤爲萃聚。

先有"乃亂",故"若號";後有"乃萃",故云"一握爲笑"。

③恤,憂也。"往无咎"者,上往而無咎。案此云"往无咎",亦含自此而後,將無咎之義。往,自此之後,《論語·八佾》:"禘自既灌而往者,吾不欲觀之矣。"皇侃疏:"往,猶後也。"

《象》曰:"乃亂乃萃",其志亂也。①

【校注】

①志,心之所向。有主可依,有命可信,則其志不亂;無主可依,無命可信,其志必亂。初爲下坤之始,居坤陰之深,又衆陰相聚,故曰"乃亂乃萃"。

六二,引吉,①无咎。孚,乃利用禴。②

【校注】

①引,續用也。吉,在此謂四時祭。《周禮·春官宗伯·天府》:"凡吉凶之事。"鄭玄注:"吉事,四時祭也。"

②《釋文》:"禴,殷春祭名。馬、王肅同。鄭云:夏祭名。蜀才作躍。劉作爚。"《集解》引虞翻,亦謂禴爲夏祭。朱駿聲《六十四卦經解》云:"禴同瀹,謂瀹煮薪菜以祀,如蘋蘩之類,所謂可羞於王公,可薦於鬼神,此薄祭也。"朱説可從,帛書禴作濯,濯、瀹同。蜀才作躍,當爲濯字誤。"孚,乃利用禴"者,利於用薄祭之禴,取信於鬼神。以用禴,故有孚也。案禴在殷爲春祭,在周爲夏祭,《釋文》特曰"殷春祭名"者,明當此仍行殷禮。《尚書·洛誥》曰:"周公曰:'王肇稱殷禮。'"鄭玄注:"王者未制禮樂,恒用先王之禮樂。"蓋自伐紂至於周公制禮作樂成期間,沿用殷禮也。因沿用殷禮,故前云"引吉"。

《象》曰:"引吉,无咎",中未變也。①

【校注】

①"中未變"者,六二得中得位,故不變其禮。案下坤雖有"乃亂乃萃"之象,然二居坤中而得位,爲萃聚之衆中之舊大人君子,尚能以殷禮有孚於鬼神,其鬼神之命未盡變也。

六三,萃如嗟如,无攸利,①往无咎,小吝。②

【校注】

①萃如,聚集貌。嗟如,嘆息貌。案"嗟如"義通離卦之"戚嗟若",焦循《易通釋》訓戚通俶,俶訓親,故此"嗟如"者,意謂以失親近而嘆息。萃聚而無親近,故"无攸利"。又《詩·中穀有蓷》:"啜其泣矣,何嗟及矣。"鄭玄箋云:"及,與也。泣者傷其君子棄己,嗟乎,將復何與爲室家乎!"是嗟如之嘆息,多因無家無親而發也。

②上往而無咎,然有小失。

《象》曰:"往无咎",上巽也。①

【校注】

①巽,順也。案初、三之"往无咎",皆言上往至四無咎。三順乎四,故無咎,然則與上不應,故又有小吝也。

九四,大吉,无咎。①

【校注】

①此言"大吉",當應卦辭之"用大牲吉",用大牲祭祀,故得"大吉"。如前揭鄭玄説,"用大牲"謂大人嘉會而盟,來與此盟會者,皆得"无咎"也。

《象》曰:"大吉,无咎",位不當也。①

【校注】

①四之不當位相較五之當位而言,李道平《周易集解纂疏》云:"五得正,故'萃有位';四不正,故'位不當'。"是也。余案:大聚之

禮,有祭祀、盟會兩事,九四爲盟會,尚不足以定上下之位,必待九五祭祀,然後位始定也。

九五,萃有位,无咎。[①]**匪孚,元永貞,悔亡。**[②]

【校注】

①位,封位。"萃有位"者,來萃聚者之大人君子,至此乃得其封位。《集解》引荀爽上六《象》下曰:"若夏之後封東樓公於杞,殷之後封微子於宋。去其骨肉,臣服異姓,受人封土,未安居位,故曰'齎咨涕洟,未安上也'。"此説該五、六兩爻,其封夏殷之後云者,即"萃有位"。萃聚來歸者既得封位,則"无咎",意謂"乃亂乃萃"之咎害至此盡無也。朱駿聲《六十四卦經解》曰:"得中得正,合萬國以事先王,所謂'萃有位'也。"

②匪,同非。孚,孚其命。二既禴而有孚,是猶孚其殷之舊命。此言"匪孚"乃謂從王祭祀之後,由是殷之舊命不孚,當變而孚周之新命。元,大也。《集解》引虞翻説,謂此"元永貞"同比卦之"元永貞",皆謂下坤以九五爲元。九五爲元,亦即以王爲大,受王之新命也。奉此大命而永久正固,其悔乃亡。舊命變新命,《象》所謂"順天命"也。

《象》曰:"萃有位",志未光也。[①]

【校注】

①光,廣也。"志未光"者,二、五相應,二爲萃中之舊大人君子,至五則得新位。然如夏殷之後獲封,雖得其位,已改命無德,有位而不安,匪孚於天,匪孚於人,是以其志意尚不能盡達也。孔穎達《正義》云:"'志未光也'者,雖有盛位,然德未行,久乃悔亡,今時志意未光大也。"

上六,齎咨涕洟,[①]**无咎。**

【校注】

①《釋文》："齎咨,嗟歎之辭也。鄭同馬,云:悲聲,怨聲。"又:"鄭云:自目曰涕,自鼻曰洟。""齎咨涕洟"者,悲嘆流涕之貌。焦循《易通釋》云"齎咨涕洟,无咎"同離卦之"出涕沱若,戚嗟若,吉","戚嗟"猶"齎咨","出涕"猶"涕洟"。據此參照離卦之辭,則"齎咨涕洟"亦是因離鄉、離親而悲傷嘆息,亦是因附麗新王,而得無咎也。

《象》曰:"齎咨涕洟",未安上也。①

【校注】

①荀爽曰:"去其骨肉,臣服異姓,受人封土,未安居位,故曰'齎咨涕洟,未安上也'。"當此爻最得其義。"未安上"者,尚未能盡心安順於新上,猶不忘其舊邦舊親。上雖當位,然與三不相應,故三之"嗟如",同此"齎咨涕洟",憂患不能盡解也。

【疏義】

萃卦言相聚之道,人與人相聚成群,群與群相聚可成部落、方國,部落、方國相聚可成大一統之國家。國家乃爲大聚所成,故聚之有道,亦即國家有道,推而廣之,則天地萬物皆聚之有道也。

大聚乃建構國家政教秩序,而達此目的必舉行重大之禮儀,其一爲王與來聚之部落、方國主,亦即諸大人同行盟誓之禮;其二爲王假有廟,祭祀祖先,而諸大人從祀。經此兩禮,則天下共一王之天命,王、大人皆在此一新建構之天命秩序中得其正位,於是乎舊命更爲新命,舊禮易爲新禮,舊民化爲新民也。

釋此萃卦,須明王與大人不能混謂之王公。王爲天命秩序之主,亦即聚之中心,大人則是來聚者,加入天命秩序中。卦體最關鍵處在於"剛中而應",亦即二應於五,五是新王,二是舊大人,舊大人來聚於新王,順天命,得新位也。又須注意者,此卦卦爻辭敍事,皆自來聚之大人爲言，故經屢言"无咎"，乃謂來聚者無咎也。此大聚其始或起於武，而其終成於文，故《象》云"君子以除戎器，戒不虞"，蜀才謂此乃"修行文事"，大得經義。萃卦之事，乃見文治之功也。

後儒説此萃卦，多未能區分王與大人之不同，亦未辨出假廟祭祀與大牲盟誓爲二禮，尤其未明此一卦中有新舊轉化之契機焉。

至於後儒説此萃卦大義，則各有所得焉。如程頤《易傳》謂萃之事必有大人，必以正，其云："天下之聚，必得大人以治之。人聚則亂，物聚則争，事聚則紊，非大人治之，則萃所以致争亂也。萃以不正，則人聚爲苟合，財聚爲悖入，安得'亨'乎，故'利貞'。"程氏尤重視"王假有廟"之義，其云："王者萃聚天下之道，至於"有廟"，極也。群生至衆也，而可一其歸仰；人心莫知其鄉也，而能致其誠敬；鬼神之不可度也，而能致其來格。天下萃合人心、總攝衆志之道非一，其至大莫過於宗廟。故王者萃天下之道，至於'有廟'，則萃道之至也。"推闡言之，則人萃、物萃、事萃，其本皆在精神之萃，必使君德民志，相應相孚，專一守正，而後萃道乃成也。

又如王夫之《周易内傳》謂萃之以道，則天下秩然有序，其云："蓋太極之有兩儀也，在天則有陽而必有陰，在地則有剛而必有柔，在人則有君子而必有小人，有中國而必有夷狄。惟凌雜而相干，斯爲大咎。乃陰以養陽，柔以保剛，小人以擁戴君子，夷狄以藩衛中國，陰能安於其類聚，而陽自聚於其所當居之正位，交應而不雜，則陰雖盛而不爲陽病，鬼神是以不亂於人，而佑人以福，愚賤以是自安其類，而貴貴賢賢得以彙升。此萃之所以聚衆美也。"王氏説義，亦可參考。

升

䷭巽下坤上

升：①元亨。用見大人，勿恤，南征吉。②

【校注】

①升，卦名，由巽☴、坤☷二單卦相重而成。《釋文》：“升，《序卦》
云：上也。鄭本作昇。馬云：高也。”升之本字，象量器，其上升、升
高之義，則同登，帛書本升作登，阜陽本亦作登，升、登通假。案此
升卦之升，兼有日升與人升兩象，鄭玄本作昇，即示日升之象，《集
解》引鄭玄曰：“昇，上也。坤地巽木，木生地中，日長而上，猶聖人
在諸侯之中，明德日益高大也，故謂之昇。”鄭云聖人如日長而上，
乃取日升之象喻聖人。帛書本、阜陽本作登，登，升也，乃取人升
之象，有聖人升高其位之義。考諸卦爻辭義，“允升”象日升，“冥
升”象日落，其象爲一日之内，自朝至暗，行祭祀之事。日自朝至
暗之變化，實兼有日升與日落兩者，此升即昇也。《説文》：“昇，
日上升。從日，上聲。古只用升。”而聖人藉此祭祀而有天命，有
天命而升位進德，此升乃登也，人之升上也。

②元亨，大亨通。又亨可讀如享，元亨即大享，謂大祭祀，亦通。《釋
文》：“用見大人，本或作‘利見’。”帛書本作“利見大人”。恤，憂
也。案推究整句卦辭，“用見大人”似含有恤，而云“勿恤”者，蓋
因“南征吉”，亦即南征則無恤，否則或有恤也。故“用見”不宜改

“利見”。“用見大人”,用,啟動詞,即由是顯現大人上升之形象,其間或有恤,以其行“南征”,則由恤轉吉也。“勿恤,南征吉”不當斷開。“南征吉”,貞問南征之吉凶,貞告爲吉。當文王時,西有昆夷之患,北有獫狁之難,是皆有恤;唯向南開拓,爲吉,無恤也。以岐山地理論之,周之開拓自岐山向東南方。朱駿聲《六十四卦經解》云:“此蓋托文王伐崇之事也。文王自岐遷程,程即畢郢,郢在岐東,崇在程南,克之而作都,所謂作邑於豐也。自程伐崇,爲南征。”

《彖》曰:柔以時升,巽而順,剛中而應,[①]是以大亨。[②]用見大人,勿恤,有慶也。[③]南征吉,志行也。[④]

【校注】

①案此三句當讀如“巽而順,柔以時升,剛中而應”。“巽而順”者,釋上下卦,言升卦之勢由下巽進至上坤。巽,訓入。《序卦》、《説卦》並云:“巽,入也。”下巽以剛中故能升入於坤。坤爲順,爲柔順之地。“柔以時升”者,柔謂六五,升,猶登,言六五以時而升登高位,以其柔居剛位,故曰時。“剛中而應”者,剛謂九二,以剛居中,上應六五。

②“柔以時升”謂五,“剛中而應”謂二,二五相應,二升居五,故云“是以大亨”。

③“用見大人”,舊注以大人專指六五爻,《集解》引荀爽曰:“大人,天子,謂升居五,見爲大人。群陰有主,無所復憂而有慶也。”余以爲,此升卦乃謂大人自二升五,二、五均有大人象,大人在二,猶乾九二之“見龍在田”,已顯現大人形象,然猶有恤,南征而後“勿恤”;大人至於五,終得“有慶”矣。慶,相親、相賀爲慶。

④“志行”者,藉南征而其志得行也。又《集解》引虞翻曰:“二之五,坎爲志,震爲行。”二之五後二、三、四互坎,坎爲心爲志,本卦三、四、五互震,震爲足爲行,意謂隨二之五,坎志行於震中,故云“志

行也"。虞由互體而言下志上行,與二升於五相應,亦可備一說。

《象》曰:地中生木,升。①君子以順德,積小以高大。②

【校注】

①此釋上下卦象,下巽爲木,上坤爲土,木上升,有自土中長出之象。《集解》引荀爽曰:"地謂坤,木謂巽,地中生木,以微至著,升之象也。"

②《釋文》:"以順德,本又作慎。"慎當爲順之借字。順,猶云順其勢而長。"順德"者,順乎德而升長也。《釋文》:"高大,本或作'成高大'。"與《集解》本同,惠棟《周易述》亦據俗本《中庸》增"成"字,而王引之《經義述聞》非之,謂仍當以"積小以高大"爲是,毋需改經。"積小以高大"者,意謂德之累積,由小至於高大。徐幹《中論·修本》云:"先民有言:'明出乎幽,著生乎微。'故宋井之霜,以基昇正之寒;黃蘆之萌,以兆大中之暑。事亦如之,故君子修德始乎笄丱,終乎鮐背,創乎夷原,成乎喬嶽。《易》曰:'升,元亨,用見大人,勿恤,南征吉。'積小致大之謂也。"案卦爻辭中可比較小大者,惟言"用禴"至於"用亨岐山",故傳所言積小致大者,宜當諸祭祀。古者德本乎命,先命後德,故欲由小德致大德者,必先由小祭祀致大祭祀,從而使小命致大命。故此"順德"之"積小以高大",當由祭祀之由小致大而觀知也。

初六,允升,大吉。①

【校注】

①于省吾《雙劍誃易經新證》謂"允升"之允,爲信然之辭,卜辭與事實相符每言允。允升者,信乎其升也。于訓允爲信然之辭,可從。而此言"允升"者,升當讀昇,謂日升而非人升,言日行有常,信然而初升。案《禮記·祭義》:"夏后氏祭其闇,殷人祭其陽,周人祭日,以朝及闇。"鄭玄注云:"夏后氏大事以昏,殷人大事以日中,周人大事以日出,亦謂此郊祭也,以朝及闇,終日有事。"孔穎達《正

義》云：“周人祭日以朝及闇者，以其尚文，祭百神禮多，故以朝及闇也。”此言“允升”，正謂日出之時，有祭祀將始之義。以祭祀將始，故云“大吉”也。

《象》曰：“允升，大吉”，上合志也。①

【校注】

①“上合志”，謂初六上合九二之志。初日始升，而二將行祭祀，乃一事也。案舊注多訓允爲當，以“允升”爲當升，意謂初六爲陰居陽位，當隨其上之陽爻而俱升，亦即“上合志也”。然初所隨之陽爻，一説指二、三，如《集解》引荀爽曰：“謂一體相隨，允然俱升。”王弼注亦曰：“允，當也。巽卦三爻，皆升者也。雖無其應，處升之初，與九二、九三合志俱升。”一説初惟隨九二，《集解》引《九家易》曰：“謂初失正，乃與二陽允然合志，俱升五位，故曰‘上合志也’。”余以爲，凡《象》傳言“上合志”，上下之間必有陰陽相應關係，初隨二升，二與五應，五《象》曰“大得志”，正初之所欲上合者，故以後説義勝。

九二，孚，乃利用禴，①无咎。②

【校注】

①同萃卦，以時祭取信於鬼神，故云“孚”。

②又云“无咎”者，同萃，禴爲殷禮名，意謂當此爻，文王之用禴，是尚未受命時所用之殷舊禮。

《象》曰：九二之孚，有喜也。①

【校注】

①“有喜”者，得鬼神之孚祐，故而心中喜樂。九二之孚，要在以“用禴”而得孚於鬼神。又此《象》云“有喜”，有別於《彖》言“有慶”，“有喜”當二，孚於神而尚未孚於民，未孚於天下，惟我有喜也；

"有慶"當五,既有孚於神,又有孚於民,故四方有慶也。

九三,升虛邑。①

【校注】

①升,登也。《釋文》:"虛,馬云:丘也。"虛、丘旁轉音近,《説文》:"虛,大丘也。"此云"虛邑",猶云邑中之虛,亦即邑中之高丘。"升虛邑"者,意謂登上邑中高丘,俾可以望遠。案此爻辭之義,可藉由《詩·定之方中》衛文公徙居楚丘事參互見之,詩曰:"升彼虛矣,以望楚矣。望楚與堂,景山與京。降觀于桑,卜云其吉,終焉允臧。"孔穎達《正義》云:"此追本欲遷之由,言文公將徙,先升彼漕邑之墟矣,以望楚丘之地矣,又望其旁堂邑及景山與京丘,言其有山林之饒,高丘之阻,可以居處。又下漕墟而往觀於其處之桑,既形勢得宜,蠶桑又茂美,可以居民矣。人事既從,乃命龜卜之,云從其吉矣,終然信善,非直當今而已。乃由地勢美而卜又吉,故文公徙居楚丘而建國焉。"衛文公事雖爲晚見,但蘊含古人徙居之程序,即先須登高丘以瞭望地勢物產,然後決之以龜卜,人事、鬼神既從,乃可以徙居。此爻之"升虛邑",當類似衛文公之"升彼虛",乃謂文王南征之前,登高丘而南望,預知將征伐之地形勢何如也。

《象》曰:"升虛邑",无所疑也。①

【校注】

①"无所疑"者,如經注所述,"升虛邑"乃徙居、征伐前之必要環節,經此登高瞭望,又或輔之以龜卜,則自當袪其所疑也。

六四,王用亨于岐山,①吉,无咎。

【校注】

①王,周之先王,或謂文王。《釋文》:"亨,馬云:祭也。鄭云:獻也。"用亨,行享祭之禮。岐山,太王所居曰岐山。《集解》引崔覲

曰:"此象太王爲狄所逼,徙居岐山之下,一年成邑,二年成都,三年五倍其初,通而王矣。"此解訓亨爲通,非享祭之義。朱駿聲《六十四卦經解》則云,此意指文王祭太王、王季之墓於岐山也。余案:朱説爲勝,南征之事,宜以文王當之,王弼注、孔穎達《正義》謂此爻當"文王之會",亦是歸諸文王。"王用亨于岐山"者,乃意謂文王將南征,享祭以告先公先王也。又此爻之"用亨",抑或指文王受天命之祭祀。王國維《觀堂集林》之《周開國年表》以文王元祀而後征南。

《象》曰:"王用亨于岐山",順事也。[1]

【校注】

[1]《尚書·康誥》:"乃汝盡遜曰時叙,惟曰未有遜事。"《荀子·宥坐》、《致仕》兩引此經文,"遜事"皆作"順事"。楊倞釋"順事"爲使人順守之事。於《尚書》言之,"順事"意謂順守刑法而行事;於此升卦言之,"順事"意謂順守天命而行事。"王用亨于岐山"當謂文王受命之祭,既得天命,則必順守天命而行事。又文王元祀而後南征,故此爻兼有祭祀與南征之義。南征在用亨岐山之後,是順天命而行之事也。案李光地《周易折中》云:"卦義柔以時升,六四初交上體,又位在巽坤之間,有南征之象,迫近尊位,有見大人之義,是爻之合於卦義者也。"李氏據六四爻位説此爻有南征之象,蓋因由巽入坤,坤在西南,亦略有得焉;而李説見大人亦在此爻,則不盡確,見大人當在此前之二爻,非唯四迫近之五也。

六五,貞吉,升階。[1]

【校注】

[1]貞吉,貞告爲吉也。升階,登階,升阼階也。"貞吉,升階"者,意謂南征既成,王得登其大位。朱駿聲《六十四卦經解》云:"此滅崇後,建豐邑作都,立靈臺辟雍,《詩》所云'遹追來孝'也。"

《象》曰："貞吉,升階",大得志也。^①

【校注】

①陽稱大,六五爲陰,不當稱大。此云"大得志",當溯至九二而言
之,意謂九二上行至於六五,乃得實現其志願。

上六,冥升,^①利于不息之貞。^②

【校注】

①《釋文》:"冥,闇昧之義也。又云日冥也。"當從後訓,冥即日冥,
"冥升"即日升入冥,實乃日落也。初言日出爲朝,上言日落則爲
闇,正合所謂"以朝及闇,終日有事"也。舊注釋"冥升",謂進而
不息,雖冥猶升,不確。升當同初,讀如昇,專謂日升,日升而至其
終,乃入於冥。

②息,長也。承前云"冥升",此"不息"指日落而不復長,亦即夜也。
"利于不息之貞"者,意謂貞問夜,貞告爲利。何以夜爲利? 以朝
及闇,祭事已畢,故夜可安利也。朱駿聲《六十四卦經解》亦云:
"此爻豐邑既成,安民休衆,不息之貞,言不動而貞固也。"

《象》曰:冥升在上,消不富也。^①

【校注】

①在上,謂在上爻。消,即不息。富,通福,《詩·瞻卬》:"何神不
富?"《毛傳》:"富,福。"不富,即神不祐福。"消不富"者,消而不
福,意謂至於夜,祭事已畢,故神不臨在,不祐福之也。案上六當
位應三,並無咎象,乃謂祭祀事終了而已。

【疏義】

升卦大義比較顯明,凡人之地位自卑升尊,如木自地中生長而出,
日漸高大,即升義也。而於卦爻辭所見,升乃關涉一整套之政教環節,
其若大人顯現其形象,由祭祀而受命,行使征伐權力,登階就位,而後

其升乃大亨通,大得志也。

升卦之主義,見諸二升五。二以剛中爲大人本位,其在二猶乾之
"見龍在田";上升至五則爲大人受命之位,然則其以柔居剛,其猶文王
之受命而未王天下,故其不若乾之"飛龍在天"矣。升要在有時,其時
義即在二之升五,以臣剛犯君柔,是非常道也,乃因時而起也。

舊注或謂此卦之升爲尚賢之事,賢人之升無所阻礙而登也。又或
以此卦二爲剛强之臣,五爲柔弱之君,二上升之際,必誠敬以事上。余
以爲此類之説不盡然。古來説此升卦者,多以文王事擬之。文王之升
也,乃自力之升,其德積小以高大,三分天下有其二,受命有周,此者絶
非殷紂尚賢之結果也。余以爲,尚賢之義,僅限於臣臣之範圍,然則臣
之升,至乎其極乃爲陰擬於陽,再升必犯君位。故升之極也,適當革命
之際。此卦尤當措意者,卦辭言及"用見大人"、"南征吉",乃意謂地
位上升之大人顯示其聖人之象,且擁有征伐之權力;爻辭言及"利用
禴"、"用亨于岐山",乃意謂大人變祭祀之舊禮爲新禮,以上承新命。
聖人、祭祀、征伐三者集於一,必爲王者之事。《集解》引鄭玄云:"猶
聖人在諸侯中,明德日益高大也。"又引崔覲釋此卦之《序卦》文云:
"用大牲而致孝享,故順天命而升爲王矣。"皆蘊有深意之説也。

此種以升卦蘊含革命之際之推斷,固爲後世儒家所不敢發也,而
轉爲調和之説,其如程頤《易傳》云:"處大臣之位,不得無事於升,當
上升其君之道,下升天下之賢,己則止其分焉。分雖當止,而德則當升
也,道則當亨也。盡斯道者,其唯文王乎?"又轉爲教誨之説,云:"君子
觀升之象,以順修其德,積累微小以至高大也,順則可進,逆乃退也。
萬物之進,皆以順道也。善不積不足以成名,學業之充實,道德之崇
高,皆由積累而至,積小所以成高大,升之義也。"

至於今之學者,或謂此升卦乃謂君子升位有道,上下和諧,已上者
不抑下,在下者不犯上,心存誠信,又順乎自然,升至其極,則思謙退云
云,則幾乎鄉愿也。

困

坎下兌上

困：①亨。②貞大人吉，③无咎。有言不信。④

【校注】

①卦名，由坎☵、兌☱二單卦相重而成。《釋文》：“困，窮也。窮悴掩蔽之義，故《彖》云‘剛掩也’。《廣雅》云：‘困，悴也。’”孔穎達《正義》云：“困者，窮厄委頓之名，道窮力竭，不能自濟，故名爲困。”案困之義不當泛言之窮困委頓，自卦爻辭推斷，此困當謂因某一特殊緣故而被禁閉於特定處所。《説文》：“困，故廬也，從木在口中。朱，古文困。”許慎之解字，後人莫知其意，徐灝注云：“故廬之訓，未詳所指。”余以爲，“故廬”當指禁閉罹凶災喪病者之處所。《禮記·曲禮》：“君無故玉不去身。”鄭玄注：“故，謂災患喪病。”又《周禮·春官宗伯·大宗伯》：“國有大故。”鄭注：“故，謂凶烖。”《天官冢宰·宮正》：“國有故。”鄭注：“故，謂禍災。”可知困字之本義，當爲禁閉在“故廬”内，不得隨意出入。段玉裁注云：“困之本義爲止而不過。”亦通此義。帛傳《繆和》以湯困於呂，文王困於羑里，秦繆公困於殽，齊桓公困於長勺，越王勾踐困於會稽，晉文公困於驪氏等事，説此困卦。劉向《説苑·雜言》引孔子曰與之同。《易緯·乾鑿度》及鄭玄注亦直謂此困卦當文王之囚羑里。故聖賢之遭困厄，乃爲困卦大義之一。然覈玩經文之意，

猶可嘗試爲説,困卦或事關初民之宗教禁忌。初民觸犯鬼神或沾染邪祟,則行禁忌之禮,將其人禁閉於故廬,又處之以荒野,然後以巫術禳解之,此或當困卦大義之二,而注家久晦矣。余以爲,徵諸卦爻辭,後一義尤古,前一義乃引申之説也。

② 亨,通也。《彖》云“困而不失其所亨”,大人初遭困,後乃脱困,是以亨通。又大人雖在困中,猶能内外相通。亦備一説。

③ “貞大人”者,大人貞問。大人以故遭禁忌,貞問之,告爲吉也。

④ 信,伸也。“有言不信”者,大人遭禁忌時,其言其命不得伸張,不能傳達於外。又信,訓相信之信,意謂觸犯鬼神而遭禁忌之大人,其言不爲人所相信。亦通。

《彖》曰:困,剛揜也。①**險以説,困而不失其所亨,其唯君子乎!**②**貞大人吉,以剛中也。**③**有言不信,尚口乃窮也。**④

【校注】

① 此釋困卦大義。《釋文》:“揜,本又作掩。虞作弇。”揜、掩、弇音義同。揜,通困。《禮記·表記》:“篤以不揜。”鄭玄注:“揜,猶困迫也。”故云“剛揜”者,乃謂剛爲柔所困。《集解》引荀爽曰:“謂二、五爲陰所揜也。”又孔穎達《正義》曰:“此就二體以釋卦名,兑陰卦爲柔,坎陽卦爲剛,坎在兑下,是剛見揜於柔也。剛應升進,今被柔揜,施之於人,其猶君子爲小人所蔽以爲困窮矣。”余以爲,舊説固通,然猶有可闡發者。傳文當作“剛弇”,弇或爲弇字,《集韻》:“僉,古文作弇。”故“剛弇”即“剛弇”,亦即“剛僉”。《集解》引鄭玄曰:“君子雖困,居險能説,是以通而无咎也。”“居險能説”當讀如“居僉能脱”,意謂君子處困,能自居於僉則能脱困。《説文》:“僉,約也。”段玉裁注云:“約者,纏束也。僉者,不敢放侈之意。古假險爲僉。《易》‘僉德辟難’,或作險。”剛爲陰所掩,是其困也,而君子能於困中居僉,則可以脱困也。君子謂二,在下坎中居僉,至於上兑,則得脱困矣。而君子居僉,適通遭禁忌之義,同

時亦意謂自我約束身心。

②下坎爲險，上兑爲説，故云“險而説”。案“險而説，困而不失所亨，其唯君子乎”句，乃言在二之君子。險讀如儉，説讀如脱。君子處困，以儉而得脱，故云亨。“其唯君子乎”者，居儉非常態，唯在二之君子能爲此。

③此句則言在五之大人。“剛中”者，九五得中得位，是脱乎困者也。案處二稱君子，處五稱大人，君子、大人所指一也。“貞大人吉，以剛中”者，意謂大人處五，以其剛中而守正，故可以制天命，轉凶爲吉。又君子在二，困在坎中，大人在五，則出乎兑，是知自二至五，乃爲一由困轉亨之過程。

④“有言不信”，當大人遭困厄之時，其言難以得到衆人相信。“尚口”，意謂口出怨言。《繫辭》：“困以寡怨。”即是不尚口之義。“尚口乃窮”者，意謂當困之時，素患難，行於患難，勿有怨言，勿以口舌申辯，否則愈加困窮。劉向《説苑·雜言》曰：“夫困之爲道，從寒之及煖，煖之及寒也。唯賢者獨知而難言之也。《易》曰：‘困，亨，貞大人吉，无咎，有言不信。’聖人所與人難言信也。”

《象》曰：澤无水，困。①君子以致命遂志。②

【校注】

①此釋上下卦象，下坎爲水，上兑爲澤。案澤爲水之匯聚，與湖泊類似，故當是澤上有水，卦象下水上澤，與常態相反，故王弼注：“水在澤下，困之象也。”王氏以“水在澤下”釋“澤无水”，乃意謂澤表面無水，實則其水貯於表面之下，其狀若沼澤地，入則陷溺其中，爲之所困也。

②“致命”之義頗難訓釋。古書致、至連言，《禮記·大學》先言“致知”，後言“知至”，《管子·兵法》亦有“致器”、“器至”連言之例，可知致然後至，意謂通過致力於某，以使某達其至。至，言得其當。《荀子·正論》曰：“不知順逆之理、小大、至不至之變者，未

可與及天下之大理者也。"楊倞注:"至不至,猶言當不當也。"故
傳所言"致命",當兼含致力於天命與達至天命之當二義。此困卦
大義乃在於天命之常變之際,當其常也,行善者獲福,爲惡者得
禍;當其變也,行善者不獲福,爲惡者不得禍。而君子處天命之
變,乃能知天命且制天命使其歸正焉。此義久晦,以至逆來順受
之説橫行。容再推闡釋之。其一,傳"致命"之"致",通"知",《禮
記・樂記》曰:"致樂以治心。"鄭玄注:"致,猶深審也。"審,知也。
審天命亦即知天命,此通乎孔子"不知命無以爲君子"之旨。《繫
辭》:"困以辨德。"德本於命,辨德須知命,知命即辨德也。其二,
"致命"之"致",又通"制",《孫子・虛實》:"故善戰者,致人而不
致於人。"致天命亦即制天命,此通乎荀子"制天命而用之"之旨。
故總括言之,則傳之"致命",乃言先知天命之正變,而後制而用
之,使變者復常,邪者歸正也。"遂志"者,遂,成也,實現君子之志
願。君子不"致命"則無以"遂志"。王弼注云:"處困而屈其志
者,小人也。君子固窮,道可忘乎?"

初六,臀,困于株,①**入于幽谷,三歲不覿。**②

【校注】

①舊注以"臀困于株"爲句,然參考九四"來徐徐,困于金車"、九五
"劓刖,困于赤紱"句例,此句亦當讀爲"臀,困于株"。臀,通屯,
屯者,聚也,有駐紮之義。《説文》:"株,木根也。""困于株"者,困
於木根,意謂困於木根之上,亦即困於樹上之屋,困於巢也。《禮
記・禮運》:"先王未有宮室,冬則居營窟,夏則居橧巢。"又楊樹
達《積微居甲文説》言臀字有高義,而困於巢者,適禁閉在高處也。
考諸人類學資料,以樹上之巢居爲禁忌之所,爲初民常見之俗。
前揭《説文》困古文作朱,字形從止在木上,或即止於巢之象。又
案帛書臀作辰,辰可視爲臀之通假,亦可據本字爲訓。辰,日月之
交,言天將明之際。則"辰,困于株"者,意謂在日出之前退藏於

巢,乃合經"入于幽谷"、傳"幽不明"之義,故亦可備一説。

②"三歲不覿",帛書作"三歲不覿,凶"。幽谷,幽暗之谷。又幽,囚
也,此指避居之地。三歲,概言其長。覿,見也。二句意謂罹禁忌
者,避居於幽谷之巢,長期不允許外人往見之。又帛本"入于幽
谷"作"入于要浴",要,身也,浴,洗去邪祟也。此或存古義,亦或
假借,可備考覈。

《象》曰:"入于幽谷",幽不明也。①

【校注】

①朱駿聲《六十四卦經解》云"幽不明"一本無"幽"字。《集解》引荀
爽曰:"爲陰所弇,故不明。"似荀本亦無"幽"字。王弼注、孔穎達
《正義》以爲,"不明"乃釋"幽"之義,"入于幽谷",亦即入於幽暗
不明之谷。余案:"幽不明"釋何以使之"入于幽谷"。"幽不明",
亦即幽囚之使不明。明爲顯形,不明即不顯形,使人不能覿之,不
與外人接觸也。又鬼神處幽暗,《禮記·檀弓》:"望反諸幽,求諸
鬼神之道也。"鄭玄注:"鬼神處幽暗。"使禁忌者入於幽暗之處,
亦欲其接觸鬼神也。

九二,困于酒食,①朱紱方來,②利用享祀,③征凶,无咎。④

【校注】

①"困于酒食"者,此卦之主人在禁忌中不得食酒食也。

②朱、赤,皆紅色,惟有深淺之別。紱,通市、韍、韠,於服飾謂蔽膝。
《集解》李鼎祚案云:"朱紱,宗廟之服。"恐非是。余以爲,此"朱
紱"與九五之"赤紱"當一指,亦即《周禮》中之"赤犮"。秋官司寇
職下有"赤犮氏,掌除牆屋,以蜃炭攻之,以灰洒毒之。凡隙屋,除
其貍蟲"。鄭玄注:"赤犮,猶言拣拔也。主除蟲豸自埋者。"賈公
彥疏:"拣拔,除去之也。"彼《釋文》云:"犮,徐音跋,畔末反,劉房
末反。"依劉音,犮,房末反,犮、紱音同。余疑"赤犮"絶非普通之

掌清除墙屋之蟲者,犮又通祓,《説文》:"祓,除惡祭也。"《玉篇》:"祓,除災求福。"故"赤犮"當屬古巫師之流,以法術禳除牆屋中之邪祟者也。"方來",依李氏説,言自外來。余案:《周禮》夏官司馬職下有"方相氏",狂夫,主驅疫者,鄭玄彼注云:"方相,猶言放想,可畏怖之貌。"其職文云方相氏蒙熊皮,黄金四目,玄衣朱裳,執戈揚盾。"方來"之訓當仿此,言"朱紱"以神怪可怖之貌而來也。

③案帛書九二、九五爻辭皆作"芳祀",芳爲享假借。竹書存九五爻辭,作"祭祀"。唯今本九二作"享祀",九五作"祭祀",二者固皆爲祀,然其用似有不同。當此九二,"享祀"義在以酒食獻鬼神,享,獻也。李鼎祚云:"二本陰位,中饋之職。"中饋,酒食所在焉。九二爲陰所困,主人不得食酒食,然當以酒食獻享鬼神也。

④"征凶"者,不利外出,出則凶;居而不出,則"无咎"也。

《象》曰:"困于酒食",中有慶也。[①]

【校注】

①九二不得位而得中,不得位故"困于酒食",得中故"有慶"。"有慶"者,以享祀,得鬼神之福祐。《詩·楚茨》及《閟宫》:"孝孫有慶。"慶,福祐也。案九五之"受福"同此"有慶"。

六三,困于石,據于蒺藜,入于其宫,不見其妻。[①]**凶。**[②]

【校注】

①豫六二"介于石",其石謂八音之石,如磬之屬;此"困于石"之石當同指。無所用曰困,"困于石"者,猶云不得用樂也。《周禮·春官宗伯·大司樂》曰:"凡日月食,四鎮五嶽崩,大傀異災,諸侯薨,令去樂。大札、大凶、大災、大臣死,凡國之大憂,令弛縣。"可知當災異降臨之際,必禁忌用樂。據,居處也。《釋文》:"蒺藜,茨草。"《爾雅》:"茨,蒺藜。"蒺藜同茨。《説文》:"茨,茅蓋屋。"《釋名》:"屋以艸蓋曰茨。"故此云"據于蒺藜"者,乃指居處在茅

茨之屋也。余以爲，此茅茨之屋，乃禁忌之所，非日常之居室。《左傳》桓公二年："清廟茅屋，大路越席。"杜預注："以茅飾屋，著儉也。"又《儀禮·士相見禮》："在野則曰草茅之臣。"推測此茅茨之屋，其位在野外，非其本位之宮室也。宮，在此指內室。"入于其宮，不見其妻"者，則意謂居於茅茨之屋時，當施行性禁忌。案主人在初六，幽囚於深谷，經二之襄除，在六三改居茅茨之屋，然仍在禁忌之中，其禁忌有三，一者禁聲樂，一者居茅屋，一者禁近女色也。

③此云"凶"，乃總言此爻行禁忌之過程中，主人有凶險。《繫辭》曰："《易》曰：'困于石，據于蒺藜。入于其宮，不見其妻，凶。'子曰：'非所困而困焉，名必辱；非所據而據焉，身必危。既辱且危，死期將至，妻其可得見耶？'"

《象》曰："據于蒺藜"，乘剛也。①"入于其宮，不見其妻"，不祥也。②

【校注】

①"乘剛"者，意謂三以茅茨之柔，乘於二剛之上。乘，猶掩也，在此意謂仍限止主人之行動。王弼注、孔穎達《正義》以二爲蒺藜，以"據于蒺藜"爲三柔乘二剛，非是。蒺藜同茅茨，爲草木，爲柔物，乃用以掩剛者，而非剛者，故蒺藜當謂三也。

②《集解》本祥作詳，當從。《左傳》成公十六年："詳以事神。"詳，周備。此云"不詳"者，前揭此際當禁近女色，若行交合之事，則於鬼神有所不敬也。

九四，來徐徐，困于金車，①吝，有終。②

【校注】

①來，還也，歸也。此"來"可理解爲出乎困，乘車還歸其本位。《集解》本"來徐徐"作"來荼荼"，《象》同。虞翻曰："荼荼，舒遲也。"

《釋文》:"徐徐,疑懼貌。馬云:安行貌。子夏作荼荼,翟同,荼音圖,云:内不定之意。王肅作余余。"案諸訓頗異,當以虞翻説爲本,荼荼,行緩貌,而之所以行緩,或以其禁忌未除,故有所疑懼,内心不安定。馬融云安行貌,則殊非也。《釋文》:"金車,本亦作金輿。"車、輿通。金車,金,通禁,《釋名》:"金鼓,金,禁也,爲進退之禁也。""困于金車",猶云拘禁於車中。

②"吝,有終"者,拘禁於車中,故"吝";然其終將至九五而解脱,故"有終"。

《象》曰:"來徐徐",志在下也,①**雖不當位,有與也。**②

【校注】

①"志在下",釋何以"來徐徐"。虞翻、王弼皆以下謂初,不確。余以爲,此"志在下"之下乃謂下卦,猶云身雖出乎下坎之困,心志尚未脱乎困,故有徐徐之貌。又二、四同功,二多譽,四多懼,故二有慶,四疑懼也。

②"雖不當位",謂四不當位。與,同輿,輿即金輿。"有輿"者,釋所以乘車,雖有車,然以不當位故,猶遭禁之在車也。

九五,劓刖,困于赤紱。①**乃徐有説,**②**利用祭祀。**③

【校注】

①《釋文》:"劓,徐魚器反。刖,徐五刮反,又音月。荀、王肅本劓刖作臲卼,云:不安貌。陸同。鄭云:劓刖當爲倪仉。京作劓劊。案《説文》:'劊,斷也。'"案劓刖,鄭讀爲倪仉,荀、王作臲卼,皆訓不安。如此訓釋,則此"劓刖"與上六之"臲卼"義重。余以爲,劓刖當據文直訓,《集解》引虞翻曰:"割鼻曰劓,斷足曰刖。"鄭玄等注家之所以不直訓而曲説者,惠棟《周易述》云:"九五人君不當有劓刖之象,故從鄭讀爲倪仉也。"是不知上古禁忌之事迹也。當大人遭禁忌,固不當施劓刖之刑於大人之身,然則作爲禳解之法,乃

可取用罪人代大人受此刑,抑或虚擬施之於大人,取其如行刑之動作,行有所斷除之儀式,乃以法術斷除其邪祟。而主持此種儀式者,必爲巫師,亦即赤紱,故云"劓刖,困于赤紱",二者一事也。九五"赤紱"與九二"朱紱",同指巫師,惟巫師施巫術之場合不同,前者在深谷幽囚之處,後者則在大人當位之處。

②徐,漸漸。説,脱也。巫師以法術祓除其邪祟,主人乃漸漸得以脱解其困。

③"利用祭祀"者,困既解脱,當祭祀以報鬼神。案九二"享祀",側重在以酒食獻鬼神,其時乃在困始;九五"祭祀",則側重在既脱困之後,祭祀鬼神以答謝。

《象》曰:"劓刖",志未得也。①"乃徐有説",以中直也。②"利用祭祀",受福也。③

【校注】

①"志未得"者,意謂當此之際,主人之神志尚未清明,受制於巫師也。

②中直,内心中正。坤《文言》:"直,其正也。"九五居中得位,故有大人中正之德,其德陰不可終掩,故將漸漸脱離困厄,其心志亦恢復中正。

③受福,受鬼神之賜福。《集解》引荀爽曰:"謂五爻合同,據國當位而主祭祀,故受福也。"余案:九五爻辭乃漸次言之,先言尚未離困境而不安,次言中正之德不可終掩,再次則以德致命而鬼神賜福,三事統而爲一也。

上六,困于葛藟,①于臲卼,②曰動悔有悔。③征吉。④

【校注】

①葛藟,藤蔓。《詩·樛木》、《葛藟》、《旱麓》三言葛藟,據《詩》義,葛藟纏繞、攀附於木,可喻依附於大人之衆親族、屬臣。"困于葛

蘲"者,意謂出困之大人,又爲周遭衆人所攪擾,有言不信。抑或謂未有賢臣輔助於主也。

②臲卼,動搖不安之貌,意謂根基不牢,故在葛蘲纏繞下動搖而不得安定。案大人當如木幹,其自身根基堅穩,而後可受葛蘲之攀附,若其自身根基動搖,受葛蘲之纏繞,則必有危也。

③帛書"曰動悔有悔"作"曰悔夷有悔",夷通遲,豫卦之"遲有悔",帛書本遲亦作夷,《詩·四牡》"周道倭遲",《韓詩》遲作夷。余以爲,帛書本此句當讀作"曰悔,夷有悔",與豫卦"悔,遲有悔"基本相同。故當以"困于葛蘲,于臲卼,曰悔"爲句,此一悔即由臲卼所生之悔,亦即由動搖不定所生之悔;"遲有悔"爲句,此一悔則意謂臲卼既生悔,則當速脫於葛蘲之糾纏,越遲疑則葛蘲之生越茂盛,悔上又悔矣。如案今本"曰動悔有悔"讀,王引之《經義述聞》云:"曰之言聿,語助也。有亦當讀又。上六處困之極,動輒得咎,故已悔又悔,當以'曰動'二字連讀,'悔有悔'三字連讀。"王説亦可通。

④征,行也。前云"困于葛蘲",此云行出乎葛蘲也。又"遲有悔",既行則無悔,吉也。

《象》曰:"困于葛蘲",未當也。①"動悔有悔",吉行也。②

【校注】

①上六當位而云"未當"者,以陰乘陽,與三柔掩二剛同例,此則六柔掩五剛,故云未當也。然則三、上雖同爲掩剛,三尚在禁忌中,故言凶;上已脫困,故言吉。

②"吉行"者,猶云知悔而行,行乃正也。案此困卦始於大人遭禁忌,有言不信,尚口乃窮,至此脫乎困,而舊有秩序已亂,故必使之重歸正軌焉。

【疏義】

程頤《易傳》云:"困而能亨,且得貞正,乃大人處困之道也。"然則君子當如何處困？君子之遭困，固非己德之有虧，乃天命、時運之不濟，故愈是處乎困境，愈見君子之德是否達乎貞正。君子有剛中之德，則身雖在窮困之中，而心不爲所困，且能處之泰然，體乎悦樂也。程子云：“下險而上説，爲處險而能説，雖在困窮艱險之中，樂天安義，自得其説樂也。”彭作邦《周易史證》云：“自古處困阨而不失其所亨者，舜遇井廪之變而彈琴自如，文遭羑里之囚而演《易》忘憂，夫子厄陳蔡而弦歌不輟，皆以剛中之德處困而亨者也。”

　　君子處困，必以其德。余以爲，君子處困之德，一必以儉德，一必以中直之德。儉德者，君子雖在困中，能自我克制，以堅定之意志忍受諸種之磨難也。《論語·衛靈公》：“子曰：‘君子固窮，小人窮斯濫矣。’”中直之德者，内心中正剛直，故能終不爲陰所掩，得脱困之吉也。徵諸上古《易》之時代，巫術尚流行，卦爻辭所述多巫術禁忌之事，不明於此，則此卦殊難解釋。故君子欲脱其困，固不能僅憑把持内在之德，亦須輔助以外在之禮，其禮即禁忌與祭祀諸儀式，以此可以禳除邪祟，以期致命遂志。《象》所云“致命遂志”，後儒或謂其殺身成仁，遂其高志，或謂其逆來順受，獨善其身，二者一過一不及，實未達經傳制鬼神而用之之深義也。

　　又後儒釋兑説，爲悦樂，故而謂君子雖身在困中，以猶能自我悦樂爲上。然則兑説於此卦，當以訓脱爲宜，兑乃脱困也。且玩味卦爻辭，自始至終憂患意識未消。司馬遷《史記·太史公自序》云：“昔西伯拘羑里，演《周易》；孔子戹陳蔡，作《春秋》；屈原放逐，著《離騷》；左丘失明，厥有《國語》；孫子臏脚，而論《兵法》；不韋遷蜀，世傳《吕覽》；韓非囚秦，《説難》、《孤憤》；《詩》三百篇，大抵賢聖發憤之所爲作也。此人皆意有所鬱結，不得通其道也，故述往事，思來者。”可知居困之際，憂患、發憤乃爲常情，必謂其悦樂，則嫌矯情矣。如前揭彭作邦説，以文王、孔子悦樂，爲困中能亨者，而以屈原以降諸人有所憤怨，爲尚不能亨者，未免强作分别，輕詆賢者也。

井

䷯巽下坎上

井：^①改邑不改井，无喪无得，^②往來井井。^③汔至，亦未繘井，羸其瓶，凶。^④

【校注】

①井，卦名，由巽☴、坎☵二單卦相重而成。井，水井，字象井欄之形。《釋文》列舉井卦諸義云："井，精領反。《雜卦》云：'通也。'《彖》云：'養而不窮。'《周書》云：'黃帝穿井。'《世本》云：'化益作井。'宋衷云：化益，伯益也，堯臣。《廣雅》云：'井，深也。'鄭云：井，法也。《字林》作丼，子挺反。周云：井以不變更爲義。師說：井以清絜爲義。"諸家皆以井卦之井，指水井，訓釋卦義則各據井卦得其一端，並通。井，通也，深也，井以清潔爲義，皆言井須渫而使之通，使之深，使之清潔，而後可以爲用。井以水養人，養而不窮，是言井之用。井，法也，是言井之用有法制。《集解》引鄭玄曰："井以汲人，水無空竭，猶人君以政教養天下，惠澤無窮也。"鄭義合法、養二義，故引申及政教。井以不變更爲義，是言井不可遷移，改邑不改井。案此井卦所言之井，非一家私有之井，當爲邑民公有之井。此井處在公共之地，其或處在邑之中心，因井爲市，邑民共用之，又或處在井田之中，井田之中爲公田，爲民所居，公田

中有共用之井，《穀梁傳》宣公十五年云："古者公田爲居，井竈葱韭盡取焉。"無論在邑之中抑或井田之中，此類之井乃屬公共財産，爲王官掌管，以法節制其用，以供養百姓，應劭《風俗通義》云："井，法也，節也，言法制居人，令節其飲食，無窮竭也。"故井卦大義，乃在王官管理公共之井，治井養民之道也。

② "改邑"者，李鏡池《周易通義》釋爲改換封邑，亦即此邑由舊主改換爲新主。"不改井"之"井"，乃邑中之井，其井爲邑之公共所有，故雖改換邑主，而不改易公共之井。此句卦辭涉及先民之公私混合之所有制，就井田言之，外圍之私田之大小可以變更，然中間之公田不變。進言之，外圍之私田可以變更主人，然中間公田爲公有則不可變也。以此類推，邑亦如是，故而云"改邑不改井"。"无喪无得"者，邑雖改換其主，而邑之公共之井、公共之産不可改變，故無所喪失，亦無所獲得。

③《公羊傳》宣公十五年何休釋"市井"云："因井田以爲市。"《風俗通義》引作"因井以爲市"，又云："因井爲市，交易而退。"故此云"往來"者，意謂民往來於市井。又《周禮·秋官司寇·野廬氏》："比國郊及野之道路、宿息、井、樹。"鄭玄注："井共飲食。"《周書·大聚》："闢闢脩道，五里有郊，十里有井，二十里有舍。"則古道路之中亦有公共之井，可供往來者飲食之需。"井井"，前"井"爲動詞，後"井"爲名詞，猶言"井乎井"，亦即利用井。故"往來井井"者，意謂往來於市，或往來於道路者，皆得利用井也。又王念孫《廣雅疏證》以"井井"謂作事有法，猶云井井有條。案《荀子·儒效》："井井兮其有條理。"此井井，乃據井田經界言之，非據水井言之，故不從也。

④ "汔至，亦未繘井"爲一事。汔，同幾。汔至，幾至。"汔至"者，言井中之水滿盈，幾至井口。王引之《經義述聞》讀繘同矞，訓爲出，是也。"繘井"意謂汲水出井。帛本"繘"正作"汲"。"亦未繘井"

者,井中之水將滿盈,本當汲出,然則却未汲出也。亦,語氣詞,言其應然而未然。何以井水將滿盈則當汲出?此即所謂"井渫",《風俗通義》:"不停汙曰井渫。"《管子·禁藏》云當春三月,"杼井易水",《輕重己》云教民"泄井",皆謂更易井水,以去井中之毒,使之清潔。故"汔至,亦未繘井"者,言井水滿盈而未能及時泄井易水也。"羸其瓶"則爲另一事。聞一多《周易義證類纂》謂羸當讀爲儡,《説文》:"儡,相敗也。"又《漢書·陳遵傳》引揚雄《酒箴》描述井瓶:"臧水滿懷,不得左右,牽於纆徽,一旦叀礙,爲甕所轠。"顔師古注:"纆徽,井索也。叀,縣也。甕,井以瓽爲甕者也。轠,擊也。言瓶忽縣礙不得下,而爲井甕所擊,則破碎也。"聞氏以爲,轠通儡,轠瓶,即儡瓶,亦即"羸其瓶",謂井瓶已破敗,不可以汲水。案經之言"凶",該此兩事,一者井水滿盈,當渫而未渫,一者井瓶破敗,二者皆凶也。《象》分釋二句,亦可爲證。

《象》曰:巽乎水而上水,井。[1]井養而不窮也。[2]改邑不改井,乃以剛中也。[3]汔至,亦未繘井,未有功也。[4]羸其瓶,是以凶也。[5]

【校注】

[1] 此釋上下卦,巽在下,坎在上。"巽乎水",巽,入也,下入井水。"上水",水上汲也。案舊注以巽爲木,爲桔橰,汲水機械。《集解》引鄭玄曰:"坎,水也。巽,木,桔橰也。互體離兌,離外堅中虚,瓶也。兌爲暗澤,泉口也。言桔橰引瓶下入泉口,汲水而出,井之象也。"鄭乃總上坎、下巽及互體離、兌四者,以説井之象,如此迂曲,大可不必。且巽木若謂桔橰,桔橰並不入水下,入水下者爲井瓶,乃陶製品,不當云木入於水也。

[2] "井養",言井水養民。

[3] 二、五皆剛中。王弼注云:"以剛處中,故能定居其所而不變也。"

孔穎達《正義》云：“此釋井體有常，由於二、五也。二、五以剛居中，故能定居其所而不改變也。”余案：此句關鍵在二，初明言爲舊井，二則仍此舊井而不改。九五乃改邑者，雖改邑，而不改二之舊井，唯修治利用之。又《集解》本“乃以剛中也”句後復有“无喪无得，往來井井”二句，王弼本無。孔穎達《正義》云：“‘无喪无得，往來井井’，皆由以剛居中，更無他義，故不具舉經文也。”案孔説是，“无喪无得，往來井井”，乃“改邑不改井”之果也。

④“未有功”者，未有井渫之功，亦可謂井未經渫治，則無利用之功。

⑤“是以凶”，以“羸其瓶”，故而凶。案井之修治，一者渫井易水，一者修整井壁、井臺、井欄、井瓶及桔槔等，“羸其瓶”，可概言與井有關之器具失修也。

《象》曰：木上有水，井。①君子以勞民勸相。②

【校注】

①下巽爲木，上坎爲水，合而爲井卦之象。案舊注釋“木上有水”，皆本《象》“巽乎水而上水”，謂以木入水而後又提水而上。然則巽爲木，爲桔槔，並不入乎水，乃在井上運作，升降井瓶以汲水也。《釋文》：“木上，如字。師又時掌反。”上讀時掌反，乃謂從下至上升起也。王弼注“巽乎水而上水”云：“音舉上之上。”《釋文》亦標注時掌反。可知此處“上”不指示位置，而指示動作。故“木上有水”猶云木使水汲上，而木指以桔槔爲樞紐之整套汲水機械也。

②勞民，徵勞於民，使民致勞於公共之井。《詩·民勞》所云“民勞”乃言民勞於王事，其義略同。勸，勸勉、鼓勵。相，助也。“勞民勸相”者，鼓勵民相助而共勞於井。案此傳言“勞民勸相”，大義在使民共勞於公共之産，以成公共之養。李道平《周易集解纂疏》云：“君子取法乎井，以恒産勞民，使之勸勉相助。”若李所云“恒産”言公共財産，則可謂得其義也。民勤於私産，而佚於公産，故君子當教之。

初六,井泥不食,①舊井无禽。②

【校注】

①泥,汙穢。井水汙穢,不可食用,故云"井泥不食"。竹書本泥作替,替,廢也,言井廢而不可食用,亦通。王弼注謂井泥指井底沉滯滓穢,井底有沉滯滓穢,則井不通也,故水位低,亦可云枯井。

②舊井,即廢棄之井。禽,禽獸。"舊井无禽"者,舊井没有禽獸來井畔飲水。王弼注曰:"久井不見渫治,禽所不嚮,而況人乎?"案王說適反,若井有水,人常用井,井畔多剩水,則禽獸亦來飲,舊井不用,人不來,禽亦不來也。王引之《經義述聞》以爲"井泥不食"之井謂水井,"舊井无禽"之井則謂陷阱,"舊井无禽"者,意謂舊陷阱中無陷落之禽獸。亦可備一說。考諸《周禮·秋官司寇·雍氏》,古者人之水源處,亦多禽獸來,故古人在溝、瀆、澮旁,設陷阱以捕禽獸。此卦之井,已廢成溝瀆,故其旁設陷阱,亦不無可能。

《象》曰:"井泥不食",下也。①"舊井无禽",時舍也。②

【校注】

①下,降也。猶言井水位下降。案"井泥"二字,言井水汙穢,並不一定指井水枯竭。注家指爲枯井,乃參覈爻位而言,初在下,且陰靜,是以泉不上涌。朱熹《周易本義》云:"井以陽剛爲泉,上出爲功,初六以陰居下,故爲此象。蓋井不泉而泥,則人所不食,而禽鳥亦莫之顧也。"

②舍同捨。"時舍",以非其時而暫時捨棄。案乾《文言》:"潛龍勿用,時舍也。"彼"時舍"言暫時停居,此"時舍"言暫時捨棄。治井之道,有其時,非其時,雖井廢而暫捨之,當其時,則起廢而修治之。此意謂在初,尚非修井之時也。

九二,井谷射鮒,①甕敝漏。②

【校注】

①王引之《經義述聞》謂谷猶壑,並引《莊子·秋水》中所說埳井之
　蠅擅一壑之水爲證。壑,溝也。帛本谷作瀆,《説文》:"瀆,溝
　也。"故"井谷"當謂井水漫流而出,在周遭積蓄成連片之溝壑。
　鮒,魚。《集解》引虞翻曰:"鮒,小鮮也。"王引之釋"射鮒"爲以弓
　矢射魚。射魚,必在溝壑中射之,非在深井中射之。"井谷射鮒"
　者,乃謂井水漫流而出,形成一片溝壑,其中有魚類,遂成人射魚
　之所。

②《釋文》:"鄭作甕,云:停水器也。《説文》作甕,汲餅也。"甕、甖
　同,即井瓶。"甕敝漏"者,意謂汲水之井瓶已久敝破漏。《集解》
　引虞翻以"甕敝漏"義同"羸其瓶"。案"甕敝漏",帛書作"唯敝
　句",竹書作"隹敝縷",阜陽本作"□敝屢"。又黃焯《經典釋文彙
　校》云雅雨本甕作雍。余以爲,唯、隹皆雍字之訛,雍同甕,此爻辭
　讀"雍敝漏"與"甕敝漏"皆可,然非如舊注釋爲汲水瓶,乃謂井口
　向上凸起之井垣部位,就其功用言之,既阻井水流出,又阻外水流
　入,是可謂雍。《周禮·秋官司寇·雍氏》鄭玄注云:"雍謂隄防
　止水者也。"故"雍敝漏"者,言用以阻止井水流出、外水流入之井
　垣破敗而漏矣。而其在井之狀,則若甕口,故亦可云"甕敝漏"。
　漏與句、縷、屢,皆可通假。"甕敝漏"乃補"井谷射鮒"之因,因
　"甕敝漏",故内水出,外水入,井之周遭形成溝壑。故《象》惟釋
　"井谷射鮒",不釋"甕敝漏"句。

《象》曰:"井谷射鮒",无與也。[①]

【校注】

①與,用也,或曰助也。"井谷射鮒"無關於井之用,或曰無助於井之
　用也。案初陰静,故井水枯;二陽動,故井水涌出。九二猶是舊
　井,然已長水,故此際可以修井也。

九三,井渫不食,爲我心惻。①可用汲,王明,並受其福。②

【校注】

①渫,通泄,更新井水以洗滌汙穢。《集解》引荀爽曰:"渫去穢濁,清潔之意也。"然則井既渫而清潔,則可食,而經言"不食"者,意謂王官控制既渫之水井,不許往來之民隨意取用。爲,猶使。《説文》:"惻,痛也。"《廣雅》:"惻,悲也。""爲我心惻"者,意謂井既渫而不許食,乃使我心中悲痛。

②"可用汲"竹書作"可以汲"。案"可以汲"意謂具備某種條件而後乃可汲,若師卦云"能以衆正,可以王矣"。故此三句當爲"王明"之後,乃"可用汲",乃"並受其福"。"王明",王明示用井之法。"可用汲"言民依法而汲水。"並受其福",王引之《經義述聞》訓並爲普,謂天下普受其福祉。應劭《風俗通義》云:"井,法也,節也,言法制居人,令節其飲食,無窮竭也。"

《象》曰:"井渫不食",行惻也。①求王明,受福也。②

【校注】

①行,且也,將也。"行惻"言一時之心惻,其後終將受福。

②求,企望。民企望王明示用井之法,而後乃可普受井養之福。三當位應上,爲修井之開端,然井渫僅爲第一步,故雖渫而不食用,忍一時之心惻,至上修井之功大成,乃受"有孚,元吉"之福。又注家或以"王明"當五,其説亦可用,三、四皆言治井之事,五乃明用井之法。既云"求王明",則"王明"不在此爻也。

六四,井甃,无咎。①

【校注】

①《釋文》:"甃,馬云:爲瓦裏下達上也。《子夏傳》云:脩治也。干云:以甎壘井曰甃。《字林》云:井壁也。"案甃乃自下達上以瓦修砌井壁,其包括在地面之下井之內壁,亦當包括高出地面之井垣,

乃連續築成一體。郭璞《井賦》：“爾乃冠玉檻，甃鱗錯，鼓鹿盧，揮勁索。”甃必在井上，故與玉檻皆可見其形也。上六“井收”，《釋文》云荀本作“井甃”，亦證甃當位在井上。朱駿聲《六十四卦經解》云：“三之渫，治井内，去汙也。四之甃，治井外，御汙也。”

《象》曰：“井甃，无咎”，修井也。①

【校注】

①“修井”，謂修井之甃，内雖渫治，外猶未修，故仍有過衍，修之則無咎害。案三、四皆治井之事，三當井有水，故渫之，四當井無水，故修之。朱熹《周易本義》云：“以六居四，雖得其正，然陰柔不泉，則但能修治而無及物之功，故其象爲‘井甃’。”案朱子説最諦，其就陰陽分井水之狀，陰不泉，陽出泉，故三有豐水象，四有枯水象，治井之事亦因此不同也。

九五，井洌，寒泉食。①

【校注】

①《釋文》：“洌，絜也。《説文》云：水清也。”洌同冽，水清潔也。“寒泉”者，舊注多不能釋之。寒泉，猶言冬季之井，冬季之井水少而清澈。寒，薄也。魏伯陽《周易參同契》：“井底寒泉。”此云“寒泉”，乃水量適當之貌。“井洌，寒泉食”者，井既得内外修治，井水清潔，水量適當，可食用也。

《象》曰：寒泉之食，中正也。①

【校注】

①“中正”者，言九五得中當位。九五爲新井之象，内外皆治，水潔適量，故云“中正”。又五爲王位，當此王以井養民，猶人君以政教養天下，惠澤無窮也。

上六，井收，勿幕，①有孚，元吉。②

【校注】

①《釋文》:"井收,馬云:汲也。陸云:井幹也。荀作甃。"案"井收",馬融訓汲。《集解》引虞翻曰:"收謂以轆轤收繘也。"收爲轆轤收繘之動作。轆轤爲井上汲水之機械,前揭《管子·禁藏》"杼井易水",《説文》:"杼,機之持緯者。"故杼之於井,即轆轤。杼井,即修治井之轆轤,使之運轉正常。故"井收"當從虞訓,謂轆轤收繘,既收繘,則水汲上也。《釋文》:"幕,覆也。"《集解》引虞翻曰:"幕,蓋也。"幕訓覆蓋,非謂覆蓋於轆轤之上,當謂覆蓋在井口,陸云井幹,荀云甃,皆指井口。陸、荀之訓,非訓"井收",乃訓"幕"。"井收,勿幕"者,前者言轆轤收繘,完成汲水,後者言既汲之後,勿覆蓋井口也。又案竹書作"井收勿寞",寞,無聲,静也,引申爲停止。井之轆轤運轉有聲,其"勿寞",意謂運轉之聲不停,猶云汲水不息。竹書較今本義勝。

②孚,信也。既教民渫井、修井、用井之法,則可信任其取用井水,官民相孚,是爲大吉也。

《象》曰:元吉在上,大成也。①

【校注】

①在上,謂居上爻,亦有在井上汲水之象。朱熹《周易本義》云:"井以上出爲功,而坎口不揜,故上六雖非陽剛,而其象如此。"大成,謂井養之道大成。《集解》引干寶曰:"井以養生,政以養德,無覆水泉而不惠民,無蘊典禮而不興教,故曰'井收,网幕'。网幕則教信於民,民服教則大化成也。"

【疏義】

井卦大義兼有數端,後儒各有所發明。井之常也,周也,爲其本體之義。程頤《易傳》云:"井之爲物,常而不可改也。邑可改而之他,井不可遷也,故曰'改邑不改井'。汲之而不竭,存之而不盈,'无喪无得'也。至者皆得其用，'往來井井'也。'无喪无得'，其德也常；'往來井井'，其用也周。常也，周也，井之道也。"

鄭玄則就井之功用闡發其養民之義，且以之喻教化之事，云："井以汲人，水無空竭，猶人君以政教養天下，惠澤無窮也。"孔穎達《正義》亦云："養物不窮，莫過乎井。"又李光地《周易折中》發揮君王尚賢之義，以汲井之水喻在上之君王取在下之才德之士。此義亦古，《史記·屈原列傳》、《潛夫論·釋難》及《明忠》、《中論·爵禄》數引此井卦辭，皆以"王明，並受其福"爲君王賢明，則群臣、百姓皆得受其福焉。

《雜卦》云："井，通也。"井必通而後可以養民、尚賢，而井之通必經修治之功。李過《西溪易説》云："井卦六爻，綱領最好。初'井泥'，二'井谷'，皆廢井也。三'井渫'，則渫初之泥，四'井甃'，則甃二之谷。既渫且甃，井道全矣。故五'井冽'而泉寒，上'井收'而'勿幕'，功始及物，而井道大成矣。"是將此卦諸爻順次説爲修井、用井之全過程，偏重於治道也。

鄭玄所揭"井，法也"者，尤當措意。此井卦之井，乃井田中公共之産，用此井者，必依法制。《藝文類聚》引後漢李尤《井銘》云："井之所尚，寒泉冽清，法律取象，不槩自平。多取不損，少汲不盈，執憲若斯，何有邪傾？"可知以井喻法，亦是由來久遠。

《象》云"君子以勞民勸相"，乃有以井爲中心，廣行耕作教化之義。彭作邦《周易史證》説之最詳，云："古者分田畫井，授民以耕，養民之道，莫大於此，故井者，養民者也。'勞民'者，以君養民，制田里，教樹畜，自井竈蔥韭以至瓜瓠果蓏之細，無不爲之區畫經理，各得其宜，而又爲之巡野觀稼，春省耕而補不足，秋省斂而助不給，王者養民之道備矣。'勸相'者，使民自相養也，死徙無出鄉，鄉田同井，出入相友，守望相助，疾病相扶持，於犁雲鋤雨之中，寓任卹睦婣之意，豈不大哉！"其説引申鋪陳釋傳，亦可備參考。

革

☲☱ 離下兑上

革：①巳日乃孚，②元亨，利貞，悔亡。③

【校注】

①革，卦名，由離☲、兑☱二單卦相重而成。《釋文》："革，馬、鄭云：改也。"孔穎達《正義》："革，改變之名。"均徑訓革爲改。按諸《說文》，獸皮治去其毛曰革，革作動詞，言治去獸皮之毛，革作名詞，則指去毛後之獸皮。又古書皮與革二字對文則分別，散文則通用，故此卦革指獸皮，不拘其有毛、無毛。若如舊注訓革爲改，乃取其動詞義。而余以爲，此卦之革，例同鼎卦之鼎，當用其名詞義，革謂革物，亦即指用獸皮製作之器物。革卦確有改變之義，然此義非自單一革字析出，乃由利用革物之事件見之。據卦爻辭考知，涉及革物者有三：其一"鞏用黃牛之革"，其革爲革製之盾；其二"巳日乃革"，其"革"爲"射革"之省文，"射革"乃爲軍中主皮之射，爲此卦革之最要者；其三則"虎變"、"豹變"，乃爲禮射，學中之射侯也。後二者關乎古射禮，革之改義，當由此中見之矣。余以"革"爲"射革"之省文，故當先明"射革"之爲事。《楚辭·天問》云"何羿之射革"，洪興祖《補注》："《禮》云'貫革之射'，《左傳》云'蹲甲而射之，徹七札焉'，言有力也。羿之射藝如此。"洪氏以"射革"同《禮記·樂記》所云"貫革之射"。而"貫革之射"乃

爲軍中所行射儀,《樂記》云武王既克殷,"散軍而郊射,左射《貍首》,右射《騶虞》,而貫革之射息也"。鄭玄注:"貫革,射穿甲革也。"孔穎達《正義》:"貫,穿也,革,甲鎧也,所謂軍射也。言軍中不習於容儀,及無別物,但取甲鎧,張之而射,唯穿多重爲善,謂爲貫革也。春秋養由基射七札是也。此既習禮射於學,故貫革之射止息也。"鄭、孔以"貫革之射"爲軍中射儀,所射之物爲甲革,而古田獵、征伐爲一事,故以其爲張獸皮而射之亦未嘗不可,皆軍中所行顯示武力之射。金文革字形爲$\bar{\mathbb{Y}}$、$\mathbb{Y}$,本爲整張獸皮展開之象形字;中部之$\boxminus$或訛爲$\boxminus$,遂會意以雙手張革,亦即用雙手把獸皮展開,變象形字爲會意字。[1] 何以張獸皮?用作射箭之靶的也。楊寬《射禮新探》謂古時習射,大別有二,即"主皮之射"與"禮射"。[2] 主皮之射象武事,乃張獸皮以射之;禮射則轉變爲文事,射於學宮,設侯而射之。此處"射革",似兼指二射,"射革"本指貫革之射,亦即主皮之射,轉變爲學中射侯,亦即禮射。徵諸經文,貫革之射,行於征伐之始,而征伐既成,又射虎侯、豹侯,則由主皮之射轉爲禮射矣。禮射之侯,亦以獸皮製之,朱駿聲《說文通訓定聲》:"大射之侯,用虎、熊、豹、麋之皮飾其側,而中又製皮以爲鵠。"可知射侯,亦可相沿而謂之"射革",較之軍中張獸皮而射,同用獸皮,惟由武而文,製作有精粗之別也。

②巳日,自古諸家多歧說,《集解》本作己。《集解》引荀爽、干寶說、王弼注作巳。于省吾、高亨等則以之同"巳事遄往"之巳,訓祀。竹書本作改,改同改,羅振玉《增訂殷墟書契考釋》云:"卜辭有從巳之改,無己之改,疑許書之改即改字,初非有二形也。"今學者據甲文、金文以巳即改字初文。"巳日"即"改日",同下云"改命"同例。日,謂日期,"改日"者,謂更改某一專有日期,余推測此一專

---

[1] 劉翔、陳抗、陳初生、董琨編著《商周古文字讀本》,第332頁,語文出版社,1989年。

[2] 楊寬《古史新探》,第310—337頁,中華書局,1965年。

有日期,乃爲王者對應之日。上古周祭先王,祭祀之天干日與先王之日干名相一致,某一日對應某一王,故王者更易,則其日亦必更改也。故"改日",意謂改王之日,亦即改王也。案王者以其專有之時應對上天之命,若天命改易,王者之時亦必改易,其若《詩·文王》:"有周不顯,帝命不時。"《般》:"敷天之下,裒時之對,時周之命。"王國維《周大武樂章考》云不、裒同丕。丕時之對,即帝以時對命。王者既受命,必改舊時爲新時,以新時顯新命也。《集解》引鄭玄説此卦涉及王者受命,改正朔,易服色,若以後起之三正説釋之,固有不確,然受命改時之事,當由來久遠矣。故"巳日乃孚"者,意謂王者改舊時以應新命,天下乃信服也。

③"元亨",大亨通,大嘉會。"利貞",貞告爲利。"悔亡",初始有悔,其後則悔將去也。

《彖》曰:革,水火相息。[1]二女同居,其志不相得,曰革。[2]巳日乃孚,革而信之。[3]文明以説,大亨以正。[4]革而當,其悔乃亡。[5]天地革而四時成,[6]湯武革命順乎天而應乎人。[7]革之時大矣哉![8]

【校注】

①此釋上下卦象,下離爲火,上兑爲水。《釋文》:"相息,馬云:滅也。"《集解》引虞翻曰:"息,長也。"案息訓滅與訓長看似相反,實則屬於同一呼吸間。《增韻》:"息,一呼一吸爲一息。"呼則不吸,吸則不呼,且呼與吸相繼而作,不可斷止。此卦之水火即若呼吸,《集解》引鄭玄曰:"水火相息而更用事。"就水火不相容言之,息猶滅也;就水火更用事言之,息猶長也。

②此亦釋上下卦,《説卦》:"離再索而得女,故謂之中女。"又:"兑三索而得女,故謂之少女。"故離、兑相重,乃象二女同居。二女皆志在男,而女與女之間,志不相得,如水火之不能相容、並存,必革其

一志,伸其一志。革乃使二女之志相一也。

③此句主釋下離。"巳日乃孚",下離之象,離爲日。《集解》引干寶説"巳日"即"天命巳至之日",其義通諸新命至而舊命改也。六二當位得中,故曰"有孚"。巳日,即革;信,即孚。"革而信之",意謂二將改其舊日,天下乃信孚也。《釋文》:"革而信之,一本無'之'字。"

④此句主釋上兑。文明謂離,説謂兑。由下離至上兑,是爲"文明以説"。"大亨以正"者,九五爲大,二五相應,故亨,得位得中,故正。

⑤《集解》引虞翻説,以此句釋九四,四失位當悔,革則悔亡。然按諸爻辭,三"征凶,貞厲",悔事在三,至四則"改命吉"而悔亡,可知此句當兼釋三、四。"革而當"之當,非言當位與否,應訓相值,意謂其革命相值於時,相值乎天道,則悔亡,有孚,吉也。

⑥革,去故更新。"天地革"者,天地萬物去故更新。"四時成"者,天地萬物生生不已,去故更新,乃成四時變化之序。孔穎達《正義》云:"'天地革而四時成'者,天地之道,陰陽升降,温暑涼寒,迭相變革,然後四時之序皆有成也。"

⑦湯革夏命,武革殷命,"湯武革命"概言以征伐行革命者。"順乎天"者,順乎天時之改變也。案改時而革命,爲順乎天,不改時而革命,爲不順乎天。《宋書·禮志》引高堂隆《改正朔議》:"按自古有文章以來,帝王之興,受禪之與干戈,皆改正朔,所以明天道,定民心也。"是改時與革命必相一。"應乎人"者,以天道下應人道。孔穎達《正義》云:"夏桀、商紂,凶狂無度,天既震怒,人亦叛亡。殷湯、周武,聰明睿智,上順天命,下應人心,放桀鳴條,誅紂牧野,革其王命,改其惡俗,故曰'湯武革命,順乎天而應乎人'。"則闡明其大義也。

⑧此贊"革之時",實指時,非"時用"、"時義"也。

《象》曰:澤中有火,革。①君子以治歷明時。②

【校注】

①此釋上下卦象，兌爲澤，離爲火，二者不能並存，必有革去者。《集解》引崔覲曰："火就燥，澤資濕，二物不相得，終宜易之，故曰'澤中有火，革'也。"

②歷，同曆，曆法。《集解》本作曆，曆爲歷後起別字，二字通用。朱駿聲《六十四卦經解》云："治曆，治歲時節氣之曆。明時者，明東作西成之時。"案《象》由古者改時應命引申至春秋以降之改正説，則革命之際必改正朔，正朔改，則曆法隨之而改，此爲王朝更迭之首務，故云"治歷明時"。又《續漢書·律曆志》引賈逵論曆，以天道參差不齊，曆法積久必舛，故亦當適時修改，以取合日月星辰所在，本諸《易》曰"治歷明時"。君子觀此革卦，見天命應時而改，知天道亦當如是，故以"治歷明時"值其變也。

初九，鞏用黃牛之革。①

【校注】

①此通遯卦六二"執之用黃牛之革"，革，革盾，守衛之器。案《詩·瞻卬》："藐藐昊天，無不克鞏。"鞏同固，《毛傳》："鞏，固也。"鄭玄箋："王者有美德藐藐然，無不能自堅固於其位者。"可知鞏意謂自堅固其位，其用黃牛皮所製作之革盾者，即自守而不動之義。此爻辭之革，亦取其革物之義，然非射革之革。

《象》曰："鞏用黃牛"，不可以有爲也。①

【校注】

①"不可以有爲"者，當其初，改日、改命之事尚未開始，故不可以有所作爲也。初雖得位，然不應於四，《集解》引虞翻曰："得位無應，動而必凶。"又李道平《周易集解纂疏》疏解干寶義云："喻文王有聖德，固守臣志而不變，《詩》云'遵養時晦'，《論語》曰'三分天下有其二，以服事殷'，是其義也。"

六二,巳日,乃革之,^①征吉,无咎。^②

【校注】

①巳日,讀如改日。革,射革之儀式。"乃革之",既已改日,乃射革
之。案此爻言改日與射革同時,此乃革命之發端必行之二事也。又
按楊寬説,經傳言射"不寧侯",其俗或將敵國國君之象圖於革上而
射之,[1]有巫術之效,此經雖未明言,然既於射革而後征伐,則圖將
征伐對象於革而射之,亦在情理中,有助於理解何以征伐前行射也。

②既行射革儀式,而後出征,吉也,其行將無咎害也。

《象》曰:巳日革之,行有嘉也。^①

【校注】

①嘉,善。《集解》引崔覲曰:"得位以正,居中有應,則是湯武行善,
桀紂行惡,各終其日,然後革之,故曰'巳日乃革之',行此有嘉。"
案崔讀巳作已,訓終,此不從。然崔説亦揭示桀紂與湯武之間發
生革命之義,湯武之行有善也。又嘉,嘉會。《集解》引虞翻曰:"嘉
謂五。"二得位得中而應往五,將與五有嘉會,亦是"行有嘉也"。

九三,征凶,貞厲。^①革言三就,有孚。^②

【校注】

①征伐之事有凶,貞告爲厲。

②言,指教命、號令。《詩·彤弓》:"受言藏之。"鄭玄箋:"謂王策命
也。"《國語·周語》:"有不祀則修言。"韋昭注:"言,號令也。""革
言"即變革之教命、號令。"三就",猶言數次下達。凡行射革,皆
射三次,此則謂變革之教命、號令須經屢次下達始得信服。案《集
解》引崔覲曰:"雖得位以正而未可頓革,故以言就之。夫安者,有

---

[1] 參見楊寬《古史新探》之"射禮新探"附録"關於射'不來候'或'不寧候'問題",第
334—337 頁,中華書局,1965 年。

其危也,故受命之君,雖誅元惡,未改其命者,以即行改命,習俗不安,故曰'征凶'。猶以正自危,故曰'貞厲'。是以武王克紂,不即行周命,乃反商政,一就也;釋箕子囚,封比干墓,式商容閭,二就也;散鹿臺之財,發鉅橋之粟,大賚於四海,三就也:故曰'革言三就'。"由崔説可見變革之事並非以征伐畢其功於一役。"有孚"者,以前三就,舊民終將信孚新主也。

《象》曰:"革言三就",又何之矣。[①]

【校注】

①何之,猶云又有什麽其他辦法。《左傳》昭公七年子服惠伯曰:"不行,何之?"同例。此意謂雖當"征凶,貞厲",唯有堅持做下去,不能半途而廢。又案《集解》引虞翻釋"湯武革命順乎天而應乎人",曰:"天謂五,人謂三。"故三之有孚,意謂堅持行此變革之事者,天、人終將以孚應之。

九四,悔亡,[①]有孚,[②]改命吉。[③]

【校注】

①"悔亡"者,九三猶有悔,至九四,則其悔者亡去也。案此爻乃革卦之樞機,《集解》引虞翻曰:"革而當,其悔乃亡。"

②"有孚",天人相孚於此際也。

③"改命",改命之禮成,亦即行革命之禮,除殷之舊命,鼎立周之新命,是爲吉也。

《象》曰:改命之吉,信志也。[①]

【校注】

①信,伸也。"信志"者,二、四同功,二改日,四改命,改日、改命而後王者之志得以伸展。案九四陽居陰位,以不正之位力行革命,其猶周逆取而伐殷。又《集解》引干寶曰:"爻入上象,喻紂之郊也。

以逆取而四海順之，動凶器而前歌後舞，故曰‘悔亡’也；中流而白魚入舟，天命信矣，故曰‘有孚’；甲子夜陣雨甚至，水德賓服之祥也，故曰‘改命之吉，信志也’。”案干說取武王伐紂事爲説解，於大義近之，故引之備參，而其具體而微者則嫌牽強。余以爲若以武王伐紂喻之，下離三爻，已竟征伐之事，上兌三爻則由武轉文，故此九四亦無關乎征伐，且以四爲紂之郊，抑五爲紂之國耶？不可通也。

九五，大人虎變，①未占有孚。②

【校注】

①“大人”者，王也。“虎變”者，王射虎侯以示其天命之革變。是爲禮射，經傳謂禮射行在學宮，然在此不必泥於學宮，或征伐後隨即行之者也。于省吾《甲骨文字釋林》據卜辭考殷時有戰後狩獵之習，《逸周書·世俘》叙武王克殷後亦大蒐於岐山之陽。[1] 此種戰後狩獵之目的，或在封賞征伐有功者，或示以武力，威服天下。又此亦即《樂記》所記武王克殷後所行之禮射，相別於克殷前所行之貫革之射也。據《周禮·天官冢宰·司裘》天子大射用虎侯、熊侯、豹侯，諸侯用熊侯、豹侯，卿大夫用麋侯。此卦所及大射，雖未必盡同後世之制，然以王射虎侯爲“虎變”，君子射豹侯爲“豹變”，當在情理之中。

②《集解》引虞翻曰：“占，視也。”未占，未能觀視此射禮者。王在征伐之後，復行大射禮，不僅參與此禮而觀視者懾服，遠方未參與此禮而未觀視者亦信服而順從。《集解》引馬融曰：“大人虎變，虎變威德，折衝萬里，望風而信，以喻舜舞干羽而有苗自服，周公脩文德，越裳獻雉，故曰‘未占有孚’矣。”

《象》曰：“大人虎變”，其文炳也。①

---

[1] 參見于省吾《甲骨文字釋林》“釋戰後狩獵”條，第 275—277 頁，中華書局，1979 年。

【校注】

①文,禮也,彰顯之威儀。炳,明耀也。"其文炳"者,五當位得中,革命之禮成,大人之威儀彰顯於天下。

上六,君子豹變,^①小人革面。^②征凶,居貞吉。^③

【校注】

①"君子豹變"者,意謂君子射豹侯,以射得諸侯之位,變而爲諸侯。《禮記·祭義》曰:"射侯者,射爲諸侯也。射中則得爲諸侯,射不中則不得爲諸侯。"《集解》引干寶說,論及"君子豹變"有天下既定,將帥之士使爲諸侯之義。

②此革當訓改,非革製之物也。面,王引之《經義述聞》云:"案《廣雅》曰:'面,鄉也。'革面者,改其所鄉而鄉君也。"兹申王說,先小人舊之所向,向舊君;今改其所向,則向新君。"小人革面"者,意謂殷之頑民由向商王,改爲向周王。《集解》引干寶曰:"君聖臣賢,殷之頑民皆改志從化,故曰'小人革面'。"

③"征凶,居貞吉"之主語當承前謂君子、小人,意謂不順從,有所反抗,則凶;而安居守正,則吉。又孔穎達《正義》云:"革道已成,宜安靜守正,更有所征則凶,居而守正則吉,故曰'征凶,居貞吉'也。"依孔說,則征凶之主語,乃謂革命之王者,意謂革道已成,而不及時由武轉文,猶行征伐不已,則凶。亦通。

《象》曰:"君子豹變",其文蔚也。^①"小人革面",順以從君也。^②

【校注】

①《倉頡篇》:"蔚,草木盛貌。"《集解》引虞翻曰:"蔚,薈也。"《說文》:"薈,草多貌。""其文蔚"者,言從王之臣薈聚,威儀繁盛之貌也。

②"順以從君"者,言君聖臣賢,以大射彰顯威儀赫赫,小人望之而從

化矣。案四、五、上三爻所言,當合觀爲一事,意謂四改命之後,通過行大射,大人、君子、小人乃依次而變,成一新秩序也。

【疏義】

革卦乃言變革之道,此一變革乃天地人之大變革,誠如《朱子語類》中所説,"須盡翻轉更變一番","徹底重新鑄造一番"。天地之變革,莫大於"治曆明時";人道之變革則莫大於"湯武革命"。革卦之大義在於湯武革命,而湯武革命乃以武力征伐,改朝換代,重建天下秩序。此義漢唐諸儒多有闡發,而至宋儒以降往往晦而不敢言者,革命之事,遂泛論爲政治與生活中常見之革除積弊、去故作新一類變革、改良之舉。革道亦成一謹小慎微、循序漸進之過程,若李光地《周易折中》引龔焕總論此卦六爻云:"初言'鞏用黄牛',未可有革者也,二言'巳日乃革',不可遽革者也,三言'革言三就',謹審以爲革者也,皆革道之未成也。四言'有孚改命',則事革矣,五言'大人虎變',則爲聖人之神化矣,上言'君子豹變,小人革面',則天下爲之丕變,而革道大成矣。"舊注説多類此,故録以備參。

余以爲,革卦之革命大義,必含三者。首先此卦之革命,乃武力征伐之革命。孔穎達《正義》云:"夏桀、殷紂,凶狂無度,天既震怒,人亦叛亡。殷湯、周武,聰明睿智,上順天命,下應人心,放桀鳴條,誅紂牧野,革其王命,改其惡俗,故曰'湯武革命,順乎天而應乎人'。計王者相承,改正易服,皆有變革,而獨舉湯、武者,蓋舜、禹禪讓,猶或因循,湯、武干戈,極其損益,故取相變甚者以明人革也。"孔説排除禪讓臆説,最合經義。其次此卦之革命,必以改時爲先。此時乃用以對應王者天命之時,故改時在征伐、改命之前,實則以此新時標識新王之新命也。後儒據此闡發出"治曆明時"乃至"改正朔"諸解,皆爲晚説。再次本注釋革,要在釋其爲"射革",而革命前後乃有主皮之射與禮射之改變,前者是改命,後者則是改命後新秩序之更生。故必明乎此卦改時、改命、改射三者之次第與功用,然後革命大義庶幾明矣。

鼎

䷱巽下離上

鼎:①元吉。亨。②

【校注】

①鼎,卦名,由巽☴、離☲二單卦相重而成。《釋文》:"鼎,法象也,即鼎器也。"亦即以鼎爲法象。余以爲,鼎之法象,乃法象革命之後重新建構之國家政體。考諸鼎器銘文,鼎之作必對應於天命、王命,天子之作鼎,乃對揚上天丕休,王公大臣之作鼎,乃對揚天子丕休,故天子受上天新命,王公大臣受王之新命,皆按禮法等級鑄鼎以象之。王弼注云:"鼎者,成變之卦也。革既變矣,則制器立法以成之焉。"是謂此鼎卦要義已不在革命,乃在制器立法。制器立法則意謂更新國家政體,使之亦隨天命之更易而由舊變新。《周易參同契》有云:"御政之首,革故鼎新。"而確立新政體首要又在立三公,鄭玄注、《九家易》等並謂鼎之三足象三公,《北堂書鈔》引應劭《漢官儀》云:"三公三人以承君,蓋由鼎有足,故《易》曰:'鼎,象也。'"三公下至百官受新王之命,作鼎對揚王休,有此鼎乃使之"正命凝位"也。又案鼎本爲炊器,燃木於鼎下,烹熟鼎中食物。其用有二:一供祭祀,一供飲食。供祭祀者,天子享上帝也;供飲食者,天子養聖賢,亦即養三公及百官。又鼎既作而用之,或用於祭祀,或用於飲食,其中食物、祭物,必隨時更新。商承

祚《殷契佚存》五八〇:"更丁午鼎从新。"即謂鼎中之物去舊更新。《雜卦》:"鼎,取新也。"可知鼎義尚新。又鼎復有烹飪調和之義。《集解》引鄭玄曰:"鼎亨孰以養人,猶聖君興仁義之道以教天下也。"則效用鼎之法以教化天下,爲此鼎卦之另一義也。

②"元吉",大吉。"元吉"爲此卦之占辭,下"亨"當爲一句,爲述辭,亨同烹,意謂鼎可煮熟食物。《釋文》於《彖》"以木巽火亨"下云:"本又作亯,煮也。"朱駿聲《六十四卦經解》曰:"愚按'元吉'是占辭,'亨'音烹,故《象傳》曰:'烹飪也。''是以元亨'當作'是以元吉'。"朱説是也,烹飪,故得以享上帝、養聖賢。

《彖》曰:鼎,象也。①以木巽火,亨飪也。②聖人亨以享上帝,而大亨以養聖賢。③巽而耳目聰明,④柔進而上行,得中而應乎剛,是以元亨。⑤

【校注】

①"鼎,象也",謂此卦有鼎之象也。何以取象?《集解》引鄭玄曰:"卦有木火之用,互體乾兌,乾爲金,兌爲澤,澤鍾金而含水,爨以木火,鼎亨孰物之象。"鄭用互體例,以巽、乾、兌、離四卦合釋,尤以下巽爲木,上離爲火言之。又如朱熹《周易本義》曰:"鼎,烹飪之器。爲卦下陰爲足,二、三、四陽爲腹,五陰爲耳,上陽爲鉉,有鼎之象。"乃對應六爻而言之。余案:"鼎,象也"者,意謂鼎之爲器,通體皆有所象徵也。《左傳》宣公三年有云"鑄鼎象物",《淵鑒類函》引類書有云:"鼎之爲象也,圜以象乎陽,方以象乎陰,三足以象三公,四足以象四輔,黄耳以象才之中,金鉉以象才之斷,象饕餮以戒其貪,象蜼形以寓其智,作雲雷以象澤物之功,著夔龍以象不測之變。至於牛鼎、羊鼎,又各取其象而飾焉。古人用意,皆有所取,非特爲觀美也。"故不必强牽互體卦象或六爻言之也。

②此釋上下卦及卦辭"亨"。下巽爲木,上離爲火。巽,入也,以木入

火,則火爨上,《集解》引鄭玄云"爨以木火"即此義。"亨飪",亨,讀烹,《釋文》:"亨,本又作亯,煮也。"飪,《釋文》:"飪,熟也。"亨飪,即煮熟食物。王弼注曰:"亨飪,鼎之用也。"前云象物之法,此云亨飪之用,乃爲鼎卦之二義也。

③聖人,此謂王。享,獻祭。"聖人亨以享上帝"者,意謂王以鼎烹熟食物,以獻祭於上帝、祖先。大,言國也,猶小畜之蓄財於家,大畜蓄財於國,"而大亨以養聖賢"者,國以鼎烹熟食物,以養聖賢。此云聖賢,當謂三公及百官。

④"巽而耳目聰明",乃釋下卦。巽,謂下巽,下巽以養人爲主,王弼注云:"聖賢獲養。"養則使人耳目聰明。《墨子·節用》:"古者聖王制爲飲食之法曰:'足以充虛繼氣,強股肱,耳目聰明,則止。'"則"耳目聰明"乃飲食所養致也。

⑤此鼎傳云"柔進而上行,得中而應乎剛",睽《彖》亦云"柔進而上行,得中而應乎剛",余在彼睽卦云"柔進而上行",言下兌以柔悅之德而上行,"得中而應乎剛",言上離五得中而下應二之剛。類比此鼎卦,則當言下巽以柔順上行,上離五得中而下應二剛。又此卦下巽養人,上離享天,天人皆得,是以大亨。依朱駿聲說"元亨"作"元吉",亦通。

《象》曰:木上有火,鼎。①君子以正位凝命。②

【校注】

①此釋上下卦象,下巽爲木,上離爲火,合而爲鼎。《集解》引荀爽曰:"巽入離下,中有乾象。木火在外,金在其內,鼎鑊亨飪之象也。"又曰:"木火相因,金在其間,調和五味,所以養人,鼎之象也。"

②位,鼎之位也。鼎乃象尊卑之序,鼎正,則尊卑之序正。王弼注釋"正位"爲"明尊卑之序",是也。凝,凝固,使之穩定。《釋文》:"凝,嚴貌。鄭云:成也。翟作擬,云:度也。"凝訓嚴貌,同王弼說,

然釋"凝命"爲"成教命之嚴",則不確。此云命者,非謂教命,乃與位相應之命,君子受命而作鼎,鼎正則命有常,鼎不正則命無常也。鄭玄訓成,《集解》引虞翻亦訓成,可從之。而翟玄作擬,訓度,似別有理解。擬、度,乃言兩相準,故"正位擬命",意謂正其位,使其位與天命相準也。此說頗有深義,值得參考。余案:傳言"君子以正位凝命"而非王,則"正命凝位"者,當指三公及百官,故其體現國家政體之秩序。周革殷命,既完征伐,必重新確立親親、賢賢之秩序,享上帝,養聖賢,其天命自上而下分有,命與位相當,以鼎象之,乃能凝定而永恒。朱駿聲《六十四卦經解》云:"荀子曰:'兼并易能也,惟堅凝之難焉。故凝士以禮,凝民以政,夫是之謂大凝。'即所謂凝命也。"

初六,鼎顛趾,利出否,①得妾以其子。②无咎。

【校注】

①《釋文》:"顛,倒也。"趾,鼎足。"鼎顛趾",意謂鼎倒置,鼎足在上。《釋文》:"否,惡也。"意謂鼎中惡物,舊殘餘。

②妾,通接。《白虎通》:"妾,接也。"《釋名》:"妾,接也。"均妾通接之證。接同扱,《説文》:"扱,收也,或作接。"子,同滋。《史記·律書》:"子者,滋也,滋者,言萬物滋於下也。"是子同滋,可指滋生於下者。又《管子·禁藏》:"杅井易水,所以去兹毒也。"兹同滋,指井底積存之汙水。可知此言"其子"即"其滋"者,即鼎底部殘餘之汙物。故"得妾以其子"當讀如"得接以其滋",亦即鼎倒置,可藉此收取鼎中殘餘之物,清潔鼎内。此句乃進而言"出否",故當連上文。王弼注曰:"處鼎之初,將在納新,施顛以出穢。"略得之,惜未讀通"得妾以其子"句。

《象》曰:"鼎顛趾",未悖也。①"利出否",以從貴也。②

【校注】

①《釋文》:"悖,逆也。"王弼注曰:"倒以寫否,故未悖也。"乃言雖顛倒之,然倒以瀉否,未悖逆於用鼎之道。如用鼎祭祀、飲食之際,鼎顛趾,乃大悖;而此時尚未用鼎,乃用鼎前之清潔舊鼎,是以未悖也。

②孔穎達《正義》曰:"'以從貴'者,舊,穢也,新,貴也。棄穢納新,所以從貴也。"余案:初棄穢而尚未納新,貴者,王公大臣謂之貴。故"以從貴"者,意謂鼎既清潔,將爲王公大臣所用也。初乃無位之爻,雖不當位,其上爲二所用,故"未悖"、"從貴"也。

　九二,鼎有實。①我仇有疾,不我能即,吉。②

【校注】

①實,滿也。"鼎有實",鼎中充滿食物。

②《釋文》:"仇,匹也。"我仇,指當與我同食鼎中實者。疾,病也。朱駿聲《六十四卦經解》引證《詩・伐木》云:"陳饋八簋,鼎有食也;諸父諸舅,我仇也;寧彼不來,疾不能即也。"頗得經義。至於鄭玄、虞翻以爲"我仇"謂四,王弼、孔穎達以爲謂五,則皆涉牽強。經義乃意謂君子當二之際,鼎有實而我仇不來,我可以自食自養也,故云"吉"。

　《象》曰:"鼎有實",慎所之也。①"我仇有疾",終无尤也。②

【校注】

①"所之",有所遷動。二鼎中實,充滿食物,移動必慎,故云"慎所之"。

②"終无尤"者,我仇來即,或有尤,不我來即,故無尤也。

　九三,鼎耳革,其行塞,雉膏不食。①方雨虧,悔,終吉。②

【校注】

①革,以革有所束。革,同勒,勒,抑也。此云"鼎耳勒"者,以革或繩索繫住鼎耳,使之在烹飪時位置固定。"其行塞"者,塞,阻也,鼎不能移動。《釋文》:"鄭云:雉膏,食之美者。""雉膏不食",鼎中正在烹飪之食物不得食用。

②方雨,不巧逢雨。虧,損。"方雨虧",言正在烹飪之食物逢雨有所虧損。食物虧損,故"悔",而鼎未傾覆,食物保全,故"終吉"。

《象》曰:"鼎耳革",失其義也。^①

【校注】

①義,宜也,亦即用鼎之權宜。用鼎之道,先用火炊於外,然後遷鼎至於食所。"鼎耳革"乃謂在外炊鼎時,鼎被固定住,不能移動,遇雨則難避而有虧,是以"失其義也"。李道平《周易集解纂疏》云:"雖方雨虧悔而終必獲吉者,以三本正也。"李説是也,此鼎卦唯九三一爻當位,爲鼎位端正之象也。

九四,鼎折足,覆公餗,^①其形渥,凶。^②

【校注】

①折,翻折。《二三子問》孔子曰:"鼎大矣,鼎之遷也,不自往,必人舉之。""鼎折足"者,意謂人舉鼎而遷之際,不得其法,不慎翻覆,其狀若折足也。公謂王公。《釋文》:"餗,虞云:八珍之具也。馬云:鍵也。鄭云:菜也。"王引之《經義述聞》謂馬融説爲是,餗訓鍵,鍵即饘,同鬻,此云餗,即餗鼎,鼎中盛饘鬻,此處可指裝滿烹熟之食物之鼎。而"公餗",亦即王公之餗鼎。

②"其形渥",王弼注:"渥,沾濡之貌也。"亦即身體爲鼎中湯水所沾濡。又《釋文》:"渥,鄭作剭。"鄭玄注《周禮》引此作"其刑剭",且以之同《周禮·秋官司寇·司烜》所云"屋誅",即誅殺大臣於屋中。余以爲,王、鄭之説皆不確。"其形渥"當從帛書作"其刑

屋”。刑同鉶,盛羹之具,猶碗。屋同幄,古人以帳爲屋,屋爲帳幕下覆之形,故屋亦訓蓋。此云“刑屋”,意指鉶倒扣過來,其狀若屋。鼎覆鉶亦覆,其不得食必矣。帛傳《二三子問》云:“《易》曰:‘鼎折足,復(覆)公莡(餗),其刑屋(渥),凶。’孔子曰:‘此言下不勝任也。非其任而任之,能毋折虖(乎)?下不用則城不守,師不戰,内亂□上,謂“折足”。路其國,[無(蕪)其]地,五種不收,謂“復(覆)公莡(餗)”。口養不至,飢餓不得食,謂“刑屋(渥)”。’二厽(三)子問曰:‘人君至於饑乎?’孔子曰:‘昔者晉厲公路其國,無(蕪)其地,出田七月不歸,民反諸雲夢,無車而獨行,□□□□□□公□□□□□□□□□□饑(?)不得食亓〈六〉月,此“其刑屋(渥)”也。’”帛傳以“口養不至,飢餓不得食”釋“刑屋”,正與余説相應。

《象》曰:“覆公餗”,信如何也。[①]

【校注】

①信,誠,無疑也。如何,猶如之何。孔穎達《正義》云:“言信有此不可如何之事也。”此乃嘆其不勝其任,實在無可奈何。《繫辭》云:“子曰:‘德薄而位尊,知小而謀大,力小而任重,鮮不及矣。《易》曰:“鼎折足,覆公餗,其形渥,凶。”言不勝其任也。’”

六五,鼎黄耳,金鉉,[①]**利貞。**

【校注】

①黄,光也。“鼎黄耳”,鼎耳光亮。金,黄銅,金鉉,即以黄銅所製之鉉,亦可云其光亮顯著也。余案:《釋文》:“馬云:鉉,扛鼎而舉之也。”《説文》:“鉉,所目舉鼎也。”注家或謂鉉爲以横木貫穿鼎之兩耳,然後抬舉之。而據考古實物考之,鉉之舉鼎須兩步驟,先以兩銅鉤勾住鼎耳,兩銅鉤間繫有繩,復以横木擔繩,由此抬起鼎。故銅鉤可謂鉉,横木亦可謂鉉。此有黄耳、金鉉,遷鼎得法,故云

"利貞"。貞,正也,鼎遷而保持中正。

《象》曰:"鼎黃耳",中以爲實也。①

【校注】

①中,謂六五居中。爲實,有飲食之實。"中以爲實"者,意謂五居中,鼎有實也。黃耳、金鉉,用鼎有道,故鼎中有實。案六五不當位,本無實,然則遷二鼎以養之,故五之有實,緣二之有實也。

上九,鼎玉鉉,大吉,无不利。①

【校注】

①"鼎玉鉉"者,玉鉉,以玉裝飾之橫木,所以抬起鼎者也。有此金玉之鉉,則可以隨意遷鼎至飲食、祭祀之所,養聖賢、享上帝也。故云"大吉,无不利"。

《象》曰:玉鉉在上,剛柔節也。①

【校注】

①"金鉉"爲鉤,鉤間連繩,其狀柔;"玉鉉"爲橫木,其象剛。金玉之鉉得用之宜,是謂"剛柔節也"。就爻位言之,二鼎有實,三、四不能剛柔節,故用鼎不得其道,亦不能食鼎中實;五、上剛柔節,則可以遷鼎,得食鼎中實也。注家或以"剛柔節"謂君臣相臨,剛柔得節。五君位柔,上臣位剛,孔穎達《正義》云:"以剛履柔,雖復在上,不爲乾之亢龍,故曰'剛柔節也'。"余以爲,經陰居五,每爲聖賢之象,上則每爲宗廟位,故據《象》言之,五爲養聖賢,上爲享上帝也。

【疏義】

《雜卦》云:"革去故也,鼎取新也。"王弼注據此義,自鼎之吐故納新,引申至用新人與建立新法制,然後使法制應時,賢愚有別,尊卑有序,乃成鼎道之功也。程頤、朱熹以降注家説此鼎卦,則多據《象》傳烹飪之義,下巽上離,木入火中,有烹飪之用,遂得以食物養聖賢、享上帝也。

　　余案:革、鼎二卦相連,革既革命,鼎遂確立政體,亦即所謂"定鼎"。《象》云"君子以正位凝命"最得鼎卦大義,新政體既確立,王公大臣皆在其中受命而有位,此命此位皆見諸其鼎,鼎立則命、位成定,鼎覆則命、位皆失也。鼎上關乎國家,下繫乎祿位,可謂大矣、重矣!其材其德勝其器,則得其養也;其材其德不勝其器,則招致刑殺。漢儒特重此卦之九四爻,讀爻辭"形渥"爲"刑劅",以爲誅殺不能勝任之大臣,如鄭玄注云:"若三公傾覆王之美道,屋中刑之。"董仲舒《春秋繁露·精華》云:"以所任賢,謂之主尊國安,所任非其人,謂之主卑國危,萬世必然,無所疑也。其在《易》曰:'鼎折足,覆公餗。'夫鼎折足者,任非其人也;覆公餗者,國家傾也。是故任非其人而國家不傾者,自古至今未嘗聞也。"《漢紀·孝武皇帝紀論》云:"夫封必以功,不聞以位。孔子曰:'如有所譽,必有所試矣。'譽必待試,況於賞乎?《易》曰:'鼎折足,覆公餗,其刑劅,凶。'若不勝任,覆亂鼎實,刑將加之,況於封乎?"

　　又經所述及用鼎之事,可觀者四:一爲吐故納新,二爲用鼎烹飪,三爲遷鼎,四爲鼎食。若初、二,吐故納新事也;若三、四,正當木火相交,有烹飪之事,又繼以用鼎、遷鼎不當,有損毀之事;若五、上,則用鼎、遷鼎有道,遂得鼎食,養聖賢、享上帝。鼎之大義,當兼取新與中正。鼎之吐故納新,僅爲初始義,繼而之烹飪、遷鼎過程,皆須保持鼎之中正,中正爲得,否則爲失。用鼎合乎中正,則鼎實可食,養聖賢、享上帝之功終成矣。

震

䷲震下震上

震：①亨。②震來虩虩，笑言啞啞。③震驚百里，不喪匕鬯。④

【校注】

①震，卦名。由二單卦震☳相重而成。《釋文》：“震，動也，象雷。”震象雷，乃其總象，析言之，則震專指雷中之霹靂，以閃電擊物者。《左傳》昭公四年：“雷不出震。”孔穎達《正義》：“言有雷而不爲霹靂也。”《説文》：“震，劈歷。振物者也。《春秋傳》曰‘震夷伯之廟’。”余案：許慎釋震引《春秋傳》，別有深意，僖公十五年“震夷伯之廟”，《公羊傳》以爲“天戒之”，《左氏傳》云“罪之也”，則震爲福禍之主，其機乃應德之有無，有德者福之，不震其廟，無德者禍之，震其廟，故君子聞雷必變，恐懼修省，庶幾無過悔也。此乃震卦大義所在焉。王充《論衡·雷虛》：“《論語》云：‘迅雷風烈必變。’《禮記》曰：‘有疾風迅雷甚雨則必變，雖夜必興，衣服冠而坐。’懼天怒，畏罰及已也。”此雖王充所欲批駁者，然正是上古以降之傳統觀念，與此震卦適相關。又案聞雷則懼，懼其無常也，然則雷之振物，可爲無常之天罰，亦可爲有常之振奮萬物，其如人君之發號令，《集解》引鄭玄曰：“震爲雷。雷，動物之氣也。雷之發

聲，猶人君出政教以動中國之人也，故謂之震。人君有善聲教，則嘉會之禮通矣。"鄭説乃推天道至人事。

②亨，通。此卦有雷先來後往之象，雷往來而無咎害，故亨通也。依前揭鄭玄説，則王者教令如雷聲之往來，嘉會之禮通也。

③《釋文》："虩虩，馬云：恐懼貌。鄭同。荀作愬愬。"朱駿聲《六十四卦經解》云："一本作覤覤。"虩、愬、覤三字通，皆有恐懼義。《毛公鼎》有"虩虩許許"，恐懼貌。"震來虩虩"者，形容雷之來勢洶洶，令人恐懼。《論衡·雷虛》引漢舊説，以雷有擊折者爲天怒，不擊折者爲天喜。"虩虩"意謂人懼天之怒，畏爲霹靂所擊也。《釋文》："啞啞，馬云：笑聲。鄭云：樂也。""啞啞"，擬笑聲。"笑言啞啞"者，意謂人悦天之喜，知此雷來爲天喜而非天怒，不震宗廟社稷，故喜樂而笑。《藝文類聚》引傳東方朔《神異經》："玉女投壺，天爲之笑，則電。"《北堂書鈔》引作："玉女與天帝投壺，天爲之笑，今電光是也。"可知天怒示以震，天喜亦示以震。由此通釋此二句，震雷之來，或兆天之怒，或兆天之喜，人應乎天意，則或"虩虩"而懼，或"啞啞"而笑也。

④驚，警戒也。雷聲聞於百里，百里之内同雷，百里之外不同雷。案《集解》引鄭玄曰："雷發聲聞於百里，古者諸侯之象。"孔穎達《正義》云："先儒皆云，雷之發聲，聞乎百里，故古帝王制國，公侯地方百里，故以象焉。"故此云"震驚百里"者，意謂雷之警戒範圍以百里爲限，與諸侯之地相應也。喪，于省吾《雙劍誃易經新證》讀同爽，差失也。匕鬯，謂祭祀。《釋文》："鬯，香酒。"王引之《經義述聞》引許慎《説文》，以匕同枇，爲取鬯酒之器，祭祀之禮，尸祭鬯酒，則以枇報之。"不喪匕鬯"，言祭祀之事當雷之際，動作無有爽失。"震驚百里，不喪匕鬯"者，意謂雷發聲聞於百里，警戒此百里之主，而此百里之主能守宗廟社稷，祭祀之事如常而行也。

《象》曰：震，亨。①**震來虩虩，恐致福也。**②**笑言啞啞，後有**

則也。③震驚百里，驚遠而懼邇也。④出，可以守宗廟社稷，以爲祭主也。⑤

【校注】

①二字同卦辭。孔穎達《正義》謂此言卦之名德，更無他義，或本無此二字。

②《莊子·逍遙遊》：“彼於致福者，未數數然也。”成玄英疏釋“致福”云：“致，得也。彼列禦寇得於風仙之福者。”王先謙《莊子集解》云：“成云：致，得也，得風仙之福。”余案：致不應訓得，當訓給予、送達，致福者，即給予列禦寇福者，風仙也。在此“致福”亦指背後主宰者雷，或致人福，或致人禍之神靈。“恐致福”，意謂恐懼此神靈也。

③則，常也。“後有則”者，意謂初恐懼天意爲怒，後知天意爲喜，故舉止如常也。何以知其間有怒喜之變？由初九爻辭之云“吉”也。又案“笑言啞啞”承前“虩虩”，前者爲恐懼之情，後者爲喜樂之貌，其變化於雷來去之際。

④此釋經“震驚百里”句。“驚遠而懼邇”者，雷之來，由遠及邇，雷震在遠，而人懼在邇。王弼注曰：“威震驚乎百里，則惰者懼於近也。”

⑤“出，可以守宗廟社稷，以爲祭主也”句，“出”字頗難解。孔穎達《正義》云：“出，謂君出巡狩等事也。君出，則長子守宗廟社稷，攝祭主之禮事也。”其説分君出與長子守，不確。余以爲，“出”，當謂震雷之出，亦謂諸侯之出封爲外國。《孟子·告子》：“出則無敵國外患者。”趙岐注：“出，謂國外也。”諸侯獲封百里之國，適與雷震百里相應，天人感應相一也。《逸禮·王度記》曰：“諸侯封不過百里，象雷震百里。”可知震雷之作與諸侯之封國可以比類。《説卦》：“萬物出乎震。”諸侯之出封，亦隨震而出也。又郭京《周易舉正》本“出”字前有“不喪匕鬯”四字。

《象》曰：洊雷，震。[1]君子以恐懼修省。[2]

【校注】

①此釋上下卦象，《爾雅》：“洊，再也。”二雷相重爲“洊雷”。又洊雷，猶云雷聲滾滾，非一聲而畢也。

②“恐懼”者，聞雷而畏天之警戒。《論語·鄉黨》：“迅雷風烈必變。”是其義也。修，戒也，敬也。省，省知其德命。《集解》引虞翻，以老子曰“修之身，德乃真”爲釋。案《道德經》曰：“善建者不拔，善抱者不脫，子孫以祭祀不輟，修之於身，其德乃真。”由此推闡，“君子以恐懼修省”者，意謂君子聞雷而畏天，祭祀不輟，小心翼翼，敬慎、戒懼其身，又能省察天意之喜怒，知德命之真也。《尚書·舜典》：“烈風雷雨弗迷。”是其義也。又孔穎達《正義》以“修省”爲“修身省察己過”，亦備一説。

初九，震來虩虩，後笑言啞啞，吉。[1]

【校注】

①初九爻辭與卦辭大致同，唯增一“後”字、“吉”字。案此同《象》，當明前後次序，意謂先懼天怒，後知天喜，故下云“吉”也。

《象》曰：“震來虩虩”，恐致福也。“笑言啞啞”，後有則也。[1]

【校注】

①此同《象》傳文。於爻位言之，初當位，象震雷始發，而雷始發，其喜怒之意難明，故先憂懼，後喜樂也。《集解》引干寶曰：“得震之正，首震之象。‘震來虩虩’，羑里之厄也；‘笑言啞啞’，後受方國也。”言文王故事，可參證二句轉捩之義。

六二，震來，厲，[1]億喪貝。[2]躋于九陵，勿逐，七日得。[3]

【校注】

①初、二相承云"震來"，初言雷始來，二則言雷既至。厲，危也。

②億，料度。《論語·先進》："億則屢中。"《釋文》："貝，荀音敗。"當從荀本，"億喪敗"亦即"億事有喪敗"，當此震來之際，若有事，預料其將有所喪敗也。

③《釋文》："隮，本又作隮。升也。"隮當作隮。隮，言雲氣升在上。《詩·候人》："薈兮蔚兮，南山朝隮。"《毛傳》："隮，升雲也。"《蝃蝀》："朝隮于西，崇朝其雨。"鄭玄箋："朝有升氣於西方。"高丘爲陵。九陵，言數重之陵，言陵之高也。陵高，易遇雷，若《尚書中候》："秦穆公出狩，至於咸陽，天震大雷。""隮于九陵"者，乃謂雷所在之雲氣活躍在九陵之上。逐，迫近之。"勿逐"，勿迫近雷於九陵之上，意謂當避之。"七日得"者，概言避之數日之後，可得安全也。

《象》曰："震來，厲"，乘剛也。①

【校注】

①何以"震來，厲"者，以六二乘初之剛也。六二君子當位，而此際雷在九陵，故人不當近之，宜避之。又據"億喪貝"言之，則意謂若此際有事，乃冒雷之危險而作，是猶乘剛而爲，其事將敗也。

六三，震蘇蘇，①**震行无眚。**②

【校注】

①《釋文》："蘇蘇，疑懼貌。王肅云：躁動貌。鄭云：不安也。馬云：尸祿素餐貌。"皆言人聞雷聲之狀。余案：此云"震蘇蘇"當言雷之狀，《集解》引虞翻曰："死而復生稱蘇。"故"震蘇蘇"者，當言雷聲陣陣，此起彼伏也。又帛書"蘇蘇"作"疏疏"，疏疏當謂雷聲一下一下，不細密，不集中。

②訟卦《釋文》："《子夏傳》云：妖祥曰眚。馬云：災也。鄭云：過

也。"故"震行无眚",意謂此時之雷雖此起彼伏,然無妖祥,亦可謂雷過而未致災禍也。

《象》曰:"震蘇蘇",位不當也。①

【校注】

①"位不當"者,謂三不當位,猶云其位變化不定也。案在二,雷躋於高陵,是其正位,而在三,此起彼伏,其位不定,故是"位不當也"。

九四,震遂泥。①

【校注】

①《釋文》:"遂泥,苟本作隊泥。"當從苟本。隊同墜,"震遂泥"者,意謂雷有火球墜落於地也。地上有水,故稱泥。案二、四同功異位,雷起於初,其在二,高居九陵,其至於四,則轉下落矣。又《釋名》:"泥,邇也,邇,近也。"雷下落而近我,則其迹易知也。於我言之,二、四之雷有高、遠漸至低、近也。

《象》曰:"震遂泥",未光也。①

【校注】

①"未光"者,光同廣,雷墜落於泥,其霹靂未能廣而發揮。依爻位論之,《集解》引虞翻曰:"在坎陰中。"四不當位,且剛陷於三、四、五互坎之陰中,不得發揮,故云"未光也"。

六五,震往來,厲,①億无喪有事。②

【校注】

①六二言"震來",其猶云雷自遠而來,尚未及我之百里,故其吉凶難知也。此爻言"震往來",亦即往來於我之百里範圍,雖然猶有危險,而其吉凶易知也。

②有事,祭祀之事。《集解》引虞翻曰:"事,謂祭祀之事。"朱駿聲《六十四卦經解》:"事謂祭祀。《春秋》書祭祀曰'有事'。即《象

傳》云'不喪匕鬯'也。"故"億无喪有事"者,預料當此而舉行祭祀之事,將無所喪敗也。

《象》曰:"震往來,厲",危行也。① 其事在中,大无喪也。②

【校注】

①《論語·憲問》:"危言危行。"包咸注:"危,厲也。"此傳"危行",戒懼嚴正之貌。案當六二乘初剛,猶云雷來而未知,是無常之際,故不可有事;而此六五乘四剛,猶云雷往來而可知,是有常之際,故可以有事也。王弼注曰:"夫處震之時而得尊位,斯乃有事之機也。"

②"其事在中,大无喪也"者,五所行事,應乎中位,亦即君王之位,猶言能守宗廟社稷,以爲祭主,故得天祐之,其事當無大喪敗也。

上六,震索索,① 視矍矍,征凶。② 震不于其躬于其鄰,③ 无咎。婚媾有言。④

【校注】

①《釋文》:"索索,懼貌。馬云:內不安貌。鄭云:猶縮縮,足不正也。"余案:此同"震蘇蘇",皆爲狀雷,非言人懼貌。《禮記·檀弓》:"吾離群而索居。"鄭玄注:"索,散也。""震索索",當謂雷聲漸疏散,漸遠去也。

②《釋文》:"矍矍,馬云:中未得之貌。鄭云:目不正。"朱駿聲《六十四卦經解》云漢簡作"眲眲"。《說文》:"眲,左右視也。"在此義當從目,意謂視之不確切。視雷,猶視閃電。"視矍矍"者,雷既遠去,唯視閃電閃爍。段玉裁注校爲"ナ又視也",謂眲同瞿,驚遽之貌。亦通。"征凶"者,雷遠去,此時出行,當有逐雷之凶。又"征凶",意謂出百里之範圍則凶。

③躬,我之地。鄰,相鄰之國。以百里爲計,則"震不于其躬于其鄰"者,意謂雷已出乎我主之百里,進入相鄰之他主之百里。

④言，爭議、微詞。我與鄰國可爲婚媾，然則此時雷在鄰國之上，不知其將吉將凶，故此際行婚媾之事，容有疑慮之言。高亨《周易古經今注》讀言同衍。亦通。

《象》曰："震索索"，未得中也。①雖凶无咎，畏鄰戒也。②

【校注】

①五爲中，雷在我頂上，六過其中，雷已不在頂上，是爲"未得中"。

②上得位，當此雷已往而未盡消，於我雖凶而無咎害。畏，憂慮。"畏鄰戒"者，唯憂慮我之鄰國受天之警戒也。又孔穎達《正義》云："'畏鄰戒也'者，畏鄰之動，懼而自戒，乃得'无咎'。"案鄰國當雷之際，吉凶未定，我當戒之，不與之婚媾。亦通。

【疏義】

《序卦》曰："震，動也。"《雜卦》曰："震，起也。"當震之時，陰陽始交，有利建侯之象也。説此震卦，須先明震與諸侯之關係。《逸禮·王度記》曰："諸侯封不過百里，象雷震百里。"雷震百里，與諸侯封百里之國適相合，雷之行也，未入我之百里與既出我之百里，皆與我無應焉。而當雷正在諸侯之百里之際，其猶上天加諸諸侯之教令，其作用與諸侯之德相感應，福善禍惡，其驗乃見諸雷是否震擊諸侯之廟。故諸侯能聞雷而恐懼修省，則雷不震其廟，諸侯遂得"不喪匕鬯"、"无喪有事"，若《象》云"守宗廟社稷，以爲祭主"，亦即天人交際而亨通也。

又震雷固爲福禍之主，有鬼神之能，其又爲先民生活中常見之自然現象，卦爻辭所言乃包含先民觀察雷雨變化之豐富經驗，有此觀象經驗，故能億度以理，應對以則，亦即順天道之常也。李光地《周易折中》言此卦之二、五"具有中德而能億度於事理"，以此言説震卦，可謂恰當。此卦由初至上，乃摹擬雷行之全過程，自雷起於遠，至於邇，復出乎境，雷之形態各異，而人之應對，亦隨之而變化。自雷言之，初爲陰陽始交，雷之始出，爲一卦之主；而自人言之，則二、五之應對乃至關重要。自古人觀之，雷兼無常、有常二性，君子恐懼修省以守中正之德，則能承應雷之福禍，以智億度於事理，則能順用雷之利害。《尚書·堯典》有云："烈風雷雨弗迷。"震卦之大義即在於此。

　　震卦本義在以震雷顯示天命、天道於諸侯，諸侯應之以建國，上下以百里爲限，天人相應焉。引申言之，則一如前揭鄭玄説："雷之發聲，猶人君出政教以動中國之人也，故謂之震。人君有善聲教，則嘉會之禮通矣。"是以震喻人君之推行教化。再如孔穎達《正義》云："震既威動，莫不驚懼。驚懼以威，則物皆整齊，由懼而獲通，所以震有亨德，故曰'震亨'也。"則是拓展言及萬物，雷震而萬物整齊亨通也。宋儒以降注家，則多側重言震雷之際，君子之自我修養，程頤《易傳》云："君子畏天之威，則修正其身，思省其過咎而改之。不唯雷震，凡遇驚懼之事，皆當如是。"君子若能恐懼修省，則震雷實不足懼。張爾岐《周易説略》有云："在人事爲遇變而震動不安也。文王係辭以爲震有亨之理，危者使平，天之道也。所謂'震亨'者何如？人若能安不忘危，於平日常若震驚之來，虩虩然周旋顧慮而不自寧，則必獲安寧之福而'笑言啞啞'矣。縱使變出非常，如雷之震驚百里，亦能不失所守之重，如主祭者之'不喪匕鬯'也。"

艮

艮其背，不獲其身，^①行其庭，不見其人。^②无咎。

【校注】

①卦辭句首前闕卦名“艮”，應爲“艮，艮其背”，當補。卦由二單卦
艮☶相重而成。《釋文》：“艮，止也。鄭云：艮之言很也。”艮訓
止，本《彖》，爲艮義之一，然猶非達本義。鄭訓很，則最近本義，艮
本字皀，鄭訓艮爲很，實則訓皀爲很。《正字通》：“皀，艮本字。”
《説文》：“皀，很也。從匕目。匕目，猶目相匕不相下也。《易》曰
‘皀其限’。匕目爲皀。”許慎引《易》艮作皀，並曰匕目爲皀。段
玉裁注：“目相匕，即目相比，謂若怒目相視也。”案目相比，非必怒
目相視一態。王筠《説文句讀》較段注通允，其釋云：“目相匕，謂
目攝之也。”目攝之，即以目光相互盯住之貌。另《説文》：“匕，相
與比叙也。”王筠注云：“此言匕與比通。比叙者，比校而次叙之
也。……比叙則非一人，故曰相與。”皀爲目相匕，匕又爲人與人
相與比叙，合其義言之，則此卦之皀，意謂許多人以目光相攝，相
互看齊，以構成相與比叙之整齊隊列也。《集解》引鄭玄曰：“艮
爲山，山立峙，各於其所，無相順之時。”鄭以艮爲山，乃據卦象爲
説，若以人易山，則意謂隊列之中，人與人各立於其位，相互保持
距離，唯以目光相比叙，由此統一隊列之行動，當行則行，當止則

止也。案古者行禮乃至兵陣,皆成隊列,隊列又有行止變化,其行止變化須整齊一律。《詩·鳲鳩》:"鳲鳩在桑,其子七兮。淑人君子,其儀一兮。其儀一兮,心如結兮。"所言正同此艮象,可謂通此艮卦之大義。卦辭云"艮其背,不獲其身"者,意謂隊列之中,後者以前者之後背爲目光相比叙之準的,則後者只見前者之背,不見其前身。經云"艮其背"、"艮其趾"、"艮其腓"、"艮其限"、"艮其身"、"艮其輔",其背、趾、腓、限、身、輔,均爲隊列中人相互看齊之處焉。此爲艮卦之艮,亦即㠯之本義,訓艮爲止,則爲引申之義。

②行,行禮。庭,王庭,此指行禮之所。句中二"其"字當同指,同指王。"行其庭,不見其人",猶云行禮於王之庭,而不見王也。何也? 意謂行禮之際,目光專注於隊列相比叙,至於觀禮之王,則視若無睹也。如若一邊行禮,一邊觀王,其禮之行必亂矣。

《彖》曰:艮,止也。①時止則止,時行則行,動静不失其時,其道光明。②艮其止,止其所也。③上下敵應,不相與也。④是以不獲其身,行其庭不見其人,无咎也。⑤

【校注】

①此釋卦名。《釋名》:"艮,限也。時未可聽物生,限止之也。"案艮訓止,即有所節制,艮以行動爲主,若聽物之生,猶謂聽其任意行動,而限止之,猶謂其行動有所節制。焦循《易通釋》:"傳以止贊艮,又以節爲止,明止爲節,非終止。"

②時,時限。行止各有時限,當止之時則止,當行之時則行。動静,亦即行止。動静皆合時,則其道光明也。案光明猶云分明、整齊,不光明則混亂不可觀矣。

③此釋上下卦象。《集解》引虞翻曰:"謂兩象各止其所。"上下兩艮如二山相峙立,各止其所。所,位也。孔穎達《正義》:"'艮其止'

者,疊經文‘艮其背’也。”注家遂據孔説臆測“止”爲“背”之誤,非是。

④《爾雅》:“敵,匹也。”《廣雅》:“匹,二也。”上下艮相匹爲二,又上下艮同等,相互爲敵體。余案:上下二艮,固可相應也,其相匹爲二者,相偶、相配、相合,惟以敵體保持距離而應之,故云“敵應”。相與,猶云相近、相接。“不相與”,即保持距離,整齊有序,不擁擠在一起。王弼注謂此艮卦六爻皆不相應爲“上下敵應”。然則八純卦皆六爻不應,不獨此卦。孔穎達《正義》論之曰:“謂此卦既止而不交,爻又峙而不應,與止義相協,故兼取以明之也。”王、孔皆釋“敵應”爲六爻不應,恐失傳義。

⑤此復述卦辭,又句中省“艮其背”三字。

《象》曰:兼山,艮。①君子以思不出其位。②

【校注】

①此釋上下卦象,艮爲山,上下兩山,是爲“兼山”。又兼爲並立,又兼有比量等齊之義,參余謙卦注。比量等齊,則逾其位者退之,不及其位者進之,俾其一律也。

②思,意念所在者。“君子以思不出其位”者,君子觀此艮卦,乃知處世猶在隊列,無論止、行,其意念所在,皆當不出乎己應居之位。《禮記·中庸》有云:“君子素其位而行,不願乎其外。素富貴,行乎富貴;素貧賤,行乎貧賤;素夷狄,行乎夷狄;素患難,行乎患難。君子無入而不自得焉。在上位不陵下,在下位不援上,正己而不求於人則無怨。上不怨天,下不尤人。”可證其大義。案尤當注意者,“君子以思不出其位”,非謂君子孤立静守己位,乃謂行動中保持己位與他位之適宜關係。帛傳《二三子問》:“根(艮),精質也。君子之行也。”精可訓目,或訓專一、正,質通匕,《廣雅》:“質,匕也。”匕通比。故“精質”乃謂君子之行,以目相比叙,或曰專一於比叙,持正於比叙。又《易之義》云:“謹(艮)者,得之代邠。”余疑

邢爲形之誤,代形,即變化隊形。隊列中人皆以位相比,然後隊形乃可整齊一律變化也。

初六,艮其趾,无咎,[①]利永貞。[②]

【校注】

①趾,足也。"艮其趾"者,目光以趾之位置與朝向爲比叙之準。案《禮記·曲禮》曰:"請席何鄉,請衽何趾。"鄭玄注:"衽,卧席也。坐問鄉,卧問趾,因於陰陽。"孔穎達疏:"席,坐席也。鄉,面也。衽,卧席也。趾,足也。坐爲陽,面亦陽也,坐故問面欲何所鄉也;卧是陰,足亦陰也,卧故問足欲何所趾也。"故云"何趾",即問趾欲指向何方,是趾可用以表明方向。當此爻之際,則是站立列隊,未動前先使衆人站在各自預先確定之位,以趾之位置與朝向相互比叙。"无咎"者,能"艮其趾",則可以無咎,否則必有咎也。

②"利永貞"者,貞,正也,利長久之保持正道。案初六立止未動,猶云站隊,此時若能比叙得正,則此後皆可正,此時不正,其後皆不得正矣。

《象》曰:"艮其趾",未失正也。[①]

【校注】

①"未失正"者,孔穎達《正義》曰:"行則有咎,止則不失其正。釋所以在'永貞'。"孔說猶不甚明瞭,當謂未先艮其趾即行則有咎,止而艮其趾,則不失站立之正,其行亦將不失正。初不當位,故不應妄行也。

六二,艮其腓,不拯其隨,[①]其心不快。[②]

【校注】

①《釋文》:"腓,本又作肥,義與咸卦同。"帛書作肥。腓,即小腿,同咸卦"咸其腓"之腓。竹書腓作足,朱駿聲《説文通訓定聲》:"足,

郄下至跖之總名也。"故作足亦可與腓同指。隨,指被帶動者,膝下爲腓,膝上爲股,咸卦"咸其股,執其隨",先言股後言隨,隨指隨上股而動之下腓,此卦先言腓後言隨,隨乃指隨下腓而動之上股也。拯,《釋文》本作承,音拯,黃焯《經典釋文彙校》云寫本承作拯。漢石經本作抍,帛書作登,竹書作陞。諸字雖異,皆抬舉義,亦即《釋文》引馬融云"舉也"。故"艮其腓,不拯其隨"者,意謂比叙其小腿之動作,大腿則不抬舉而動。此狀猶小步行走,看似小腿動,大腿不動。

②快,疾也。"其心不快"者,意謂當此不應心急而大動也。竹書快作悸。悸,心動貌。《素問‧氣交變大論》:"煩心躁悸陰厥。"悸與躁義近。"其心不悸",猶云其心不躁,亦通不心急也。

《象》曰:"不拯其隨",未退聽也。①

【校注】

①"未退聽",《集解》本作"未違聽",引虞翻曰:"坎爲耳,故未違聽也。"虞以互坎爲説,未必是。余以爲,退當作違,"未違聽"者,未違背所聽之命令也。《呂氏春秋‧季春紀》:"聽則觀其所行。"亦即自其所行觀其是否聽命。案六二爲下艮之中,居中當位,欲上應五,而五不應之,故不當疾行,當聽命而動也。

九三,艮其限,列其夤,①厲薰心。②

【校注】

①限,《釋文》:"馬云:限,要也。鄭、荀、虞同。"《集解》引虞翻曰:"限,要帶處也。"要同腰。"艮其限",謂於腰部比叙整齊。列,分開,《集解》本作裂,乃言分開之情狀。夤,《釋文》:"馬云:夾脊肉也。鄭本作臏。"《集韻》:"臏,夾脊肉。"《集解》引虞翻曰:"夤,脊肉。"兹從馬、鄭、虞説,夤乃指人之背部。"列其夤",使衆人之背部相互分開間距。故"艮其限,列其夤"者,指衆人以腰部爲基準,

背部相互分開間距,以成隊列之形也。

②厲,通危,使之正也。《釋文》:"薰,荀作動。"又《集解》引虞翻云,馬融作熏,謂"熏灼其心",荀爽以熏爲勳,讀作動。虞則改熏作閽,曰:"古閽作熏字。"是虞所見本,亦作熏,以求異於馬融、荀爽,故改經字。《釋文》本作薰,王弼注底本作薰,注疏本又或作熏。余以爲,馬氏作熏,荀氏作勳皆是,然訓詁有誤。熏、勳同,帥也。《後漢書·蔡邕傳》:"下獲熏胥之辜。"李賢注云:"《詩·小雅》曰:'若此無罪,勳胥以痛。'勳,帥也。胥,相也。痛,病也。言此無罪之人,而使有罪者相帥而病之,是其大甚。見《韓詩》。"李賢注用《韓詩》之《雨無正》異文,意謂無罪者被有罪者所牽連也。"厲熏心"者,意謂使其心意相帥於一,不各懷其心,各行其是也。竹書作"厲同心",尤明其義,同心,使行動同乎一心,亦即其心熏胥也。

《象》曰:"艮其限",危薰心也。①

【校注】

①危,猶正。《廣雅》:"危,正也。"王念孫《廣雅疏證》:"《論語·憲問篇》云:'邦有道,危言危行。'是危爲正也。"此言"危薰心",即正之,使同心也。《韓詩外傳》曰:"孔子曰:'口欲味,心欲佚,教之以仁。心欲安,身惡勞,教之以恭。好辯論而畏懼,教之以勇。目好色,耳好聲,教之以義。《易》曰:"艮其限,列其夤,危薰心。"《詩》曰:"吁嗟女兮,無與士耽。"皆防邪禁佚,調和心志。'"

六四,艮其身,无咎。①

【校注】

①此云"艮其身"者,意謂整個身體皆得比叙整齊。言"无咎"者,則謂此前之諸過失皆得補正。竹書、帛書皆無"无咎"二字。

《象》曰:"艮其身",止諸躬也。①

【校注】

①躬,身也,又謂己也。此艮卦上下敵應,卦辭云"艮其背,不獲其身",下艮爲一身,上艮爲一身,若一人在前,一人在後。六四正當兩艮敵應之際,"止諸躬",亦即止諸自己之身,各正其位。

六五,艮其輔,言有序,①悔亡。②

【校注】

①《集解》引虞翻曰:"輔,面頰骨,上頰車者也。"意指口之出言。"艮其輔"者,猶云使衆口同聲。序,先後次序。"言有序"者,使出言先後有次序。《集解》本序作孚,前言出而後言應,是相孚也,亦通。

②"悔亡"者,既"艮其輔,言有序",則艮道成,故而悔可亡去也。

《象》曰:"艮其輔",以中正也。①

【校注】

①朱駿聲《六十四卦經解》以爲"以中正"當作"以中",又於爻辭"言有序"從虞翻讀作"言有孚"。案王弼注:"能用中正,故'言有序'也。"孔穎達疏之云:"'以中正'者,位雖不正,以居得其中,故不失其正,故'言有序'也。"孔説牽强,此六五爻中而不正,明矣,故當從朱説。余以爲,《象》曰"'艮其輔',以中也"者,中,謂言有節,言辭不亂,無過與不及之弊也。徐幹《中論·貴言》嘗引六五爻辭,云:"故'艮其輔,言有序',不失事中之謂也。"不失事中與言之有節,其義相通。

上九,敦艮,吉。①

【校注】

①"敦艮"同臨卦之"敦臨",敦有督迫、勉勵之義。"敦艮"者,督之勉之,使艮之事得保持至終,故云"吉"也。

《象》曰：敦艮之吉，以厚終也。①

【校注】

①厚，重慎。《禮記·曲禮》："以厚其別也。"鄭玄注："厚，重慎也。"此言"以厚終"，猶云"以厚其終"，重慎於艮之終末也。案艮爲成隊列，隊列既成，則應保持始終。上九爲艮卦之終末，不當位，且有以陽乘陰之憂，故愈處此終末，愈應敦勸之，重慎其事，否則難以得終吉。又《説卦》曰："萬物之所成終而所成始也，故曰成言乎艮。終萬物始萬物者，莫盛乎艮。"其義乃謂艮之始與終皆成在一位，乃成事物之全整，非初一事，終一事也。

【疏義】

艮卦之大義，傳已闡之明矣。《彖》曰："時止則止，時行則行，動靜不失其時，其道光明。"是艮之有時。《象》曰："君子以思不出其位。"是艮之有位。艮者，相互比叙而成一整體。以相互比叙故，在艮者不能自由行動，當依整體之行止而行止，故"時止則止，時行則行，動靜不失其時"。在艮者各有其位，不得任意變動，且相互間以位相分，亦以位相連，故"思不出其位"。又其緊要處在於"艮，止也"之止，非謂靜止不動，此止乃兼含止、行，艮道作用在止，亦作用在行。《朱子語類》云："時止則止，時行則行，行固非止，然行而不失其理，乃所以爲止也。"

艮道可喻諸禮，禮主位，亦主分別，君臣上下以位分別，猶以艮道成禮。若前揭鄭玄注云："艮爲山，山立峙，各於其所，無相順之時，猶君在上，臣在下，恩敬不相與通，故謂之艮也。"即以禮説艮。讀者若進而參詳荀子之禮論，其云禮起於分，起於度量分界，在在皆可爲此艮卦佐證也。

經以人身各部位取象，明其行止動作。尤當措意者爲經言及心、言，故艮之比叙不徒形體，亦包心之同、言之序，可知艮道身心一如，貫徹内外也。《韓詩外傳》曰："孔子曰：'口欲味，心欲佚，教之以仁。心欲安,身惡勞,教之以恭。好辯論而畏懼,教之以勇。目好色,耳好聲,教之以義。《易》曰:“艮其限,列其夤,危薰心。”《詩》曰:“吁嗟女兮,無與士耽。”皆防邪禁佚,調和心志。’”徐幹《中論·貴言》曰:“君子必貴其言,貴其言則尊其身,尊其身則重其道,重其道所以立其教。言費則身賤,身賤則道輕,道輕則教廢。故君子非其人則弗與之言。若與之言,必以其方,農夫則以稼穡,百工則以技巧,商賈則以貴賤,府史則以官守,大夫及士則以法制,儒生則以學業。故《易》曰‘艮其輔,言有序’,不失事中之謂也。”此皆從艮卦辭引申發論也。

又王弼、孔穎達説艮爲止,偏於静止無爲,不見可欲,頗近玄學之論。宋儒則偏於主静,以艮止心,心止則無欲,安止其所,父止於慈,子止於孝,君止於仁,臣止於敬。清儒彭作邦《周易史證》據理學而發艮卦以静制動之義,云:“艮,《易》之心學也。其象爲止,止非寂滅之止,止而寂滅,流爲異端矣。養心莫大於主静,静者動之體也。《大學》之誠意,《中庸》之慎獨,皆由静制動。”諸説離經義已遠,然則亦各見以義理説卦之一端也。

漸

漸

☲ 艮下巽上

漸：①女歸吉，利貞。②

【校注】

①漸，卦名，由艮☲、巽☴二單卦相重而成。《序卦》："漸者，進也。"
《釋文》："漸，以之前爲義，即階漸之道。"之前，進也。階漸之道，
謂拾階而進，逐次而進。漸又有徐而不速之義，孔穎達《正義》曰：
"漸者，不速之名。凡物有變移，徐而不速，謂之漸。"余案：此漸
卦，以鴻爲主象，經中"鴻漸"均連言，不當離鴻而言漸。漸之訓
進、不速，皆受主詞鴻限制，亦即鴻之進、鴻之進徐而不速也。惟
於此卦中有夫、婦二者，鴻其誰象焉？依孔穎達《正義》說，鴻漸即
女歸漸，鴻漸諸象，即女歸嫁之諸象。程頤《易傳》推闡其說，以鴻
漸象女歸，進而又以女歸比象臣進於朝，則鴻漸本象女歸，又喻臣
進於朝也。余以爲舊說含混不確。鴻與雁同種，其大者曰鴻，小
者爲雁。舊說以鴻漸爲女歸象者，是混同鴻、雁，以此鴻即雁，故
以之象女歸。若以雁爲象，固可謂之女歸，《詩·匏有苦葉》："雝
雝鳴鴈。"鄭玄箋云："鴈者，隨陽而處，似婦人從夫，故昏禮用
焉。"然則經言鴻，非取象雁，乃取象鴻鵠，《說文》："鴻，鴻鵠也。"
鴻鵠者，乃君子高飛之象。《藝文類聚》引班固《擬連珠》："臣聞
鸞鳳養六翮以凌雲，帝王乘英雄以濟民。《易》曰：'鴻漸于陸，其

羽可用爲儀。’”是以鴻類英雄。劉向《説苑・尊賢》：“夫朝無賢人，猶鴻鵠之無羽翼也。”是以鴻類賢人。又《史記》、《漢書》載漢武帝詔，《文選》載班固《幽通賦》，《後漢書・蔡邕傳》及李賢注，文中所言之“鴻漸”應本此卦，皆用指君子進仕於朝。可知漢儒皆徑以鴻象君子，並不先以之象女歸嫁，再以之喻君子進仕。且卦爻辭中，鴻漸與女歸並見，夫、婦亦並見，二者相須，不可互代。鴻象夫，其漸，乃象其漸養成羽翼，其升進亦愈高遠。而夫在外進仕之際，婦則持守在家，主乎内焉。此卦大義在於兼問值乎夫進仕之際，婦在家之事如何，故經文皆以二事相比，前云鴻漸，後云家中。《雜卦》：“漸，女歸待男行也。”韓康伯注云：“女從男也。”女歸爲一事，男行爲一事，二事相待，次第並行也。

②歸，嫁也。“女歸吉”者，女歸嫁，爲吉事。“利貞”，貞告爲利，乃總一卦而言，男鴻漸，女歸吉，故云“利貞”也。

《彖》曰：漸之進也，女歸吉也。①進得位，往有功也。②進以正，可以正邦也。③其位剛得中也。④止而巽，動不窮也。⑤

【校注】

①此釋卦辭義。“漸之進也”者，即“鴻漸”，亦即夫之鴻漸而進。朱熹《周易本義》疑“漸之進也”之“之”字爲衍，推測當爲“漸，漸進也”，非。“女歸吉也”者，即與夫之鴻漸並行之女歸事吉也。此句援引經文，《釋文》：“王肅本還作‘女歸吉，利貞’。”是王肅本更引“利貞”句。

②案夫鴻漸爲進，女歸亦爲進，鴻漸、女歸同一爻，故“進”者，兼謂夫之進與婦之進也。故“進得位，往有功”者，謂二，初不得位，進於二得位；當乎六二，則女進得位，男往有功也。若分別言之，此卦女位在二，二云“飲食衎衎”，有女主中饋之象；夫位在五，二往之五，有從王事之功。

③“進以正”者，言二進於五，二、五皆爲正。二爲家，五爲邦，由家正

進至邦正,故曰"可以正邦也"。又漸之進,乃自二進五,二、三、四、五爻皆正。

④"其位",言九五之位。陽居五而得中,是"剛得中"。"其位剛得中",亦云其之所以能够正邦者也。

⑤此釋上下卦,下艮爲止,上巽爲順,故云"止而巽"。下艮女能安止於家,上巽男順從王事於邦,如此則家與邦之間可以往來不窮,亦即"動不窮也"。案以鴻爲象,尤象其以時往來,鴻飛至遠,其歸有家也。

《象》曰:山上有木,漸。①君子以居賢德,善俗。②

【校注】

①此釋上下卦象,下艮爲山,上巽爲木,合而爲漸。山上有木,漸高之象也。

②"善俗",《釋文》:"王肅本作'善風俗'。"鴻,喻有賢德者。"居賢德",意謂能使賢德者得居其位。朱熹《本義》疑賢字衍,不確。應劭《風俗通義》云:"風者,天氣有寒煖,地形有險易,水泉有美惡,草木有剛柔也。俗者,含血之類,像之而生,故言語歌謳異聲,鼓舞動作殊形,或直,或邪,或善,或淫也。聖人作而均齊之,咸歸於正。"可知俗者,乃謂生民之行爲舉止特點,其於此漸卦,尤謂與女歸相應之家庭倫理。"善俗"者,亦即使生民之行爲舉止之俗變善也。若王肅之統言"善風俗",亦通。"居賢德"在朝,"善俗"則在鄉,或曰在家也。

初六,鴻漸于干。①小子厲,有言,②无咎。③

【校注】

①《釋文》:"干,鄭云:干,水傍,故停水處。陸云:水畔稱干。毛傳《詩》云:涯也。又云:澗也。荀、王肅云:山間澗水也。翟云:涯也。"水傍、水畔、涯、澗,諸義相近。以卦象爲山,故訓山間之涯、

澗爲得之。帛本作淵,竹書作䲙,䲙即山間之澗。濮茅左《楚竹書
〈周易〉釋文注釋》謂䲙爲澗字異體。"鴻漸于干"者,鴻停落在山
澗中,言其漸之初始,尚在低處也。余案:"鴻漸于干",不當其位。
《詩·九罭》:"鴻飛遵渚。"《毛傳》:"鴻不宜循渚也。"鄭玄箋:
"鴻,大鳥也,不宜與鳧鷖之屬飛而循渚。"《爾雅》:"小洲曰渚。"
渚亦即涯,《楚辭·九歌·湘君》:"夕弭節兮北渚。"王逸注:"渚,
水涯也。"則"鴻漸于干",猶言"鴻飛遵渚",有不得施展,與鳧鷖
等凡鳥雜處之義也。

②小子,家中之小人,無良者。厲,妄動。有言,言語之訾。"小子
厲,有言"者,言漸之初始,家中有小人不服順而有妄動,有言語
之訾。

③竹書"无咎"作"不冬(終)"。"不終",即不會持久,與"无咎"
義通。

《象》曰:小子之厲,義无咎也。[①]

【校注】

①義,宜。孔穎達《正義》云:"鴻飛自下而上也。初之始進,未得禄
位,上无應援,體又窮下,若鴻之進於河之干,不得安寧也,故曰
'鴻漸于干'也。"又云:"始進未得顯位,易致陵辱,則是危於小
子,而被毁於謗言,故曰'小子厲,有言'。"余案:孔説初六爲始進
之難,大略得義,惟未能明此始進者乃謂君子也。"鴻漸于干",謂
君子始漸之際,所處不當位;"小子厲,有言"則謂家中有所未安。
家中有未安,乃牽掣君子之行,而傳云"義无咎"者,乃言此際之未
安,於君子之行終無咎也。

六二,鴻漸于磐。[①]**飲食衎衎,**[②]**吉。**

【校注】

①磐,《正義》引馬融曰:"山中石磐紆,故稱磐也。"《集解》引虞翻

曰:"聚石稱磐。"王弼注:"山石之安者也。"王引之《經義述聞》則
謂磐當作般,以爲般爲水涯堆,高於水涯,亦即干者。王氏以漸之
爲義,當循次而進,故以般爲水涯堆,高於干,低於陸。帛本磐作
坂,竹書作堅,可證王讀。案前揭漢武帝詔以"乾稱飛龍"、"鴻漸
于般"並言,則"鴻漸于般"是已進仕,已得禄位之象也。

②《爾雅》:"衎,樂也。"《説文》:"衎,喜貌。""飲食衎衎"者,意謂飲
食喜樂安然也。帛本作"酒食衍衍"。《釋文》:"衎,馬云:饒衎。"
則是酒食豐盛之義,亦通。案此言女歸而主中饋,家中安定有
序也。

《象》曰:"飲食衎衎",不素飽也。①

【校注】

①素,空也。"不素飽"猶《詩·伐檀》"不素餐",《孟子·盡心》趙岐
注:"無功而食謂之素餐。"此意謂夫"鴻漸于磐"進而得禄位,由
此其婦亦得以主持家中之飲食也。又朱駿聲《六十四卦經解》引
一説,以素當作索,索,求也。是謂在二,夫有位而尚在低,家中雖
有婦主持飲食,然不能盡求其飽,猶未富家矣。二五相應,夫必不
止於磐,猶將漸進也。

九三,鴻漸于陸。①**夫征不復,婦孕不育,**②**凶。利禦寇。**③

【校注】

①《釋文》:"陸,高之頂也。馬云:山上高平曰陸。"王引之《經義述
聞》以爲馬説非是,陸高於磐,然非在山頂,惟高於磐之陸地,仍在
低處。余案:《詩·九罭》:"鴻飛遵陸。"《毛傳》:"陸非鴻所宜
止。"則"鴻漸于陸"者,意謂鴻不宜止於陸,猶當升進,即下云"征
不復"也。

②"夫征不復"者,丈夫出征在外,未能復歸其家。"婦孕不育"句至
難讀,而其爲此漸卦之關鍵,故嘗試説解。《集解》引虞翻曰:

“孕，妊娠也。育，生也。”“婦孕”即家中之婦懷孕，而其何以懷孕，有二種可能：一者丈夫出行前婦已妊娠；一者如王弼、孔穎達説，乃丈夫不在家時，婦不能守貞，與他人交而有孕。余以爲王、孔説似有所本，“婦孕”乃在“夫征不復”後，故非夫之所遺。惟王、孔指責婦不守貞而主動與他人淫，亦非。“婦孕”者，當謂夫不能還家，婦獨在家，或遭家中兄弟之欺凌而受孕。此説看似穿鑿，而未嘗不合情理。“夫征不復”，亦可謂其生死不明，而按諸古禮，夫死，夫之兄弟可收其妻，故在“夫征不復”情況下，兄弟淫其婦，雖屬惡行，非無可能也。《孟子·萬章》載象欲欺凌舜妻，“二嫂使治朕棲”，略通此事。帛傳《易之義》云：“［漸］之繩（孕）婦，陰之失也。静而不能（僮）動者也。”婦静而不能動，猶云婦困守家中，故易遭家中兄弟之欺凌矣。又“不育”亦有兩種可能：一者若高亨《周易大傳今注》所云，婦孕子未成而胎墜，亦即“流産”；一者謂婦雖孕成而産子，而此子不得養育。余以爲此爻大義尤在後者，非夫而孕，其子將亂倫，故或强行墮胎，或雖生産而不予養育。是雖“婦孕”失貞，而“不育”，猶且不失常也。

③“利禦寇”，利於禦家外之寇。案此乃謂婦曲從諸兄弟，雖受侮而順之，乃利於抵禦外寇，猶云家中團結也。

《象》曰：“夫征不復”，離羣醜也。①“婦孕不育”，失其道也。②利用禦寇，順相保也。③

【校注】

①《釋文》：“離，鄭云：猶去也。”醜，類也。就夫言之，即其兄弟輩。“離羣醜”者，意謂夫既征在外，則遠離其兄弟家人也。

②“失其道”者，夫婦而孕，是其道，非夫而孕，則失其道；孕而育，是其道，孕而不育，則失其道也。

③“順相保”者，曲順家人以相保其家也。以爻位言之，三“鴻漸于陸”，非終止之所，故猶將循位漸進，而婦則困守在家也。

六四,鴻漸于木,^①或得其桷,^②无咎。

【校注】

①木,陸上之樹木,其位高於陸也。

②《釋文》:"桷,椽也。"案椽爲屋椽,圓曰椽,方曰桷,訓桷同椽,非樹木之象。《六書故》:"桷,鴻骹趾不能木栖,得桷可安。桷蓋柯之大者,取以爲椽。"朱熹《周易本義》云:"桷,平柯也。"得之。又案"或得其桷"者,言其得立足點,地位穩固也。帛書本"或得其桷"作"或直丌寇戠",于豪亮《六十四卦校勘記》讀"寇戠"作"寇讎"。寇讎,猶讎敵。余以爲,"或直丌寇讎",意謂或遇到争鬥者。桷或讀構,《説文》:"構,杜林以爲椽桷字。"徐灝注:"構之聲轉爲桷,故杜林以爲椽桷字。"《集韻》:"構同桷。"構,猶云相接而争鬥。尤當明者,"或得其桷"依例乃言婦在家之情狀,此卦婦在家之權力乃隨夫之漸進而漸增,故於此際雖或有欲欺凌婦者,婦乃能與之匹敵,不再曲從也。

《象》曰:"或得其桷",順以巽也。^①

【校注】

①順,和順。巽,踐位。"順以巽"者,和順而踐其位。案此"順以巽"與家人六二"順以巽"義通,皆謂婦得踐家中主婦之位,行使内主中饋之權力,二、四同功異位也。

九五,鴻漸于陵。^①婦三歲不孕,終莫之勝,^②吉。

【校注】

①《集解》引虞翻曰:"陵,丘。"《説文》:"陵,大阜也。"陵謂山頂,鴻自干、磐、陸,漸次而升,陵是鴻之所當止者,在此象君子之鴻漸終得其貴位也。

②"婦三歲不孕"者,乃相應而言婦之在家,以夫已鴻漸得貴位,婦亦不再受群小之欺凌,"不孕",即不再"孕而不育"。《集解》引虞翻

曰:"莫,無。勝,陵也。"《一切經音義》引《廣雅》:"陵,侮也。""終莫之勝",即終不被欺侮。案此漸卦言婦道,而婦道之成,端賴夫之有貴位,婦從夫而貴也。

《象》曰:"終莫之勝,吉",得所願也。①

【校注】

①二進至五,九五當位得中,終得正位。案此釋"終莫之勝,吉",乃就婦而言,故"得所願"者,言婦得所願,婦道得成。而就夫而言,則在此應乎《象》云"正邦"也。

上九,鴻漸于陸,①其羽可用爲儀,②吉。

【校注】

①江永《群經補義》謂"陸"爲"阿"字之訛,王引之《經義述聞》亦同説。之所以以陸爲阿,亦因循次而進,則上不當低於五。《説文》:"阿,大陵也。"《詩·皇矣》:"我陵我阿。"陵、阿皆山嶺,阿又高過陵。案帛本、竹書陸字皆兩見,後一陸字似非阿字之訛。顧炎武《日知録》認爲不當擅改陸字,其以"鴻漸于陸"有古高士之象,漸至於陵而止矣,不可以更進,故返而之陸,以退爲進,並引朱震、楊萬里説爲證。余以爲,顧説可從,鴻之爲象,本有去而復返之義,故鴻盡其遠而後回返,亦在情理中也。

②其羽,鴻之羽毛。儀,禮儀之飾,可用於樂舞。帛本儀作宜,音同假借。此句之義,猶如鴻之羽可以用於樂舞,君子之威儀亦可以教化家鄉。《公羊傳》隱公五年"初獻六羽",何休注:"羽,鴻羽也。所以象文德之風化疾也。"

《象》曰:"其羽可用爲儀,吉",不可亂也。①

【校注】

①朱駿聲《六十四卦經解》引一説云:"羽舞有次第,故不可亂也。"

余案：五既鴻漸正位，上九不當位而乘陽，若此際不謙退而降下，則或有亢龍之悔，故君子乃返歸諸陸，以既有之威儀行教化，善風俗也。鴻自上返陸，亦即返三，三爲家中亂象，君子返家行教化，則家中由亂而治，"不可亂"，亦即不復有亂也。又案九五言吉，婦之吉，上九言吉，夫之吉也。夫婦皆吉，意謂夫婦正，亦即《毛詩大序》所謂"正夫婦也"，劉向《列女傳》本《魯詩》云："自古聖王，必正妃匹，妃匹正則興，不正則亂。"亦通此義。

【疏義】

漸，進也。漸之爲進，一者曰進必以序，一者曰進必以緩。此二者皆可由"鴻漸"與"女歸"見之。舊注以"鴻漸"爲喻，"女歸"爲事，故視二者同理。女歸即女嫁入男家，其事必當漸進，進之有序，進之和緩。程頤《易傳》特明漸之二義，當以前者爲本，進之所以表現爲緩者，蓋本諸其進之有序。程子云："進以序爲漸，今人以緩進爲漸，進以序不越次，所以緩也。"程子又論何以用"女歸"爲漸卦之典型事例，云："天下之事，進必以漸者，莫如'女歸'。臣之進於朝，人之進於事，固當有序，不以其序，則陵節犯義，凶咎隨之。然以義之輕重，廉恥之道，女之從人最爲大也，故以'女歸'爲義。且男女，萬事之先也。"

孔穎達《正義》釋《彖》"止而巽，動不窮也"云："此就二體廣明漸進之美也。止不爲暴，巽能用謙，以斯適進，物無違拒，故能漸而動，進不有困窮也。"又釋《象》"君子以居賢德，善俗"云："夫止而巽者，漸之美也。君子求賢德使居位，化風俗使清善，皆須文德謙下，漸以進之。若以卒暴威刑，物不從矣。"孔氏乃以"止而巽"爲漸進之美、漸之美，君子用此漸道，能治邦國、化風俗。

余說此漸卦不同於舊注者有二。其一爲"鴻漸"爲夫出而從王進仕之過程，與之相對應，則"女歸"爲在家主事，地位漸進之過程，二者並非比喻關係。此漸卦確以"女歸"事爲叙事主體，然則婦在家之地位提升，端賴夫在外進仕之位漸高，此亦《雜卦》"漸，女歸待男行也"，有女從男而貴之義。經本爲相關之複綫叙事，而注家簡化爲單綫矣。其二"女歸"並非描述女嫁入男家之際，經文中更無涉嫁娶之六儀，自女主中饋起始，皆言女既入男家之後事，尤見夫出外時婦在家之遭遇也。

　　而於古政教言之，居賢德，善風俗，皆政教之大事也。聖人明此漸道，循序漸進，順巽其位，內外兼得，家齊而邦治也。漸進以序，乃爲漸道之根本。《重定周易費氏學》引黄道周云："漸，序也。序貴，序齒，序賢，皆序也。"漸進以序，則貴賤、長幼、賢愚各正其位，家邦必治；不漸之以序，則貴賤、長幼、賢愚失其正位，家邦必亂矣。

歸　妹

䷵兑下震上

歸妹：①征凶，无攸利。②

【校注】

①歸妹，卦名，由兑☱、震☳二單卦相重而成。女子出嫁曰歸。妹，
於此卦指帝乙之妹，《易緯·乾鑿度》云商湯之妹。"帝乙歸妹"，
謂帝乙以其妹嫁諸侯，而就卦爻辭可知，帝乙所嫁非一女，實有二
女，姊與妹，乃嫁諸妹中年長之姊，又以年少之妹往媵之，故言"歸
妹"也。案此卦關涉媵婚之制。媵婚乃由上古姊妹同婚發展而
來，周時尚爲通行婚制。之所以嫁姊而以妹往媵之，以男方言之，
則在重子嗣，若姊爲妻而不孕，則收妻之妹爲妾，以期有子。以女
方言之，則可以一夫人之尊，亦即保姊爲夫人之尊位。妹雖有子，
與姊同一血脈，姊妹共養之，則同一母黨也。[1]《左傳》僖公十五
年："晉獻公筮嫁伯姬於秦，遇歸妹之睽，史蘇占之，曰：'不吉。其
繇曰："士刲羊，亦無衁也，女承筐，亦無貺也。"西鄰責言，不可償
也。歸妹之睽，猶無相也。'""歸妹之睽"即指歸妹之上六爻，故
引上六爻辭。其云"西鄰責言，不可償也"，杜預注云："將嫁女於

[1]　詳見馮漢驥《由中國親屬名詞上所見之中國古代婚姻制》，載《馮漢驥考古學論文集》，
　　　第191—202頁，文物出版社。

西,而遇不吉之卦,故知有責讓之言,不可報償。"余以爲,傳義乃謂晉嫁伯姬於秦,秦若以伯姬無子相責言,晉無有妹往媵之,爲其代償也。又杜預注:"相,助也。"傳云"無相",即無妹往媵之,以助姊也。故知嫁姊而媵妹,於婚姻至關重要,此種婚姻關係,端賴是否有妹之往媵而成。此亦歸妹卦之大義所在焉。

②征,嫁女之往,"征凶",言此嫁女之往有凶。"无攸利",同見上六爻辭,而上六"承筐"爲夫人之事,故知此卦辭"征凶,无攸利"亦當就出嫁之姊言之。姊將出嫁爲妻,爲夫人,然貞告此嫁不吉,將無所利,其若史蘇之言也。

《彖》曰:歸妹,天地之大義也。①天地不交而萬物不興,歸妹,人之終始也。②説以動,所歸妹也。③征凶,位不當也。无攸利,柔乘剛也。④

【校注】

①此釋卦義。歸妹爲男女婚姻之卦,男女婚姻,乃效法天地。"天地之大義"在於天地相交而生萬物,由天推人,則男女相交而生子孫,天人同理。《集解》引王肅曰:"男女交而後人民蕃,天地交而後萬物興,故歸妹以及天地交之義也。"

②"天地不交則萬物不興"者,意謂天地、男女或有交合未有成果之虞。而"歸妹"者,以姊妹同嫁,則可保證其終有子嗣。王弼注以"人之終始"同"人倫之終始","人之終始",亦即持續繁衍,繼嗣不絶。《白虎通·嫁娶》曰:"天子、諸侯,一娶九女者何?重國廣繼嗣也。"孔穎達《正義》曰:"蓋以聖人制禮,令姪娣從其姑姊而充妾媵者,所以廣其繼嗣。"又曰:"天地以陰陽相合而得生物不已,人倫以長少相交而得繼嗣不絶,歸妹豈非天地之大義,人倫之終始也?"

③此釋上下卦,下兑爲説,上震爲動,合爲歸妹。《釋文》:"'所歸妹

也',本或作'所以歸妹'。"虞翻注曰:"説,兑也。動,震也。謂震
嫁兑,所歸必妹也。"是以震爲長男,兑爲少女,卦有長男交少女之
象,亦即姊無所成,繼以妹歸,其交乃成也。

④此釋卦辭"征凶,无攸利"。征凶、无攸利,皆言姊歸嫁之行。"位
不當"者,言姊以長女配長男,其位不當,不能成交也。"柔乘剛"
者,姊不能成交,而妹繼成之,是妹以柔乘姊之剛也。《集解》引崔
覲曰:"中四爻皆失位,以象歸妹非正嫡,故征凶也。"余案:崔説未
諦,中四爻失位,乃謂姊失位也,非謂妹失位。中四爻皆失位之
際,"柔乘剛",其猶妾媵求寵,其勢以賤陵貴。此二句傳文乃專據
二、五爻言之,"征凶,位不當也",乃言二,二得中而不當位,宜在
內履中,不宜征,征則凶;"无攸利,柔乘剛也",乃言五柔乘二剛,
使二無攸利也。

《象》曰:澤上有雷,歸妹。①君子以永終知敝。②

【校注】

①此釋上下卦象,兑爲澤,震爲雷,合而爲歸妹。《集解》引干寶曰:
"雷薄於澤,八月九月,將藏之時也。君子象之,故不敢恃當今之
虞,而慮將來禍也。"

②永終,自始至終保持長久。《論語·堯曰》:"四海困窮,天禄永
終。"包氏注:"永,長也。言爲政信執其中,則能窮極四海,天禄所
以長終也。"余案:若一事態長久保持不變,必定生敝矣,故君子欲
求永終,必能變通以應對。《三國志·魏書·明帝紀》裴松之注引
《獻帝傳》云:"山陽公深識天禄永終之運,禪位文皇帝以順天
命。"可知天禄永終並不固定在一姓,禪讓乃至革命亦順天命之
爲。於此歸妹卦,一夫一婦固善,然則其或有無子之敝,爲使後嗣
永延,必變通而納媵也。故"君子以永終知敝"者,意謂君子求永
終,而知其可能之敝也。又案多娶固可以廣後嗣,然則媵妾多亦
或生敝焉,此亦君子當有所知,有所戒也。顧炎武《日知録》釋此

傳文云："讀《新臺》、《桑中》、《鶉奔》之詩，而知衛有狄滅之禍；讀《宛丘》、《東門》、《月出》之詩，而察陳有徵舒之亂；書'齊侯送姜氏於讙'，而卜桓公之所以薨；書'夫人姜氏入'，書'大夫宗婦覿用幣'，而兆子般、閔公之所以弑。昏姻之義，男女之節，君子可不慮其所終哉！"顧氏所引《詩》、《春秋》典故，皆是婚姻中女方所帶來之禍害。

初九，歸妹以娣，[1]跛能履，征吉。[2]

【校注】

①歸妹，概言帝乙嫁妹，姊妹同嫁。以娣，《説文》："娣，女弟也。"亦即姊之妹。"歸妹以娣"者，特言帝乙嫁妹，嫁姊而以娣同往媵之也。

②《集解》本"能"作"而"。"跛能履"同"跛而履"，義通履卦"跛能履"，當此則意謂女尚年幼，其步履踸踔，行走無常，跳躍頑皮。"跛能履"之主語當承前之"娣"，《集解》引虞翻曰："娣謂初也。"當初，娣尚年幼未長成，故有"跛能履"之貌。"征吉"者，娣雖年幼，然將隨姊嫁而往媵之，亦吉也。

《象》曰："歸妹以娣"，以恒也。[1]"跛能履"，吉相承也。[2]

【校注】

①"以恒"者，謂既約期而不變也。恒，久也。

②承，繼。"吉相承"者，婚姻之吉事相繼。娣履在姊後，以少承長，相繼而進也。

九二，眇能視，利幽人之貞。[1]

【校注】

①《集解》本"能"作"而"。"眇能視"同"眇而視"，通履卦"眇能視"，看視不清之貌。在此"眇而視"之主語當謂下之"幽人"。

《集解》引虞翻曰:"幽人謂二。"又:"眇,應五也。"則"眇而視"意謂二應五,而其相互看視不清,以喻二與五雖應而不能終成男女之配也。故"幽人"在此爲姊之象。王引之《經義述聞》釋履卦"幽人"有幽於獄中待議之象,當此卦之"幽人",則可意謂姊雖嫁入,而其遭遇似幽於男家中。幽人貞問,告爲利。

《象》曰:"利幽人之貞",未變常也。[1]

【校注】

①姊之嫁,得爲夫人,雖失正,猶未變其常位也。王引之《經義述聞》釋云"在内履中,能守其常"。二得中而不當位,故宜在内履中,不宜動往。

六三,歸妹以須,[1]反歸以娣。[2]

【校注】

①帛本須作嬬,《釋文》:"荀、陸本作嬬。"與帛本同。嬬當爲須之假借。須同嬃,《説文》:"《楚詞》:'女嬃之嬋媛。'賈侍中説楚人謂姊曰嬃。"須即姊也。"歸妹以須"者,意謂姊妹同嫁,而姊得留住男家。

②反同返。"反歸以娣"者,娣雖往媵,以其年幼,先返歸於本家,教養長大。《公羊傳》隱公七年:"春,王三月,叔姬歸於紀。"何休注:"叔姬者,伯姬之媵也。至是乃歸者,待年父母國也。"類此。

《象》曰:"歸妹以須",未當也。[1]

【校注】

①"未當",《集解》本作"位未當"。案傳云"歸妹以須",概言"歸妹以須,反歸以娣"二句,此"未當"者,乃言娣尚未當其位,實則釋"反歸以娣"句。當六三,姊留男家,而娣以年幼歸還本家也。

九四,歸妹愆期,[1]遲歸有時。[2]

【校注】

①"歸妹愆期",乃言姊事也。愆,過也,猶錯失。期,期望。《詩·
氓》:"匪我愆期,子無良媒。將子無怒,秋以爲期。"鄭玄箋曰:
"非我以欲過子之期,子無善媒來告期時。"則前一"愆期",泛言
葦負子之期望,後一"期"乃指經良媒確定之期時。歸妹首先期望
姊有子,而姊不能與夫生子,則是錯失所期望者也。

②遲同徲,《集韻》:"徲,一曰後至。"王引之《經義述聞》以時當爲待
之假借。則"徲歸有待"者,意謂姊既愆期,則有待於娣之後至歸
男家也。

《象》曰:愆期之志,有待而行也。①

【校注】

①"愆期之志",即未能實現之心願。"有待而行",其可待娣後至而
得行也。又《釋文》:"一本待作時。"王引之謂經傳皆當作待。案
二、四同功,二應五而在遠,四近五而有愆,是以姊處二、四皆不能
成功。

六五,帝乙歸妹,①**其君之袂不如其娣之袂良。**②**月幾
望,吉。**③

【校注】

①"帝乙歸妹",同見泰卦。帝乙,殷先王之名。或帝乙爲商湯之名,
《易緯·乾鑿度》曰:"帝乙之嫁妹,順天地之道,以立嫁娶之義,
義立則妃匹正,妃匹正則王化全。"

②君,謂姊。姊爲妻,爲夫人,故稱君。袂,衣袖,蓋指衣飾。前嫁爲
君之姊衣飾不如後媵之娣衣飾美好。此意謂娣之寵愛將過於其
姊。或有姊、娣不嫉妒之意,亦通。

③"月幾望",同見小畜卦。《釋文》:"幾,荀作既。"帛本"月幾望"作
"日月既望"。案當從荀本、帛本。"日月既望",意謂日月之行適

相對應無爽。小畜之"月幾望"乃凶象,而此云"吉",可知二者必不同也。

《象》曰:帝乙歸妹,不如其娣之袂良也,[1]其位在中,以貴行也。[2]

【校注】

①此略引經文。

②此二句釋何以"娣之袂良",乃以娣"其位在中,以貴行也"。娣不當位而居中,娣雖爲媵妾,然母以子貴也。案三、五同功,三娣反,位未當;五娣歸而行志,乃得其位。

上六,女承筐无實,士刲羊无血,[1]无攸利。

【校注】

①女,與士對言,謂妻,亦即姊。承,奉也。筐,《儀禮·士昏禮》所謂笲也,織竹爲之,實榛栗棗脩,以質見舅姑。"女承筐无實"者,姊爲妻,當行奉筐以質舅姑之禮,而筐中無實也。前揭《左傳》引經實作貺,貺,賜也,有實則有貺,無實則無貺。士,夫也。刲,割也。刲羊,割羊取血以獻祭。"士刲羊无血"者,士割羊以行獻祭之禮,然羊無血也。《左傳》引經血作衁,衁同血。李道平《周易集解纂疏》云:"女之適人,實筐以質於舅姑,士之妻女,刲羊以告於祠廟。'筐無實,羊無血',約婚不終者也。曰女曰士,未成夫婦之辭。先女後士,咎在女也。"余案:李云"約婚不終"、"未成夫婦"皆非是,當此約婚、夫婦之禮已成,惟暗示其姊雖居夫人之位而無子。李云"咎在女"則得之,此亦即史蘇所云"西鄰責言"者也。

《象》曰:上六无實,承虛筐也。[1]

【校注】

①"上六无實,承虛筐"者,意謂姊雖爲妻,爲夫人,然則虛居其位,猶

主祭祀也。按諸媵婚之制，姊雖無子，不改其君位，娣雖有子，亦不得爲嫡。又帛傳《繆和》：“李羊問先生曰：‘《易》歸妹之上六曰：“女承匡無實，士刲羊無血，無攸利。”將以辟，是何明也？’子曰：‘此言君臣上下之求者也。女者，下也。士者，上也。’”又：“孔子曰：‘夫無實而承之，無血而卦（刲）之，不亦不知（智）乎？且夫求於無又（有）者，此凶之所產也，善乎胃（謂）□無所利也。’”案士所求女者，子也，而女所無有者，亦子也。由此可知此歸妹卦，主女無子之象。

【疏義】

《易緯·乾鑿度》曰：“帝乙之嫁妹，順天地之道，以立嫁娶之義，義立則妃匹正，妃匹正則王化全。”歸妹卦之大義盡在此矣。歸妹乃言婚姻之卦，其所言婚姻乃古代特有之媵婚，又曰姪娣之制，嫁姊而媵妹，姊、妹事皆在此卦中。後世説此卦者，雖明其事關媵婚，然則以爲“歸妹”者專言媵妹，唯以媵妹事釋卦爻辭，遂使姊與妹之複綫叙事簡化爲妹之單綫，以致誤解叢生焉。舊説以媵妹非禮、非時者有之，責妹以情動而嫁，急於求合爲非正者有之，余以爲皆失經義也。

古人娶妻，一則事宗廟，一則延子嗣。君子既娶姊以爲正室，可以保證事宗廟之事，然則無法保證延子嗣之事，爲延子嗣則必媵妹。經中之姊，有正有不正，其正在居正位，事宗廟，其不正在無子，不能延子嗣。而妹亦有正有不正，其正在生子，其不正在於雖以子貴不可逾居正位。嫁姊媵妹，同屬一禮，不當又以媵妹爲非禮。妹年幼返家養育，以時再歸，不當謂之非時。以情動而嫁，於姊於妹皆人之常情，不當目爲非正。姊雖無子，不失正位，猶得事宗廟；妹雖以子而貴，得寵於君子，終不得以庶代嫡。此皆古禮當然之義，然其長男少女相交，爲廣子嗣而妻妾成群，乃至嫡庶貴賤失序，終將有弊害生焉，故《象》以“君子以永終知敝”戒之。

六十四卦關乎婚姻之辭多矣，唯漸、歸妹二卦，爲專言婚姻之卦。

二卦所述並不在嫁娶六禮之際,要在既嫁之後,影響女在男家中之地位之關鍵因素。其若漸卦,女隨男之仕進而地位提升;其若歸妹卦,則女因無子而地位下降。此種遭遇皆非女自身所能作主者,雖美之曰"妃匹正",實乃委曲求全。《詩》有邶風、衛風兩《柏舟》,皆女在男家之哀曲,有心者或可作同情之解也。

豐

䷶離下震上

豐：①亨。②王假之。③勿憂，宜日中。④

【校注】

①豐，卦名，由離☲、震☳二單卦相重而成。豐或作豊，豐有豐滿義，豊則表示禮器，於此當作豐。《釋文》：“豐，《彖》及《序卦》皆云：大也。案豐是腆厚光大之義。鄭云：豐之言腆，充滿意也。”文中腆、腆同。余以爲，豐並無腆厚義，其義當從鄭玄訓豐滿、充滿，訓大亦通。考諸《漢書·五行傳》引劉歆説、《王商傳》引張匡上書、《元后傳》引王鳳上疏，各家皆以日食解此卦。又劉歆説引此卦九三爻辭與《詩·十月之交》互證，彼詩首章十月之交，日有食之，言日食災異。故知此卦之豐，當關乎日食之際，日之形狀變化，蔽日之暗影漸增大、漸豐滿。《集解》引荀爽曰：“豐者，陰據不正，奪陽之位而行以豐。”可知行以豐者，陰也，豐之訓大、豐滿者，當謂陰漸大、漸豐滿以蔽陽。古人恒以日食爲陰侵陽，臣侵君，小人侵君子之象。然則至此猶未盡豐之義。漢儒以日食説此豐卦，以九三“豐其沛，日中見沬”應之，由此推斷，二、三、四三爻皆爲日食象，六二“豐其蔀，日中見斗”，爲日食之前半程，陰漸蔽陽；九三“豐其沛，日中見沬”，乃陰全蔽陽，陰至此豐矣；九四重言“豐其蔀，日中見斗”，爲日食之後半程，陰漸退，陽漸增；及至六五“來

章",則陽盡出陰蔽,是陰之豐轉爲陽之豐矣。[1] 據此可知豐者,既可言陰之豐,又可言陽之豐,先有陰蔽陽之豐,亦即全食,其後則陽出陰之豐,亦即全日。二豐迭變,陰陽易勢,其與日中則昃、月盈則食事不同而理同也。至此乃全豐卦之大義。

②如萃之"萃,亨"、渙之"渙,亨",此卦亦以"豐,亨"爲句,亨訓通,意謂豐之事終得亨通也。孔穎達《正義》謂之"豐亨之道",是也。

③"王假之"則不盡同"王假有廟"。假,同格。格多訓至,而于省吾《雙劍誃詩經新證》釋《詩·烈祖》"䄱假無言"云金文中"格"有同"享"之例,"用格多公"即"用享多公","用格百神"即"用享百神"。又假通嘏,段玉裁注云:"經傳嘏字多謂祭祀致福。"余以爲,假訓格訓享,或讀如嘏,皆可通,"王假之",乃指王在日食之際祭祀以求福也。

④宜,將然之辭。日中,日在中天。"宜日中"者,意謂被食之日逐漸出食,勢將重新豐大懸在中天,其當六五之"來章"也。

《彖》曰:豐,大也。①明以動,故豐。②王假之,尚大也。③勿憂,宜日中,宜照天下也。④日中則昃,月盈則食,天地盈虛,與時消息,⑤而況於人乎！況於鬼神乎！⑥

【校注】

①此釋卦名之義,豐爲光大。

②此釋上下卦,下離爲明,上震爲動,合而爲豐。《集解》引崔覲曰:"明則見微,動則成務,故能大也。"案自下離至上震,其勢陽漸豐大。此即"豐,亨"之義。

③尚,助也。"尚大"者,王行享祀以救日,助其豐大。

④"宜照天下"者,意謂日食之後,日更生復明,且仍居乎中,普照天

---

[1] 廖名春《周易經傳十五講》釋豐卦主日食説,以諸爻顯示日食漸變之過程。北京大學出版社,2004年。

下。案"宜日中"者五,故"宜照天下"者亦五,五"來章"爲復明之日。然則日者喻王,被食之日與復明之日,其所喻之王爲同一王乎? 説者或謂此卦象周伐殷,被食之日喻紂王,出食之日則轉喻武王。余以爲,如此則兩日兩王,恐非。被食之日與出食之日所喻之王,當同一王,惟此一王經日食之傷,勢必由强轉弱,雖未墜猶明,已式微矣。帛傳《繆和》以秦穆、楚莊、晉文、齊桓諸霸故事比類此卦,正是周君羸弱之象。

⑤昃同㞒,爲㞒之異體。食,言月之虧也。孔穎達《正義》云:"日中至盛,過中則昃,月滿則盈,過盈則食,天之寒暑往來,地之陵谷遷貿,盈則與時而息,虛則與時而消。"案此言王道之由盛至衰亦本天道之常。劉向《説苑・敬慎》據此云:"是以聖人不敢當盛。"雖聖人當盛亦必轉衰也。

⑥況,比也。"而況於人乎! 況於鬼神乎!"者,意謂比類言之,日月、天地如此,其人、其鬼神亦必如此,人與鬼神皆莫能外於天道也。

《象》曰:雷電皆至,豐。①**君子以折獄致刑。**②

【校注】

①此釋上下卦象,下離爲電,上震爲雷,合爲豐。孔穎達《正義》曰:"雷者,天之威動;電者,天之光耀。雷電俱至,則威明備,足以爲豐也。"案噬嗑卦亦以雷電爲象,彼雷電合而章,而此卦"雷電皆至",至當訓大,亦即雷電皆豐大之象。

②《釋文》:"折,斷也。"折獄即斷獄,致刑即用刑。案"折獄"一語見賁《象》,又見諸《尚書・吕刑》、《論語・顔淵》,爲常語,故舊注多據之訓此"折獄"亦爲斷獄。余以爲,諸訓雖有所本,然不合此傳義。在此折不當訓斷,應訓爲損。致,施行。"折獄致刑"者,當雷電皆至之際,不可大施獄刑,應謹慎減損也。雷電爲獄刑之象,而此卦雷電皆豐大,是獄刑達其盛、用其極而將衰、將亂也,故君子當修治之。《詩・十月之交》:"爗爗震電。"鄭玄箋云:"雷電過

常,天下不安,政教不善之徵。"又《漢書·天文志》引《星傳》曰:
"日者德也,月者刑也,故曰'日食修德,月食修刑'。"可知逢雷電
過常,或日食、月食之際,皆當自修政教之不善。豐與噬嗑可相對
照,噬嗑之"明罰敕法",是利用獄也,豐之"折獄致刑",則是修治
獄,非利用之時也。

初九,遇其配主,①雖旬,无咎,往有尚。②

【校注】

①主,神主,在此指日。《釋文》:"配,鄭作妃,云:嘉耦曰妃。"《集
解》本作妃。配、妃古通。配,匹也,對也。《詩·皇矣》:"天立厥
配,受命既固。"嚴粲《詩緝》釋云:"王者配天,天將立之以爲配,
使周家王天下,其受命堅固不易也。"案王者配天,進而言之,日爲
君象,王與其日相配也。故"配主"亦即王者所配之日也。

②帛本"雖"作"唯",當從。旬,十日。《禮記·曲禮》曰:"凡卜筮
日,旬之內曰近某日,旬之外曰遠某日。"卜筮以十日爲斷,過十日
則再筮,可知旬爲卜筮之周期。尚,右助也。"唯旬,无咎,往有
尚"者,占問之,筮告在一旬之內,尚無咎害,戴此日以往,其行仍
將得其右助。

《象》曰:"雖旬,无咎",過旬災也。①

【校注】

①"過旬災"者,過一旬,則將致災。災,日食之災。案初、四不應,然
在此卦不取此例。初之"往有尚",乃將得尚於四。王引之《經義
述聞》謂豐初應四,以陽適陽,同類相助也。

六二,豐其蔀,①日中見斗,②往得疑。③疾,有孚發若,④吉。

【校注】

①《釋文》:"蔀,馬云:菩,小也。鄭、薛作菩,云:小席。""豐其蔀"

者,意謂日猶被小席遮擋,或曰被遮擋之部分如小席大小,是日食之始也。

②斗,北斗,概言天上大星。"日中見斗"者,日食之際天色浸暗,以致日中之時可見大星。卜辭有云:"乙卯允明堇,三昏食日,大星。"[1]是爲日食時或見大星。

③行往之中遇日食,乃心疑其不祥。得,心知也。

④舊注各本皆作"往得疑疾",余以爲當分斷。疾,疾行也。《禮記·曾子問》:"曾子問曰:'葬引至於堩,日有食之,則有變乎,且不乎?'孔子曰:'昔者吾從老聃助葬於巷黨,及堩,日有食之,老聃曰:"丘! 止柩,就道右,止哭以聽變。"既明反而後行。'"是途中遇日食則止而不行。於此爻日食始作,故疑慮其當行抑或當止耶。而云"疾"者,趁其始作,乃疾行之也。"發若",疾行貌。《詩·東方之日》:"履我發兮。"《毛傳》:"發,行也。"余以爲,此處"有孚"相對"斗"而言,因尚能見"斗",故可以"斗"爲指引,行於晦暗之中。故"有孚發若"者,猶云尚有孚可以疾行也。

《象》曰:"有孚發若",信以發志也。①

【校注】

①發志,猶行志。"信以發志"者,以有孚信,故能行其志也。六二當位,居下離之中,本有黄離之象,當日食之初,天尚未至暗,應及時前行,其事吉也。

　　九三,豐其沛,日中見沫,①折其右肱,无咎。②

【校注】

①《釋文》:"沛,本或作斾,謂幡幔也。子夏作芾。"竹書沛作芾,當爲芾之訛。案沛當以斾爲是,幡幔也。"豐其沛"者,意謂日光猶

---

[1]　轉引自陳子展《雅頌選譯》之《十月之交》解題,第105頁,古典文學出版社,1957年。

被幡幔遮蔽。《釋文》："沫,微昧之光也。《字林》作昩,云:斗杓後星。鄭作昧。服虔云:日中而昏也。《子夏傳》云:昧,星之小者。馬同。薛云:輔星也。"又《集解》引虞翻曰:"沫,小星也。"沫、昧通,乃概指小星。"日中見沫"者,謂日食已甚,至爲晦暗,天空顯現出諸多小星。李道平《周易集解纂疏》云:"二、三皆爲四所蔽。二遠於四,三近於四,故沛之蔽明甚於蔀,見沫之暗甚於見斗也。"余以爲,二、三爲四所蔽不確,然三暗於二則得其象。以日食言之,三乃全食之象,故其暗若夜也。

②右肱,右臂。《釋文》:"肱,姚作股。"右股,爲右腿,亦通。"折其右肱"者,行進於大暗之中,傷折其右臂或右腿。"折其右肱"而云"无咎"者,止於途則無咎害也。

《象》曰:"豐其沛",不可大事也。①"折其右肱",終不可用也。②

【校注】

①"不可大事"者,不可舉大事。王弼注:"明不足也。"孔穎達《正義》:"當光大之時,可爲大事,明不足,故不可爲大事也。"

②"終不可用"者,言既折右肱,終不能有所作爲也。此乃當止之義。《漢書·元后傳》王鳳上疏云:"五經傳記,師所誦説,咸以日蝕之咎在於大臣非其人,《易》曰:'折其右肱。'"是以右肱喻大臣,爲漢儒引申之説。

九四,豐其蔀,日中見斗,①遇其夷主,②吉。

【校注】

①同六二爻辭,當此則意謂日食轉退,重至日猶被小席遮擋之狀,復可見天上大星。案二、四同辭,二在日食前半,經三之全食,四則在日食後半。至此日乃漸復出也。

②案此夷當同明夷之夷,言日光變化也。蓋因此卦日經食而後出,

故夷亦可訓傷。主,日也,亦即初之配主,而此配主經過日食乃被傷損矣,故曰"夷主"。就人事言之,配主謂配日之君,當初尚完好無損,至四則被日食之傷,猶君被臣傷,是謂夷主。帛傳《繆和》曰:"夫日者,君也;斗者,臣也。日中而斗見,君將失其光矣。"

《象》曰:"豐其蔀",位不當也。^①"日中見斗",幽不明也。^②"遇其夷主",吉行也。^③

【校注】

①"位不當"者,四不當位。

②"幽不明"者,乃謂日光仍然幽暗不明。

③"吉行"者,日食始復明,復明則其行吉也。案郭京《周易舉正》曰:"《象》言'遇其夷主,吉,行也。'行字上脱志字,當作'遇其夷主,吉,志行也',乃謂九四之心志可以施行。"郭説可備考。"志行"之志,即六二"發志"之志。二、四同功,二之志,止於三,復行於四也。

六五,來章,^①有慶譽,^②吉。

【校注】

①章,同彰。"來章"者,日食既退,光明大來,萬物彰顯也。

②賢臣來應爲慶,功成而有譽也。

《象》曰:六五之吉,有慶也。^①

【校注】

①六五得中,現新日之明,故云"有慶"。《詩·裳裳者華》:"維其有章矣,是以有慶矣。"案《二三子問》:"卦曰:'豐,王叚(假)[之],勿自憂,宜日中。'孔子曰:'□□□也。勿憂,用賢弗害也。日中而盛,用賢弗害,其亨亦宜矣。'"卦辭"宜日中"之日中,即當六五,六五之王被日食夷傷而後重生,而群賢用輔,故仍宜照天下。

朱駿聲《六十四卦經解》云:"來章者,以群賢之明,助一人之明,故明照天下也。"

上六,豐其屋,①**蔀其家,**②**闚其户,闃其无人,三歲不覿,**③**凶。**

【校注】

①此爻所言已非日食過程,當言主之家也。"豐其屋"者,大其屋也。《説文》"寷"字下引經作"寷其屋",寷,大屋也。大屋,亦即夏屋,祖社也。

②《集解》引虞翻曰:"豐大,蔀小也。""蔀其家",意謂小其家。家,居室也。

③闚,同窺。闃,空也。"闚其户,闃其无人"者,窺視其門户之内,已空無人焉。"三歲不覿"同困卦辭,意謂長期無人往見,禁忌也。案合釋此爻辭,王經日食之災,天命未改,故云"豐其屋",而已羸弱之極,故云"蔀其家",自禁忌以避災,故云"闚其户,闃其无人"也。《集解》引干寶説,以此爲商紂敗亡之象,則非也。

《象》曰:"豐其屋",天際翔也。①"闚其户,闃其无人",自藏也。②

【校注】

①際,降也。翔同祥。《集解》本翔作祥,引孟喜曰:"天降下惡祥也。""天際祥",亦即天以日食降惡祥於祖社也。

②《釋文》:"藏,衆家作戕。馬、王肅云:殘也。鄭云:傷也。"案藏、戕皆可通。作藏者,自我閉藏,猶云禁忌以祛祟。作戕者,自損以禳災。上六當位云"凶"者,以王者至此已無可作爲,雖大而窮之象也。

【疏義】

自王、孔至程、朱,注家説豐之大義基本相同,幾成通説。豐,日光盛大也。此盛大唯君王足以當之，王者在豐，如日在中天，遍照天下，無有隱微。然則月盈則虧，日中則昃，盛大至其極必轉爲衰，故王者亦有憂患也。孔穎達《正義》云："此孔子因豐設戒，以上言王者以豐大之德照臨天下，同於日中，然盛必有衰，自然常理。"朱熹《周易本義》云："豐，大也。以明而動，盛大之勢也，故其占有亨道焉。然王者至此，盛極當衰，則又有憂道焉。"皆得此豐卦轉捩之關鍵。說者或謂王者若能常保日中則可無憂，然則"日中則昃"乃天道之常，無可違也。

《彖》曰："日中則昃，月盈則食，天地盈虛，與時消息，而況于人乎？況于鬼神乎？"乃言天地盈虛之道無所不包，人與鬼神皆當遵行之。後儒據此發揮，以鬼神下於天地，天地尊，鬼神卑，鬼神非無常之主宰，惟天道之特殊顯現而已。程頤《易傳》云："鬼神謂造化之迹。"《朱子語類》云："問：'鬼神者，造化之迹，然天地盈虛，即是造化之迹矣，而復言鬼神何耶？'曰：'天地舉全體而言，鬼神指其功用之迹，似有人所爲者。'"余案：此乃經主天命鬼神，傳主天道自然，前後義理有所變化之一證也。

余以爲，此豐卦鬼神之意義仍甚重大。若按漢儒之說，豐卦爲占日食之卦，日食爲災異之現，其對應人事，乃以災異昭示政教得失，不得類同日中則昃，月盈則食也。當日食之際，王者必祭祀以救日，禁忌以避災，其於政教，則或自修德、修刑，乃至黜大臣以應對。《漢書·五行志》引劉歆說，以此卦有小人乘君子，陰侵陽之象，可知此卦適王者遭侵害，有臣強君弱之象，王者未盡盛大也。

就卦體言之，此豐卦"明而動"，其猶"雷電皆至"，是明不穩定，變化難測之狀。就諸爻言之，陳夢雷《周易淺述》云："六爻以六五爲豐之主。五柔暗，故欲得二、四剛明之臣。二應五而四比五。初遠五，亦偕四同往以輔乎五。此四爻所以吉也。獨三不從五而遠應上，故至於折肱。至上則處豐之時，自蔽已甚，宜其凶也。此全卦六爻之大略也。"庶幾得之。

旅

䷷艮下離上

旅：^①小亨，旅貞吉。^②

【校注】

①旅，卦名，由艮☶、離☲二單卦相重而成。《釋文》曰："旅，羈旅也。《序卦》云：旅而無所容。《雜卦》云：親寡，旅。是也。王肅等以爲軍旅。"孔穎達《正義》："旅者，客寄之名，羈旅之稱。失其本居，而寄他方，謂之爲旅。"諸説皆通。客寄、羈旅他方者，可以爲商旅，亦可以爲軍旅。帛傳《昭力》："□之潛斧，商夫之義也。"闕字疑當作旅，則或以此卦名之旅爲商旅。後世注家亦以作商旅者爲多。而余以爲，據旅字本義以及卦爻辭所述，似以王肅説更洽，此卦之旅，當訓軍旅。何以客寄、羈旅於他方？蓋因從軍而征他方，故可有軍旅之義。進而言之，此旅謂軍旅，又含舉族而爲軍旅之義。旅，甲骨文作🏴形，象士兵集結在旗幟之下，金文又有作🏃形，象戰車上有旗幟，士兵在其周圍，其本義皆爲軍旅。按卦爻辭推斷，此軍旅之構成，乃以部族爲戰鬥單位。軍中有部族，或曰舉族而從軍旅，當於史有徵，西周《魯侯尊》："唯王令明公遣三族伐東國……用作旅彝。"可知舉族從軍爲王征伐，適當此旅卦之義。以部族爲單位從軍旅，征伐他方，故失其本居，遷轉於他方，以致舉目無親，是爲此旅卦大義所在焉。

②貞問從軍旅之事,貞告小亨通,吉。

《彖》曰:旅,小亨,柔得中乎外而順乎剛,止而麗乎明,^①是以小亨,旅貞吉也。旅之時義大矣哉!^②

【校注】

①旅卦之亨在二、五,二五陰爻,故云"小亨"。"柔得中乎外而順乎剛"者,舊注多謂其專言六五,六五居外卦之中,而上順上九。余以爲不可從。此句中兩"乎"字至關鍵,前一"乎"字不宜訓同"於",是狀事之詞,若乾《文言》"確乎其不可拔";後一"乎"字可訓"於"。"柔得中乎",二、五皆柔得中,乃停居之象。"外",非外卦云云,乃與中對言,之外,遠行之謂也,在此作動詞用。二順三,五順上,皆爲"柔順剛"。在二、五居中之柔不得停居,必順從其上剛爻,有之外、遠行之旅。"止而麗乎明"則謂下艮爲止,上離爲明。麗,附也。

②當此旅卦,當依時而有所附,依時有所爲,始能獲安。王弼注曰:"旅者大散,物皆失其所居之時也。物失所居,則咸願有附,豈非知者有爲之時?"余案:傳言"時義",有正反兩面,正則得時,反則失時,其義皆可謂"大矣哉"。此旅卦之"時義",亦言失時而以凶終,君子尤當思之。

《象》曰:山上有火,旅。^①君子以明慎用刑而不留獄。^②

【校注】

①此釋上下卦象,下艮爲山,上離爲火,合爲旅卦。《集解》引侯果曰:"火在山上,勢非長久,旅之象也。"孔穎達《正義》:"火在山上,逐草而行,勢不久留,故爲旅象。"

②慎,讀如順。"明慎"即明順,獄事隨有隨決。"不留獄",不稽留獄訟。"君子以明慎用刑而不留獄"者,意謂君子觀此旅卦,知其不長久停居之勢,故明快及時處理刑獄,不稽留拖延。旅爲軍旅,

軍中之用刑,賞罰立至,無有稽延,故君子法之,"明慎用刑而不留獄"。

初六,旅瑣瑣,^①斯其所取災。^②

【校注】

①《釋文》:"鄭云:瑣瑣,小也。馬云:疲弊貌。王肅云:細小貌。"余以爲,瑣瑣,當訓細小。然此訓瑣瑣爲小,非謂其疲弊貌或卑賤貌,當取其碎義。"旅瑣瑣",意謂旅者細小而分散,一小股一小股,没有抱團成群。

②"斯其所取災"者,旅之瑣瑣,乃招致災禍之因。

《象》曰:"旅瑣瑣",志窮災也。^①

【校注】

①志意不得行,謂之志窮。"志窮災"者,不能行志,且招致災禍。孔穎達《正義》曰:"志意窮困,自取其災也。"案初六不當位,"旅瑣瑣",其志窮,雖上應於四,而四"我心不快"也。

六二,旅即次,^①懷其資,得童僕,貞。^②

【校注】

①次,臨時駐軍之所。"旅即次",軍旅抵駐紮之地。

②《釋文》:"'懷其資',本或作'懷其資斧',非。"余案:陸氏説不確,當以另本"懷其資斧"爲是,此爻之"資",即九四"資斧"之省。九四《釋文》:"'得其資斧',《子夏傳》及衆家皆作齊斧。張軌云:齊斧,蓋黄鉞斧也。張宴云:整齊也。應劭云:齊,利也。虞喜《志林》云:齊當作齋,齋戒入廟而受斧。"熹平石經亦作"齊斧"。故資、資斧同謂齊斧,即黄鉞,受王命擁有武力以行征伐之象徵物。懷,藏也,止也。"懷其資"者,意謂其時資斧未用也。"童僕",猶蒙卦之蒙童,來歸附者。竹書"得童僕,貞"作"得僮僕之貞",故

此“貞”，乃貞告將得童僕來附，以爲己用也。

《象》曰：“得童僕，貞”，終无尤也。①

【校注】

①六二得中當位，體艮爲止，故軍旅之事當此暫止。案“得童僕”乃安家之象，意謂其家安，則童僕來歸附。又案舊注釋此爻，多訓“懷其資”爲懷有資財。《集解》引《九家易》曰：“即，就。次，舍。資，財也。以陰居二，即就其舍，故‘旅即次’。承陽有實，故‘懷其資’。初者卑賤，二得履之，故‘得僮僕’。處和得位正居，是故‘得僮僕貞’矣。”雖釋“懷其資”與本注異，其説卦爻之義則可參，又以童僕爲初之瑣瑣者，亦有可取。

九三，旅焚其次，①喪其童僕，貞厲。②

【校注】

①“旅焚其次”者，軍旅駐紮之地被火焚。

②“喪其童僕”者，童僕逃亡。貞告爲凶厲。

《象》曰：“旅焚其次”，亦以傷矣。①以旅與下，其義喪也。②

【校注】

①傷，損傷、損失。孔穎達《正義》：“‘亦以傷矣’者，言失其所安，亦可悲傷也。”是訓傷爲悲傷，亦通。

②《説文》：“與，黨與也。”下，謂童僕。“以旅與下”，意謂以童僕組成軍旅。義同宜。“其義喪”者，童僕宜乎逃亡。案九三以剛當位，爲征戰之始，“旅焚其次，喪其童僕”皆出征時之象，軍旅復將出行也。然其不應上而與下，故有不願前進之意。

九四，旅于處，①得其資斧，②我心不快。③

【校注】

①處，止也。“旅于處”，軍旅到達征戰之地。

②得,用之,於懷之對言。

③快,疾也。"我心不快",不急躁,用心謹慎貌。《荀子·大略》:
"人有快則法度壞。"楊倞注:"快,肆意。"既用資斧,必行有法度。

《象》曰:"旅于處",未得位也。^①"得其資斧",心未快也。^②

【校注】

①九四以陽居陰位,雖處而不正,是爲"未得位也"。余案:初、四相
應,"旅于處"者,乃初之"旅瑣瑣"者,其散亂而不當位也。

②散亂而不當位者,猶肆意而快。用資斧而制以法度,乃使其心不
快也。

六五,射雉,一矢亡,終以譽命。^①

【校注】

①雉,野鳥。"射雉",喻戰鬥。"一矢亡",亡失一箭矢,喻族人有所
戰損。譽,稱善。譽命,以完成使命而獲得譽名。孔穎達《正義》
則釋爲"終以美譽見爵命",意謂功成而得封爵,亦通。

《象》曰:"終以譽命",上逮也。^①

【校注】

①"上逮"者,二上逮及五。《集解》引虞翻曰:"逮,及也。謂二上及
也。"所謂"二上及",意謂二所受之使命,至五終於完成也。案
逮,逮及。《説卦》:"水火相逮。"孔穎達《正義》:"水火雖不相入
而相逮及。"則二雖上及五,然二、五終不相應,猶水火相逮及而不
相入也。

上九,鳥焚其巢,^①旅人先笑後號咷,喪牛于易,^②凶。

【校注】

①"鳥焚其巢"爲古之異兆。《漢書·五行志》:"成帝河平元年二月
庚子,泰山山桑谷有戴焚其巢。"志謂之"自害其子,絕世易姓之

禍”。此言“鳥焚其巢”，則意謂以族衆從軍旅，多戰死者，猶鳥焚其巢，其將絶而無後也。

②旅人，從軍旅之族衆。未戰之前，相聚歡笑，既戰之後，號咷而哭。大壯卦《釋文》：“易，陸作場，壇場也。”“喪牛于易”者，意謂牛喪失於疆場。牛者，喻部族之財產，舉族以從軍旅，部族之財產亦隨戰爭而喪失也。

《象》曰：以旅在上，其義焚也。① “喪牛于易”，終莫之聞也。②

【校注】

①《釋文》：“‘其義焚也’，馬云：義，宜也。一本作‘宜其焚也’。”離火在山上，宜乎焚及鳥之巢。案“以旅在上”對言“以旅與下”，在下者爲童僕，可逃亡，在上者爲族衆，不得不順從王命。部族雖征戰釁命，然損傷猶如遭焚棄也。

②聞，聲聞。“終莫之聞”者，意謂部族既衰，終湮没無聞。王引之《經義述聞》訓聞爲相恤問，云：“上九居高無應，故無恤問之者。”亦通。余案：旅至六五，其以部族從軍旅之使命已完成，雖居高位，抑或封爵，然則族衆損折，財產喪失，部族無以爲繼，終至湮没無聞，他人無所恤問。《雜卦》所謂“親寡，旅也”，是旅卦以失其親衆爲終凶。又案漢儒説此爻，每云其兆王者易姓之禍，於此經本義，則兆在部族之毁亡也。

【疏義】

旅卦言行旅、客寄之道。孔穎達《正義》云：“旅者，客寄之名，羈旅之稱。失其本居，而寄他方，謂之爲旅。既爲羈旅，苟求僅存，雖得自通，非甚光大，故旅之爲義，小亨而已，故曰‘旅，小亨’。羈旅而獲小亨，是旅之正吉，故曰‘旅，貞吉’也。”如何能在旅中得小亨、正吉？《周易折中》引范仲淹釋此旅卦云：“夫旅人之志，卑則自辱，高則見疾，能執其中，可謂智矣。故初‘瑣瑣’，卑以自辱者也。三‘焚次’而上‘焚巢’，高而見疾者也。二‘懷資’而五‘譽命’，柔而不失其中者也。”又旅者固宜執中，且宜隨時。程頤《易傳》云：“天下之事，當隨時各適其宜。而旅爲難處，故稱其時義之大。”旅者若能執中、隨時，則雖在羈旅之中，亦可以小亨、正吉也。

余釋此旅卦不同於舊注舊説者，要在以旅卦所涉之事爲舉族從軍旅而征伐，故旅者雖可獲“小亨”、“貞吉”，其苦難憂患尤甚也。《雜卦》曰：“親寡，旅。”最得旅卦大義。此旅卦之事最不利於親族之增殖與鞏固。古之部族最宜安居一地，以親族、土地、人民爲本，始得發展壯大。而部族處在遷徙乃至戰鬥之際，雖可以戰功取譽於君王，而若自身遭受重大人員、財産損失，必致一蹶不振。取譽之與取災，皆在一時也。親族離散，無有家邦，“鳥焚其巢”，何處可棲耶？

巽

☴巽下巽上

巽：①小亨。②利有攸往，利見大人。③

【校注】

①巽，卦名，由二單卦巽☴相重而成。孔穎達《正義》云："巽者，卑順之名。《説卦》云：'巽，入也。'蓋以巽是象風之卦，風行無所不入，故以入爲訓。若施之於人事，能自卑巽者，亦無所不容。然巽之爲義，以卑順爲體，以容入爲用，故受'巽'名矣。"孔説巽卦以卑順爲體，容入爲用，後世注家皆本之。余以爲，此爲引申之説，非巽之本義。巽之本義當爲申命令，《彖》"重巽以申命"，《象》"申命行事"，皆已明之矣。巽，本字作㢲，《説文》："㢲，具也。"㢲上部爲二卩，《説文》："卯，二卩也，㢲從此。"卩象節信之物，《説文》："卩，瑞信也。"瑞信即節信，《周禮·春官宗伯·典瑞》鄭玄注："瑞，節信也。"卩之爲節信，乃謂將一物而作兩斷，執一留一，各取爲信以制事者。卯爲二卩，即二卩對合爲一，亦即二節信相合。《説文》訓㢲爲具者，具，共置也，二卩具，即二卩共置一處而成卯。又《説文》出巽字古文作㢲，㢲下部开，《説文》："平也。象二干對構，上平也。"適指上二卩對平成卯。由此可知，巽之本義乃王以節信申命令，受命者先入而領一卩，持此卩以出幹事，完成後再持此卩以入，與王之卩合而成卯，亦即覆命也。巽之訓入、訓

順,以及訓伏,皆本此受命、覆命之事而引申。倘不明此巽之本義,則卦爻辭殊不可解也。

②小亨,小有亨通。此卦柔得亨通,故云小。

③此言利入朝見王而領受王命也。

《彖》曰:重巽以申命,①剛巽乎中正而志行,②柔皆順乎剛,③是以小亨,利有攸往,利見大人。

【校注】

①此釋上下卦,上下皆巽,故曰"重巽"。"重巽"即兩卩,一卩在發命者,一卩在受命者。"申命",則意謂受王命者持王之節信以行事,非一己之專行。《禮記·郊特牲》曰:"大夫執圭而使,所以申信也。"乃謂大夫執圭以展示受命而來使,非私覿也。此傳云"申命"當與"申信"同例。舊注多訓申爲重,"申命"即一命再命,《集解》引陸績曰:"巽爲命令,重命令者,欲丁寧也。"不確。

②剛謂二,中正謂五,二與五若二卩相合,故其志得行。又《集解》引虞翻曰:"剛中正,謂五也。"似虞本"剛巽乎中正"作"剛中正",備考。

③"柔皆順乎剛"者,二、五皆有柔順之,初順二,四順五。此巽卦之順,爲柔順剛,臣順君,柔爲小,爲臣,故爲"小亨"。

《象》曰:隨風,巽。①君子以申命行事。②

【校注】

①隨,相隨。巽爲風。下巽隨上巽,有二巽相重複之義,合爲巽卦。傳就巽爲風説義,特明其如隨風而行,柔順不自專也。

②申命,同《彖》。舊注釋"隨風"爲一風隨一風,風喻命令,故是一命隨一命。李光地《周易折中》引朱震云:"巽爲風,風者,天之號令也,故巽爲命。內巽者,命之始;外巽者,申前之命也。"又引《朱子語類》云:"問:申字是兩番降命令否?曰:非也,只是丁寧反復

説,便是申命。"巽卦之命,唯一命也,其有前有後,前者發此命,後者行此命,即是"隨風"、"申命"。不必以一命既發,又申之再三、丁寧再三也。

初六,進退,利武人之貞。^①

【校注】

①進退,猶言選擇受命者之賢愚也,賢者進,愚者退。又帛書本"進退"作"進内",進内,進於朝,乃言武人進於朝,以聽王命。亦通。"利武人之貞"者,武人將領受王命,故貞告爲利也。

《象》曰:"進退",志疑也。^①"利武人之貞",志治也。^②

【校注】

①"志疑"者,疑,度也,進退未定,心有所揣度。

②"志治"者,治,正也,武人既得選用任命,則其心無所疑,亦即其志正也。案初不當位,故不可自行,須待命而動,其命將來自二,柔順乎剛。

九二,巽在牀下,^①用史巫紛若,^②吉,无咎。

【校注】

①此爻之巽爲初巽,巽爲命令,亦即王在此際發命令也。牀,王所居坐之几案。《集解》引荀爽曰:"牀下,以喻近也。""巽在牀下"者,意謂武人近至王之牀下,以聽王命。巽之伏義,蓋取諸此狀。

②"史巫",《集解》引荀爽曰:"史以書勳,巫以告廟。"在此乃指傳達王命之王官。《釋文》:"紛,《廣雅》云:衆也,喜也。一云:盛也。"余以爲"紛若",同紛紛,紛紛同分分,《淮南子·繆稱訓》:"禍之生也分分。"高誘注:"分分,猶紛紛。"紛紛與分分可通用。而在此"分若"亦即"分分",非取雜亂義,乃謂諸事各當其分之狀。《荀子·儒效》:"分分兮其有終始也。"楊倞注:"事各當其分,即

無雜亂。"故"用史巫紛若"者,言史巫傳達各項王命,分分然無雜亂也。

《象》曰:紛若之吉,得中也。①

【校注】

①得中,九二居下巽之中。此言"得中",乃釋"紛若之吉"。"紛若之吉"者,意謂史巫傳達王命,分分然無雜亂,故爲吉也。案九二之剛,武人之象,得中不得位,故不得自居止於二,必上順乎五,猶云在二受王命而行至五,亦即《彖》"剛巽乎中正而志行"。

九三,頻巽,①吝。

【校注】

①頻,頻蹙。孔穎達《正義》:"頻者,頻蹙憂戚之容也。"案此"頻"當同復卦"頻復"之頻,急迫之貌。"頻巽"者,言執行命令者,急迫而行也。案急則亂矣。朱駿聲《説文通訓定聲》云:"《詩·桑柔》'國步斯頻',《傳》:急也。按:亂也。"

《象》曰:頻巽之吝,志窮也。①

【校注】

①"志窮",行命之志困窮而不得伸張。余案:九三之所以急迫乃至亂者,九三雖當位,然惟用武而不能用文,故其志不得行。《象》云"柔皆順乎剛",意謂二、五皆有柔順之,而九三之剛,無柔順之,故而吝窮也。

六四,悔亡,田獲三品。①

【校注】

①"悔亡",其"頻巽"之悔亡去。田,田獵。三品,言田獵所獲頗多,可以供三品之用。三品者,一曰乾豆,二曰賓客,三曰充君之庖。

《象》曰:"田獲三品",有功也。①

【校注】

①孔穎達《正義》曰:"'有功'者,田獵有獲,以喻行命有功也。"案三、四皆行二之命令,然三用武無文,四田獵爲武,三品爲文,文武兼濟,是以行命有功。

九五,貞吉,悔亡,无不利,无初有終。①先庚三日,後庚三日,②吉。

【校注】

①"貞吉",貞告爲吉。此"悔亡",當謂二之悔亡。二得中不得位,其令或行或不行,故猶有吝悔之憂,五得位得中,與二合旨,其志得行,故云"貞吉,悔亡,无不利"。"无初有終"者,意謂二雖初發命而難行,至五則終於申命成功。

②甲、乙、丙、丁、戊、己、庚、辛、壬、癸紀一旬,先庚三日,謂丁、戊、己,後庚三日,謂辛、壬、癸。蠱卦"先甲三日,後甲三日"與此卦"先庚三日,後庚三日"皆以旬爲言。若以旬日言之,言甲者,義在於始,先甲三日當上旬之終,後甲三日當本旬之初,故蠱《象》云"終則有始"。其時當始造作新令,尚可權衡更易。言庚者,義在於終,先庚三日不及旬之始,後庚三日則當旬之終,故爻辭乃云"无初有終"。其時命令已不可更改,唯覆核命令執行之情況也。注家或有訓庚爲改變者,尤謬。試想若初發之命令,至其終猶可隨意更改,則執行命令者何以在命令完成之後合旨覆命? 此先庚、後庚之經義久晦矣,朱駿聲《六十四卦經解》引一説云:"於巽言庚者,庚金主義,示其嚴令也。"雖附會五行後説,大義尚約略得之。

《象》曰:九五之吉,位正中也。①

【校注】

①九五當位得中,是爲"位正中"。五者君位,乃覆核命令執行之情
況,而後賞有功,罰有過。

上九,巽在牀下,^①喪其資斧,貞凶。^②

【校注】

①同九二爻辭,在此則謂後乎五之覆命。案綜覈《集解》引荀爽、
《九家易》説,古禮出軍,先告廟,王賜斧鉞,然後得專征伐。軍罷
師還,亦告於廟,還斧鉞於君。九二之"巽在牀下",謂師出時;此
上九之"巽在牀下",謂師還時。然則九五已有終,師既還矣,能巽
在牀下,還斧鉞於君者,蓋已含在五;在上,則特指其遲到且不能
還君斧鉞者也。

②資斧,《集解》本作齊斧。同旅卦之"資斧",當讀齊斧,即黄鉞,領
受王命之節信,亦即卪也。《漢書·王莽傳》司徒王尋亡其黄鉞,
尋士房揚哭曰:"此經所謂'喪其齊斧'者也。"故"喪齊斧"當謂喪
失其所受於君之齊斧,軍罷師還,無以還君。不能還君齊斧,亦即
不能合卪成卹,則畀事不成。故"喪其資斧,貞凶"者,意謂領受王
命而喪失王賜之節信,亦即終不能完成王命者,貞告爲凶也。

《象》曰:"巽在牀下",上窮也。^①"喪其資斧",正乎
凶也。^②

【校注】

①"上窮"者,上九居上位而不正,以陽乘五,下不應三,是以在上而
窮也。

②"正乎凶"者,以王命爲正而加以權衡,則宜乎上之獲凶。王引之
《經義述聞》釋此云:"'貞凶'者,當凶也。正亦當也,'正乎凶'
者,當乎凶也。"

【疏義】

巽象風，卦自風行取義，一者柔和隨順，一者無所不入。孔穎達《正義》説此巽卦"卑順爲體，容入爲用"，爲歷來學者所採用，已成通説。此説之根柢乃在巽爲風象，風性柔和且無所不入，適合此巽卦之義。如就卦爻言之，巽卦爲重巽，巽一陰在二陽之下，陰下於陽且順於陽，是爲卑順之義；一陰能入於二陽中，是爲容入之義。又有注家以巽爲乾坤長女，故以之喻女德，女性柔順而和善，尤擅容入於家焉。

考諸卦爻辭，巽卦尚未被規定爲風，《象》亦未言及風，風象起於《象》。若以風象爲主解説卦爻辭義，顯然爲强加傳義於經。卦爻辭所言之巽，乃關乎命令，其頒命、受命、行命、覆命諸環節皆見於卦爻辭之叙事。要在此命令非建侯、封爵之命令，乃政事、軍事之命令，因此必有是否完成、如何完成，亦即成敗功過之評定。巽卦在《繫辭》三陳九德之中，可見其在六十四卦中之重要地位。《繫辭》一云"巽，德之制也"，二云"巽稱而隱"，三云"巽以行權"。巽卦大義當從此三陳求之。"巽，德之制"者，巽爲君命臣，臣受君命而行，己德須爲君命所限制，不可自專而行，其若前注所謂"申命"通乎"申信"也。"巽稱而隱"者，君命必稱揚明達，爲人所知，而執行君命者又必有所擬度，因時因地因人因勢，有所權衡也。"巽以行權"者，行命之際，事態無常，不行權、不專命則無以成其功也。巽之善者，則尊君權，制己德，審時度勢，經權兼用，以其成功。

兑

䷹ 兑下兑上

兑：①亨，利貞。②

【校注】

①兑，卦名，由二單卦兑☱相重而成。《序卦》："兑，説也。"兑之爲説，一讀説同悦，取喜悦義。《釋文》："兑，悦也。"《釋名》："兑，説也。物得備足，皆喜悦也。"一如字訓説爲口説之説，《集解》引虞翻曰："兑口，故説也。"余案：兑訓悦，幾成舊注通説，實則兑訓口説爲本義，訓喜悦爲引申義。兑爲口説，然非凡口説皆可謂兑，必説之通達，始可謂兑。兑有通達之義。《詩·緜》："柞棫拔矣，行道兑矣。"《毛傳》："兑，成蹊。"成蹊即成路，拔同跋，猶剪除。陳子展《雅頌選譯》釋云："柞樹棫樹拔盡了，道路就開通了。"又《皇矣》："柞棫斯拔，松柏斯兑。"《毛傳》："兑，易直也。"陳氏釋云："柞樹棫樹之類就這樣拔除盡，松樹柏樹之間就這樣暢通。"由此看此卦之兑爲説，即人與人之間言語通達。《説文》："祝，祭主贊詞者，從示，從人口。一曰從兑省，《易》曰：'兑爲口，爲巫。'"許慎引《易》"兑爲口，爲巫"本《説卦》。兑爲口，爲巫，是謂巫能以口説上下通達鬼神。而此兑卦不及巫事，當以人事論之，則口説而達意，説服對方，雙方達成共識，是爲兑。上古有民主之風，凡遇大事，常舉行貴族議事與國人議事之會，而衆説紛紜，必兑而後

事可決也。人與神以口説相通達,人與人以口説相通達,則皆喜悅矣。故兑之訓悦,乃口説通達而後相互喜悦也。若失兑爲口説之義,而徑以喜悦之義爲解,經義必晦。

②亨,通也,嘉之會。利貞,貞告爲利。帛本"利貞"作"小利貞",若作"小利貞",則此卦辭當參既濟例,作"亨,小,利貞。"小謂柔、下,即《彖》所云"民"也。

《彖》曰:兑,説也。①剛中而柔外,説以利貞,是以順乎天而應乎人。②説以先民,民忘其勞;説以犯難,民忘其死。③説之大,民勸矣哉!④

【校注】

①此釋卦名之義。《集解》引虞翻曰:"兑口,故説也。"案説之外延大於兑,唯通達之説,始可謂之兑,下文諸"説",皆指能兑之説也。又王弼注、孔穎達《正義》皆以此説同悦,釋爲柔克、悦豫,舊注多本之。

②"剛中而柔外"者,《集解》引虞翻曰:"剛中謂二、五,柔外謂三、上也。"案虞説是。二、五以剛居下、上兑之中,三、上爲柔,分居下、上兑之外,亦即三在二外,上在五外。二、五爲主説者,二與初,五與四,二剛以説相比,二與三,五與上,則剛以説服柔。"説以利貞"者,説而兑,故利乎正也。"順乎天而應乎人"者,君子以説,上可通達鬼神,是"順乎天",下可勸萬民,是"應乎人"。

③"説以先民,民忘其勞"者,君子必先以説服民、教民,使民心願同,然後使民,則民忘其勞也。"説以犯難,民忘其死"者,其義相類。孔穎達《正義》云:"先以説豫撫民,然後使之從事,則民皆竭力,忘其從事之勞。"又云:"先以説豫勞民,然後使之犯難,則民皆授命,忘其犯難之死。"案孔説近是,唯"悦豫"乃以説服民、以説教民之效果,不當徑用其義而言之。

④"説之大",説兑之大義。"民勸矣"者,民被君子之説所教也。《莊子·天下》"上説下教",彼《釋文》:"説,猶教也。"又《廣雅》:"勸,教也。"又案《説文》:"勸,勉也。"段玉裁注云:"勉之而悦從,亦謂之勸。"故勸可兼有勉之、悦從二義。故"民勸矣"可兼含君子勸勉民,民悦而從之之義。

《象》曰:麗澤,兑。①**君子以朋友講習。**②

【校注】

①此釋上下卦。麗,兩相連,兑爲澤,兩澤相連,有水鍾聚一處之象,是爲"麗澤"。

②孔穎達《正義》云:"'君子以朋友講習'者,同門曰朋,同志爲友,朋友聚居,講習道義,相説以盛,莫過於此也。"孔説通行,注家多本之。余案:傳乃法"麗澤"之象而云"朋友講習"者,蓋澤可借指講習之所。古之大學曰泮,曰澤,於武則習射,於文則講禮。而此傳云"講習"者,講,謂朋友以言語辯論,《正字通》:"講,相與論説也。"《國語·鄭語》:"物一不講。"韋昭注:"講,論校也。"習,數也,言相互論校之講,往來多次。朋友之所以講習,乃於衆説紛紜中論校出共識,使之歸於正見。蔡邕《正交論》:"聞之前訓,曰'君子以朋友講習',而'正人無有淫朋'。是以古之交者,其義敦以正,其誓信以固。"是爲講習之效也。

初九,和兑,①**吉。**

【校注】

①和,應也。《廣韻》:"和,順也。"又和,不相争。《論語·子路》:"君子和而不同。"皇侃疏云:"和,謂心不争也。"故"和兑"者,意謂在上者有説,乃應之、順之,不與争論也。帛書本和作恘,恘或讀休。休,止也。"休兑",亦即不相争論。

《象》曰:和兑之吉,行未疑也。①

【校注】

①“行未疑”者,應順上之言説,行之未有疑。案初九當位,居兑初始,上比於二,而聽從於二。此卦二、五爲發言説者,初和二,四和五,而三爭二,上爭五。

九二,孚兑,吉,悔亡。①

【校注】

①孚,信也。“孚兑”者,所發言説,爲衆人所信服,故“吉,悔亡”。

《象》曰:孚兑之吉,信志也。①

【校注】

①信,伸也。“信志”者,言説爲衆人信服,則其志願得伸張焉。案九二得中而不得位,故有悔,而其言説爲衆人信服,故其悔亡也。又《集解》引虞翻曰:“孚謂五也。”意謂二失正有悔,變而之正,乃與五相應,故兩者相孚。余案:此卦陽與陽無争,陰與陽有争,故二、五皆陽,故皆孚,不必變爻以應之也。二、五雖皆稱孚,而義有别,二孚於口説,尚無與己争者,五孚於剥撃,乃强使争者認同也。

六三,來兑,凶。①

【校注】

①《爾雅》:“來,至也。”“來兑”者,有相争者至也。案帛書本兑作奪,在此爻兑作奪,頗洽其義。

《象》曰:來兑之凶,位不當也。①

【校注】

①“來兑”者,三陰來與二陽争。“來兑之凶”,由争而導致之凶。二、三皆不當位,宜有争,故云“位不當也”。

九四,商兑未寧,①**介疾有喜。**②

【校注】

①帛書本商作章,爲假借字。《釋文》:"商,商量也。鄭云:隱度也。"案訓商量爲是,以口説往來商量,非心中隱度。未寧,未信服者。《集解》引虞翻説,此"未寧"同比卦"不寧方來",未寧即不寧也。

②《釋文》:"介,隔也。馬云:大也。"當從馬融説,介,大也。疾,疾速。此謂言説之聲大、聲疾之貌。大聲、疾聲可以使人聽從,故云"有喜"也。又王弼注釋此爻,訓介爲隔,訓"介疾"爲"閑邪",亦通,意謂閑邪而歸正,則有喜也。

《象》曰:九四之喜,有慶也。①

【校注】

①有慶,與五有喜慶之會。《集解》引虞翻曰:"陽爲慶,謂五也。"案九四不當位,然經商兑而後乃從五也。

九五,孚于剥,有厲。①

【校注】

①剥,撲擊也。于省吾《雙劍誃易經新證》讀剥同仆,同剥卦之剥,意謂傾覆,並引證《説卦》"兑爲毀折"爲説。余以爲,"孚于剥"者,意謂撲擊其有爭者,强使其認同也。"有厲",有所作爲,即撲擊事也。厲訓危厲,於此亦通,因此一作爲亦是嚴厲之事。

《象》曰:"孚于剥",位正當也。①

【校注】

①"位正當"者,九五得位得中。案二得中而不得位,故容忍三之"來兑";五得中得位,故不容有爭,以其權力撲擊來爭者。

上六,引兑。①

【校注】

①引,争也。《管子·五輔》:"上下交引而不和同。"帛書本引作景,
《春秋考異郵》:"景,強也。"朱駿聲《説文通訓定聲》云景假借爲
勍,《説文》:"勍,強也。"勍同競,《爾雅》:"競,強也。"景通勍、競,
故訓強。故"引兑"者,據己説而強争,此意謂五雖撲擊有争,猶有
未信服、強説不止者也。

《象》曰:上六引兑,未光也。①

【校注】

①光同廣。"未光"者,五之説,信服未廣也。案李道平《周易集解
纂疏》案云:"巽卦初、四皆陰而吉,兑卦三、上皆陰而凶。巽伏於
內,君子之道;兑見於外,小人之道也。"上六雖當位,然與五不同
類,猶云與五不同説,故有争於五。故傳云"未光",於五言之,是
五之兑道未光;於上言之,上雖強説不止,而其説不勝,亦是未
光也。

【疏義】

古來注家説此兑卦,皆以兑爲説,説即欣悦,本此而立論。兑之爲
道,在於我能悦物,物必悦而從我,我與物相悦故相與,是以亨通也。
我與物之相悦,亦當有主次之分,《象》曰:"剛中而柔外,説以利貞。"
我居二、五,在剛中之位,民居三、上,爲外柔之位,乃以我主民。又行
兑之事,必以貞正。不貞正則流於邪諂而有悔咎,貞正則順天應人,民
衆皆心悦誠服,忘其從事之勞,忘其犯難之死。兑之大,乃在和人心,
美風俗,政教通達焉。

又兑之事在君與民,亦在朋友之間。天下相悦之至者,莫過於朋
友之交。《論語·學而》:"子曰:'學而時習之,不亦説乎?有朋自遠
方來,不亦樂乎?'"即《象》云"君子以朋友講習"之所本。朱熹《周易
本義》釋之云:"兩澤相麗,互相滋益,朋友講習,其象如此。"彭作邦

《周易史證》申論之云："朋友講習亦吾道中樂事也。時習而説,朋來而樂。有奇共賞,有疑共析,同方同術之情洽,敬業樂群之意篤。得天下英才而教育之,非君子之樂乎?兩澤相麗,互相滋益,何其情志之交忻也。此兑亨所以利貞也。"

余之不同於舊注者,在於發兑爲口説而通達之義,注中申述已詳,在此略有補充。《道德經》有曰:"知者不言,言者不知。塞其兑,閉其門,挫其鋭,解其分,和其光,同其塵,是謂玄同。"彼《釋文》:"兑,言也。"王弼注:"兑,目也。"《淮南子·道應訓》曰:"塞民於兑。"高誘注:"兑,謂耳目口鼻也。"據此言之,則凡主體於外界相通之耳目口鼻,皆可謂之兑,兑之道不僅在於使言語相通,亦可擴展至耳目臭味之相通。《繫辭》曰:"同心之言,其臭如蘭。"其要在同心,同心則言語、耳目亦皆相通。老子不言之教與此兑卦殊趣,殆可知也。

涣

䷺坎下巽上

涣：^①亨。^②王假有廟，利涉大川，利貞。^③

【校注】

①涣，卦名，由坎☵、巽☴二單卦相重而成。孔穎達《正義》以涣爲散釋之名，又是離散之號。涣之離散義，意指當此際小人遭難，離散奔迸而逃避；其散釋義，乃指大德之人，能於此時建功立德，散難釋險。余案：涣卦兼有散釋、離散二義可從，而其大人、小人云云則於經傳無據也。涣之本義，關乎冰融化過程，《道德經》：“涣兮若冰之將釋。”最爲得之。郭璞《客傲》：“涣洰期於寒暑。”洰爲冰凍，涣爲冰融。然則涣字又用來表示冰融過程之兩環節。一者冰融而成盛大之春水，《詩·溱洧》：“溱與洧，方涣涣兮。”《毛傳》：“涣涣，春水盛也。”鄭玄箋：“仲春之時，冰以釋，水則涣涣然。”略同孔穎達說散釋之名。一者水盛大而後又分流而去，《說文》：“涣，流散也。”段玉裁校改爲“散流也”，云“分散之流也”。此則略同於孔說離散之號。要在當前者冰融水盛之際，涣乃爲合；當後者水散流之際，涣乃爲散。于鬯《香草校書》引惠士奇云：“涣，合也。《京氏易傳》：‘水上見風，涣然而合。’則涣又訓爲合矣。《雜卦傳》曰：‘涣，離也。’《序卦傳》曰：‘涣者，散也。’謂離而合，散而聚。一字有數訓，夫言豈一端而已。”余案：惠說近是，《京氏

易傳》陸績注在"渙然而合"下云"渙者,散也",參合二説,即渙之爲事,兼合、散二義,而惠氏未明者,其次第當爲先合後散。余以爲,此渙卦之渙,其義要在由一大整體分解爲諸多小部分,故有自一分多之義,亦有自中心分流至邊緣之象。若徒言散、離,不知散、離本諸先有之合,必先有合而後有散、離,則不能通達經義也。徵諸古史,何者可當此渙卦之義?依余推測,周初武王、周公盟會天下諸侯,盟會之後,諸侯既受封賞,四向而就其國,其事庶幾當之。若參以《象》所云"先王以享于帝,立廟",則周初宗法分封制適可對應此渙卦,宗族之聚會增長,猶水鍾聚而盛大,天子按廟數之制,分封同姓諸侯,散其宗族以分治天下,則若水之渙渙然散、離也。宗法分封之制固義在封建親戚,以屏有周,亦有消弱中央之宗族勢力,等級君臣之分之考量。孔穎達《正義》云渙卦有遭難之象,今人又或謂渙爲遭遇洪水之象,皆非也。

②亨,通,嘉會也。

③假,至也。"王假有廟"者,王至宗廟,祭祀祖先。"利涉大川"者,意謂將渙者,亦即將離散以之外國者,其行有利也。"利貞",貞告爲利。

《彖》曰:渙,亨。剛來而不窮,柔得位乎外而上同。① 王假有廟,王乃在中也。② 利涉大川,乘木有功也。③

【校注】

①此釋"渙,亨"義。"剛來",謂剛來居下,若訟之二、隨之初,在此卦指九二。不窮,不限止也。二在坎中,坎爲水,"剛來而不窮",猶受命之王,收集散民,其若會聚衆水,來者不拒,以成其盛大焉。"柔得位"指六四,此同旅卦"柔得中乎外而順乎剛"句式,"柔得位乎"斷,"外而上同"斷,外,之外,散而之外也。上同,注家多謂四上同於五,余以爲,此卦三"志在外",外乃指上九,四"外而上同",所同者亦上九。又案"剛來而不窮"概言下坎,是渙爲合之

階段;"柔得位乎外而上同",則概言上巽,是渙爲散之階段。

②此釋"王假有廟"。《集解》引荀爽説,剛來居二,立廟於二。故"王乃在中"者,中謂二也。

③此釋"利涉大川"。按諸上、下卦象,巽在上爲木,坎在下爲水,故曰"乘木有功"。於卦辭言之,則乘木而散之,雖遠無不通達,故云有功也。《繫辭》曰:"刳木爲舟,剡木爲楫,舟楫之利以濟不通,致遠以利天下,蓋取諸渙。"

《象》曰:風行水上,渙。①先王以享于帝,立廟。②

【校注】

①此釋上下卦象,上巽爲風,下坎爲水,故有"風行水上"之象。案"風行水上",可有水因風而會合與水因風而離散兩象:《京氏易傳》"水上見風,渙然而合",爲合象;孔穎達《正義》:"風行水上,激動波濤,散釋之象",爲散象。皆通。余以爲,"風行水上",風爲主渙事者,水則爲與渙事者,水爲風所鼓盪,風使水合,復使水散矣。

②"享于帝",祭祀上帝祖先。立廟,立廟制。王國維《殷周制度論》云:"周人制度之大異於商者,一曰立子立嫡之制,由是而生宗法及喪服之制,並由是而有封建子弟之制,君天子臣諸侯之制。二曰廟數之制。三曰同姓不婚之制。"案周人封建子弟必依廟數與昭穆。《左傳》昭公二十八年:"昔武王克商,光有天下,其兄弟之國者十有五人,姬姓之國者四十人,皆舉親也。"《荀子·儒效》記武王崩,周公"兼制天下,立七十一國,姬姓獨居五十三人"。而"享于帝,立廟",乃爲封建之首務,其爲渙事之本也。

初六,用拯馬壯,①吉。

【校注】

①同明夷卦六二爻辭。拯,通乘。壯,前行。"用拯馬壯"者,意謂來

與渙事者,亦即至下爻之參與宗廟祭祀者,乘馬車而前來,將有吉也。帛本作"橙馬,吉,悔亡"。橙,拯借字。竹書作"肱馬藏,吉,悔亡"。肱同扐,《釋文》:"《子夏》作扐,扐,取也。"《集韻》:"扐,或作承、橙、拯、丞。"扐亦拯借字。藏同藏,壯之借字。帛書、竹書多"悔亡"者,意謂若遲至,必有悔,乘馬車而疾來,及時與祭,則悔亡也。又《集解》引虞翻注此爻有云"悔亡之矣",可知虞本亦有"悔亡"二字。

《象》曰:初六之吉,順也。[1]

【校注】

①初不當位,以柔順承於二剛,故曰"順也"。亦通明夷六二《象》"順以則",意謂順行則得常也。

九二,渙奔其機,悔亡。[1]

【校注】

①"渙奔其機"與"渙汗其大號"句式同,以渙其機爲動賓,奔爲渙之狀語。奔,疾至貌。"渙奔其機",渙而至機也,其渙如奔也。機同几,竹書作尻,几、尻同。《説文》:"尻,處也。"段玉裁謂尻同居。余以爲,此居謂王居,即"王假有廟"之廟。而渙在下卦當訓合,其象若冰融之水匯聚成盛大,於人事則意謂散落各處者朝向同一目的地渙奔而來,匯聚於王居,亦即王廟也。《詩·清廟》:"駿奔走在廟。"孔穎達疏:"廟中奔走,以疾爲敬。"略似其情狀。"悔亡"者,既奔走至於宗廟受命之處,初時之憂悔乃亡去也。

《象》曰:"渙奔其機",得願也。[1]

【校注】

①"得願"者,得遂其心願。《集解》引虞翻曰:"動而得位,故'得願也'。"案九二得中不當位,於此得位者,非自有之位,乃及時從王

祀而後得封之位,若不能及時從王祀,其將無位也。

六三,渙其躬,无悔。①

【校注】

①躬,身也,己也。躬,猶言己身。蹇卦六二"王臣蹇蹇,非躬之故",王引之《經義述聞》説之云:"言王臣不避艱難,盡心竭力者,皆國家之事,而非其身之事也。"此爻辭言"渙其躬",乃謂渙是己身之事也。渙,離也。己身與渙,意謂自身渙,亦即散離而之外也。余案:九二從王祀於廟,其事若諸侯受命、受封,"渙其躬"則若受封之後,親身離而之國也。又于鬯《香草校書》云此爻渙有文章義,"渙其躬",即文章其躬,亦可備一説。

《象》曰:"渙其躬",志在外也。①

【校注】

①將以己身散離而去,故云外。三應於上,上爲外。"志在外"者,志不在中央之内朝,而志在外國,於卦言,則三志在上也。

六四,渙其群,元吉。①渙有丘,匪夷所思。②

【校注】

①群,衆也。"渙其躬"就一人散去言之,"渙其群"則就多人散去言之。帛傳《繆和》釋"渙其群"爲散其朋黨,以爲朋黨相比,以奪君明,古亡國敗家之法也。其説頗得經義,惟散朋黨,當原本於散宗族,封建之制適爲散其宗族以分治天下,若水盛而後散流也。元,始。"元吉"者,謂以此爲始,將吉也。又《吕氏春秋·恃君覽》載史默曰:"《易》曰:'渙其群,元吉。'渙者,賢也。群者,衆也。元者,吉之始也。'渙其群,元吉'者,其佐多賢也。"史默乃謂衛以蘧伯玉爲相,史鰌佐焉,孔子爲客,子貢使令於君前,其象同"渙其群"。味其意,當此時賢者渙而合焉。然在六四,亦是轉機,坎水

之合將爲風吹散也。用賢之道,不使其聚,而使其分也。

②竹書“有”作“丆”,同其。丘,聚也。“渙其群”,言散人,“渙其丘”,則言散財。匪,同非。夷,同常。“匪夷所思”者,非平常之思慮。按平常之思慮,人不可散,財亦不可散也。

《象》曰:“渙其群,元吉”,光大也。[①]

【校注】

①光,同廣。“光大”者,人散、財散,流散四方,故謂廣大。案四當位,已出坎水,至於巽木,猶乘舟水上,致遠以利天下。而其“光大”之義,尤在於中央聚集之宗族被散離,子弟封建,四出屏周,是周道之廣大也。

九五,渙汗其大號,[①]渙王居,[②]无咎。

【校注】

①《漢書·劉向傳》載劉向云:“《易》曰:‘渙汗其大號。’言號令如汗。汗,出而不反者也。”《集解》引《九家易》曰:“謂五建二爲諸侯,使下君國,故宣布號令,百姓被澤,若汗之出身,不還反也。”余案:汗同汗汗,水勢廣大,向外彌漫。大號者,王者之號也。

②王居,竹書居作尻,同九二。余以爲,王廟與王居,實爲一處,在二,乃衆人渙聚至王廟,在五,則受命後自王居渙出也。王之大號,亦是關於渙出之號令。故“渙王居”者,可以理解爲王之號令自王居散布而出也。《集解》引荀爽曰:“布其德教,王居其所,故‘无咎’矣。”李道平《周易集解纂疏》案云:“王者居中以御,撫臨四方謂之渙。”王者居中以御,以號令封建之諸侯,即可布其德教,撫臨四方,不必親巡也。故經云“无咎”。

《象》曰:王居无咎,正位也。[①]

【校注】

①五當位居中,故曰"正位"。案二爲立廟封建諸侯,至五則諸侯散離至四方,王獨在王居。當二,渙事爲合,如水之盛大;當五,渙事爲散,如水之分流。王之親戚皆分封散離,王雖獨居其中,然可發號令以御諸侯,諸侯則屛有周,代王撫臨四方。封建之秩序由此得以大彰顯也。

上九,渙其血去逖出,^①无咎。

【校注】

①"血去逖出"同小畜卦"血去惕出",血,同恤,憂也。逖通惕,惕,懼也。《集解》引虞翻曰:"逖,憂也。""渙其血去逖出"者,意謂渙事至此,諸侯遠離天子之朝,自爲王國,憂懼皆可去也。王弼注訓逖爲遠,意謂遠出則憂恤可去,亦通。

《象》曰:渙其血,遠害也。^①

【校注】

①"渙其血",血,恤也,逖,憂也,傳以血一字概之。"遠害"者,居於遠地,可以無咎害,此害爲相害之義。案上應於三,三志在外,上乃成其志。又上有逸象,且以剛乘五,故注家有謂此云"遠害"有君子隱遁遠方,以避禍害之義。而經云"渙其血去逖出","渙其"之爲主語同前未變,故仍當指前之渙出者,亦即封建之諸侯。於此爻若上九不遠出,則必與五因近而相害,以遠出,則雖有亢陽之象,而不與五相害也。

【疏義】

古來說渙卦者,多謂其大義在散與聚之間,始於渙而終於聚。今人金景芳、呂紹綱《周易全解》闡釋渙卦之義云:"渙,渙散。渙卦的卦義是在天下渙散的時代,如何治渙的問題。天下渙散,誰來治呢? 當然是王。王用什麼方法治渙呢? 主要是假有廟。廟是宗廟,是奉祀祖考的地方。遇有大事大故，王要至宗廟求助於先人。宗廟祭祀會喚起人們的宗族意識乃至國家意識，進而增強人們的心理凝聚力，以促成天下國家渡過難關。王既假有廟，獲得先人的佑助，便不是小問題，是要濟大難，故曰利涉大川。"此説渙卦之義，基本上總結了古來注家的意見，可謂主流之説，其思路在王通過宗廟祭祀，收攏人心，使渙散之局面重新得以凝聚。宗廟、人心，皆國家之本，是故治渙之道，首在固本。本固則可以涉大難，可以守正道也。

上述傳統釋渙之説，影響深遠，治《易》者固不可不知，然則本注所見不限於此。此渙卦之大義，當合"王假有廟"與"利涉大川"二者言之。余以爲，"王假有廟"在九二，若云天下渙散，王以宗廟祭祀凝聚宗族，其事在下坎既已見之。祭祀宗廟非僅舉行一宗教儀式而已，藉此分昭穆，進而分封諸侯則是實質性之步驟。當此謂之由散而聚，可也；謂之合而後分，亦可也。卦在六四之後，其大勢乃爲散、離，亦即當卦辭之"利涉大川"，此散、離在宗廟祭祀及分封之後，諸侯四向之國，故其秩然有序，不可再以渙散目之。今人黃壽祺、張善文《周易譯注》釋渙，注意到渙亦有散而不亂，秩然圍繞一個中心，渙通焕，紋理焕然之意。此種具有積極意義之渙，方當乎渙卦之渙，乃渙之爲亨、爲利、爲吉者也。前揭舊説言渙，皆自散而聚，遂戛然而止，不知聚之而後，復又散之。與其説渙卦始散終聚，不若説自聚而散。且舊説之言渙，爲須治理之亂象，過於消極。

又《象》"風行水上"，注家多取風吹水散亂之義。余以爲，風，巽也，巽，命也。此風猶"渙汗其大號"之號令，其可以使散者聚，亦可以使聚者散也。

節

䷻兌下坎上

節：①亨。苦節，不可貞。②

【校注】

①節，卦名，由兌☱、坎☵二單卦相重而成。《釋文》："節，止也。明禮有制度之名。一云分段支節之義。"訓節爲止，本諸《雜卦》；訓節爲制度，本諸《彖》；訓分段支節，則本節字本義。節本指竹約，亦即竹之環狀凸起分節處。注家説此節卦，多訓節爲止，爲分，即以節爲前後兩段竹管之中間點，亦即竹約爲準，就前段竹管言之，竹約乃止也，就前後兩段竹管言之，竹約乃分也。孔穎達《正義》云："節，止之義。制事有節，其道乃亨。"又云："節之大者，莫若剛柔分，男女別也。"取義即如上述。余以爲，以止、分説節，其義猶未盡也。節不僅指竹約，亦指兩竹約之間之竹管，其爲一特定長度之單位。此節卦乃言制度，《彖》云"節以制度"，《象》云"制數度"，"制度"當讀如制其度，同"制數度"，其要在度也。度者，即可以用多少、大小、長短衡量之程度，制其度，不僅在於確立何者可爲，何者不可爲之法則，亦在於確立可爲、不可爲之間寬裕與窄仄之程度。兩竹約之間有疏有密，有長有短，其可度量以適用也。《中山王𧊒壺》"節于醴（禮）醻（齊）"，節謂度量，即按禮制度量祭祀用酒。又古之音律本乎管，管之節數越多發音越低，節數

越少發音越高,度量其疏密、長短,可以審定音律。故此節卦之節,當兼指一竹約以及兩竹約之間之竹管。就一竹約點言之,竹管爲虛,竹約爲實,則實止虛,虛實由此分界。而就兩竹約點之間言之,兩竹約之間竹管中虛爲通,管長則大通,管短則小通,可以度量以制其宜。故竹之有節,可有虛實、通塞之遞變,亦有疏密、長短之度量也。《釋文》云節明禮有制度之名,禮之設蓋本諸節。禮本度量分界,本陰陽調和,本上下通達,皆通於此節卦。《禮記·哀公問》曰:“非禮無以節事天地之神也,非禮無以辨君臣、上下、長幼之位也,非禮無以別男女、父子、兄弟之親,昏姻疏數之交也。”節、辨、別互文,通爲節義。余以爲,此節所反映者,爲天地人倫之客觀秩序,人不可增之減之,過猶不及也。而舊注多有訓節爲節制,“節制”一語若謂調適萬物,使各當其宜,各合其度量,則是;若謂之自我謙抑,自我減損,唯取節省、節約諸義,則非。《後漢書·荀爽傳》載荀爽對策言及此卦曰:“夫寒熱晦明,所以爲歲;尊卑奢儉,所以爲禮。故以晦明寒暑之氣,尊卑侈約之禮爲其節也。《易》曰:‘天地節而四時成。’”可知尊與卑、奢與儉,皆當若寒熱晦明,制其度以爲節,非徒尚卑儉一隅爲節也。

②亨,通也。節中有通塞,而節之爲節,乃欲其通也。“苦節”者,節之有所傷夭,不可通也。詳見上六爻辭注。貞,同征。“不可貞”,猶言不可通也。

《彖》曰:節,亨,剛柔分而剛得中。①苦節,不可貞,其道窮也。②説以行險,當位以節,中正以通。③天地節而四時成,節以制度,不傷財,不害民。④

【校注】

①此釋卦辭“節,亨”。“剛柔分而剛得中”者,謂五得中而中分兩柔,猶云五剛居中爲實,而所中分上下兩柔皆爲虛,適成節象。

《集解》引虞翻曰："五當位以節，中正以通，故'節亨'也。"

②此釋卦辭"苦節，不可貞"。《集解》引虞翻曰："謂上也。""其道窮"者，意謂節之道至上六乃窮盡也。

③"説以行險"，釋上下卦，下兑爲説，上坎爲險。"當位以節"者，承前"説以行險"，下兑行至上坎，上坎三爻皆當位，爻辭亦皆言節。"中正以通"者，謂五居中正，乃使上坎皆通。《集解》引虞翻曰："中正謂五，坎爲通也。"

④"天地節而四時成"者，天地度量分界，以寒熱晦明，裁成四時。"節以制度"者，以度量分界，制成禮樂、政治之數度。"不傷財"者，財用有節，不過奢亦不過儉。"不害民"者，制度寬緩而不苛急，不使傷害人民。孔穎達《正義》曰："王者以制度爲節，使用之有道，役之有時，則不傷財，不害民也。"

《象》曰：澤上有水，節。①**君子以制數度，議德行。**②

【校注】

①此釋上下卦象，下兑爲澤，上坎爲水，合爲節卦。案水在河川流動，有波濤而不平，而水停於澤，其水面平，可用作度量。《周禮·考工記》有云："規之以視其圜也，矩之以視其匡也，縣之以視其輻之直也，水之以視其平沈之均也，量其藪以黍，以視其同也，權之以視其輕重之侔也。"可知水與規、矩、縣、量、權，同有度量之用。又竹之節亦可爲度量，《漢書·律曆志》有云："黃帝使泠綸，自大夏之西，崑崙之陰，取竹之解谷生，其竅厚均者，斷兩節間而吹之，以爲黃鐘之宮。"故水之通節，當同取其度量之義。

②"制數度"者，制定制度，以其有一二三四之目，故又謂之數度。《莊子·天下》云："以法爲分，以名爲表，以參爲驗，以稽爲決，其數一二三四是也，百官以此相齒。……其明而在數度者，舊法世傳之史尚多有之。"議，評議。"議德行"者，評議德行，亦有一二三四之目，以爲性行之節。其如《尚書·洪範》："又用三德：一曰

正直,二曰剛克,三曰柔克。"《周禮·春官宗伯·大司徒》:"以鄉
三物教萬民而賓興之。一曰六德:知、仁、聖、義、忠、和;二曰六
行:孝、友、睦、姻、任、恤;三曰六藝:禮、樂、射、御、書、數。"《師
氏》:"以三德教國子:一曰至德,以爲道本;二曰敏德,以爲行本;
三曰孝德,以知逆惡。教三行:一曰孝行,以親父母;二曰友行,以
尊賢良;三曰順行,以事師長。"等等。

初九,不出戶庭,①无咎。

【校注】

①帛本"戶庭"作"戶牖",當從。戶牖,室內也。"不出戶庭",亦即
止在室內。

《象》曰:"不出戶庭",知通塞也。①

【校注】

①"知通塞"者,知節之有通有塞也。初剛當位,剛猶竹之約,爲竹管
之實,故塞;初上應四,四爲管之虛,爲通。故初雖被堵塞於室內,
然其知終將有通。孔穎達《正義》曰:"識時通塞,所以不出也。"
《道德經》:"不出戶以知天下,不窺牖以見天道。"通乎此不出戶
牖之知通塞也。

九二,不出門庭,凶。①

【校注】

①門庭,指家門。"不出門庭"者,猶言被堵塞在門內不得出,故凶
也。《集解》引虞翻曰:"二失位,不變出門應五則凶,故言'不出
門庭,凶'矣。"虞變爻應五説不從,而其言二被堵塞而不能出門故
凶,則得義也。

《象》曰:"不出門庭,凶",失時極也。①

【校注】

①《集解》引虞翻曰:"極,中也。"孔穎達《正義》云:"極,中也。應出不出,失時之中,所以爲凶。"余案:訓"時極"爲時之中,不盡得傳義。"時極"即時之極,極謂限度,"失時極"者,猶云没有足夠之時間。初、二之間有如户牖至門庭之間,倏忽而已。案以竹言之,初剛爲竹約,二若柔當位,則爲竹約後之空虛;而二不當位,又爲剛,則猶一竹約緊接一竹約,不成剛柔、虛實之變。以爻言之,初應四,故終可期其通,二不應五,故被困不能出。此卦二、五皆爲節象,二爲節之嚴苛者,五爲節之舒緩者也。

六三,不節若,則嗟若,①无咎。②

【校注】

①若,貌也。"不節若"者,無節制之貌。則,乃也。《集解》引虞翻曰:"嗟,哀號聲。""嗟若"者,聲音無節,紛亂叫喊之貌。

②高亨《周易古經今注》疑"无咎"爲衍文,帛本此爻辭殘破不全,然尚存"咎"字,知古本有此。此言"无咎",乃意謂"不節若"、"嗟若",然尚不致有咎害也。

《象》曰:不節之嗟,又誰咎也。①

【校注】

①"又誰咎",意謂以"不節若"所致之"嗟若",無可歸咎於人。案"又誰咎"即無可歸咎,如同人《象》"又誰咎"言無可歸咎於他人,解卦《象》"又誰咎"亦言無可歸咎於他人。此節卦之"又誰咎"當同。案六三猶如竹約後之空虛者,此際所處寬裕而不窄仄,在適當之度內,故雖有亂象而不獲咎也。余以爲,由二至三,已由實轉虛,由塞轉通,惟其不當位而又遠五,五爲節卦之主,遠五故不受五之節矣。

六四,安節,亨。①

【校注】

①“安節”，行止安於節。能安於節，則可亨通也。

《象》曰：安節之亨，承上道也。①

【校注】

①《集解》引《九家易》曰：“言四得正奉五，上通於君，故曰‘承上道也’。”案五爲節卦之主，四得位，處虛寬裕，又安於其上五之節，亦即承五之道。又四下應初，初之塞，至此乃通也。

九五，甘節，吉，①往有尚。②

【校注】

①甘，猶緩也。同臨卦“甘臨”之甘，“甘節”者，雖爲節，然其緩和，猶云其度寬裕，不嚴苛也。

②尚，嘉尚。“往有尚”者，猶言爲節若此，則可以有爲，往則有嘉尚，其道不窮也。

《象》曰：甘節之吉，居位中也。①

【校注】

①“居位中”者，五當位得中。案九五之節之所以甘，乃因中間剛而上下皆柔，爲節之理想形態，故雖有節而可亨通也。王弼注云：“當位居中，爲節之主，不失其中，不傷財、不害民之謂也。”孔穎達《正義》云：“九五居於尊位，得正履中，能以中正爲節之主，則當《象》曰‘節以制度，不傷財，不害民’之謂也。爲節而無傷害，則是不苦而甘，所以得吉，故曰‘甘節，吉’。以此而行，所往皆有嘉尚，故曰‘往有尚’也。”

上六，苦節，①貞凶，②悔亡。③

【校注】

①甘、苦對言。“苦節”者，即其節枯敗而緊澀，不可通。

②“貞凶”，義同卦辭之“不可貞”。

③既“貞凶”而又云“悔亡”者，言“苦節”之際，前進則凶，若安於其位，受五之節，則其悔乃亡也。《集解》引虞翻曰：“得位，故‘悔亡’。”

《象》曰：“苦節，貞凶”，其道窮也。①

【校注】

①“其道窮”者，節道至此窮盡。《集解》引荀爽曰：“乘陽於上，無應於下，故‘其道窮也’。”案王弼注曰：“過節之中，以致亢極，‘苦節’者也。”是以“苦節”爲節之過甚狀。然則若上爲剛，可謂亢極，上爲柔，何來過節？就節象言之，完整之竹節，必有上下兩約，兩約間有中虛，於此卦，則若二爲始約，三、四爲中虛，五爲終約，乃成一節象。而若以五爲始約，上爲中虛，再上則不復有終約，故僅存半節，節象於其半截處夭折也。帛書本“苦節”作“枯節”，苦可假借爲枯，枯，乾槁。《莊子·人間世》：“此以其能，苦其生者也。”彼《釋文》：“苦，崔本作枯。”成玄英疏釋“苦其生”爲傷夭其生。於此爻辭亦可用此傷夭之義，猶云五約之上唯餘半截竹管，必枯槁傷夭而不可通，故傳云“其道窮也”。此義亦可以筮例證之。《三國志·吳書·虞翻傳》：“關羽既敗，權使翻筮之，得兌下坎上節，五爻變之臨。翻曰：‘不出二日，必當斷頭。’果如翻言。”虞翻筮得節卦，節之臨乃指節之九五，九五阻塞諸陰上達之路，尤其截斷上六，其若“斷頭”也。可知虞翻“斷頭”云云，當就上六“苦節”、“道窮”言之也。

【疏義】

清儒彭作邦《周易史證》論節卦大義云：“《雜卦》云：‘節，止也。’有限而止，則物各得其分而無滿溢之虞。爲卦坎水在兌澤之上，澤容而有限水流而不盈，有所節而不過，故爲節。節之大者莫過於四時温涼寒暑，四時之氣也，不節則偏人災而物病矣。分至啟閉，所以節其氣也。寒之後暑未來而繼以溫，暑之後寒未至而繼以涼，舒徐變換，氣和而物遂矣。‘天地節而四時成’也。聖人知不節之不可以理天下也，爲之制節謹度，三農生九穀，九式節財用，生衆食寡，爲疾用舒，而理財之道得矣。六禮以節民性，六樂以防民欲，周規折矩，導和宣滯，而性情之用通矣。親親之殺，尊賢之等，車服必辨，上下有章，而人適於平中之域矣。萬物適其中謂之節。”彭氏乃總括王孔、程朱以來各家説，且發揮於天道四時與人事制度諸義均屬得當，可謂典型之論也。

自來注家釋節之取象，多本《象》“澤上有水”言之，澤之容水，其量有限，故當適可而止。按今人金景芳、呂紹綱《周易全解》説，卦在下兑，初、二澤未滿，皆爲不出之象，三則滿而溢；在上坎，四、五爲溢出而流，上則水流枯竭。於義則下體明通塞，上體明甘苦。此類解説早見於宋儒，李光地《周易折中》亦有發揮。

然則此澤水之象乃就上下單卦合成，乃非經辭所原有，卦爻辭未言及澤水，經辭之取象，當就竹之有節，亦即竹約言之。王夫之《周易內傳》有云：“節，竹節也，有度以限之而不逾也。”又云：“下二陽，近根而促節也。”是知節卦當以竹爲本象，惜其未能盡發此説，又轉用澤水之象釋卦爻義，終未出寞曰。

注家釋此節卦，固皆知節爲止，有節制之義，然則此節制爲節制在一節點之上，抑或節制在兩點間一可度量範圍之內，則少有深究者。若能瞭解此節本竹節，則能兼節點之節與兩點間之節，尤其是後一義自澤水之象難以理解，而自竹節之象則顯而易見。兩點間之節，短長不一，短則促，長則緩。竹體乃一節一節連續，故又關乎數度問題。數度關乎多少個單位以及每一單位之長短。《象》：“制數度，議德行。”孔穎達《正義》云：“數度，謂尊卑禮命之多少。”《周禮·春官宗伯·典同》：“凡爲樂器，以十有二律爲之數度，以十有二聲爲之齊量。”鄭玄注：“數度，廣長也。”可知數度可以言制度，亦可以議德行，其不僅在一在二,亦在一二之間。有數度則可以稽考,便於執行也。

王符《潛夫論·浮侈》引《彖》"節以制度,不傷財,不害民",並及《詩》之《七月》。以此節卦與《七月》相關聯,頗有意思。按《詩序》之説,《七月》乃周公東征之詩,推闡其義有二:一者周公治管蔡之民,寬嚴有度,施以周時之教化;一者周公之教化按四時日月,用數度爲政,明矣。

中　孚

☱兑下巽上

中孚：①豚魚吉。②利涉大川，③利貞。

【校注】

①中孚，卦名，由兑☱、巽☴二單卦相重而成。案“中孚”，以孚爲義根，孚同俘，《說文》：“俘，軍所獲也。”于省吾《甲骨文字釋林》云俘是後起字，甲骨文均作孚，而孚字之所以從子，乃意指收養俘獲之男女以爲本族之子。由此釋“中孚”之中，可有兩訓。一訓得，《周禮·地官司徒·師氏》：“掌國中失之事。”鄭玄注：“故書中爲得。”彼《釋文》：“中，杜音得。”中、得義相同，可互用。中孚，即得俘也。一訓内，《說文》：“中，内也。”得俘而後，非殺戮之，乃收容於族中，故中孚，亦内俘也。中之得、内二訓，皆與孚字内涵相通，可以指同一行爲。《釋文》：“中孚，信也。”說本《雜卦》，舊注多作此訓。余以爲，卦名“中孚”之孚，當讀俘，唯九五“有孚”之孚，爲專有之辭，可訓信。有孚之孚訓信，爲此經通例。惟其於此卦，先有得俘、内俘之事，而後引申之，言我與俘，彼此有信也。又子爲男子通稱，尤指貴族。故此中孚之孚，或謂戰争中俘獲之敵方貴族，可以收爲己用，與之約信，與我有信而後可任用之。《左傳》哀公十七年載子穀曰：“觀丁父，鄀俘也，武王以爲軍率，是以克州、蓼，服隨、唐，大啓群蠻。彭仲爽，申俘也，文王以爲令尹，實縣申、

息,朝陳、蔡,封畛於汝。唯其任也,何賤之有?"故知中孚之孚,可兼有俘與信二義,戰勝者得俘,復與被俘者之間有信,俘而與信,信而任俘,其若周既克殷,大俘殷之舊貴族而不殺,與之約信而後任用之也。《史記·宋微子世家》曰:"周武王伐紂,克殷。微子乃持其祭器,造於軍門,肉袒面縛,左牽羊,右把茅,膝行而前,以告。於是武王乃釋微子,復其位如故。"《尚書·多士》王曰:"告爾殷多士!今予惟不爾殺,予惟時命有申。今朕作大邑于茲洛,予惟四方罔攸賓,亦惟爾多士攸服奔走臣我多遜。爾乃尚有爾土,爾乃尚寧幹止。爾克敬,天惟畀矜爾;爾不克敬,爾不啻不有爾土,予亦致天之罰于爾躬。今爾惟時宅爾邑,繼爾居,爾厥有幹有年于茲洛,爾小子乃興,從爾遷。"乃謂周王與殷之舊貴族相約信,而後任用之,或率師旅,或司文教,其類事皆可爲此中孚卦之佐證也。

②豚魚,祭祀物之微賤者,在此喻地位卑賤之人。王引之《經義述聞》以爲豚魚者,謂士庶之禮,云:"豚魚乃禮之薄者,然苟有中信之德,則人感其誠,而神降之福,故曰'豚魚吉',言雖豚魚之薦,亦吉也。"案王説尤確,"豚魚吉"者,可意謂殷士以微賤自處,以豚魚之薦從於周王之祭,乃可獲吉也。又《詩·無羊》孔穎達疏引鄭玄注云:"豚魚,以喻小民也,而爲明君賢臣恩意所供養,故吉。"亦可參證。

③此云"利涉大川"者,可以遠行也。

《彖》曰:中孚,柔在内而剛得中。①説而巽,孚,乃化邦也。②豚魚吉,信及豚魚也。③利涉大川,乘木舟虛也。④中孚以利貞,乃應乎天也。⑤

【校注】

①"柔在内",謂三、四在兩體之内。"剛得中",謂二、五得中。案

二、五爲加俘者,三、四猶被俘者,二柔納在二剛之内,是爲此卦之主象也。

②此釋上下卦,下兑爲説,上巽爲巽。《集解》引王肅曰:"三、四在内,二、五得中,兑説而巽順,故孚也。"可知"孚"當與"説而巽"連讀。余以爲,説訓言,巽訓順,以言立信,守信順道,由此有孚也。《穀梁傳》僖公二十二年云:"言之所以爲言者,信也,言而不信,何以爲言?信之所以爲信者,道也,信而不道,何以爲信?"可證此義。"乃化邦"者,王弼注:"信立而後邦乃化也。"案化,變也。"化邦",化舊邦成新邦,而新王必與舊民約信,而後邦乃化也。

③《藝文類聚》引王肅《賀瑞應表》:"臣聞《易》中孚《彖》曰:'信及豚魚。'言中和誠信之德下及豚魚,則無不及也。"則"信及豚魚",謂信之廣及也。《集解》引荀爽曰:"豚魚謂四、三也。四爲山陸,豚所處,三爲兑澤,魚所在。豚者卑賤,魚者幽隱。中信之道,皆及之也。"荀説豚魚爲卑賤、幽隱者,略得其義;其訓四爲山陸,乃據三、四、五互體艮,訓三爲兑澤,則在下兑本象。

④《集解》引王肅曰:"中孚之象,外實内虛,有似可乘虛木之舟也。"案王説"木舟虛"指虛木之舟,不盡確。渙《彖》言"乘木有功",乘木亦即乘舟,而凡舟必以虛木爲之,乘木已義足,不當贅言乘虛木之舟。舟,周字假借。《詩・大東》:"舟人之子。"鄭玄箋:"舟當作周。"周,周濟、救濟。虛,指處境困難。"周虛",即救濟處境困難之人民也。《後漢紀・孝質皇帝紀》載朱穆云:"《易》稱'利涉大川,乘木舟虛',《災異記》曰'利涉大川,濟渡萬民也',舟船所以濟渡萬民不絶。""乘木舟虛"與"濟渡萬民"同義也。

⑤中孚,謂得俘、内俘之事。"中孚以利貞",則謂中孚之事能以信和同人民,使皆歸於正,則爲利也。帛傳《二三子問》以"和同至"贊中孚卦,即同此傳"利貞"義。天,君也,王也。"乃應乎天",意謂人民皆得和同,而順應於王者。

《象》曰:澤上有風,中孚。①君子以議獄緩死。②

【校注】

①此釋上下卦象,下兑爲澤,上巽爲風,合爲中孚。孔穎達《正義》
云:"風行澤上,無所不周,其猶信之被物,無所不至,故曰'澤上有
風,中孚'。"余以爲孔説不確。澤水上平,風行澤上,則致其波濤
不平焉。《後漢書·魯恭傳》恭議奏曰:"變改以來,年歲不熟,穀
價常貴,人不寧安。小吏不與國同心者,率入十一月得死罪賊,不
問曲直,便即格殺,雖有疑罪,不復讞正。一夫吁嗟,王道爲虧,況
於衆乎?《易》十一月,'君子以議獄緩死'。"其"年歲不熟,穀價
常貴,人不寧安"云云,即若風行澤上,世有波瀾,而在此際,最難
立信,故不當如小吏之急於用刑,而當議獄緩死也。

②議獄,重新評議其獄。緩死,緩解當死之刑。當此卦則謂君子對
待俘獲之敵,不遽殺之,而能活之。劉向《説苑·貴德》:"武王克
殷,召太公而問曰:'將奈其士衆何?'太公對曰:'臣聞愛其人者,
兼屋上之烏;憎其人者,惡其餘胥。咸劉厥敵,靡使有餘,何如?'
王曰:'不可。'太公出,邵公入。王曰:'爲之奈何?'邵公對曰:
'有罪者殺之,無罪者活之,何如?'王曰:'不可。'邵公出,周公
入。王曰:'爲之奈何?'周公曰:'使各居其宅,田其田,無變舊
新,惟仁是親。百姓有過,在予一人。'武王曰:'廣大乎! 平天下
矣。'"周公之言,可當此卦"君子以議獄緩死"之大義也。

初九,虞吉,有它不燕。①

【校注】

①王弼注:"虞,猶專也。"意謂專一於己而無他求。《集解》引荀爽
曰:"虞,安也。初應於四,宜自安虞,無意於四則吉,故曰'虞吉'
也。四者承五,有它意,於四則不安,故曰'有它不燕'也。"案此
處頗費解,初既應四,則當志專於四,何云不得有意於四? 余以

爲,此虞當訓度、望。《爾雅》:"虞,度也。"《廣雅》:"虞,望也。"王
念孫《廣雅疏證》云:"虞亦候望也。《左傳》桓十一年:'且日虞四
邑之至也。'杜注:'虞,度也。'案虞,望也,言日望其四邑之至也
也。"虞之訓度、訓望,其義相合,亦即候望而審度也。"虞吉"者,
言在有所行動前,先候望之、審度之,不貿然行動,乃吉也。"有
它",即有它異之事,不可預料或怪異不祥。《爾雅》:"燕,安也。"
帛書燕作寧。"不燕",不得安寧。

《象》曰:初九虞吉,志未變也。①

【校注】

①初當位應四,當有所行動,然則先候望之,乃知前途"有它",故宜
潛藏不動。"志未變"者,仍懷舊志,未變爲新志。當此乃謂舊君
子猶能自處,不應新王之招,亦未被俘獲,乃得保持其原有之
志也。

九二,鳴鶴在陰,其子和之。①我有好爵,吾與爾靡之。②

【校注】

①"鳴鶴"者,鶴之鳴叫。"鳴鶴在陰",舊注或釋爲鶴鳴於幽暗之
處,若王弼;或釋爲鶴鳴於夜半,若虞翻。余案:二説皆不洽。《藝
文類聚》引《墨子》曰:"鶴雖時夜而鳴,天下振動。"其意在鶴鳴聲
遠播天下,與《詩·鶴鳴》"鶴鳴于九皋,聲聞于野",庶幾同義,至
於"時夜而鳴",非言之要也。又《繫辭》:"'鳴鶴在陰,其子和之。
我有好爵,吾與爾靡之。'子曰:'君子居其室,出其言善,則千里之
外應之,況其邇者乎?居其室,出其言不善,則千里之外違之,況
其邇者乎?言出乎身,加乎民;行發乎邇,見乎遠。言行,君子之
樞機。樞機之發,榮辱之主也。言行,君子之所以動天地也,可不
慎乎?'"此段傳文,其關鍵亦在鶴鳴聲可遠播於千里之外。帛傳
《繆和》釋此,以"鳴鶴在陰"爲君出號令,"其子應之"爲臣應君

命。君號令之出,猶鶴鳴聲之遠播也。故“在陰”,在通載,載,滿也,《詩·生民》:“厥聲載路。”陰,覆也,《尚書·洪範》:“惟天陰騭下民。”馬融注:“陰,覆也。”“鶴鳴在陰”,意謂鶴鳴聲滿覆天下,聲聞千里。“其子和之”者,鶴之子能應和鶴之鳴也。

②好爵,好酒器。《禮記·祭器》:“宗廟之祭,貴者獻以爵。”鄭玄注:“凡觴,一升曰爵。”《集解》引虞翻曰:“靡,共也。”“吾與爾靡之”者,吾與爾共用此好爵也。共用好爵,或謂共享酒食,同未濟之“有孚于飲酒”,或謂共事宗廟,亦即共有天命,共受福禄。案此爻以鶴鳴爲喻,是謂其相遠而有信,同類相邀之義也。

《象》曰:“其子和之”,中心願也。①

【校注】

①“中心願”,意謂“鳴鶴”之召,中“其子”之心願。中,得中也。案鶴在五,子在二,吾謂五,爾謂二。二、五皆陽而能應和者,適取其同類相應,其猶君子出善言,千里之外人應之以善,出不善言,則應之以不善。又賈誼《新書·春秋》云:“故愛出者愛反,福往者福來。《易》曰:‘鳴鶴在陰,其子和之。’其此之謂乎?”孔穎達《正義》曰:“誠信之人願與同類相應,得誠信而應之,是‘中心願’也。”

六三,得敵。①或鼓或罷,或泣或歌。②

【校注】

①《説文》:“得,取也。”“得敵”,即俘獲敵人。

②《釋文》:“罷,王肅音皮。”帛書本罷作皮。皮,疲也。罷、疲古通。“或鼓或罷,或泣或歌”者,言被俘者之情狀。鼓、歌,言其鼓舞、歌樂之貌;罷、泣,言其疲敝、哭泣之貌。案被俘之敵,將或活之,或殺之,或任之,或罰之,故有上述諸態也。

《象》曰:“或鼓或罷”,位不當也。①

【校注】

①"位不當"者，三以陰居陽位，爲不當。三之不當位，意謂被俘之敵，或無罪、有罪，或仁、不仁，其將被選用淘汰，故鼓、罷、泣、歌，兼而有之也。又《集解》引荀爽曰："三、四俱陰，故稱'敵'也。四得位，有位故鼓而歌，三失位無實，故罷而泣之也。"則將鼓、歌配四，罷、泣配三。

六四，月幾望，馬匹亡。①无咎。

【校注】

①"月幾望"，同見小畜、歸妹卦。案今本小畜、歸妹、中孚三卦皆有"月幾望"，而帛書本小畜作"月幾朢"，歸妹作"日月既朢"，中孚作"月既朢"，不當混一。余以爲，三處文本當從帛本，三者皆言日月相對、相錯之情狀。小畜"月幾朢"言朓，中孚"月既朢"言仄慝，朓與仄慝之別詳見小畜注引《漢書·五行志》。而歸妹"日月既朢"言日月之行適相對應無爽。王應麟《困學紀聞》云："小畜上九，月幾望則凶，陰亢陽也。歸妹六五，月幾望則吉，陰應陽也。中孚六四，月幾望則無咎，陰從陽也。"王氏雖未解日月變化之象，更未見帛書本，然其已逆知三者之別。朓象君緩臣急，仄慝象君急臣緩，故於此卦"月既朢"當喻臣之追隨於君後也。馬匹，《集解》引虞翻說，兩馬相匹。又《尚書·文侯之命》："馬四匹。"《孔傳》："四匹曰乘。"故"馬匹亡"者，兩馬或四馬之群組散亡也。王弼注："'馬匹亡'者，棄群類也。"案馬失其群，猶人離其舊類焉。

《象》曰："馬匹亡"，絕類上也。①

【校注】

①絕，斷絕。"絕類上"者，絕其舊類而上附。案四當位承五，是已爲五所接納者。"絕類上"，意謂斷絕己之舊類而上附於五，亦即新王也。前揭荀爽云四得位，故鼓而歌，三失位，故罷而泣，其分際

由此見矣。又四爲上巽之始,巽,入也。

九五,有孚攣如,①**无咎。**

【校注】

①有孚,有信也。"有孚攣如",同見小畜卦。此謂王者有信於天下,則從之者攣如。王弼注曰:"處中誠以相交之時,居尊位以爲群物之主,信何可舍? 故'有孚攣如',乃得'无咎'也。"孔穎達《正義》:"攣如者,相牽繫不絶之名也。"

《象》曰:"有孚攣如",位正當也。①

【校注】

①"位正當"者,五得中當位,爲卦主。《集解》李鼎祚案:"以陽居五,有信攣二,使變己,是'位正當也'。"李道平疏云:"以陽居五,得中得正,故能有孚,下攣於二,使之變正應己,故曰'位正當也'。"余案:此説含變爻説,尚可商量,五與二,乃同類相應,故二毋須陽變陰也;五之所攣如者,三、四也,亦即所俘獲者。

上九,翰音登于天,①**貞凶。**

【校注】

①《集解》引虞翻曰:"翰,高也。"又《禮記·曲禮》:"雞曰翰音。"以雞鳴之聲高也。登,升也。"翰音登于天",謂雞鳴之聲高,升聞於天。案此云"翰音登于天"以別於"鳴鶴在陰",後者聲音下覆,以求其應者,而前者乃聲音上揚,無有應者也。

《象》曰:"翰音登于天",何可長也。①

【校注】

①"何可長也"者,虛聲無實,無人來應,如何能得長久? 此乃陽之失也。《集解》引侯果曰:"窮上失位,信不由中,以此申命,有聲無實,中實内喪,虛華外揚,是'翰音登天'也。"案《新書·君道》云:

"文王之澤,下被禽獸,洽於魚鼈,咸若攸集,而況士民乎?《詩》曰:'愷悌君子,民之父母.'言聖王之德也。《易》曰:'鶴鳴在陰,其子和之.'言士民之報也。"雖未言及此"翰音登于天",推闡釋之,亦可知其必爲無所應、無報還者也。又"鳴鶴在陰"雖九二爻辭,然鶴鳴在五,子和在二,故上九失位乘剛,乃與九五道反,故云"貞凶"。又案此中孚卦貴同類相應,陰陽反而難和,初與四相應,而初候望而不遽應之,上與三相應,三亦不來應上也。

【疏義】

中孚卦核心之義在於信,古今通説也。凡信之成立,必先在我心中有誠意,舊注訓中孚爲信發於中、信發於內,皆注重信始於心中之誠意。然則信之爲信,亦必將我心中之誠意發出而求應於外,俾得對方之以同樣之誠意回應,乃成互信焉。此卦二、五兩爻,剛中有實德,即心中有誠意,同時亦宜與他物以誠相感。王弼注釋九二爻,履不失中,任真立誠,故雖在幽暗中,物亦應焉;釋九五爻,處於尊位,爲群物之主,以中誠交物,繫信不絕。可知二、五既有自身之誠,亦與對方相應。注家或有謂中孚卦義在於守其信在中、在內,中有實德而不外發,以不與他者相應爲上,此説實失爲信之道也。之所以有此種之説,在於其觀諸六爻,二與五不相應爲吉,初四、三上相應皆不吉,故知此卦不同於他卦之貴陰陽相應,反以無應者吉,有應者凶,蓋無應之二、五皆以剛中得以據守心中之實德,中有實德,不願乎外也。李光地《周易折中》中可見類似之論。余以爲,此種解説大謬矣。二、五剛中有實德,是也,然則二、五並非無應。相應之道,有陰陽相應,亦有同類相應,而此中孚卦,適當以同類相應而成其互信也。前揭《繫辭》已明出善言則千里之外以善應之,出不善之言則千里之外以不善應之,善與不善,同類相應也。若以同類相應之理釋此卦,則六爻之義皆通達無礙。其在初與四,初陽當爲發信者,然其未改舊志,是不信人而自專,故不能與四互信;而四既不能與初互信,則絕其類而上從於五也。二與五皆有實德,同類相應,五發信覆於下,二以信應乎上,是爲中孚互信之本體也。在三與上,上爲實,爲發信者,然其登於天而不下覆,三不能得其信,不知所從也。

《象》曰:"柔在内而剛得中。"柔在内,謂三、四在兩體之内。剛得中,謂二、五得中。柔在内之義,説者或謂此爲"中虚"之象,與剛得中爲"中實"之象對應。信之成立,必兼有中實與中虚,如無中實,則無實德可以爲信也,如無中虚,則爲私心牽累,不能顯至誠之心也。故於理言之,未發之中虚先於已發之中實。程頤《易傳》云:"中虚信之本,中實信之質。"又云:"二柔在内,中虚,爲誠之象;二剛得上下體之中,中實,爲孚之象。"《朱子語類》釋程云:"中虚是無事時虚而無物,故曰中虚;若有物,則不謂之中虚。自中虚中發出來皆是實理,所以曰中實。"此類闡論皆理學之發揮,於理學可謂精當,然則於三、四兩爻辭,難見其義,去經傳本原遠矣。余以爲,《象》之義在於二、五剛中所成之信,其節制於上下,其中間二柔,皆以從其信而得其包容入於内者,《象》云"議獄緩死",即指此類,若不從其信者,刑獄立至也。

《象》曰:"君子以議獄緩死。"乃含儒家先信後刑,或重信輕刑之義。《禮記·緇衣》云:"子曰:'夫民,教之以德,齊之以禮,則民有格心;教之以政,齊之以刑,則民有遯心。故君民者,子以愛之,則民親之;信以結之,則民不倍;恭以莅之,則民有孫心。《甫刑》曰:"苗民匪用命,制以刑,惟作五虐之刑,曰法。"是以民有惡德,而遂絶其世也。'"可知以德、禮爲治,乃與民結信;而若民背信,則刑法必加之也。漢儒論治世之道,亦重上下有信,而輕用賞罰,《漢書·公孫弘傳》弘對曰:"臣聞上古堯舜之時,不貴爵賞而民勸善,不重刑罰而民不犯,躬率以正而遇民信也。末世貴爵厚賞而民不勸,深刑重罰而姦不止,其上不正,遇民不信也。夫厚賞重刑未足以勸善而禁非,必信而已矣。"

小　過

䷽艮下震上

小過：①亨，利貞。②可小事，不可大事。③飛鳥遺之音，不宜上，宜下，大吉。④

【校注】

①小過，卦名，由艮☶、震☳二單卦相重而成。《釋文》："小過，義與大過同。"孔穎達《正義》釋大過之過云："過謂過越之過，非經過之過。"若此則小過之過，亦當訓過越。余案：大過、小過之過，涵義並不完全相同。二卦之過雖皆可訓過越，然大過之過越，取高出之義，亦即所處在顛，陽位高過陰位，而小過之過越，謂自上方飛越而過，乃陰在高位過越在低位之陽，故同時亦含經過之義。據卦爻辭而言，飛鳥自上方越過捕鳥者通謂之過，此過又分兩種情況，一者過而失去，一者過而被獲，前者凶，後者吉。此被獲吉、失去凶之義，略同比卦"王用三驅，失前禽"之義。成群飛鳥來時，捕鳥者必或設防、或驅趕以攔截之，然後弋取之，其過程與田獵走獸有近似之處。此小過卦之飛鳥與離卦之鳥類似，用喻流離四方之民，尤其指亡國而無依者。飛鳥之過而被獲者，猶云得歸依於新主，過而亨也；過而失去者，或遭凶眚，過而不亨也。小過卦者，乃以捕鳥事喻截掠過境之流民群體也。

②亨,通也。利貞,貞告爲利。

③若祀與戎,爲大事,餘爲小事。可以舉小事,不可舉大事。又據卦
　爻辭推測,小事爲臣民之事,大事爲君王之事。

④"飛鳥遺之音"者,飛鳥掠前後所遺鳴叫聲,在此指飛鳥在上飛過
　貌。"不宜上"者,飛鳥不宜高飛在上。"宜下"者,飛鳥宜下落,
　其若在穴。不宜上,宜下,則"大吉"。又《釋文》"不宜上"下云:
　"鄭如字,謂君也。"則上謂君,下謂臣,不宜上,宜下,亦即不宜君,
　宜臣也。案此卦飛鳥,當喻指君王欲得之臣民。帛傳《二三子
　問》:"卦曰:'密雲不雨,自我西郊,公射取皮(彼)在穴。'孔子曰:
　'此言聲(聖)君之下舉乎山林,拔取之中也,故曰"公射取皮(彼)
　在穴。'"

《彖》曰:小過,小者過而亨也。①過以利貞,與時行也。②
柔得中,是以小事吉也。剛失位而不中,是以不可大事也。③
有飛鳥之象焉,飛鳥遺之音,④不宜上,宜下,大吉,上逆而下
順也。⑤

【校注】

①"小者過而亨",釋小過義。《集解》引荀爽曰:"陰稱小。"陰過越
　陽而亨通。王引之《經義述聞》補傳文作"小過,亨。小者過而
　亨也。"

②此承前句進說其義。小者之所以能過而亨者,以其過能"利貞",
　而"利貞"之義在於"與時行"。又此句乃釋二,二過越三、四而至
　五,爲陰過陽之象。二當位居中,故其過越合乎正,乃應時而過
　之也。

③"柔得中",此句釋六五,言小事。《集解》引虞翻曰:"謂五也。陰
　稱小,故'小事吉也'。"案二過越三、四至五,五不當位而得中,是
　爲"柔得中"。柔居五,故不可大事,小事吉。又"小事吉"郭京

《周易舉正》作"可小事"，與經文合。"剛失位而不中"，此句仍釋五，就大事言之，乃"柔得中"之反語，意謂若剛得位而中，則可以大事，適反之，則云"不可大事"。案《集解》引虞翻以此句釋四，《正義》以此句釋三、四，皆非，三、四無關中位，謂之"不中"，乃爲贅語。

④見乃謂之象，"有飛鳥之象焉"者，言有飛鳥迎面而來，可見之，猶言在下。"飛鳥遺之音"者，言飛鳥掠過，不可見，唯聞其音，猶言在上也。此二句乃言飛鳥之兩種情形。程頤《易傳》以爲"有飛鳥之象焉"爲解者之辭，誤入傳中，非也。又《集解》引宋衷曰："二陽在內，上下各陰，有似飛鳥舒翮之象，故曰飛鳥。"亦非，虞翻斥爲妄言。

⑤"上逆而下順"者，釋卦辭"飛鳥遺之音，不宜上，宜下，大吉"，上、下當同不宜上、宜下之上、下。逆，悖逆。在上者、爲君者，悖逆而不爲我所取也；在下者、爲臣者，願順服於我，故取之也。比諸人事，猶云不取其首領，截取其民衆也。

《象》曰：山上有雷，小過。①君子以行過乎恭，喪過乎哀，用過乎儉。②

【校注】

①此釋上下卦象，艮爲山，震爲雷，合爲小過。案震卦有云雷"躋于九陵，勿逐"，可知山上有雷爲極凶險之狀況，本當避之，而此小過卦適當山上有雷、密雲不雨之際在山上行捕鳥事，故必須小心謹慎。

②孔穎達《正義》云："小人過差，失在慢易奢侈，故君子矯之，'以行過乎恭，喪過乎哀，用過乎儉'也。"依孔説，此過乃謂過乎恭、哀、儉之常度，言君子寧過恭而勿慢，寧過哀勿易，寧過儉勿奢侈，其猶云君子當小過時，尤應遵守行必恭、喪必哀、用必儉之原則，不嫌其過度也。余案："行過乎恭，喪過乎哀，用過乎儉"，皆加倍小

心,寧過勿慢之義,乃自前揭"山上有雷"之象引申,意謂行事雖過於禮而不爲害也。於飛鳥而言,則小心勿亂,以免自取凶咎;於捕鳥者言,則小心弋取之,勿驚飛、濫殺也。

初六,飛鳥以凶。①

【校注】

①以,猶及也。王引之《經傳釋詞》云小畜、泰、剝、復諸卦"以"皆訓"及",此小過卦亦當同訓。案鳥飛在天,本身即有凶象。鳥有序陣行,爲吉;亂飛,爲凶。《墨子·明鬼》有云:"嗚呼!古者有夏,方未有禍之時,百獸貞蟲,允及飛鳥,莫不比方。"又云:"湯以車九兩,鳥陳鴈行。"是皆爲吉象也。《莊子·胠篋》云:"上誠好知而無道,則天下大亂矣。何以知其然邪?夫弓弩畢弋機辟之知多,則鳥亂於上矣;鉤餌罔罟罾笱之知多,則魚亂於水矣;削格羅落罝罦之知多,則獸亂於澤矣。"是爲凶象也。"飛鳥以凶",亦即鳥亂飛於上。

《象》曰:"飛鳥以凶",不可如何也。①

【校注】

①"不可如何"者,猶云不知其將如何,其勢雜亂而不可控制。案初六不當位,有群鳥亂飛之象,其將及凶,故此嘆之。

六二,過其祖,遇其妣。①不及其君,遇其臣。②无咎。③

【校注】

①《爾雅》:"父爲考,母爲妣。"鄭玄注:"妣之爲言媲也,媲於考也。"帛書作比,比,從也。以祖、妣喻鳥群,則祖爲鳥群之領頭者,妣爲隨從者。"過其祖,遇其妣",乃就射鳥者之位言之。"過其祖",即領頭之鳥過越射鳥者而去也。"遇其妣",即隨從之鳥與射鳥者適相面對,未能過越也。案遇,逆也,亦即迎面攔截。遇又有待

之、禮之義,故遇爲攔截,其事或轟趕、誘引鳥群,使入我範圍,不驚飛而去也。

②帛書臣作僕,臣、僕通。在此君、臣亦喻鳥群之領頭者與隨從者。"不及其君,遇其臣"者,其君已過越,不及見,而其臣則對面成偶,可見也。

③當此而云"无咎"者,意謂雖不可大事,小事尚可爲也。

《象》曰:"不及其君",臣不可過也。①

【校注】

①王引之《經義述聞》云:"'不及其君,臣不可過也',謂已不遇其君,不可又不遇其臣也。'臣不可過'乃釋經文'遇其臣'三字。"案下艮象山,當初六,艮之下,猶在山脚,鳥飛在高,無可奈何;當六二,艮之中,猶在山腰,距鳥飛稍近,故可以攔截其半。六二柔當位在中,故利於得臣,利於小事。

九三,弗過防之,①從或戕之,②凶。

【校注】

①防,障也。《國語·周語》:"不防川。"韋昭注:"防,障也。"防即設羅網以障鳥使不能飛越也。"弗過防之",亦即捕者設防以使鳥群弗得過,或云飛鳥遇防而不得過也。

②從,通縱,放縱,此言群鳥亂飛之貌,亦或指欲飛越防者。戕,遭害也。

《象》曰:"從或戕之",凶如何也。①

【校注】

①朱駿聲《六十四卦經解》云:"艮一奇橫亘於上,隄防象。"九三陽當位,爲下二陰之隄防,欲不使陰過陽也。"凶如何",其凶必至,無可如何。案九三爲下艮之上,猶山之巔,於山巔設防,則鳥群不

可過也。

九四,无咎,弗過遇之。①**往厲必戒。**②**勿用,永貞。**③

【校注】

①"无咎,弗過遇之"者,既防之使弗過,且攔截在我所見之範圍,此時之飛鳥無咎害也。

②"往厲"者,言飛鳥之欲飛之高遠。《莊子·大宗師》:"夢爲鳥而厲乎天。"此厲義同"往厲"之厲。對於欲飛之高遠之鳥,則當戒之。戒,戒守也,此謂戒守之,不讓飛鳥遠去也。

③"勿用,永貞"者,言鳥也,鳥不得高飛遠去,是"勿用";鳥受我之控制,乃得"永貞"也。

《象》曰:"弗過遇之",位不當也。①**"往厲必戒",終不可長也。**②

【校注】

①九四不當位,故云"位不當也"。案六二當位,故飛鳥有過有遇,九四不當位,故飛鳥皆不得過,皆遇之也。

②鳥群之仍欲高飛者,受到戒止,其勢不可長久也。案九四是上震之始,雷聲在山上若警戒之聲,故鳥群不敢高飛。推測其狀,當爲雷聲陣陣,鳥群從高飛轉爲低飛,或欲歸其巢穴也。又案此際之遇,猶如田獵前將走獸圍困在一處,待王公之射取也。

六五,密雲不雨,自我西郊。①**公弋取彼在穴。**②

【校注】

①"密雲不雨,自我西郊"同小畜卦辭,意謂我在西郊之時,陰雲密布而尚未下雨。

②公,謂王。弋,射之以繒矢。《周禮·夏官司馬·弓矢》:"繒矢茀矢,用諸弋射。"鄭玄注:"結繳於矢,謂之繒。"彼,謂鳥。《説文》:

“鳥在木上曰巢,在穴曰窠。”“密雲不雨,自我西郊”,王在西郊山林中,密雲不雨之時,射取在窠之鳥。在窠之鳥,得射而中,乃象徵王得賢者,“弋取”,意謂選賢。《二三子問》曰:“卦曰:‘密雲不雨,自我西郊,公射取皮(彼)在穴。’孔子曰:‘此言聲(聖)君之下舉乎山林,拔取之中也。’”則此句蓋言王之弋取賢者於山林,亦即處在下位者。《二三子問》又曰:“卦曰:‘公用射隼于高塘之上,無不利。’孔子曰:‘此言人君高志求賢,賢者在上,則因□而用之,故曰無不利。’”二射相較,解卦之射隼高塘,乃在高位、顯達之士中選賢,此卦之射鳥在穴,乃求無位、隱微之賢於山林,適合“不宜上,宜下”之義也。

《象》曰:“密雲不雨”,已上也。①

【校注】

①《易之義》以小畜卦之“密雲不雨”爲陰失之象,此亦同,陰居陽位,故失。已,止也。“已上”者,意謂天上有密雲,故鳥不能高飛,止其上行,唯有低飛於其巢穴周遭也。

上六,弗遇過之,①飛鳥離之,②凶。是謂災眚。③

【校注】

①“弗遇過之”者,弗安於遇而猶欲過之。

②帛本離作羅,羅網。“飛鳥離之”者,飛鳥罹於羅網之困。案六五密雲,鳥已不能高飛,猶欲過而逃之,則不待上射,而困於地上張設之羅網。

③災眚,同見復卦。猶言飛鳥如目盲一般亂飛亂撞,故罹於羅網。

《象》曰:“弗遇過之”,已亢也。①

【校注】

①已,止也。《集解》引虞翻曰:“飛下稱亢。”李道平《周易集解纂

疏》云:"《邶風》:'頡之頏之。'《毛傳》:'飛而上曰頡,飛而下曰
頏。'故曰'飛下稱亢'。"亢、頏、頡同。上六之鳥已不能高飛,而
在下猶欲亂飛而過之,"已亢"即止其在下之亂,與六五傳云"已
上"適相對應。鳥在下而亂飛而逃者,不用上射,用羅網捕之也。

【疏義】

　　古來注家釋小過之過,皆訓過失、過差。其事雖過越乎常理,然尚
不陷於罪惡,可以矯正也。若能矯正得宜,猶可亨通。注家又謂小過
乃見諸日用常行之小事者,其過可寬容,若是關係天下國家之大事,則
小過亦不容有也。注家或以有小過者爲小人,矯正小過者爲君子。孔
穎達《正義》引褚氏云:"謂小人之行,小有過差,君子爲過厚之行以矯
之也,如晏子狐裘之比也。"褚氏言晏子故事,以喻"君子行過乎恭,喪
過乎哀,用過乎儉"。《周易折中》引晁説之云:"時有舉趾高之莫敖,
故正考父矯之以循墻,時有短喪之宰予,故高柴矯之以泣血,時有三歸
反坫之管仲,故晏子矯之以敝裘,雖非中行,亦足以矯時厲俗。"可知小
過卦之大義,乃在矯正過失,歸於中正也。

　　又《淮南子·氾論訓》云:"故小謹者無成功,訾行者不容於衆,體
大者節疏,蹠距者舉遠。自古及今,五帝三王未有能全其行者也。故
《易》曰:'小過,亨,利貞。'言人莫不有過而不欲其大也。"是以小過
者,自聖賢至凡庶,在所難免,若硜硜然求全,或失大體,惟能自知其
過,有所節制,不使其大。此道家説,其寬容小過之義,勝於儒家説。

　　與舊注不同,本注釋此小過卦,以其爲用王公捕鳥事喻截取過境
之四方流民,進而曰求取賢臣以爲我用。過之義在於飛鳥之飛過我,
其有爲我取者,亦有不爲我取者。故過不單純謂經過,亦應與我發生
某種關係。《詩·江有氾》:"江有沱,之子歸,不我過。"鄭玄箋:"岷山
道江,東別爲沱。"故猶如江之別出沱,"不我過",謂與我不再交集,反
之,若云"我過",則謂與我相交集也。《詩·考槃》:"獨寐寤歌,永矢
弗過。"鄭玄箋:"弗過者,不復入君之朝也。"故過亦有交往、過從之

義。由此釋小過之過，過而亨者，是過我而能服順於我，爲我所教化者；過我而去，逆而弗順於我，是過而不亨者也。又《孟子·盡心》有云"君子所過者化"，是謂君子過一境而化其境之民，轉用其義於此卦，則可謂過君子之境者，必爲君子所化也。過我之境者，如飛鳥之亂群，亦可謂之未被教化，行有過失者；而經過我境之後，如鳥之被我限止、弋取，服順於我，乃被我之教化，改過歸正矣。由此可知，本注經傳文雖大異舊注，其旨趣不相遠也。

既　濟

䷾離下坎上

既濟：[①]亨，小，利貞。[②]初吉，終亂。[③]

【校注】

①既濟，卦名，由離☲、坎☵二單卦相重而成。《釋文》："鄭云：既，已也，盡也。濟，度也。"度同渡，涉渡爲濟。已渡、盡渡，皆謂已完全渡過面前之河也。此經中既濟、未濟二卦，文義相通，每相對言，似同時編定，爲全經獨有。若既濟者，爲已渡、盡渡，則未濟者，爲渡河未成，半渡而返。案濟之爲渡河，與經中屢言之"利涉大川"不同。古者河之功用，一則河作爲水道，可以橫渡或舟行而致遠，一則河作爲天然邊界，阻隔兩邊之部落、邦國。凡經言"利涉大川"者，皆謂往而亨通，往而有孚，往而有功，乃和平致遠、以禮相交往之事。而此既濟、未濟之濟，乃謂渡河而行征伐，其渡河乃跨越邊界之行動也。未濟六三"未濟，征凶，利涉大川"，是以"未濟"相應於"利涉大川"，據此推闡，則"既濟"相反於"利涉大川"。又孔穎達《正義》曰："濟者，濟渡之名，既者，皆盡之稱，萬事皆濟，故以'既濟'爲名。"此説本諸《雜卦》："既濟，定也。"既已渡河，則萬事皆定。然則據卦爻辭推斷，渡河而後繼以征伐，既濟者，渡河成功，征伐不止，適不能定也；未濟者，渡河未成，征伐亦止，適爲定也。就其所行進之地域言之，既濟乃征伐四方，無遠弗

至,未濟乃自守其國,不越其邊界。明既濟、未濟之有無征伐義,以及國有無邊界義,而後兩卦之大義思過半矣。

②《釋文》:"亨小,絕句。以'小'連'利貞'者非。"陸德明云"小利貞"非,蓋據《彖》,然以"亨小"絕句,亦難通。朱熹《周易本義》以爲"亨小"爲"小亨"之誤,則是擅改經文也。余以爲,當點斷爲"亨,小,利貞",與《彖》一致。《彖》云"既濟亨,小者亨也",小與亨不當連,又爲一句。然則與《彖》不同之處在於,卦辭之亨當讀享,祭祀也,《彖》則如字取亨通之義。小,微也,少也。"亨,小"者,言祭祀,而來從祀者少也。何以知之?此卦辭相應於九五爻辭中東鄰殺牛而祭。《象》釋西鄰禴祭而實受其福云"大來也",東、西鄰當適相反。西鄰大來,則東鄰小來也。"利貞"者,貞告爲利也。

③"初吉",渡河之初始爲吉。"終亂",既渡之後,事在終末生亂。案就時間進程而言,初在前端,終在後端,初與終可概言一過程。而終字可有兩種意義:一者言其事有終竟,亦即以停止之點爲終,其點可在過程之半;一者則言其事持續不已,貫穿整個過程,沒有中間停止之點。若《詩·終風》:"終風且暴。"終風,乃指風一直不停息。常語之終年、終身,也是指這種貫穿始終之全過程。在此"終亂"之"終"當取後一義,意謂持續下去,沒完沒了,必將生亂矣。

《彖》曰:既濟亨,小者亨也。①利貞,剛柔正而位當也。②初吉,柔得中也。③終止則亂,其道窮也。④

【校注】

①此釋卦辭"既濟,亨"。"小者亨"者,注家或謂當既濟之時,不僅大者亨,小者亦亨。孔穎達《正義》云:"既濟之亨,必小者皆亨也。但舉小者,則大者可知,所以爲既濟也。"此説尚可商榷。既濟云"小者亨"並不概言大者亦亨。小者,謂陰也,《集解》引虞翻

説，小謂二，則"小者亨"意謂既濟之亨主要體現在六二，六二"柔得中"也。與此同文例，未濟《彖》曰："未濟亨，柔得中"，其"柔得中"乃謂五，亦即未濟之亨主要體現在六五也。是二卦皆以"柔得中"爲亨，惟前者亨在二，後者亨在五。兩相比較，其義可兼明也。

②此釋"利貞"。"剛柔正"，謂剛柔皆當位且相應，一與四、二與五、三與上相應。"位當"，謂一、三、五爲陽，二、四、六爲陰，六爻皆當位。案六十四卦唯此卦之六爻剛柔皆正而當位也。

③此釋"初吉"。"柔得中"，言六二當位得中。

④"終止則亂"，王弼、孔穎達以爲，既濟之道，無終則安，有終則亂。若能進修不止，則既濟無終；若中途停止，是既濟有終，有終則亂矣。案此説影響頗大，然其義適誤也。"終止則亂"當同卦辭之"終亂"，止，語辭。《詩·草蟲》："亦既見止，亦既覯止。"《毛傳》："止，辭也。"《禮記·表記》："高山仰止，景行行止。"《釋文》："止，本作之。"終止，猶終之，在此並無停止義。"其道窮"之窮，亦非不能進而窮，乃指進而至乎窮，其道至乎極。《論語·堯曰》："四海困窮，天禄永終。"窮與終，皆言至其極，而此極實則謂無止境也。"終止則亂"者，意謂涉渡不已，至於終極，則必亂也。此卦以涉渡喻征伐，涉渡至其終極，猶謂征伐無止境焉。《易緯·乾鑿度》曰："既濟、未濟爲最終者，所以明戒慎而存王道。"鄭玄彼注云："夫物不可窮，理不可極。故王者亦常則天而行，與時消息。不可安而忘危，存而忘亡。未濟亦無窮極之謂者也。"由鄭義申之，既濟爲窮極，若惟欲窮物、極理，不知則天而行，不與時消息，故終必有亂，此亦君子當思之患。既濟之爲窮極者，意謂任其發展而無止境，而未濟之爲無窮極者，意謂其發展有限度，居安思危，思則有備，有備無患，故能止於當止也。

《象》曰：水在火上，既濟。①君子以思患而豫防之。②

【校注】

①此釋上下卦象，下離爲火，上坎爲水，合爲既濟。

②“思患”者，居常而思危，居治而思亂。豫同預，“豫防之”者，預防危亂之發生。孔穎達《正義》云：“水在火上，炊爨之象，飲食以之而成，性命以之而濟，故曰‘水在火上，既濟’也。但既濟之道，初吉終亂，故君子思其後患而豫防之。”案孔氏以炊爨爲既濟象，以火炊水，其始可成飲食之用，而若火炊水不止，水沸騰而反滅火，終生災禍，故君子“思患而豫防之”。又案舊注以既濟卦六爻皆正，故謂既濟本無患，患在未濟，王弼注：“存不忘亡，‘既濟’不忘‘未濟’也。”是不知患即在既濟中之深意也。以爻論雖六爻皆正，然自上下卦觀之，則下離之明歷上坎之險，火炎上而水潤下，火爲水滅，則患莫大焉。《易緯·稽覽圖》謂既濟卦有大水不絕之象，是漢儒亦知既濟之患在坎水也。

初九，曳其輪，濡其尾，①无咎。

【校注】

①帛本“曳其輪”作“抴其綸”，當從帛本。曳同抴，《集韻》：“抴，或從曳。”抴，牽引。《荀子·非相》：“接人則用抴。”楊倞注：“抴，牽引也。”輪同綸，綸，繩索。《爾雅》：“貉縮，綸也。”郭璞注：“綸者，繩也。”“抴其綸”者，即渡河者涉渡之時，抓緊橫貫兩岸之繩索而前進也。舊注多訓“曳其輪”爲拖曳車輪，茲不從。濡，漬也，濕也。尾，當謂狐裘之飾尾。《説文》：“尾，微也。從到毛在尸後。古人或飾系尾，西南夷亦然。”《後漢書·南蠻西南夷列傳》：“槃瓠死後，因自相夫妻。織績木皮，染以草實，好五色衣服，製裁皆有尾形。”故“濡其尾”者，渡河者身後之飾尾爲水所濡濕也。

《象》曰：“曳其輪”，義无咎也。①

【校注】

①義,宜也。初九陽當位,當有所進,抴其綸而進,雖濡其飾尾,尚無害其涉渡,故云“義无咎也”。

六二,婦喪其茀,^①勿逐,七日得。^②

【校注】

①婦,婦人。喪,失落。《釋文》:“茀,首飾也。馬同。干云:馬髴也。鄭云:車蔽也。子夏作髢,荀作紱,董作髢。”案茀爲借字,本字當從子夏作髢,指婦人頭戴之首飾。王弼注:“茀,首飾。”《集解》引王肅曰:“髢,首飾。”又《集解》引虞翻曰:“髢髮,謂鬒髮也,一名婦人之首飾。坎爲玄雲,故稱髢,《詩》曰‘鬒髮如雲’。”鬒髮乃指自然長成之黑髮,虞翻以“鬒髮如雲”類比坎爲玄雲,然則鬒髮非首飾,喪鬒髮,亦難通。若以首飾言之,董遇之作髢,最爲明確,髢,假髮也,髢與鬒髮相仿佛,亦可類比玄雲矣。故合虞、董説,則涉渡之際婦所喪首飾者,黑色如雲之髢也。

②言婦人喪其頭上飾物,毋須追逐,數日後可再得。案王引之《經義述聞》謂“七日”言人事之遲速,七數過五而未足十,意謂事已不可反退,然尚未至其極。又案渡河者抴其綸而進,若逐喪茀,則必離綸,其凶險未知也。

《象》曰:“七日得”,以中道也。^①

【校注】

①“以中道”者,六二得位得中,喻行乎中道。二、五相應,《集解》引王肅曰:“體柔應五,履順承剛,婦人之義也。”案“以中道”者,乃謂行乎中道,亦即確定之路綫,故得渡河也。涉渡時“婦喪其茀”,茀隨波而去,若不捨而逐之,必有危險,是不行中道;“勿逐”,則不改行進路綫,雖喪其茀,而渡河得成功,是“以中道也”。

九三,高宗伐鬼方,三年克之,^①小人勿用。^②

【校注】

①高宗,殷王武丁。鬼方,北方之外族。《竹書紀年》載武丁三十二年伐鬼方,三十四年師克鬼方,"三年克之",即指此爻辭之事。關於鬼方來歷,王國維《鬼方昆夷獫狁考》云:"我國古時,有一彊梁之外族,其族西自汧隴,環中國而北,東及太行常山間,中間或分或合,時入侵暴中國。其俗尚武力,而文化之度不及諸夏遠甚,又本無文字,或雖有而不與中國同。是以中國之稱之也,隨世易名,因地殊號,至於後世,或且以醜名加之。其見於商周間者,曰鬼方,曰混夷,曰獯鬻,其在宗周之季,則曰獫狁,入春秋後則始謂之戎,繼號曰狄,戰國以降,又稱之曰胡,曰匈奴。"余案:在此鬼方,亦可泛指中國域外之遠方。《詩·蕩》:"内奰于中國,覃及鬼方。"《毛傳》:"鬼方,遠方也。"

②此言"小人",指從高宗征伐之臣屬師衆。"小人勿用"者,諸小人未得到重用。高宗伐鬼方,廣拓疆土,然未能以所獲之土地、人民封賞從征之諸小人。又李鏡池《周易通義》以"小人勿用"謂殷長期對外戰爭,損失大量人力物力,故不利於小人,猶言百姓因戰爭而難以生存。可備參考。

《象》曰:"三年克之",憊也。①

【校注】

①憊者,長久用兵,天下萬民皆疲憊。《詩·玄鳥》:"武丁孫子,武王靡不勝。龍旂十乘,大糦是承。邦畿千里,維民所止,肇域彼四海。"乃頌贊高宗武丁中興功業,彼疏引王肅曰:"殷道衰,四夷來侵,至高宗,然後始復以四海爲境域也。"則高宗之伐鬼方,乃概指武丁之征伐四方,亦即由中國自内向外擴張,欲以四海爲境域,一統天下。然則窮兵黷武,亦必疲憊,武丁中興之世,其後速衰,子孫不能繼之也。《漢書·嚴助傳》載淮南王安上書云:"《周易》曰:'高宗伐鬼方,三年而克之。'鬼方,小蠻夷。高宗,殷之盛天子

也。以盛天子伐小蠻夷，三年而後克，言用兵之不可不重也。"

六四，繻有衣袽，終日戒。[①]

【校注】

①繻同襦，帛書作襦。袽，敗衣。王引之《經義述聞》訓襦爲寒衣，衣謂著，云："衣袽，謂著敗壞之襦也。禦寒者固當衣襦矣，乃或不衣完好之襦而衣其敗壞之襦者，則不足以禦寒。譬之人事，患至而無其備，則可危也，故曰'襦有衣袽，終日戒'。故《象傳》曰：'君子以思患豫防之。'"王氏訓襦爲寒衣，袽爲敗壞之襦，是也，然則此"繻有衣袽"者爲誰，猶未能辨別。《集解》引虞翻曰："謂伐鬼方，三年乃克，旅人勤勞，衣服皆敗，鬼方之民，猶或寇竊，故'終日戒'也。"是謂旅人"繻有衣袽"，亦即從高宗伐鬼方之師衆也。余以爲，九三"小人勿用"，此"繻有衣袽"即指此等未獲用之小人，此等未獲封賞之小人，常年征戰以致疲憊不堪，衣衫襤褸，其或將有叛亂之舉，故須"終日戒"，"思患而豫防之"。"終日戒"，所戒者非鬼方，乃己方之小人也。又李鏡池《周易通義》訓戒爲駭，云百姓衣衫襤褸，終日驚駭。可備參考。

《象》曰："終日戒"，有所疑也。[①]

【校注】

①"有所疑"者，有所疑懼也。"終日戒"乃戒亂民，"有所疑"爲疑其叛亂。

九五，東鄰殺牛，不如西鄰之禴祭，[①]**實受其福。**[②]

【校注】

①帛本"東鄰殺牛"作"東鄰殺牛以祭"，知"殺牛"必爲祭事。東鄰，謂殷也。殷人征伐既成，殺牛以爲祭，其祭盛大。西鄰，謂周也。禴祭，天子四時之祭，其祭薄少。《漢書·郊祀志》引經，顏師古

注：“東鄰謂商紂，西鄰謂周文王也。”案東鄰謂商紂，不若承上而謂高宗也。西鄰謂文王，可從，《古本竹書紀年》帝辛“六年，周文王初禴於畢”。孔穎達《正義》曰：“祭祀之盛，莫盛修德。苟能修德，雖薄可饗。假有東鄰不能修德，雖復殺牛至盛，不爲鬼神歆饗，不如我西鄰禴祭雖薄，能修其德，故神明降福。”孔氏神明不依祭祀之厚薄，而依德降福之說，乃本諸傳記。《左傳》僖公五年曰：“公曰：‘吾享祀豐絜，神必據我。’對曰：‘臣聞之，鬼神非人實親，惟德是依。故《周書》曰：“皇天無親，惟德是輔。”又曰：“黍稷非馨，明德惟馨。”又曰：“民不易物，惟德繄物。”如是，則非德，民不和，神不享矣。神所馮依，將在德矣。’”歷代注家，皆類此說。然則東鄰、西鄰之別，端在其修德與否乎？此言“東鄰殺牛”，當意謂殷人伐鬼方，所掠奪鬼方之牛，皆用以祭祀。而“西鄰之禴祭”，乃以沼沚之毛，蘋蘩之菜，四時所産爲祭，可知其百姓不爲戰争所贏，得以時修養生息也。

②竹書作“是受福，吉”，帛本作“實受丌福，吉”。實，富也。“實受其福”，猶言受有實之福也。

《象》曰：“東鄰殺牛”，不如西鄰之時也。[①]“實受其福，吉”，大來也。[②]

【校注】

① “東鄰殺牛”謂殷人征伐既成，殺牛以祭，九五之尊，當位得中，然其德薄也。“時”者，即禴祭，四時之祭也。殺牛之祭雖豐，非常之祭也。周人以時而禴祭，在於合時，不在於豐，乃順天行也。

② 舊本斷作“實受其福，吉大來也”，而竹書、帛本爻辭皆作“實受其福，吉”，故應斷爲“‘實受其福，吉’，大來也”。“大來”者，四方來歸服之義。此言西鄰之事也。

上六，濡其首，厲。[①]

【校注】

①"濡其首"，參覈未濟卦，當謂飲酒濡其首，而非渡河濡其首。承上爻云殷人殺牛祭祀，此爻則謂祭祀後分食祭祀之酒食，飲酒無節，有爭亂之事，故濡濕其首。"厲"，謂禍亂之事將作。

《象》曰："濡其首，厲"，何可久也。①

【校注】

①"何可久"者，飲酒無節，禍亂必生，不可長久也。與未濟卦相對照，此"濡其首"當意謂殷之君王者，沉湎於酒，以致禍亂生。《尚書·無逸》："無若殷王受之迷亂，酗于酒德哉！"《集解》未濟上九引虞翻曰："若殷紂沉湎於酒，以失天下也。"其說用釋未濟不洽，釋此爻則至當也。

【疏義】

既濟、未濟爲成對之卦，其在六十四卦之末，猶如乾、坤成對而居六十四卦之首，故既濟、未濟之大義當關聯闡釋，其在六十四卦之地位，亦當共同説明之。故在此暫略，俟未濟卦下一總申論。

未　濟

䷿坎下離上

未濟：^①亨。小狐汔濟,濡其尾,^②无攸利。

【校注】

①未濟,卦名,由坎☵、離☲二單卦相重而成。孔穎達《正義》曰：
"未濟者,未能濟渡之名也。"既濟爲已渡、盡渡,未濟爲渡河至其
半而未成。案注家每以既濟爲既成,未濟爲未成,雖衆口一詞,其
實大失經義。成與不成,不當以渡河成否言之,而當以伐鬼方事
衡量之,既濟、未濟皆言伐鬼方,其伐皆有成也。余以爲,最關鍵
之處在於既濟卦言殷人伐鬼方,未濟卦轉言周人之伐鬼方。於此
二卦,伐鬼方有重要象徵意義,伐鬼方乃辨華夷、定中國之舉,而
殷、周於此之作爲不同,其所定之中國亦不同。王國維《殷周制度
論》嘗謂殷人不滅國,征伐過後,舊國猶存;滅舊立新,爲周人之始
創。由此推斷,殷之伐鬼方,乃流動寇掠而已,並不滅舊國而作新
國;而周之伐鬼方,乃滅其舊國,據其土地、人民營作新國。其事
肇始於王季,《詩·皇矣》有記述焉。

②"亨"者,一卦之判辭,此未濟之亨不同於既濟之亨,彼訓祭祀,此
訓嘉會。"小狐"舊注多訓小狐狸,余以爲此卦辭與初六"濡其
尾"相關,乃言渡河事,不當取喻狐狸。在此狐指狐裘,小狐即短
狐裘。帛傳《二三子問》作"狐涉川,幾濟",《戰國策·秦策》引作

“狐濡其尾”，二例均無小字，可知作“狐”與作“小狐”其義一也。尾，謂狐裘之尾飾。汔，《釋文》：“汔，《説文》云：水涸也。鄭云：幾也。”《集解》引虞翻曰：“汔，幾也。”余以爲，當訓汔爲水涸。孔穎達《正義》云：“汔者，將盡之名。小才不能濟難，事同小狐雖能渡水，而無餘力，必須小汔，方可涉川。未及登岸而濡其尾，濟不免濡，豈有所利？故曰‘小狐汔濟，濡其尾，無攸利’也。”孔氏訓汔爲水汔，亦即水涸也。“小狐汔濟”，乃言小狐涉渡，自河此岸之乾涸處開始；“濡其尾”，則謂河水越來越深，乃至濡濕其尾。二者之間，有一由淺入深之過程，亦爲逐步試探也。

《彖》曰：未濟亨，柔得中也。[①]小狐汔濟，未出中也。[②]濡其尾，无攸利，不續終也。[③]雖不當位，剛柔應也。[④]

【校注】

① 此釋卦辭“未濟，亨”。“柔得中”爲六五居中，下應於九二。亨乃有孚嘉會之義。《集解》引荀爽曰：“柔上居五，與陽和同，故亨。”王弼注曰：“以柔處中，不違剛也。能納剛健，故得亨也。”

② “小狐汔濟”，事在初始，涉水尚未及河中，故云“未出中也”。出，經過，《公羊傳》桓公十一年：“祭仲將往省於留，塗出於宋。”中，在其半，未出中，未行至河之前半也。舊注謂九二爲下坎之中，“未出中”，意謂未出坎險，亦通。

③ 孔穎達《正義》曰：“濡尾力竭，不能相續而終，至於登岸，所以‘无攸利’也。”案《彖》將“小狐汔濟，濡其尾，无攸利”分兩句詮釋。“小狐汔濟”，言其涉水初始尚易。“濡其尾，无攸利”，則言水漸深而濡尾，其涉渡漸難。合則有始易終難之義。帛傳《二三子問》曰：“卦曰：‘未濟，亨，[小狐] 涉川，幾濟，濡亓尾，无逌利。’孔子曰：‘此言始易而終難也，小人之貞也。’”《戰國策·秦策》載黄歇曰：“《易》曰：‘狐濡其尾。’此言始之易，終之難也。”皆明此義。蓋“不出中”言涉渡不及河之前半，其事尚易；“不續終”則言不能

完成河之後半,以其事難也。又案此“不續終”之終,同既濟“初
吉,終亂”之終,不續終,乃言不堅持前進,見機而止也。

④未濟卦一、三、五爲陰,二、四、六爲陽,皆不當其位。然一與四、二
與五、三與上,皆剛柔相應。

《象》曰:火在水上,未濟。①君子以慎辨物居方。②

【校注】

①此釋上下卦象,下坎爲水,上離爲火,合爲未濟。孔穎達《正義》
曰:“火在水上,不成烹飪,未能濟物,故曰‘火在水上,未濟’。”此
與既濟相反之象。

②“君子以慎辨物居方”者,孔穎達《正義》曰:“君子見未濟之時剛
柔失正,故用慎爲德,辨別衆物,各居其方,使皆得安其所,所以濟
也。”案物,事也。方,方位、地域。辨物,即將不同類之事分開。
居方,使居於不同之方位、地域。“辨物居方”乃據卦象之水火相
背而引申。火炎上,水潤下,其在既濟,火下水上,可以相交;而在
此未濟,水下火上,相背而不交。君子觀此卦,乃使物、方相互分
別,各居其所,不强使之相交,是爲“慎辨物居方”之義也。又未濟
之義,不在轉未濟爲既濟,變不正諸爻爲正,而適在保留其未濟之
局面。進而論之,當未濟之時,天下四方諸國,皆各守其國,養其
民,不以侵伐相向,國與國之間,以禮樂相孚,故而天下太平。而
若《詩·桑柔》所述:“四牡騤騤,旟旐有翩。亂生不夷,靡國不
泯。民靡有黎,具禍以燼。”則與此正相反,可謂當未濟之時而强
濟之矣。又《道德經》所謂“小國寡民,使有什伯之器而不用,使
民重死而不遠徙,雖有舟輿無所乘之,雖有甲兵無所陳之,使民復
結繩而用之,甘其食,美其服,安其居,樂其俗,鄰國相望,雞犬之
聲相聞,民至老死,不相往來”者,其通未濟之義乎?

初六,濡其尾,吝。①

【校注】

①同卦辭。吝，難行也，即續行之"无攸利"。

《象》曰："濡其尾"，亦不知極也。①

【校注】

①王弼注訓極爲紀極，紀極，即有所節制。孔穎達《正義》曰："不知紀極者，《春秋傳》曰'聚斂積實，不知紀極，謂之饕餮'，言無休已也。"此説可從。余案：極，亦可訓河水深度之極限。渡河者濡其飾尾，其際水尚不深，再前行，則水深未知也。

九二，曳其輪，貞吉。①

【校注】

①同既濟卦初九爻辭，帛本亦作"抴其綸"。"貞吉"，當此貞告爲吉。推闡其義，當意謂渡河者前行深淺未知，若據之以繩索，則可保無虞也。竹書此爻"貞吉"下有"利涉大川"，疑衍。

《象》曰：九二貞吉，中以行正也。①

【校注】

①"中以行正"者，九二得中，雖不當位，以其居中，故可以行正。余案：中亦可指渡河之中途。《象》"小狐汔濟，未出中也"，中謂半，此九二正在涉渡之半。又王引之《經義述聞》謂正當作直，與上爻極諧韻。王説尤洽，"行直"，亦即直行，"抴其綸"而行，其行必直也。

六三，未濟，征凶。①利涉大川。②

【校注】

①此言"未濟"者，意謂涉渡過半而終不能濟也。下云"征凶"者，征，前行，意謂之所以不能成其濟，在於前行有凶，譬如水過深或遇敵寇。案此即《彖》云"不續終"，亦即前揭《二三子問》之"後

難”也。又“征凶”竹書同,帛書作“正凶”。注家或謂“征凶”爲“貞凶”之誤,非也。

②既言“未濟,征凶”,又言“利涉大川”者,意謂既前行有凶不能涉渡,則將轉而他往以避之也。此經數云“利涉大川”,皆和平以往,不關武力征伐。《後漢書·西羌傳》曰:“及武乙暴虐,犬戎寇邊,周古公踰梁山而避於岐下。及子季歷,遂伐西落鬼戎。”據此推測,“征凶”,若言古公與武乙、犬戎直接衝突;“利涉大川”,若言古公率衆踰梁山而避於岐下也。

《象》曰:“未濟,征凶”,位不當也。①

【校注】

①三以柔居剛,是“位不當也”。孔穎達《正義》曰:“以不當其位,故有征則凶。”余案:傳“位不當也”亦釋“利涉大川”,《象》云:“雖不當位,剛柔應也。”三不當位,然尚有上應之,故“利涉大川”,若無上之應,則無處可避徙也。

九四,貞吉,悔亡。①震用伐鬼方,②三年,有賞于大國。③

【校注】

①“貞吉,悔亡”者,當此貞告爲吉,前此未濟之悔消亡也。

②未濟之“震用伐鬼方”,舊注多與既濟之“高宗伐鬼方”混爲一事,以震爲人名,即卜辭中的沚震、伯震,爲武丁之將。余以爲,此卦云“伐鬼方”,當指周王季歷伐鬼方,王應麟《困學紀聞》引《竹書紀年》倡此説。既濟之高宗伐鬼方與未濟之季歷伐鬼方,爲兩事。以震爲沚震、伯震者,非是。《古本竹書紀年》曰:“武乙三十四年,周王季歷來朝,武乙賜地三十里,玉十穀,馬八匹。三十五年,周王季歷伐西落鬼戎,俘二十翟王。”此可當“震用伐鬼方”之事。震,動也,“震用”,猶言發動、動員。《尚書·盤庚》:“爾謂朕:曷震動萬民以遷?”故“震用伐鬼方”者,當指周人發動征伐鬼方之

役。《古本竹書紀年》記載周人伐鬼方故事，武乙“三十五年，周王季歷伐西落鬼戎，俘二十翟王。大丁二年，周人伐燕京之戎，周師大敗。四年，周人伐余無之戎，克之，周王季命爲殷牧師。七年，周人伐始呼之戎，克之。十一年，周人伐翳徒之戎，捷其三大夫”。是周人之伐鬼方，在古公遷岐之後，武乙至大丁時，歷時數年。按《紀年》所記殷王世數，雖與今人據卜辭所考世數不盡合，大略言之，周之伐鬼方，當在殷末也。而周人之伐鬼方，未必爲殷王所使，當爲保障周人自身之安全以及擴張周人之勢力範圍。《詩・蕩》乃託文王責殷紂：“内奰于中國，覃及鬼方。”則周人固不滿於殷人之動輒興兵，遠伐鬼方。而周人與鬼方爲近鄰，屢遭其侵擾，若《詩・采薇》：“靡室靡家，玁狁之故。不遑啟居，玁狁之故。”故自季歷至文王，皆有伐鬼方之舉，乃爲安定家邦，意不在征伐也。又與高宗親征鬼方，窮兵黷武，勞師傷民不同，周人則先安定其土地、人民，故在“貞吉，悔亡”之後，始伐鬼方。由此亦可比知此兩卦之用意，在既濟，殷人雖遇“濡其尾”、“婦喪其茀”，仍奮然前往，乃至征伐之後，由錦衣狐裘，敗落爲“襦有衣袽”；而在未濟，周人亦遭濡濕之後，轉避而他往，居安消悔，養精蓄鋭，然後始伐鬼方，其有賞、光大云云，固其宜矣。

③三年，概數，數年。亦對言既濟之“三年”。帛本賞作商，商爲賞之借字。《説文》：“賞，賜有功也。”“大國”當謂周，《詩・皇矣》云王季“王此大邦”，“大邦”即“大國”。“有賞于大國”者，從周而征之小國、小臣，以功得大國周以土地、人民之封賞，使之可營作新國也。殷周之際有國逾千，周之征伐，皆滅其舊國，再建新國，方國林立之局面未改。王弼注云：“伐鬼方者，興衰之征也。”殷人伐鬼方而後衰，周人伐鬼方而後興。又丁山《商周史料考證》以《古本竹書紀年》“周王季命爲殷牧師”當此卦“有賞于大國”事，“大國”謂殷，其時殷爲天下之主，爲大國，周伐鬼方有功，故殷王賞之。

亦備一説。

《象》曰:"貞吉,悔亡",志行也。①

【校注】

①"志行"者,其志願得以實現。案既濟、未濟,皆以伐鬼方爲成功,
知此志當謂周人伐鬼方之志。此"志",二之志也。二、四同功,二
中以行正,本有濟渡之志,然受阻於三,俟至於四,乃得行其志。
孔穎達《正義》謂九四失位,故有悔,能行其正,則可悔亡。此未濟
六爻皆不當位,是在不當位時而行正,與既濟六爻皆當位,當位而
行不正,適成對照。二、四、五皆言"貞吉",《集解》引虞翻皆釋曰
之正則吉,亦含有此義。

六五,貞吉,无悔。①君子之光,有孚吉。②

【校注】

①"无悔"者,濟渡征伐既成,則無悔恨之事生也。

②"君子之光"者,君子之德,若顯光明。《詩·皇矣》:"維此王季,
因心則友,則友其兄,則篤其慶,載錫之光。受祿無喪,奄有四
方。"是王季之有"君子之光"。又《古文尚書·泰誓》:"惟我文
考,若日月之照臨,光于四方,顯于西土。惟我有周,誕受多方。"
則謂文王之有"君子之光"。"有孚"者,有孚於四方諸國。

《象》曰:"君子之光",其暉吉也。①

【校注】

①《釋文》:"暉,字又作輝。"暉,君子所發光輝。孔穎達《正義》曰:
"君子之德,光暉著見,然後乃得吉也。"案五爲君位,故此爻雖言
君子,有君主義,亦即周王。《集解》引干寶曰:"以六居五,周公
攝政之象也,故曰'貞吉,无悔'。制禮作樂,復子明辟,天下乃明
其道,乃信其誠,故'君子之光,有孚吉'矣。"干説以周公攝政,不

可從，以六居五，當是周王季、文王尚未有天下而稱王之象。干以
制禮作樂爲君子之光，則可從。君子所以有孚於四方者，非僅以
征伐之力，乃以禮樂教化也。

上九，有孚于飲酒，^①无咎。濡其首，有孚失是。^②

【校注】

①有孚於四方，則彼此嘉會亨通，以飲酒之禮相慶賀，其若中孚卦之
　"我有好爵，吾與爾靡之"也。

②"濡其首"，飲酒過度以致濡首，亂禮儀也。故雙方之孚信由此
　而失。

《象》曰：飲酒濡首，亦不知節也。^①

【校注】

①節，節制。雙方飲酒，當節制以禮。既濟之"濡其首"謂殷人之不
　知節，在此爻則爲告誡周人若"濡其首"，亦是不知節也。此爻之
　義在"有孚于飲酒，无咎"，而"濡其首，有孚失是"，則復加警示之
　辭。上九失位而乘六五，有亢龍之象，故須自我節制。

【疏義】

孔穎達《正義》說既濟卦，萬事皆濟，大小皆濟，惟在既濟之時，又
須戒君子守正，居安思危，慎終如始。既濟之初雖吉，若不進德修業至
於終極，則危亂及之。既濟表示萬事皆成、皆定，然則萬事既成定，將
不再發展，止息於斯。按諸漢儒以降爻變之說，六爻當位則不變，不當
位則變，既濟六爻皆當位，故不復生變矣。此種成定而不變之狀況，注
家據《序卦》謂之"窮"，窮即至其極限，由是息止，"物不可窮也，故受
之以未濟終焉"，故自既濟轉爲未濟，乃自息止之狀態轉圜爲變動之狀
態。程頤《易傳》云："既濟矣，物之窮也。物窮而不變，則無不已之
理。易者，變易而不窮也，故既濟之後，受之以未濟而終焉。"然則按諸
爻變之說，不當位之爻變爲當位之爻，而無當位變爲不當位之理，既濟

既已六爻當位，何以盡變爲不當位之未濟耶？《繫辭》云：“窮則變，變則通，通則久。”若謂既濟轉未濟爲“窮則變”，然則由既濟之通變爲未濟之不通，又何言“變則通，通則久”耶？

余以爲，舊注之非，要在誤解《序卦》之“窮”。《序卦》之“窮”非《繫辭》之窮，此窮當訓窮極、遍及，亦即既濟之通無有阻礙，故通而不止，往而不復也。而未濟卦恰能止其窮極之勢，消弭其終亂，而以有孚終焉。傳不言“受之以未濟”，而云“受之以未濟終焉”，明既濟之無終，未濟之有終也。

就卦爻言之，既濟陰不能阻陽，故徙行不已；未濟陰盡爲陽阻，故止而定居。就上下卦體言之，既濟下離上坎，離有分離義，《雜卦》：“渙，離也。”離猶離其本國而遠征四方，其將入乎坎險也。而未濟下坎上離，則是出於坎險而後各安其國，國與國相離也。

明此二濟卦之大義，尤須比類諸殷周史事。如前注所云，二卦雖云渡河，然則以渡河伐鬼方爲卦義之核心。既濟卦爲殷人伐鬼方，橫行四方，濟渡不止，河不作爲國與國之邊界。未濟卦爲周人伐鬼方，則至一國，滅舊立新，河乃爲國與國之邊界。雖史傳云高宗伐鬼方乃因諸侯之叛亂，其實殷世尚無多少固定之國家，與其説不滅國，不如説無國可滅也。周則不同，各國已建立，故征伐乃國與國之戰爭。國之成立以王權與領土爲要件，一國之領土即其權力與財產之範圍。權力與財產分配，亦在一國之內構成一秩序。自觀卦可知，國之秩序根本於神道設教之宗法制，彼卦“觀國之光”與此未濟“君子之光”同屬有國之光也。各國之領土既經劃定，然後國與國可以建立孚信，相互婚媾、禮尚往來，而四出征伐、劫掠之戰事漸息。故此就國家形態而言，未濟較之既濟明顯爲一大進步。六十四卦以未濟終，而非以既濟終，大義在是焉。若以既濟終，則天下無國，以未濟終，則有國而相安也。早期中國並無大一統之觀念，小國寡民，乃理想社會之根基，由此可知矣。

又據歷代注家之説，當既濟之時，居安思危，成大事不遺小事，行中道不趨邪徑,知事物之發展物極必反;當未濟之時,諸事不成,行不能濟,君子知無所適,無攸利,故唯有獨善其身,發君子人格之輝光。既濟、未濟終始循環,禍兮福之所倚,福兮禍之所伏。是皆爲引申之義,思之亦有教益也。

繫辭上

天尊地卑,乾坤定矣。^①卑高以陳,貴賤位矣。^②動静有常,剛柔斷矣。^③方以類聚,物以群分,吉凶生矣。^④在天成象,在地成形,變化見矣。^⑤是故剛柔相摩,八卦相盪。^⑥鼓之以雷霆,潤之以風雨。日月運行,一寒一暑。^⑦乾道成男,坤道成女。^⑧乾知大始,坤作成物。^⑨乾以易知,坤以簡能。^⑩易則易知,簡則易從。^⑪易知則有親,易從則有功。^⑫有親則可久,有功則可大。^⑬可久則賢人之德,可大則賢人之業。^⑭易簡而天下之理得矣。^⑮天下之理得,而成位乎其中矣。^⑯

【校注】

①《繫辭》上下兩篇,通論《易》理,又名《易大傳》,或簡稱《繫》。託言孔子作,實爲孔門傳經之儒作於戰國晚期,當晚於《彖》、《象》,與《文言》大略同時。孔穎達《正義》以爲,謂之"繫辭"者,一者繫字取繫屬之義,明聖人何以繫屬卦爻辭於卦爻之下,辭即上下經辭是也;二者繫字又音係,取綱係之義,卦之與爻,各有其辭以釋其義,則卦之與爻,各有綱係,亦即通貫爲一整體。《繫辭》之分上下篇,並無大、小理之別,乃以篇簡重大,是以分之。上下篇文句、文義略有重複,當是漢初整編者匯合不同傳本,總爲一篇,以篇幅過長,故分上下。自漢迄後世,諸儒分章有所不同,孔穎達《正義》

取周氏説,分上篇爲一十二章。本書所據影宋本乃從《正義》分章,至於章與章之間或有所分合調整,則將於注中説明之。尊,高。卑,下。定,成也。《吕氏春秋·仲冬紀》:"以待陰陽之所定。"高誘注:"定,猶成也。"《集解》引虞翻曰:"定謂成列。"則"乾坤定"者,意謂乾坤統率萬物而成列也。

②卑高,即坤乾。陳,同陣,通列,《廣雅》:"列,陣也。"故"卑高以陳",即"乾坤定";而乾坤既成陣列,則天地間之萬物各以其在陣列中之位序而分貴賤,故云"貴賤位矣"。韓康伯注曰:"天尊地卑之義既列,則涉乎萬物,貴賤之位明矣。"

③前云"乾坤定"、"貴賤位",皆空間性之結構,接"動静有常",乃體現爲一時間性歷程。《釋名》:"斷,段也,分爲異段也。"而此云斷者,非僅有剛柔分爲異段之義,且當包含剛柔異段迭相爲用之義。故"剛柔斷矣"者,言剛柔相分,且彼此迭相發揮,亦即此傳之"剛柔相推",《説卦》之"迭用剛柔"。《集解》引虞翻曰:"斷,分也。乾剛常動,坤柔常静,分陰分陽,迭用柔剛。"

④《集解》引《九家易》曰:"方,道也。"《禮記·樂記》:"樂行而民鄉方。"鄭玄注:"方,猶道也。"鄉方,意謂心向於道。《漢書·郊祀志》引傳,顔師古注:"方謂所向之地。"故"方以類聚"者,天道之行有方,故人皆能向之,比其類而聚之。物,事也。群,通類。群分,亦猶類分,對言於類聚。類聚言類聚於道,群分言群分於物。雖一聚一分,而其類、群同理也。《九家易》曰:"至於萬物一成,分散天下也以周人用,故曰'物以群分'也。"案"萬物一成"者,類聚於道焉;"分散天下以周人用"者,群分於物焉。又《九家易》以"方以類聚"爲陽道,"物以群分"爲陰道,亦即前者言天道,後者言地道。"吉凶生矣"者,人事合天道類聚、地道群分則生吉,乖則生凶也。

⑤"在天成象"者,在天之日月星辰成變動之象。"在地成形"者,在

地之山川草木成殊別之形。變者，更也，日月星辰之象，迭相變更。化者，生也，山川草木之形，孳乳化生。見，讀現。韓康伯注曰："象況日月星辰，形況山川草木也。懸象運轉以成昏明，山澤通氣而雲行雨施，故變化見矣。"

⑥"剛柔相摩"，韓康伯注曰："相切摩也，言陰陽之交感也。""八卦相盪"，《釋文》："盪，眾家作蕩。"韓注："相推蕩也，言運化之推移。"孔穎達《正義》："剛則陽爻也，柔則陰爻也。剛柔兩體是陰陽二爻，相雜而成八卦，遞相推蕩。"進而朱熹《周易本義》謂剛柔相摩而生八卦，八卦相蕩而生六十四卦。余案："相摩"者，爻與爻之相互關係爲摩。《釋文》："摩，本又作磨。"摩同磨。治石謂之磨，二爻相磨，必有所毀壞與更新也。"相盪"者，盪同蕩，謂八卦重爲六十四卦，其上下卦之關係爲蕩。蕩爲動，要在蕩亦有毀壞、更新之義。上下兩體"相蕩"，可謂以下壞上，上亦壞下，相互影響，最終結合爲一一卦之全體。無論一爻抑或一單卦，皆有其自身之本性，而當其與另一爻或另一單卦發生相互作用時，彼此皆有所改變，相互協調、交換，而後貫通、融合成一新意義也。

⑦鼓，鼓動也。潤，潤澤也。《釋文》："霆，京云：霆者，雷之餘氣，挺生萬物也。《説文》同。蜀才云：凝爲電。"《説文》徐鍇注："陰陽相薄而爲雷，激而爲霆，霹歷也。"此四句所言雷、霆、風、雨、日、月、寒、暑，《集解》引虞翻説，以雷爲震，霆爲艮，風爲巽，雨爲兑，日爲離，月爲坎，乾爲寒，坤爲暑，備合八卦之象。孔穎達《正義》讀霆同電，云："鼓動之以震雷、離電，滋潤之以巽風、坎雨。或離日坎月，運動而行，一節爲寒，一節爲暑。直云震、巽、離、坎，不云乾、坤、艮、兑者，乾、坤上下備言，艮、兑非鼓動運行之物，故不言之，其實亦一焉。雷電風雨，亦出山澤也。"則惟合震、巽、離、坎四象。余案：舊説之糾葛，無非欲使此四句配齊八卦，而諸象之配合，實扞格難通。前云"八卦相盪"已含八卦生六十四卦之義，繼

而鼓之、潤之云云,不應復謂八卦,而當廣説衆卦。金景芳《〈周易・繫辭傳〉新編詳解》不泥於四句配八卦,以“鼓之以雷霆,潤之以風雨”二句,通屯《象》之“雷雨之動滿盈”,乃謂乾坤始交,遂有雷有電,有風有雨;“日月運行,一寒一暑”二句,通《繫辭》之“日往則月來,月往則日來,日月相推而明生焉。寒往則暑來,暑往則寒來,寒暑相推而歲成焉”。此四句並非一一對應八卦各自之功用,乃揭明乾坤相交,化生萬物,雷霆鼓之以生,風雨潤澤以養,日月以時,寒暑以節,乃縱言天地造化萬物也。

⑧“乾道成男,坤道成女”者,順乾之道乃成男,順坤之道乃成女。案此乃言天道推轉人道之際,首在乾坤對應男女。乾坤者,天道之始,男女者,人道之始;有乾坤之別,然後有男女之別。《禮記・郊特牲》曰:“男女有別然後父子親,父子親然後義生,義生然後禮作,禮作然後萬物安。”又案此兩句義承前文,天地造化萬物,繼而成男女之道。《序卦》曰:“有天地,然後有萬物;有萬物,然後有男女。”即通此義。又或謂男女爲乾坤生六子,《集解》引荀爽曰:“男謂乾初適坤爲震,二適坤爲坎,三適坤爲艮,以成三男也。女謂坤初適乾爲巽,二適乾爲離,三適乾爲兑,以成三女也。”荀説本諸《説卦》,亦可資考覈。

⑨王引之《經義述聞》云:“知,猶爲也,爲,亦作也。”故乾知、坤作,皆言乾坤之作用。“乾知大始”,亦即乾作用於大始。《釋文》:“大,音泰,王肅作泰。”案傳言“乾知大始”當《易緯・乾鑿度》所言“太始”,“坤作成物”則當“太素”。《乾鑿度》曰:“有太易,有太初,有太始,有太素也。太易者,未見氣也;太初者,氣之始也;太始者,形之始也;太素者,質之始也。”鄭玄注“太易”曰:“以其寂然無物,故名之曰太易。”注“太初”曰:“元氣之所本始。太易既自寂然無物矣,焉能生此太初哉?則太初者,亦忽然而自生。”注“太始”曰:“形見,此天象形見之所本始也。”注“太素”曰:“地

質之所本始也。"[1]由此可知,乾坤之肇始,非宇宙絕對之始,乃繼宇宙有氣之後而逐次顯現者。乾之作用在太初、太始之際,亦即在氣、形之間,乃成乎象;坤之作用承乎乾,在太始、太素之際,亦即在形、質之間,乃成乎物。《集解》引《九家易》釋"乾知大始"曰"始,謂乾秉元氣,萬物資始也",其顯現在天;"坤作成物",引荀爽曰"物,謂坤任育體,萬物資生",萬物既生,彰顯於地。孔穎達《正義》曰:"'乾知太始'者,以乾是天陽之氣,萬物皆始在於氣,故云知其太始也。'坤作成物'者,坤是地陰之形,坤能造作以成物也。"孔説亦通。

⑩易,變易。《繫辭下》:"夫乾,確然示人易矣。"易者,變化之法則。知,同"乾知大始"之知。"乾以易知"者,乾以顯現變化之法則而發揮作用。簡,帛傳作閒。簡通閒,有分別之義。《莊子·天運》:"食於苟簡之田。"彼《釋文》:"司馬本簡作閒,分別也。"又《釋名》:"簡,閒也。編之篇篇有閒也。"篇篇有閒,亦即相互分別。簡又有選擇之義,《古文尚書·冏命》:"慎簡乃僚。"《左傳》襄公二十六年:"簡兵蒐乘。"簡皆謂選擇。分別、選擇,合其義猶云使事物分門別類也。又《集解》引虞翻曰:"簡,閱也。"事物分門別類,而後可以閱,否則混亂不可閱。《博雅》:"閱,數也。"《周禮·夏官司馬·大司馬》:"簡稽鄉民。"鄭玄注:"簡謂比數之也。"比數之,先使之成比,然後乃可數之。地上萬物,分門別類,故可閱,可比數之,此乃坤簡之義。故"坤以簡能"者,分門別類而成其物,爲坤之能爲也。

⑪"易則易知",前"易",變易之道,後"易",容易之易。帛傳於此作兩字,前作易,後作傷,可知兩字不當同訓。《説文》:"傷,輕也。"

---

[1] 案注以《乾鑿度》之説釋此傳,似有以後擬前之嫌,然則郭店簡《太一生水》中已有類似之宇宙化生之論,臆知《乾鑿度》之説,抑或有先秦本原。漢儒多信此説,《廣雅》亦用之。拙著《古學經子》於此有所討論。

有輕易義。此句之知，爲致知之知。“易則易知”者，乾既確然示人以變易之道，則人易於知之也。“簡則易從”者，易，亦容易之易，坤既示萬物可閱之類別，整齊而不繁亂，則人易於從之也。

⑫親，讀如新，日新。“易知則有親”者，人易知乾變易之道，則可準此道而變化日新也。“易從則有功”者，人易從坤簡別之道，則可準此道以成功也。功，事功。《尚書·大禹謨》：“九功維叙。”

⑬“有親則可久”者，乾道變化日新，故可以持久。“有功則可大”者，坤道成物之功，可積其功至於大。

⑭賢人，謂效法乾易坤簡之道者。聖人制道，賢人法道。“可久則賢人之德”，可以日新持久，則可養成賢人之德。傳云“日新之謂盛德”，通此。“可大則賢人之業”，可以積功至大，則可成就賢人之業。傳云“富有之謂大業”，通此。

⑮“易簡而天下之理得矣”者，乾易、坤簡之道既得，亦可謂盡得天下之理。

⑯“而成位乎其中”，《釋文》：“馬、王肅作‘而易成位乎其中’。”《集解》本有易字，引荀爽説亦有易字。而帛傳無易字，同今本。案當從漢儒補易字。何者成位乎其中？易也。成位，成立易之位。其中，在天地之中。孔穎達《正義》曰：“成位況立象，言聖人極易簡之善，則能通天下之理，故能成立卦象於天地之中，言並天地也。”此句意謂聖人將乾易坤簡之理轉爲卦象，以成立易之位；而易之位，次列在天地之中，傳云“天地設位，而易行乎其中矣”，與此義相通。而朱熹《周易本義》據今本釋此句爲成人之位於天地之中，於文未洽。

聖人設卦觀象，繫辭焉而明吉凶，剛柔相推而生變化。①是故吉凶者，失得之象也。②悔吝者，憂虞之象也。③變化者，進退之象也。④剛柔者，晝夜之象也。⑤六爻之動，三極之道也。⑥是故君子所居而安者，易之序也；⑦所樂而玩者，爻之辭也。⑧

是故君子居則觀其象而玩其辭,動則觀其變而玩其占。⑨是以自天祐之,吉无不利。⑩

【校注】

①聖人,作《易》者也。"設卦觀象",通過設立八卦、六十四卦,以觀察各種變通之象。焦循《易章句》曰:"設六十四卦,即示人以變通之象。"所謂變通之象,即下云吉凶失得、悔吝憂虞、變化進退、剛柔晝夜諸象。注家或以"設卦觀象"爲觀察物象而設立六十四卦,殊非也。"繫辭焉而明吉凶"者,爲易繫上卦爻辭明示吉凶。"剛柔相推而生變化"者,前句言易之静,此則言易之動,當易之動,剛柔相推蕩,迭相爲用,乃生出種種變化。此三句遞言之,先爲設卦,次爲繫辭,再次言運用之際。《釋文》:"明吉凶,虞本更有悔吝二字。"亦可從之。又《集解》本斷作"聖人設卦,觀象繫辭焉,而明吉凶",李鼎祚案云:"文王觀六十四卦三百八十四爻之象而繫屬其辭。"特明聖人觀卦爻象而繫辭,其義亦可參。

②易既運用,在於推天道以明人事。故卦有吉有凶,乃象人事有得有失。

③卦有悔有吝,象人事有憂有虞。憂,憂慮。虞,安娱。《集解》引干寶曰:"悔亡則虞,有小吝則憂。"舊注多訓憂虞爲憂慮,不確。

④陽稱變,陰稱化。此言陰陽二氣之變化。卦有陰陽變化,人事遂有進有退。案此處變化協義於進退。變則通,通乃進;化爲消,消乃退。

⑤陽剛陰柔,乾爲晝,坤爲夜。焦循《易章句》云:"晝亦反而爲夜,夜必復而爲晝,此迭用剛柔之象。"卦有迭用剛柔之象,人事亦有晝夜之更替,晝顯而夜藏也。余案:上言吉凶、悔吝、變化、剛柔,皆卦之象;得失、憂虞、進退、晝夜,則皆人事之象。

⑥"三極之道",《釋文》:"陸云:極,至也。馬云:三統也。鄭、韓云:三才也。王肅云:陰陽、剛柔、仁義爲三極。"案鄭玄、韓康伯云"三

極之道"即天地人三才之道,簡明可從。三才之道顯於六爻,初、二爲地,三、四爲人,五、上爲天。馬融訓夏、商、周三統,乃漢儒之說。《漢書·劉向傳》曰:"王者必通三統,明天命所授者博,非獨一姓也。"顏師古注引張晏曰:"一曰天統,爲周十一月建子爲正,天始施之端也。二曰地統,謂殷以十二月建丑爲正,地始化之端也。三曰人統,謂夏以十三月建寅爲正,人始成之端也。"三統之說固不敢取信,而其中包含天、地、人三才,三才成一時間循環,其義理亦可參考。王肅訓陰陽、剛柔、仁義,則本諸《説卦》,曰:"立天之道,曰陰與陽;立地之道,曰柔與剛;立人之道,曰仁與義。"亦包含三才。

⑦《集解》本序作象。《釋文》:"易之序,陸云:序,象也。京云:次也。虞本作象。"《集解》引虞翻曰:"舊讀象誤作厚,或作序,非也。"案當從陸、虞,作"易之象"。居,閒居。《孝經》"開宗明義"章:"仲尼居。"李隆基注:"居,閒居。"安,無所求爲。《禮記·中庸》:"或安而行之。"孔穎達疏云:"謂無所求爲,安靜而行之。""居而安"者,閒居而無所求狀。"易之象",即《易》之經本,《左傳》昭公二年韓宣子在魯見《易象》,《易》亦稱《易象》。君子當此,讀《易》而不占。

⑧《集解》本樂作變,並引虞翻曰:"舊作樂,字之誤。"《釋文》:"所樂,適會也。虞本作所變。"案當從虞本、《集解》本,作"變而玩"。變者,當其變動,意指將有所占之時。《釋文》:"玩,馬云:貪也。鄭作翫。"案當從馬融説,玩訓貪,此貪意謂探求,《釋名》:"貪,探也。"《後漢書·郭躬傳》:"捨狀以貪情。"李賢注:"貪,與探同也。"既占,則有所探求。"變而玩"者,會其變而欲有所探求,君子於此,乃用《易》占決疑。"爻之辭"者,當占之時,以占獲一爻之辭定吉凶,如《左傳》云乾之姤、坤之剝之屬,皆"爻之辭"也。

⑨此二句中之"玩",亦當訓探求。"君子居則觀其象而玩其辭"者,

君子閒居未占之時,讀《易》以觀察易之諸卦象,探求卦爻辭之義。象、辭,當前云"易之象"。"動則觀其變而玩其占"者,君子將有行動,用《易》占決疑,乃觀察卦爻應機之變,而探求其所占得之卦爻體之指示。此占得之卦爻體,即繫辭所依之本體也。變、占,當前文"爻之辭"。

⑩聖人通過《易》得三極之道,是以上天祐助,有吉而無不利。

象者,言乎象者也。①爻者,言乎變者也。②吉凶者,言乎其失得也。③悔吝者,言乎其小疵也。④无咎者,善補過也。⑤是故列貴賤者,存乎位;齊小大者,存乎卦;辯吉凶者,存乎辭;憂悔吝者,存乎介;震无咎者,存乎悔。⑥是故卦有小大,辭有險易。⑦辭也者,各指其所之。⑧易與天地準,故能彌綸天地之道。⑨仰以觀於天文,俯以察於地理,是故知幽明之故。⑩原始反終,故知死生之説。⑪

【校注】

①彖,彖辭,指經之卦辭。象,卦象。"彖者,言乎象者",意謂一卦之卦辭,乃總説一卦之象,亦即一卦之整體意義。韓康伯注曰:"彖總一卦之義也。"

②爻,爻辭。"爻者,言乎變者",意謂爻下之辭,乃説明一卦六爻分別變化之意義。韓康伯注曰:"爻各言其變也。"

③卦爻辭之言"吉凶"者,意謂其卦爻必有所得,有所失。《集解》引虞翻曰:"得正言吉,失位言凶也。"

④卦爻辭之言"悔吝"者,意謂諸爻之間配合必有爽失。疵,病也,爽失。"小疵"者,有爽失而尚未至於失得,悔吝亦未及吉凶之甚也。

⑤卦爻辭之言"无咎"者,意謂雖遭逢咎害之處,而善彌補改過者,可以無咎。王弼《周易略例》曰:"凡言'无咎'者,本皆有咎者也,防得其道,故得无咎。"余案:"吉凶"、"悔吝"、"无咎"三者,由深及

淺，亦由著至微，反言之，若能補過而無咎，則庶可免於悔吝，若知悔吝而改小疵，則尚不致吉凶失得之甚也。

⑥《爾雅》：“存，察也。”“列貴賤者，存乎位”者，韓康伯注曰：“爻之所處曰位，六位有貴賤也。”又《集解》引侯果曰：“二、五爲功譽位，三、四爲凶懼位。凡爻得位則貴，失位則賤。”余案：此數句首先言位，繼而言卦，位非謂爻位，應指乾坤之位，當本“天尊地卑，乾坤定矣。卑高以陳，貴賤位矣”句，意謂易有乾坤，天地成位，貴賤列其中，故可察焉。“齊小大者，存乎卦”者，小大指陰陽，卦指八卦及六十四卦。《集解》引王肅曰：“齊，猶正也。陽卦大，陰卦小，卦列則小大分，故曰‘齊小大者存乎卦’也。”案《集韻》：“齊，和也。”“齊小大”猶云調和陰陽。王肅訓正，亦通。凡卦皆陰陽合體，故察乎卦，可以知陰陽調和之狀況。“辯吉凶者，存乎辭”者，韓康伯注曰：“辭，爻辭也。”案此辭當合指卦爻辭，前云卦，此云辭，由卦及辭，察乎辭，可明辨其吉凶。“憂悔吝者，存乎介”者，憂，思也。介，同个，在此謂爻。爻之當位失位及相互配合，乃生悔吝，故察乎爻，乃致思有悔吝也。“震无咎者，存乎悔”者，《釋文》：“馬云：震，驚也。鄭云：懼也。王肅、韓云：動也。周云：救也。”王、韓、周説略得其義，震者，動而救之。先察乎悔，始能動而救之，改咎至無咎。《集解》引虞翻曰：“有不善，未嘗不知也；知之，未嘗復行。无咎者，善補過，故存乎悔也。”以上五句乃遞次言之，先乾坤定位，次卦有小大，辭有吉凶，爻有悔吝，悔而改之，則無咎矣。《易》之大義胥包焉。

⑦《釋文》：“京云：險，惡也。易，善也。”險易通善惡。“卦有小大，辭有險易”者，言卦有陰陽變化，辭則有善惡不同。

⑧“辭也者，各指其所之”句，孔穎達《正義》云：“謂爻卦之辭，各斥其爻卦之之適也。若之適於善，則其辭善；若之適於惡，則其辭惡也。”又孔疏出在“易與天地準”句下，將“辭也者，各指其所之”與

下"易與天地準"相連,孔云"'易與天地準'者,自此已上,論卦爻
辭理之義,自此已下,廣明易道之美"。推闡孔説,卦爻小大變化,
皆有所之適,亦即有所指示,卦爻辭之意義乃與卦爻之指示相契
合,二者一致。而易之範圍,亦即卦爻與辭所指示之範圍,乃與天
地相同,故云"易與天地準",準,同也。案《集解》引虞翻曰:"陽
易指天,陰險指地,聖人之情見乎辭,故'指所之'。"推闡虞説,
"卦有小大,辭有險易"已包含卦爻與辭之統一,此二者皆已顯諸
天地,而除天地之道外,復有聖人之情在辭中。或云聖人之繫辭
也,固爲揭示天地之道,同時亦蘊含聖人之情。有聖人之情,乃推
轉天地之道見諸人事。故"辭也者",即謂此聖人之情,而其所指
示者,在人之如何順應天地而行爲也。又虞讀"易與天地準"開啟
下句,不承上句。朱熹《周易本義》以"易與天地準"分章,自"易
與"至"故神无方而易无體"爲一章。

⑨此"易"指易道,非經本,故不作書名。《釋文》:"京云:準,等也。"
《集解》引虞翻曰:"準,同也。""易與天地準"者,易道效法天地之
道,與天地之道相等同。《釋文》:"京云:彌,遍也。綸,知也。"王
引之《經義述聞》謂綸讀如論,論亦知。《集解》本、《釋文》及帛書
"天地之道"皆作"天下之道"。前云"與天地準",是言天地之道,
故此句以作"天下之道"爲宜。"彌綸天下之道"者,以易道與天
地之道相準,故可以通過易道遍知天下萬物、人事之道。

⑩"仰以觀於天文,俯以察於地理",者,意謂據易道可以仰觀而得天
文,俯察而得地理。或曰據易道以觀察,則天成文,地顯理也。
《集解》引荀爽曰:"謂陰升之陽,則成天之文也;陽降之陰,則成
地之理也。"天文、地理皆陰陽交合而成。幽明,謂陰陽,亦象日
月、晝夜。《禮記·祭義》:"祭日於壇,祭月於坎,以別幽明。"鄭
玄注:"幽明者,謂日照晝,月照夜。"故,事也。又《集解》引荀爽
曰:"幽謂天上地下不可得睹者也。……明謂天地之間萬物陳列,

著於耳目者。"亦通。

⑪帛傳"原"作"觀",《管子·戒》曰:"春出,原農事之不本者,謂之
游。"尹知章注:"原,察也。"原、觀,皆察也。《釋文》:"反終,鄭、
虞作及終。"《集解》本反作及。當從。"原始及終"者,以陰陽之
道體察萬物之始而預知其終。《集解》引《九家易》曰:"陰陽交
合,物之始也;陰陽分離,物之終也。合則生,離則死。故'原始及
終,故知死生之説'也。"説,在此可通訓爲事,"幽明之故"與"生
死之説"同例,故、説皆言事也。《孝經》曰:"生事愛敬,死事哀
戚,生民之本盡矣,死生之義備矣。"

精氣爲物,遊魂爲變,是故知鬼神之情狀。①**與天地相似,
故不違。**②**知周乎萬物而道濟天下,故不過。**③**旁行而不流。**④
樂天知命,故不憂;安土敦乎仁,故能愛。⑤**範圍天地之化而不
過,曲成萬物而不遺,通乎晝夜之道而知,故神无方而易无
體。**⑥**一陰一陽之謂道,繼之者善也,成之者性也。**⑦**仁者見之
謂之仁,知者見之謂之知,**⑧**百姓日用而不知,故君子之道鮮
矣!**⑨

【校注】

①余以爲,此三句當屬上章,"知幽明之故"、"知死生之説"、"知鬼
神之情狀"三者相貫。劉向《説苑·辨物》云:"顔淵問於仲尼曰:
'成人之行何若?'子曰:'成人之行達乎情性之理,通乎物類之
變,知幽明之故,睹遊氣之原,若此而可謂成人。'"幽明之故、遊氣
之原並言,可知二義當連屬。又《集解》引虞翻、鄭玄注,以"是故
知鬼神之情狀,與天地相似,故不違"爲一整句,則不確。精氣,謂
乾,陽氣,或曰元氣。"精氣爲物"者,謂乾陽作爲初始之元氣而生
物。《道德經》:"道之爲物。"爲物,即生物。遊,流散。魂,陽氣。
"遊魂爲變"者,謂將乾陽之氣散布於坤陰之諸形中,遂變化出萬

物。《集解》引虞翻曰:"乾純粹精,故主爲物。乾流坤體,變成萬物。"即此義也。鬼神,吉凶之主宰。"知鬼神之情狀"者,知鬼神將吉凶分配於陰陽變化中之情狀也。又孔穎達《正義》曰:"云'精氣爲物'者,謂陰陽精靈之氣,氤氳積聚而爲萬物也。'遊魂爲變'者,物既積聚,極則分散,將散之時,浮遊精魂,去離物形,而爲改變,則生變爲死,成變爲敗,或未死之間,變爲異類也。""是故知鬼神之情狀",《正義》曰:"盡聚散之理,則能知變化之道,無幽而不通也。"此説略同《莊子·知北遊》:"人之生,氣之聚也。聚則爲生,散則爲死。"亦通。

② 此句當爲本章之始,句之主語同"易與天地準",亦爲易。王弼、孔穎達以聖人爲主語,亦通。聖人,作《易》者也,二者於傳文中常互指。似,王弼注:"德合天地,故曰相似。"相似,有相若、類似之義,相似者不完全合同。而前已云"與天地準",復言"與天地相似",不甚恰當。余以爲,似,因循、順從也。《詩·良耜》:"以似以續。"《斯干》:"似續妣祖。"《毛傳》皆訓似爲嗣。無論易道抑或聖人之作《易》、用《易》,皆因循天地之道,順從天地之道,不違背也。

③ 知,作也。"知周乎萬物"者,易道之運作周遍乎萬物。《釋文》:"鄭云:道當作導。"可從,知、導,皆謂易道之動作。帛傳"道濟天下"作"道齊乎天下",當從。濟、齊通。齊,使中正合度。"道齊乎天下"者,易道引導而使天下齊。過,失度也。"故不過"者,天下萬物不失度於易道。

④ "旁行而不流"句,乃總結"與天地相似,故不違。知周乎萬物而道濟天下,故不過"數句,故當與上文關聯,於此讀斷。注家或將其與"樂天知命,故不憂"相連,非是。旁,王引之《經義述聞》云:"旁之言溥也,偏也。《説文》:'旁,溥也。'旁行者,變動不居,周流六虛之謂也。"流,漫無節制。《禮記·樂記》:"樂勝則流。"鄭

玄注："流，謂合行不敬也。"故"旁行而不流"者，意謂易道變動不居，周流六虛而不漫無節制。又帛傳"旁行而不流"作"方行不遺"。方行，謂直方而行也。遺，失也，失乎直方。《淮南子·主術訓》："今夫權衡規矩，一定而不易，不爲秦、楚變節，不爲胡、越改容，常一而不邪，方行而不流。"正同此義。

⑤"樂天知命，故不憂；安土敦乎仁，故能愛"當爲相關聯句，一併釋之。"樂天知命"，知天命有分，順天命而改己過。"不憂"，不憂乎身。"安土敦乎仁"帛傳作"安土厚乎仁"，敦、厚通，仁同人。"安土"，安定於土地，使民不移動失業。"敦乎仁"，即厚人，猶云厚生，《左傳》文公七年："正德、利用、厚生，謂之三事。""故能愛"者，故能成愛人之政也。《禮記·哀公問》："孔子遂言曰：'古之爲政，愛人爲大。不能愛人，不能有其身；不能有其身，不能安土；不能安土，不能樂天；不能樂天，不能成其身。'"彼自禮義言之，故先曰愛人，次安土，再次樂天；此就易道言之，故先曰樂天，次安土，又次愛人。三者一以貫之，乃言立政之道也。

⑥《集解》引《九家易》曰："範者，法也。圍者，周也。""範圍天地之化而不過"者，言天地變化皆在易道範圍之內，無出乎其外者。《説文》："曲，象器受物之形。"曲成，即秉受而成。"曲成萬物而不遺"者，言萬物皆秉受陰陽而成，無有遺漏。通，流行。知，顯現。"通乎晝夜之道而知"者，言易道流行於晝夜而顯現。晝夜之行有道焉，而易貫通其間。李道平《周易集解纂疏》案云："範圍天地舉其大，曲成萬物舉其細，通乎晝夜舉其流行。""神无方"者，陰陽變化無有方隅，不可測度。其猶傳云"陰陽不測之謂神"，"不測"亦即"无方"。"易无體"者，萬物生生，變化無固定之形體。其猶傳云"生生之謂易"，生生故無體。《集解》引干寶曰："言神之鼓萬物無常方，易之應變化無定體也。"余案："神无方而易无體"者，乃總言易道變化之際。方，道也，常也。體，即卦體。

《詩·氓》："爾卜爾筮,體無咎言。"《毛傳》："體,兆卦之體。"則易固當有方有體,而值其流行,應化於萬物,始可云"神无方而易无體"也。

⑦一陰一陽謂生生不已,生生不已而內含條理,故云"一陰一陽之謂道"。此生生條理之説本戴震《讀〈易·繫辭〉論性》。余案:"一陰一陽之謂道",意謂"一陰一陽"之狀態,能體現出"道"。同例有《管子·心術》:"虛無無形謂之道。"亦指"虛無無形"之狀態爲"道"之體現。"之謂",在此不表示命名關係,故"一陰一陽"、"虛無無形",皆不能等同於"道"。而"一陰一陽之謂道"句,主詞當爲"一陰一陽",故下云"繼之"、"成之"者,乃言繼、成"一陰一陽"之狀態,而非謂繼乎、成乎"道"。《集解》引虞翻曰:"繼,統也。謂乾能統天生物。坤合乾性,養化成之,故'繼之者善,成之者性也'。"虞訓繼爲統,又帛書繼作係,繼、係、統三字共同之義在於使事物保持一體。又此統者,乃自始統之,乾《彖》:"大哉乾元,萬物資始,乃統天。"《公羊傳》:"大一統也。"何休注:"統,始也。"故所謂"繼之",意謂使一陰一陽之狀態自始保持統一。"繼之者善也",則意謂自其本始使一陰一陽之狀態保持一體者,善也。何謂善?乾元也。乾《文言》:"元者,善之長也。"乾既統始,在始爲一,坤則順此始而成終,在終爲多。坤《彖》:"至哉坤元,萬物資生,乃順承天。"而所謂"成之",亦是成就一陰一陽之狀態,"成之者性也",即謂此一狀態成就於萬物與人,則使其各有秉受之性情。乾《文言》:"乾元者,始而亨者也。利貞者,性情也。"萬物與人,性情皆有不同,若使性情皆得其宜,得其正,亦即"成之者性也"。又朱熹《周易本義》自"一陰一陽之謂道"至"陰陽不測之謂神"爲一章。

⑧此知同智。"仁者見之謂之仁,知者見之謂之知"者,仁者見道,謂道有仁,知者見道,謂道有知。孔穎達《正義》云:"若性仁者成就

此道爲仁,性知者成就此道爲知也。"若本戴震説,則道爲一,人有
分,個人皆限於其分以成其性,人有仁知之分,則道雖爲一,而其
合諸道與人之分而成之性,亦有仁知之不同焉。

⑨百姓,較之仁者、知者,益言其由一至多矣。"百姓日用而不知"
者,仁者、知者雖限於其分而尚能知道,百姓日常生活中雖蘊含
道,然不能自知也。鮮,少也。《釋文》:"鄭作尠。馬、鄭、王肅
云:少也。"君子,謂聖人以下仁者、知者。"君子之道鮮矣"者,本
仁、知而知道,爲君子之道,而此道乃愈爲鮮少也。余案:易道者,
形上之道,其化成萬物,推及人事,則轉爲形下之器。由易道至仁
者、知者,復至百姓,由一至多,其形上之道愈隱,故云鮮矣。

顯諸仁,藏諸用,鼓萬物而不與聖人同憂。①盛德大業至
矣哉!②富有之謂大業,日新之謂盛德。③生生之謂易,成象之
謂乾,效法之謂坤,極數知來之謂占,通變之謂事,陰陽不測
之謂神。④夫易,廣矣,大矣! 以言乎遠則不禦,以言乎邇則静
而正,以言乎天地之間則備矣。⑤夫乾,其静也專,其動也直,
是以大生焉。⑥夫坤,其静也翕,其動也闢,是以廣生焉。⑦廣大
配天地,變通配四時,陰陽之義配日月,易簡之善配至德。⑧子
曰:"易其至矣乎! 夫易,聖人所以崇德而廣業也。知崇禮
卑,崇效天,卑法地。天地設位,而易行乎其中矣! 成性存
存,道義之門。"⑨

【校注】

①"顯諸仁,藏諸用"者,乃易道"鼓萬物"之情狀,易道顯現於仁,蘊
藏於用。仁,當訓生氣、活力,乾之爲也。用,成器、器用,坤之爲
也。易道自身不見,唯顯現在事物之變化中,蘊含在事物之器用
中。又《釋文》:"藏,鄭作臧,云:善也。"藏諸用,亦即使事物得其
善用。亦通。鼓,動也。"鼓萬物",使萬物生生變化不已也。

"不與聖人同憂"者，《集解》引侯果曰："聖人成務，不能無心，故有憂。神道鼓物，寂然無情，故無憂也。"案乾坤之鼓萬物，乃天道自然，若《道德經》所謂"天地以萬物爲芻狗"；而聖人觀卦象，推天道以明人事，乃有吉凶、悔吝之憂。《繫辭下》："作《易》者其有憂患乎?"于鬯《香草校書》云："蓋聖人不能不憂世之亂，而思所以治，不能不憂人之不肖，而思所以教，甚則至於征伐、至於刑放，皆本於其憂之一念也。若在陰陽之道，則無擇於萬物而悉鼓化之。所謂天生麟鳳，而虎狼雜出其間；地産芝蘭，而荆棘叢生其際。故曰'鼓萬物而不與聖人同憂'也。聖人不得不驅虎狼、除荆棘，所以憂也。"余以爲，聖人之有憂患，非不得已行權也，天地之道與聖人之情，皆《易》之根本，缺一不可也。又案帛傳此三句作"聖者仁勇，鼓萬物不與衆人同憂"。另有學者識讀作"聖者仁，壯者勇，鼓萬物不與衆人同憂"。檢視帛書本，"壯者"爲"仁勇"二字行旁補寫之小字。余以爲，聖者、壯者，皆聖人之分指，其若"仁者見仁，智者見智"，仁者、智者乃君子分指，合指則一君子也。聖人者，作《易》者也。"聖者仁"者，聖者以道濟天下，德被萬物，故曰"聖者仁"。"壯者勇"者，壯爲臧之訛，勇爲用之訛，"壯者勇"即"臧者用"，臧，善也。此兩句與今本"顯諸仁，藏諸用"所述情態相同，唯主語不同，今本主語爲易道，故繼而云易道不與聖人同憂；帛傳主語爲聖人，故云聖人不與衆人同憂。之所以聖人不與衆人同憂者，蓋聖人能以易先心，故不以衆人之憂爲憂。又或曰聖人先心而後退藏於密，其固與民吉凶同患，然則聖人之憂患，已非衆人之憂患也。

②"盛德"，謂乾之德盛。"大業"，謂坤之業大。《集解》引荀爽曰："盛德者天，大業者地也。"至，言其大、盛也。

③韓康伯注曰："廣大悉備，故曰'富有'。體化合變，故曰'日新'。""富有之謂大業"者，坤道積其功至於富有，包藏萬物，可成就大

業。“日新之謂盛德”者，乾道變化而日新，溥施其仁，乃成就盛德。

④《漢書·王莽傳》引經：“日新之謂盛德，生生之謂易。”余案：依文義，“富有”、“日新”二句已聯爲一體，“生生”句則應爲下數句之首。“生生之謂易”者，此易，總乾坤，乾資始，坤資生，陰陽相互作用，乃使萬物生生不已。“成象之謂乾”者，成，定也，使天象成定者爲乾。“效法之謂坤”者，《墨子·小取》：“效者，爲之法也。”使地物有其法者爲坤。“極數知來之謂占”者，孔穎達《正義》曰：“謂窮極蓍策之數，豫知來事，占問吉凶。”此則言易之興動，易之發用。“通變之謂事”者，《集解》引虞翻曰：“事謂變通趨時，以盡利天下之民，謂之事業也。”此進而言推易道於人事。“陰陽不測之謂神”者，意謂易之乾坤本體，動而用之，推及人事，則千變萬化，神妙無方，不可測度。此猶言“神无方而易无體”、“百姓日用而不知”也。又韓康伯注、孔穎達《正義》以魏晉玄論釋此，謂“陰陽不測之謂神”乃太極兩儀之特性云云，固可備一說，用以釋經傳，則過於玄遠矣。

⑤“廣矣，大矣”者，《集解》引虞翻曰：“乾象動直，故大；坤形動闢，故廣也。”廣矣、大矣，乃合乾坤以言易之道。“以言乎遠則不禦”者，言乾道，虞翻曰：“禦，止也。遠謂乾，天高不禦也。”帛傳“不禦”作“不過”，“不過”者，言其雖遠而不出其外，亦通。“以言乎邇則靜而正”者，言坤道，虞翻曰：“邇謂坤，坤至靜而德方，故正也。”“以言乎天地之間則備矣”者，虞翻曰：“謂易廣大悉備，有天地人道焉，故稱備也。”孔穎達《正義》以廣大、遠邇互文言易道，亦通。又朱熹《周易本義》自“夫易，廣矣，大矣”至“易簡之善配至德”爲一章。

⑥專同團，圓曲貌。“其靜也專”，當乾之靜時，其態圓曲。“其動也直”，當乾之動，則由圓曲而伸直矣。帛傳專作圈，直作摇，圈爲曲

木,榣爲直木,亦含曲直之義。余案:乾之静專動直,言乾垂示法度。"大生"者,依曲直法度而生,其生乃大也。

⑦翕,閉也。闢,同辟,開也。"其静也翕",當坤静時,其態閉合。"其動也闢",當坤動時,其態開張。一翕一闢,物生而不絶,故云"廣生"。案"大生"言生得伸展,全其大也;"廣生"則言生之種類,浸孳多也。又案孔穎達《正義》釋此二文曰:"乾是純陽,德能普備,無所偏主,唯專一而已。若氣不發動,則静而專一,故云'其静也專';若其運轉,則四時不忒,寒暑無差,剛而得正,故云'其動也直'。以其動静如此,故能大生焉。……坤是陰柔,閉藏翕斂,故'其静也翕';動則開生萬物,故'其動也闢'。以其如此,故能廣生於物焉。天體高遠,故乾云'大生';地體廣博,故坤云'廣生'。"此一説影響深遠,故録以備參。

⑧"廣大配天地"者,廣謂坤,大謂乾,亦即乾坤配天地。"變通配四時"者,本乾坤而行變通,則能成四時。《集解》引虞翻曰:"變通趨時,謂十二月消息也。"十二月消息,自乾坤變通而來,亦即十二辟卦。"陰陽之義配日月"者,李道平《周易集解纂疏》謂乾陽主息,坤陰主消,陽息稱日,陰消稱月,故乾坤陰陽可以配日月。"易簡之善配至德"者,"易簡",即前文乾易、坤簡。"易簡之善",意謂秉承易簡之道而成之善行。"至德",聖人之德,亦即聖人合諸乾易、坤簡之德也。又韓康伯注云:"《易》之所載,配此四義。"則天地、四時、日月、至德有"四義"之稱。

⑨朱熹《周易本義》以此"子曰"節單出一章。禮,《釋文》:"蜀才本作體。"當從之。知,乾之變化。體,坤之成形。"知崇體卑"者,意謂乾知在上,顯其變化在天;坤體在下,成萬物之形於地。"天地設位,而易行乎其中"者,天地尊卑有位,則易道變化在其中。案上數句乃言乾坤本體,未及於智、禮。注家或據今本,以智、禮爲訓,是未識本末。"成性"者,成就其本諸天地之性,亦猶云生

生。性之成，必有所率，《禮記·中庸》：“天命之謂性，率性之謂道。”易道即率性者也。《爾雅》：“存存，在也。”存存，即存之又存，言其生生不息，延續不絕。“道義之門”者，道者，率性者也。義者，利物者也。《集解》引虞翻曰：“乾爲道門，坤爲義門。”生生、道義皆出乾坤之門也。

聖人有以見天下之賾，而擬諸其形容，象其物宜，是故謂之象。[①]聖人有以見天下之動，而觀其會通，以行其典禮，繫辭焉以斷其吉凶，是故謂之爻。[②]言天下之至賾而不可惡也，言天下之至動而不可亂也。[③]擬之而後言，議之而後動，擬議以成其變化。[④]“鳴鶴在陰，其子和之。我有好爵，吾與爾靡之。”子曰：“君子居其室，出其言善，則千里之外應之，況其邇者乎？居其室，出其言不善，則千里之外違之，況其邇者乎？言出乎身，加乎民，行發乎邇，見乎遠。言行，君子之樞機，樞機之發，榮辱之主也。言行，君子之所以動天地也，可不慎乎？”[⑤]“同人，先號咷而後笑。”子曰：“君子之道，或出或處，或默或語。二人同心，其利斷金，同心之言，其臭如蘭。”[⑥]

【校注】

①《集解》本賾作嘖。虞翻曰：“嘖，謂初。”《釋文》：“《九家》作册。京作嘖，云：情也。”帛傳作業。余案：當從虞作嘖，訓初。業，緒也，始也，與嘖通。“天下之嘖”，意指事物在初始，尚微小，亦即僅顯現幾微之可能性之際。孔穎達《正義》訓賾爲幽深難見，若指處乎幾微故難見，則亦通。而朱熹《周易本義》訓賾爲雜亂，非也。《漢書·揚雄傳》：“常擬之以爲式。”顏師古注：“擬謂比象也。”擬，謂比象爲法式。一則“擬諸其形容”，即比象幾微之嘖之將展現之狀態。《詩大序》：“美盛德之形容。”言盛德之顯諸外觀也。一則“象其物宜”，即比象幾微之嘖將成形爲物之理則。此象爲動

詞,當訓比象,與比擬同。物宜,物之所宜是,猶云內在之理。"是故謂之象"者,此象乃謂法象,亦即卦象。

②"聖人有以見天下之賾"言靜觀事態,"有以見天下之動",則因應事變。《集解》引虞翻曰:"'動'謂六爻矣。"事由靜之動,易亦由象之爻。"會通"者,《集解》引荀爽曰:"謂三百八十四爻陰陽動移,各有所會,各有所通。"《釋文》:"典禮,京作等禮,姚作典體。"余以爲今本作"典禮"爲善。典,從冊,即占筮之冊。禮,筮儀。"行其典禮",亦即行其以冊筮成爻之儀式也。余案:"觀其會通",乃謂觀當值之事之所會之所通。"行其典禮"而後成爻,既成爻,則當值之事會通於某一卦六爻之一爻,或總計六十四卦三百八十四爻之一爻也。"繫辭焉以斷其吉凶"者,前既筮得六爻,再於爻下繫屬文辭,以斷其吉凶。案由繫辭乃轉人事,故"斷其吉凶",其指相關之人事也。

③言,語詞。參見王引之《經傳釋詞》。至,言其極。賾同嘖。惡,壞也。"言天下之至賾而不可惡"者,天下萬物雖處乎初始、弱小而不可遽壞之也。《道德經》曰:"樸雖小,天下莫能臣也。侯王若能守之,萬物將自賓。"又曰:"見小曰明,守柔曰強。""言天下之至動而不可亂"者,天下萬物既進入變動之中,當有合宜之秩序而不可以亂也。

④"擬之而後言",意謂擬出卦爻象而後可以有卦爻辭之言也。議,有所取是於言。"議之而後動",意謂取正於卦爻辭之言而後可以行動也。"擬議以成其變化"者,總言通過擬之、議之,而後以易道推及人事,可以成就世間變化之道。下文所述,皆舉證"擬議以成其變化"之實例也。

⑤此釋中孚九二爻辭,亦申說言行當慎之理。孔穎達《正義》曰:"上既明擬議而後動,若擬議於善,則善來應之,若擬於惡,則惡亦隨之。故引'鳴鶴在陰',取同類相應以證之。"樞機,王引之《經

義述聞》云：“樞爲户樞，所以利轉。機爲門梱，所以止扉。故以樞機並言，樞機爲門户之要，猶言行爲君子之要。”

⑥此釋同人九五爻辭，亦申同類相應之理。孔穎達《正義》曰：“‘同人先號咷而後笑’者，證擬議而動，則同類相應。以同人初未和同，故先號咷，後得同類，故後笑也。”“君子之道，或出或處，或默或語”者，言君子言行，或有不同。孔穎達曰：“言同類相應，本在於心，不必共同一事。或此物而出，或彼物而處，或此物而默，或彼物而語，出處默語，其時雖異，其感應之事，其意則同，或處應於出，或默應於語。”“二人同心，其利斷金，同心之言，其臭如蘭”者，二人若齊同其心，其利可以斷金，同心者所出之言，如蘭之香馥氣味，可以相互引誘也。《集解》引虞翻曰：“臭，氣也。蘭，香草。”案二人同心，其心一也；同心之言，則不必一也。

　　“初六，藉用白茅，无咎。”子曰：“苟錯諸地而可矣，藉之用茅，何咎之有？慎之至也。夫茅之爲物薄，而用可重也，慎斯術也以往，其无所失矣。”①“勞謙，君子有終，吉。”子曰：“勞而不伐，有功而不德，厚之至也。語以其功下人者也。德言盛，禮言恭，謙也者，致恭以存其位者也。”②“亢龍有悔。”子曰：“貴而无位，高而无民，賢人在下位而无輔，是以動而有悔也。”③“不出户庭，无咎。”子曰：“亂之所生也，則言語以爲階。君不密則失臣，臣不密則失身，幾事不密則害成。是以君子慎密而不出也。”④子曰：“作《易》者其知盜乎？《易》曰：‘負且乘，致寇至。’負也者，小人之事也。乘也者，君子之器也。小人而乘君子之器，盜思奪之矣，上慢下暴，盜思伐之矣。慢藏誨盜，冶容誨淫。《易》曰‘負且乘，致寇至’，盜之招也。”⑤

【校注】

①孔穎達《正義》本以"聖人有以"至"其臭如蘭"爲一章，"初六藉用白茅"至"盜之招也"爲一章。朱熹《周易本義》合作一章。案此數段孔子釋經之文，皆舉證擬議之例，似不當分章。然則中孚、同人二例，說同類相應，大過以下數例，說慎密謙退，文旨不同，故分屬二章亦可。此段乃釋大過初六爻辭。孔穎達《正義》曰："子曰'苟錯諸地而可矣'者，苟，且也。錯，置也。凡薦獻之物，且置於地，其理可矣。言今乃謹慎，薦藉此物而用絜白之茅，可置於地。'藉之用茅，何咎之有'者，何愆咎之有，是謹慎之至也。""夫茅之爲物薄"者，茅爲薄賤之物，《集解》引虞翻曰："陰道柔賤，故薄也。""而用可重也"者，用重，可置貴重之物於其上，意謂茅雖薄賤，而其上可以置貴重之物。虞翻曰："香絜可貴，故可重也。"又《集解》引侯果曰："此章明但能重慎卑退，則悔吝無從而生。術，道也。"

②此釋謙九三爻辭。《釋文》："不德，鄭、陸、蜀才作置，鄭云：置當爲德。"余以爲以作"置"爲善，不置，不置功也。置功，猶云居功，積累其功也。《道德經》："含德之厚，比於赤子。"乃反言之，意謂真正含德之人，如赤子般純無也。傳云"厚之至"，猶云有功而不居功、積累其功者，反而功厚之至也。孔穎達《正義》曰："'勞而不伐'者，雖謙退疲勞，而不自伐其善也。'有功而不德，厚之至'者，雖有其功，而不自以爲恩德，是篤厚之至極。'語以其功下人'者，言《易》之所言者，語說其謙卦九三，能以其有功卑下於人者也。""德言盛"，謂人之功德以隆盛爲尚。"禮言恭"，言人之行禮則以恭敬爲本。"謙也者，致恭以存其位者"，謙以恭敬之禮，得以保存其禄位也。

③此釋乾上九爻辭，亦承上文而言謙。孔穎達《正義》曰："上既以謙德保位，此明無謙則有悔。故引乾之上九'亢龍有悔'證驕亢不

謙也。"“亢龍”，不能謙者也。“子曰”同乾《文言》文。

④此釋節初九爻辭。孔穎達《正義》曰：“又明擬議之道，非但謙而不驕，又當謹慎周密。”階，階梯。《詩·瞻卬》：“婦有長舌，維厲之階。”《釋文》：“階，姚作機。”則義同前云之“樞機”。帛傳密作閉。密、閉音義通。《爾雅》：“密，靜也。”密謂閉而不出言，無聲。余案：《易》有密義，當深爲注意。《繫辭上》曰：“是故蓍之德圓而神，卦之德方以知，六爻之義易以貢。聖人以此洗心，退藏於密，吉凶與民同患。”則君子之密，在於既知易理，且又閉而不言，深藏不露。《漢書·翼奉傳》釋“顯諸仁，藏諸用”有曰：“露之則不神，獨行則自然矣。”履初九《象》“獨行願”，孔穎達《正義》曰：“隱微於人爲獨。”則“獨行”亦即隱密行之。“君不密則失臣”者，君不慎密獨行，則以言失臣。“臣不密則失身”者，臣不慎密獨行，則以言失君，且害及己身。《集解》引虞翻曰：“幾，初也。”幾事，初始未成之事。“幾事不密則害成”者，初始之事不能慎密，則將害其成長、成功也。帛傳成作盈，由幾至盈，意謂自少及長。“是以君子慎密而不出也”者，君子慎密獨行，不妄出言語。

⑤此釋解六三爻辭，亦承上文，言不慎密之後果。孔穎達《正義》曰："此結上不密失身之事。事若不密，人則乘此機危而害之，猶若財之不密，盜則乘此機危而竊之。易者，愛惡相攻，遠近相取，盛衰相變，若此爻有釁隙衰弱，則彼爻乘變而奪之。”“知盜”，知盜竊發生之緣由。“負且乘”，小人乘君子之器。“上慢下暴”，君子不慎密而輕慢，小人則將其弱點顯露在外。暴，露也。“慢藏誨盜，冶容誨淫”者，孔穎達曰："若慢藏財物，守掌不謹，則教誨於盜者，使來取此物；女子妖冶其容，身不精愨，是教誨淫者，使來淫己也。”帛傳此句作“曼暴謀，盜思奪之”，意謂輕慢而暴露其謀，則盜思奪之。義尤古直。

大衍之數五十，其用四十有九。分而爲二以象兩，掛一

以象三,揲之以四以象四時,歸奇於扐以象閏,五歲再閏,故再扐而後掛。[1]天數五,地數五,五位相得而各有合,天數二十有五,地數三十,凡天地之數五十有五。[2]此所以成變化而行鬼神也。[3]乾之策,二百一十有六,坤之策,百四十有四。凡三百有六十,當期之日。[4]二篇之策,萬有一千五百二十,當萬物之數也。[5]是故四營而成易,十有八變而成卦。[6]八卦而小成,引而伸之,觸類而長之,天下之能事畢矣。[7]顯道神德行,是故可與酬酢,可與祐神矣。[8]

【校注】

①"大衍之數五十,其用四十有九",乃關於筮法之陳述,歷代諸家解說甚異,孔穎達《正義》引及京房、馬融、荀爽、鄭玄、姚信、董遇、王弼、顧歡諸説,降及後世臆度者尤爲繁雜,茲不贅言。唯按照文本作一逐句訓釋,余見固與舊注有同有異者,然在此不過分糾葛於舊注,力求敘述之明晰,故次第言之。

首先,"大衍之數五十,其用四十有九"者,《釋文》:"大衍,鄭云:衍,演也。""大衍之數"者,即用以演《易》之筮法所需之蓍草數,亦即策數。"五十"者,意謂《周易》占筮,共須五十策。此五十策乃分不用之策與用之策:不用之策,即不用於演數者;用之策,即用於演數者。"其用四十有九"者,意謂用四十九策演數,而一策不用於演數。至於不用之一策有何象徵意義,衆説紛紜,莫衷一是。余以爲最質實之解釋,乃以此一策象卦主人,其雖常置不用,然在演《易》之初,猶有一用,即與下四十九策之分二,成天地人三才局。《集解》引王弼説,以此一策象太極,則玄遠之甚矣。

其次,"分而爲二以象兩,掛一以象三"者,四十九策先任意分爲兩部分,分置左右,左象天,右象地,是謂"象兩";然後從居左之天數中,取一策掛出,是謂"象三"。掛,別出也。孔穎達《正義》

云：“今以四十九分而爲二，象兩儀也。‘掛一以象三’者，就兩儀之間，於天數之中，分掛其一，而配兩儀，以象三才也。”以此步驟象三才，殊謬。四十九分而爲二，其數必一奇一偶，以象兩儀，固是矣，然若於天數中取一，掛出以象人，天地之數遂破壞，或兩奇或兩偶，又何以象天地？須知演《易》必用大衍之數，亦即用五十策，先出一策以象人，然後分四十九策爲二以象天、地，三才之局已先成乎是，傳云“分而爲二以象兩，掛一以象三”，乃進而謂演四十九策天地之數。四十九策所分之二，左象天，右象地，而天行陽曆，地行陰曆，陽有餘而陰不足，故復當自天數中掛一，別置待用，乃以其象閏也。故所謂“象兩”，象天、地也；“象三”，則象天、地及閏也。

　　第三，既分四十九策爲天、地，復於天數中取一策掛出，以象閏，而後再演掛一後之天地兩分。“揲之以四以象四時”者，《釋文》：“揲，猶數也。”將天地兩分之策，各按四策一組數之，四策象徵四時，四策猶一歲也。經此步驟之結果，天地兩分之策，四策一組數之，會得到若干組，而此時揲出之策，兩分之和或四十，或四十四策。

　　第四，“歸奇於扐”最難解釋。奇者，當指所掛出象閏之一策，閏爲歲之畸零。扐者，四策一組爲一扐，義同一歲。此扐乃概言揲出之策，惟其四策爲一組，其狀態若【‖‖、‖‖‖、‖‖‖、‖‖‖‖……】。《釋文》：“扐，馬云：指間也。荀柔之云：別也。”舊注據馬訓，謂扐即將揲四之餘數置於指間，非也。扐、仂、防三字通用，《禮記・王制》：“祭用數之仂，喪用三年之仂。”鄭玄注以爲仂謂十分之一。《周禮・考工記・輪人》：“以其圍之防捎其藪。”鄭玄注以爲防謂三分之一。由鄭注可知，扐指將總數等分而後取其一份，十分之一，即分十等份取其一份；三分之一，即分三等份而取其一份。可知一扐，即一份也。本傳所言扐，亦當謂一份，每四策成一份，亦即一扐。在此扐可爲單數，亦可爲複數，自一扐至若干扐也。由此釋"歸奇於扐"，即將先前掛出象閏之一策，歸入揲出之四四成份之扐，其狀態則若【IIII、IIII、IIII、IIII……+I】也。掛出一策象閏，四象四時成歲，閏固當加諸歲焉。天地兩扐之和數，或四十四，或四十，加此一策，則或四十五策，或四十一策。至此一變完成。

第五，以一變後揲出之四十五或四十一策進入二變，復行分二、掛一、揲四，而後揲出之策，或四十，或三十六，或三十二。而後再"歸奇於扐"，則二變揲出之策，或四十一，或三十七，或三十三策，其形態亦爲【IIII、IIII、IIII、IIII……+I】也。至此二變完成。一變後加閏，二變後復加閏，共加閏兩次。傳云"五歲再閏"者，一變加閏；二變加閏；則五歲間兩次加閏已足也。

第六，至第三變，以四十一、三十七、三十三策進入三變，復行分二、掛一、揲四，而後揲出之策，或二十四，或二十八，或三十二，或三十六。此時不再"歸奇於扐"，亦即不再加閏。《後漢書·張純傳》有云："禮説三年一閏，天氣小備，五年再閏，天氣大備。"前兩變加閏，既已大備，故至三變，毋須加閏矣。若六歲三閏，有失天地之道，故此變所掛出之一，弗再用矣。傳云"故再扐而後掛"者，"再扐"，指前兩變之歸奇於扐，"而後掛"，掛，掛出也，意謂前兩變之後，象閏之一策最後掛出。閏數不可終盡，掛出之一策不再用，示虛待來歲也。

第七，總計三變後，揲出或二十四，或二十八，或三十二，或三十六策，其形態爲【IIII、IIII、IIII、IIII、IIII、IIII】、【IIII、IIII、IIII、IIII、IIII、IIII】、【IIII、IIII、IIII、IIII、IIII、IIII】、【IIII、IIII、IIII、IIII、IIII、IIII】，即凡六扐、七扐、八扐、九扐，其數爲六、七、八、九。六、八成陰爻，七、九成陽爻。

②"天數五，地數五"者，按《繫辭上》："天一，地二，天三，地四，天五，地六，天七，地八，天九，地十。"則天數一、三、五、七、九，地數

二、四、六、八、十。一數爲一位,五位即五數。相得,相加。合,今云和,數相加之和。故“五位相得而各有合”者,謂天之五數相加之和,地之五數相加之和。“天數二十有五,地數三十,凡天地之數五十有五”者,天數之和爲二十五,地數之和爲三十,天地之數之總和爲五十五。

③行,通也。“成變化而行鬼神”者,以天地之數構成變化,鬼神行乎其中。《集解》引荀爽曰:“在天爲變,在地爲化。在地爲鬼,在天爲神。”又引侯果曰:“夫通變化,行鬼神,莫近於數。”

④《集解》本策作册,册、策同。六十四卦每卦六爻,陽爻或七,當二十八策,或九,當三十六策;陰爻或六,當二十四策,或八,當三十二策。六十四卦中,策數之和最大者,爲三十六乘六,爲二百一十六策,以乾當之,故云“乾之策,二百一十有六”;策數之和最小者,爲二十四乘六,爲一百四十四策,以坤當之,故云“坤之策,百四十有四”。乾坤策數之和,凡三百六十,適當一年三百六十日,故云“凡三百有六十,當期之日”。其餘六十二卦陰陽之數,皆布列在乾坤之間。又案《易》卦之爻題,以九示陽,以六示陰,乃與乾坤之數相合,當與此傳筮法相一貫。而下文計二篇之策,亦以九、六計,不計七、八也。

⑤《集解》引侯果曰:“二篇,謂上下經也。共六十四卦,合三百八十四爻。陰陽各半,則陽爻一百九十二,每爻三十六册,合六千九百一十二册。陰爻亦一百九十二,每爻二十四册,合四千六百八册。則二篇之册,合萬一千五百二十,當萬物之數也。”

⑥營,計度。《集解》引荀爽曰:“營者,謂七、八、九、六也。”“四營而成易”者,意謂經三變而演出七、八、九、六四數,則可以成一爻。舊注多謂四營爲分二、掛一、揲四、歸奇,四營僅當一變。兹取荀說。“十有八變而成卦”,三變成一爻,十八變則成六爻,乃爲一卦。

⑦"八卦而小成"者,凡九變可成八單卦之一,單卦故謂之"小成"。《集解》引侯果曰:"謂三畫成天、地、雷、風、日、月、山、澤之象,此八卦未盡萬物情理,故曰'小成'也。""引而伸之"者,《集解》伸作信,伸、信通。伸同申,《爾雅》:"申,重也。"孔穎達《正義》曰:"'引而伸之'者,謂引長八卦而伸盡之,謂引之爲六十四卦也。""觸類而長之"者,感觸事類而增長,意謂自八卦至六十四卦,小成之象亦增長至法象萬事萬物。"天下之能事畢矣"者,天下所有可能之事,皆得其法象,完全包涵在易之內焉。

⑧"顯道"者,易可彰顯天地之道。"神德行"者,使德行顯現出神靈、神聖之光輝。孔穎達《正義》曰:"言易理備盡天下之能事,故可以顯明無爲之道,而神靈其德行之事。"案德行,言人之內外行爲,《周禮·地官司徒·師氏》鄭玄注云:"德行,內外之稱,在心爲德,施之爲行。"與,猶以。"酬酢"者,猶言應對。在此言主賓往來之禮,主人酌賓曰酬,賓酌主人曰酢。"祐神"者,言配享鬼神。《釋文》:"祐,助也。馬云:配也。荀作侑。"案馬訓義長。"酬酢"與"祐神"之事,皆經文所常言及。又《集解》引《九家易》曰:"陽往爲酬,陰來爲酢。陰陽相配,謂之祐神也。"亦通。

子曰:"知變化之道者,其知神之所爲乎?《易》有聖人之道四焉。"①以言者尚其辭,以動者尚其變,以制器者尚其象,以卜筮者尚其占。②是以君子將有爲也,將有行也,問焉而以言,其受命也如響,无有遠近幽深,遂知來物。非天下之至精,其孰能與於此?③參伍以變,錯綜其數,通其變,遂成天地之文,極其數,遂定天下之象。非天下之至變,其孰能與於此?④易无思也,无爲也,寂然不動,感而遂通天下之故。非天下之至神,其孰能與於此?⑤夫易,聖人之所以極深而研幾也。唯深也,故能通天下之志。唯幾也,故能成天下之務。⑥唯神也,故不疾而速,不行而至。⑦子曰"《易》有聖人之道四焉"者,此之謂也。⑧

【校注】

①此處分章有歧説。《集解》引虞翻曰:"諸儒皆上'子曰'爲章首,而荀、馬又從之,甚非者矣。"《集解》本從虞,於此不分章,且以"子曰:'知變化之道者,其知神之所爲乎?'"結句。朱熹《周易本義》認爲"子曰:'知變化之道者,其知神之所爲乎?'"句從屬前章,爲前章末,以"《易》有聖人之道四焉"句爲本章首。本注不從虞、朱,而作如上斷句。"變化之道",即乾坤陰陽之道,乾稱變,坤稱化。"神之所爲",即鬼神之所爲,當承前云"祐神"。案此神當謂鬼神,非"陰陽不測之謂神"之神。"變化之道"已含"陰陽不測"之義,是屬天道;"神之所爲"則爲鬼神之福禍,是屬天命。夫子之意在於知天道變化,則亦知天命福禍,天道與天命相一貫也。"《易》有聖人之道四焉",即《易》所蘊含之聖人之道見諸如下辭、變、象、占四者。

②注家或將此四句包括在"子曰"引語中,兹不從。"以言者尚其辭"者,意謂擬諸《易》而後言者,趣尚在其卦爻之辭。"以動者尚其變"者,議諸《易》而後動者,趣尚在其卦爻之變。"以制器者尚其象"者,本諸《易》而制作者,趣尚在其所明之諸象。《集解》引荀爽曰:"結繩爲網罟,蓋取諸離,此類是也。""以卜筮者尚其占"者,將以卜筮決疑者,趣尚在其占驗之吉凶。余案:聖人作《易》,乃蘊辭、變、象、占四道於其中,而言者、動者、制器者、卜筮者,皆謂君子尚此四道而用《易》也。又尚其辭、尚其變、尚其象、尚其占,乃通乎傳云"君子居則觀其象而玩其辭,動則觀其變而玩其占",而以四者動靜交互爲言也。

③君子將有爲,將有行,必問諸《易》。"問焉而以言",猶以言而問焉,亦即以將爲、將行之事問諸《易》焉。"其受命也如響",響,回

響,其領受《易》所告吉凶之命,如同回響。《釋文》:"嚮,又作響。"二字同。《莊子·在宥》:"聲之於嚮。"彼《釋文》:"嚮,本作響。""无有遠近幽深"者,孔穎達《正義》云:"言《易》之告人吉凶,無問遠之與近及幽遂深遠之處,悉皆告之也。"孔訓"无有"爲無問、無論。余以爲,"无有"即没有,前云"如響",乃言應答之直接性,遠近、幽深,皆導致曲折,使"響"發生變化之因素。若遵孔訓,則須理解爲無論遠近幽深,其"響"皆立至且精準也,故爲天下至精。"遂知來物",物,事也,於是可知將來之事。"至精",至爲精準,不爲淫濫。《禮記·經解》:"絜静精微,《易》教也。"孔疏云:"《易》之於人,正則獲吉,邪則獲凶,不爲淫濫,是絜静。窮理盡性,言入秋毫,是精微。"案此兼明四道之辭與占。

④参,同三。伍,同五,帛傳作五,《集解》本亦作五。"三五以變"者,概言筮法之變,三謂三才,五謂五歲再閏。《集解》引虞翻曰:"逆上曰錯。綜,理也。……卦從下升,故'錯綜其數'。"故"錯綜其數",由筮法之變所成六數,亦即六爻,由下至上排列成一卦。"通其變"承"参伍以變"爲言。《釋文》:"天地之文,一本作天下。虞、陸本作之爻。"按諸《集解》引虞翻曰:"觀變陰陽始立卦,乾坤相親,故'成天地之文'。物相雜,故曰文。"可知虞本亦作文,不作爻。且以"乾坤相親"釋文,親,比也,乾坤相比而成文,意謂成乾尊坤卑之秩序。《文選》李善注引鄭玄曰:"文謂尊卑之差制也。""極其數"則承"錯綜其數"爲言。既成卦,其象乃定,故曰"遂定天下之象"。"至變",言上述變化所及無不周遍。案此兼明四道之變與象。

⑤"易无思"者,言易之本體,無思無慮,猶云"鼓萬物而不與聖人同憂"。"无爲"者,言自然成物,《禮記·哀公問》:"無爲而物成,是天道也。"寂然,無人聲,不與人感應貌。"寂然不動"者,言其不動時寂然,易道不應於人事之際,唯自然流行而已。《論語·陽貨》:"子曰:'天何言哉?四時行焉,百物生焉。天何言哉?'"《集

解》引虞翻曰：“感，動也。”故，事也。“感而遂通天下之故”者，當易爲人之籌策所動時，則能通達天下之事。余案：“寂然不動”之動，與“感而遂通”之感，應指同一動作，“不動”者，非本體自身不動，乃謂不爲籌策所動也。“至神”，易道無所不通，神妙無方。案此於四道之後，總明易道。

⑥“聖人之所以極深而研幾”者，《集解》引荀爽曰：“謂伏羲畫卦，窮極易幽深，文王繫辭，研盡易幾微者也。”“極深”，極，盡也。言窮盡其深藏者。研，磨也。“研幾”，意謂將幾微者研磨推演，使之擴展。“唯深”，猶言唯窮極易之幽深。帛傳“通天下之志”作“達天下之誠”，當從。誠，天道也。《禮記·中庸》：“誠者，天之道也。誠之者，人之道也。”鄭玄注：“誠者，真實無妄之謂。”“唯深也，故能達天下之誠”者，意謂伏羲畫卦，能通達真實無妄之天道也。“唯幾”，猶言研磨易之幾微。務，人事也。“唯幾也，故能成天下之務”者，意謂文王繫辭，推天道成乎人事也。

⑦焦循《易章句》曰：“不疾、不行，寂然不動也。速而至，感而遂通也。”而，轉折之詞。當其“寂然不動”，亦即易道自在流行之時，乃不疾、不行也。行，往也，在此意謂行動有特殊之指向。寂然不動之體，當其“感而遂通”之時，乃由不疾轉爲速，由不行轉爲達至也。易道動静無方，故曰神。

⑧言易之至精、至變、至神，唯深、唯幾、唯神，皆賴辭、變、象、占四道也。

天一，地二，天三，地四，天五，地六，天七，地八，天九，地十。①子曰：“夫易何爲者也？夫易，開物成務，冒天下之道，如斯而已者也。”②是故聖人以通天下之志，以定天下之業，以斷天下之疑。③是故蓍之德圓而神，卦之德方以知，六爻之義易以貢。④聖人以此洗心，退藏於密，吉凶與民同患。⑤神以知來，知以藏往。⑥其孰能與於此哉？古之聰明叡知，神武而不殺者夫。⑦是以明於天之道，而察於民之故，是興神物，以前民用。⑧聖人以此齊戒，以神明其德夫。⑨是故闔户謂之坤，闢户謂之乾。一闔一闢謂之變，往來不窮謂之通。⑩見乃謂之象，形乃謂之器，⑪制而用之謂之法，⑫利用出入，民咸用之謂之神。⑬

【校注】

①此即"天數五，地數五"。《漢書·律曆志》引傳此句在前"大衍"章之"天數五，地數五"前，注家據此疑今本錯簡，當置前。而帛傳有此句，且在"子曰"前，故以不移簡爲宜。子曰"如斯而已者"，斯，指天地之數，亦即如易用天地之數而已，義頗連貫。又朱熹《周易本義》將此章"天一，地二"句與上章"天數五，地數五"句並移置"大衍之數五十"前，是擅改也，不可從。

②《集解》本"夫易何爲者也"作"夫易何爲而作也"，當從《集解》本。《集解》引虞翻曰："問易何爲取天地之數也。""開物成務"者，《集解》引陸績曰："開物謂庖羲引信八卦，重以爲六十四，觸長爻册，至於萬一千五百二十，以當萬物之數，故曰'開物'。聖人觀象而制網罟耒耜之屬，以成天下之務，故曰'成務'也。"按陸説，則自八卦至六十四卦，乃至成卦所用萬一千五百二十册，易之演數過程爲"開物"；成卦而後觀象繫辭，製作器具以爲民用，由此成就天下功業、教化，則爲"成務"。冒，《集解》引虞翻曰："冒，觸也。""冒天下之道"，猶云觸類而長。王弼注訓冒爲覆，謂其道可以覆冒天下之道。余案：覆冒天下之道，意謂天下之道莫出其外也。在此冒可訓冒充、冒用之冒，猶言易道在此表示、代表天下之道也。又《釋文》："開，王肅作闓。"開、闓同。又案帛傳，"開物成務，冒天下之道"作"古物定命，樂天下之道"。古或爲鼓之同音假借。"古物"即"鼓萬物"。"定命"即萬物於生生變化中各正性命。"樂天下之道"者，前"所樂而玩"，虞翻謂樂當作變，此樂亦

應作變，變化天下之道也。帛傳之説，可以並存。

③"聖人以通天下之志"者，聖人通過易可使天下之各種志願得以通達。志，事之初始有所願焉。"以定天下之業"者，通過易可以使天下各種事業得以成定。業，事之所最終成就者。此二句備言一始終。"以斷天下之疑"者，動則有疑，可以通過易以決疑。卜筮者，成就志業之輔助也。

④蓍，蓍草。"蓍之德"，蓍所藴之德。《釋文》："圓，本又作員。"帛傳作員。余案：當作員。《説文》："員，物數也。"數貝，一貝兩貝，蓍亦當數之，故員乃謂數蓍之數也。"圓而神"，即蓍數之變化神妙。"卦之德"，卦所藴之德。方，常體也。"方以知"，即成卦之常體，以此顯示形象。"六爻之義"，謂繫辭所含之理。易，交換。繫辭所言之事，未必同當下筮人所貞問之事，故當交易其事而用同一理。韓康伯注："貢，告也。"貢即告吉凶。又《釋文》："貢，告也。京、陸、虞作工，荀作功。"帛傳作工。工同功。《詩·楚茨》："工祝致告。"《毛傳》："善其事曰工。"王引之《經義述聞》訓貢爲功。諸説亦通。

⑤《釋文》："洗，京、荀、虞、董、張、蜀才作先，石經同。"《集解》本作先。案"洗心"當作"先心"。王引之《經義述聞》云："作先之義爲長。蓋先猶導也。此謂蓍卦六爻也，聖人以此先心者，心所欲至而卜筮先知，若爲之前導然。猶言'是興神物以前民用'也。"帛傳洗作佚，佚，引也。《荀子·性惡》："佚之以繩。"楊倞注："佚，猶引也。"在此佚通先。故"聖人以此洗心"者，意謂聖人先以卜筮而先知。"退藏於密"者，意謂聖人以卜筮先知，然慎密而不言，深藏不露。"吉凶與民同患"者，意謂百姓日用而不知，聖人既"退藏於密"，則與百姓同憂患於吉凶焉。案《論語·泰伯》："子曰：'民可使由之，不可使知之。'"是不可以先知傳告於民。傳云"鼓萬物而不與聖人同憂"，是聖人固應處身於憂患也。

⑥"神以知來"者,神即"圓而神",意謂蓍數運算,可以預知未來。"知以藏往"者,知即"方以知",卦體顯象而繫辭焉,則可蘊藏往古之事,其若世歷三古,人更三聖云云。又《集解》引虞翻曰:"來謂先心,往謂藏密也。"則"神以知來"者,以卜筮之神預知未來吉凶,亦即"先心";而"知以藏往"者,既知之,復藏之而往,亦即"退藏於密,吉凶與民同患"。其説亦通。

⑦《釋文》:"殺,馬、鄭、王肅、干所戒反。師同。徐所例反。陸、韓如字。"陸、韓如字,即讀如殺戮之殺,不確。當從馬、鄭等讀所戒反,或所例反,訓爲削減、衰殘。"神武而不殺"者,神武而不殘缺,乃謂其具備全能者也。《集解》引虞翻以"不衰"釋"不殺",爲得義。帛傳殺作恙,恙,病也,"神武而不恙",即神武而無病,亦通。孔穎達《正義》以"刑殺"爲訓,則失之矣。夫,猶乎,句末歎詞。

⑧"民之故",百姓之事。興,動也。前,爲之前導。"是興神物,以前民用"者,《集解》引陸績曰:"神物,蓍也。聖人興蓍以别吉凶,先民而用之,民皆從之,故曰'以前民用'也。"

⑨齊,同齋。齊戒,聖人欲以易通鬼神,先須齊戒,潔浄身心,乃可通鬼神。《禮記·曲禮》:"齊戒以告鬼神。"《郊特牲》:"玄冕齊戒,鬼神陰陽也。""神明其德"者,謂使聖人之德臻於神明,亦即使之與天地鬼神"神明之德"相合也。夫,爲句末歎詞。《釋文》本作"以神明其德夫",曰:"荀、虞、顧絶句。衆皆以夫字爲下句。一本無夫字。"

⑩闔,閉門也。闢,開門也。乾坤猶易之門,闢户爲乾,闔户爲坤,乾闢户而施生,坤闔户而閉藏,故云"闔户謂之坤,闢户謂之乾"。"一闔一闢謂之變"者,乾坤陰陽遞相作用,是生變化。"往來不窮謂之通"者,日月運行,一寒一暑,往來循環通達。

⑪"見乃謂之象"者,乾在天成象,天顯現日月星辰。象即運行之道,其猶云陰陽變化之道。《道德經》:"執大象。"河上公注:"象,道

也。”“形乃謂之器”者，坤在地成形，萬物乃有其器性。器即成物之性，其若物皆秉陰陽五行之性。《淮南子·説山訓》：“此全其天器者。”高誘注：“器，猶性也。”

⑫制，以爲法度。法，法式。“制而用之謂之法”者，按照天地之法度而利用事物，則有法式也。《集解》引荀爽曰：“謂觀象於天，觀形於地，制而用之，可以爲法。”又孔穎達《正義》曰：“言聖人裁制其物而施用之，垂爲模範，故云‘謂之法’。”

⑬出入，概言日常生活之間。“利用出入”者，言聖人制作爲百姓利用，其利用周遍於日常生活諸方面。《爾雅》：“神，治也。”法、治對舉。又《集解》引陸績曰：“聖人制器以周民用，用之不遺，故曰‘利用出入’也。民皆用之而不知所由來，故‘謂之神’也。”是陸以“百姓日用而不知”爲神。又孔穎達《正義》則訓神爲“聖德微妙”，藏於民用，亦可通。

是故易有大極，①是生兩儀，兩儀生四象，四象生八卦，八卦定吉凶，吉凶生大業。②是故法象莫大乎天地，變通莫大乎四時，縣象著明莫大乎日月。③崇高莫大乎富貴。④備物致用，立成器以爲天下利，莫大乎聖人。⑤探賾索隱，鉤深致遠，以定天下之吉凶，成天下之亹亹者，莫大乎蓍龜。⑥是故天生神物，聖人則之；天地變化，聖人效之。⑦天垂象，見吉凶，聖人象之；河出圖，洛出書，聖人則之。⑧易有四象，所以示也；繫辭焉，所以告也；定之以吉凶，所以斷也。⑨《易》曰：“自天祐之，吉，无不利。”子曰：“祐者，助也。天之所助者，順也；人之所助者，信也。履信思乎順，又以尚賢也，是以‘自天祐之，吉无不利’也。”⑩

【校注】

①大極同太極。《釋文》：“大極，大音泰，注同。大極，无也。馬云：

北辰也。"韓康伯注云："夫有必始於無，故太極生兩儀也。太極者，無稱之稱，不可得而名，取有之所極，況之太極者也。"其說以太極爲無。而孔穎達《正義》未盡同韓，曰："太極謂天地未分之前，元氣混而爲一，即是太初、太一也。故《老子》云'道生一'，即此太極是也。"孔以太極爲元氣混而爲一，亦即太初、太一，略存漢儒之說。案太極爲太初，乃爲氣名。以太極謂無，非謂其虛無，乃謂其爲混一之元氣，未有區分，無形無象而已。《易緯·乾鑿度》："易始於太極。"鄭玄注："氣象未分之時，天地之所始也。"又或以太極爲道名，《呂氏春秋·仲夏紀》曰："道也者，至精也，不可爲形，不可爲名，彊爲之名，謂之太一。"而此傳以"一陰一陽之謂道"，當陰陽未分之際，尚不足以言道。故以太初元氣釋太極，唯言其爲天地萬物生生之本原也。又太極爲太一，太一爲星名。馬融訓太極爲北辰。北辰，即北極，亦名天極、太一。《史記·天官書》："中宮，天極星，其一明者，太一常居也。"太一常居北極，恒常不動。錢寶琮《太一考》云："地球就一日夜間自轉一次，天上的恒星從地面上觀察也在一日夜間旋轉一次。天空中有一處不動，叫它做天極，因爲它在我們的北方，所以又叫它北極。"[1]可知北極乃爲天地運動之衡準。帛傳"大極"作"大恒"，識讀者以爲恒字爲極字之形誤。恒，常也，太一常居，亦即恒居，故謂之"大恒"。案太極訓太初元氣，與訓太一北辰，二義相通。《春秋緯·文耀鉤》曰："中宮大帝，其精北極星，含元出氣，流精生一也。"可知元氣之發，乃出北辰。又太極爲元氣，爲北辰，皆言其本體也，而言其功用，則可曰極中、大中。《文選》張華《勵志詩》："太儀斡運，天迴地遊。"所云太儀即太極，李善注引鄭玄曰："極中之道，淳和未分之氣也。"則太極除是淳和未分之氣，復爲"極中之道"。《尚書·洪範》"建用皇極"，皇極亦作王極，極爲中，《孔傳》訓皇

---

[1] 參見《錢寶琮科學史論文選集》，第 213 頁，科學出版社，1983 年。

極爲"大中之道"。皇極者,人道之大中,皇極不立,必有凶咎;而太極者,天道之大中,太極不立,亦必有凶咎。是故"易有太極"者,當兼含太初元氣、恒常北辰與極中之道三義,而以此三義下攝兩儀、四象、八卦也。

② "兩儀生四象"者,兩儀,謂陰陽。四象,謂春、夏、秋、冬四時。《集解》引虞翻曰:"四象,四時也。"陰陽、四時相貫。《管子·四時》曰:"陰陽者,天地之大理也;四時者,陰陽之大經也。"注家或以四象爲少陽、少陰、老陽、老陰,亦通乎四時。蔡邕《月令章句》曰:"天之道,陰陽各有少太,是生四時。少陽爲春,太陽爲夏,少陰爲秋,太陰爲冬。""四象生八卦"者,八卦分別生成於四時。《集解》引虞翻曰:"乾坤生春,艮兑生夏,震巽生秋,坎離生冬者也。"又《書鈔》引《尸子》曰:"伏羲始畫八卦,列八節而化天下。"八節者,立春、春分、立夏、夏至、立秋、秋分、立冬、冬至。八卦對應八節,八節本諸四時,故亦可謂四時生八卦。《乾鑿度》曰:"太極分而爲二,故生天地;天地有春秋冬夏之節,故生四時;四時各有陰陽剛柔之分,故生八卦。八卦成列,天地之道立,雷風水火山澤之象定矣。"又朱熹《周易本義》以兩儀爲陰陽,四象爲少陽、少陰、老陽、老陰,由此再生乾、坤、震、巽、坎、離、艮、兑八卦。其説簡明,亦可通。"八卦定吉凶"者,八卦"引而伸之,觸類而長之",可以判定天下萬事之吉凶。"吉凶生大業"者,吉凶既定,吉則息之,凶則消之,一消一息,萬物豐殖,積累其功而成就大業也。

③ 法象,意謂乾坤所顯現者,傳云"成象之謂乾,效法之謂坤"。"法象莫大乎天地"者,乾坤所顯現者,莫大於天地。《集解》引翟玄曰:"見象立法,莫過天地也。""變通莫大乎四時"者,《集解》引荀爽曰:"四時相變,終而復始也。"縣,同懸。"縣象著明莫大乎日月"者,縣象著明此天地四時之道者,莫過於日月也。案此數句意謂有天地而後有四時,有四時而日月運行得其常道。

④"崇高"者,《集解》引虞翻曰:"乾正位於五。"孔穎達《正義》謂"王者居九五富貴之位",皆以崇高即居於九五之位。"富貴",富謂禄,貴謂爵。《周禮·天官冢宰·太宰》:"一曰爵,以馭其貴。二曰禄,以馭其富。""崇高莫大乎富貴"者,居於崇高之位者,莫顯赫於其所得之禄與爵也。

⑤"備物致用"者,廣備天下之物,使事物各盡其用。"立成器",《漢書·翟方進傳》引作"立功成器","立成器以爲天下利"者,意謂建立事功、制作器物以便利天下。惟聖人能爲此,莫過於聖人,故云"莫大乎聖人"。

⑥亹亹,帛傳作勿勿。《爾雅》:"亹亹,勉也。"《禮記·祭義》:"勿勿諸其欲其饗之也。"鄭玄注:"勿勿,猶勉勉也,愨愛之貌。"亹亹、勿勿義同,皆謂人趨乎其所願欲之事之貌。此云"成天下之亹亹者,莫大乎蓍龜"者,意謂天下皆有亹亹而趨乎其願欲者,而蓍龜能爲之決疑,以吉凶指引。《集解》本亹亹作娓娓,虞翻曰:"娓娓,進也。"亦通。王引之《經義述聞》謂"莫大乎蓍龜"當作"莫善乎蓍龜",《釋文》本作善,《集解》本作善,何休注《公羊傳》、《漢書·藝文志》等皆引作善,作大者,當涉上文兩"莫大"而誤,自唐石經始定作大字,各本皆從之。

⑦"天生神物,聖人則之"者,孔穎達《正義》云:"謂天生蓍龜,聖人法則之,以爲卜筮也。"余案:此神物,似非專指蓍龜,"天生神物",當泛指上天特顯現於聖人、王者,用以兆示天意之神異之物。《漢書·萬石君傳》:"皇天嘉況,神物並見。"《後漢書·顯宗孝明帝紀》:"天生神物,以應王者。"則,效法。《詩·鹿鳴》:"君子是則是效。"則、效通。余案:"天生神物"乃爲異象,"天地變化"乃爲常象,聖人皆是則是效也。

⑧"天垂象"者,天垂現陰陽雲氣、日月星辰之象,可以見之。余以爲,此"天垂象"當概言天地之象,亦即聖人所仰觀俯察者。象之,

即像之，《釋文》：“像，擬也。”“河出圖，洛出書”者，河、洛所指難以確定，不宜甚索，惟漢儒説河圖、洛書，乃言其藴含一數字運算系統，故在此僅取其數字運算之義，聖人以之爲則。案“易有四象”下，孔穎達疏云：“何氏以爲四象，謂‘天生神物，聖人則之’，一也；‘天地變化，聖人效之’，二也；‘天垂象，見吉凶，聖人象之’，三也；‘河出圖，洛出書，聖人則之’，四也。今謂此等四事，乃是聖人易外別有其功，非專易内之物，何得稱‘易有四象’？”孔説是也，此等四事固非當“四象”，乃聖人易外別有其功。概括言之，此四事，一爲感應天命，二爲效法天道，三爲仰觀俯察，四爲錯綜其數。四事雖超出易外，實爲作《易》之所本者也。

⑨以下專言易。“易有四象”者，孔穎達《正義》以“四象”爲六、七、八、九，是也。由數而設卦，故“所以示”者，謂示以卦象也。“繫辭焉，所以告”者，又於卦、爻下繫辭，以告卦象所含之事理也。“定之以吉凶，所以斷”者，又專定所占之爻之吉凶，所以斷人事之疑也。

⑩此引大有上九爻辭。孔穎達《正義》曰：“言人於此易之四象所以示，繫辭所以告，吉凶所以斷而行之，行則鬼神無不祐助，無所不利，故引《易》之大有上九爻辭以證之。”“子曰”云云者，則意謂順天命者，天助之；與人有信者，人助之。思順乎天命，行履乎信，又能尊尚賢人，則天人皆助之。

　　子曰：“書不盡言，言不盡意。”①然則聖人之意，其不可見乎？子曰：“聖人立象以盡意，設卦以盡情僞，繫辭焉以盡其言。②變而通之以盡利，鼓之舞之以盡神。③”乾坤，其易之緼邪？乾坤成列，而易立乎其中矣。④乾坤毀，則無以見易；易不可見，則乾坤或幾乎息矣。⑤是故形而上者謂之道，形而下者謂之器，⑥化而裁之謂之變，推而行之謂之通，⑦舉而錯之天下

之民謂之事業。⑧是故夫象,聖人有以見天下之賾,而擬諸其
形容,象其物宜,是故謂之象;聖人有以見天下之動,而觀其
會通,以行其典禮,繫辭焉以斷其吉凶,是故謂之爻。⑨極天下
之賾者存乎卦,鼓天下之動者存乎辭。⑩化而裁之存乎變,推
而行之存乎通。神而明之存乎其人,⑪默而成之,不言而信,
存乎德行。⑫

【校注】

①書,《易》之爲書。言,貞問、貞告之言。"書不盡言"者,凡將有爲
也,將有行也,皆貞問以言,貞告亦以言,此種因事而生之貞問、貞
告之言多矣,《易》之爲書,不能盡録之矣。"言不盡意"者,貞問、
貞告之言,乃因事而發,就事論事,未必皆能盡聖人作《易》之
意也。

②"然則聖人之意,其不可見乎",帛傳作"然則聖人之意,其義可見
已乎"。余案:意與義當作辨析。意者,聖人作《易》之用心也。
義者,體現在卦象中之當宜。若吉凶悔吝,意也;當位得中與否,
義也。意雖不可見,然可見諸義,而義之本體在象,其實現則在情
僞。而繫辭焉,又增加貞事之言。此云"聖人之意"者,乃總括之。
"聖人立象以盡意"者,《集解》引崔覲曰:"言伏羲仰觀俯察而立
八卦之象,以盡其意。""設卦以盡情僞"者,崔覲曰:"設卦謂因而
重之爲六十四,卦之情僞,盡在其中矣。"情,天道之真。僞,人事
作爲。情僞,猶言天人間種種變化可能。案上二句意義交互,立
象、設卦,皆用以盡聖人之意,亦用以盡天人之情僞。要在立象、
設卦,乃以象數盡意,使意有一抽象化之普遍方式表達,以此示天
人之法則。"繫辭焉以盡其言"者,崔覲曰:"文王作卦爻之辭,以
繫伏羲立卦之象。象既盡意,故辭亦盡言也。"蓋因事之貞言既
多,不能盡録,聖人乃擇其要者而繫諸卦爻,猶謂以特選之辭該全

部之言。推闡言之，聖人作《易》，先立象、設卦，以確立一普遍象數體系，復以繫辭，於種種特殊事件中尋求一典型例證，繫諸卦爻，由此乃得盡意、盡言也。

③“變而通之以盡利”者，將立象、設卦、繫辭所成之易，復加以變通利用，則可以盡天下之利。《集解》引陸績曰：“變三百八十四爻，使相交通，以盡天下之利。”“鼓之舞之以盡神”者，禮樂之有鼓舞，則行動有所節，而在此言易之陰陽動靜有所節，故而能盡陰陽不測之神。《集解》引虞翻曰：“神，易也。陽息震爲鼓，陰消巽爲舞。”李道平《周易集解纂疏》據之云：“鼓舞者，消息也。”可知鼓舞乃象陽息陰消之節奏，而此節奏由爻之排列變化體現。《集解》又引荀爽曰：“鼓者，動也。舞者，行也。謂三百八十四爻，動行相反其卦，所以盡易之神也。”荀云“動行相反其卦”，動行相反，乃謂易之有陰陽互動，故有陰陽不測之神。案前言立象、設卦、繫辭，乃易之體；此言變通、鼓舞，乃易之用也。

④此本縕當爲緼之誤。《集解》引虞翻：“緼，藏也。”韓康伯注：“緼，淵奧也。”案言易深藏於乾坤，似不通。帛傳本緼作經，當從。經，經界。《孟子·滕文公》：“夫仁政必自經界始。”趙岐注：“經亦界也。”以乾坤經界，故繼之云“乾坤成列”。“乾坤成列”，亦即乾坤各率陰陽卦，相對而列位，故云“易立乎其中”也。

⑤毀，壞也。“乾坤毀”，亦即乾坤二卦不能經界，不能成列，則“無以見易”。下“乾坤或幾乎息矣”之“乾坤”轉指天地。《漢書·藝文志》引“易不可見，則乾坤或幾乎息矣”，曰：“言與天地爲終始也。”可證此乾坤義同天地。幾，近也。“乾坤或幾乎息”者，天地或將近於息止。易與天地準，易不可見，則天地亦陷入混沌，不成天地變化之道。又帛傳作“鍵（乾）川（坤）毀，則無以見易矣；易不可見，則鍵（乾）川（坤）不可見；鍵（乾）川（坤）不可見，則鍵（乾）川（坤）或幾乎息矣。”其意謂乾坤二卦毀，則易不可見，易不

可見,則天地之道不可見,天地之道不可見,則天地或幾乎息也。

⑥形,見,顯現也。《廣雅》:"形,見也。"王念孫《廣雅疏證》:"形者,鄭注《樂記》云:'形,猶見也。'"故此"形而上者謂之道",言顯現在上者,謂之道;"形而下者謂之器",言顯現在下者,謂之器。而何者顯現於上下?易也。上下,乃謂乾坤。乾坤成列,而易立乎其中,始可見也;乾坤毀,則易不可見矣。故"形而上者",即易顯現於天;"形而下者",即易顯現於地。易顯現在天,爲陰陽之氣,爲日月星辰之象;易顯現在地,爲品物流形,制器利用。易亦可謂之易道,此易道乃先天地而生,其與天地萬物,乃潛存與實現之關係。自易道潛存在天地之先言之,其渾然爲一,不可以有無、陰陽析之;自易道實現在天地中言之,則一陰一陽,有無相生,變化不已。形而上之道與形而下之器,皆天地中事也。而曰"形而上者謂之道",此道與《説卦》天地人之道同一層次,皆後天之道,不同於易道之爲先天之道。又就道言之,乾坤乃共成一道,似不當單謂乾爲道,而傳言乾坤之道,以乾統天,坤順承天,故乾又可專有道名,以乾名道,爲傳注中常見者也。要在就可見言之,易道固不可見,而形而上者、形而下者皆可見矣。舊注於此,多訓形爲形質,以無形者謂道,有形者謂器,此説非是。若孔穎達《正義》云:"道是無體之名,形是有質之稱。凡有從無而生,形由道而立,是先道而後形,是道在形之上,形在道之下。故自形外以上者'謂之道'也,自形内而下者'謂之器'也。形雖處道器兩畔之際,形在器,不在道也。既有形質,可爲器用,故云'形而下者謂之器'也。"孔説上承王弼、韓康伯,遂融入道家、玄學意涵,其説影響甚大,故録以備參。

⑦化,轉化。裁,分解。"化而裁之謂之變"者,前形上、形下謂乾坤,此則言自乾坤轉化、分解乃成其變。推,推展、擴充。"推而行之謂之通"者,自乾坤推展流行乃成其通。案傳云"變通配四時"、

"變通莫大乎四時",故此二句亦可指乾坤裁爲四時謂之變,四時相推謂之通。

⑧舉,言上之興舉。《釋文》:"錯,本又作措。"《集解》本作措,錯、措通用,置於下焉。孔穎達《正義》釋"舉而錯之天下之民"爲"舉此理以爲變化,措置於天下之民"。余案:舉,同用。《呂氏春秋·慎大覽》:"管子、鮑叔佐齊桓公舉事。"高誘注:"舉,猶用也。"舉通乎前文之"制而用之謂之法",將此法錯諸民。"舉而錯之天下之民謂之事業"者,《集解》引陸績曰:"變通盡利,觀象制器,舉而措之於天下,民咸用之,以爲事業。"事業,事得終竟之功。

⑨此段與第六章重文。注詳前。

⑩存,察也。賾,《集解》本作嘖,當從。即"聖人有以見天下之嘖"之嘖,初始幾微者也。"極天下之嘖",意謂使初始幾微展現無餘。"存乎卦",此由卦之變化可以察知也。"鼓天下之動",意謂鼓之舞之,以節天下之動。"存乎辭",韓康伯注:"辭,爻辭也。"意指由爻之變化可以察知也。案前第三章"卦有小大,辭有險易"句,韓彼注云:"辭,爻辭也。"余未從之,而以其"辭"兼包卦爻辭。而此處韓注又云:"辭,爻辭也。"余則從之。傳言"存乎辭",實則謂"存乎爻"。前同第六章之文,一言象,一言爻,此文與之相應,然其換字言之,一言卦,一言辭,象同卦,爻同辭,當一指也。又《繫辭下》:"爻也者,效天下之動者也。"可爲佐證。

⑪"神而明之存乎其人"者,其人,占筮之人,意謂易之是否顯神明,可由占筮者之誠敬狀態察之,其人潔淨,則易顯其精微,其人淫濫,則易不顯其精微,其義乃同蒙卦之云"初筮告,再三瀆,瀆則不告"也。

⑫"默而成之,不言而信"者,言易以象數發揮作用,默而不言而能成其信。"存乎德行"者,可由所關涉之德行察知易成信之徵驗焉。《集解》引崔覲曰:"言伏羲成六十四卦,不有言述,而以卦象明

之。而人信之，在乎合天地之德，聖人之行也。"余以爲，崔説六十四卦以象數示人，不有言述，是矣；然崔釋德行，猶可商榷。此處云"德行"，當謂前賢之事迹，亦即繫辭中所記前人占筮實例所及者，由此可察知象數關涉人事之徵驗也。

繫辭下

八卦成列，象在其中矣。①因而重之，爻在其中矣。②剛柔相推，變在其中矣。③繫辭焉而命之，動在其中矣。吉凶悔吝者，生乎動者也。④剛柔者，立本者也。變通者，趣時者也。⑤吉凶者，貞勝者也。天地之道，貞觀者也。日月之道，貞明者也。天下之動，貞夫一者也。⑥夫乾，確然示人易矣。夫坤，隤然示人簡矣。⑦爻也者，效此者也。象也者，像此者也。爻象動乎內，吉凶見乎外。⑧功業見乎變，聖人之情見乎辭。⑨天地之大德曰生，聖人之大寶曰位。⑩何以守位？曰仁。何以聚人？曰財。理財正辭，禁民爲非，曰義。⑪

【校注】

①《繫辭》自此爲下篇，孔穎達《正義》取周氏、莊氏說，分下篇爲九章。本書所據影宋本，乃從《正義》之分章。八卦，謂伏羲八卦，或曰八單卦。八卦成乎位列，各有其象，乾天、坤地、艮山、兌澤、震雷、巽風、坎月、離日。

②“因而重之”，上下單卦相因，重八卦爲六十四卦。“爻在其中”，爻在重卦中得其位與性質也。又《集解》引虞翻曰：“謂參重三才爲六爻，發揮剛柔，則爻在其中。六畫稱爻，‘六爻之動，三極之道也’。”按虞氏說，因謂兩爻相因，分成天地人三才，總成六爻。

亦通。

③“剛柔相推”者，一則謂上下卦乃至互體卦之間，剛柔相推；一則謂爻與爻之間，剛柔相推。又《集解》引虞翻曰：“謂十二消息。”則剛柔相推亦可見諸卦與卦之間。變，剛柔、陰陽之變化。

④“繫辭焉而命之”，繫辭於卦爻，曰“命之”，使卦爻與辭相結合，象數之抽象形式由此有吉凶悔吝之“命”也。“動在其中”，依王弼説，此動當理解爲情僞之動。“吉凶悔吝者，生乎動者也”，吉凶悔吝並不生於純粹象數之動，乃在繫辭後結合情僞之動乃生焉。《集解》引虞翻曰：“動謂爻也。爻者，效天下之動者也。爻象動內，吉凶見外。”虞以生乎動，爲生乎爻。韓康伯注曰：“剛柔相推，況八卦相蕩，或否或泰；繫辭焉而斷其吉凶，況之六爻，動以適時者也。立卦之義，則見於《彖》、《象》；適時之功，則存之爻辭。王氏之例詳矣。”孔穎達疏曰：“云‘立卦之義，則見於《彖》、《象》’者，《彖》、《象》，謂卦下之辭，説其卦之義也。‘適時之功，則存於爻辭’者，卦者時也，六爻在一卦之中，各以適當時之所宜以立功也。欲知適時之功用，觀於爻辭也。”余案：前“動在其中”之動，該卦動、爻動，後“生乎動”之動，則專指爻動，其一言立體，一言時變也。

⑤剛柔，此謂乾坤，或曰諸卦本諸乾坤而具有之剛柔體性。本，諸卦之根本。《集解》引虞翻曰：“乾剛坤柔，爲六子父母。乾天稱父，坤地稱母。本天親上，本地親下，故‘立本者也’。”變通，六爻之變通。韓康伯注曰：“立本況卦，趣時況爻。”時，時機。趣時，即適應時機。孔穎達《正義》謂一卦之根本在於剛柔往來，剛柔之氣趨向於時而發生改變會通。又帛傳本“趣時者也”作“聚者也”，聚同取，萃《彖》“聚以正也”，《釋文》：“荀作‘取以正也’。”聚、取與趣通。

⑥貞，正也，定也。《釋文》：“貞勝，姚本作貞稱。”當從。《禮記・學

記》：“三體相勝。”《釋文》：“勝，一本作稱。”《國語·晉語》：“中不勝貌。”韋昭注：“勝當爲稱。”“吉凶者，貞稱者也”者，吉凶與否，乃以正衡量與其相稱之貞問之事也。觀，觀天下萬物。天地之道，即乾坤之道。“天地之道，貞觀者也”者，本諸乾坤之道可以正觀天下萬物也。日月之道，剛晝柔夜。“日月之道，貞明者也”者，可以正定天下之幽明變化也。“天下之動，貞夫一者也”者，天下之動，乃正定於一也。《集解》引虞翻曰：“一謂乾元。萬物之動，各資天一陽氣以生，故‘天下之動，貞夫一者也’。”李道平《周易集解纂疏》謂一即天一。案天一即太一，亦即太極，常居不動，故可正定天下之動。又帛傳“貞夫一者也”作“上觀天者也”，上觀天，當意謂上觀天一以定位。

⑦確，堅高。《説文》：“萑，高至也。”又曰：“隤，下隊也。”確然，向上之貌。隤然，向下之貌。“夫乾，確然示人易矣”者，意謂乾上行，示人以天道變化之象。《繫辭上》：“乾以易知。”“夫坤，隤然示人簡矣”者，意謂坤下行，示人以萬物類別之可閱。《繫辭上》：“坤以簡能。”韓康伯注曰：“確，剛貌也。隤，柔貌也。”亦通，然失其上行、下行之義。

⑧此，猶彼，吳昌瑩《經詞衍釋》：“古人彼、此二詞通用。”爻象爲内，“此”當指外，故可通訓作彼，彼者，與易相關之事也。爻、象與相關之事，其間有效、像之關係，故“爻象動乎内”，爻象之動體現象數之理，“吉凶見乎外”，見乎外，亦即見乎相關之事。韓康伯注：“失得驗於事也。”

⑨功業，承前云事。“功業見乎變”者，即由事之吉凶變化可見功業之成敗。“聖人之情見乎辭”者，聖人乃功業有成者，其德行情實見乎所繫之辭焉。《集解》引崔覲曰：“言文王作卦爻之辭，所以明聖人之情，陳於易象。”

⑩“天地之大德曰生”，孔穎達《正義》曰：“自此已下，欲明聖人同天

地之德,廣生萬物之意也。"注家或據之將此數句別爲一段,不連上文。然則此乃繼申"聖人之情",故不當分斷。"天地之大德曰生"者,易道生生不已,流行不已。大寶,至可寶貴者。《釋文》:"寶,孟作保。"保,安也,大保,即至可安者。位,天命之位。"聖人之大寶曰位"者,聖人當在生生不已之天地中,必安其天命之位,猶云"正位凝命"也。

⑪ "曰仁",帛傳作"曰人",《釋文》本亦作"曰人",云:"王肅、卜伯玉、桓玄、明僧紹作仁。"當以作"曰人"爲是,人,即輔佐王者之賢人。"何以守位?曰人"者,《集解》引宋衷曰:"守位當得士、大夫、公、侯,有其仁賢,兼濟天下。""曰財"者,財,謂爵祿也,既得乎人,則當給以爵祿。"理財正辭"者,《集解》引荀爽曰:"尊卑貴賤,衣食有差,謂之'理財'。名實相應,萬物得正,謂之'正辭'。"余案:"理財"猶云治禮,"正辭"猶云正名。"禁民爲非",爲非,謂民之不安其分,帛傳作"愛民安行",爲非即不安行。"曰義"者,荀氏謂民生咸得其宜。總傳文之義,天地、正位、聚人、理財、正辭、禁非,一以貫之也。

　　古者包犧氏之王天下也,仰則觀象於天,俯則觀法於地,觀鳥獸之文與地之宜,近取諸身,遠取諸物。①於是始作八卦,以通神明之德,以類萬物之情。②作結繩而爲罔罟,以佃以漁,蓋取諸離。③包犧氏沒,神農氏作。斲木爲耜,揉木爲耒,耒耨之利以教天下,蓋取諸益。④日中爲市,致天下之民,聚天下之貨,交易而退,各得其所,蓋取諸噬嗑。⑤神農氏沒,黃帝、堯、舜氏作。通其變,使民不倦。神而化之,使民宜之。⑥易窮則變,變則通,通則久,是以"自天祐之,吉无不利"。⑦黃帝、堯、舜垂衣裳而天下治,蓋取諸乾、坤。⑧刳木爲舟,剡木爲楫,舟楫之利以濟不通,致遠以利天下,蓋取諸渙。⑨服牛乘馬,引重致遠，以利天下，蓋取諸隨。⑩重門擊柝，以待暴客，蓋取諸豫。⑪斷木爲杵，掘地爲臼，臼杵之利，萬民以濟，蓋取諸小過。⑫弦木爲弧，剡木爲矢，弧矢之利，以威天下，蓋取諸睽。⑬上古穴居而野處，後世聖人易之以宫室，上棟下宇，以待風雨，蓋取諸大壯。⑭古之葬者，厚衣之以薪，葬之中野，不封不樹，喪期无數，後世聖人易之以棺椁，蓋取諸大過。⑮上古結繩而治，後世聖人易之以書契，百官以治，萬民以察，蓋取諸夬。⑯

【校注】

①包犧，即伏羲。《釋文》："本又作庖。孟、京作伏。犧字又作羲。孟、京作戲。"伏羲，古書或作包犧、庖犧、宓羲、伏戲，又稱皇羲、犧皇。《集解》引虞翻説，以伏羲即太昊氏。傳説之上古聖王，始作八卦。"觀象於天"，謂觀天所垂示者；"觀法於地"，謂觀地所顯現者。《後漢書·天文志》云："觀象於天，謂日月星辰；觀法於地，謂水土州分。""觀鳥獸之文與地之宜"，乃言觀天地之間者。"鳥獸之文"，鳥獸各有其文，可辨識雌雄。"地之宜"，地有豐饒、貧瘠，其生五穀各有其宜。是言狩獵、稼穡之事，亦即天地間之人事也。焦循《易章句》曰："'近取諸身'，本諸己。'遠取諸物'，推以驗之於物。"案焦説是，此"近取諸身"、"遠取諸物"乃一事，即遠近相取也。傳云"遠近相取而悔吝生"，遠近相取，亦即身物相取，意謂使我身之欲求與器物之功用相參合。下文"作結繩而爲罔罟，以佃以漁，蓋取諸離"諸例，皆本此義也。

②李道平《周易集解纂疏》案云："'通神明之德'，達諸幽也；'類萬物之情'，宣諸顯也。類情，故'可與酬酢'；通德，故'可與祐神'。所謂'顯道神德行'也。《漢書贊》曰：'《易》本隱以之顯。'張揖注云：'作八卦，以通神明之德，是本隱也。有天道焉，有地道焉，有人道焉，以類萬物之情，是之顯也。'得其解矣。"李説可從。余案：

“通神明之德”亦猶云通達鬼神之命、天地人之道，“類萬物之情”猶云以天地人之道引導萬物，使之有統類，有比類也。

③王引之《經義述聞》謂“作”字疑衍。結，編織。罔，同网，網也。罟，亦爲網。《釋文》：“爲罟，馬、姚云：猶网也。黃本作‘爲网罟’，云：‘取獸曰网，取魚爲罟。’”佃，同田，《釋文》：“本亦作田。”田獵。漁，捕魚。《釋文》：“本亦作魚。馬云：取獸曰佃，取魚曰漁。”結繩爲罔以取獸，爲罟以取魚，而本諸離者，離，麗也，獸麗於罔，魚麗於罟，各從其宜。案此章自此以下數言人事器用取諸卦象。“取諸”，注家多訓取法，猶云取法於離象而製罔罟，余以爲殊非，初民之製罔罟，自不待有離卦而後始成矣。取，當訓取譬，言二者爲譬喻關係。《墨子》有《大取》、《小取》，孫詒讓《墨子閒詁》云：“其名大取、小取者，與取譬之取同。《小取》篇云‘以類取，以類予’，即其義。”承前隱、顯之説，則離卦爲隱，罔罟事爲顯，不關二者先後，惟明二者有比例相通之理也。

④神農氏，炎帝，繼伏羲氏王天下。《集解》引虞翻曰：“没，終。作，起也。”斲，同斫，砍削。耜，《釋文》引京房曰：“耒下耓也。”揉，使彎曲。《説文》作煣，通揉。耒，京房曰：“耜上句木也。”句木即曲木。耒耜爲掘土農具，其上柄爲耒，下釘爲耜。耨，耕耘也。“耒耨之利”，即以耒耜耕耘田地之利。《重定周易費氏學》云：“耨，諸本或作耜。”亦通。此取諸益者，一則以益卦體含木道，故斲木、揉木，皆用木；一則益卦言使民遷而聚居，以耕種爲本，詳參益卦注。

⑤《集解》引虞翻曰：“噬嗑，食也。市井交易，飲食之道，故取諸此也。”案噬嗑有上下齒開閉之象，又爲利用刑獄，故可取譬市之開閉及市之有法律。孔穎達《正義》云：“‘日中爲市’，聚合天下之貨，設法以合物，取於噬嗑，象物噬嚙乃得通也。”

⑥神農氏後，黃帝、堯、舜相繼王天下。黃帝，軒轅氏、有熊氏。堯，

陶唐氏,名放勳。舜,有虞氏,名重華。“通其變,使民不倦”者,意謂黃帝、堯、舜在伏羲、神農之基礎上,又有利民之變,民咸用其制作,便利而不疲倦。倦,勞也。《集解》引虞翻曰:“變而通之以盡利,謂作舟楫,服牛乘馬之類,故使民不倦也。”“神而化之,使民宜之”者,與上二句互文。“通其變”、“神而化之”,言變化也;“使民不倦”、“使民宜之”,言利民也。

⑦《釋文》:“‘易窮則變,變則通,通則久’,一本作‘易窮則變,通則久’。”帛傳本作“易冬(終)則變,迵(通)則久”,與陸氏見本同。此謂與易道相比例之人事器用,同有窮、變、通、久也。《集解》引陸績曰:“庖犧作罔罟,教民取禽獸以充民食。民衆獸少,其道窮,則神農教播殖以變之。此窮變之大要也。”黃帝、堯、舜以此類推,亦皆本易之窮變以制器,教民利民,其用通達而長久。余案:必當易道見諸事而後體現出窮、變、通、久也。

⑧“垂衣裳”,創制衣裳及服制以垂示天下。《集解》引《九家易》曰:“黃帝以上,羽皮革木,以禦寒暑。至乎黃帝,始制衣裳,垂示天下。衣取象乾,居上覆物;裳取象坤,在下含物也。”又韓康伯注曰:“垂衣裳以辨貴賤,乾尊坤卑之義也。”案韓説尤勝。垂,下示。以服制示尊卑、貴賤之等。黃帝、堯、舜之“垂衣裳”,非僅爲民禦寒暑,乃以衣裳昭示禮制,若此始可謂“天下治”。據《世本》等書記載,衣冠帶履,玄黃黼黻之制,皆創始於黃帝。《後漢書·輿服志》曰:“‘黃帝、堯、舜垂衣裳而天下治,蓋取諸乾坤’,乾坤有文,故上衣玄,下裳黃。日、月、星辰、山、龍、華蟲作繢,宗彝、藻、火、粉米、黼、黻絺繡,以五采章施於五色,作服。”顧炎武《日知錄》云:“‘垂衣裳而天下治’,變質而之文也。”

⑨底本此段缺“蓋取諸渙。服牛乘馬,引重致遠,以利天下”十六字,據他本補。《釋文》本、《集解》本刳作挎,挎,除也。“刳木爲舟”,挖空大木以爲舟船。《釋文》本、《集解》本剡作掞。掞,削也。

"刳木為楫",削小木以為船槳。"以濟不通,致遠以利天下",憑藉舟楫,可通過水路到達遠而難至之處。《釋文》:"'致遠以利天下',一本無此句。""蓋取諸渙"者,《集解》引《九家易》曰:"木在水上,流行若風,舟楫之象也。"此以渙卦上下卦象為釋也。又渙《彖》曰:"利涉大川,乘木有功。"亦言及舟楫。

⑩此句引申自隨卦。服牛,以牛為服,駕車轅者為服,使牛駕轅,可引重車。乘馬,以馬駕乘車,可以致遠。"服牛乘馬,引重致遠",意謂馴馭牛馬,以牛引重,以馬致遠。"以利天下,蓋取諸隨",《釋文》:"一本無'以利天下'一句。"隨卦有服牛乘馬而遷徙之象,故曰"蓋取諸隨"。又孔穎達《正義》曰:"隨者,謂隨時之所宜也。今服用其牛,乘駕其馬,服牛以引重,乘馬以致遠,是以人之所用,各得其宜,故取諸隨也。"亦通。

⑪重門,指多重之門。擊柝,擊木以行夜防範。《釋文》:"柝,馬云:兩木相擊以行夜。《說文》作𣝔。""暴客",底本作"賓客",與諸本異,《釋文》、《集解》及《正義》本皆作"暴客",據改。《釋文》曰:"暴,鄭作虣。"虣同暴。暴客,猝然而至,不速之客也。帛傳作"以挨(俟)掋客",掋,旅字異體。旅客同賓客義近。此乃豫樂時所當防備者也。于省吾《雙劍誃易經新證》以《歸藏》之夜卦即《周易》之豫卦,夜、豫並喻母,音近字通。傳云"重門擊柝,以待暴客",正取豫卦當夜之義。

⑫斷木,截取木材。杵,舂米之短木。《集解》本掘作闕。臼,掘地所成凹處。"蓋取諸小過"者,小過下艮上震,《集解》引虞翻曰:"艮止於下,臼之象也;震動而上,杵之象也。"余案:小過六五曰"公弋取彼在穴",穴與臼相類也。

⑬弦木,謂彎木而上弦。弧,木弓。"蓋取諸睽"者,睽卦上九有張弧之象,韓康伯注曰:"睽,乖也。物乖則爭興,弧矢之用,所以威乖爭也。"余案:弧矢之發,弓與矢相背而去,故有睽義,則更貼切。

⑭野處，隨意而居，或曰流動而居。棟，棟梁，言有屋頂。宇，屋邊，四周之牆。棟宇，即指宮室。聖人易穴居爲宮室，易野處爲固定居所。"蓋取諸大壯"者，注家或以大壯下乾上震，震爲雷，故有風雨之象，若屋宇宏壯，則可抵禦風雨。余案：大壯有以藩籬圈住羊之象，羊之有圈，猶人之有宮室居所也。大壯《象》云"君子以非禮弗履"者，則猶云宮室各有禮制，居其所當居焉。故傳云取諸大壯者，義又在此。

⑮焦循《易章句》云："衣，被也。薪，萑葦之屬。謂不棺也。"帛傳衣作褁，衣即褁。"厚衣之以薪"者，謂用很多茅草包裹死者下葬，不知用棺槨之制。"葬之中野"者，《白虎通·崩薨》云葬於城郭之外，在此意指葬在荒野之中，無標誌之所。"不封不樹"者，封，聚土爲墳；樹，墳旁種樹以爲標誌。"喪期无數"者，喪禮之期隨意，尚無有定制。棺槨，棺木有多重，內層稱棺，外層稱槨。"蓋取諸大過"者，韓康伯注："取其過厚。"孔穎達《正義》："送終追遠，欲其甚大過厚。"其義不甚明瞭。余案：大過卦乃言洪水爲患，後世聖人之作封、樹及棺槨之制，乃可以避水患。若不封不樹，水患過後不可尋其址；若無棺槨，則遭水患其穴必毀也。傳云取諸大過者，義應在此。

⑯"上古結繩而治"者，《集解》引《九家易》曰："古者無文字，其有約誓之事，事大大其繩，事小小其繩。結之多少，隨物衆寡，各執以相考，亦足以相治也。"契，刻也。書契，契刻文字。結繩爲無文字時記事之法，書契則爲文字記事。有文字然後教令乃明，教令明，則"百官以治，萬民以察"。許慎《説文解字叙》謂由結繩進化至書契，乃得"揚于王庭"，亦即宣教明化於王者朝廷，此"取諸夬"之大義所在焉。于省吾《雙劍誃易經新證》以許説爲是，且謂《乾坤鑿度》之設"人文夬"，人文謂書契也。案此章言伏羲事一，神農事二，黃帝、堯、舜事九，皆聖人本《易》作器而利萬民者也。而

其代有制作,變化日新,亦即"易窮則變,變則通,通則久"也,前揭陸績之説,申明此義。

是故易者,象也;象也者,像也。彖者,材也。爻也者,效天下之動者也。是故吉凶生而悔吝著也。[1]陽卦多陰,陰卦多陽,其故何也? 陽卦奇,陰卦耦。其德行何也? 陽一君而二民,君子之道也。陰二君而一民,小人之道也。[2]《易》曰:"憧憧往來,朋從爾思。"[3]子曰:"天下何思何慮? 天下同歸而殊塗,一致而百慮。[4]天下何思何慮? 日往則月來,月往則日來,日月相推而明生焉。寒往則暑來,暑往則寒來,寒暑相推而歲成焉。往者屈也,來者信也,屈信相感而利生焉。[5]尺蠖之屈,以求信也。龍蛇之蟄,以存身也。[6]精義入神,以致用也。利用安身,以崇德也。[7]過此以往,未之或知也。窮神知化,德之盛也。[8]"

【校注】

①《集解》引干寶曰:"言'是故',又總結上義也。"余案:傳章首言"是故"未必是總結上義,常用作引起下文。"象也者,像也"者,下傳首章云:"象也者,像此者也。"已並見象、像二字。象、像,帛傳同作象字,《集解》本亦同作象字,《釋文》本則分別象、像,且云:"衆本並云像,擬也。孟、京、虞、董、姚還作象。"余案:象、像當有別,象爲名詞,謂卦象也;像爲動詞,謂又擬諸卦象。以象言之,則唯八卦、六十四卦之象;而以像言之,擬諸卦象之事物,乃無窮種類。"易者,象也",言易可分解爲八卦、六十四卦之象;"象也者,像也"者,言八卦、六十四卦之象,又可以擬生出各種事物,若卦爻辭所涉,皆可謂像者也。"彖者,材也"者,彖,彖辭,亦即卦辭,斷一卦之義。材同裁。帛傳材作制。裁、制皆可訓斷。"爻也者,效天下之動者也"者,效,《墨子·小取》:"效者,爲之法也。"

意謂爻能效天下之動而成規律也。易之由象、彖、爻，乃從天道推及人事，故云"吉凶生而悔吝著也"。朱熹《周易本義》至此別爲一章。

②陽卦謂震、坎、艮，皆一陽而二陰，故云"陽卦多陰"。陰卦謂巽、離、兑，皆一陰而二陽，故云"陰卦多陽"。陽卦之中惟一陽，故云"陽卦奇"。陰卦之中有二陽，故云"陰卦耦"。耦同偶。奇、偶皆就卦中陽爻言之。就德行言之，陽爲君，陰爲民，陽卦一陽爲君，二陰爲民，故云"陽一君而二民"，是爲"君子之道"；陰卦二陽爲君，一陰爲民，故云"陰二君而一民"，是爲"小人之道"。案有關"陰二君而一民，小人之道也"句，何爲二君，頗有歧解。帛傳作"陽一君二民，君子之馬（象）也"，並無此後句。而後句與前句相對爲言，即便後增，亦是足成文義，不可遽删。余以爲，陰卦之二君，應指卦中二陽，惟其一陽爲天命之君，另一陽則是副貳之君。《左傳》隱公元年："公子吕曰：'國不堪貳。'"貳則小人道長，君子道消也。朱熹《周易本義》於此又別爲一章。

③"憧憧"句，咸卦九四爻辭。引此二句之意，在於闡明聖人之於易也，若巫之於鬼神，乃渾然一體，順而行之。易道無思也，無爲也，聖人亦當無思無爲也。而由此轉折，設問"天下何思何慮"者，猶云聖人本當無思無慮，何以又必有思有慮耶？

④"天下何思何慮"者，問天下思何慮何耶。焦循《易章句》云："言何以有思有慮，以功業之成雖同歸一致，而所以起之者，則殊塗百慮，所以宜思宜慮也。……俗説'何思何慮'爲不煩思慮，且據老莊抱一之指，謂殊塗而同歸，百慮而一致，與經文反戾矣。"余案：焦説甚是，易道固"無思也，無爲也"，"鼓萬物不與聖人同憂"，然則聖人不可如是，聖人必有思有慮，其所思所慮者，事有殊途，人有百慮也。

⑤再云"天下何思何慮"者，焦循《易章句》云："又設問以起下文。"

日月往來而生明,寒暑往來而成歲,皆天道之自然運行,聖人固無須思慮也。《論語・陽貨》:"子曰:'予欲無言。'子貢曰:'子如不言,則小子何述焉?'子曰:'天何言哉?四時行焉,百物生焉。天何言哉?'"然則上述天道,勢必推及人事,自"往來"轉爲"屈信",屈信者,猶云人事之進退,君子、小人道長、道消之權變,故"屈信相感而利生",既生利害,則聖人不可不思慮焉。《集解》本屈作詘。屈、詘音義同。信,同伸。下文所言之求信、存身、致用、崇德,皆聖人所當思慮者也。

⑥尺蠖,一種爬行蟲,其行先屈後伸,先移其尾近其首,屈成 Ω 形,然後伸其首而前進,復成一字形。"尺蠖之屈,以求信也",即言此形態。蟄,潛藏。龍蛇飛騰,然不能應時而蟄藏,則不能保存其身。尺蠖之行,是由屈而信;龍蛇潛藏,則是由信而屈。此"屈信相感而利生焉"之二例。

⑦"精義",當指人之心智能力。"精義入神"者,乃言心智臻於神妙,故可以"致用"也。韓康伯注曰:"精義,物理之微者也。"不確,當謂人能察知物理之心智。余案:"精義"之"義",同儀,儀,度也,"精義"者,乃謂心智準確度知事物之宜。《文選》曹攄《思友人詩》:"精義測神奧,清機發妙理。"李善注:"《周易》曰:'精義入神,以致用也。'"曹詩云"精義"可以"測",可知精義有測度之用。案此傳每言擬、象,則必有此"精義"之心智,始能擬之象之也。又"精義"或同"精意"。《國語・周語》:"精意以享,曰禋。"《史記正義》引孫炎云:"禋,絜敬之祭也。"則精意,亦即心意潔淨、恭敬。"利用安身"者,猶云擅於安身,安身,安定其身。"以崇德也"者,崇,充也。《論語・顏淵》:"子曰:'主忠信,徙義,崇德也。'"安身而後,乃以德充諸身也。

⑧"過此以往,未之或知"者,意謂上述諸端,乃聖人有思有慮者,故可知,而過此範圍,則聖人亦未知也。帛傳《要》孔子曰:"《易》,

吾復其祝卜矣，我觀其德義耳。……吾求其德而已，吾與史巫同塗而殊歸者也。君子德行焉求福，故祭祀而寡也；仁義焉求吉，故卜筮而希也。"可知君子之好《易》，得其德義足矣。"窮神知化，德之盛也"者，謂君子能盡易之極致，窮神之化，則德充盛大也。

《易》曰："困于石，據于蒺藜。入于其宮，不見其妻，凶。"子曰："非所困而困焉，名必辱。非所據而據焉，身必危。既辱且危，死期將至，妻其可得見邪？"①《易》曰："公用射隼于高墉之上，獲之，无不利。"子曰："隼者，禽也。弓矢者，器也。射之者，人也。君子藏器於身，待時而動，何不利之有？動而不括，是以出而有獲，語成器而動者也。"②子曰："小人不恥不仁，不畏不義，不見利不勸，不威不懲。小懲而大誡，此小人之福也。《易》曰：'屨校滅趾，无咎。'此之謂也。③善不積不足以成名，惡不積不足以滅身。小人以小善爲无益而弗爲也，以小惡爲无傷而弗去也。故惡積而不可揜，罪大而不可解。《易》曰："何校滅耳，凶。"④子曰："危者，安其位者也。亡者，保其存者也。亂者，有其治者也。是故君子安而不忘危，存而不忘亡，治而不忘亂。是以身安而國家可保也。《易》曰：'其亡其亡，繫于苞桑。'"⑤子曰："德薄而位尊，知小而謀大，力小而任重，鮮不及矣。《易》曰：'鼎折足，覆公餗，其形渥，凶。'言不勝其任也。"⑥子曰："知幾其神乎？君子上交不諂，下交不瀆，其知幾乎？幾者，動之微，吉之先見者也。君子見幾而作，不俟終日。《易》曰：'介于石，不終日，貞吉。'介如石焉，寧用終日，斷可識矣。君子知微知彰，知柔知剛，萬夫之望。"⑦子曰："顏氏之子，其殆庶幾乎！有不善未嘗不知，知之未嘗復行也。《易》曰：'不遠復，无祇悔，元吉。'"⑧

"天地絪緼,萬物化醇。男女構精,萬物化生。《易》曰:'三人行,則損一人。一人行,則得其交。'言致一也。"⑨子曰:"君子安其身而後動,易其心而後語,定其交而後求,君子修此三者,故全也。危以動,則民不與也。懼以語,則民不應也。无交而求,則民不與也。莫之與,則傷之者至矣。《易》曰:'莫益之,或擊之,立心勿恒,凶。'"⑩

【校注】

①此章皆發揮《易》爻辭之大義。《正義》、《集解》以後之注家,如朱熹《周易本義》或將上章"《易》曰:'憧憧往來,朋從爾思。'"以下文字併入此章,以爲總説十一爻之辭。余案:上章雖引咸卦九四爻辭,然並不同於此章之用意。孔穎達《正義》云:"以上章先利用安身,可以崇德,若身自危辱,何崇德之有?故此章第一節引困之六三危辱之事以證之也。"自引困以下,凡九卦十爻,皆證何以安身崇德也,宜別爲一章。孔穎達分此章爲九節,本注稍有調整。此段説困卦六三爻辭。"非所困而困焉,名必辱"者,據"困于石"爲言。"困于石",即禁忌音聲,音聲猶人之名,無音聲則其名必辱没,故曰"非所困而困焉,名必辱"。"據于蒺藜",即禁忌居所,當據宮室而不得已據茅屋,安身不正,故曰"非所據而據焉,身必危"。此本蒺字,依經文當作藜。期,諸本或作其。《釋文》本作其,曰:"其亦作期。"《集解》本亦作其。王引之《經傳釋詞》:"其,猶將也。"故其、期同義。"死期將至"者,取《象》云"不祥"義。"妻其可得見邪"者,言以將無以爲家也。孔穎達《正義》以此爲第一節。

②此段説解卦上六爻辭,經言王公舉行射禮以選賢,此傳謂君子以射而出仕。《集解》引虞翻説,君子於三不當位,故藏器以待時,至上當位,則出而射隼。韓康伯注:"括,結也。"孔穎達訓括爲括結

而有礙。"動而不括"者，行動之際，射隼之器已準備完善，沒有故障而難用者。余以爲，括猶藏也，不動時藏，動時不括而出，亦即當出則出，應出盡出也。語，猶言。孔穎達《正義》云："謂《易》之所説此者，語論有見成之器而後興動也。"《易》所説之義，在於先成其器，然後有所行動。孔穎達以此爲第二節。

③此段説噬嗑卦初九爻辭。底本作"履校滅趾，无咎"，誤屨作履，徑改。此引"屨校滅趾"，取以木枷足義。焦循《易章句》釋"不恥不仁"云"恥而後仁"，釋"不畏不義"云"畏而後義"，深得傳義。"小人不恥不仁"，不使之蒙受羞恥，則不知道向仁。"不畏不義"，不使之感到畏懼，則不知道守義。"不見利不勸"同焦氏句例，亦即"見利而後勸："不威不懲"，亦即"威而後懲"。余以爲，利，利益，勸，進也。不見利益不進也。《樂緯·動聲儀》："仁義動君子，財色動小人。"然此四句傳文，恥、畏實乃言君子，利、威則指君子加諸小人之懲誡，未關乎利誘，故利當讀作刑，形誤。《商君書·開塞》："故王者以賞禁，以刑勸，求過不求善，藉刑而去刑。"是"刑勸"之例。《荀子·議兵》："刑威者強，刑侮者弱。"是"刑威"之例。故傳當讀"不見刑不勸，不威不懲"，刑、威，皆君子以之治小人者也。小人見刑而後受勸也，見威而後畏懲也。而"小懲而大誡"者，懲，懲罰。《集解》本亦作徵，同懲。誡，《集解》、帛書作戒，誡、戒同，警告也。君子懲小人之小惡，可誡其大惡。小人雖受懲，然因此不陷於大惡，實乃"小人之福"。《集解》引侯果曰："校者，以木夾足止行也。此明小人因小刑而大戒，乃福也。"

④此段説噬嗑卦上九爻辭，當與上段同卦初九合爲一節，義亦相貫，乃繼言積小成大之理。孔穎達《正義》以論噬嗑初九爲第三節，論噬嗑上九爲第四節，恐非。兩論噬嗑，當同屬第三節。案噬嗑五爲決獄者，初雖小惡而懲之，"屨校滅趾"，是爲小懲大戒，使不積小惡至足以滅身。善惡之事皆由小及大，漸積而成，其若《禮記·

經解》曰："故禮之教化也微，其止邪也於未形，使人日徙善遠罪而
不自知也，是以先王隆之也。《易》曰：'君子慎始，差若毫釐，繆
以千里。'此之謂也。"而至於噬嗑上，大惡已積成，"惡積而不可
揜，罪大而不可解"，故五必決之，是則"何校滅耳"也。此引"何
校滅耳"，乃取枷由下移上，罪亦積小成大之義。

⑤此段説否卦九五爻辭。有位者能慮及危，其位得安；存國者能慮
及亡，其國得保；治世者能慮及亂，其治得行。在安而慮危，在存
而慮亡，在治而慮亂。《集解》引崔覲、翟玄説，皆用此義。漢儒已
作此解，《漢書·谷永傳》載谷永曰："臣聞王天下、有國家者，患
在上有危亡之事，而危亡之言不得上聞。如使危亡之言輒上聞，
則商、周不易姓而迭興，三正不變改而更用。夏、商之將亡也，行
道之人皆知之，晏然自以若天有日莫能危，是故惡日廣而不自知，
大命傾而不寤。《易》曰：'危者，有其安者也；亡者，保其存者
也。'"故君子若能安而不忘危，存而不忘亡，治而不忘亂，則身安
而國家可保，如"繫于苞桑"，其根本牢固不拔也。孔穎達以此爲
第五節，余以爲第四節。

⑥此段説鼎卦九四爻辭。"德薄而位尊"，謂鼎卦九四，依《集解》引
虞翻説，九四居互體乾之中，故位尊，而以陽居陰，不當位，故德
薄。"力小"，唐石經本作"力少"，當從。《釋文》本鮮作尟，曰：
"本亦作鮮，少也。""鮮不及"者，言折足、覆餗者，少有不及於刑
戮。又董仲舒《春秋繁露·精華》曰："其在《易》曰'鼎折足，覆公
餗'。夫'鼎折足'者，任非其人也；'覆公餗'者，國家傾也。是故
任非其人而國家不傾者，自古至今未嘗聞也。"依董説，則"鮮不
及"者，言國家鮮不傾覆也，亦通。云"不勝其任"者，以不能持
鼎，喻所任之人不能勝任，猶三公不能持國。《集解》引《九家易》
曰："鼎者，三足一體，猶三公承天子也。……足折、餗覆，猶三公
不勝其任，傾敗天子之美。"孔穎達以此爲第六節，余以爲第五節。

⑦此段説豫卦六二爻辭,底本"萬夫之望"作"萬物之望",與諸本異,徑改。幾,幾微,初始之狀況。神,靈驗,言知幾之效用神妙、靈驗。豫卦二爲君子,君子在二之時,若能慎獨知幾,當其至於四,友朋咸來之際,則能"上交不諂"、"下交不瀆"。《集解》引虞翻説,四交五,爲上交,四交三,爲下交。故"上交不諂"者,五爲王位、貴位,故與王者、貴者交往,不應諂媚;"下交不瀆"者,三爲小人,與小人交往,則不當瀆亂。君子知幾,在二而預見於四焉。《漢書·楚元王傳》引傳文,"吉之先見者"作"吉凶之先見者",孔穎達《正義》云:"諸本或有凶字者,其定本則無也。""介如石",敲擊小石之聲。小聲已清晰可辨,故不俟終日,乘其幾微之際而疾作矣。孔穎達《正義》釋爲君子兩德:一者"介于石",意謂"守志耿介,如石不動";一者"不終日",意謂"才見幾微,即知禍福,何用終竟其日,當時則斷可識矣"。亦通。"君子知微知彰,知柔知剛"者,知微彰、柔剛間幾微之變,預知禍福,合於神道。"萬夫之望"者,爲萬夫所瞻望,可以王天下也。《集解》引荀爽謂"萬夫之望"通乾《文言》"聖人作而萬物睹",則底本作"萬物之望",亦通。孔穎達以此爲第七節,余以爲第六節。

⑧此段説復卦初九爻辭。顏氏之子,孔子弟子顏回。殆,推測之詞,大概。庶幾,同庶,接近之義。《論語·先進》曰:"子曰:'回也,其庶乎!屢空。'"《集解》引虞翻注引《論語》作:"孔子曰:'回也,其庶幾乎!'"案庶、庶幾,皆表示接近完善之義。孔穎達《正義》云:"上節明其知幾是聖人之德,此節論賢人唯庶於幾,雖未能知幾,故引顏氏之子以明之也。"余以爲,傳未必嚴別聖人知幾與賢人庶幾,特以顏回爲例者,乃強調自知也。帛傳《要》:"夫子曰:'顏氏之子庶幾乎?見幾又(有)不善,未嘗弗知,知之,未嘗復行之。《易》曰:"不遠復,無茸(祇)誨(悔),元吉。"'"較今本多"見幾"二字,余以爲"見幾"當爲"見己"之誤,意謂有所自知也。虞

翻注云:"'復以自知',《老子》曰:'自知者明。'""復以自知"同見《繫辭下》,復《象》則云:"中以自考。"徐幹《中論·虛道》云:"故夫才敏過人,未足貴也;博辯過人,未足貴也;勇決過人,未足貴也。君子之所貴者,遷善懼其不及,改惡恐其有餘,故孔子曰:'顏氏之子,其殆庶幾乎? 有不善未嘗不知,知之未嘗復行。'"孔穎達以此爲第八節,余以爲第七節。

⑨此段説損卦六三爻辭。首無"子曰",依文義亦當爲託言孔子,故此句亦爲引語。孔穎達《正義》云:"'天地絪縕'至'勿恒凶',此第九節也。"合論損、益爲一節。余以爲此段説損卦,下段説益卦,故以分爲兩段爲宜,以此爲第八節。"天地絪縕,萬物化醇"者,《釋文》曰:"絪縕,本亦作氤氳。"《集解》本則作"壹壺"。此外其他典籍中有見"埋鬱"、"壹鬱"、"絪氳"、"壹緼"、"烟煴"、"絪緼"等等。於此傳,以作"壹壺"爲長。王筠《文字蒙求》指出"壹壺"爲聯綿詞,義爲交密之狀。壹、壺皆從壺,壺,酒尊也,可會意各色漿液在壺中相調和,與下云"化醇"適相應。醇,調和爲一體。《漢書·梅福傳》:"一色成體謂之醇。"顏師古注:"醇謂色不雜也。"則"化醇"者,言壺中各色漿液被調和成純一色之酒也。注家或讀絪縕同氤氳,言陰陽二氣之調和,亦爲得義。孔穎達《正義》謂此二句要義在於"得一",得一,亦即由天地交合而後乃成一體也。"男女構精,萬物化生"者,構同搆,《莊子·齊物論》:"與接爲搆。"彼《釋文》引司馬云:"人道交接,構結驩愛也。"《集解》引干寶曰:"男女猶陰陽也,故萬物化生。不言陰陽而言男女者,以指釋損卦六三之辭,主於人事也。"下引損六三爻辭而後云"言致一也"者,焦循《易章句》曰:"致,至也。由不一而歸於一,故爲致一。"案由二致一須以二爲基礎,猶云天地、陰陽、男女二者對立統一,乃爲萬物生生之本也。

⑩此段説益卦上九爻辭。此言"其身"、"其心"、"其交"之"其",皆

當指代與君子相對之他者,亦即民也。"君子安其身而後動"者,君子使民得以安身,然後可以使民動。"危以動,則民不與"者,民之身未安而興動,則民不願從其事。與,從其事。"易其心而後語"者,易,更易,民咸有畏懼之心,易之使和順,而後可與民語。"懼以語,則民不應"者,不易之心爲懼,民心尚懼而與之語,則民不能應上命。"定其交而後求"者,交,謂上下之交,上與民定交,亦即上先有所施於民,然後可以求諸於民。"无交而求,則民不與"者,與,回報,上未施惠於民,而有求諸民,則民必不願還報於上。"莫之與,則傷之者至矣"者,"莫之與"承上句而總前文義,意謂不能安其身、易其心、定其交,君子不能全此三者,則必有衝突傷害之事至矣。此三者皆非惟君子自修之事,乃與民交接之事,若云君子自修此三者,則人民自發來相應,參諸益卦,不盡相合也。此爲第九節,本章説十爻,共九節。又案上二章孔子説《易》十一爻,或有猜測此爲《文言》之遺文,不可信。焦循《易章句》云:"以上十一舉爻辭,所以申明君子、小人相交易而爲道也。或謂《文言》,非也。"

子曰:"乾坤,其《易》之門邪?"[①]乾,陽物也。坤,陰物也。陰陽合德而剛柔有體,以體天地之撰,以通神明之德。[②]其稱名也,雜而不越,於稽其類,其衰世之意邪?[③]夫易,彰往而察來,而微顯闡幽。[④]開而當名,辨物,正言,斷辭,則備矣。[⑤]其稱名也小,其取類也大。[⑥]其旨遠,其辭文;其言曲而中,其事肆而隱。[⑦]因貳以濟民行,以明失得之報。[⑧]

【校注】

① 《釋文》:"門邪,本又作門户邪。"門,兼出入與開闔二義。《集解》引荀爽曰:"陰陽相易,出於乾坤,故曰門。"

② "陰陽合德",言陰陽統一。"剛柔有體",體,各具體性。"天地之

撰”，韓康伯注、《集解》引《九家易》均云：“撰，數也。”數即筮數，
而筮數綜合而成卦體。體者，卜筮之兆象，《詩·氓》：“爾卜爾
筮，體無咎言。”在此作動詞用。“以體天地之撰”，猶云使天地之
數成體也。“神明之德”，則兼天道與鬼神也。

③“其稱名也”，謂卦名。王引之《經義述聞》謂雜可讀如帀，帀，周
遍也。越，逾越。“雜而不越”者，乃謂諸卦名，有周遍之次序，不
相逾越，此乃言《易》之有卦序。於，語詞。稽，考。類，事類，謂相
比類之史事。“於稽其類，其衰世之意邪”者，倘若稽考與《易》卦
爻辭相比類之史事，或許蘊含殷道衰落之意耶？余案：《易》之作
固當殷之衰世，然亦當周之興世，故兼興衰而論之，則曰：“其革命
之意邪？”

④“微顯闡幽”，舊注多謂微以之顯，幽以之闡。《集解》引虞翻曰：
“微者顯之，闡者幽之。”虞說勝俗說，然猶未盡確。虞以顯、幽爲
動詞，而余以微、闡爲動詞，意謂隱微其顯者，闡明其幽者。帛傳
《易之義》作“微顯贊絕”，即微其顯，贊其絕。余案：《文心雕龍·
正緯》：“夫神道闡幽，天命微顯。”聖人於天命，欲其微也，於天
道，欲其顯也。

⑤開，承前乾坤爲《易》之門，此猶云乾坤之門開也。名，六十四卦卦
名。“開而當名”者，乾坤之門開而成卦，卦成而當其卦名。李道
平《周易集解纂疏》云：“乾動坤闢，六十四卦由此生，故當名也。”
辨，《釋文》本、《集解》本皆作辯，辨、辯字通。“辨物，正言，斷辭，
則備矣”者，辨，別。物，物類。“辨物”者，亦即辨別其陰陽、剛
柔。“正言”者，“繫辭焉以盡其言”，謂正卦爻辭之言。“斷辭”
者，據辭而斷吉凶。此段連貫言四事，一爲“開而當名”，二爲“辨
物”，三爲“正言”，四爲“斷辭”，經此四事，《易》之能事備矣。又
《易之義》作“微顯贊絕，巽而恒當，當名、辯物、正言、巽辭而備”，
推闡其義，巽，撰也，亦即數也，“撰而恒當”，言象數之有常恒當

也。"巽辭"之巽,具也,猶言相匹配也。

⑥其,謂《易》,此就卦名言之。"其稱名也小",言八卦、六十四卦之稱名,少而有限,故曰小。"其取類也大",由八卦、六十四卦觸類而長,其所比類、象徵之天地人諸事物,則浸多至無窮,故曰大。

⑦此就卦爻辭言之。旨,意旨。遠,"彰往察來",故遠。文,謂含有法則。《國語·周語》:"有不享則修文。"韋昭注:"文,典法也。"《荀子·禮論》:"文之至也。"楊倞注:"文,謂法度也。""其言",亦指卦爻辭。"其言曲而中"者,《釋文》:"中,陟仲反。"言卦爻辭雖言語曲晦而實能中理。"其事",卦爻辭所涉之事。"其事肆而隱"者,肆,放也,言卦爻辭所涉之事雖放逸若無端涯而其中隱含意義。隱通意。

⑧《釋文》:"貳,鄭云當作式。"當從鄭,式即古文二。《集解》引虞翻亦讀爲二,注曰:"二謂乾與坤也。"劉向《說苑·辨物》云:"夫占變之道,二而已矣。二者,陰陽之數也。"故"因貳"者,依據乾坤,或曰陰陽之數也。又孔穎達《正義》以貳謂吉凶二理,亦通。余案:"因貳"者,因乎對立之二者,若陰陽、剛柔、善惡、吉凶,皆是也。

易之興也,其於中古乎？作《易》者,其有憂患乎？①是故履,德之基也。②謙,德之柄也。③復,德之本也。④恒,德之固也。⑤損,德之修也。⑥益,德之裕也。⑦困,德之辯也。⑧井,德之地也。⑨巽,德之制也。⑩履和而至,⑪謙尊而光,⑫復小而辨於物,⑬恒雜而不厭,⑭損先難而後易,⑮益長裕而不設,⑯困窮而通,⑰井居其所而遷,⑱巽稱而隱。⑲履以和行,⑳謙以制禮,㉑復以自知,㉒恒以一德,㉓損以遠害,㉔益以興利,㉕困以寡怨,㉖井以辯義,㉗巽以行權。㉘

【校注】

①中古,當文王之世。《漢書·藝文志》曰:"易道深矣,人更三聖,世歷三古。"韋昭注以伏羲、文王、孔子爲三聖,孟康注以伏羲爲上古,文王爲中古,孔子爲下古。"其有憂患"者,殷道衰落,周道將興,故文王有革命之憂患。《集解》引虞翻謂"憂患"爲聖人之憂患百姓,亦通。

②案聖人中古作《易》,聖人與天地合德,故此德可謂文王之德也。文王之德一則謂天命之德,一則謂愛民之德,一以貫之。"履,德之基"者,韓康伯注訓基爲所蹈也,孔穎達《正義》又謂之始基,似兼有初始與基礎二義。余案:基,當訓止。《説文》:"阯,基也。"阯與止音義皆同,故"德之基",猶云德在基礎層面限制出之範圍。履,禮也,非禮勿視,非禮勿聽,禮乃德之基也。

③柄,手操持處,猶斧柄之柄。《禮記·禮運》曰:"是故禮者,君之大柄也。"鄭玄注:"柄,所操以治事。"余案:柄同棅、秉,均爲把握權力之謂。在謙卦,此權力乃在平輕重,衡公平,尤需把握分寸也。故"德之柄"者,德之於謙,顯現爲權力之柄。《象》曰"裒多益寡,稱物平施",非執權力之柄莫能爲也。

④"德之本"者,本,根也,復爲天地之心,雖行遠而無不歸復其本也。

⑤韓康伯注:"固,不傾移也。"《集解》引虞翻曰:"立不易方,守德之堅固。"推闡虞説,則"德之固",意謂君子恒守其位以固德。位德相依,君子恒其位,則恒其德,若失其位則德不固也。

⑥"德之修"者,《集解》引荀爽曰:"'懲忿窒欲',所以修德。"《釋文》:"修,鄭云:治也。"修之訓治,同滌,意謂滌除使潔浄。《周禮·天官冢宰·太宰》:"祀五帝,則掌百官之誓戒,與其具修。"鄭玄注:"修,掃除糞灑。"李道平《周易集解纂疏》據之云:"是修主於減損其惡。"

⑦"德之裕"者,《集解》引荀爽曰:"'見善則遷,有過則改',德之優

裕也。”李道平《周易集解纂疏》曰：“是裕主乎增益其德。”余案：裕者，寬大也。韓康伯注：“能益物者，其德寬大也。”《新書·道術》：“包衆容物謂之裕。”故“德之裕”當謂其德能包衆容物。又帛傳《易之義》裕作譽，譽，聲美也，益《彖》“損上益下，民説无疆”，故其德有譽。

⑧ “德之辯”者，《集解》引鄭玄曰：“辯，別也。遭困之時，君子固窮，小人窮則濫，德於是別也。”顧炎武《日知録》申論云：“‘内文明而外柔順’，其文王之困而亨者乎！‘不怨天，不尤人，下學而上達’，其孔子之困而亨者乎！故在陳之厄，弦歌之志顔淵知之，而子路、子貢之徒未足以達此也。故曰‘困，德之辯也’。”又帛傳《易之義》辯作欲。《禮記·祭義》：“其薦之也，敬以欲。”鄭玄注：“欲，婉順貌。”安於困也。

⑨ “德之地”者，《集解》引姚信曰：“‘井養而不窮’，德居地也。”姚氏云“德居地”，謂德居於井地。古者民依井而居，井有養民之德，故民居於井地，猶居於有德之地焉。又孔穎達《正義》曰：“改邑不改井，井是所居之常處，能守處不移，是‘德之地也’。言德亦不移動也。”亦通。

⑩ “德之制”者，孔穎達《正義》曰：“巽申明號令，以示法制，故能與德爲制度也。”案孔訓制爲法制、制度，固通，然取義稍過，巽爲命令，命令未必皆成法制、制度。制亦謂君命。《禮記·曲禮》：“士死制。”鄭玄注：“制謂君命。”而君命乃上以之制下者，《集解》引虞翻曰：“巽風爲號令，所以制下，故曰‘德之制也’。”故“德之制”猶云德體現在君命，俾臣受之遵之矣。又焦循《易章句》云：“遜[巽]則不拘執而有裁度。”是訓制爲裁度。案焦説亦通，訓爲制令者，言其經也，訓爲裁度者，言其權也。巽之爲命令，君一命再命，臣須自裁度而後遵行也。帛傳《易之義》作“涣者，德制也”，又“涣以行權”，巽作涣，誤。孔穎達《正義》云：“自此以上，明九

卦各與德爲用也。"

⑪"履和而至"者,和,和順,以柔履剛,是爲和。至,謂至乎其位,履
卦九五剛中正,有履帝位之象,是爲至。

⑫"謙尊而光",同謙《象》文。

⑬"復小而辨於物"者,王引之《經義述聞》云:"小謂一身也。對天
下國家言之,則身爲小矣。辨,讀曰徧,古字辨與徧通。復初九
《傳》曰:'不遠之復,以修身也。'所修惟在一身,蓋亦小矣。而身
修而後家齊,家齊而後國治,國治而後天下平。萬事之大,無不由
此徧及,故曰'復小而徧於物'。"

⑭"恒雜而不厭"者,王引之《經義述聞》云:"雜當讀爲帀,帀,周也,
一終之謂也。恒之爲道,終始相巡而無已時,故曰'帀而不厭'。"
案王説可從,帀同匝,匝環繞,在此猶云往復。厭,止也。

⑮"損先難而後易"者,損懲忿窒欲以修德,修德之事,先難後易。韓
康伯注曰:"刻損以修身,故先難也;身修而無患,故後易也。"

⑯"益長裕而不設"者,《集解》引虞翻曰:"謂'天施地生,其益无方,
凡益之道,與時偕行',故'不設'也。"虞引《象》爲釋。案裕,寬裕
也,於益卦意謂上給濟於民。設,設限。不設,即不設限,使之長
裕不止也。傳云"長裕而不設",即持續濟民,不爲限止。帛傳
《易之義》作"益長裕而與",與,給與,可知不設同與,設則不
與也。

⑰帛傳《易之義》通作達,通、達同。"困窮而通"者,韓康伯注曰:
"處窮而不屈其道也。"孔穎達《正義》曰:"言困卦於困窮之時而
能守節,使道通行而不屈也。"案通,謂君子通達天命、天道,故素
患難,行乎患難也。

⑱"井居其所而遷"者,韓康伯注曰:"'改邑不改井',井所居不移,
而能遷其施也。"案遷,變通。當屬原邑時,井施養於人,當其改邑
後,井亦施養於人,井雖不遷,其施養者則遷矣。

⑲"巽稱而隱"者,稱,稱揚。《禮記‧祭統》:"夫鼎有銘。銘者,自名也。自名以稱揚其先祖之美,而明著之後世者也。"在此則謂君命得以稱揚,猶云頒布明示。《廣雅》:"隱,度也。"隱,謂私度之。《尚書‧盤庚》:"尚皆隱哉。"隱有私度、考量義。稱者爲經,隱者爲權。孔穎達《正義》云:"自此以上,辨九卦性德也。"

⑳"履以和行"者,孔穎達《正義》曰:"言履者以禮敬事於人,是調和性行也。"又云:"自此以下,論九卦各有施用而有利益也。"

㉑"謙以制禮"者,孔穎達《正義》曰:"性能謙順,可以裁制於禮。"裁制於禮,即約束自身,使契合於禮。傳前云"謙尊而光",已揭謙有謙退義。王引之《經義述聞》謂"謙以制禮"與《禮記‧曲禮》曰"君子恭敬撙節退讓以明禮"其義一也。余案:"制禮"不盡謂受制於禮。謙乃德之柄,亦制禮者也。其制禮當以公正爲義,非惟謙退一端也。

㉒"復以自知"者,《集解》引虞翻曰:"'有不善,未嘗不知',故'自知'也。"韓康伯注曰:"求諸己也。"孔穎達《正義》曰:"既能返復求身,則自知得失也。"皆通。

㉓"恒以一德"者,《集解》引虞翻曰:"恒,德之固,立不易方,從一而終,故'一德'者也。"案虞說恒之德"從一而終",不甚明確。一,如一。"一德"者,使德維繫過程之始終,連續不斷絕,亦即恒久而不已也。至若韓康伯注謂"以一爲德",則謬矣。

㉔"損以遠害"者,身既修,惡既滌除,故可以遠害。

㉕"益以興利"者,長裕民,則民利興。

㉖"困以寡怨"者,君子既通達天命、天道,故不怨天,不尤人,是以云"寡怨"。

㉗"井以辯義"者,韓康伯注曰:"施而無私,義之方也。"案此義者,公義也,井卦"勞民勸相",乃致力於公義,此可由井事之美惡辨之。

㉘權,權變,經、權對言。"巽以行權"者,王命爲經,而臣執行命令之際,固應因時、因地、因勢而有所權變也。又《集解》引《九家易》總論此章大義曰:"此所以説九卦者,聖人履憂,濟民之所急行也。故先陳其德,中言其性,後叙其用,以詳之也。"

《易》之爲書也,不可遠。[①]爲道也,屢遷,[②]變動不居,周流六虛,上下无常,剛柔相易,不可爲典要,唯變所適。[③]其出入以度,外内使知懼,[④]又明於憂患與故,无有師保,如臨父母。[⑤]初率其辭而揆其方,既有典常。[⑥]苟非其人,道不虛行。[⑦]《易》之爲書也,原始要終,以爲質也。[⑧]六爻相雜,唯其時物也。[⑨]其初難知,其上易知,本末也。[⑩]初辭擬之,卒成之終。[⑪]若夫雜物撰德,辯是與非,則非其中爻不備。[⑫]噫亦要存亡吉凶,則居可知矣。[⑬]知者觀其彖辭,則思過半矣。[⑭]

【校注】

①《釋文》:"遠,馬、王肅、韓袁萬反。"讀袁萬反,當訓離之。韓康伯注曰:"擬議而動,不可遠也。"故"不可遠"猶云不可離之,離之則無從擬議也。余案:帛傳《易之義》作"《易》之爲書也,難前",前,前知也。故不可遠者,非《易》之書不可遠,當意謂用《易》決疑,不可過遠於當前之狀況。

②注家多以"《易》之爲書也,不可遠;爲道也,屢遷"爲句。鄭玄《六藝論》則引作"其爲道也,屢遷,變動不居……"與下文連貫,當從鄭讀。遷,遷變也。

③"變動不居",道遷變之狀。"周流六虛",虛同墟,《聲類》:"墟,故居所也。""六虛"者,即道周流中之六個居所,亦即六爻位。孔穎達《正義》釋六虛爲六位,又指六位爲六爻之位,是也。"上下无常,剛柔相易",皆謂六爻之間變化,其位置或上或下,無有常態;剛與柔隨其位置而變化,或剛居柔位,或柔居剛位,是爲相易。

典，典法。要，簿書也。“不可爲典要”，即不可拘持書本之教條也。韓康伯注曰：“不可立定準也。”釋“典要”爲定準，亦通。“唯變所適”，適，之也，意謂六爻唯按照變化之勢而變動。《易之義》適作次，言六爻當次隨於變化之勢，亦通。

④韓康伯注：“出入猶行藏，外内猶隱顯。”余案：二句當互文讀之，出入、外内皆“以度”，皆“使知懼”。而“以度”，謂以其有常；“知懼”，謂知懼其無常。

⑤故，同事。“明於憂患與故”者，《易》明示聖人之憂患，以及聖人應對憂患所行之事。師保，謂教喻我者。《禮記·文王世子》：“入則有保，出則有師，是以教喻而德成也。”“无有師保”者，若有師保，則可以告知我當如何作爲，若無師保，則我不知當如何作爲；而在無師保情況下，我則“如臨父母”，臨，見也，唯有揣摩父母顔色以逆知其心意。於此則謂我但自《易》所明之“憂患與故”中，逆知聖人之志也。

⑥初，始也。《集解》引侯果曰：“率，修。”又《集解》本率作帥，虞翻曰：“帥，正也。謂修辭立誠。”率、帥，皆取修治之義。“初率其辭”，意謂學《易》者，於其初始，修治《易》之文辭。揆，度也。方，意旨，法則。《釋文》：“馬云：方，道。”孔穎達《正義》訓方爲義理。“揆其方”，意謂進而揣度其意旨、法則，或曰其道，其義理。“既有典常”，既，猶乃也。“典常”者，可以爲後事效法之《易》中前事之常例。《古文尚書·周官》：“其爾典常作之師。”《孔傳》：“其汝爲政，當以舊典常故事爲師法。”案此“典常”，非師保教我者，乃我“率其辭”、“揆其方”，乃得之於《易》者也。又《易之義》“既有典常”作“无又（有）典常”，疑无當爲旡，旡爲既字音借。

⑦苟，猶若也。孔穎達《正義》曰：“言若聖人，則能循其文辭，揆其義理，知其典常，是《易》道得行也。若苟非通聖之人，則不曉達《易》之道理，則《易》之道不虛空得行也。”孔説“其人”爲聖人。

余以爲，"其人"即指前文得《易》之"典常"者也。

⑧"原始"，原，察也，即觀察其初始。"要終"，要，會也，意謂既察始，又使始與終相要會，使始終爲一體也。孔穎達《正義》曰："原窮其事之初始。乾'初九，潛龍勿用'，是'原始'也。"又曰："又要會其事之終末。若'上九，亢龍有悔'，是'要終'也。"質，二者相對。《莊子·徐無鬼》："自夫子之死也，吾無以爲質矣。"成玄英疏云："質，對也。""以爲質"者，意謂始與終爲兩端，相對互動。又韓康伯注曰："質，體也。卦兼終始之義也。"則韓訓質爲體，指卦體。有始有終，體乃全也。

⑨"六爻相雜"者，《集解》引虞翻曰："陰陽錯居曰雜。"六爻或陰或陽，錯綜排列於始終之間。"唯其時物"者，孔穎達《正義》曰："物，事也。一卦之中，六爻交相雜錯，唯各會其時，唯各主其事。"余案：時當讀作動詞，"時物"，亦即通過"六爻相雜"，使事物皆配合於自始至終間之各時位也。

⑩帛傳《易之義》"其初"句前有"是故"，可知上文"六爻相雜，唯其時物"與此二句有因果關係。"其初"，亦即在時中之事物當其始；"其上"，當其終。難知、易知者，皆謂事物。初、上亦可指初爻、上爻。《集解》引侯果曰："本末，初、上也。初則事微，故'難知'；上則事彰，故'易知'。"余案：本末指樹根與樹梢，其生長自始及終，其形態由隱微至彰顯也。

⑪初，初辭，即初爻之辭。擬，度也，謂嘗試爲之。惠棟《周易述》曰："擬者，未定之辭，故'初辭擬之'；一卦吉凶存亡之義，至上而具，故卦成於上，上者，一卦之終，故'卒成之終'。"則言初、終之間有未定、既定之變化。又僧叡《大智度論序》云："其爲論也，初辭擬之，必標衆異以盡美；卒成之終，則舉無執以盡善。"則"初辭擬之"意謂當其初，當擬度多種可能；"卒成之終"意謂當其終，多種可能乃定於一。

⑫物,此謂爻。"雜物",錯雜六爻。《釋文》:"撰,鄭作算,云:數也。"撰當讀如選,選、算古音同。"撰德",六爻各秉其性,於中選擇其可表徵一卦之德者。"中爻"者,韓康伯注云此一爻爲一,同乎形而上之道。然其於卦指哪一爻,韓未明言。徵諸王弼《周易略例》言"貞夫一",則中爻當指一卦中起主導作用之一爻。孔穎達《正義》解釋中爻,亦謂中爻乃統攝一卦之義之爻,然則其舉例,則乾坤之二、五,又似專指二、五爲中爻,且非一爻也。後世注家沿王弼之説,以爲中爻即一卦之卦主,卦主唯一爻,亦不必在二、五中位。然則卦主之指認,頗顯隨意。又注家或謂此中爻,指二、三、四、五中四爻,則與王、韓、孔主一、主二五之説殊異,然則下文言二與四、三與五,文義連貫,亦可説通也。余以爲,舊説皆能發《易》之義理,然則過於玄遠。據《左傳》、《國語》筮例,占筮乃定吉凶於一爻,若"乾之姤"、"屯之比"者,"中爻"即指此種指明當下占斷之爻,必得此一爻之後始論其居於何位,當位與否也。

⑬"噫亦要存亡吉凶"句,舊注以噫爲歎詞,故斷爲"噫!亦要存亡吉凶,則居可知矣"。孔穎達《正義》云:"卦爻雖衆,意義必在其中爻。噫乎發嘆,要定或此卦存之與亡,吉之與凶,但觀其中爻,則居然可知矣。"而《集解》引崔覲曰:"言中四爻亦能要定卦中存亡吉凶之事,居然可知矣。"崔説亦以中爻爲要,然則崔以爲中爻指中四爻,並非議王、孔説。余以爲,按王引之《經傳釋詞》,"噫亦"即"抑亦",詞之轉也。要,有決定之義,前云之中爻除"雜物撰德,辯是與非"外,"抑亦"決定"存亡吉凶"也。如前注,中爻即占斷之一爻也。居,王引之《經傳釋詞》:"鄭、王注並曰:'居,辭也。'""居可知",猶云其可知,將可知。

⑭彖辭,爻辭也。帛傳《繫辭》有"若夫雜物撰德,[辨]是與非,則下(非)中教(爻)不備,初大要,存亡吉凶,則將可知矣"。其下無"知者"句。而《易之義》有"子曰:'知者觀其彖辭而説過半矣。'"

在《易》曰"二與四同功而異位"之前。由此推斷,"知者觀其彖辭,則思過半矣"句,當屬下章之首。

二與四同功而異位,其善不同,二多譽,四多懼,近也。柔之爲道,不利遠者,其要无咎,其用柔中也。①三與五同功而異位,三多凶,五多功,貴賤之等也。其柔危,其剛勝邪。②《易》之爲書也,廣大悉備。有天道焉,有人道焉,有地道焉。③兼三材而兩之,故六。六者,非它也,三才之道也。④道有變動,故曰爻。爻有等,故曰物。物相雜,故曰文。文不當,故吉凶生焉。⑤易之興也,其當殷之末世,周之盛德耶,當文王與紂之事邪,是故其辭危。⑥危者使平,易者使傾,其道甚大。百物不廢,懼以終始,其要无咎。此之謂易之道也。⑦

【校注】

①孔穎達《正義》本以"二與四"至"易之道也"爲第八章,《集解》本亦如此分章,然本注所用底本未分章,連《正義》七、八兩章爲一。本注作分章處理。又據《易之義》本,"知者觀其彖辭,則思過半矣"句當置此章之首,且前或有"子曰"。朱熹《周易本義》於此處擅爲分章,凡傳云"《易》之爲書也",皆以爲章首,故在"二與四"處不分章,"其剛勝邪"處始分。又以"易之興也"至"易之道也"爲一章。孔穎達之七、八兩章,朱子分爲四章。總計前已注明之分合,朱子乃分《繫辭下》凡十二章。"知者觀其彖辭,則思過半矣"者,《釋文》:"馬云:彖辭,卦辭也。鄭云:爻辭也。周同。王肅云:彖,舉象之要也。師說通謂爻卦之辭也。一云:即夫子彖辭。"岐義甚多。余案:鄭玄説爲是。若以此文接前章文,前者言六爻相雜、中爻之要,則當繼言爻辭,以補足其義;以此文啓下章文,則其後乃言爻位,爻位之譽、懼、吉、功,亦當關乎爻辭也。"二與四"以下文,《集解》引崔覲曰:"此重釋中四爻,功位所宜也。"

崔以爲"中爻"謂中四爻,故此下重釋,余以爲崔説不確,一則前文
"中爻"未必指此四爻,二則傳在此論四爻,乃本諸内、外卦之關
係。"二與四同功而異位"者,"同功",韓康伯注曰:"同陰功也。"
"異位",韓曰:"有内外也。""其善不同"者,其理想之狀況不同。
"二多譽,四多懼"者,意謂居於二位,多稱譽,居於四位,則多畏
懼。"近也"者,舊注以爲,"近也"釋所以四"多懼",四之於五,爲
近,二之於五,爲遠。余見與舊注適相反,以"近也"釋所以二"多
譽"。傳云二、四,乃以内卦爲本言之,近謂近乎内卦,遠謂遠乎内
卦,故二居内卦之中,是"近也",故"多譽";而四已出内卦,入外
卦,是"遠者",故"多懼"。二、四雖同陰功,然就内卦而言,二在
近,四在遠,故有"多譽"與"多懼"之別。繼言"柔之爲道,不利遠
者,其要无咎,其用柔中",亦説二也。

②"三與五同功而異位"者,"同功",韓康伯注曰:"同陽功也。""異
位",韓曰:"有貴賤也。"同前理,傳云三、五,乃以外卦爲本言之,
五居外卦之中,其位"貴",故"多功";三則尚在内卦,未入外卦,
其位"賤",故"多凶"。"其柔危,其剛勝邪"者,謂五位剛居之則
勝,柔居之則危。五"剛勝"對言二"柔中"。推闡論之,則三、五
雖同陽功,然就外卦而言,五在貴,三在賤,故有"多功"與"多凶"
之別也。又《易之義》本"二與四"、"柔之爲道"、"三與五"三句前
均有"《易》曰",且無"其柔危"句。

③"廣大悉備",言其無所不包。"有天道焉,有地道焉,有人道焉",
則言"廣大悉備"之中又分其條理,天、地、人各有其道。《漢紀・
孝武皇帝紀論》:"《易》稱'有天道焉,有地道焉,有人道焉',各當
其理而不相亂也。"

④兼,並也。兩之,使分爲二。"兼三材而兩之,故六"者,天、地、人
相並立,又皆以陰陽兩分之,亦即三才各分一陰一陽,故得六也。
《漢紀・高后紀論》:"《易》曰:'有天道焉,有地道焉,有人道焉。'

言其異也。'兼三才而兩之'，言其同也。"是天道、地道、人道相異，而其皆含一陰一陽則相同。換言之，一陰一陽之道總攝天、地、人三才。六者，即六爻，六爻含三才，初、二爲地，三、四爲人，五、上爲天。一、三、五陽位，二、四、六陰位，三才各含一陰一陽。

⑤"道有變動，故曰爻"者，道，三才之道，《集解》引陸績曰："天道有晝夜、日月之變，地道有剛柔、燥濕之變，人道有行止、動静、吉凶、善惡之變。聖人設爻，以效三者之變動，故謂之爻者也。""爻有等，故曰物"者，孔穎達《正義》曰："物，類也。言爻有陰陽貴賤等級，以象萬物之類，故謂之物也。"余案：孔訓物爲類，有失。等，言爻之上下有位，歷歷可見。物則指相應於爻之具體事物。依文例，"道有變動，故曰爻"者，言爻效此變動也；"爻有等，故曰物"，言物效此爻等也，陽爻二百一十六，陰爻百四十四，二篇之策萬有一千五百二十，以當萬物之數，即謂此爻與物之關係。要在物乃具體事物，非類也。"物相雜，故曰文"，亦同此例，言文乃表現物之相雜也，要在其相雜乃具體事物交錯而成之秩序，並非卦爻體系之外推，而吉凶生於此一層面也。《説文》："文，錯畫也。"《國語‧鄭語》："物一無文。""文不當，故吉凶生焉"者，此一整體秩序有不當者，則吉凶於是生焉。孔穎達《正義》曰："若相與聚居，間雜成文，不相妨害，則吉凶不生也。由文之不當，相與聚居，不當於理，則吉凶生也。"則是矣。

⑥"是故其辭危"之危，當訓正。《廣雅》："危，正也。"意謂其辭乃指明存亡吉凶之正道也。舊注或訓此危爲不正、隱諱，皆不確。

⑦此危者，高而傾側之危。易，平。"危者使平"，其若文王之有囚羑里之危，而終得平安。傾，同危。"易者使傾"，若紂王之自謂平安，而終使傾側。余案：蓋因"其辭危"，亦即其辭正，方可使"危者使平，易者使傾"，若其辭不正，何能成此功？又何以言"其道甚大"？孔穎達《正義》曰："'其道甚大，百物不廢'者，言《易》道功

用甚大,百種之物,賴之不有休廢也。'懼以終始'者,言恒能憂懼於終始,能於始思終,於終思始也。'其要无咎'者,若能始終皆懼,要會歸於無咎也。"

夫乾,天下之至健也,德行恒易以知險。夫坤,天下之至順也,德行恒簡以知阻。①能説諸心,能研諸侯之慮,②定天下之吉凶,成天下之亹亹者。是故變化云爲,吉事有祥。③象事知器,占事知來。④天地設位,聖人成能。人謀鬼謀,百姓與能。⑤八卦以象告,爻彖以情言,剛柔雜居而吉凶可見矣。⑥變動以利言,吉凶以情遷。⑦是故愛惡相攻而吉凶生,遠近相取而悔吝生,情僞相感而利害生。⑧凡易之情,近而不相得,則凶;或害之,悔且吝。⑨將叛者其辭慚,中心疑者其辭枝。⑩吉人之辭寡,躁人之辭多。⑪誣善之人其辭游,失其守者其辭屈。⑫

【校注】

①"易"即《繫辭上》"乾以易知"之易,言變化。"簡"即"坤以簡能"之簡,言別類。"德行恒易以知險"者,乾之德以變化爲恒常,處變化中,當知其危險。險,至其極而傾。"德行恒簡以知阻"者,坤之德以簡別爲恒常,處分別中,當知相互有所阻隔。阻,有所止而不行。

②王弼《周易略例》引此作"能説諸心,能研諸慮",故注家疑"侯之"二字衍,非。帛傳《繫辭》作"能説之心,能數諸侯之[慮]"。説同悦。《孟子·告子》:"理義之悦我心。""能説諸心",意謂易之理義能使人心悦。研,《文選》李善注引鄭玄注曰:"研,喻思慮。"此謂"能研諸侯之慮",能解釋諸侯之疑慮。所慮者,事也。

③俞敏《經傳釋詞札記》以云通爰,即"於焉"。"變化云爲",意謂變化發生於此際。"吉事有祥"者,祥,嘉祥,亦即順隨變化之際,行吉事則有嘉祥。韓康伯注曰:"行其吉事,則獲嘉祥之應。"

④"象事知器",焦循《易章句》曰:"制器尚象,前十三'蓋取'是也。"

"占事知來",焦曰:"謂卜筮尚占。"以傳釋傳,得之。

⑤"天地設位",概言設乾坤、八卦乃至六十四卦、三百八十四爻。"聖人成能",成能,謂聖人實現易之功能。易道既成,則聖人之情、鬼神之志行乎其中,故曰"人謀鬼謀"。"百姓與能",與,相從,聖人作《易》,故云"成能",百姓日用而不知,故云"與能"。案天地、聖人、百姓,《易》一體而貫之,其功用則分殊也。

⑥"八卦以象告"者,八卦概言八卦、六十四卦,言易之體,未繫辭時,其以象告人。"爻象以情言"者,爻象概言卦、爻皆繫諸辭,有辭則可見聖人之情也。"剛柔雜居",謂一卦六爻,剛柔相錯而居。"而吉凶可見"者,六爻剛柔之當位、不當位,顯現一卦之吉凶。案"剛柔雜居",謂六爻排列之靜止狀態。承上"八卦以象告,爻象以情言"二句,意謂易未變動時,觀卦象、卦爻辭及爻位,可見一"吉凶"。此猶《繫辭上》云"君子居則觀其象而玩其辭"也。

⑦"變動以利言",言,取其宜也。意謂按照利害相關而取變動之宜。"吉凶以情遷",情,愛惡之情,遷,改變,意謂按照情之不同而吉凶有所轉變。此猶云"動則觀其變而玩其占"。前一"吉凶"靜,此一"吉凶"動矣。

⑧"是故",承前變動之際。"愛惡相攻而吉凶生"者,愛之情與惡之情發生諸種關係則導致或吉或凶。"遠近相取而悔吝生"者,處遠者與處近者發生諸種關係則導致或悔或吝。"情偽相感而利害生"者,真實者與虛假者發生諸種關係則導致或利或害。案顧炎武《日知錄》曰:"愛惡相攻,遠近相取,情偽相感,人心之至變也。"知此三者,皆人事之無常,聖人所當憂者也。而以天道之吉凶規範人事之吉凶,則是"推天道而明人事"。焦循《易章句》釋此云:"愛惡、遠近、情偽,百姓所有也。欲其愛而不惡,近而不遠,情而不偽,故以卜筮之吉凶、悔吝、利害鼓舞之,危懼之,使民亹亹而假以卜筮,所謂'鬼謀'也。卜筮之吉凶、悔吝、利害,必因其貳

以濟之,仍存乎其人,故‘人謀’也。"焦說頗得傳義。

⑨此"近"非"遠近"之近,謂逼近、切近也。《集解》引虞翻曰:"坤爲害。以陰居陽,以陽居陰,爲悔且吝。"李道平《纂疏》云:"以陰居陽,以陽居陰,陽皆受陰之害,故悔且吝也。"余案:以陰居陽,以陽居陰,即"近而不相得"也;"或害之",陰或受陽害,陽或受陰害,皆將"悔且吝",不必拘持坤爲害,陽皆受陰之害也。

⑩顧炎武《日知録》曰:"愛惡相攻,遠近相取,情僞相感,人心之至變也。於何知之?以其辭知之。"故下接"將叛者"云云。"將叛者",將叛而離去者。慚同懅,同惡,惡同忸,忸怩,畏縮貌。《廣雅》:"忸怩、殘咨,慚也。"王念孫《廣雅疏證》:"忸怩、殘咨,皆局縮不伸之貌也。"故"其辭慚",意謂其言語忸怩畏縮、閃爍其辭。帛傳《繫辭》慚作亂,亂,渾也,謂言語含混不清,亦通。"中心疑者",即心中有疑慮者。"其辭枝",枝,歧也,所言不能一致。《集解》引侯果曰:"中心疑二,則失得無從,故枝分不一也。"

⑪舊注於"吉人"多無釋,以吉即吉凶之吉。然則由"辭寡"對"辭多"觀之,"吉人"與"躁人"亦當爲對。《廣雅》:"吉,行也。"王念孫《廣雅疏證》云:"諸書無訓吉爲行者,吉當爲佶,《廣韻》:'佶,許吉切,行也。'《集韻》:'佶,行貌。'"故此"吉人"或可釋爲安於行之人,而"躁人"爲不安於行之人,庶幾對言。

⑫"誣善之人",即僞稱自己有善言善行者。"其辭游",其辭浮游,難以落實。《禮記·緇衣》:"不倡游言。"鄭玄注:"游猶浮也,不可用之言也。"《集解》引崔覲曰:"妄稱有善,故自叙其美,而辭必浮游不實。""失其守者",若失其土、失其城、失其家、失其位者,皆可謂失其守者。《集解》屈作詘,當從。《説文》:"詘,詰詘也。"徐鍇《繫傳》:"按《周易》曰'失其守者其辭屈',當作此詘字也。"詘,《集韻》:"辭塞也。"詰詘,難以出言之貌,《楚辭·九思》:"思哽饐兮詰詘,涕流瀾兮如雨。"故"其辭詘",言其出言困難,若無言以對

貌。《集解》引侯果曰："失守則沮辱而不信,故'其辭詘'也。"案孔穎達《正義》云:"凡此辭者,皆論《易經》之中有此六種之辭,謂作《易》之人,述此六人之意,各準望其意而制其辭也。"余以爲,卦爻辭中有此六種之辭,固是也;然則聖人之意,非準其意而制其辭,毋寧説在於正此六種之辭,有修辭立誠之義。焦循《易章句》云:"此申明以言者尚其辭之義。叛、疑、誣、失,皆動之不善也,而辭著之。然則欲免其慚,必改其叛;欲免其枝,必改其疑;欲免其多,必改其躁;欲免其游,必改其誣;欲免其屈,必改其失。改其動之失,則爲吉人。吉則辭寡而不慚、不枝、不多、不游、不屈矣。聖人作《易》,教人改過也。改過者,改言動之過也。知者、仁者觀於《易》之辭,而言動之過可改。百姓之愚,以卜筮濟之,亦寡言動之過焉。聖人之《易》,爲君子、小人言動而作也,故終詳焉。"焦以此六種之辭總結傳義,其大義可供參考,訓詁不盡同本注。

説　卦

　　昔者聖人之作《易》也，幽贊於神明而生蓍，[①]參天兩地而倚數，[②]觀變於陰陽而立卦，發揮於剛柔而生爻。[③]和順於道德而理於義，窮理盡性以至於命。[④]

【校注】

①《説卦》託言孔子，實爲孔門傳經之儒所作，或源出戰國晚期，於漢初定本。孔穎達《正義》曰："説卦者，陳説八卦之德業變化及法象所爲也。"又曰："'昔者聖人'至'以至於命'，此一節將明聖人引伸因重之意，故先叙聖人本制蓍數卦爻，備明天道人事妙極之理。"《集解》引荀爽曰："幽，隱也。贊，見也。""幽贊"，猶云使幽深者顯明也。幽贊神明，通合天人，占往知來，皆藉乎生蓍也。《漢書·李尋傳》班固贊曰："幽贊神明，通合天人之道者，莫著乎《易》、《春秋》。"《漢書·叙傳》："占往知來，幽贊神明。"顏師古曰："《易·上繫辭》曰：'神以知來，知以藏往。'言蓍卦之德兼神知也。《説卦》曰：'昔者聖人之作《易》也，幽贊於神明而生蓍。'言欲深致神明之道，助以成教，故爲蓍卜也。"

②"參天兩地"舊注歧説紛紜，兹不贅述。余案："參天兩地"，兩亦作貳，參兩、參貳可連言，《論衡·案書》："參貳經傳。"故此句亦可讀作"參兩天地"、"參貳天地"。參、兩，猶云奇、偶也，天數奇，地數偶，若《繫辭上》："天一，地二，天三，地四，天五，地六，天七，

地八,天九,地十。"《釋文》:"倚,馬云:依也。王肅云:立也。虞同。蜀才作奇,通。"《集解》引虞翻、孔穎達《正義》皆訓倚數爲立數。余以爲,倚當同蜀才作奇,奇,同畸,數之餘,亦即閏。占筮所需之數,天數、地數與閏也。詳參"大衍"章注。

③《釋文》:"觀變,一本作觀變化。""觀變於陰陽",即觀變化於乾坤,乾陽坤陰。"立卦",立八卦,乾陽變成震、坎、艮,坤陰變成巽、離、兑。孔穎達《正義》謂"立卦"當謂立六十四卦,非小成八卦。余以爲其要在變化本諸乾坤,由乾坤生八卦,再生六十四卦,皆通。"發揮",《集解》引虞翻曰:"發,動;揮,變。"發揮即動而變。此二句當互文讀之,變化亦發揮,陰陽亦剛柔,立卦、立爻爲一體也。

④"和順於道德而理於義"者,孔穎達《正義》曰:"上以和協順成聖人之道德,下以治理斷割人倫之正義。"余案:孔説不確。孔説仍以《易》爲主語,實則前文立卦、立爻言《易》已完足,至此轉謂聖人。《漢紀·高后紀論》有云:"凡三勢之數,深不可識,故君子盡心力焉,以任天命。《易》曰:'窮理盡性以至於命。'其此之謂乎?"則"窮理盡性以至於命"者,固謂人之爲矣,前句亦應同。故"和順於道德",當謂聖人協和、因順於天地之道德,亦即《文言》"夫大人者,與天地合其德"。理,動詞,調順。義,宜也。"理於義",即聖人既協和、因順天地之道德,又調順人事之當宜。"窮理",窮極《易》之理,或謂天道、地道、人道。"盡性",盡知萬物與人所成之性。"以至於命",性乃自命出,既盡知其性,復能歸本而知其命。命者,吉凶也。《文選》李善注引鄭玄注云:"言窮其義理,盡人之情性,以至於命,吉凶所定。"此句意謂窮極《易》之理,則可藉以盡萬物與人之性,乃至於歸本於命,其事遞次一貫焉。注家或以窮理、盡性、知命爲並列三事,殊謬。

昔者聖人之作《易》也,將以順性命之理。①是以立天之道

曰陰與陽,立地之道曰柔與剛,立人之道曰仁與義。^②兼三才而兩之,故《易》六畫而成卦。^③分陰分陽,迭用柔剛,故《易》六位而成章。^④

【校注】

①孔穎達《正義》曰:"'昔者'至'成章',此節就爻位明重卦之意。"順,調順。《孝經》:"先王有至德要道,以順天下。""順性命之理"者,以《易》理調順性命之理。

②陰陽,天之二氣。剛柔,地之二形。仁義,人之二性。三才雖異,而陰陽、剛柔、仁義,皆本諸《易》之道,故又爲同。《易緯·乾鑿度》云:"天動而施曰仁,地静而理曰義。"可知在易道變化之中,天地人三道不分,一體發揮功用。

③同《繫辭下》"兼三才而兩之,故六"。六畫,即凡六畫其爻。

④"分陰分陽",意謂六爻或陰或陽。"迭用剛柔",迭,遞也,意謂剛爻、柔爻遞相爲用。《釋文》:"六位而成章,本又作六畫。"《集解》本作畫,帛傳《易之義》亦作畫。當作位,畫謂序次畫之,位謂六爻已成定。章,節也,謂一卦。

天地定位,山澤通氣,雷風相薄,水火不相射,八卦相錯。^①數往者順,知來者逆,是故《易》逆數也。^②

【校注】

①孔穎達《正義》曰:"此一節就卦象明重卦之意。"余案:此節言八單卦中四對陰陽相反兩卦之關係。"天地定位",謂乾、坤確定天地尊卑之位,乾天、坤地,爲陰陽相反之兩卦。"山澤通氣",艮山、兌澤,陰陽相反,通氣,謂山陽氣,澤陰氣,陰陽二氣上下交通。"雷風相薄",震雷、巽風。《釋文》:"薄,陸云:相附薄也。馬、鄭、顧云:薄,入也。"當訓入。風雷,皆有聲者,其聲音可融合,不相阻隔,故云相入。下節文又作"雷風不相誖",誖,逆也,相誖則不相

入也。"水火不相射",《釋文》:"射,食亦反。虞、陸、董、姚、王肅音亦亦,云:厭也。"厭,掩也。《荀子·禮論》:"禮者,謹於吉凶而不相厭者也。"楊倞注:"厭,掩也。"水火亦猶吉凶不相厭也。又離亦謂日,坎亦謂月,水火同日月,日月不相厭,意謂日月遞次而出,分司晝夜,當日而見月,是月厭日,當月而日出,是日厭月。又帛傳《易之義》作"火水相射",當脫"不"字。又或未脫字,射讀神夜切,即射箭之射,取相互距斥、激蕩之義,"水火相射",意謂水火不相容也。元稹《永福寺石壁法華經記》:"陰與陽相蕩,火與風相射。"即用此義。"八卦相錯"者,八卦兩兩構成相互關係,義通《繫辭上》"剛柔相摩,八卦相盪",摩、盪,皆相錯也。艮兑、震巽,是相摩;乾坤、離坎,爲相蕩。

② 數,易數。此二句數、知當互文讀之,"數往",意謂演易數以知往、知過去;"知來",意謂演易數以知來、知未來。過去、未來皆通過演易數而知也。往、來謂時間之流程,鑒古知今,曰"順";於現在知未來,曰"逆"。此二句中順、逆對言。而"是故《易》逆數也"之逆,則當訓迎。《周禮·春官宗伯·大史》:"掌建邦之六典,以逆邦國之治。"鄭玄注:"逆,迎也。六典、八法、八則,冢宰所建,以治百官。大史又建焉,以爲王迎受其治也。"賈公彥疏云:"鄭言此者,欲見大史重掌此三者,非是相副貳,大宰既掌此,大史迎受其治職文書。"據鄭、賈説推闡,大史以六典迎邦治,亦即大史以六典爲大宰邦治提供法典之依據。比諸此傳,以《易》逆數,乃謂既演出易數,再以《易》之經本迎之,使易數有稽於經本之文辭也。《易》之爲書,以文辭迎受易數,數與辭可以相通、互明。帛傳《易之義》此句作"故《易》達數也",達,明也,意謂《易》之爲書,可明達乎數。舊注於此文衆説紛紜,其要皆虛構一次序,若虞翻之以十二地支,朱熹之以先天八卦圖,來知德以六爻上下,然後曰順數之、逆數之云云,皆穿鑿之説。

　　雷以動之,風以散之,雨以潤之,日以烜之,艮以止之,兑以說之,乾以君之,坤以藏之。①帝出乎震,齊乎巽,相見乎離,致役乎坤,說言乎兑,戰乎乾,勞乎坎,成言乎艮。②萬物出乎震,震,東方也。③"齊乎巽",巽,東南也。齊也者,言萬物之絜齊也。④離也者,明也,萬物皆相見,南方之卦也。聖人南面而聽天下,嚮明而治,蓋取諸此也。⑤坤也者,地也,萬物皆致養焉,故曰"致役乎坤"。⑥兑,正秋也,萬物之所說也,故曰"說言乎兑"。⑦"戰乎乾",乾,西北之卦也,言陰陽相薄也。⑧坎者,水也,正北方之卦也。勞卦也,萬物之所歸也,故曰"勞乎坎"。⑨艮,東北之卦也,萬物之所成終而所成始也,故曰"成言乎艮"。⑩

【校注】

①孔穎達《正義》曰:"此一節總明八卦養物之功。烜,乾也。上四舉象,下四舉卦者,王肅云互相備也。明雷、風與震、巽同用,乾、坤與天、地通功也。"余案:此八句叙八卦次第:震、巽、坎、離、艮、兑、乾、坤。一說以爲此八卦次第即乾坤生六子之過程,《集解》引《九家易》曰:"乾坤交索,既生六子,各任其才,往生物也。"李道平《周易集解纂疏》云:"初索震、巽,再索坎、離,三索艮、兑,故先六子而終乾、坤。"一說以爲此八卦次第表示時間之次序與空間之方位。《集解》引荀爽、《九家易》釋以建十二月之説。荀爽云"雷以動之"者,雷,震也,當建卯之月,天地和合,萬物萌動也。"風以散之"者,風,巽也,建巳之月,萬物上達,布散田野。"雨以潤之"者,雨,坎也,建子之月,含育萌芽也。"日以烜之"者,日,離也,烜,乾燥,建午之月,太陽欲長者也。"艮以止之"者,建丑之月,消息畢止也。"兑以說之"者,建酉之月,萬物成熟也。"乾以君之"者,建亥之月,乾坤合居,君臣位得也。"坤以藏之"者,《九家易》

以爲建申之月,坤在乾下,包藏萬物也。又《易緯·乾鑿度》曰：
"震生物於東方,位在二月；巽散之於東南,位在四月；離長之於南
方,位在五月；坤養之於西南方,位在六月；兑收之於西方,位在八
月；乾剥之於西北方,位在十月；坎藏之於北方,位在十一月；艮終
始之於東北方,位在十二月。"鄭玄注："萬物是八卦之象,定其位
則不遷其性,不淫其德矣,故各得自成者也。"則於月建外,復説以
八卦方位,與本節下文一致。

②帝者,在此非神名,乃謂在萬物之先,萬物所由出者。吳大澂《字
説》以爲帝字本義同蔕,云"蔕落而成果,即草木之所由生,枝葉之
所由發,生物之始,與天地合德,故帝足以配天"。藉吳説解此傳,
義尤洽。蔕本義爲瓜當,亦可引義爲草木根,《韻會》："蔕,音帶。
草木根也。"《漢書·五行志》引劉向曰："於《易》,雷以二月出,其
卦曰豫。言萬物隨雷出地,皆逸豫也。"故"帝出乎震"者,猶言二
月之雷振開草木之根,令草木出地,由是而生。齊,絜齊,亦即洗
潔。焦循《易章句》："韋昭謂洗濯枯穢,改柯易葉也。""齊乎巽"
者,在震,草木出地,在巽,則改柯易葉,更新而長。"相見乎離"
者,在離,萬物皆已長成,顯現在日下。"致役乎坤"者,役,事也,
在坤,則致力於王事。"説言乎兑"者,説,同悦,在兑,則萬物成
熟,故而人皆歡悦。"戰乎乾"者,在乾,或有征伐戰事。"勞乎
坎"者,勞通牢,《荀子·王霸》："皋牢天下。"楊倞注："言盡牢籠
天下也。"則在坎,天下盡在牢籠焉。"成言乎艮"者,成,訓完備,
在艮,萬物萬事臻於完備也。

③此釋"帝出乎震"。震位在東方,當正春。

④此釋"齊乎巽"。巽位在東南。

⑤此釋"相見乎離"。離爲日爲明,位在南方,當正夏。荀悦《申
鑒·時事》曰："'天子南面聽天下,嚮明而治',蓋取諸離,天之道
也。月正聽朝,國家之大事也。"

⑥此釋"致役乎坤"。坤爲地,位在西南。地道含弘光大,養成萬物。然則地之養萬物,必賴人之經營耕種,故須致役焉。

⑦此釋"説言乎兌"。兌位在西方,當正秋。萬物之説秋者,收穫季節也。

⑧此釋"戰乎乾"。乾位在西北。薄,迫也。"陰陽相薄"謂坤迫接於乾,坤《文言》所謂"陰疑於陽必戰"者也。

⑨此釋"勞乎坎"。坎爲水,位在北方,當正冬。"勞卦"者,牢也,牢籠天下,故曰"萬物之所歸也"。

⑩此釋"成言乎艮"。艮,位在東北。"萬物之所成終而所成始"者,意謂萬物成終、成始,並在於此也。終始相反而並在一處,則意謂終始在此轉換。冬爲終,春爲始,焦循《易章句》曰:"東北,當冬盡春初之地,爲終則有始,貞元相續之際也。"

神也者,妙萬物而爲言者也。①動萬物者,莫疾乎雷;②橈萬物者,莫疾乎風;③燥萬物者,莫熯乎火;④説萬物者,莫説乎澤;⑤潤萬物者,莫潤乎水;⑥終萬物、始萬物者,莫盛乎艮。⑦故水火相逮,雷風不相悖,山澤通氣,然後能變化,既成萬物也。⑧

【校注】

①孔穎達《正義》曰:"此一節別明八卦生成之用。"《繫辭上》:"陰陽不測之謂神。"神謂陰陽,亦即乾坤。妙,言萬物自無生有之際,初始生生之貌。《道德經》:"故常無欲,以觀其妙。"《説文》:"神,天神,引出萬物者也。"乾元、坤元,從無到有引出萬物,是爲"妙萬物"。

②底本闕"雷橈萬物者莫疾乎"八字,徑補。此言震。

③此言巽。橈,彎曲。風吹草木使其彎曲。孔穎達《正義》訓橈爲散,以應合前文"風以散之",亦通。

④此言離。燥萬物,即萬物乾燥。《釋文》:"燥,王肅云:火氣也。"以火烤物,可使物乾燥。

⑤此言兑。前揭荀爽等釋"兑以悦之",皆本時言,兑當正秋,萬物成熟,故而歡悦。而此云"説萬物者,莫説乎澤",乃以兑象澤爲言,謂使萬物歡悦者,莫過於澤。澤之所以能使萬物歡悦者,澤常用指恩澤、秩禄,得之者歡悦也。

⑥此言坎。坎爲雨,雨水下潤萬物。此與離火相對,火燥物使之燥,水潤物使之潤也。

⑦此言艮。《集解》引崔覲以爲前言雷、風、火、澤、水,而此稱艮者,乃因終始萬物之義,於山象不相合,故言體不言象。余案:"莫盛乎艮"亦取山象。前注已云艮以兼山爲象,故可並包終始。"莫盛乎艮"之盛,應讀是征切,黍稷在器中。《釋文》:"盛,鄭音成,云:裹也。"鄭音成,即讀是征切,訓盛爲裹,裹,包裹。艮山以其盛,故能兼包萬物之始與萬物之終,萬物生於山,滅於山,盡爲山所盛焉。又案傳先言終後言始者,則若前揭焦循注,取其時在冬盡春初也。

⑧"水火相逮",《釋文》:"水火不相逮,音代,一音大計反。鄭、宋、陸、王肅、王廙無不字。"陸本作"水火不相逮",《漢書·郊祀志》亦引作"水火不相逮"。若作"不相逮",當同前文"水火不相射",若作"相逮",當同帛傳之"水火相射",字當别訓,大義相同,可參前注。"雷風不相悖"亦參前"雷風相薄"注。"然後能變化"者,能,乃也。六子相應,然後乃實現乾坤之變化。變化,乾坤變化。《集解》引虞翻曰:"謂乾變而坤化。""既成萬物也"者,萬物各正性命,既得完成。前云"妙萬物",謂乾坤生物之始,此云"既成萬物",謂乾坤成物之終也。

乾,健也。①坤,順也。②震,動也。③巽,入也。④坎,陷也。⑤離,麗也。⑥艮,止也。⑦兑,説也。⑧

【校注】

①孔穎達《正義》曰："此一節説八卦名訓。"《正義》曰："乾象天,天
體運轉不息,故爲'健也'。"《集解》引虞翻曰："精剛自勝,動行不
休,故健也。"虞氏特强調乾之爲健,乃自勝,亦即自主而動。

②《正義》曰："坤象地,地順承於天,故爲'順也'。"虞翻以坤爲"純
柔,承天時行,故順"。坤非自主,乃順承於天。

③《正義》曰："震象雷,雷奮動萬物,故爲'動也'。"

④《正義》曰："巽象風,風行無所不入,故爲'入也'。"孔穎達巽卦下
云："巽之爲義,以卑順爲體,以容入爲用。"

⑤《正義》曰："坎象水,水處險陷,故爲'陷也'。"

⑥《正義》曰："離象火,火必著於物,故爲'麗也'。"案麗,附麗。孔
云火麗於物,義猶未足。離卦《象》云："日月麗乎天,百穀草木麗
乎土。"皆是其義也。

⑦《正義》曰："艮象山,山體静止,故爲'止也'。"案艮卦《象》云:
"艮,止也。時止則止,時行則行,動静不失其時,其道光明。"故艮
之爲止,不唯取静止義。

⑧《正義》曰："兑象澤,澤潤萬物,故爲'説也'。"案兑之爲澤,亦象
學宫,亦即朋友講習之所,朋友講習,不亦悦乎!

　　乾爲馬。①坤爲牛。②震爲龍。③巽爲雞。④坎爲豕。⑤離爲
雉。⑥艮爲狗。⑦兑爲羊。⑧

【校注】

①案古者用《易》占筮,因其貞問之事類,乃得各種各樣之象。而
《易》之編纂,不能盡録之,故有見諸《易》之象者,亦有未見諸
《易》之象者,《説卦》之諸象,即含此兩者,尤其以後一類爲多。
劉師培《經學教科書》謂《説卦傳》多用《易經》古象辭,余疑此等
諸象或晚出漢代,《漢書·五行志》多用之,而其解説則涉災異,不
若《易》家訓釋質實。孔穎達《正義》曰："此一節説八卦畜獸之

象,略明遠取諸物也。"《正義》謂乾象天,天行健,而馬行至健,故"乾爲馬"。

②《正義》謂坤象地,地柔順,牛亦柔順,且能任重載物,故"坤爲牛"。

③震一陽動於下,象陽氣初生,龍,陽氣也,故"震爲龍"。

④《集解》引《九家易》曰:"應八風也。風應節而變,變不失時。鷄時至而鳴,與風相應也。"又《正義》謂巽主號令,鷄知時而鳴,猶發布號令,故"巽爲鷄"。

⑤《釋文》:"豕,京作豨。"《正義》謂坎主水瀆,豕處汙濕,故"坎爲豕"。《埤雅》曰:"《説卦》曰:'坎爲豕。'坎性趨下,豕能俯其首,又喜卑穢,亦水畜也。"余案:豕,家畜,圈養,有坎象。

⑥雉,野鷄之屬,有五彩羽毛。《正義》謂離爲文明,雉有文章,故"離爲雉"。

⑦《正義》謂艮爲靜止,狗能善守,禁止外人,故"艮爲狗"。案古有吠犬,《周禮·秋官司寇·犬人》賈公彦疏云:"犬有兩義……以能吠守止人則屬艮,以能言則屬兑。"故以艮爲狗,取其以吠止人之義。

⑧《正義》引王廙曰:"羊者,順從之畜,故爲羊。"案經中之羊大抵爲剛狠之畜,謂其順從悦人,不盡通。余以爲,兑從口,羊在六畜主給膳,悦乎口者,故"兑爲羊"。

乾爲首。①**坤爲腹。**②**震爲足。**③**巽爲股。**④**坎爲耳。**⑤**離爲目。**⑥**艮爲手。**⑦**兑爲口。**⑧

【校注】

①孔穎達《正義》曰:"此一節説八卦人身之象,略明近取諸身也。乾尊而在上,故爲首也。"案《説文》:"首,頭也。"《素問》:"頭者,精明之府。"《春秋元命苞》:"頭者,神所居,上圓象天,氣之府也。"則"乾爲首",除尊高在上義外,亦指精神所在焉。

②《正義》曰:"'坤爲腹',坤能包藏含容,故爲腹也。"案《道德經》曰:"是以聖人之治,虛其心,實其腹,弱其志,強其骨。常使民無知、無欲。"則心、志謂精神;腹、骨謂身體。承上文而言之,則乾與坤,亦猶精神與身體也。

③《正義》曰:"'震爲足',足能動用,故爲足也。"案足,身體之在下者,其與地相接觸,震雷始動於地中,而足先感應之。

④《正義》曰:"'巽爲股',股隨於足,則巽順之謂,故爲股也。"案股爲大腿,按諸咸卦,感應之動先足而後股,故股隨於足,不同於常人動作,以足隨股也。

⑤《正義》曰:"'坎爲耳',坎北方之卦,主聽,故爲耳也。"案《淮南子·精神訓》曰:"耳目者,日月也。"則耳象月,坎爲月,故亦象耳。

⑥《正義》曰:"'離爲目',南方之卦,主視,故爲目也。"若前揭《淮南子》,離爲日,目象日。案坎耳離目,相關之象也。《國語·周語》單穆公曰:"夫耳目,心之樞機也,故必聽和而視正。聽和則聰,視正則明。"

⑦《正義》曰:"'艮爲手',艮既爲止,手亦能止持其物,故爲手也。"案《道德經》曰:"夫代大匠斲者,希有不傷其手矣。"則手爲把握動作分寸者,動靜得宜,故爲止。

⑧《正義》曰:"'兌爲口',兌西方之卦,主言語,故爲口也。"案兌有言語與愉悅二義,此取兌之言語義。《詩·正月》:"好言自口,莠言自口。憂心愈愈,是以有侮。"則言出於口,可以悅人,亦可以侮人。《繫辭》曰:"言行,君子之樞機。樞機之發,榮辱之主也。"上述八者,乃總論八卦相關於人之言行也。

乾,天也,故稱乎父。坤,地也,故稱乎母。①震一索而得男,故謂之長男。巽一索而得女,故謂之長女。坎再索而得男,故謂之中男。離再索而得女,故謂之中女。艮三索而得男,故謂之少男。兌三索而得女,故謂之少女。②

【校注】

①孔穎達《正義》曰："此一節説乾坤六子，明父子之道。"乾坤爲父母。

②《釋文》："索，馬云：數也。王肅云：求。"孔穎達《正義》曰："王氏云：'索，求也。'以乾坤爲父母而求其子也。得父氣者爲男，得母氣者爲女。坤初求得乾氣爲震，故曰長男；坤二求得乾氣爲坎，故曰中男；坤三求得乾氣爲艮，故曰少男。乾初求得坤氣爲巽，故曰長女；乾二求得坤氣爲離，故曰中女；乾三求得坤氣爲兑，故曰少女。"依孔説，乾坤互索，坤索乾，成三男，乾索坤，成三女。此已爲注家通説。余以爲，孔説固通，然於文句稍嫌牽强。"震一索而得男"句之主詞爲震，索當謂震索，而非坤索，明矣。《尚書序》曰："八卦之説，謂之八索，求其義也。"可知並非僅震、坎、艮、巽、離、兑六子爲索，乾坤父母亦當爲索也。索者，自卦體而索出意義也，猶云將象數轉化爲義理之途徑。乾坤之爲父母，亦是自卦索出之義也。故"震一索而得男"者，意謂從震初位之陽推求其義，則可用指男、長男也。再，二也，再索，即自二位索也。六子同例。

乾爲天，爲圜，爲君，爲父，爲玉，爲金，爲寒，爲冰，爲大赤，爲良馬，爲老馬，爲瘠馬，爲駁馬，爲木果。①

【校注】

①孔穎達《正義》曰："此一節廣明乾象。""乾爲天，爲圜"者，《釋文》："圜，音圓。"孔穎達曰："乾既爲天，天動運轉，故爲圜也。""爲君，爲父"者，孔曰："爲君，爲父，取其尊道而爲萬物之始也。""爲玉，爲金"者，孔曰"爲玉，爲金，取其剛之清明也。"案乾爲精剛之體，萬物之中唯玉、金可以比擬。玉，尊也；金，貴也。"爲寒、爲冰"者，孔曰："爲寒，爲冰，取其西北寒冰之地也。"孔於此就乾位在西北爲釋，西北爲寒地。案《説文》："冰，水堅也。"古以陰凝成冰，此以乾爲冰，或以其堅硬同剛也。"爲大赤"者，孔曰："爲

大赤,取其盛陽之色也。"虞翻曰:"太陽爲赤。""爲良馬,爲老馬,爲瘠馬,爲駁馬"者,孔曰:"爲良馬,取其行健之善也。爲老馬,取其行健之久也。爲瘠馬,取其行健之甚。瘠馬,骨多也。爲駁馬,言此馬有牙如倨,能食虎豹。"案此云四馬之別,良馬安乘,老馬識途,瘠馬行速,駁馬勇猛。《漢書·五行志》曰:"於《易》,乾爲君,爲馬。馬任用而彊力。"良馬、老馬,堪任用者也;瘠馬、駁馬,有强力者也。又《集解》本"駁馬"作"駮馬"。王引之《經義述聞》云駁、駮古字通,皆言赤色,曰:"駁馬者,黃赤色馬也。蓋象火色赤也。乾爲大赤,故又爲駁馬耳。"王訓駁馬爲赤馬,亦通。"爲木果"者,孔曰:"爲木果,取其果實著木,有似星之著天也。"孔説本宋衷,《集解》引之。余案:以木果類星,稍嫌牽强。木果或爲木甲之誤,古音果見歌,甲見業,二字同聲,音形相近,木甲即百果草木之有甲而未坼之貌。又《釋文》:"荀爽《九家集解》本乾後更有四:爲龍,爲直,爲衣,爲言。"録以備考,不注。

坤爲地,爲母,爲布,爲釜,爲吝嗇,爲均,爲子母牛,爲大輿,爲文,爲衆,爲柄,其於地也爲黑。[①]

【校注】

①孔穎達《正義》曰:"此一節廣明坤象。坤既爲地,地受任生育,故謂之爲母也。""爲布"者,孔曰:"爲布,取其地廣載也。"焦循《易章句》:"布,猶溥也。坤廣生故溥。"余案:此類取象,皆事物名,非形容詞,故以訓布爲貨幣、財富爲宜。"爲釜"者,孔曰:"爲釜,取其化生成熟也。"釜,炊器,多食物之象。"爲吝嗇"者,孔曰:"爲吝嗇,取其地生物不轉移也。"案吝嗇通常訓貪惜,似與坤義不合。《釋文》:"吝,京作遴。"遴,選也。嗇,同穡,《大戴禮記·少閒》:"順天嗇地。"孔廣森曰:"嗇地,任地宜而稼穡之。"故吝嗇可讀如"遴穡",謂選地選種,分類而種植也。"爲均"者,孔曰:"爲均,取其地道平均也。"《集解》引崔覲曰:"取地生萬物,不擇善

惡,故爲均也。"案均同畇,《爾雅》:"畇畇,田也。"郭璞注:"言墾
辟也。"故"爲均"即爲畇田,已開墾之田地,可以種植生物也。
"爲子母牛"者,孔曰:"爲子母牛,取其多蕃育而順之也。"案"子
母牛"或謂小母牛,小牛無角,無需牿之,取其柔順義。坤爲牝,故
以小母牛爲象。"爲大輿"者,孔曰:"爲大輿,取其能載萬物也。"
《集解》本輿作輦,二字同。"爲文"者,孔曰:"爲文,取其萬物之
色雜也。"案文,宜謂文事,武事之對稱。"爲衆"者,孔曰:"爲衆,
取其地載物非一也。"案虞翻曰:"物三稱群。陰爲民,三陰相隨,
故爲衆也。"則虞特謂衆指民衆。虞説是,爲文、爲衆,皆教化事
也。"爲柄"者,孔曰:"爲柄,取其生物之本也。"案柄,權柄,所以
統衆也。"其於地也爲黑"者,孔曰:"其於地也爲黑,取其極陰之
色也。"乾盛陽爲赤色,坤極陰爲黑色。案此黑乃言土色,《尚書·
禹貢》:"厥土黑墳。"又荀爽《九家集解》本:"坤後有八:爲牝,爲
迷,爲方,爲囊,爲裳,爲黃,爲帛,爲漿。"録以備考。

**震爲雷,爲龍,爲玄黃,爲旉,爲大塗,爲長子,爲決躁,爲
蒼筤竹,爲萑葦,其於馬也爲善鳴,爲馵足,爲作足,爲的顙,
其於稼也爲反生,其究爲健,爲蕃鮮。**[①]

【校注】

①孔穎達《正義》曰:"此一節廣明震象。""爲龍"者,《釋文》:"龍,
虞、干作駹,虞云:倉色。干云:雜色。"《集解》本作駹。案龍當作
駹,從虞氏訓倉色,倉同蒼,亦即青色。《漢書·匈奴傳》:"匈奴
騎,其西方盡白,東方盡駹,北方盡驪,南方盡騂馬。"顏師古注:
"駹,青馬也。"余推測,此處駹非謂青馬,乃言蒼天之青色,春天、
東方之色也。"爲玄黃"者,孔曰:"爲玄黃者,取其相雜而成蒼色
也。"案玄黃謂天色交雜之狀,當雷震之際,天色亦必隨雷鳴電閃
而變幻不定。前云"爲龍"已言蒼色,此則言其雜色也。"爲旉"

者,孔曰:"爲旉,取其春時氣至,草木皆吐,旉布而生也。"孔釋爲
是,此即雷震而萬物甲坼之義。旉同敷,開舒也。《釋文》:"旉,
干云:花之通名,鋪爲花貌謂之薂。"當以干寶説爲宜,訓旉爲開花
之貌。"爲大塗"者,孔曰:"爲大塗,取其萬物之所生也。"孔説不
知所云。大塗即大路,《漢上易傳》引鄭玄曰:"國中三道曰塗。"
又塗或可訓泥,與震卦逐泥之象相應。"爲決躁"者,孔曰:"爲決
躁,取其剛動也。"王引之《經義述聞》曰:"決、躁,皆疾也。象雷
之迅。"宜從王説。"爲蒼筤竹"者,底本作筤,爲筤字誤。孔曰:
"爲蒼筤竹,竹初生之時色蒼筤,取其春生之美也。""爲萑葦"者,
孔曰:"爲萑葦,萑葦,竹之類也。"而《九家易》曰:"萑葦,兼葭也。
根莖叢生,蔓衍相連,有似雷行也。"余案:孔以"蒼筤"爲色青,
"蒼筤竹"即青色之竹,不盡然。蒼爲青色,筤則謂叢生,《農政全
書·種植》云:"竹之萌曰筍,竹之節爲約,竹之叢爲筤。"則蒼筤
竹,青色叢生之竹。蒼筤竹、萑葦皆叢生植物,其生長之狀皆蔓衍
相連。震以蒼筤竹、萑葦爲象者,取其似雷行。《論衡·雷虚》云:
"圖畫之工,圖雷之狀,纍纍如連鼓之形。"又云:"《禮》曰:'刻尊
爲雷之形。'一出一入,一屈一伸,爲相校軫則鳴。校軫之狀,鬱律
崐礨之類也,此象類之矣。"鬱律崐礨,即曲屈回轉貌。鬱律,可用
形容雷聲,揚雄《甘泉賦》:"雷鬱律於巖窔兮。"崐礨,可用形容叢
生,《爾雅》:"枹,遒木,魁瘣。"郭璞注:"謂樹木叢生,根枝節目盤
結魂磊。"由此可知,以蒼筤竹、萑葦象震者,蓋因其形狀叢生,曲
回纏連,有似雷形也。"其於馬"者,此非謂震以馬爲象,乃謂震見
於馬之諸徵兆。下云"其於稼"亦同此文例。"爲善鳴"者,孔曰:
"爲善鳴,取其象雷聲之遠聞也。""爲馵足"者,孔曰:"爲馵足,馬
後足白爲馵,取其動而見也。"孔言"馬後足白",當作"馬後左足
白",失左字。《説文》:"馵,馬後左足白也。"又《釋文》:"馵,京作
朱,荀同。陽在下。"知京、荀本"爲馵足"作"爲朱足"。白足、朱

足,均謂馬足有醒目之顏色,易見其行迹也。"爲作足"者,孔曰:"爲作足,取其動而行健也。"李道平《周易集解纂疏》引王廙云"馬行,先作弄四足",作,起也,"爲作足",取義在震動之起始也。"爲的顙"者,孔曰:"爲的顙,白額爲的顙,亦取動而見也。"《集解》本的作旳,《博雅》:"旳,白也。"顙,額也。《詩·車鄰》:"有馬白顛。"《毛傳》:"白顛,旳顙也。"的顙之馬,其行迅捷。"其於稼也爲反生"者,孔曰:"其於稼也爲反生,取其始生戴甲而出也。"《釋文》:"反生,麻豆之屬反生,戴莩甲而出也。"此説本宋衷。"其究爲健"者,孔曰:"究,極也,極於震動,則爲健也。"案孔説尚不明確。究,究物,《漢書·律曆志》:"言陽氣究物,而使陰氣畢剝落之。"物戴甲而出,破甲而生長,故"其究爲健"亦即植物生長不止,其勢健也。"爲蕃鮮"者,孔曰:"爲蕃鮮,鮮,明也。取其春時草木蕃育而鮮明。"又荀爽《九家集解》本:"震後有三:爲王,爲鵠,爲鼓。"録以備考。

巽爲木,爲風,爲長女,爲繩直,爲工,爲白,爲長,爲高,爲進退,爲不果,爲臭,其於人也爲寡髮,爲廣顙,爲多白眼,爲近利市三倍,其究爲躁卦。[①]

【校注】

①孔穎達《正義》曰:"此一節廣明巽象。"依文例,巽爲風,爲本象,當居此節首。"巽爲木"者,孔曰:"巽爲木,木可以輮曲直,即巽順之謂也。""爲繩直",孔曰:"爲繩直,取其號令齊物,如繩之直木也。"繩,繩墨,木工取直取齊之具。"爲工"者,《集解》引荀爽曰:"以繩直木,故爲工。"余案:工謂製器,《漢書·食貨志》:"作巧成器曰工。"巽爲符節,二卩對合爲𢍰,此工巧之器。"爲白,爲長,爲高"者,孔曰:"爲白,取其風吹去塵,故絜白也。爲長,取其風行之遠也。爲高,取其風性高遠,又木生而上也。"案孔説皆就

巽風言之，余以爲此節特以“巽爲木”居首，此白、長、高，或皆形容木。白謂質素，長謂長短，高謂高下，皆形容就繩墨之木。推闡其義，則巽性柔順，可成各種形狀，可加飾焉。“爲進退”者，孔曰：“爲進退，取其風之性前却，其物進退之義也。”“爲不果”者，孔曰：“爲不果，取其風性前却，不能果敢決斷，亦皆進退之義也。”案“爲進退”、“爲不果”爲相關二項。進退，選擇之義。不果，有疑也。《周禮·春官宗伯·大卜》：“五曰果。”鄭玄注：“果謂以勇決爲之。”“爲臭”者，孔曰：“爲臭，王肅作‘爲香臭’也。取其風所發也，又取下風之遠聞。”案《詩·文王》：“上天之載，無聲無臭。”聲、臭皆可辨識者。又《繫辭上》云“其臭如蘭”，臭謂以氣味相誘也。“爲寡髮”者，孔曰：“寡，少也。風落樹之華葉，則在樹者稀疏，如人之少髮。”《釋文》：“寡髮，本又作宣，黑白雜爲宣髮。”《集解》本作宣髮。案當作“爲宣髮”，頭髮黑白相雜，或頭髮皓落之狀。“爲廣顙”者，孔曰：“爲廣顙，額闊爲廣顙，髮寡少之義。”“爲多白眼”者，孔曰：“取躁人之眼，其色多白也。”孔云白眼爲躁人之眼，即急躁之貌。“爲近利市三倍”者，孔曰：“爲近利，取其躁人之情多近於利也。市三倍，取其木生蕃盛，於市則三倍之宜利也。”案孔説不甚明瞭。近，知也。《吕氏春秋·審分覽》：“唯有其材者爲近之。”高誘注：“近，猶知也。”“近利”，即知如何獲利。“市三倍”，即於市買物，獲三倍之利。《詩·瞻卬》：“如賈三倍，君子是識。”鄭玄箋曰：“識，知也。買物而有三倍之利者，小人所宜知也，君子反知之，非其宜也。”君子知賈三倍，同此云“近利”、“市三倍”。巽爲權衡，故以買物獲利喻之。孔曰：“‘其究爲躁卦’，究，極也，取其風之近極於躁急也。”余案：“其究”，亦言其發展之勢。躁，好變，狡猾。卦同挂，别也，與他者不同之貌。“躁卦”，猶云狡辯貌，躁人之辭多也。又荀爽《九家集解》本：“巽後有二：爲揚，爲鸛。”揚，有本作楊。録以備考。

坎爲水，爲溝瀆，爲隱伏，爲矯輮，爲弓輪，其於人也爲加憂，爲心病，爲耳痛，爲血卦，爲赤，其於馬也爲美脊，爲亟心，爲下首，爲薄蹄，爲曳，其於輿也爲多眚，爲通，爲月，爲盜，其於木也爲堅多心。①

【校注】

①孔穎達《正義》曰：“此一節廣明坎象。”“爲溝瀆，爲隱伏”者，孔曰：“爲溝瀆，取其水行無所不通也。爲隱伏，取其水藏地中也。”案孔説“爲溝瀆”爲溝瀆使水流通，是也。而孔説“爲隱伏”爲水藏地中，恐非。依坎卦義，當謂人躲避之所，坎有坎陷、隔離之象，是陽爲陰所陷，亦即被水所隔離，故爲隱伏。“爲矯輮，爲弓輪”者，《釋文》：“矯，一本作撟，同。輮，宋衷、王廙作揉，京作柔，荀作橈。”《集解》本輮作揉，引宋衷曰：“曲者更直爲矯，直者更曲爲揉。水流有曲直，故爲矯揉。”案《廣雅》：“矯揉，直也。”王念孫《廣雅疏證》云：“矯揉者，正曲而使之直也。……《考工記·輪人》：‘揉輻必齊。’《文選·長笛賦》注引鄭注云：‘揉謂以火撟也。’《説卦傳》：‘坎爲矯輮。’矯、撟，揉、輮並通。”故知此云“爲矯輮”唯謂使曲者直，矯輮以爲輻，輻直也。繼云“爲弓輪”，弓、輪，皆彎曲者，則與“爲矯輮”相對應，乃謂可使直者曲也。“其於人也爲加憂，爲心病，爲耳痛，爲血卦，爲赤”者，孔曰：“‘其於人也爲加憂’，取其憂險難也。爲心病，憂其險難，故心病也。爲耳痛，坎爲勞卦也，又北方主聽，聽勞則耳痛也。爲血卦，取其人之有血，猶地有水也。爲赤，亦取血之色。”余案：“心病”，實指心腹之病，“耳痛”，亦實指耳痛之病，皆疾病狀，古人常卜問者。“血卦”，血同恤，憂恤之貌也。“爲赤”，赤爲禳除災病之色，焦循《易章句》謂“爲赤”通困卦之“困於赤紱”，頗有啓發。“其於馬也爲美脊，爲亟心，爲下首，爲薄蹄，爲曳”者，“美脊”，《集解》引宋衷曰：“陽在中央，馬脊之象也。”馬之脊柱處身體中央，爲肌肉包裹，

宜騎乘處。“亟心”，孔曰：“亟，急也。取其中堅内動也。”案《廣雅》：“亟，敬也。”可知作“亟心”，亦可訓敬愼之心。此或謂馬之膽小貌。“下首”，孔曰：“取其水流向下也。”此當謂馬俯首之貌。“薄蹄”，孔曰：“取其水流迫地而行也。”案薄，迫也，馬蹄相薄，謂馬行進時步伐較小，不大步跨越之貌。亦可謂馬蹄薄地，不騰躍之貌。“爲曳”，孔曰：“取其水磨地而行也。”案曳當言馬行貌。李道平《周易集解纂疏》謂曳義同《儀禮・士相見禮》之云“曳踵”，乃謂馬行不敢疾趨之狀，説至確。“其於輿也爲多眚”者，孔曰：“取其表裏有陰，力弱不能重載，常憂災眚也。”案眚，通省，《釋名》：“眚，省也。”在此意謂車之所載有減省，不能滿載也。以下“爲通”、“爲月”、“爲盜”諸句，注家多以爲不再關乎輿象，而余以爲皆承“其於輿也”爲言，三者乃釋“多眚”之狀。“爲通”，在此通猶云空，謂車無所載，車空。“爲月”，月有闕象，《釋名》：“月，闕也，滿則闕也。”在此謂車之所載有闕貌。“爲盜”，或謂車之所載遭盜取也。“其於木也爲堅多心”，虞翻曰：“陽剛在中，故堅多心，棘棗屬也。”案虞類之以棘棗屬，以心爲木之尖刺，堅多心，猶云多硬刺，若坎卦“叢棘”之類，不宜接觸之也。又荀爽《九家集解》本：“坎後有八：爲宫，爲律，爲可，爲楝，爲叢梗，爲孤，爲蒺藜，爲桎梏。”他本楝或作棟，叢梗或作叢棘。録以備考。

離爲火，爲日，爲電，爲中女，爲甲冑，爲戈兵，其於人也爲大腹，爲乾卦，爲鼈，爲蟹，爲蠃，爲蚌，爲龜，其於木也爲科上槁。[①]

【校注】

①孔穎達《正義》曰：“此一節廣明離象。”“離爲火，爲日，爲電”者，皆本離象明也。《集解》引鄭玄曰：“取火明也。久明似日，暫明似電也。”“爲甲冑，爲戈兵”者，孔曰：“爲甲冑，取其剛在外也。

爲戈兵,取其剛在於外,以剛自捍也。"案"爲甲胄",甲胄附麗於人身,是剛在外。"爲戈兵",《集解》引虞翻曰:"乾爲金,離火斷乾,燥而鍊之,故爲戈兵。"是以"爲戈兵"指鍊金以造戈兵。虞説勝孔説。"其於人也爲大腹"者,孔曰:"取其懷陰氣也。"《集解》引虞翻説,以大腹"象日常滿,如妊身婦"。案離之爲大腹,當自牝牛取象,與日滿無關。"爲乾卦"者,乾古丹反,乾燥,離爲火,爲日,火、日能使萬物乾燥。又《釋文》:"乾,鄭云:乾當爲幹,陽在外能幹正也。董作幹。"鄭作幹,訓幹正,幹指築土墙之外夾板。亦通。"爲鱉,爲蟹,爲蠃,爲蚌,爲龜"者,《釋文》:"鱉,本又作鼈,同。"又:"蠃,京作螺,姚作蠡。"又:"蚌,本又作蜯,同。"《集解》引虞翻曰:"此五者,皆取外剛内柔也。"鱉、蟹、蠃、蚌、龜五種動物,皆外有堅硬甲殼,柔軟之肉身依附於内。"其於木也爲科上槁"者,孔穎達《正義》曰:"科,空也。陰在内爲空,木既空中者,上必枯槁也。"案科,猶云科榾,樹無枝葉貌。故"科上槁"亦可謂樹木光禿禿,其上部枯槁之貌。又《釋文》:"槁,干作熇。"熇,枯焦,"科上熇"亦可象樹木上部被燒焦貌。要在上部枯槁或燒焦,並無中空之義。又荀爽《九家集解》本:"離後有一:爲牝牛。"録以備考。

　　艮爲山,爲徑路,爲小石,爲門闕,爲果蓏,爲閽寺,爲指,爲狗,爲鼠,爲黔喙之屬,其於木也爲堅多節。[1]

【校注】

　　[1]孔穎達《正義》曰:"此一節廣明艮象。""艮爲山,爲徑路"者,孔曰:"艮爲山,取陰在下爲止,陽在於上爲高,故艮象山也。爲徑路,取其山雖高,有澗道也。"案徑路,謂山中徑路,其爲步行小路,可容人、牛馬,不能容車行。"爲小石"者,小同少,言艮之爲山,土多石少。孔曰:"取其艮爲山,又爲陽卦之小者,故'爲小石'也。""爲門闕"者,孔曰:"取其有徑路,又崇高也。"《集解》引虞翻曰:

“兩小山，闕之象也。”即指兩山之間有徑路，兩山猶門闕也。“爲果蓏”者，皆山谷中之所産也。《釋文》：“馬云：果，桃李之屬；蓏，瓜瓠之屬。應劭云：木實曰果，草實曰蓏。《説文》云：在木曰果，在地曰蓏。張晏云：有核曰果，無核曰蓏。京本作果墮之字。”果蓏，皆成熟者，故京本作“果墮”，謂果實成熟而墜落。余案：此傳文疑錯簡，“艮爲山，爲徑路，爲小石，爲果蓏”爲一段，言山上有小路，多土少石，出産果蓏。而“爲門闕”當移至“爲閽寺”前，“爲閽寺”者，《釋文》：“寺，亦作閽字。”《集解》引宋衷曰：“閽人主門，寺人主巷。艮爲止，此職皆掌禁止者也。”門闕、閽寺，適相關。“爲指”者，以手指爲象。孔曰：“爲指，取其執止物也。”案指謂手指動作，當取指示義，《爾雅》：“指，示也。”亦可取指斥義，《廣雅》：“指，斥也。”“爲門闕，爲閽寺，爲指”爲一段，皆言人事也。下“爲狗，爲鼠，爲黔喙”爲一段，孔曰：“爲狗、爲鼠，取其皆止人家也。爲黔喙之屬，取其山居之獸也。”孔説爲是，此段言獸，狗、鼠，與門闕有關之獸，黔喙，與山有關之獸。黔，黑色；喙，獸口。《釋文》：“黔，徐音禽。鄭作黚，謂虎豹之屬，貪冒之類。”又《集解》引馬融曰：“黔喙，肉食之獸，謂豺狼之屬。黔，黑也，陽玄在前也。”案《九家集解》有“艮爲虎”，於此不應重言一獸，且豺狼之屬其口部尖凸，故如喙，虎豹則非其貌，故當從馬説，訓黔喙爲豺狼之屬。所謂玄陽在前，玄亦黑色，豺狼爲山居之陽獸，其喙前鼻端爲黑色，故取象焉。《釋文》：“爲堅多節，一本無堅字。”《集解》本無堅字。節，樹幹之凸起處。虞翻曰：“陽剛在外，故多節。松柏之屬。”松柏之節，言其堅硬不枯槁。《論語·子罕》：“歲寒然後知松柏之後凋也。”顏師古云：“以喻有節操之人也。”又荀爽《九家集解》本：“艮後有三：爲鼻，爲虎，爲狐。”鼻通作鼻。録以備考。

兌爲澤，爲少女，爲巫，爲口舌，爲毀折，爲附決，其於地也爲剛鹵，爲妾，爲羊。[①]

【校注】

①孔穎達《正義》曰："此一節廣明兌象。""爲巫"者，孔曰："爲巫，取其口舌之官也。"案巫或爲事神鬼者，能代鬼神發言；又或如史巫，則代王宣命令者。"爲口舌"，以言說也。"爲毀折，爲附決"者，孔曰："兌西方之卦，又兌主秋也。取秋物成熟，槀秆之屬則毀折也，果蓏之屬則附決也。"依孔說，毀折，即莊稼收穫之後，斷折其秸秆；附決，即果蓏既熟而摘離其秧。于省吾《雙劍誃易經新證》訓附決爲分別之義，可證孔說。《集解》本"附決"作"坿決"，虞翻曰："乾體未圜，故坿決也。"則坿決謂圓形之有缺口，然則"爲毀折，爲附決"言收穫之事，故若謂圓形有缺口，或指成熟果實之有裂缺。"其於地也爲剛鹵"，《釋文》："剛鹵，鹹土也。"剛鹵，同澤鹵、斥鹵，古書用指秋冬時澤水下滲後裸露之土地，其土地乾涸板結、多鹽鹼。上云"爲毀折"、"爲附決"、"爲剛鹵"，皆秋季景象。"爲妾"者，孔曰："取少女從姊爲娣也。"《集解》引虞翻曰："三少女位賤，故'爲妾'。"案虞說猶可商榷，兌之爲妾，不應泥於位賤，應取義妾之悅君子。"爲羊"者，孔說以爲同前"兌爲羊"，不確。《釋文》："羊，虞作羔。"《集解》本作羔，虞翻曰："羔，女使。皆取位賤，故'爲羔'。"王引之《經義述聞》云虞本羔爲恙字之誤，恙又爲養之借字。朱震《漢上易傳》引鄭玄本作陽，鄭注曰："此陽謂爲養，無家女行賃炊爨，今時有之，賤於妾也。"正與女使之訓相合。案此當從鄭本，"爲羊"作"爲陽"。鄭本之陽，乃對地位卑下之使女之專稱，《爾雅》："陽，予也。"郝懿行《爾雅義疏》："陽之爲言養也。女之賤者稱陽，猶男之卑者稱養也。""爲妾，爲陽"，皆取其能悅人，妾以色悅人，陽以炊爨悅人也。又荀爽《九家集解》本："兌後有二：爲常，爲輔頰。"録以備考。

序 卦

　　有天地，然後萬物生焉。①盈天地之間者唯萬物，故受之以屯。屯者，盈也。屯者，物之始生也。②物生必蒙，故受之以蒙。蒙者，蒙也，物之稺也。③物稺不可不養也，故受之以需。需者，飲食之道也。④飲食必有訟，故受之以訟。⑤訟必有衆起，故受之以師。師者，衆也。⑥衆必有所比，故受之以比。比者，比也。⑦比必有所畜，故受之以小畜。⑧物畜然後有禮，故受之以履。⑨履而泰然後安，故受之以泰。泰者，通也。⑩物不可以終通，故受之以否。⑪物不可以終否，故受之以同人。⑫與人同者，物必歸焉，故受之以大有。⑬有大者不可以盈，故受之以謙。⑭有大而能謙必豫，故受之以豫。⑮豫必有隨，故受之以隨。⑯以喜隨人者必有事，故受之以蠱。蠱者，事也。⑰有事而後可大，故受之以臨。臨者，大也。⑱物大然後可觀，故受之以觀。⑲可觀而後有所合，故受之以噬嗑。嗑者，合也。⑳物不可以苟合而已，故受之以賁。賁者，飾也。㉑致飾然後亨則盡矣，故受之以剥。剥者，剥也。㉒物不可以終盡，剥窮上反下，故受之以復。㉓復則不妄矣，故受之以无妄。㉔有无妄然後可畜，故受之以大畜。㉕物畜然後可養，故受之以頤。頤者，養也。㉖不養則不可動，故受之以大過。㉗物不可以終過，故受之以坎。

坎者,陷也。㉘陷必有所麗,故受之以離。離者,麗也。㉙

【校注】

①《序卦》託言孔子,實爲孔門傳經之儒所作,蓋出戰國中晚期,定本
於漢初,當與傳世本《周易》爲同一傳統,爲漢初田何以降諸家
《易》學所尊奉傳授。上海博物館戰國竹簡本《周易》殘卷,據學
者研究,其卦序與《序卦》相同。漢初馬王堆漢墓帛書本《周易》,
其卦序與《序卦》不同。孔穎達《正義》曰:"序卦者,文王既繇六
十四卦,分爲上下二篇,其先後之次,其理不見,故孔子就上下二
經,各序其相次之義,故謂之《序卦》焉。"所謂"序其相次之義",
即揭明前後二卦銜接之理,其理乃見諸前後二卦間之關係。此一
關係包含兩種情況:一者自乾坤、屯蒙,兩卦爲一組,或互爲覆卦,
或互爲變卦;二者兩組間之卦,如坤與屯,亦須説明其相次之義。
韓康伯注云:"《序卦》之所明,非《易》之緼也。蓋因卦之次,託象
以明義。"此傳所言卦義,與經文本義不盡合。傳所明前後二卦之
關係,乃本諸前後二卦之間或象與象、或事與事、或義與義之聯動
性,似存在前者導致後者之關係,然則此種關係尚不可視爲嚴格
之因果關係,唯有某種之引出效果而已。孔穎達引周氏説,以天
道、人事、相因、相反、相須、相病六門攝前後關係,孔已不取其説,
可知其難以規範也。"有天地,然後萬物生焉"者,天地,乾坤,此
句該乾坤二卦,乾坤爲萬物之母,有乾坤然後萬物生。《集解》引
干寶曰:"物有先天地而生者矣,今止取始於天地,天地之先,聖人
弗之論也。故其所法象,必自天地而還。"

②"盈天地之間者唯萬物"者,盈,滿盈,萬物生生不息,則滿盈於天
地之間。"故受之以屯"者,《廣雅》:"受,繼也。"意謂以屯繼於乾
坤也。此下言"受之"者皆此例。"屯者,盈也"者,以滿盈釋屯卦
名。"屯者,物之始生也"者,屯本字象春季草木初生。孔穎達
《正義》曰:"案上言'屯者,盈也',釋屯次乾坤,其言已畢。更言

‘屯者，物之始生’者，開説下‘物生必蒙’，直取始生之義，非重釋屯之名也。”案孔説甚要，此傳中釋前卦之最後一句，皆兼開説下一卦，既承前義，又啓下義。是爲通例。

③穉同稚，《釋文》：“穉，本或作稚。”“物生必蒙”，此蒙取幼小、幼稚義，《集解》引鄭玄曰：“蒙，幼小之貌。”屯言物始生，始生者幼小，故繼屯卦而有蒙卦，故云“受之以蒙”。“蒙者，蒙也，物之穉也”，承上蒙義，又啓下需義。

④“物穉不可不養”，《集解》引鄭玄曰：“言孩穉不養，則不長也。”案需之爲養，乃謂君子飲食宴樂，與養孩稚，本非一事，然以其同含養義，故而以養義相銜接，本傳多如此文例，即前後二卦或銜接以同事，或銜接以同義，所用事、義於經不必皆同，讀者尤當注意。“需者，飲食之道也”，承上需，啓下訟。

⑤《集解》引鄭玄曰：“訟，猶爭也。言飲食之會，恒多爭也。”案訟卦之爭訟，非爭於飲食之會，韓康伯注：“夫有生則有資，有資則爭興也。”資，財貨。由飲食而引申至財貨，乃至爵禄，皆是爭訟之所由起。

⑥衆起，衆人起而爭也。師之繼訟者，《集解》引崔覲曰：“因爭必起相攻，故‘受之以師’也。”而“師者，衆也”者，師《象》曰“君子以容民畜衆也”。

⑦既言容民畜衆，必爲其建立秩序，“衆必有所比”，有所比，亦即有秩序也。“比者，比也”，此比訓親比，言衆人來歸附，亦即比《彖》曰“下順從也”。

⑧《釋文》：“畜，本亦作蓄，下及《雜卦》同。”“比必有所畜”者，衆人來歸附而能收畜之，猶小畜之蓄積財物，故以小畜繼比。

⑨《集解》本“故受之以履”後有“履者，禮也”句，王弼《周易略例》引此四字，當補。小畜蓄積財物，富也；履者，禮也。取先富後教之義，故以履繼小畜。高亨《周易大傳今注》云：“禮是等級制度之

類,其中規定人占有享用財物之等級。《荀子·富國》篇:'禮者,貴賤有等,長幼有差,貧富輕重皆有稱者也。'是以有財物而後有禮。"

⑩"履而泰然後安",《集解》本作"履然後安"。《集解》引姚信曰:"安上治民,莫過於禮,有禮然後泰,泰然後安也。"可知姚本同今本。履訓禮,泰訓通,"履而泰"即禮通上下。安者,《禮記·曲禮》:"有禮則安。"

⑪《集解》引崔覲曰:"物極則反,故不終通而否也。"泰《彖》"天地交而萬物通",否《彖》"天地不交而萬物不通",泰與否正相反。

⑫韓康伯注曰:"否則思通,人人同志,故可出門同人,不謀而合。"處否之時,天地不通,尤當和同眾人之言、眾人之心也。

⑬"與人同者,物必歸焉"者,同人既通天下之志,則天下皆來歸,故成大有焉。大有,國之大富也。

⑭謙《象》曰:"君子以裒多益寡,稱物平施。"若有大而盈,則必須損有餘以益不足,是以謙繼大有。

⑮《集解》引鄭玄曰:"言國既大而有謙德,則於政事恬豫。"推闡鄭義,一者大有,言國之大;二者謙德,有君王下就民、求賢之義。

⑯隨之繼豫,孔穎達《正義》引鄭玄曰:"喜樂而出,人則隨從。"王肅曰:"歡豫,人必有隨。"然孔非議鄭、王,其云:"若以人君喜樂游豫,人則隨之,紂作靡靡之樂,長夜之飲,何爲天下離叛乎?"依孔說,謙順在君,說豫在民,則兩全矣。余案:孔說誤,傳文恰隱伏隨喜樂者或有失德、惑亂事之義,故隨之下又繼以蠱也。

⑰喜,豫樂。"以喜隨人"者,即前云隨君王而豫樂者。《集解》蠱卦引伏曼容曰:"蠱,惑亂也。萬事從惑而起,故以蠱爲事也。"君王耽於豫樂,而臣民以喜樂隨之,其非惑亂乎?云"必有事"者,必有惑亂之事、獲罪之事。下云"蠱者,事也"之事,則不同於前"必有事"之事,轉而謂子幹父之蠱之事也。

⑱“有事而後可大”者，《集解》引宋衷曰：“事立功成，可推而大也。”云“臨者，大也”者，此訓臨爲大，謂其有豐隆、豐大之貌。《廣雅》：“臨，大也。”王念孫《廣雅疏證》：“臨之言隆也，《説文》：‘隆，豐大也。’隆與臨古亦同聲。”

⑲《集解》引崔覲曰：“言德業大者，可以觀政於人也。”物大，概言德業之大。可觀，上展示政教可供四方民觀禮也。

⑳韓康伯注曰：“可觀，則異方合會也。”噬嗑之合，本爲上下齒咬合口中食物，而韓氏轉義爲合會之合，意謂中正以觀，則下觀而化，異方諸國皆來合會。

㉑“物不可以苟合而已”者，意謂繼前觀之合會，不能苟且、任意而行，必合天文、人文，行止有禮。“賁者，飾也”者，行爲飾以禮文。《東坡易傳》云：“君臣、父子、夫婦、朋友之際，所謂合也。直情而行謂之苟，禮以飾情謂之賁。”

㉒于鬯《香草校書》謂亨一字上下兩屬，讀若“致飾然後亨，亨則盡矣”。《釋文》：“亨則，許庚反。鄭許兩反。徐音向，同。”余案：當從鄭玄讀，亨讀享。享，享祀之獻，或通饗，食其獻曰饗。“致飾然後亨”者，言禮文備然後享祀、饗宴。“亨則盡矣”者，言禮多奢費，逐漸耗盡財物，若剝落也。“剝者，剝也”者，取禮文逐漸剝落之義，《集解》引荀爽曰：“極飾反素，文章敗，故爲剝也。”

㉓“剝窮上反下”，剝之窮於上之一陽，反居於下，則爲復。《集解》引崔覲曰：“夫易窮則有變，物極則反於初，故剝之爲道，不可終盡，而受之於復也。”又于鬯《香草校書》以爲“剝窮上反下”五字爲韓康伯之注文混入，《淮南子·繆稱訓》引作“剝之不可遂盡也，故受之以復”，亦無此五字。可備一説。

㉔《集解》引崔覲曰：“物復其本，則爲誠實，故言‘復則无妄矣’。”余案：“七日來復”，復有定期，至期必復，無虛妄也。

㉕《集解》本“有无妄然後可畜”作“有无妄，物然後可畜”。荀爽曰：

"物不妄者,畜之大也。畜積不敗,故大畜也。"余案:此傳兩"无妄"皆訓無虛妄,未及經文無所希望之義也。

㉖大畜乃言國之積蓄,故以頤繼大畜,意謂以飲食給養國之賢、國之民。《集解》引虞翻說,用頤《彖》"天地養萬物,聖人養賢以及萬民"釋此,是也。

㉗孔穎達《正義》曰:"鄭玄云:'以養賢者宜過於厚。'王輔嗣注此卦云:'音相過之過。'韓氏云:'養過則厚。'與鄭玄、輔嗣義同。唯王肅云:'過莫大於不養。'則以爲過失之過。案此《序卦》以大過次頤也,明所過在養。子雍以爲過在不養,違經反義,莫此之尤。"余案:孔之辨析殊無謂。傳云"不養則不動",等同云"養則可動"。動,猶過也。前者有所養,後者則可過;前者養賢過厚,則後者亦得以大過。此處大過之過義,當取諸經之"利有攸往",與下"物不可以終過"之過同,不當糾結於過越、過失之別也。

㉘"物不可以終過"之過,當承前訓有攸往,意謂人不可以有攸往而不止,故受之以坎,坎爲隔離、限止,爲有攸往之反義。"坎者,陷也"者,陷,爲坎窞所困。韓康伯注曰:"過而不已,則陷沒也。"

㉙"陷必有所麗,故受之以離"者,坎陷於下,離則麗於上,《集解》引崔覲曰:"物極則反,坎雖陷於地,必有所麗於天,故'受之以離'也。"離《彖》曰:"離,麗也。日月麗乎天,百穀草木麗乎土,重明以麗乎正,乃化成天下。"則上經終於此也。

有天地然後有萬物,有萬物然後有男女,有男女然後有夫婦,有夫婦然後有父子,有父子然後有君臣,有君臣然後有上下,有上下然後禮義有所錯。[①]夫婦之道不可以不久也,故受之以恒。恒者,久也。[②]物不可以久居其所,故受之以遯。遯者,退也。[③]物不可以終遯,故受之以大壯。[④]物不可以終壯,故受之以晉。晉者,進也。[⑤]進必有所傷,故受之以明夷。夷者,傷也。⑥傷於外者必反其家,故受之以家人。⑦家道窮必乖,故受之以睽。睽者,乖也。⑧乖必有難,故受之以蹇。蹇者,難也。⑨物不可以終難,故受之以解。解者,緩也。⑩緩必有所失,故受之以損。⑪損而不已必益,故受之以益。⑫益而不已必決,故受之以夬。夬者,決也。⑬決必有遇,故受之以姤。姤者,遇也。⑭物相遇而後聚,故受之以萃。萃者,聚也。⑮聚而上者謂之升,故受之以升。⑯升而不已必困,故受之以困。⑰困乎上者必反下,故受之以井。⑱井道不可不革,故受之以革。⑲革物者莫若鼎,故受之以鼎。⑳主器者莫若長子,故受之以震。震者,動也。㉑物不可以終動,止之,故受之以艮。艮者,止也。㉒物不可以終止,故受之以漸。漸者,進也。㉓進必有所歸,故受之以歸妹。㉔得其所歸者必大,故受之以豐。豐者,大也。㉕窮大者必失其居,故受之以旅。㉖旅而无所容,故受之以巽。巽者,入也。㉗入而後説之,故受之以兑。兑者,説也。㉘説而後散之,故受之以涣。涣者,離也。㉙物不可以終離,故受之以節。㉚節而信之,故受之以中孚。㉛有其信者必行之,故受之以小過。㉜有過物者必濟,故受之以既濟。㉝物不可窮也,故受之以未濟終焉。㉞

【校注】

①下篇同上篇,皆以“有天地”爲首。上篇言“天地”,由天地生萬物;下篇則繼天地、萬物,又言男女也。注家或曰上篇言天道,下篇言人道。韓康伯注非之曰:“先儒以乾至離爲上經,天道也。咸至未濟爲下經,人事也。夫《易》六畫成卦,三材必備,錯綜天人以效變化,豈有天道、人事偏於上下哉?”韓説是矣。下篇首言男女,實則釋咸卦也。《荀子·大略》曰:“《易》之咸見夫婦,夫婦之道

不可不正也,君臣、父子之本也。咸,感也,以高下下,以男下女,柔上而剛下。聘士之義,親迎之道,重始也。"據此推闡,則傳云男女、夫婦、父子、君臣,皆應如咸之相感,上下相感,然後禮義有所錯焉。《集解》引虞翻義曰:"錯,置也。謂天、君、父、夫,象尊錯上;地、婦、臣、子,禮卑錯下。"余案:虞義不盡然,錯固分置上下,然錯乎上下,當謂在上下間交互行之,故是禮義在天地、夫婦、父子、君臣皆有上下相感之際,交互而施行也。又陳柱《周易論略》謂有本上篇"離者,麗也"下或更有:"麗必有所感,故受之以咸。咸者,感也。"並謂吳汝綸以爲此三句必後人所增,當删之云云。不詳陳、吳所見爲何本,録以備考。

②"夫婦之道不可以不久也"者,《集解》引鄭玄曰:"言夫婦當有終身之義。夫婦之道,謂咸、恒也。"

③韓康伯注曰:"夫婦之道,以恒爲貴,而物之所居,不可以恒,宜與世升降,有時而遯也。"余案:"物不可以久居其所"者,已於夫婦之道拓展言之,雖有前云三綱六紀之序,然君子當其時則恒居其位,不逢時則不可久居其所,遯則亨也。退,退避。

④《雜卦》:"大壯則止,遯則退也。"壯訓止,與退反義,止其退也。王引之《經義述聞》云:"傳凡言'物不可以終通'、'物不可以終否'云云,皆泛論萬物之理,不問卦之陰陽剛柔也。今案壯者,止也。傳曰'遯者,退也。物不可以終遯,故受之以大壯'者,物無終退之理,故止之使不退也。猶下文'渙者,離也。物不可以終離,故受之以節',亦謂止之使不離散也。曰'物不可以終壯,故受之以晉。晉者,進也'者,物無終止之理,故進之也。此文曰'遯者,退也。物不可以終遯,故受之以大壯。物不可以終壯,故受之以晉。晉者,進也',下文曰'震者,動也。物不可以終動,止之,故受之以艮。艮者,止也。物不可以終止,故受之以漸。漸者,進也',語意大略相同。"案王氏釋傳義,至爲簡明通達,殊勝舊説。

⑤"晉者,進也"者,參上揭王引之説。

⑥"夷者,傷也"者,於明夷卦,《集解》引鄭玄曰:"夷,傷也。日出地上,其明乃光,至其入地,明則傷矣。"則進者,謂日出;傷者,日落,傷其明也。

⑦"傷於外"之外,謂離其家而仕於朝。家,則謂其封國、封邑、室家。而依明夷卦所及文王事迹言之,則文王蒙難於殷是"傷於外","反其家"是自殷歸周也。

⑧"家道窮必乖"者,韓康伯注曰:"室家至親,過在失節,故家人之義,唯嚴與敬。樂勝則流,禮勝則離。家人尚嚴,其弊必乖者也。"案韓釋"家道窮"爲家内失道,注家多從之。余以爲,"家道窮"當謂君子窮困於家,而失道於外。繼家人之睽,乃言有睽於家外人事也。《三國志·蜀書·楊儀傳》:"(諸葛)亮卒於敵場。儀既領軍還,又誅討延,自以爲功勳至大,宜當代亮秉政,呼都尉趙正以《周易》筮之,卦得家人,默然不悦。"楊儀得家人而不悦者,蓋以家人兆示其不能晉升,猶困在家而難出也。

⑨"蹇者,難也"者,一則云前途有險阻,一則云君子當緊張、戒懼。《古文尚書·咸有一德》:"其難其慎。"《孔傳》:"其難無以爲易,其慎無以輕之。"

⑩"解者,緩也"者,《釋文》:"解,音蟹。"當訓鬆懈之懈。蹇之緊張、戒懼,終將有所緩解、鬆懈也。

⑪"緩必有所失,故受之以損"者,解卦有"負且乘,致寇至"之事,乃是鬆懈所招致之損失,故以損繼解。又《集解》引崔覲據解《象》"君子以赦過宥罪"云:"宥罪緩死,失之則僥倖,有損於政刑,故言'緩必有所失,受之以損'。"亦通。

⑫"損而不已必益"者,損乃損下以益上,下窮而上富;而後繼以益,益則損上以益下,則上窮下富也。後儒乃將損益二者視爲相反相成之關係,猶如日月之盈昃,寒暑之往來,故損而不已必益,益而

不已必損。抑或如利害相生、禍福相倚之關係,《淮南子·人間訓》:"孔子讀《易》至於損益,未嘗不憤然而歎曰:'損益者,其王者之事與? 或欲以利之,適足以害之;或欲害之,乃反以利之。利害之反,禍福之門户,不可不察也。'"

⑬"益而不已必決"者,韓康伯注曰:"益而不已則盈,故必決也。"其若以水注器,器滿則溢出。注家或謂猶河水益而不止,終至決口。余案:益,滿也;決,缺也。由益轉夬,猶云由圓滿轉爲殘缺。朱駿聲《六十四卦經解》釋夬曰:"ユ,物也,手以之決之,分也。"夬卦有分決之義,其猶將完整之物決而爲二,如兵符之各半。又《莊子·天下》云大道由一而裂,頗通此義,可以增進理解也。

⑭"決必有遇"者,遇,相合,前言分決,既分決者亦必有所相合,如兵符之既分而後又合一,是爲有所遇。"姤者,遇也"者,按諸姤卦,乃由分決者之相合轉義爲天地相遇、四方相遇也。

⑮天地、四方相遇,則品物匯聚於關市,《集解》引崔覲曰:"'天地相遇,品物咸章',故言'物相遇而後聚'也。"而"萃者,聚也"者,按諸萃卦,則又從姤之物品匯聚轉義爲民衆之聚居也。

⑯"聚而上者謂之升"者,言民衆聚居,漸積成國,而其國君之地位亦日益升高矣。朱駿聲《六十四卦經解》釋升曰:"聖人在諸侯之中,明德日益高大,故謂之升。進益之象也。"又由民聚成國,國有君則有廟,升通登,亦通烝,言王假有廟以行祭祀,明德之高大由此顯揚也。《集解》引崔覲曰:"用大牲而致孝享,故順天命而升爲王矣,故言'聚而上者謂之升'。"

⑰困卦當文王之囚羑里,文王之在周,可謂積小致大,明德升矣,而其在殷則必困,是以云"升而不已必困"。困之繼升,意謂升至其極必陷困窮,所謂木秀於林,風必摧之,堆出於岸,流必湍之也。

⑱《繫辭下》:"困窮而通。"以井繼困,乃以二者皆有通義。"困乎上者必反下"者,升爲向上之通,繼升以困,是上行至極,乃困於上;

物極必反，困於上者反下，繼困以井，井爲向下之通。於經義言之，"困乎上"，言文王困在殷，"必反下"而繼之以井，則猶云文王歸周也。

⑲"井道不可不革"者，韓康伯注曰："井久則濁穢，宜革易其故。"是也。井道之革，意謂除去濁穢，修治井壁、井臺，非爲棄舊井，鑿新井。其就教化人民言之，猶云革除舊野蠻，進於新文明也。

⑳"革物者莫若鼎"者，鼎中食物常去舊更新。一說鼎煮生物爲熟物，改生爲熟，爲革物，亦通。韓康伯注曰："革去故，鼎取新。既以去故，則宜制器立法以治新也。鼎所以和齊生物，成新之器也，故取象焉。"革、鼎相須。

㉑鼎烹以享上帝，常用鼎於祭祀之事，而祭祀之事，長子主之。《集解》引崔覲曰："鼎所以亨飪，享於上帝。主此器者，莫若冢嫡，以其爲祭祀主也，故言'主器者莫若長子'。"由宗法之長子，轉義爲天地之長子震，故以震繼鼎也。"震者，動也"句，則啓下言艮。

㉒阮元《十三經注疏校勘記》云："岳本、古本、足利本'止'上有'動必'二字。"即"止之"作"動必止之"。《集解》引崔覲曰："震極則'征凶'，'婚媾有言'，當須止之，故言物不可以終動，故止之也。"余案：繼震以艮，非謂截然之止動爲靜。震之動，其動無常，故其動極當止；艮之止，非靜止，其義在"時止則止，時行則行，動靜不失其時"，故以艮止動，實則使震之動由盲動轉爲動靜有節，雖云止之，猶漸進也。

㉓"漸者，進也"者，有所節制之動，其進必漸。漸之爲進，按諸漸卦，乃意謂漸次而進，且進得正、進得位；若前無艮之節制，盲動而進，必不得正、不得位也。

㉔"進必有所歸"者，君子既進得正、進得位，則必得天子、諸侯以女來歸，故漸之後繼以歸妹。"有所歸"，即下"得其所歸"。

㉕"得其所歸者必大"者，君子得天子或諸侯之嫁女，結成婚姻聯盟，

獲得衆多陪嫁,己之部落必因此變得豐厚强大。《集解》引虞翻曰:"歸妹者,姪娣媵,國三人九女,爲大援,故言'得其所歸者必大'也。"亦此義。

㉖"窮大者必失其居"者,窮大,豐大至極也。歸妹使家豐大,而豐大之家如日豐滿至極而後遭遇日食之災,遂至失其所居。此亦按物極則反轉義。失其家而流離在旅途,故豐之後繼以旅。

㉗"旅而无所容"者,言旅者已無家,無根據之地,故曰無所容。韓康伯注曰:"旅而無所容,以巽,則得所入也。"巽,遜順,意謂無家可歸之旅者,惟遜順於王命,乃可以重新被接納也。"巽者,入也"者,入,納也,其猶舊殷民之得納於周耶?

㉘按諸巽卦,則"巽者,入也"爲入內領受王命,故"兌者,説也"者,當訓言説之説。又《集解》引虞翻曰:"兌爲講習,故學而時習之,不亦説乎?"似兼取言説與悦樂二義,亦可備一説。

㉙巽卦有領受王命義,而渙卦有諸侯既受王命,四散就國義,二義適前後相承,故曰"説而後散之,故受之以渙"。而若以兌爲講習,而講習終有散,故兌繼之以渙,亦通。而《集解》引虞翻曰:"風以散物,故離也。"未承前兌爲講習爲説。"渙者,離也"者,渙爲離散,亦混亂無序之狀。

㉚節,謂制度。君臣、上下、內外皆有序。故由渙至節,意謂由天下之混亂無序至以禮相交通,秩然有序焉。

㉛有制度而後可以爲信,君臣、上下、內外共同信守其節,是乃中孚繼節之義。韓康伯注曰:"孚,信也。既已有節,則宜信以守之矣。"又《集解》引崔覲曰:"節以制度,不傷財,不害民,則人信之。故言'節而信之,故受之以中孚'也。"亦可通。

㉜韓康伯注曰:"守其信者,則失貞而不諒之道,而以信爲過也,故曰小過。"諒,信也,言語信實。過,錯失。韓云"貞而不諒之道"者,貞正而能變通,不固執於言語之信實。而"有其信者必行之",則

是不知變通矣。

㉝“有過物者必濟”者，此“過物”之過，又轉義爲過越，過物，即越過某物，其若越過河川而爲濟也，故以既濟繼小過。

㉞“物不可窮也”，此窮訓窮極而止。《集解》引崔覲曰：“夫《易》之爲道，窮則變，變則通，而以未濟終者，亦物不可窮也。”是言既濟窮止，而轉爲未濟，則變，則通矣。又焦循《易章句》曰：“既濟，終矣，變通於未濟，則有始。受之以未濟而後終，則終而不終矣。”是言既濟、未濟間復有終始之關係。

雜　卦

乾剛坤柔。①比樂師憂。②臨觀之義，或與或求。③屯見而不失其居，蒙雜而著。④震，起也；艮，止也。⑤損、益，盛衰之始也。⑥大畜，時也；无妄，災也。⑦萃聚而升不來也。⑧謙輕而豫怠也。⑨噬嗑，食也；賁，无色也。⑩兌見而巽伏也。⑪隨，无故也；蠱，則飭也。⑫剝，爛也；復，反也。⑬晉，晝也；明夷，誅也。⑭井通而困相遇也。⑮咸，速也；恒，久也。⑯渙，離也；節，止也。⑰解，緩也；蹇，難也。⑱睽，外也；家人，內也。⑲否、泰反其類也。⑳大壯則止，遯則退也。㉑大有，衆也；同人，親也。㉒革，去故也；鼎，取新也。㉓小過，過也；中孚，信也。㉔豐，多故也；親寡，旅也。㉕離上而坎下也。㉖小畜，寡也；履，不處也。㉗需，不進也；訟，不親也。㉘大過，顛也。㉙姤，遇也，柔遇剛也。㉚漸，女歸待男行也。㉛頤，養正也。㉜既濟，定也。㉝歸妹，女之終也。㉞未濟，男之窮也。㉟夬，決也，剛決柔也，君子道長，小人道憂也。㊱

【校注】

①《雜卦》託言孔子，實爲孔門傳經之儒所作，“十翼”中最晚出，或出於漢宣帝後。韓康伯注曰：“《雜卦》者，雜糅衆卦，錯綜其義，或以同相類，或以異相明也。”韓說蘊含兩義。一者韓云“雜糅衆

卦”,意謂《雜卦》叙諸卦,卦序不與《序卦》同,乃雜糅六十四卦之序。《釋文》:“韓云:雜糅衆卦也。孟云:雜,亂也。”孔穎達《正義》引虞翻曰:“《雜卦》者,雜六十四卦以爲義,其於《序卦》之外别言也。”二者韓云“錯綜其義”,意謂《雜卦》叙諸卦,乃以兩卦一組爲基本單位,相關二卦或錯或綜,非覆即變,以二卦相雜,乃可以剛柔、終始交互爲用。余案:“非覆即變”爲經本六十四卦自乾坤起始每兩卦構成一組之原則。若甲卦上下顛倒而變成乙卦,則甲乙二卦爲覆卦,亦稱綜卦,例如比與師、臨與觀之類,共二十八對五十六卦。若甲卦顛倒仍同自身,須六爻一一變爲陰陽反對而成乙卦,則甲乙二卦爲變卦,亦稱錯卦,有乾與坤、離與坎、小過與中孚、大過與頤,共四對八卦。《序卦》已按此原則解説卦序,《雜卦》不同《序卦》者,一爲雖兩兩成組,但組與組之先後次序不同於經本之序,如乾、坤繼之以比、師非經序,先比後師亦非經序;二爲《雜卦》前五十六卦,皆兩兩相應,符合“非覆即變”;而最後八卦則次序混亂,本應大過與頤、遘(姤)與夬、漸與歸妹、既濟與未濟相兩,實則按大過、遘(姤)、漸、頤、既濟、歸妹、未濟、夬相次。朱熹《周易本義》云:“自大過以下,卦不反對,或疑其錯簡,今以韻協之,又似非誤,未詳何義。”余以爲,雜卦之雜義,恰在雜糅經本卦序,尤其在雜糅後八卦成一意義體也。傳首云“乾剛坤柔”者,乾(☰)與坤(☷)爲變卦,言乾剛坤柔可以互用也。

②比(☵)與師(☷)爲覆卦。《釋文》:“樂,音洛。”比卦“建萬國,親諸侯”,制禮作樂,故云樂。師卦以干戚濟世,故云憂。“比樂師憂”,猶云比文師武也。

③臨(☷)與觀(☴)爲覆卦。韓康伯注曰:“以我臨物,故曰與。物來觀我,故曰求。”與,給與。“或與或求”皆自我言之。《集解》引荀爽説,臨卦之“教思无窮”,是我臨於民,我施教化於民,故是我與;觀卦,我設教以供民觀,四方民觀教而來順我,乃爲求我也。

④屯(䷂)與蒙(䷃)爲覆卦。錢大昕《答問》云屯草木初出地上,故有見義,蒙與厖通,故有雜義。余案:屯爲建侯之卦,故"見"猶"見龍在田"之見,謂君之初現,猶部落之有酋長;而屯言草昧之中創建聚居之地,故"不失其居"也。"蒙雜而著"者,蒙卦言教化事,使百姓相錯雜而不亂,族別等級顯著也。又屯見、蒙著,以同相類也。

⑤震(䷲)與艮(䷳)爲覆卦。《集解》曰:"震陽動行,故起。艮陽終止,故止。"余案:"震起"者,起,興也,雷震百里而興起。"艮止"者,當乎雷震之際,"君子以恐懼修省","君子以思不出其位"也。

⑥損(䷨)與益(䷩)爲覆卦。"損、益,盛衰之始"者,《集解》本作"衰盛之始",引虞翻義,以損爲衰之始,益爲盛之始;焦循《易章句》按"盛衰之始"讀,故以損爲盛之始,益爲衰之始。韓康伯注曰:"極損則益,極益則損。"同理,"極盛則衰,極衰則盛",損益、盛衰乃循環作始也。

⑦大畜(䷙)與无妄(䷘)爲覆卦。"大畜,時也"者,言大畜有時行義,可期待也。"无妄,災也"者,天命無常,有災異不望而至也。時爲可預期者,災爲不可預期者,故二卦有相反之義。

⑧萃(䷬)與升(䷭)爲覆卦。"萃聚"者,萃《彖》:"萃,聚也。""升不來"者,錢大昕《答問》云:"《說文》:'不,鳥飛上翔,不下來也。從一,一猶天也。'故不來爲上升之義。"案萃積少而成衆,升積小而成高大,是以同相類也。

⑨謙(䷎)與豫(䷏)爲覆卦。輕,輕重之輕,謂去其多也,謙卦"裒多益寡,稱物平施"。《釋文》:"怠,姚同京作治,虞作怡。"《集解》本作怡。案作怠、怡,義相近。怠,懈也,豫樂故有懈怠。怡,喜樂,《集解》曰:"豫薦樂祖考,故怡。"而姚、京作治,治,正也,《禮記·禮運》:"以治人情。"鄭玄注:"治者,去瑕穢,養菁華也。"余以爲,作治尤善,謙與豫以同相類。

⑩噬嗑(☲)與賁(☲)爲覆卦。"噬嗑,食也"者,特取食義,食則有五味。"賁,无色"者,取義其未成五色。噬嗑與賁,以異相明也。又噬嗑"利用獄",賁則"无敢折獄",亦相反義。

⑪兌(☱)與巽(☴)爲覆卦。"兌見而巽伏"者,韓康伯注曰:"兌貴顯説,巽貴卑退。"案見,顯也;伏,隱也。兌爲朋友講習,巽爲牀下受命,故一顯一隱。

⑫隨(☱)與蠱(☶)爲覆卦。"隨,无故也",故者,事也。隨者隨時而爲,無須自己謀畫、自作爲也。"蠱,則飭也",《釋文》:"飭,鄭本、王肅作飾。"《集解》本作飾,阮元《校勘記》云石經本亦作飾,當從。飾者,整治,有意爲之之巧飾。隨無故與蠱巧飾,適成反對義。

⑬剝(☶)與復(☳)爲覆卦。"剝,爛也"者,爛,敗也。《廣雅》:"殫,敗也。"王念孫《廣雅疏證》云殫與爛通,故爛亦敗。剝上陽"碩果不食",故有爛象。"復,反也"者,陽反之於下,反初也。韓康伯注曰:"物熟則剝落也。"果實熟在上則爛,爛則剝落於下,復變爲種子可以生新也。

⑭晉(☲)與明夷(☷)爲覆卦。此二卦就日出日落而言之,晉離日在上,明出地上,故曰"晝也"。《廣雅》:"晝,明也。"明夷則日在下,明入地中,其明漸傷,故曰"誅也"。韓康伯注:"誅,傷也。"日出則明,明傷則暗,二卦相反。

⑮井(☵)與困(☱)爲覆卦。"井通"者,通,交通、交好。井位在邑中,人與人交會於井地之義。"困相遇"者,遇,不期而遇。遇通遻,《爾雅》:"遇,遻也。"《龍龕手鑑》引《爾雅》舊注云:"心不欲見而見曰遻。"《説文》:"遻,相遇驚也。"於井,人期會於此,樂於相見也;於困,人不欲見而見,見之而驚,其猶云不欲見遭禁忌之人也。

⑯咸(☱)與恒(☳)爲覆卦。王引之《經義述聞》云:"蓋卦名爲咸,

即有急速之義。咸者,感忽之謂也。"感忽,亦作奄忽,謂倏忽之頃。余案:咸卦謂神靈附於巫體,倏忽之頃而已,非長久在焉,而恒卦貴久於其道,二者適爲相反義。

⑰渙(䷺)與節(䷻)爲覆卦。《集解》曰:"渙散,故離;節制數度,故止。"案"渙離"者,離散貌。止,有所礙也。《說文》:"礙,止也。"節取象竹節,竹節有通有塞,其塞,礙其通也。

⑱解(䷧)與蹇(䷦)爲覆卦。"解,緩也;蹇,難也"者,《集解》曰:"雷動出物,故緩;蹇險在前,故難。"余案:解有"赦罪宥過",故緩;蹇同謇,進諫、獻謀,其事爲難,若韓非之《説難》義也。

⑲睽(䷥)與家人(䷤)爲覆卦。外,相排斥、疏遠。韓康伯注:"相疏外也。"内,同納,相結納、親近。又睽者,與家外人相睽,家人者,家内人相親,亦通。

⑳否(䷋)與泰(䷊)爲覆卦,亦爲變卦。類,底本作顦,據諸本改。"否、泰反其類也"者,《集解》曰:"否反成泰,泰反成否,故反其類。"高亨《周易大傳今注》云:"否,閉塞也。泰,通達也。其事類相反。"皆通。余案:否、泰既爲上下顛倒之覆卦,又爲六爻相反之變卦,其例特殊。否、泰反其類,不僅在閉、通之性質相反,亦在其運勢相反,其若水東流爲順走,而水西行則爲反類也。

㉑大壯(䷡)與遯(䷠)爲覆卦。"大壯則止,遯則退也"者,當按《序卦》先遯後大壯之次序爲説,遯有隱遁之象,故爲退,遯不可以終退,故大壯爲止,止則弗退也。大壯有以藩阻羊之象,亦即止其冒進也。

㉒大有(䷍)與同人(䷌)爲覆卦。"大有,衆也"者,大有之卦,用享於天子,是關於國家之卦,故云"大有,衆也"。衆,國之衆也。"同人,親也"者,同人《象》云"君子類族辨物",惠棟《周易述》釋此乃以族爲姓,"類族"即辨別同姓、異姓之親疏。夫婦爲親,同姓爲親,故云"同人,親也"。親,親之族也。案國衆爲公,族衆爲私,

其性質相異,而其皆能聚衆,又是同類相明也。

㉓革(☲)與鼎(☲)爲覆卦。"革,去故也"者,故,舊也,謂革變更舊命、舊事。"鼎,取新也"者,謂鼎容受新事物。《廣韻》:"取,受也。"

㉔小過(☳)與中孚(☲)爲變卦。案小過、中孚,同含得中乃信之義。中孚之爲信,必待其信發而得中,中則成信。小過義在錯過,錯過則不得中,不中則不能成信也。

㉕豐(☲)與旅(☲)爲覆卦。"豐,多故也"者,故,事也,猶云豐當多事之際。故,亦可訓災,"豐,多故也"可徑釋爲當多災之際,亦通。"親寡,旅"者,同"旅親寡",言旅人途中寡親,無可容也。案豐與旅,一言多,一言寡,爲反對義;而其同處憂患之中,又有同焉。又《釋文》曰:"'豐多故',衆家以此絶句。荀本'豐多故親'絶句,'寡,旅也'別爲句。"後世注家少有從其讀者。推闡荀爽説,當指豐多故舊、故親,而旅寡故舊、故親,相反爲義也。聊備一説。

㉖離(☲)與坎(☵)爲變卦。韓康伯注曰:"火炎上,水潤下。"

㉗小畜(☲)與履(☲)爲覆卦。"小畜,寡也"者,寡,獨也,小畜獨蓄於家,不足以兼濟也。"履,不處也"者,履不處於家,出仕而從王事也。

㉘需(☲)與訟(☲)爲覆卦。需同須,主人等待來客,故云"不進"。訟爲雙方争訟,則必"不親"。需主客"飲食宴樂",終相會焉;而訟"以訟受服,亦不足敬",終相疏離。故"不進"與"不親"義相反。又《集解》曰:"險在前也,故'不進';天水違行,故'不親也'。"則是按上下卦象釋之。

㉙大過以下八卦,不按"非覆即變"兩兩相次。若按"非覆即變",則大過(☲)當與頤(☲)爲變卦,姤(☲)當與夬(☲)爲覆卦,漸(☲)當與歸妹(☲)爲覆卦,既濟(☲)當與未濟(☲)爲覆卦亦爲變卦。鄭玄始疑其"卦音不協,似錯亂失正"。後儒或從鄭説,更

改排後八卦之句序,如蘇軾《東坡易傳》排爲:"頤,養正也;大過,顛也。姤,遇也,柔遇剛也;夬,決也,剛決柔也,君子道長,小人道憂也。漸,女歸待男行也;歸妹,女之終也。既濟,定也;未濟,男之窮也。"其餘如宋蔡淵、俞琰,元王申子,清毛奇齡,乃至今之諸學者,有諸多改排方案,大同小異,其要一則使後八卦復成兩卦覆、變,一則儘量使其協韻。余案:改排傳文,殊不可取。後八卦雖不兩卦對說,但絕非亂簡,其内在意義邏輯清楚完整,要在作傳者至此忽轉而制作新例,不拘於覆、變,而是以大過爲樞紐,通貫後八卦,更作一義理論述。《集解》引虞翻、干寶説,謂此後八卦之序,爲精心編排,别有深致。虞翻於傳末云:"自大過至此八卦,不復兩卦對說。大過死象,兩體姤、夬,故次以姤而終於夬。言君子之決小人,故'君子道長,小人道消'。"干寶云:"凡《易》既分六十四卦以爲上下經,天人之事,各有始終。夫子又爲《序卦》,以明其相承受之義。……而夫子又重爲《雜卦》,以易其次第。《雜卦》之末,又改其例,不以兩卦反覆相酬者,以示來聖後王,明道非常道,事非常事也。"余以爲,此後八卦當據其大義説解,不必拘泥於卦爻覆、變。虞氏以大過死象爲統領,尤有深意。"大過,顛也"者,按諸大過,乃遭遇洪水之卦,顛謂過越在高處,以避洪水。然則洪水過後,人離散疾苦,動植皆荒蕪,乃有死象,須更始爲新生活。《漢書·淮陽憲王欽傳》:"(王)駿諭指曰:'……《春秋》之義,大能變改,《易》曰:"藉用白茅,无咎。"言臣子之道,改過自新,絜己以承上,然後免於咎也。'"雖僅以初爻辭爲説,亦可知漢儒以大過卦有更新之義。楊樹達《周易古義》以此爲梁丘《易》説。

㉚底本作遘,同姤。"姤,遇也,柔遇剛也"者,大過之後,復有男女不期而遇,而其遇,爲"柔遇剛",亦即"女壯"。歷大過死象而後重生,不可無男女,故以男女之義,貫此後諸卦,然則在姤時,"女

壯"、"勿用取女",尚不得遽遽乎男女媾合也。

㉛"漸,女歸待男行也"者,當姤卦時,"勿用取女",當漸卦時,則"取女吉"。女嫁入男家,而主持家事,齊家也。

㉜"頤,養正也"者,承漸之家齊,頤則可以自養、養民、養賢、養萬物也。

㉝"既濟,定也"者,承前,言家國安定也。又大過洪水時期,江河泛濫毀壞,至此江河成定,可以濟渡,四方復可通達也。

㉞"歸妹,女之終也"者,女終於嫁,從一而終。

㉟"未濟,男之窮也"者,窮,當與"女之終"相應,終、窮同義,終止也,當未濟,男亦將有所終止焉。案參前既濟、未濟注,既濟、未濟皆言征伐,當既濟,乃征伐不止,而當未濟,乃征伐休止。此云"男之窮",猶云男有其國而止焉。

㊱"夬,決也,剛決柔也"者,按諸夬卦,"揚于王庭",則至夬,王權復立,王朝復盛焉。"君子道長,小人道憂",《集解》本憂作消,當從。《集解》引虞翻說,以此傳之云"君子道長,小人道消"喻武王伐紂,其義可謂大矣!大過之後,乃逐次恢復家庭、國家,王道大行,終致殷周革命之舉也。《易緯·乾鑿度》有云:"孔子曰:'陽消陰言夬。……夬之爲言決也,當三月之時,陽盛息,消夬陰之氣,萬物畢生,靡不蒙化,譬猶王者之崇至德,奉承天命,伐決小人,以安百姓,故謂之決。'"

主要參考書目

一、《周易》版本與歷代注疏

《周易》十卷,[魏]王弼、[晉]韓康伯注,附《略例》,[唐]邢璹注,影印
上海涵芬樓藏宋刻本,宋刻遞修本,《四部叢刊》,商務印書館。

《周易》十卷附《略例》,[魏]王弼、[晉]韓康伯注,[唐]陸德明《釋
文》,《略例》,[唐]邢璹注。國家圖書館藏,《中華再造善本》影印,
國家圖書館出版社。

《周易正義》十四卷,[唐]孔穎達正義,南宋重刻北宋監本,宋刻遞修
本。國家圖書館藏,《中華再造善本》影印,國家圖書館出版社。

《周易注疏》十三卷,[魏]王弼、[晉]韓康伯注,[唐]孔穎達疏,宋刻
本。原陸游舊藏本,現藏日本足利學校。足利學校圖書館遺迹後
援會刊,昭和四十八年(1973)。

《周易注疏》十三卷,[魏]王弼、[晉]韓康伯注,[唐]孔穎達疏,南宋兩
浙東路茶鹽司刻本,宋刻遞修本。國家圖書館藏,《中華再造善
本》影印,國家圖書館出版社。

《周易兼義》九卷附《校勘記》,[魏]王弼、[晉]韓康伯注,[唐]孔穎達
疏,[清]阮元主持校刻南昌府學本《十三經注疏》,影印世界書局
縮印阮元校刻本,中華書局,1980 年。

《周易》九卷,單經本,署王弼、韓康伯注,《景刊唐開成石經》第一冊,

影印 1926 年皕忍堂本,中華書局,1997 年。

《楚竹書〈周易〉釋文注釋》,濮茅左著,《上海博物館藏戰國楚竹書（三)》,上海古籍出版社,2003 年。

《楚竹書〈周易〉研究——兼述先秦兩漢出土與傳世易學文獻資料》,濮茅左著,上海古籍出版社,2006 年。

《馬王堆帛書〈六十四卦〉釋文》,馬王堆漢墓帛書整理小組,《文物》1984 年第 3 期。

《帛書〈繫辭〉釋文》,陳松長整理,《帛書〈二三子問〉〈易之義〉〈要〉釋文》,陳松長、廖名春整理,載《道家文化研究》第三輯,上海古籍出版社,1993 年;《馬王堆帛書〈繆和〉〈昭力〉釋文》,陳松長整理,《道教文化研究》第六輯,上海古籍出版社,1995 年。此爲帛書《易傳》最早發表,本書引用均出此。

《阜陽漢簡〈周易〉釋文》,中國文物研究所古文獻研究室、安徽省阜陽市博物館整理,《道家文化研究》第十八輯,生活·讀書·新知三聯書店,2000 年。

《阜陽漢簡〈周易〉研究》,韓自强著,《道家文化研究》第十八輯,生活·讀書·新知三聯書店,2000 年。

《今、帛、竹書〈周易〉綜考》,劉大鈞著,上海古籍出版社,2005 年。

《楚竹書與漢帛書〈周易〉校注》,丁四新撰,上海古籍出版社,2011 年。

《〈周易〉異文校證》,吳新楚著,廣東人民出版社,2001 年。

《易經異文釋》,[清]李富孫撰,影印南菁書院本,《皇清經解續編》,上海書店,1988 年。

《易緯》,《緯書集成》,[日本]安居香山、中村璋八輯,河北人民出版社,1994 年。

《經典釋文》,[隋]陸德明傳,影印國家圖書館藏宋刻元遞修本,上海古籍出版社,1984 年。

《經典釋文彙校》,黃焯撰,中華書局,1980 年。

《經典釋文序録疏證》，吳承仕著，秦青點校，中華書局，1984 年。

《講周易疏論家義記》，日本奈良興福寺藏古鈔本，中華書局，2011 年。

《子夏易傳》，[周]卜商撰，《通志堂經解》第一册，[清]納蘭性德輯，影印乾隆間刊本，江蘇廣陵古籍刻印社，1996 年。

《周易鄭注》，[漢]鄭玄撰，[宋]王應麟輯，[清]丁杰輯補、張惠言訂正，影印嘉慶間湖海樓叢書本，《續修四庫全書》，上海古籍出版社，2002 年。

《京氏易傳》，[漢]京房撰，影印天一閣刊本，《四部叢刊》，商務印書館。

《焦氏易林》，[漢]焦贛撰，據士禮居校宋本排印，《四部備要》，中華書局。

《周易集解》，[唐]李鼎祚撰，《津逮秘書》本，上海博古齋據明汲古閣本景印，1922 年。

《周易舉正》，[唐]郭京撰，文淵閣《四庫全書》本。

《易童子問》，[宋]歐陽修撰，影印元刊本，《四部叢刊》。

《横渠先生易説》，[宋]張載撰，《通志堂經解》本。

《易傳》，[宋]程頤撰，文淵閣《四庫全書》本。

《東坡易傳》，[宋]蘇軾撰，文淵閣《四庫全書》本。

《漢上易傳》，[宋]朱震撰，《通志堂經解》本。

《誠齋易傳》，[宋]楊萬里撰，文淵閣《四庫全書》本。

《周易本義》，[宋]朱熹撰，廖名春點校，中華書局，2009 年。

《晦庵先生朱文公易説》，[宋]朱鑑輯，《通志堂經解》本。

《周易玩辭》，[宋]項安世撰，《通志堂經解》本。

《童溪王先生易傳》，[宋]王宗傳撰，《通志堂經解》本。

《西溪易説》，[宋]李過撰，文淵閣《四庫全書》本。

《易纂言》，[元]吳澄撰，《通志堂經解》本。

《大易輯説》，[元]王申子撰，《通志堂經解》本。

《周易集注》，［明］來知德撰，上海古籍出版社，1990 年。

《周易内傳 周易外傳》，［清］王夫之著，李一忻點校，九州出版社，
　　2004 年。

《周易説略》，［清］張爾岐撰，影印康熙間徐志定真合齋刊本，《續修四
　　庫全書》。

《周易淺述》，［清］陳夢雷撰，文淵閣《四庫全書》本。

《康熙御纂周易折中》，［清］李光地撰，劉大鈞整理，巴蜀書社，
　　2014 年。

《周易述》，［清］惠棟撰，據學海堂經解本排印，《四部備要》。

《周易述補》，［清］江藩撰，據學海堂經解本排印，《四部備要》。

《周易述補》，［清］李林松撰，據南菁書院續經解本排印，《四部備要》。

《周易虞氏義》，［清］張惠言撰，學海堂本，《皇清經解》。

《周易鄭氏義》，［清］張惠言撰，學海堂本，《皇清經解》。

《周易荀氏九家義》，［清］張惠言撰，學海堂本，《皇清經解》。

《易通釋》，［清］焦循撰，李一忻點校，《易學三書》之一，九州出版社，
　　2003 年。

《易章句》，［清］焦循撰，李一忻點校，《易學三書》之二，九州出版社，
　　2003 年。

《周易姚氏學》，［清］姚配中撰，影印南菁書院本，《皇清經解續編》。

《周易集解》，［清］孫星衍撰，影印粵雅堂叢書本，《續修四庫全書》。

《六十四卦經解》，［清］朱駿聲著，中華書局，1953 年。

《周易集解纂疏》，［清］李道平撰，潘雨廷點校，中華書局，1994 年。

《周易史證》附《易傳偶解》，［清］彭作邦著，影印《山右叢書初編》第一
　　册，山西人民出版社，1986 年。

《重定周易費氏學》，［清］馬其昶著，民國間抱潤軒刻本。

《周易尚氏學》，尚秉和著，中華書局，1980 年。

《周易古義》，楊樹達著，上海古籍出版社，2006 年。

《周易古史觀》，胡樸安著，上海古籍出版社，1986 年。

《周易古經今注》（重訂本），高亨著，中華書局，1984 年。

《周易大傳今注》，高亨著，齊魯書社，1979 年。

《周易通義》，李鏡池著，曹礎基整理，中華書局，1981 年。

《讀易三種》，屈萬里著，《屈萬里先生全集》，聯經出版社，1983 年。

《周易全解》，金景芳、吕紹綱著，吉林大學出版社，1989 年。

《〈周易·繫辭傳〉新編詳解》，金景芳著，遼海出版社，1998 年。

《周易譯注》，黄壽祺、張善文撰，上海古籍出版社，2001 年。

《帛書周易注譯》，張立文著，中州古籍出版社，2008 年。

《周易今注今譯》，陳鼓應、趙建偉注譯，商務印書館，2005 年。

《周易現代解讀》，余敦康著，中華書局，2016 年。

《死生有命，富貴在天——〈周易〉的自然哲學》，李零著，生活·讀書·新知三聯書店，2013 年。

《〈周易〉經傳十五講》，廖名春著，北京大學出版社，2004 年。

《日知錄》，［清］顧炎武著，周蘇平、陳國慶點注，甘肅民族出版社，1997 年。

《經義述聞》，［清］王引之，影印道光七年刻本，江蘇古籍出版社，2000 年。

《香草校書》（全三册），［清］于鬯著，中華書局，1984 年。

《群經平議》，［清］俞樾撰，影印南菁書院本，《皇清經解續編》。

《雙劍誃易經新證》，載《雙劍誃群經新證　雙劍誃諸子新證》，于省吾著，上海書店出版社，1999 年。

二、相關經、子

《十三經注疏》附《校勘記》（全二册）【《周易正義》：［魏］王弼、［晉］韓康伯注，［唐］孔穎達正義；《尚書正義》：舊題［漢］孔安國傳，［唐］孔穎達正義；《毛詩正義》：［漢］毛亨傳，［漢］鄭玄箋，［唐］孔穎達正義；《周禮注疏》：［漢］

鄭玄注,[唐]賈公彥疏;《儀禮注疏》:[漢]鄭玄注,[唐]賈公彥疏;《禮記正義》:[漢]鄭玄注,[唐]孔穎達正義;《春秋左傳正義》:[晉]杜預集解,[唐]孔穎達正義;《春秋公羊傳注疏》:[漢]何休解詁,[唐]徐彥疏;《春秋穀梁傳注疏》:[晉]范甯集解,[唐]楊士勛疏;《孝經注疏》:[唐]玄宗御注,[宋]邢昺疏;《論語注疏》:[魏]何晏等集解,[宋]邢昺疏;《孟子注疏》:[漢]趙岐注,舊題[宋]孫奭疏;《爾雅注疏》:[晉]郭璞注,[宋]邢昺疏】,影印世界書局縮印阮元校刻本,中華書局,1980 年。

《尚書今古文注疏》(全二冊),[清]孫星衍撰,陳抗、盛冬鈴點校,中華書局,1986 年。

《周禮正義》(全十四冊),[清]孫詒讓撰,王文錦、陳玉霞點校,中華書局,1987 年。

《禮記集解》(全三冊),[清]孫希旦撰,沈嘯寰、王星賢點校,中華書局,1989 年。

《大戴禮記解詁》,[清]王聘珍撰,王文錦點校,中華書局,1983 年。

《國風選譯》,陳子展著,古典文學出版社,1957 年。

《雅頌選譯》,陳子展著,古典文學出版社,1957 年。

《爾雅義疏》,[清]郝懿行撰,王其和、吳庆峰、張金霞點校,中華書局,2017 年。

《論語正義》,[清]劉寶楠撰,高流水點校,中華書局,1990 年。

《孟子正義》,[清]焦循撰,沈文倬點校,中華書局,1987 年。

《荀子集解》,[清]王先謙撰,沈嘯寰、王星賢點校,中華書局,1988 年。

《老子校詁》,馬叙倫著,中華書局,1974 年。

《莊子集釋》,[清]郭慶藩撰,王孝魚點校,中華書局,2010 年。

《墨子間詁》,[清]孫詒讓撰,孫啟治點校,中華書局,2011 年。

《商君書注譯》,高亨注譯,中華書局,1974 年。

《管子校正》,[清]戴望著,上海書店,1986 年。

《呂氏春秋》,[秦]呂不韋撰,[漢]高誘注,[清]畢沅校,影印光緒浙江書局《二十二子》,上海古籍出版社,1986 年。

《淮南子》,[漢]劉安撰,[漢]高誘注,《二十二子》。

《春秋繁露》,[漢]董仲舒撰,《二十二子》。

《論衡》,[漢]王充著,《諸子集成》,世界書局原版重印,中華書局,
　　1954 年。

《白虎通疏證》(全二冊),[清]陳立撰,吳則虞點校,中華書局,
　　1994 年。

《風俗通義校注》(全二冊),[漢]應劭撰,王利器校注,中華書局,
　　1981 年。

《山海經》,[晉]郭璞傳,[清]畢沅校,《二十二子》。

三、相關史傳

《國語》,[戰國]左丘明著,[吳]韋昭注,胡文波校點,上海古籍出版
　　社,2015 年。

《戰國策新校注》,繆文遠著,巴蜀書社,1987 年。

《逸周書彙校集注》,黃懷信、張懋鎔、田旭東撰,上海古籍出版社,
　　2007 年。

《竹書紀年統箋》,[清]徐文靖,影印光緒浙江書局《二十二子》,上海
　　古籍出版社,1986 年。

《古本竹書紀年輯校訂補》,范祥雍訂補,上海人民出版社,1962 年。

《世本八種》[漢]宋衷注,[清]秦嘉謨等輯,中華書局,2008 年。

《史記會注考證附校補》,[漢]司馬遷撰,[日本]瀧川資言考證,水澤
　　利忠校補,上海古籍出版社,1986 年

《漢書》,[漢]班固撰,[唐]顏師古注,中華書局,1962 年。

《後漢書》,[南朝宋]范曄撰,[唐]李賢等注,中華書局,1965 年。

《三國志》,[晉]陳壽撰,[南朝宋]裴松之注,中華書局,1982 年。

《兩漢三國學案》,[清]唐晏著,吳東民點校,中華書局,1986 年。

四、文集、類書

《全上古三代秦漢三國六朝文》(全四册),[清]嚴可均校輯,中華書局,1958 年。

《楚辭補注》,[宋]洪興祖撰,白化文等點校,中華書局,1983 年。

《文選》,[梁]蕭統編,[唐]李善注,影印嘉慶胡克家刻本,中華書局,1977 年。

《藝文類聚》(全二册),[唐]歐陽詢撰,上海古籍出版社,1965 年。

《淵鑒類函》(全十八册),[清]張英等編纂,影印上海同文書局石印本,中國書店,1985 年。

《太平御覽》,[宋]李昉等撰,影印涵芬樓影宋本,中華書局,1960 年。

《困學紀聞注》,[宋]王應麟著,[清]翁元圻輯注,孫通海點校,中華書局,2016 年。

五、字典、目録與其他工具書

《説文解字注》,[漢]許慎撰,[清]段玉裁注,影印經韻樓刻本,上海古籍出版社,1981 年。

《説文解字義證》(全二册),[清]桂馥撰,影印湖北崇文書局本,中華書局,1987 年。

《説文句讀》(全四册),[清]王筠撰,影印同治王氏刻本,上海古籍書店,1983 年。

《説文通訓定聲》,[清]朱駿聲撰,影印臨嘯閣本,武漢市古籍書店,1983 年。

《基礎漢字形義釋源——〈説文〉部首今讀本義》,鄒曉麗編著,中華書局,2007 年。

《方言箋疏》,[清]錢繹撰集,李發舜、黄建中點校,中華書局,1991 年。

《釋名疏證補》,[清]王先謙撰集,影印光緒間刊本,上海古籍出版社,

1984 年。

《廣雅疏證》，〔清〕王念孫撰，影印嘉慶王氏家刻本，中華書局，
　　1983 年。

《小爾雅校注》，黃懷信校注，三秦出版社，1992 年。

《康熙字典》，〔清〕張玉書等編纂，影印同文書局原版，中華書局，
　　1958 年。

《經籍籑詁》，〔清〕阮元等編纂，影印嘉慶間刊本，成都古籍書店，
　　1982 年。

《故訓匯纂》，宗福邦、陳世鐃、蕭海波主編，商務印書館，2007 年。

《同源字典》，王力著，商務印書館，1991 年。

《經傳釋詞》，〔清〕王引之著，載《古書字義用法叢刊》，北京市中國書
　　店，1984 年。

《經傳釋詞札記》，俞敏著，湖南教育出版社，1987 年。

《漢字古音手册》，郭錫良著，北京大學出版社，1986 年。

《中文大辭典》，中文大辭典編纂委員會編纂，中國文化研究所出版，
　　1968 年。

《漢語大字典》，漢語大字典編輯委員會編纂，徐中舒主編，湖北辭書出
　　版社、四川辭書出版社，1993 年。

《漢語大詞典》，中國漢語大詞典編輯委員會、漢語大詞典編纂處編纂，
　　羅竹風主編，漢語大詞典出版社，1993 年。

《積微居小學述林》，楊樹達著，中華書局，1983 年。

《積微居甲文説　卜辭瑣記　耏林廎甲文説　卜辭求義》，楊樹達著，《楊
　　樹達文集》之五，上海古籍出版社，1986 年。

《甲骨文字釋林》，于省吾著，中華書局，1979 年。

《三代吉金文存釋文》，羅福頤著，問學社出版，1983 年。

《商周古文字讀本》，劉翔、陳抗、陳初生、董琨編著，語文出版社，
　　1989 年。

《周秦金石文選評注》,黃公渚選注,商務印書館,1935 年。

《鄭學叢著》(含《鄭雅》、《演釋名》),張舜徽著,齊魯書社,1984 年。

《漢書藝文志講疏》,[漢]班固撰,顧實講疏,上海古籍出版社,1987 年。

《四庫全書總目提要》(全二冊),[清]永瑢等撰,中華書局,1965 年。

《中國歷史紀年》,榮孟源編,生活·讀書·新知三聯書店,1956 年。

《中國歷史地圖集》第一冊(原始社會·夏·商·西周·春秋·戰國
　　時期),譚其驤主編,中國地圖出版社,1982 年。

六、易學及相關研究著作

《學易筆談　讀易雜識》,杭辛齋著,張文江點校,遼寧教育出版社,
　　1997 年。

《周易論略》,陳柱著,商務印書館,1933 年。

《周易義證類纂》,聞一多著,收入《周易與莊子研究》書中,巴蜀書社,
　　2003 年。

《周易雜論》,高亨著,山東人民出版社,1962 年。

《周易探源》,李鏡池著,中華書局,2007 年。

《管錐編》第一冊之“《周易正義》二七則”,錢鍾書著,中華書局,
　　1979 年。

《易學哲學史》(全四冊),朱伯崑著,華夏出版社,1995 年。

《周易概論》,劉大鈞著,齊魯書社,1986 年。

《周易經傳溯源》,李學勤著,中國社會科學出版社,2007 年。

《論易叢稿》,張政烺著,中華書局,2012 年。

《〈周易〉經傳與易學史新論》,廖名春著,齊魯書社,2001 年。

《兩漢象數易學研究》,劉玉建著,廣西教育出版社,1996 年。

《經學通論》,[清]皮錫瑞著,中華書局,1954 年。

《經學歷史》,[清]皮錫瑞著,中華書局,1959 年。

《群經概論》,范文瀾著,北平樸社出版,1933 年。

《緯史論微》，[清]姜忠奎著，黃曙輝、印曉峰點校，上海書店出版社，
　　2005 年。

《觀堂集林》（全四冊），王國維著，中華書局，1959 年。

《殷墟卜辭綜述》，陳夢家著，中華書局，1988 年。

《中國古史的傳說時代》，徐旭生著，科學出版社，1960 年。

《中華遠古史》，王玉哲著，上海人民出版社，2000 年。

《中國古代宗教與神話考》，丁山著，上海文藝出版社，1988 年。

《中國古代社會研究》，郭沫若著，人民出版社，1977 年。

《中國古代社會史》，侯外廬著，新知書店，1948 年。

《殷商史》，胡厚宣、胡振宇著，上海人民出版社，2003 年。

《殷代社會生活》，李亞農著，上海人民出版社，1955 年。

《西周與東周》，李亞農著，上海人民出版社，1956 年。

《古史新探》，楊寬著，中華書局，1965 年。

《宗周社會與禮樂文明》（修訂本），楊向奎著，人民出版社，1997 年。

《商周政體研究》，張秉楠著，遼寧人民出版社，1987 年。

《西周的政體：中國早期的官僚制度和國家》，李峰著，生活・讀書・新
　　知三聯書店，2010 年。

《中國青銅時代》，張光直著，生活・讀書・新知三聯書店，1983 年。

《中國青銅時代二集》，張光直著，生活・讀書・新知三聯書店，1990 年。

《論天人之際——中國古代思想起源試探》，余英時著，中華書局，2014 年。

《古代宗教與倫理：儒家思想的根源》，陳來著，生活・讀書・新知三聯
　　書店，1996 年。

《古代思想文化的世界：春秋時代的宗教、倫理與社會思想》，陳來著，
　　生活・讀書・新知三聯書店，2009 年。

《中國法律與中國社會》，瞿同祖著，中華書局，2003 年。

《中國地理學史》，王成組著，商務印書館，1982 年。

《馮漢驥考古學論文集》，馮漢驥編著，文物出版社，1985 年。

《錢寶琮科學史論文選集》,中國科學院自然科學史研究所編,科學出版社,1983 年。

《金枝——巫術與宗教之研究》(上下冊),[英]詹·喬·弗雷澤(J. G. Frazer)著,徐育新、汪培基、張澤石譯,中國民間文藝出版社,1987 年。

《宗教生活的基本形式》,[法]愛彌爾·涂爾干(Emile Durkheim)著,渠東、汲喆譯,上海人民出版社,1999 年。

《原始社會的結構與功能》,[英]拉德克利夫-布朗(A. R. Radcliffe-Brown)著,潘蛟、王賢海、劉文遠、知寒譯,中央民族大學出版社,1999 年。

《巫術、科學、宗教與神話》,[英]馬林諾夫斯基(B. Malinowski)著,李安宅譯,中國民間文藝出版社,1986 年。

《原始社會的犯罪與習俗法律》,[英]馬林諾夫斯基著,原江譯,法律出版社,2007 年。

《未開化人的戀愛與婚姻》,[英]馬林諾夫斯基著,孫雲利譯,上海文藝出版社,1990 年。

《原始文化——神話、哲學、宗教、語言、藝術和習俗發展之研究》,[英]愛德華·泰勒(Edward Taylor)著,連樹聲譯,廣西師範大學出版社,2005 年。

《初民社會》,[美]羅維(Robert H. Lowie)著,呂叔湘譯,商務印書館,1987 年。

《世界各民族歷史上的宗教》,[蘇]謝·亞·托卡列夫(С. А. Токарев)著,魏慶征譯,中國社會科學出版社,1985 年。

《史前國家的演進》,[美]喬納森·哈斯(Jonathan Haas)著,羅林平等譯,求是出版社,1988 年。

《理解早期文明:比較研究》,[加]布魯斯·G. 崔格爾(Bruce G. Trigger)著,徐堅譯,北京大學出版社,2014 年。

新編新注十三經

周易新注

上

王錦民 撰

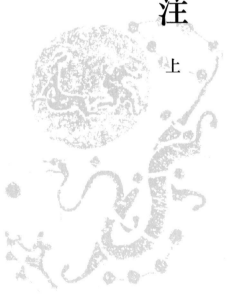

中華書局

圖書在版編目(CIP)數據

周易新注/王錦民撰. —北京:中華書局,2022.4
(新編新注十三經)
ISBN 978-7-101-15568-6

Ⅰ.周…　Ⅱ.王…　Ⅲ.《周易》-注釋　Ⅳ.B221.2

中國版本圖書館 CIP 數據核字(2022)第 024108 號

書　　　名	周易新注(全二册)	
撰　　　者	王錦民	
叢 書 名	新編新注十三經	
責任編輯	王　娟	
出版發行	中華書局	

(北京市豐臺區太平橋西里 38 號　100073)

http://www.zhbc.com.cn

E-mail:zhbc@zhbc.com.cn

印　　　刷	三河市中晟雅豪印務有限公司	
版　　　次	2022 年 4 月第 1 版	
	2022 年 4 月第 1 次印刷	
規　　　格	開本/920×1250 毫米　1/32	
	印張 24⅜　插頁 4　字數 600 千字	
印　　　數	1-4000 册	
國際書號	ISBN 978-7-101-15568-6	
定　　　價	78.00 元	

新編新注十三經芻議

袁行霈

一

今傳十三經有一個漫長的形成過程,其間經過多次變動。兹將十三經的形成過程作一簡要的論述。

孔子有"六藝"之説,指《詩》、《書》、《禮》、《樂》、《易》、《春秋》;[1]湖北荆門郭店楚墓出土竹簡《六德》,講到《詩》、《書》、《禮》、《樂》、《易》、《春秋》,[2]並未總稱爲"六經"。到西漢有"五經"之説,陸賈《新語・道基》:"禮義不行,綱紀不立,後世衰廢,於是後聖乃定五經,明六藝,承天統地,窮事察微,原情立本,以緒人倫。"[3]漢武帝時正式將"五經"立於學官,《漢書・武帝紀》:"(建元)五年(前136)

[1] 《史記・滑稽列傳》:"孔子曰:'六藝於治一也。《禮》以節人,《樂》以發和,《書》以道事,《詩》以達意,《易》以神化,《春秋》以義。'"(《史記》,北京:中華書局1982年版,第3197頁)至於《莊子・天運篇》:"孔子謂老聃曰:'丘治《詩》、《書》、《禮》、《樂》、《易》、《春秋》六經,自以爲久矣,孰知其故矣;以奸者七十二君,論先王之道而明周、召之跡,一君無所鉤用。甚矣夫!人之難説也,道之難明邪?'老子曰:'幸矣子之不遇治世之君也!夫六經,先王之陳跡也,豈其所以跡哉!⋯⋯"(郭慶藩《莊子集釋》,北京:中華書局1961年版,第531—532頁)其中講到了"六經",但此篇屬於《莊子》之外篇,其時代難以確定,僅録以備考。

[2] 《郭店楚墓竹簡・六德》:"觀諸《詩》、《書》則亦才矣,觀諸《禮》、《樂》則亦才矣,觀諸《易》、《春秋》則亦才矣。"(北京:文物出版社1998年版,第188頁)

[3] 王利器《新語校注》,北京:中華書局1986年版,第18頁。

春……置五經博士。"[1] 五經的排列順序通常是《詩》、《書》、《禮》、《易》、《春秋》或《易》、《書》、《詩》、《禮》、《春秋》。[2]

唐太宗貞觀七年(633)頒《新定五經》,是經學史上的一件大事。[3] 此後,太宗又詔孔穎達等撰修《五經正義》,書成,因太學博士馬嘉運駁之,詔更令詳定,功竟未就。[4] 高宗永徽間又經考正,於永徽四年(653)始頒行。[5] 此外,唐代還有"九經"之稱,[6] "九經"包

---

[1] 《漢書》,北京:中華書局1962年版,第159頁。又《漢書·百官公卿表上》:"武帝建元五年初置五經博士,宣帝黃龍元年稍增員十二人。"(《漢書》,第726頁)《漢書·儒林傳》贊:"自武帝立五經博士,開弟子員,設科射策,勸以官禄,訖於元始,百有餘年,傳業者寖盛,支葉蕃滋,一經説至百餘萬言,大師衆至千餘人,蓋禄利之路然也。"(第3620頁)

[2] 《莊子·天下》篇:"《詩》以道志,《書》以道事,《禮》以道行,《樂》以道和,《易》以道陰陽,《春秋》以道名分。"(郭慶藩《莊子集釋》,第1067頁)或疑此六句爲注文,誤入正文。《史記·儒林列傳》在"及今上即位,趙綰、王臧之屬明儒學,而上亦鄉之,於是招方正賢良文學之士"這段話後所列五經也是這個順序(《史記》,第3118頁)。而《漢書·藝文志》所列順序則是《易》、《書》、《詩》、《禮》、《春秋》。《白虎通·五經》曰:"《五經》何謂?《易》、《尚書》、《詩》、《禮》、《春秋》也。"(陳立《白虎通疏證》,北京:中華書局1994年版,第448頁)《史記·司馬相如列傳》載相如《封禪文》云:"軒轅之前,邈哉邈乎,其詳不可得聞也。五三六經載籍之傳,維見可觀也。"司馬貞《索隱》:"胡廣云:'五,五帝也。三,三王也……'案:六經,《詩》、《書》、《禮》、《樂》、《易》、《春秋》也。"(《史記》,第3064—3065頁)周予同《群經概論》云:"六經的次第,今文學派主張(1)《詩》,(2)《書》,(3)《禮》,(4)《樂》,(5)《易》,(6)《春秋》。而古文學派主張(1)《易》,(2)《書》,(3)《詩》,(4)《禮》,(5)《樂》,(6)《春秋》。"(見《周予同經學史論著選集》,上海:上海人民出版社1996年版,第211頁)《樂經》不存,故實際只有五經。

[3] 《舊唐書·太宗本紀》,北京:中華書局1975年版,第43頁。又,《舊唐書·顏師古傳》:"太宗以經籍去聖久遠,文字訛謬,令師古于秘書省考定五經。師古多所釐正,既成,奏之。太宗復遣諸儒重加詳議,于時諸儒傳習已久,皆共非之。師古輒引晉宋已來古今本,隨言曉答,援據詳明,皆出其意表,諸儒莫不歎服。於是兼通直郎、散騎常侍,頒其所定之書於天下,令學者習焉。"(《舊唐書》,第2594頁)

[4] 《舊唐書·孔穎達傳》:"先是,與顏師古、司馬才章、王恭、王琰等諸儒受詔撰定《五經》義訓,凡一百八十卷,名曰《五經正義》。太宗下詔曰:'卿等博綜古今,義理該洽,考前儒之異説,符聖人之幽旨,實爲不朽。'付國子監施行,賜穎達物三百段。時又有太學博士馬嘉運駁穎達所撰《正義》,詔更令詳定,功竟未就。"(《舊唐書》,第2602—2603頁)

[5] 《舊唐書·高宗本紀》:"(永徽四年)三月壬子朔,頒孔穎達《五經正義》於天下,每年明經令依此考試。"(《舊唐書》,第71頁)

[6] 《舊唐書·儒學傳·谷那律傳》:"谷那律,魏州昌樂人也。貞觀中,累補國子博士。黃門侍郎褚遂良稱爲'九經庫'。"(《舊唐書》,第4952頁)

括《易》、《書》、《詩》、《周禮》、《儀禮》、《禮記》、《春秋左傳》、《春秋公羊傳》、《春秋穀梁傳》。文宗大和四年(830)鄭覃以經籍訛謬,請召宿儒奧學,校定六籍,勒石於太學,從之。[1] 文宗大和七年(833)籌備,至開成二年(837)告成,用楷書刻《周易》、《尚書》、《毛詩》、《周禮》、《儀禮》、《禮記》、《左傳》、《公羊》、《穀梁》、《孝經》、《論語》、《爾雅》十二經於長安太學,並以唐張參《五經文字》、唐玄度《九經字樣》爲附麗,共650252字,這就是《開成石經》,今藏西安碑林。宋趙希弁《讀書附志》經類,列《石經周易》、《石經尚書》、《石經毛詩》、《石經周禮》、《石經儀禮》、《石經禮記》、《石經春秋》、《石經公羊》、《石經穀梁》、《石經論語》、《石經孝經》、《石經孟子》、《石經爾雅》,曰:"以上石室十三經,蓋孟昶時所鐫,故《周易》後書:'廣政十四年歲次辛亥五月二十日。'唯《三傳》至皇祐初方畢,故《公羊傳》後書:'大宋皇祐元年歲次己丑九月辛卯朔十五日乙巳工畢。'"廣政爲五代後蜀年號,此即《蜀石經》。《石經孟子》下著錄:"右《孟子》十四卷。不題經注字數若干,亦不題所書人姓氏。"[2] 另據宋曾宏父《石刻鋪叙》卷上所云:"《孟子》十二卷,宣和五年九月帥席貢暨運判彭慥方入石,逾年乃成。"[3] 可知《孟子》列入十三經,應當是北宋。南宋高宗紹興十三年(1143)又刻石經,也增加了《孟子》。清康熙年間陝西巡撫賈漢復在開成十二經之外,又補刻《孟子》,統稱"唐十三經"。十三經的順序爲《易》、《書》、《詩》、《周禮》、《儀禮》、《禮記》、《春秋左傳》、《春秋公羊

---

[1] 《舊唐書·鄭覃傳》:"覃長於經學,稽古守正,帝尤重之。覃從容奏曰:'經籍訛謬,博士相沿,難爲改正。請召宿儒奧學,校定六籍,準後漢故事,勒石於太學,永代作則,以正其闕。'從之。"(《舊唐書》,第4490頁)

[2] 以上兩條引文見宋晁公武撰、孫猛校證《郡齋讀書志校證》,上海:上海古籍出版社1990年版,第1086—1087頁。

[3] 然據宋晁公武《郡齋讀書志》"石經孟子十四卷"下所云:"右皇朝席旦(一作"益")宣和中刻成都,刊石實于成都學宮,云僞蜀時刻六經于石,而獨無《孟子》,經爲未備。"《知不足齋叢書》本,中華書局影印本第4冊,第182頁。

傳》、《春秋穀梁傳》、《論語》、《孝經》、《爾雅》、《孟子》。[1]

明代已有《十三經注疏》刻本。清乾隆四年(1739)有武英殿刻本《十三經注疏》;嘉慶二十一年(1816)南昌府學重刊宋本《十三經注疏》附阮元《校勘記》刻成。後者流傳廣泛,成爲學者使用最廣的本子。

粗略地回顧上述歷史,我們由此可以得出三點結論:

第一,後來儒家所謂的"經"起初並未賦予"經"的名稱和地位。大概戰國中後期有學者尊稱某些儒家典籍爲"經",如《荀子·勸學》謂學之數"始乎誦經,終乎讀禮"。(楊倞注:"經,謂《詩》、《書》;禮,謂典禮之屬也。")[2]漢初學者陸賈等人以亡秦爲殷鑒,進一步推尊儒家典籍爲經。漢武帝"罷黜百家,獨尊儒術",儒家思想取得了國家意識形態的地位,"五經"立於學官。自此之後,《易》、《書》、《詩》、《禮》、《春秋》這五部書才被正式尊稱爲"經"。此乃取其"恒常"之義,《白虎通·五經》所謂"經,常也",[3]《釋名》所謂"經者,徑也,常典也",[4]代表了漢儒對於"經"的理解。後來劉勰《文心雕龍·論說》云"聖哲彝訓曰經,述經叙理曰論",是很有代表性的看法。[5] 正如張舜徽先生在《漢書藝文志通釋》中所云,"古之六藝,本無經名。孔子述古,但言'《詩》曰'、'《書》云',而不稱'詩經'、'書經';但言'學《易》',而未嘗稱'易經'。下逮孟、荀,莫不如此。……況經者綱領之謂,原非尊

[1] 乾隆《重刻十三經序》曰:"漢代以來儒者傳授,或言五經,或言七經。暨唐分三禮、三傳,則稱九經。已又益《孝經》、《論語》、《爾雅》,刻石國子學,宋儒復進《孟子》,前明因之,而'十三經'之名始立。"(《御製文》初集卷一一,《影印文淵閣四庫全書》第1301冊,臺北:商務印書館1986年版,第101頁)其所言未詳。以上所述,筆者除查閱《郡齋讀書志》及《讀書附志》外,又參考馬子雲、施安昌《碑帖鑒定》,桂林:廣西師範大學出版社1993年版,第358頁;孫欽善《中國古文獻學史》,北京:中華書局1994年版,第332—333頁;王錦民《古學經子》,北京:華夏出版社2008年版,第227頁。
[2] 王先謙《荀子集解》,北京:中華書局1988年版,第11頁。
[3] 陳立《白虎通疏證》,第447頁。
[4] 劉熙著、畢沅疏證《釋名疏證·釋典藝第二十》,廣雅書局叢書本。
[5] 范文瀾《文心雕龍注》,北京:人民文學出版社1958年版,第326頁。後來有"六經皆史"之說,見清章學誠《文史通義·內篇·易教上》,倉修良《文史通義新編新注》,杭州:浙江古籍出版社2005年版,第1頁。

稱。大抵古代綱領性文字,皆可名之爲經。故諸子百家之書,亦多自名爲經"。[1] 我們對儒家所謂"經"不必過於拘泥。

第二,十三經是在很長的時間內逐漸確定的。[2] 在漢代爲五經,到唐代擴充爲九經。其他如《孝經》、《爾雅》、《論語》都是後來增加進去的。而且在宋朝,《春秋》、《儀禮》、《孝經》還都曾一度被剔除出經部。[3]《孟子》十一篇在《漢書·藝文志》和《隋書·經籍志》中都屬於子書,到了宋代才歸入經書,從目錄學的角度看來,所謂經書和子書的分類本來不很嚴格。既然如此,現在通行的十三經並不是不可調整的。

第三,漢武帝將五經立於學官,乃是將五經作爲學校的教科書。唐代實行科舉考試,則五經或九經又成爲科舉考試的標準用書。那時的朝廷是將經書作爲統一思想、治理國家、推行教化、選拔人才的依據。現在我們研究經書跟古代的出發點已有很大的區別,已不再需要那樣一套欽定的教科書或考試用書,而是將它們作爲中國傳統文化的源頭來研究,這是需要特別加以強調的。

二

今傳十三經全部是儒家的典籍。形成這種狀況,是漢武帝"罷黜百家,表章六經"的結果。[4] 借用劉勰《文心雕龍》前三篇的標題,可以説十三經以原道、徵聖、宗經爲主線,道、聖、經三者關係密切。我們

[1]《張舜徽集·漢書藝文志通釋》(與《廣校讎略》合刊),武漢:華中師範大學出版社2004 年版,第 177 頁。

[2] 漢代以來五經、七經、九經、十二經、十三經的演變情況十分複雜,本文並非專論經學史,只就其大概而言。

[3]《宋史·選舉志》:"(熙寧四年)於是改法,罷詩賦、帖經、墨義,士各占治《易》、《詩》、《書》、《周禮》、《禮記》一經,兼《論語》、《孟子》。"(北京:中華書局 1977 年版,第3617 頁)

[4]《漢書·武帝紀》班固贊語,第 212 頁。

不禁要問:難道只有儒家的典籍才能稱爲"經"嗎？我們可不可以突破
這種局限呢？以筆者的愚見,當初編纂儒家的經典,自然以這十三部
典籍爲宜。如果不限於儒家,而是着眼於整個中國文化的原典,那就
不應局限於現在通行的十三經。在儒家之外,道家、墨家、兵家、法家
也有很重要的地位,應該納入中國文化的經書範圍之内。隨着社會的
進步和學術的發展,以弘揚中華民族優秀傳統文化爲宗旨,對現在通
行的十三經中所收各書需要重新審視,加以去取。顯而易見,我們今
天研究中國傳統文化不應當限於儒家,所謂"國學"並不等於"儒學",
現在早已不是"罷黜百家,獨尊儒術"的時代了！我們應當改變儒家獨
尊的地位,更廣泛地吸取各家之精華,以更廣闊的視野繼承和弘揚中
國優秀的傳統文化。而這正是《新編新注十三經》努力的方向。從西
周到春秋、戰國的幾百年間,是中華文明極其燦爛的時代,其多姿多彩
的精神成果不僅體現在儒家典籍之中,也體現在儒家之外諸子百家的
典籍之中。我們研究中國傳統文化,要從多個源頭清理中華文明的來
龍去脈,廣泛地吸取其中的精華。

　　基於以上的學術理念,我倡議對十三經重新編選和校注。計劃
中的《新編新注十三經》收入以下十三種典籍:《周易》、《尚書》、《詩
經》、《禮記》、《春秋左傳》、《論語》、《孟子》、《荀子》、《老子》、《莊
子》、《墨子》、《孫子》、《韓非子》,保留原來十三經中的七種,替換
六種。

　　我們充分肯定傳統文化(包括儒家典籍)的重要價值,認爲上述十
三種書具有長遠的意義,經過整理可以在今天充分發揮其作用。這是
我們仍然沿襲"經"這個名稱的一個重要原因。又因爲"十三經"之稱
如同《三字經》、《百家姓》、《千字文》、《唐詩三百首》,無論是學者還是
一般讀者都已經習以爲常,而且中國本土文化中時代最早、可以稱之
爲文化源頭而又流傳有緒的、帶有綱領性的重要典籍,恰好可以選擇
十三種,仍然維持"十三經"的名稱是適宜的。

　　我們所謂的"經",與傳統的"經"相比,含義有所同也有所不同。首先,稱"經"有以示尊崇之意,因此,新編十三經,也就是選擇那些在中國文化中具有重要地位的典籍,意在使讀者能够藉此把握中國文化的要旨。其次,"經"有"恒常"的意思,表明這些典籍不僅在歷史上具有重要的影響,而且其深刻、豐富的思想在今天也有值得弘揚之處,在未來仍將具有不可忽視的影響力。第三,我們所謂的"經"具有開放性和多元性,不再封閉於原來那十三種儒家典籍的範圍,這樣可以更全面地反映中華文化的豐富内涵。

　　接下來就將新增的六種經典作一簡單的論述。

　　屬於儒家的一種:《荀子》。

　　荀卿自稱爲儒,《漢書·藝文志》著録《孫卿子》三十三篇,歸屬於儒家,孫卿就是荀子。《韓非子·顯學》篇説孔子以後"儒分爲八",其中"孫氏之儒"的"孫氏"就是指荀子。[1] 但荀子的學説與孔子有所不同,他曾遊學齊國的稷下學宫,受到道家、法家、名家的影響。荀子主張"法後王",又主張人性惡,並在《非十二子》中對子思、孟子等儒家學者進行了激烈的批判。《荀子》未能列入十三經,可能與他的這種思想傾向有關。其實,《荀子》中有不少值得注意的思想資源。其"王道"觀包含着豐富的内容,諸如"隆禮"、"賢能不待次而舉"、"平政愛民"等,都值得重視。其宇宙觀,主張"天行有常,不爲堯存,不爲桀亡。應之以治則吉,應之以亂則凶","制天命而用之",也值得注意。其經濟思想,提出"富國裕民"之道,很有意義。其他如"解蔽"之説,"虚壹而静"之説,以及其音樂理論、教育理論,也都值得進一步發掘整理。至於它對中國歷史文化的影響,譚嗣同《仁學》所謂"二千年來之學,荀學也"一語,[2]值得注意。蕴含着如此豐富思想資源的《荀子》,列入《新編新注十三經》是適當的。

---

[1]　參閲王先慎《韓非子集解》,北京:中華書局 1998 年版,第 456—457 頁。

[2]　蔡尚思、方行編《譚嗣同全集》(增訂本),北京:中華書局 1981 年版,第 337 頁。

屬於道家的兩種:《老子》和《莊子》。

漢武帝"罷黜百家,獨尊儒術"之後,道家的地位雖然比不上儒家,但道家在中國傳統文化中的影響仍然足以跟儒家相提並論,儒道互補成爲中國傳統文化的一個重要特點。在古代已有稱之爲"經"者,特別值得注意的是《隋書·經籍志》著錄《老子道德經》二卷,周柱下史李耳撰,漢文帝時河上公注。作爲道家之創始,《老子》一書中包含的樸素辯證法,關於人與自然關係的認識等,對中國文化的各個方面,如哲學、政治、文學、藝術等都有深遠的難以估量的影響。如果没有《老子》,就没有魏晉以後流行的玄學和唐代以後流行的禪學,中國文化就將失去不少多姿多彩的方面。道家關於清静無爲的説法,在戰亂之後社會需要休養生息之際,尤能顯示其在治國方面的重要意義。

郭店楚簡中發現了三種《老子》抄本,抄寫時間在公元前300年左右,雖然均不完整,但仍是目前所能見到的最古老的本子。湖南長沙馬王堆三號漢墓出土了兩種漢初的抄本,即帛書《老子》甲本和乙本,這是目前所能見到的較早的完整的本子。這些出土文獻,爲《老子》一書的校勘注釋和研究帶來了新的契機,已有許多新的研究成果問世。《新編新注十三經》收入《老子》,除原有的傳世《老子》版本外,可以利用楚簡本和帛書本及其研究成果,做出新的成績來。

《莊子》一書乃是莊周及其後學的著作。其内篇所闡述的"逍遥遊"代表着一種人生的理想,倡"無名"、"無功"、"無己",以求無待,無待則可以得到精神的自由。其所主張的"齊物論",有助於破除那種絶對、僵硬、呆板、滯塞的思維方式。作爲與儒家相對立的學説,《莊子》豐富多彩而又富於機辯,極具智慧之光芒,使中國文化帶上了靈動、活潑、通透的特點,具有充沛的想象力、創造力以及藝術感染力。在魏晉南北朝時期,莊子學復興,《莊子》與《老子》、《周易》並稱"三玄",是名士們研習的經典。唐宋兩朝,《老子》、《莊子》還曾被尊爲"經",並置

博士員,立於學官。[1] 而今《莊子》自然也應當和《老子》一併列入
《新編新注十三經》之中。

　　屬於墨家的一種:《墨子》。

　　墨家的創始人是墨翟。墨家在當時影響很大,《孟子·滕文公
下》云:"楊朱、墨翟之言盈天下。天下之言不歸楊,則歸墨。"《孟
子·盡心下》又說:"逃墨必歸於楊,逃楊必歸於儒。"[2] 孟子的話雖
不免有點誇張,但從中仍然可以看出墨學在當時是一種顯學。《韓
非子·顯學》就明確地說:"世之顯學,儒、墨也。"[3]《莊子·天下》
云:"相里勤之弟子五侯之徒,南方之墨者苦獲、已齒、鄧陵子之屬,
俱誦《墨經》,而倍譎不同,相謂別墨。"[4]《呂氏春秋·仲春紀·當
染》稱:"(孔子與墨子)此二士者,無爵位以顯人,無賞祿以利人,舉
天下之顯榮者必稱此二士也。皆死久矣,從屬彌衆,弟子彌豐,充滿
天下。王公大人從而顯之,有愛子弟者隨而學焉,無時乏絶。"[5] 可
見,在《呂氏春秋》成書之際,墨子仍然具有與孔子同等的地位。直
到漢武帝罷黜百家之後,墨家才消沉下來,而且迄今尚未得到廣泛
的重視。其實,《墨子》一書中有不少思想資源值得我們發掘,其尚
賢、兼愛、非攻、節用、非命等方面的思想,在今天仍然值得重視,而
其在邏輯學方面的貢獻,在自然科學方面的論述,也很值得注意。
《新編新注十三經》應當列入《墨子》。

　　屬於兵家的一種:《孫子》。

　　《史記·孫子吳起列傳》:"孫子武者,齊人也。以兵法見於吳王

---

[1]　《舊唐書·禮儀志》:"丙申詔……改《莊子》爲《南華真經》。……兩京崇玄學各置博
　　士、助教,又置學生一百員。"(《舊唐書》,第926頁)《宋史》:"丙戌,詔太學、辟雍各置
　　《内經》、《道德經》、《莊子》、《列子》博士二員。"(《宋史》,第400頁)
[2]　朱熹《四書章句集注》,北京:中華書局1983年版,第272、第371頁。
[3]　王先慎《韓非子集解》,第456頁。
[4]　郭慶藩《莊子集釋》,第1079頁。
[5]　陳奇猷《呂氏春秋校釋》,上海:學林出版社1984年版,第96頁。

闔廬。闔廬曰:'子之十三篇,吾盡觀之矣,可以小試勒兵乎?'對曰:
'可。'"[1]《漢書·藝文志·兵書略》於兵權謀家著録云"《吳孫子兵
法》八十二篇。圖九卷",顏師古注:"孫武也,臣於闔廬。"[2]中國古
代典籍中兵家的著作是一大筆寶貴的遺産,而《孫子》是兵家中最重要
的一部典籍。曹操《孫子序》指出其"審計重舉,明畫深圖"的特
點,[3]這已不限於用兵。《孫子》不僅有豐富的軍事思想,也有深厚的
戰略思維,對人才、行政和經濟管理,乃至外交,都有啓發借鑒的意義。
1972年山東臨沂銀雀山西漢墓葬出土的竹簡本《孫子兵法》十三篇,
帶動了《孫子》的研究,今天看來,完全有理由將之列入《新編新注十
三經》之中。

屬於法家的一種:《韓非子》。

《漢書·藝文志》曰:"法家者流,蓋出於理官,信賞必罰,以輔禮
制。《易》曰'先王以明罰飭法',此其所長也。"[4]在韓非子之前,法
家的商鞅重法,申不害重術,慎到重勢。韓非子綜合法、術、勢,成爲法
家的集大成者。《韓非子》一書也就成爲《新編新注十三經》的必選
經典。

此外,佛教自漢哀帝元壽元年(前2年)傳入中國以來,經過魏晉
南北朝這個戰亂時期,在社會上逐漸傳播開來,到唐代取得與儒、道兩
家並立的地位。《新編新注十三經》是否選入佛經,成爲筆者反復考慮
的一個問題。考慮到新編乃着眼於那些中國本土文化中原生的、時代
最早的、處於中國文化源頭的、在當時或後代具有廣泛深遠意義的典
籍,而佛經是從印度翻譯過來的,唐代盛行的禪宗及其典籍雖然已經
本土化,但時代晚了很多,因此佛經暫不入選爲宜。

---

[1] 《史記》,第 2161 頁。
[2] 《漢書》,第 1756—1757 頁。
[3] 曹操等注《十一家注孫子校理》,北京:中華書局 1999 年版,第 310 頁。
[4] 《漢書》,第 1736 頁。

三

《新編新注十三經》必須建立在學術研究的堅實基礎上，參考古代的各家之言，充分利用新出土的文獻資料，吸取最新的研究成果，使之成爲值得信賴的學術著作。我們的宗旨是爲讀者提供中華文化的元典，便於讀者從文獻的角度追溯中華文化的源頭，探尋中華文化的要義。編纂這套書是一項重要的文化建設和學術建設工作，對於弘揚中華民族優秀傳統文化意義重大，而且現在編纂時機已經成熟。我們的原則是取精用宏、守正出新。取精用宏對於這套書來説格外重要，因爲歷代的版本和研究成果浩如煙海，我們既要充分掌握已有的資料，又要去僞存真，去粗取精。守正出新是我在 1995 年主編《中國文學史》時提出來的，實踐證明取得了良好的效果。所謂守正就是繼承優良的學術傳統，所謂出新就是努力開拓新的學術格局，充分吸取新的研究成果，適當採用新的研究方法，使這套書具有時代的特色，以適應時代的要求。

近年來，古籍善本的普查和影印工作有了很大進展。以前的學者看不到的一些善本，我們有機會加以利用，這爲我們選擇底本和校本提供了很大方便，從而使新編工作有了堅實的基礎。自漢代以來，學者們圍繞這些經典所作的校勘、注釋和研究工作很多，成就卓著，爲《新編新注十三經》提供了極其重要的參考。此外，自二十世紀以來特別是近幾十年來出土了大量的文獻和文物，又爲經典的整理研究開拓了新的局面。例如臨沂銀雀山漢墓出土的竹書，長沙馬王堆漢墓出土的帛書，荆門郭店戰國楚墓出土的竹簡，上海博物館藏戰國楚竹書等，都向我們提供了大批極爲寶貴的新資料。由於這些新資料的出現，一些傳世的先秦古籍有了更早的古本，古籍中的一些錯誤得以糾正，古籍中的一些難點得到解釋。[1] 充分利用這些新發現的資料，可以提

[1]　參看裘錫圭《中國出土古文獻十講》，上海：復旦大學出版社 2004 年版，第 82—90 頁。

高我們的工作質量。

二十世紀之後的學術是在中西文化交流的大背景下展開的。借用西方的哲學、宗教學、文學、史學和人類學等方面的觀念來解釋中國的典籍,已經取得不少成績。陳寅恪先生所謂"取外來之觀念與固有之材料互相參證",[1]已被證明是行之有效的方法。這也爲《新編新注十三經》提供了廣闊的空間,從而保證了"出新"的可能。

還有一點值得注意,以前的學者整理經書,各有其家法,而且經今古文之争十分激烈,各個門派互不相容;宋儒與漢儒又有所不同。今天我們重新整理,可以超越這類紛争,兼容並蓄,擇善而從,從而取得新的成果。

當然,要想將這套書編好還存在許許多多的困難。一是資料浩繁,要花很多時間才能搜集完備並加以消化;二是每部書都存在不少難點,聚訟紛紜,要想取得進展,提出新見,並經得起考驗,實在很難;三是這套書既定位爲學術著作,又希望有較多的讀者使用,如何在專家與普通讀者之間找到平衡點,需要認真摸索。但是我們相信,依靠參加工作的各位學者刻苦鑽研,虛心聽取各方面專家的意見,集思廣益,反復討論,有希望達到預期的目標。

(原刊於《北京大學學報》,2009 年第 2 期)

---

[1] 陳寅恪《王静安先生遺書序》,《王國維遺書》,上海:上海書店 1983 年版。

目　録

前　言

　　本書隸屬於"新編新注十三經"系列，是對於通行本《周易》的新注。這是一項經典解釋工作，我們將要解釋的對象是統稱爲"周易"的一套占筮術及其相關的文本體系。

　　《周易》在傳統學術譜系中屬於經部，且爲經部的首部經典，故有"群經之首"的稱譽。在既有的兩千多年的歷史中，《周易》作爲最具核心性的經典，一直發揮着重要且深遠的影響。歷代學者均有校勘、注釋與解説之作，構成了系統連貫的《周易》解釋史，亦即易學史；並且廣泛延展到學術的各個領域，奠定其基礎世界觀，造就其哲學思維模式或學術構成模式。《周易》已毋庸置疑地成爲中國傳統文化的經典樞紐以及思想觀念生發之淵藪。

一、《周易》文本的製作與演變歷史

　　迄今通行的《周易》文本是在漫長的歷史中被製作出來的，並一直有所演變。其中最顯著的歷史節點有殷周之際《易經》的製作，春秋戰國時期《易傳》的創作，兩漢《周易》經傳本的正定，魏王弼《周易注》與唐孔穎達《周易正義》奠定通行本。

　　易爲起源於上古的數字占筮術，它運用蓍草計算而成卦，根據所成卦的狀態預言占問之事的吉凶悔吝。最早的易可以溯始到見於殷墟甲骨和周原甲骨上的數字卦，這一點得到越來越多的學者的認同。而按照古史傳說，易始於伏羲畫八卦，將八卦重爲六十四卦者，則有伏羲重卦、神農重卦、文王重卦三說。又按照史傳記載，夏、商、周三代各有其易，夏代之易曰《連山》，商代之易曰《歸藏》，周代之易曰《周易》。

以《周易》文本論之，今本《周易》分經文部分（稱《易經》）和傳文部分（稱《易傳》），二者作成年代有前有後。《易經》作成於殷周之際，從經文中記事判斷，其下限在西周成王時期。《易傳》作成於孔子以後的戰國時代，其中最晚的文本可能在漢初纔寫定。

在《易經》製作之前，易已經產生並運用了很長時間。按照文王重卦說，周人製作屬於自己的易，肇始於文王，此後由歷代掌易的筮人逐步完善而定本。現有的文獻與考古資料，均不能確定文王之前易的更原始的面貌，零星的發現尚不足以構成完整的形態。

《易經》呈現給我們的是一套由六十四卦構成的文本系統，包括六十四卦及卦名，每卦下有卦辭，每卦六爻下有爻辭。這一製作過程可以統稱爲"繫辭"，亦即繫辭於卦、爻之下。這些辭的來源當是以往占筮積累下的記錄材料，編纂者有所選擇，且有適當改造。經過繫辭的環節，遠古流傳的易被重新建構成專屬於周代的易，並緊密地關聯於周王朝的國家政教，卦爻辭文本中反映了殷周之際的歷史和天命、人事觀念。

易作爲占筮術，其基礎在於筮法。而《易經》並沒有記錄周初繫辭時的筮法。當時用某種筮法占筮之後，是以所得六個數字直接排列成卦，還是轉寫爲陰（--）陽（—）爻再排列成卦，尚難以確認。成卦之後，還需要將占問之事與占問的結果相結合，從而做出預見性的解說，這一解說的基本原則也是未知的。故此僅僅通過《易經》，我們無法得到一個結構與功能都完全的易的體系。並不是說周初的易是不完全的，惟其史料有闕，不足徵也。

要得到一個結構與功能都完全的易，需要到春秋戰國時期《易傳》

的出現。在《易經》與《易傳》合體後，明顯的變化出現了。首先，由陰（‐‐）陽（一）爻排列成卦，並且六爻之卦被分解成爲八個具有象徵意義的單卦的組合；其次，《繫辭傳》給出了一種完善的、可運用的筮法，亦即大衍之術；再次，《彖傳》和《象傳》給出了解釋卦與卦爻辭的各種易例。此外，《序卦傳》還給出了一個六十四卦總體的排列次序。儘管《易傳》中包含了一些春秋戰國時期的思想觀念，辨析其與《易經》的差異性是十分必要的，但是不可否認的是不藉助《易傳》，我們是無法讓“周易”——一套占筮術及其相關的文本體系——完整地呈現的。如果把《易經》和《易傳》切割開，不藉助《易傳》單獨看《易經》，那麼只能得到一些史料而已。就像出土一套車馬，我們只知道它的形態，不知道如何讓它重新運轉起來，更不知道它應該發揮什麼功能，達到什麼實用的或非實用的目的。

　　自孔子晚年傳習《易經》，到傳經之儒作《易傳》，《周易》被納入“六藝”或“六經”的學術傳統之中。按照《漢書·藝文志》記載，漢代初年傳《易》學者，以田何傳授爲正統。五經博士中，《易》有施氏、孟氏、梁丘、京氏四家，民間有費氏、高氏兩家。同時按照司馬遷《史記·太史公自序》記載，漢初有個“正《易》傳”的過程，戰國時代產生的諸多《易》傳，經過挑選，以《彖上》、《彖下》、《象上》、《象下》、《文言》、《繫辭上》、《繫辭下》、《序卦》、《說卦》、《雜卦》等十篇附於經本之後，有“十翼”之稱。西漢末劉向校中秘書，所見各家《周易》均十二篇，即上、下經加十篇傳。劉向還見到一部古文的《易經》，以之與今文各本相校，施、孟、梁丘經，或脫去“無咎”、“悔亡”，唯費氏經與古文同。

　　東漢靈帝熹平年間，刊刻石經，《周易》於是有石經本。魏正始中，又立古、篆、隸三字石經。東漢古文經學家開始採用費氏的經本，其代表爲鄭玄的《周易注》。鄭玄並沒有傳承費氏的易學，他只是採用了費氏經本，而費氏經本與古文經本相同，因此說鄭玄轉用古文經本也未嘗不可。鄭玄《周易注》對於經傳文本的編排做了一個重要的改變，即將《易傳》的《彖》、《象》分拆，次列在六十四卦之後，《文言》次列乾、坤之後。此後王弼《周易注》又進一步將《彖》、《象》分拆，次列在六十四卦的卦辭下和爻辭下，遂成今通行本之文本形態。

因爲《周易》未遭秦火，所以教授未絕，傳承有序。西漢初年的易學都出自田何，其後傳統中的各家文本，基本相同，只有少量文字差異，且這些差異也被持守家法、師法的學者忠實地保存了。東漢在今文各家之外，又有學者轉用古文經本，但是今古文之間的文字差異也不算大。這些都是劉向校勘之後給予說明的。我們把這個最早出於田何，中經今、古文各家相互校正，曾刊刻於石經，經鄭玄編排，最終亦爲王弼所用的文本，看做是經過漢代正定的《周易》文本。經學史常常並用書、師兩個標準來衡量其傳授狀況，這個漢代正定的《周易》文本——儘管不是單一文本——可以說一直有書、有師，儘管發展過程中有升有降，有斷有續，但總體上是穩定的，脈絡是清楚的。

當代新發現了三種簡帛本的《周易》——上海博物館楚簡《周易》、阜陽漢簡《周易》、馬王堆帛書《周易》。從這三種簡帛本看，上博簡《易經》因爲在漢代之前，且卦序與通行本一致，故不能排除其爲漢代田何系的前身之可能性。帛書《易經》與通行本卦序不一致，可以斷定其不屬於田何系。帛書有幾種《易》傳，其中有與通行本《易傳》相同的部分，還有大量未選入"十翼"的部分。阜陽簡本《易經》經文後附帶占問語，估計是當時的一個生活中的實用書本，而非學術傳承用的經本。總的來說，這三種簡帛本的出現，並不能動搖上述漢代正定過的《周易》文本——亦即通行本——的經典地位。固然如此，用這三種簡帛本校勘、參證通行本，其學術價值是無可估量的，這也是本書採用的做法；但必須指出，以這三種簡帛本中的任一種爲解釋對象，都將會是一項單獨的解釋工作，與以通行本爲解釋對象的解釋工作，學術性質有所不同。

二、《周易》的基本構成

考察通行本的《周易》，其構成應包括以下幾個部分：

1. 筮法

筮法爲易占的基礎。構成《易經》六十四卦的筮法，經文本身並無記載，同時代的文獻亦無可徵。可知的筮法起自《繫辭》所記述的"大衍之數"筮法。本書對《繫辭》記述的"大衍之數"筮法做了新的解釋，詳見正文。需要説明的是，通過"大衍之數"筮法，只是完成了成卦的步驟，在成卦之後，還有一個定爻的步驟。根據《左傳》、《國語》中易占的實例，這一定爻步驟是存在的，但是《易傳》與其他先秦傳記中沒有記載其具體方法。而後世發展出來的定爻方法，如朱熹《周易本義》中所講的"變爻説"，並沒有確鑿的經傳依據，故本書均不予採用。對於實際占筮活動來説，定爻無疑是必要的，而本書的目標只是解釋經傳文本，不涉及實際的占筮，故於筮法部分僅至以"大衍之術"成卦爲止。

2. 卦畫

按照《繫辭傳》所載的"大衍之數"筮法，用五十根蓍草經過分、挂、揲、扐等步驟的三次演算，以其餘數除四，會得到六、七、八、九。六、八轉寫爲--（陰爻），七、九轉寫爲—（陽爻），即產生一爻。如此六遍，即產生六爻。六個陰陽爻構成一卦（如䷜），共計有六十四卦。

此外，另一個成卦的理路不根據筮法，而是按照易有太極，太極生兩儀，兩儀生四象，四象生八卦，此後八卦兩兩相重，遂成六十四卦（如下圖）。八個單卦又稱經卦，六十四個重卦又稱別卦。

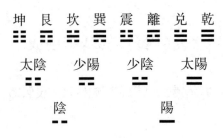

太極

顯然,這種理路是晚出的系統,見諸《繫辭》、《象傳》等,它的特點是爲八卦配上八種基本的象:

乾—天　　坤—地
巽—風　　震—雷
離—火　　坎—水
艮—山　　兌—澤

由此構成了每個六爻卦的上、下象的關係,或者説由單象重合成組合象,例如豫卦爲下坤上震(䷏),也就是"雷出地奮",賁卦下離上艮(䷕),也就是"山下有火",諸如此類。象的系統還可以進一步增添,即如《説卦傳》中所述及的各類各種的象。這種象並不是出自原初的筮法、卦名和卦爻辭的,而是一種後來構造的輔助解釋系統。

3. 卦名與卦、爻辭

通過筮法生成的六十四卦,各有卦名,卦畫合卦名,總計有:

乾	坤	屯	蒙	需	訟	師	比
小畜	履	泰	否	同人	大有	謙	豫
隨	蠱	臨	觀	噬嗑	賁	剝	復

无妄	大畜	頤	大過	坎	離	咸	恒
遯	大壯	晉	明夷	家人	睽	蹇	解
損	益	夬	姤	萃	升	困	井
革	鼎	震	艮	漸	歸妹	豐	旅
巽	兌	渙	節	中孚	小過	既濟	未濟

上述六十四卦，自乾至離爲上經，自咸至未濟爲下經。六十四卦在繫辭之後，每一卦下皆有卦辭，唐以前稱彖辭，如屯卦（䷂）的卦辭：

屯：元亨，利貞。勿用有攸往，利建侯。

每一卦的六爻之下，又有爻辭，亦如屯卦：

初九，磐桓。利居貞，利建侯。

六二，屯如邅如，乘馬班如，匪寇婚媾。女子貞，不字，十年乃字。

六三，即鹿无虞，惟入于林中。君子幾不如舍，往吝。

六四，乘馬班如，求婚媾。往吉，无不利。

九五，屯其膏。小貞吉，大貞凶。

上六，乘馬班如，泣血漣如。

六爻自下往上數，陰爻稱六，陽爻稱九。初九、六二、六三、六四、九五、上六等稱爲爻題。西周時是否有爻題不可知，可知的是《易傳》時期的經本有了爻題。

卦、爻辭從其内容來看,其文體又可以分爲兩大類。一爲記事語,如前引屯卦中"磐桓"、"建侯"、"乘馬"、"婚媾"等等,記述的都是與貞問有關的事。凡占筮必有主人所要貞問的事,記事語即本諸占問之事,其事可以爲明確的本事,也可以取象比喻,要在其本身不含吉凶含義,是要通過占筮來判定其吉凶的。一爲斷占辭,如屯卦中"元亨,利貞"、"往吝"、"往吉"、"小貞吉"、"大貞凶"等等,都涉及到把貞問之事和占筮結果結合在一起而得出的吉凶悔吝一類的判斷。既已判明貞問之事的吉凶,則要有所勸戒,或者指出該如何應對,因此在吉凶之外,還有一些指示性的言辭。有些卦、爻辭的記事和斷占分得很清楚,有的則同在一句之中,需要因文而分析。

卦辭和爻辭都是筮辭,卦辭繫在卦名之後,總説一卦的基本狀況,爻辭則繫在六爻下,對應説明該爻的狀況。從卦名與卦辭、爻辭的關聯性來看,卦名的確定與卦辭、爻辭的編次是同時完成的,亦即同屬於殷周之際的繫辭過程。卦、爻辭基本上選取自既有的筮辭,但從内容的歸類性,意義的連貫性,以及文辭有押韻的情況來看,肯定經過繫辭者的改編,有一定的創作因素。

4.《象》上下

《象傳》是對象辭,也就是卦辭的解説,它概括整個一卦的大義。通常它會將卦辭的文句,對應解釋到整個卦的結構功能上,並作出高度概括的評論。具體的表達可有很多種,如説明上下卦體的組合意義,解釋卦名、卦辭,關鍵的爻位,爻與爻關係,總體的吉凶,還會闡發卦中所藴含的義理,特別是卦所體現的"時"、"中"、"正"、"應",以及上下、往來、君子與小人等等。如屯卦:"屯,剛柔始交而難生,動乎險中,大亨貞。雷雨之動滿盈,天造草昧,宜建侯而不寧。"卦中所包含的重要政教内容,也多賴《象傳》的提示得以彰顯。如觀卦説"聖人以神道設教而天下服",革卦説"天地革而四時成,湯武革命,順乎天而應乎人”等等。

5.《象》上下

《象傳》分爲兩部分:一部分在卦辭下,是解説全卦的,稱爲“大象傳”;一部分在各爻之下,對應解説一爻的,稱爲“小象傳”。有研究者認爲,兩部分傳不是同時作成的,這種看法可以參考,尚未形成定論。

“大象傳”主要揭示上下卦構成的象,及其推及人事上的意義,通常會先給出卦象,然後叙説先王、王、聖人、君子等本此卦象而做出的可以爲典範的行爲。如乾卦:“天行健,君子以自强不息。”坤卦:“地勢坤,君子以厚德載物。”泰卦:“天地交,泰。后以財成天地之道,輔相天地之宜,以左右民。”

“小象傳”則主要揭示爻是否得宜、爻與爻相互關係的原則,以及這些原則結合於具體的卦、爻辭時可能生發出的意義變化。如泰卦九三:“‘无往不復’,天地際也。”革卦九五:“‘大人虎變’,其文炳也。”上六:“‘君子豹變’,其文蔚也,‘小人革面’,順以從君也。”

6.《文言》

《文言傳》是專門闡釋乾、坤二卦的義理的,其他諸卦無此傳。《文言傳》對於乾、坤的闡釋達到很高的理論水平,其將乾卦“元亨利貞”闡釋爲“四德”,對於後世的易學來説有着奠基性的影響。此傳對於乾、坤的六爻進行了反復的申説,中間還有以“子曰”起首的引述孔子的話,這是《彖》、《象》中没有的。

7.《繫辭》上下

《繫辭》是關於《周易》的通論,内容十分豐富,涉及筮法、取象、擬道,從易與天地準的抽象義理,到觀象制器的具體運用都有涵蓋,此外還包括如何閲讀文辭,如何進行占筮,以及孔子説《易》的材料等等。

可以説,《繫辭》既是對《易經》的全面且深刻的理論説明,也是對於孔子及其後的儒家的一個全面且深刻的思想總結。其中提出的若干中國哲學的概念與命題,成爲中國哲學的核心問題。

《繫辭》以其篇幅過長,故分成上、下篇,並無特別用意。而進一步的分章關乎文義的分合與脈絡,故有不同意見。孔穎達《正義》在此前馬融等各家中採取了周弘正的意見,分上篇爲十二章,下篇爲九章。其後朱熹《周易本義》對於分章又有自己的調整。

8.《説卦》

《説卦》陳説八經卦的性質和功能,並涉及八卦自身的生成關係和相互關係,其要者如天地人三才之道,乾坤生六子,八卦配合的空間方位與相互作用等等。最具特色的部分是對八卦本象的義理解釋,及其擴展出的按照八卦分類的象的系列。其爲由八卦最基本的象,按照象與象比類的關係,衍生出的雜多之象,這些象有些可以在經中找到蛛絲馬迹,有些可能是後世用《易》時孳乳而生的。

9.《序卦》

《序卦》講解經本六十四卦的次序,説明卦與卦之間的關係。首先就卦體言之,前後二卦非覆即變,以覆、變兩種連接方式構成一組,如乾與坤爲變卦(☰、☷),屯與蒙爲覆卦(䷂、䷃);同時,在既成覆、變關係的兩組卦之間也有關聯的問題,如乾、坤與屯、蒙之間。就義理言之,古人或用天道、人事、相因、相反、相須、相病六門來概括卦與卦之聯繫,其實前後二卦只是按照其在象與象、事與事、義與義之間的聯動性,建立一種引出性的關聯而已,還不能看作是嚴格的因果關係或邏輯關係。不過,順着《序卦》所作的連貫的叙述,六十四卦被逐次展開,體現出部分與部分環環相扣,整體則終始循環的特徵。

《序卦》的卦序,應當是西漢田何一系正統易學採用的卦序。據學者研究，上博簡《周易》採用的也是這樣的卦序，可知其在戰國時期即已出現。同時，馬王堆帛書《周易》的卦序與此不同，可知它不是當時唯一的卦序。

10.《雜卦》

《雜卦》亦揭示卦的意義，尤其是在兩卦之間顯現的意義對應。其構成兩卦一組的錯、綜原則，與非變即覆的原則是相同的，但打亂了經本六十四卦組與組之間的次序。其最後自大過以下的八卦又没有採用錯、綜原則，對於這八卦構成一組的意義作了新的解釋。舊説或懷疑後八卦錯簡，我認爲其恰爲《雜卦》深意之所在。

11. 易例

本書以見諸《易傳》者爲本，亦參考《左傳》、《國語》中的占筮實例，總結出若干易例。這些易例也運用於本書對於經傳的解釋。

首先，八經卦重爲六十四別卦，每一卦皆有上下卦關係。下卦稱貞卦、内卦，上卦稱悔卦、外卦。上下卦可爲象的關係，也可以爲義的關係，如訟卦自象言之，爲“天與水違行”，自義言之，爲“上剛下險，險而健”。除上下卦之外，還有互體之例，即二、三、四爲一單卦，三、四、五爲一單卦，稱互體卦。這一易例未見於《易傳》，但見於《左傳》之占筮，其後漢儒多運用這一易例，本書則慎用，唯在引證漢儒之説時，以備闡釋之需。

其次，六爻的位置各有預設的意義。如初、二爻爲地，三、四爻爲人，五、上爻爲天。初、三、五爻以陽爲當位，陰則不當位，二、四、六爻以陰爲當位，陽則不當位。二爻爲下卦之中，五爻爲上卦之中，故皆稱中位。二爻爲臣位，五爻爲君位。

第三，六爻之間有各種關係。初與四、二與五、三與上，若一陰一陽爲相應，若同爲陽或同爲陰爲不相應。一卦之中，在上之爻對於在下之爻謂之乘,在下之爻對於在上之爻謂之承,有所相關之兩爻間又或稱比、據。乘、承、比、據所反映的吉凶順逆,當視具體情況而定。六爻之中,二與四、三與五同功而異位,使其意義有所關聯。

第四,整體來看,一卦六爻有自下往上發展之勢,初爻多言始,上爻多言終,終始循環,變化合時。卦、爻辭之叙事亦按照這一過程展開。一卦六爻復有陰陽比例,有純陽、純陰之卦,有陰多陽少、陽多陰少、陰陽平衡之卦。

第五,一卦之中,以一爻爲卦主。如何確定卦主,舊說有固定之原則,如李光地《周易折中》義例中的説明。本書以爲,卦主即一卦中最能體現大義之爻,需要參覈卦爻關係和卦、爻辭叙事綜合認定,且未必每一卦都有必要確指其卦主,當視其情況做出判斷,不求一律。

第六,上述諸易例中,最重要的是確認六爻是否當位,是否相應,是否構成自始至終的循環關係,辨別中爻的性質,把握陰陽消長變化的時機。

在實際解釋的過程中,易例的運用應該結合卦與卦、爻辭的具體情況而選擇最合適的,不能拘持成見,必要時創通新例亦未嘗不可。比如在帛書《易傳》中經常用文武觀念解釋卦爻義,這就是對陰陽、剛柔的有益補充。此外,易例是逐漸發展的,漢代以後又增加了卦氣、爻辰、旁通、反復、升降等等諸多理論,這些都不在本書所運用的解釋方法的範圍之内。本書引證舊說時勢必會涉及,然並不意味着採用其說,唯借取其義而已。

三、易學源流略述

《周易》創制於殷周之際,其先作爲占筮之書。在《左傳》和《國語》中,我們可以看到十餘則有關《周易》占筮的運用實例,其時掌管《周易》的是專門的筮人或史官,還沒有作爲經典傳授。《周易》作爲經典傳授始於孔子。孔子傳《易》的脈絡，首先一支爲商瞿。按照《史記·仲尼弟子列傳》和《漢書·儒林傳》的記載，孔子傳《易》於商瞿，商瞿數傳之後到漢初的田何。史傳還記載，孔門弟子中子夏和子貢也傳《易》，還有的説此後八儒中公孫氏傳《易》，荀子亦傳《易》。這些記載都不一定是確實的。真正可考的是漢代自田何起始的博士易學傳授體系。

《四庫全書總目》經部易類序將漢代以降的易學流別概括爲"兩派六宗"：

> 故《易》之爲書，推天道以明人事者也。《左傳》所記諸占，蓋太卜之遺法。漢儒言象數，去古未遠也；一變爲京、焦，入於機祥；再變爲陳、邵，務窮造化。《易》遂不切於民用。王弼盡黜象數，説以老莊；一變而胡瑗、程子，始闡明儒理；再變而李光、楊萬里，又參證史事。《易》遂日啓其論端。此兩派六宗，已互相攻駁，又《易》道廣大，無所不包，旁及天文、地理、樂律、兵法、韻學、算術，以逮方外之爐火，皆可以援《易》以爲説，而好異者又援以入《易》，故《易》説愈繁。

上述"兩派六宗"都是《左傳》、《國語》以及《易傳》之後的。"兩派六宗"是從漢代到宋代的易學主流的演變情況。所謂兩派，通常概括爲象數派和義理派。象數派以西漢至東漢相沿的各家易學爲一宗；以旁出的焦延壽、京房爲一宗；以宋代的陳搏、邵雍爲一宗。這是重象數的一派三宗。義理派以魏王弼黜象數，援老莊入易爲一宗，晉韓康伯注《易傳》，孔穎達爲王、韓作疏，也可歸在這一宗當中；以宋代胡瑗、程頤用儒理説易爲一宗，其後朱熹等學者是其發展；以李光、楊萬里用史事説易爲一宗。這是重義理的一派三宗。實際考察各家注釋，幾乎都會涉及象數和義理兩個方面，只是偏重有所不同而已。

《四庫全書總目》並没有概括清代的易學，實則清代易學蔚爲大觀。清代易學有繼承程朱學派的，代表作如李光地《御纂周易折中》，也有復興漢易,與宋易相拮抗的,代表作如惠棟的《周易述》。還有從語言文字入手,重視訓詁考證的,代表作如王引之《經義述聞》的《周易》部分。

四、本書之校勘

本書採用《四部叢刊》影宋本王弼《周易注》爲底本:

《周易注》九卷,[魏]王弼、[晉]韓康伯注,《略例》一卷,[唐]邢璹注。《四部叢刊》影印上海涵芬樓藏宋刻本,十行十六字,小字雙行二十四字,宋刻遞修(卷七至十配清影宋抄本)。傅增湘《藏園群書經眼録》認爲此本爲宋撫州公使庫刻本。

本書採用的校勘本包括:

《周易》十卷附《略例》,[魏]王弼、[晉]韓康伯注,[唐]陸德明《釋文》,宋刻本,國家圖書館藏,《中華再造善本》影印,國家圖書館出版社。

《周易正義》十四卷,[唐]孔穎達正義,南宋重刻北宋監本,宋刻遞修本,國家圖書館藏,《中華再造善本》影印,國家圖書館出版社。

《周易注疏》十三卷,[魏]王弼、[晉]韓康伯注,[唐]孔穎達疏,宋刻本。此本原爲陸游舊藏,現藏日本足利學校。足利學校圖書館遺迹後援會刊,昭和四十八年(1973)。

此外,阮元《十三經注疏》有《周易兼義》九卷,附《略例》一卷、《音義》一卷,以其所見石經本與多種舊刻本校勘而成,並作有《校勘記》,保存各本差異,尤其珍貴。

本書將校勘工作分爲文獻校勘與學術校勘。

文獻校勘僅限於用上述幾種宋刊本校出一完善之經傳文本,因不涉及注疏部分,故校勘量不大,偶有刊刻字體不同,非重要差異,不一一出校。此外,《周易》經傳的文本編排,乃至《繫辭》的分章,學術史上有變化與爭議，本書則遵從底本的原狀，必要時會在注釋中説明不同。

　　而所謂學術校勘，則主要關涉對於《周易》經傳異文的處理。注釋過程中需要參考的異文分量很大。經傳異文的出處有兩大方面：其一爲新見之簡帛本《周易》，即上博楚簡《周易》、阜陽漢簡《周易》、馬王堆帛書《周易》三種；其二爲陸德明《經典釋文》與李鼎祚《周易集解》所出各家異文，以及歷代注家所引及的異文。本書在校注的過程中，並不完全地羅列出諸多異文，唯有在多種可能意義之間進行選擇時，纔作爲證據加以徵引。

　　本書的注釋體例，首先遵照“新編新注十三經”統一體例。具體到本書的情況，則於上下經部分，經傳文下出【校注】，每一卦下出【疏義】；《繫辭》以下諸傳部分，出【校注】，無【疏義】。注釋中有所辨析與發揮闡釋則用案語，以余案、余以爲等起。

　　本書在易學上不局限於一派一家，然總體上以折衷漢唐舊説爲多，同時亦多參考清儒之説。王孔、程朱説《易》以義理見長，且影響深遠，故如果【校注】中不用其説，則在【疏義】中略舉其要義，以供讀者參考。

五、本書的歷史視域與解經原則

　　《周易新注》作爲一項對於《周易》的經典解釋工作，將解釋的對象定位在春秋戰國時期逐步定型的《周易》文本。之所以定位在此，理由是這時的“周易”筮法、六十四卦、卦爻辭、易例等各項俱全，結構與功能均是完整的。

　　傳統的經傳一體的解釋模式，將經、傳的一致性當作不言自明的前提，這一點自宋代已遭到歐陽修等學者的懷疑。當代學者雖然仍保留了這一傳統做法，但都注意把握經與傳之間異同的分寸。現代以來更爲流行的是經、傳分離的解釋模式，這一模式的依據在於經、傳作成的年代不同，因此應該分別置於不同的歷史視域當中。其缺點則如前文已經説明的，對於"周易"來説，單獨的經、傳都不能算是完全自足的文本。

本書採用的結合經傳模式，可以稱之爲據經用傳，也就是説，首先使經和傳的解釋各自保有其獨立性，然後把傳視爲最早的，也是必要的初始解經之作，盡力使之與經結合，以傳合經，而非牽經就傳。結合經、傳進行解釋，並不是忽視前述不同的歷史視域，實際上，這恰恰是對經學特有的一種雙重視域的闡發，或者説要恰當地闡釋五經，必須兼顧這一雙重視域。自從孔子傳經以後，五經都是對此前既有文本加以修訂而後成的，因此的確構成了一定程度的語言、歷史與觀念相混和的效果，但是經典之爲經典，也正在於這種"温故而知新"的叙事模式。後世有經學家認爲五經同時擁有周公、孔子"兩主人"，二者有同有異，又貫通爲一，經典的微言大義就孳乳於這一視域融合的整體之中。

作爲這一經典解釋工作的基礎，本書首先盡力校勘出一個完善的文本，而後充分利用舊注、辭典，以及異文、徵引，做好文字訓詁，使文本意義通達。同時在解經的過程中，儘量利用其他經傳作爲旁證，以經證經，以傳證傳；並借鑒楊樹達《周易古義》的做法，儘量利用自先秦至漢魏時期的史傳、諸子、文集中徵引或論述的材料，作爲傳統注疏體的補充。

鄭玄在《六藝論》中説："《易》者，陰陽之象，天地之所變化，政教之所自生，自人皇初起。"此説可以看作是通貫全書的基本觀念，即將《周易》視爲殷周新舊文化變革之際，周代創立國家政教的奠基之作。爲達此目標，在保持傳統解釋的基礎上，本書又嘗試設立新的方法論，通過建立比類的關係，將卦爻辭的内容鑲嵌到殷周之際的廣大歷史背景中，推天道而明人事，彰顯各方面的國家政教之意義。

乾

☰乾下乾上

乾：①元亨，利貞。②

【校注】

①乾，卦名，卦體由下上兩個單卦乾☰構成。乾作爲卦名，以天爲象，以健爲義；或曰以天爲體，以健爲用。孔穎達《周易正義》曰："此乾卦本以象天，天乃積諸陽氣而成天，故此卦六爻皆陽畫成卦也。此既象天，何不謂之天，而謂之乾者？天者定體之名，乾者體用之稱，故《説卦》云：'乾，健也。'言天之體，以健爲用。聖人作《易》，本以教人，欲使人法天之用，不法天之體，故名乾，不名天也。天以健爲用者，運行不息，應化無窮，此天之自然之理，故聖人當法此自然之象而施人事，亦當應物成務，云爲不已，終日乾乾，無時懈倦，所以因天象以教人事。於物象言之，則純陽也，天也；於人事言之，則君也，父也。以其居尊，故在諸卦之首，爲《易》理之初。"余案：孔説乾有天、健二義，且闡發其大義，可備參覈。馬王堆帛書本"乾"作"鍵"，"鍵"爲"健"之假借字，可知古人訓乾，以健義爲先。陸德明《經典釋文》曰："乾，依字作乾下乙。乾，從旦㑎。"盧文弨《釋文考證》、阮元《周易釋文校勘記》皆據本改作"乾，從旦㑎"，是也。陸説實含兩訓，乾一字兼健、天二義。其云"乾下乙"者，取上出義，許慎《説文解字》："乾，上出也，從

乙,物之達也,乾聲。"段玉裁《説文解字注》謂上出爲乾字本義。
物之上出,同上舉,有健義,《字彙》:"健,舉也。"然則在此乾卦,
何者上出、上舉? 當謂日也。其云"乾,從旦乾"者,《説文》:"乾,
日始出,光乾乾也。从旦,乾聲。"故知乾卦之乾,又從乾聲取義,
乃謂日初升之狀,日初升起,光芒閃爍,健舉而上行。前揭孔説以
積陽氣爲天,不確。朱駿聲《説文通訓定聲》:"達於上者謂之乾,
凡上達者莫若氣,天爲積氣,故乾爲天。"亦不確。

② 《釋文》:"元亨,卦德也。"元亨,乃由卦體所體現之卦德。利貞,
乃判斷與此卦相關人事之吉凶。元,大;亨,通。案此經卦辭之
元,有大、始二訓,在此訓大。李鼎祚《周易集解》引《子夏傳》於
此訓元爲始,不確;而《彖》"大哉乾元"下引《九家易》曰"陽稱大,
六爻純陽故曰大",則得之。大者,謂六爻純一,乾六爻皆陽,故爲
大亨通。又此經卦辭言亨,有元亨、亨、小亨之別,其言大小,非但
表示亨通之程度,亦表示所關涉人事之大小。大亨,猶言"大者
亨",或謂大人亨,或謂大事亨;亨、小亨依次相類。利,貞卜之斷
辭,利爲得宜,不利爲不得宜。貞,占問。利貞,當爲"利……貞"
省文,乃就所貞問之人事爲言,意謂所貞問之人事當此爲利。舊
注多訓貞爲正,余案:貞訓正,非簡單之音訓,鄭玄以貞字兼有問、
正二義,《周禮·春官宗伯·天府》注云:"問事之正曰貞。"賈公
彦疏云:"是卜筮有不正之事,故云'問事之正曰貞'。"又《大卜》
鄭玄注云:"貞之爲問,問於正者,必先正之,乃從問焉。"孫詒讓
《周禮正義》謂與《天府》注義同。凡占問固爲以事問諸鬼神如何
得事之正,而鄭意貞問者必先正其所問之事,然後有所問,鬼神乃
告之,而正其所問之事,一則其事關重大,一則於其事已有先見,
以此見就正於鬼神焉。可知貞之爲正,有先後二義,貞問者必先
正事,此在貞前;而既貞問鬼神,鬼神所告之吉凶,貞問者必有相
應之擔當,遵行勿失,是亦爲正,乃在貞後。《尚書·洛誥》:"公

既定宅,伻來來,視予卜休,恒吉。我二人共貞。"馬融注曰:"貞,當也。"

初九,^①潛龍勿用。^②

【校注】

①初九,爻題。爻題爲一卦中爻位之標誌,《周易》六十四卦,每卦六爻,由陰(--)陽(—)二者組成,陽爻稱九,陰爻稱六,自下而上依次以初、二、三、四、五、上標明其位,共三百八十四爻。《史記·日者列傳》曰:"自伏羲作八卦,周文王演三百八十四爻而天下治。"乾卦之用九與坤卦之用六,不在其數。或謂孔子以後之經本始標有爻題,《左傳》引《易》不及爻題,而《象傳》、《文言》、《繫辭》皆有之。上海博物館藏竹簡本《周易》標有爻題。

②潛龍,潛藏在深淵中之龍。《説文》云:"龍,鱗蟲之長,能幽,能明,能細,能巨,能短,能長,春分而登天,秋分而潛淵。"案龍爲上古觀念中之神獸,其遠古來歷儘可追考,而在與《易》相應之三代,龍已演變爲神聖符號,其爲神權與王權統一之象徵,二里頭夏文化遺址所見緑松石龍形器可視之爲典型。賈誼《新書·容經》云:"龍也者,人主之辟也。"又《集解》引《子夏傳》曰:"龍所以象陽也。"馬融曰:"物莫大於龍,故借龍以喻天下之陽氣也。"《周易》言龍,兼取人主與陽氣二義,故《釋文》云:"龍喻陽氣及聖人。"人主所以承天命,陽氣所以行天道。勿用,占問者當此爻,未可興動。又《莊子·齊物論》:"用也者,通也。"故亦有未通之義。

九二,見龍在田,^①利見大人。^②

【校注】

①見,同現。《釋文》:"見,賢遍反。示也。""見龍在田",即龍顯現於田。田,田地,亦即人民生活之地。《集解》引干寶曰:"田在地之表而有人功者也。"可知"在田"不僅指明一地理位置,尤當措

意在置身、顯示在人民之中。

②利見大人,《釋文》:"利見,如字,下皆同。"在此承"見龍在田"而
云"利見大人",意謂大人由此被人民所見,其事有利。值此龍當
出乎潛隱,現大人之象、大人之德於世間,乃爲世人所見。大人,
有德有位之人,《釋文》引王肅:"大人,聖人在位之目。"所謂"在
位",言有顯貴身份。

九三,君子終日乾乾,①夕惕若厲,②无咎。③

【校注】

①君子,有德有位者,此承前文之大人。以己之身份言之,曰君子;
以爲人民所見言之,曰大人。終日,竟白日間。乾乾,猶健健,上
進不倦。《尚書·無逸》謂文王"自朝至於日中昃,不遑暇食,用
咸和萬民",可謂"君子終日乾乾"也。

②夕,暮夜。惕,戒懼。孔穎達《正義》曰:"若,如也。厲,危也。"
"若厲"謂雖在尋常安定之時,猶如處危險之際。孔又辯云,此九
三實有厲也,故若訓如,則謂其實無厲,若有厲,理恐未盡。余案:
此厲非危厲之厲,《論語·子張》鄭玄注:"厲,嚴正貌。"若,至也。
《老子》:"貴大患若身。"河上公注:"若,至也。"故"夕惕若厲"者,
意謂君子暮夜時猶戒懼至於保持其嚴正之態也。又案:"夕惕若
厲"句,或讀作"夕惕若,厲",非。據王引之《經義述聞》所考,《説
文》骺字下引經作"夕惕若厲",另《淮南子·人間訓》、《漢書·王
莽傳》、《風俗通義》、《乾元序制記》、班固及張衡之文賦中,皆引
作"夕惕若厲"。《古文尚書·冏命》曰穆王"怵惕惟厲,中夜以
興,思免厥愆"。"怵惕惟厲"句當本自"惕若厲","惟厲"間不可
點斷,可知"若厲"間亦不當點斷。《詩·閔予小子》:"維予小子,
夙夜敬止。"兩周金文中,勉勵夙夜用事爲常見語。白日乾乾不
倦,夜晚最易放逸,日進而夜退,《詩·頍弁》:"樂酒今夕,君子維
宴。"故君子須朝夕匪懈。

③无咎，無災害。咎，有過失而致災害。《繫辭》："无咎者，善補過
也。"王弼《周易略例》云："凡言无咎者，本皆有咎者也，防得其
道，故得无咎也。"承上二句，意謂君子日乾乾而進，夜怵惕若厲，
常懷憂患之心，則終無災害。

九四，或躍在淵，①无咎。

【校注】

①或，不定之辭。躍，龍行動之貌。"或躍在淵"者，孔穎達《正義》
曰："或，疑也。躍，跳躍也。言九四陽氣漸進，似若龍體欲飛，猶
疑或也。躍於在淵，未即飛也。"余案：初九"潛龍"在淵，九二"見
龍在田"則既已出淵，何至於九四又疑惑於淵之上下？此淵非潛
龍所在之淵，乃謂在田之後，又行進至地上之淵水。《説文》：
"淵，回水也。"淵水，即兩岸間迴環之水，人在淵水中往往不知方
向而難渡。《尚書·大誥》："予惟小子，若涉淵水，予惟往求朕攸
濟。"《漢書·武帝紀》武帝詔賢良有云："若涉淵水，未知所濟。"
此云"或躍在淵"者，乃謂龍躍動在淵水中，未知應向何方而濟焉。
《集解》引干寶曰："此武王舉兵孟津，觀釁而退之爻也。守柔順，
則逆天人之應；通權道，則違經常之教。故聖人不得已而爲之，故
其辭疑矣。"其事雖無徵，而論及進退兩難之義，則爲有見也。

九五，飛龍在天，①利見大人。②

【校注】

①《集解》引鄭玄曰："五於三才爲天道。天者清明無形，而龍在焉，
飛之象也。"段玉裁《説文解字注》云："古龍字當作𪚥，上象其角，
下象其飛騰之形。""飛龍在天"，謂龍實現其天命。《三國志·蜀
書·先主傳》許敬等上言："龍者，君之象。《易》乾九五：'飛龍在
天。'大王當龍升，登帝位也。'"

②言大人得以登庸巽位，爲天下所睹見。孔穎達《正義》曰："猶若

聖人有龍德飛騰而居天位,德備天下,爲萬物所瞻睹,故天下利見此居王位之大人。"案"利見大人"爲常用卦辭,見於乾、巽、萃、訟、蹇諸卦辭,其基本語義,即大人顯現,或謂大人爲衆人所見,而在每一卦辭中,又緣語境而有意義變化。就乾卦"利見大人"兩見而言,前者是大人現於田,猶先公先王之初開基業,後者是大人現於天,則謂王者膺天命而成王道也。

上九,亢龍有悔。[①]

【校注】

①《釋文》:"亢,《子夏傳》云:極也。《廣雅》云:高也。"《集解》引王肅曰:"窮高曰亢。""亢龍"者,上九龍居窮高之位。"有悔",有所慚悔。又馬王堆帛書《易》傳之《易之義》云:"高而爭也。"[1]則謂上九窮高,又有爭於九五。余案:以極、高訓亢,皆就其爻位言之,非以描述龍之形態也。亢當指龍之形態,《説文》:"亢,人頸也。"徐鍇《傳》云:"亢,喉嚨也,故鮑照《舞鶴賦》曰'引員吭之纖婉',本作此字。"王力《同源字典》以爲亢、吭同源字,亢、吭皆指喉嚨,發聲之處。又《説文》引《易》,亢作忼,段玉裁注以爲本諸孟氏《易》,忼之本義爲忼慨,《説文》:"忼慨,壯士不得志於心也。"慷慨既指不得志於心,亦謂不得志者發悲歎、太息之聲。由此釋"亢龍",即發出忼慨叫聲之龍也。又此亢龍者誰?舊注皆以爲其與九五飛龍同指,《集解》引干寶曰:"聖人治世,威德相濟。武功既成,義在止戈,盈而不返,必陷於悔。"余以爲,飛龍、亢龍不同指,九五飛龍膺天命而登位,已至極焉,不當極外復有極也。上

---

[1] 本注所引馬王堆帛書《易傳》文字均出自陳松長、廖名春作《馬王堆帛書〈易傳〉釋文》,載在吳新楚《〈周易〉異文校證》附録二,廣東人民出版社,2001年。該釋文分《繫辭》、《二三子問》、《易之義》、《要》、《繆和》、《昭力》六篇,文中有[]號表示試補的缺字,以()號標明假借字、異體字之本字,以〈〉號表示改正的字或抄漏的字,用□號表示缺損的字,(?)表示有疑問的字。

九亢龍當謂此下用爻之"群龍",飛龍既膺有天命,則其餘群龍必無天命。《漢書·王莽傳贊》:"亢龍絶氣,非命之運。"亢龍乃指無命之龍明矣。

用九,^①見群龍无首,吉。^②

【校注】

①用,帛書本作"逈"。用,施用,又可訓變通。案用爻者,非占得之爻,乃發揮變通作用之爻。《集解》引劉瓛曰:"總六爻純陽之義,故曰用九也。"舊説謂其總乾六爻,六爻皆九,故云"用九"。又説當用九,六陽爻皆變陰爻。坤之"用六"亦同此例。而余以爲,用九非總關乾六爻,唯承應上九爻,因上九道窮,故須變而通之。故當此用九,亦非六陽爻皆變,唯上九之爻通變,使其若陰爻也。《左傳》蔡墨曰:"乾之坤,曰'見群龍無首,吉'。"可證乾卦之中,唯用九屬坤陰之性也。

②"群龍"者,即"亢龍"。案用九之辭,本與上九之辭連屬一條,下引李賢説可證。故上九"亢龍"與用九"群龍"當爲一指。九五飛龍爲天子之象,上九群龍則當爲方國諸侯之象。九五一龍在天,上九群龍則服順之。首,居先位者,君王居先位。"群龍无首"者,意謂群龍不爭一龍之先,或曰群臣不與君爭位。《後漢書·班固傳》李賢注:"《易》乾上九曰:'用九,見群龍无首,吉。'鄭玄注云:'六爻皆體龍,群龍象也。謂禹與稷、契、咎陶之屬,並在於朝。'"可知此言"見群龍无首"者,意謂既有膺命天子登位,則方國諸侯皆順隨在後,不爭其先。天子登庸,允恭克讓,以親九族,協和萬邦,故云"吉"。《易之義》釋"群龍无首"云"文而即(聖)也",云"讓善",均類此義。又自義理言之,首可訓陽,上九亢龍乃陽之極,用九變通而後曰"无首",猶云無陽,乃變乾陽爲坤陰,亦即"乾之坤"之義也。

《彖》曰：[①]大哉乾元！[②]萬物資始，乃統天。[③]雲行雨施，品物流形。[④]大明終始，六位時成，時乘六龍以御天。[⑤]乾道變化，各正性命，保合大和，乃利貞。[⑥]首出庶物，萬國咸寧。[⑦]

【校注】

①《釋文》："彖，斷也。"斷，即判斷其意義。孔穎達《正義》引褚氏、莊氏曰："彖，斷也，斷一卦之義，所以名爲彖也。"彖斷一卦之義，一者斷其體性，一者斷其施用，二者皆可謂之材。《集解》引劉瓛曰："彖者，斷也，斷一卦之才也。"才同材。案《彖》，即《彖傳》，爲對於六十四卦卦辭之解釋。文獻中卦辭亦稱彖辭，解釋彖辭，則爲彖傳。《彖傳》託爲孔子作，實際作時當在戰國中期，作者爲孔門傳經之儒。

②"大哉"，崇高之嘆。《集解》引《九家易》曰："陽稱大，六爻純陽故曰大。"而"乾元"之元，在此訓始，始基。案《繫辭》云："乾坤，其《易》之縕邪？乾坤成列，而《易》立乎其中矣。乾坤毀，則無以見《易》。《易》不可見，則乾坤或幾乎息矣。"故知《易》有兩始基，一爲乾元，一爲坤元。

③《釋文》："鄭云：資，取也。"資始，意謂據之以爲始。又《集解》引荀爽曰："謂分爲六十四卦，萬一千五百二十冊，皆受始於乾也。冊取始於乾，猶萬物之生本於天。"《釋文》："鄭云：統，本也。"本，本始。統天，即乾本始於天。《集解》引《九家易》訓統爲統繼，曰："乾之爲德，乃統繼天道，與天化合也。"統繼天道，猶言以天道爲統而繼之，意謂乾繼天之統，亦含乾本諸天之義。

④乾爲龍，統攝雲雨。《左傳》桓公五年："龍見而雩。"雲雨從乎天象，日月星辰運行有常，則雲行雨施，滋養萬物。品，眾庶。品物，萬物由混磺而各從其類；流形，萬物從無形漸至成形，生長繁育。《易傳》釋經之例，乾坤互用，乾中含坤，坤中含乾，故"雲行雨施"謂乾、天，猶《繫辭》云"在天成象"；"品物流形"謂坤、地，若《繫

辭》云"在地成形"。《集解》引虞翻曰:"乾以雲雨流坤之形,萬物化成,故曰'品物流形'也。"

⑤大明,天上照明者。《禮記·禮器》:"大明生於東。"鄭玄注云:"大明,日也。"而漢儒以此傳"大明"兼指日月,《集解》引荀爽説,乃以乾坤互動,則成離、坎,離爲日,坎爲月。《易緯·乾鑿度》曰:"離爲日,坎爲月,日月之道,所以終始萬物。"故"大明終始"者,謂日月運行之自始至終,終而復始。六位,注家多訓同六爻。《集解》引荀爽曰:"六爻隨時而成乾。"荀以六位同六爻,且以十二消息、十二爻辰釋"六位時成"。又《説卦》:"《易》六位而成章。"韓康伯注云:"六位,爻所處之位。"余案:《象》言"六位"又言"六龍",二者不當重義,六龍指乾之六爻可無疑,六位則非指六爻,當承前云"大明終始",而言日月行天,據之可分畫夜、四時,故六位者,可謂之畫、夜、春、夏、秋、冬。日月之迭相照明,乃別畫夜,以日之行定冬至、夏至,以月之行定春分、秋分,二至、二分乃分四時。《周禮·春官宗伯·馮相氏》:"冬夏致日,春秋致月,以辨四時之叙。"此即"六位時成"之義。《集解》引侯果説,以六位爲天地四時,余以爲不若畫夜四時爲確。六龍,謂乾之六爻,乾六爻皆陽,爲陽氣,故稱六龍。《釋文》:"龍喻陽氣及聖人。"時乘,聖人依時序而順乘此六龍。御,行。御天,謂周行於天道也。

⑥乾道,天道,在此應兼含乾坤。變化,孔穎達《正義》云:"變爲後來改前,以漸移改,謂之變也;化謂一有一無,忽然而改,謂之爲化。"推闡孔義,如一物恒常而有變,雖變而仍爲其物者,謂之變,如日月星辰,變動不居而有常;如一物轉爲另一物,或衍生新物,使物孳乳浸多,謂之化,如萬物各具其形,彼此爲異。變化常合而言之,而《易》以乾爲變,坤爲化,此雖唯言"乾道變化",當兼謂乾坤之道統率天地變化。"各正性命"者,通過乾坤變化,使萬物之陰陽各得其正。性命,孔穎達云:"性者,天生之質,若剛柔遲速之

別;命者,人所禀受,若貴賤夭壽之屬是也。"案性與命,皆本諸天之天生禀賦,萬物之"各正性命",意謂萬物基於天生禀賦而順行天道。保合,猶言保持統一;大和,陰陽會合,沖和之氣。保持陰陽和合,即是"保合大和"。"乃利貞",乃利於持守正道,亦即保持陰陽和合,則得其正;陰陽不和合,則失其正。惠棟《易例》云:"虞仲翔注《易》,以《易》之利貞,皆謂變之正,及剛柔相易、乾升坤降之類。"可知"利貞"一語含有陰陽和諧之義。又"大和"亦讀作"太和",乾陽坤陰,皆可稱大、稱始,故大和亦可專謂乾坤純粹、初始之陰陽和合,此爲本體之陰陽和合,高於萬物各異之陰陽和諧。

⑦首謂乾元,首出,即由乾元生出;庶物,即萬事萬物,此謂坤。"首出庶物"者,意謂由乾之坤,天地變化,生生而條理。"萬國咸寧"者,群龍无首,以天爲首,故而天下萬國太平。《集解》引劉瓛曰:"陽氣爲萬物之所始,故曰'首出庶物';立君而天下皆寧,故曰'萬國咸寧'。"

《象》曰:①天行健,君子以自强不息。②

【校注】

①象,以形象兆見意義,形象與意義之間有相似、相類之關係。《繫辭》曰:"象也者,像此也者。"《集解》李鼎祚案曰:"象者,像也。取其法象卦爻之德。"案《象》,即《象傳》,爲對於卦辭與爻辭的解釋,釋卦辭者,稱"大象",釋爻辭者,稱"小象"。其託爲孔子作,當爲孔門傳經之儒作於戰國中期。《象》之象,有二義:一爲由卦體所兆見者,謂之卦象;二爲卦爻辭指涉事物所兆見者,謂之法象。

②乾、健音同義通,王念孫《廣雅疏證》云:"夫乾者,《繫辭傳》云:'夫乾,天下之至健也;夫坤,天下之至順也。'《説卦傳》云:'乾,健也。坤,順也。'乾健同聲,坤順同聲,天行健,地勢坤,健即乾

也,坤即順也,互文見義。"天行,王引之《經義述聞》釋爲天道,天行即天道之運行。健兼有强健與健羨義。行健,一則言其行强健,一則言其行不止。自强,勉力進德,日新自勝。不息者,天之德。《禮記·樂記》云:"著不息者天也,著不動者地也。一動一静者,天地之間也。"天行不息,君子效法天德,故亦自强不息。

潛龍勿用,陽在下也。[1]見龍在田,德施普也。[2]終日乾乾,反復道也。[3]或躍在淵,進无咎也。[4]飛龍在天,大人造也。[5]亢龍有悔,盈不可久也。[6]用九,天德不可爲首也。[7]

【校注】

[1]《易傳》之言龍,取陽氣之義。初九潛龍,謂初爻爲陽,亦謂陽氣在下。《集解》引荀爽曰:"氣微位卑,雖有陽德,潛藏在下,故曰'勿用'也。"

[2]卦含三才,六爻中初、二爲地道,三、四爲人道,五、上爲天道。見龍在田,是龍位於大地上。德,恩惠。普,周普。"德施普"者,意謂施惠萬民、教化萬民周遍廣大。孔穎達《正義》曰:"此以人事言之,用龍德在田,似聖人已出在世,道德恩施,能普遍也。"高亨《周易大傳今注》謂"普"通"溥",廣大之義,亦通。

[3]《釋文》:"復,本亦作覆。"君子日進夜退,喜憂參半,須怵惕反省,善補過失,故云"反復道也"。案《易》以陰陽互用,故"反復道"亦可引申爲陽動、陰静。《淮南子·人間訓》云:"終日乾乾,以陽動也;夕惕若厲,以陰息也。因日而動,因夜以息,惟有道者能行之。"《白虎通·天地》云:"陽不動無以行其教,陰不静無以成其化。"然若釋爲陽動、陰静,則當謂之吉,不當云無咎,故知其與經義不盡洽,爲後世發揮,聊備一説耳。

[4]進,猶若在淵中彷徨求濟。以時進時退之方式前進,則無咎害。《易之義》曰:"恒鱷(躍)則凶。"

⑤《釋文》:"造,鄭徂早反,爲也。王肅七到反,就也,至也。劉歆父子作聚。"案當從王肅、劉氏之訓。依王訓,"大人造"即大人就九五之位。依劉訓,"大人造"即"大人聚",意謂大人聚合天下。二訓可通說之,《集解》引荀爽說,以此句與《文言》"聖人作而萬物睹"同義。聖人作,意謂大人造王者之位;萬物睹,意謂萬物皆來睹,亦即聚於大人之下。蓋飛龍在天,膺天命而登君位,四方諸侯來就,聚於新王之下,猶一龍在上,群龍在下。

⑥盈,滿也。孔穎達《正義》曰:"九五是盈也,盈而不已則至上九,而致亢極,有悔恨也,故云'盈不可久也'。"依孔說,九五之盈訓滿,上九之盈則應訓溢。五、上皆曰盈,恐非經義。余案:盈,當謂怒氣充盈貌,《廣雅》:"盈,怒也。"朱駿聲《説文通訓定聲》云:"盈,發聲之詞。"亦即上九亢龍之叫聲,其勢不可持久。

⑦天德,天之德,謂乾元。《集解》引宋衷曰:"萬物之始,莫能先之,不可爲首。先之者凶,隨之者吉,故曰'无首吉'。"按宋衷之説,爲首,即位居在先,无首,即順隨在後。"天德不可爲首"者,謂萬物不可逾居乾元之先;而經云"群龍无首",則謂群龍不當逾居飛龍之先。案前揭《後漢書·班固傳》李賢注引鄭玄,同見《郎顗傳》注:"群龍喻賢臣也。鄭玄注《易》乾卦云:'爻皆體乾,群龍之象。舜既受禪,禹與稷、契、咎繇之屬並在朝。'"舜既受禪,其若九五飛龍,秉天德;禹與稷、契、咎繇之屬,則若上九群龍,不當僭越飛龍,而並列在朝。此據群龍與飛龍之關係爲言,如據飛龍與天關係言之,則亦可謂飛龍雖在九五居君位,然其在上九,不可僭越於天,惟有則天而行,則天而行,其行大公。劉向《説苑·至公》云:"《書》曰:'不偏不黨,王道蕩蕩。'言至公也。古有行大公者,帝堯是也。貴爲天子,富有天下,得舜而傳之,不私於其子孫也。去天下若遺躧,於天下猶然,況其細於天下乎?非帝堯孰能行之?孔子曰:'巍巍乎!惟天爲大,惟堯則之。'《易》曰:'无首吉。'此

蓋人君之公也。"若堯之則天,不爲天首,是謂"无首吉"。綜上二
者,則群龍不爲飛龍首,飛龍不爲天首,同理也。

《文言》曰:[①]元者,善之長也;[②]亨者,嘉之會也;[③]利者,
義之和也;[④]貞者,事之幹也。[⑤]君子體仁足以長人,[⑥]嘉會足
以合禮,[⑦]利物足以和義,[⑧]貞固足以幹事。[⑨]君子行此四德
者,故曰:"乾,元、亨、利、貞。"[⑩]

【校注】

①孔穎達《正義》引莊氏曰:"文謂文飾,以乾坤德大,故特文飾以爲
《文言》也。"案文有引申、發揮之義,《荀子·非相》:"文而致實。"
楊倞注:"文謂辯說之辭。"故"文言"者,即引申、發揮乾坤二卦卦
爻辭之言。文飾,言增其文若飾。唯乾、坤兩卦有《文言》,于鬯
《香草校書》以爲乾坤二卦爻辭爲文王所作,故而孔子特爲《文
言》以飾之,其說無據。《釋文》引梁武帝說,以《文言》是文王所
制,更不足信。《文言》託爲孔子作,實爲孔門傳經之儒作於戰國
晚期,晚於《彖傳》、《象傳》。

②以下論元、亨、利、貞四德,襲用《左傳》襄公九年穆姜語,其語釋隨
卦卦辭"元、亨、利、貞","元者,善之長"句作"元者,體之長","嘉
會"作"嘉德",餘文同。《左傳》昭公十二年有惠伯曰"元,善之
長"云云,釋坤卦"黃裳元吉"之"元"。案"善之長"當從穆姜作
"體之長"。元,人之頭;體,身體之各部。頭爲身體各部分之君
長,義頗顯明。惠伯所言"善之長",究其文意,乃按人之身體分爲
上、中、下三德,三德皆爲善,而上德之元,爲三善之長,亦通於穆
姜以元爲身體各部分君長之義。故"元者,體之長",意謂身體各
部分得元爲君長,乃可以相互協調,伸展自如。

③亨,通也。嘉,善也。《集解》引《九家易》曰:"亨者,謂陽合而爲
乾,衆善相繼,故曰'嘉之會也'。"其意謂乾之諸陽爲衆善,會聚

於一卦。又惠棟《周易述》引漢注:"以陽通陰,義同昏冓,故曰嘉之會。"惠氏釋云:"六十四卦陰陽相應,多以昏冓言者,故云'義同昏冓',昏禮稱嘉,故曰嘉之會。"其意謂自乾元通諸六十四卦,而後陰陽相應,有如婚媾,乃云"嘉之會也"。二説一據乾卦爲言,一據乾卦與六十四卦爲言,各有其長。案乾純陽,坤純陰,以用九、用六故,亦得以陰陽相應視之。

④利,以刀裁成,分也。《集解》引何妥曰:"利者,裁成也。"義,宜。劉熙《釋名》曰:"義,宜也,裁制事物,使各相宜也。"《子夏傳》:"利,和也。"利、和通,利謂分物,和謂既分之物相諧。故"利者,義之和也"者,意謂分裁事物,使事物各得其宜,相互和諧,此種之"利",即"義之利",亦即"義之和"也。《荀子·王制》曰:"義以分則和,和則一。……故序四時,裁萬物,兼利天下,無它故焉,得之分義也。"然則或有分裁事物,而事物未能各得其宜,相互和諧者,則其利不合義,非"義之和"也,故必見其和,而後知其利與不利。《説文》:"利,銛也,從刀。和然後利,從和省。《易》:'利者,義之和也。'"又《集解》引荀爽曰:"陰陽相和,各得其宜,然後利矣。"

⑤貞,正。《廣雅》:"幹,正也。"《詩·韓奕》:"幹不庭方。"鄭玄箋云:"作楨幹而正之。"《釋文》於此傳及彼詩下均曰:"幹,古旦反。"貞爲貞告之正,奉此貞告之正,則足以匡正所在所行之事。或曰使其事若得楨幹,不失其正,故云"貞者,事之幹也"。

⑥《釋文》:"體仁,京房、荀爽、董遇本作體信。"體,身體四肢。仁,謂身體各部感通相知,猶以不仁謂麻痺。體仁,則頭可任使身體四肢;體不仁,則不任使也。作信,亦通。信,同伸。《孟子·告子》:"今有無名之指,屈而不信,非疾痛害事也。"非疾痛而不伸,亦即麻痺不仁之義。足以,言"體仁"爲"長人"之條件,在此當謂必要之條件。

⑦合，配。依前揭惠棟説，嘉會謂陰陽相應，喻之以婚媾。狹義之嘉會爲昏禮，《禮記·昏義》曰："昏禮者，禮之本也。"由昏禮通於群禮，則爲廣義之嘉會。按鄭玄《三禮目録》，屬於嘉禮者，有士冠、士昏、鄉飲酒、鄉射、大射儀、燕禮、公食大夫諸禮。又《左傳》襄公九年作"嘉德足以合禮"，孔穎達彼疏云二字雖異，其意不異。身有美德，動與禮合，嘉德所以合禮也。余以爲"嘉德"之德訓得，諸善相得也。

⑧利物，謂裁成事物。和義，謂使事物合宜。"利物足以和義"者，意謂必分裁事物，然後可以使事物各得其宜，相互和諧。

⑨貞，貞告之正。固，其所規範者恒固也。以貞幹事，貞不固，則幹事不成。幹，此作動詞，謂使事正也。

⑩舊注釋此二句，多以四德配合五常、四時。《集解》引何妥説，以元配仁，以亨配禮，以利配義，以貞配信。李鼎祚改何説之以貞配信爲以貞配智。朱子《周易本義》亦有云："元者，生物之始，天地之德，莫先於此，故於時爲春，於人則爲仁，而衆善之長也。亨者，生物之通，物至於此，莫不嘉美，故於時爲夏，於人則爲禮，而衆美之會也。利者，生物之遂，物各得宜，不相妨害，故於時爲秋，於人則爲義，而得其分之和。貞者，生物之成，實理具備，隨在各足，故於時爲冬，於人則爲智，而爲衆事之幹。"然則五常之信何見？或曰乾配信，"乾、元、亨、利、貞"五字，當信、仁、禮、義、智也。此類諸説皆非傳本義，爲後世衍釋之説，以其影響深遠，録以備考。

　　初九曰"潛龍勿用"何謂也？子曰："龍德而隱者也。①不易乎世，不成乎名，遯世无悶，不見是而无悶。②樂則行之，憂則違之，確乎其不可拔，潛龍也。③"

【校注】

　　①此章釋六爻，皆以龍德爲核心。龍乃爲神權與王權之雙重象徵，

龍德亦指君德。帛書《易》傳之《二三子問》有孔子釋龍德,約其
大義有三:一者龍有神聖之德,應於帝王;二者龍能陽能陰、能上
能下,日月星辰、風雨雷電皆奉養之;三者龍有變化神能,變蛇魚
鳥蟲,而不失本形。龍德因時而隱,因時而顯,當此初九,龍德潛
隱焉。

②"不易乎世,不成乎名",《集解》本、《釋文》本作"不易世,不成
名"。易,通異,殊異。《集解》引鄭玄曰:"當隱之時,以從世俗,
不自殊異,無所成名也。"《集解》引崔覲曰:"言據當潛之時,不易
乎世而行者,龍之德也。"與鄭同義。而王弼釋"不易乎世"爲"不
爲世俗所移易",則非。當隱之時,應和光同塵,否則必顯也。遯
世,隱遯於世,亦即不易世。不見是,不被世人所稱道,亦即不成
名。悶,內心渾噩。《道德經》:"俗人察察,我獨悶悶。"无悶,則
猶云察察也。按崔覲說,君子隱遯在世中,雖不治世,而心智達
理,雖不見是,而自知不違道,是謂"无悶"。

③樂爲陽,行,出而有爲;憂爲陰,違,避而去之。當陽之樂,順君子
之德,則行之;當陰之憂,逆君子之德,則違之。其如《論語·衛靈
公》曰:"君子哉蘧伯玉! 邦有道,則仕;邦無道,則可卷而懷之。"
言君子當此有可進可退之優裕。"確乎其不可拔",言君子之心
志,《集解》引虞翻曰:"確,剛貌也。"《釋文》:"拔,鄭云:移也。"孔
穎達《正義》云:"身雖逐物推移,隱潛避世,心志守道,確乎堅實
其不可拔,此是潛龍之義也。"余案:就君子心志言之,孔說可從;
若就君子適值潛隱之事言之,則"確乎其不可拔"猶可進一解。
《釋文》:"確乎,鄭云:'堅高之皃。'《說文》云:'高至。'"確乎,言
潛龍向上之勢。拔,出也,拔出本,猶將草木拔出其生根之土。
"確乎其不可拔"者,意謂君子當潛隱之際雖有確乎向上之勢,然
不可出離其根本之地也。

九二曰"見龍在田,利見大人"何謂也?子曰:"龍德而正

中者也。^①庸言之信,庸行之謹,閑邪存其誠,善世而不伐,德博而化。^②《易》曰:'見龍在田,利見大人。'君德也。^③"

【校注】

①按段玉裁校,《説文》:"正,是也。從一,一日止。"徐灝《説文解字注箋》:"一者建中立極之義,由是而止焉,則正矣。"中、極同,止於中、極之處,或曰以中、極爲準的,則爲正。余案:傳言"正中"與言"中正"有所不同,"正中"爲動賓結構,其義當通乎《尚書·洪範》之"建用皇極"。中,甲骨文作𠁁,乃象旗幟,或有測風向、測日影之用,亦可用之爲目標、準的。故中之在外,可爲權力當位之標誌,其爲人民所見,依止其下;中之在内,則謂權力之運用公正、不偏不倚,亦即大中之道。此傳云"正中"者,兼有此二義:其在外義,即有龍德之君子建中,使人民見之,遂來歸附;其在内義,君子行大中之道,故爲人民所信從。《古文尚書·仲虺之誥》:"建中於民。"《孔傳》:"立大中之道於民。"又《君牙》:"爾身克正,罔敢弗正,民心罔中,惟爾之中。"本傳"正中",意謂君子以其有位,乃得建立大中之道,特使其爲人民所見。"見龍在田",民何以依止?以其建中。民見其中,知爲大人,遂依止焉,效法焉,故"利見大人"。"龍德而正中",亦謂使龍德發爲可見之德也。

②庸,用。庸言即出言,庸行即施行。君子出言必信,行動必謹。《集解》引《九家易》訓庸爲常,亦通。閑,防。邪,不正。孔穎達《正義》曰:"'閑邪存其誠'者,言防閑邪惡,當自存其誠實也。"余案:"閑邪",邪,隱匿之私,閑邪則無私。存,在此讀如荐,荐,進也。誠,信也。"存其誠",即主動與人行誠信。善世,爲善於世,利益萬物。不伐,不自矜、自誇。德博,施德廣大。化者,化育萬物、教化人民。

③此言"君德"者,意謂大人居二已開始顯露君王之德。

九三曰"君子終日乾乾,夕惕若厲,无咎"何謂也? 子曰:
"君子進德修業。^①忠信,所以進德也;修辭立其誠,所以居業
也。^②知至至之,可與幾也;知終終之,可與存義也。^③是故居上
位而不驕,在下位而不憂。^④故乾乾因其時而惕,^⑤雖危无咎
矣。"

【校注】

①進德,增進德行。修業,完善事業。案進,登也,升也,九二君德已
顯,九三則乾乾上升,故"進德"者,意謂由此逐步登至九五,此德
乃有天下之大德,非僅言一己之德行。修業,則謂修善在三之事
業,雖志在九五,而根基在三也。

②"忠信,所以進德"者,孔穎達《正義》曰:"推忠於人,以信待物,人
則親而尊之,其德日進。"此泛言其義。就爻位言之,"忠信"乃謂
君子在三,上忠信於五。《集解》引翟玄曰:"忠於五,所以修德
也。"《左傳》文公元年:"忠信,卑讓之道也。"三、五同功,而三卑
讓於五。"修辭立其誠,所以居業"者,乃謂下治民。翟玄曰:"居
三修其教令,立其誠信,民敬而從之。"《説文》:"辭,訟也。"即爭
訟之辭,引申爲政令刑罰之辭。"修辭立其誠",即通過修飾完善
其政令刑罰之辭,使民可服從,無疑惑,以立誠信。其若《詩·
板》:"辭之輯矣,民之洽矣;辭之懌矣,民之莫矣。"居,以爲根據,
可據守之。《廣雅》:"居,據也。"《集解》引荀爽曰:"居業,謂居三
也。"故"居業",乃謂君子在三之事業可據守也。

③"知至至之",意謂知二將至五,在三則乾乾以至之。"可與幾
也",《集解》本作"可與言幾",阮元《十三經注疏校勘記》謂古本、
足利本有"言"字,下文九四孔疏亦曰"可以言幾",當從之改。王
引之《經傳釋詞》謂"可與"猶"可以",《禮記·中庸》:"知遠之
近,知風之自,知微之顯,可與入德矣。"言"可以入德"也。案此
句同例,"可與",讀若"可以"。幾,事之尚微,同幾事。《繫辭》:

"幾者,動之微,吉凶之先見者也。"言,謀劃。故"可與言幾",意謂二將往代五,此事在三,可以預先謀劃之。"知終終之",終,已,意謂雖乾乾以至之,然知有所已而已。《集解》引姚信説,終謂三,亦即已止在三。存,察也。《禮記·大傳》:"五曰存愛。"鄭玄注:"存,察也,察有仁愛也。"義,道義。故"可與存義",意謂可以察其義。幾、義相對,幾事隱密,義事顯露。案《集解》引崔覲説,其大略謂九三之君子喻文王,文王受命,應登九五,是爲"知至至之",而文王終止於臣道,是爲"知終終之"。崔説雖屬比附,然其疏解理義,頗有啓發。

④王弼注曰:"居下體之上,在上體之下,明夫終敝,故不驕也;知夫至至,故不憂也。"此據九三爻言之,九三居下卦上位,而"知終終之",恪守臣道,故不驕;居上卦之下,"知至至之",將升至君道,故不憂。又《集解》引虞翻説,據下體乾三爻合而言之,曰:"天道三才,一乾而以至三乾成,故爲上。夕惕若厲,故不驕也。"其釋"上位"即九三,略同王弼;又曰:"下位謂初,隱於初,憂則違之,故不憂。"其釋"下位"爲初,則與王弼不同。

⑤君子乾乾因其時,怵惕亦因其時。《二三子問》云:"《卦》曰:'君子終日鍵(乾)鍵(乾),夕沂(惕)若厲,无咎。'孔子曰:'此言君子務時,時至而動□□□□□屈力以成功,亦日中而不止,時年至而不淹。君子之務時,猶馳驅也,故"君子終日鍵(乾)鍵(乾)"。時盡而止之以置身,置身而静,故曰"夕沂(惕)若厲,无咎"。'"

九四曰"或躍在淵,无咎"何謂也? 子曰:"上下无常,非爲邪也;進退无恒,非離群也。①君子進德修業,欲及時也,②故无咎。"

【校注】

①爲邪,偏離正路。離群,意謂步調不協,盲動失序。《説文》:"群,

輩也。"《六書故》:"車以列分爲輩。"可知群亦可指隊列秩序。乾道之六龍變化秩序,是爲群;背離乾道變化秩序,則爲離群。當此意謂或躍之狀,上下無常,進退無恒,似邪而"非爲邪",似離群而"非離群"也。

②欲,期願。及時,把握時機,進而謂契合時義。余案:九三、九四,均爲君子"進德修業"之爻,而三、四之時義不同。三猶以據守本業爲主,四則近五欲變。《集解》引荀爽曰:"乾者,君卦。四者,臣位也,故欲上躍居五。"四上躍居五,臣道變君道,此乃革命之舉,故必契合天道、人道之時義,其若革卦《彖》云"天地革而四時成,湯武革命順乎天而應乎人"者。又荀釋上、進爲四進五,其説可從;而釋下、退爲四返初,則恐非。余在經九四注已辯明,"或躍在淵"非返初之謂,上下、進退乃四欲上躍居五之際所顯疑惑之狀,故唯取荀氏半説也。

九五曰"飛龍在天,利見大人"何謂也?子曰:"同聲相應,同氣相求;水流濕,火就燥;①雲從龍,風從虎。②聖人作而萬物睹。③本乎天者親上,本乎地者親下,則各從其類也。④"

【校注】

①董仲舒《春秋繁露·同類相動》云:"今平地注水,去燥就濕;均薪施火,去濕就燥。百物去其所與異,而從其所與同。故氣同則會,聲比則應,其驗皦然也。……美事召美類,惡事召惡類,類之相應而起也。如馬鳴則馬應之,牛鳴則牛應之。"引此可釋"同聲相應,同氣相求;水流濕,火就燥"句義。案此數句亦可謂人與人以同類相親近。聲氣,謂人之内在德性之顯露。《大戴禮記·文王官人》曰:"誠在其中,此見於外。……初氣生物,物生有聲。聲有剛有柔,有濁有清,有好有惡,咸發於聲也。心氣華誕者,其聲流散;心氣順信者,其聲順節;心氣鄙戾者,其聲斯醜;心氣寬柔者,其聲温

好。信氣中易,義氣時舒,智氣簡備,勇氣壯直。"則同聲、同氣之人,性情、志向必相投也。

②"雲從龍"者,雲含陽氣而起,陽氣,龍也。"風從虎"者,《淮南子·天文訓》曰:"虎嘯而谷風至,龍舉而景雲屬。"兼及二者。

③《釋文》:"作,鄭云:起也。馬融作起。"睹,見也。孔穎達《正義》曰:"'聖人作',則'飛龍在天'也。'萬物睹',則'利見大人'也。"孔又云:"'飛龍在天'者,言天能廣感衆物,衆物應之,所以'利見大人'。因大人與衆物感應,故廣陳衆物相感應,以明聖人之作而萬物瞻睹以結之也。"余案:孔說聖人與衆物相互感應,其義可從。進而言之,聖人與衆物間復有元首與群庶之關係,"聖人作"即聖人膺命登位,元首作起;"萬物睹",聖人既作,則元首立,上下分明,由此確立秩序,萬事萬物歷歷可睹。《古文尚書·益稷》:"帝庸作歌曰:'敕天之命,惟時惟幾。'乃歌曰:'股肱喜哉,元首起哉,百工熙哉。'"

④親,親比。"各從其類"者,萬物依其本性,以類相從乎天地之道。《古文尚書·泰誓下》:"天有顯道,厥類惟彰。"是謂天道彰顯,萬物纔能各顯其類。又王褒《聖主得賢臣頌》云:"故世必有聖知之君,而後有賢明之臣。故虎嘯而風冽,龍興而致雲,蟋蟀俟秋唫,蜉蝤出以陰。《易》曰:'飛龍在天,利見大人。'《詩》曰:'思皇多士,生此王國。'故世平主聖,俊艾將自至,若堯、舜、禹、湯、文、武之君,獲稷、契、皋陶、伊尹、呂望,明明在朝,穆穆列布,聚精會神,相得益章。"

　　上九曰"亢龍有悔"何謂也? 子曰:"貴而无位,高而无民,①賢人在下位而无輔,②是以動而有悔也。③"

【校注】

①《玉篇》:"貴,高也。"貴、高皆謂上九窮高之狀。位,正位。《集解》引荀爽曰:"在上故貴,失正故'无位'。"又引何妥曰:"既不處

九五帝王之位,故'无民'也。"案此二句意謂上九亢龍窮高越五,失位無民也。

②"賢人在下位而无輔"者,《集解》引荀爽説,賢人謂九三處下當位,然與上九不應,故不能相輔。余案:就義理言之,君居正位,賢人來輔;君失其位,則賢人無以輔之。其要在君之有位無位,故九三之賢人輔五而不輔上也。《漢書·五行志》云:"《易》曰:'亢龍有悔,貴而亡位,高而亡民,賢人在下位而亡輔。'如此則君有南面之尊,而亡一人之助,故其極弱也。"

③"動而有悔"者,上九孤立在上,動必生悔。當此則應由乾之坤,陽行陰道,高其位而下其施,以柔和接待於下。《二三子問》云:"《易》曰:'杭(亢)龍有悔。'孔子曰:'此言爲上而驕下,驕下而不殆者,未之有也。聖人之立正(政)也,若遁(循)木,俞(愈)高俞(愈)畏下,故曰"杭(亢)龍有悔"。'"

潛龍勿用,下也。①**見龍在田,時舍也。**②**終日乾乾,行事也。**③**或躍在淵,自試也。**④**飛龍在天,上治也。**⑤**亢龍有悔,窮之災也。**⑥**乾元用九,天下治也。**⑦

【校注】

①《集解》引王弼曰:"此一章全以人事明之也。"又引何妥曰:"此第二章,以人事明之。"下,陽氣在下,亦可謂君子處卑下之位。何妥謂此若帝舜耕漁之日。

②舍,停居之所。時舍,以時停居之所。案"時舍"者,一謂君子在二,惟暫停於此,終將進五,《集解》引虞翻曰:"二非王位,時暫舍也。"二謂雖暫時停此,亦當有所作爲,何妥將此比類於孔子設教於洙泗之日。

③何妥將此比類於文王爲西伯之時,處人臣之極,必須事上接下。

④試,試探。何妥將此比類於武王觀兵之日。案《尚書·堯典》:

“我其試哉。”“自試”者,意謂自我嘗試其可與不可也。《易之義》
曰:“君子鱣(躍)以自見,道以自成。”則特明九四自我之義。

⑤上治,自上治下也。惠棟《易微言》引《春秋説》:“王不上奉天文
以立號,則道術無原。”九五乾道立首,故爲“上治”也。何妥將此
比類於堯、舜冕旒之日。

⑥“窮之災”者,上九困窮無變,故招致災禍。《集解》李鼎祚將此比
類於桀、紂失位之時。

⑦“天下治”者,用九乾轉行坤道,首出庶物,萬國咸寧。李鼎祚將此
比類於三皇五帝禮讓之時。案何、李所説人事,固非傳文本事,惟
由此明義,頗有啓發,故引述之。

潛龍勿用,陽氣潛藏。見龍在田,天下文明。①終日乾乾,
與時偕行。②或躍在淵,乾道乃革。③飛龍在天,乃位乎天德。④
亢龍有悔,與時偕極。⑤乾元用九,乃見天則。⑥

【校注】

①《集解》引王弼曰:“此一章全説天氣以明之也。”又引何妥曰:“此
第三章,以天道明之。”案所謂天氣、天道,皆泛言變化,不宜拘泥
於爻辰、消息之説。“天下文明”者,意謂天下因龍之顯現在田,有
文章而光明,乃言聖人在田之功績。《論語·泰伯》:“子曰:‘大
哉堯之爲君也!……焕乎其有文章!’”

②時,日夜,亦謂時機。偕,俱。“與時偕行”者,與時同步俱行,日進
夜止,乾乾而惕。

③革,舊訓改。孔穎達《正義》曰:“‘乾道乃革’者,去下體,入上體,
故云乃革。”案此説可商榷。諸卦之三、四爻,均有去下入上之變,
何不皆言革?于省吾《雙劍誃易經新證》訓革爲急,言乾當此急迫
上進,爲是。余案:革訓急,並不全失革之改變義,乃謂已急迫近
於改變之際。無可否認者,乾道中隱含一革命,《易之義》云:“子

曰:'鍵(乾)六剛能方,湯武之德也。"而湯武均爲革命者。九五既登君王位,則必先發生對於舊君王之革命。舊注於九五多謂其取譬武王,而武王即位,亦即周革殷命。然當九四之時革命尚未發生,惟瀕臨革命前夜,躍躍欲試,故革訓急迫上進,頗得其情態。乃,於是。"乾道乃革"者,言乾道將改變之勢於此已頗顯急迫。

④"乃位乎天德"者,於此居於與天合德之位。案《易傳》之言天德,或就客體言之,謂天之德,或就主體言之,謂人秉受天之德,意義略有同異。

⑤極,《集解》引何妥訓盡。"與時偕極"者,陽氣於其時已盡,必將轉陰。案極字可兼二訓,一訓至高之點,一訓轉折之點。《説文》:"極,棟也。"棟即屋脊之橫梁,既是屋頂至高之處,又是屋頂陽面與陰面之分際綫。

⑥天則,王引之《經義述聞》曰:"天則猶言天常。"九五爲常,上九失常,用九轉乾爲坤,復歸其常,由此變化而見天則。

乾元者,始而亨者也。①**利貞者,性情也。**②**乾始能以美利利天下,不言所利,大矣哉!**③**大哉乾乎! 剛健中正,純粹精也。**④**六爻發揮,旁通情也。**⑤**時乘六龍,以御天也。雲行雨施,天下平也。**⑥

【校注】

①以下第四章,此節通論乾卦辭。王引之《經義述聞》曰:"乾元下亦當有亨字。"傳文當作:"乾元亨者,始而亨者也。"王説可從。元訓始,亨訓通。

②《集解》引干寶曰:"以施化利萬物之性,以純一正萬物之情。"以利配性,以貞配情。孫星衍《周易集解》引晁説之曰:"鄭作'情性也'。"則依鄭玄,當以利配情,以貞配性,於義似更勝。《説文》:"情,人之陰氣有慾者。"《墨子·經上》:"利,所得而喜也。"故情、

利適相配。情爲欲動,欲動得宜,可謂之利;性爲稟賦,稟賦得正,可謂之貞。

③能,《集解》本作而,晁説之曰鄭玄本作而。李道平《周易集解纂疏》以爲鄭本之而字爲耐字之訛,耐同能。余案:當從《集解》、鄭本作而,然而不訓耐,而,且也。此文句主語爲乾,述語有並列義,謂乾既能作始,且能以美利利天下。乾始,謂元。美,同亨,“嘉之會”也,亦即禮。利,“義之和”也,亦即義。利天下,利益天下。此句意謂乾爲萬物元始,此爲本原;且能發揮爲禮義,利益天下,此爲功用。乾雖利益天下,而不言所利,是非刻意爲之,循天道之正而已。《論語‧陽貨》:“子曰:‘天何言哉?四時行焉,百物生焉。天何言哉?’”故李道平《纂疏》云:“‘不言所利’,則貞在其中矣。”

④《集解》引崔覲曰:“不雜曰純,不變曰粹。”精者,陽精,謂日。孔穎達《左傳》莊公二十五年疏云:“日者陽精,月者陰精。”乾象爲日,故爲陽精。又《春秋繁露‧天地之行》曰:“序列星而近至精,……近至精,所以爲剛也。”至精,亦謂日。此數句言乾之剛健中正,如日之純粹陽精,六爻皆陽之義。

⑤《釋文》:“揮,《廣雅》云:動也。王肅云:散也。本亦作輝,義取光輝。”發揮訓發動、發散,與讀“發輝”,其象類似。“六爻發揮”者,謂乾六爻純陽如日,其光輝發動、發散之貌。“旁通情”者,旁通溥,廣也,大也。王引之《經義述聞》云:“旁,亦溥也。《廣雅》曰:‘揮,動也。’言六爻發動,溥通乎萬物之情也。”案上述解釋,不涉旁通之説,而漢以降舊注以講旁通者爲多。《説卦》“發揮于剛柔而生爻”,虞翻彼注曰:“發,動。揮,變。”則“發揮”意謂動而變,六爻純陽動而變,則變爲坤。乾坤交會,則構成六十卦。《集解》引陸績曰:“乾六爻發揮變動,旁通於坤,坤來入乾,以成六十四卦,故曰‘旁通情也’。”乾旁通坤,乾坤再旁通六十四卦。

⑥"時乘六龍,以御天也"已見《彖傳》,因語境變化,含義有所引申。此云"時乘六龍,以御天"者,乃謂乾道上行,以高其位;"雲行雨施,天下平"者,謂乾道下行,以下其施,乃使天下平治。《春秋繁露‧天地之行》曰:"天高其位而下其施,……高其位,所以爲尊也;下其施,所以爲仁也。"

君子以成德爲行,日可見之行也。①**潛之爲言也,隱而未見,行而未成,是以君子弗用也。**②

【校注】

①此釋初九。成德,成全之德,謂其德齊備,可觀、可度。"君子以成德爲行"者,《集解》引干寶曰:"君子之行,動靜可觀,進退可度,動以成德,無所苟行也。"意謂君子以成全之德爲行,不以未成之德苟且行之。俞樾《群經平議》謂日爲曰之訛,可從。君子既本諸成德而行,其行可觀可度,故"曰可見之行"。

②當初九,君子之德尚小,"隱而未見,行而未成",故"君子弗用",亦即不以此未成之德發用也。

君子學以聚之,問以辯之,①**寬以居之,仁以行之。**②**《易》曰:"見龍在田,利見大人。"君德也。**

【校注】

①此釋九二。之,皆指德。君子以學聚德,以問辯德。《道德經》:"爲學日益。"河上公注:"學,謂政教禮樂之學也。"孔穎達《正義》云:"'君子學以聚之'者,九二從微而進,未在君位,故且習學以畜其德。'問以辨之'者,學有未了,更詳問其事,以辨決於疑也。"案九二君德,賴學問養成。《大戴禮記‧保傅》:"《學禮》曰:'帝入東學,上親而貴仁,則親疏有序,如恩相及矣。帝入南學,上齒而貴信,則長幼有差,如民不誣矣。帝入西學,上賢而貴德,則聖智在位,而功不匱矣。帝入北學,上貴而尊爵,則貴賤有等,而

下不踰矣。帝入太學，承師問道，退習而端於太傅，太傅罰其不則而達其不及，則德智長而理道得矣。此五義者既成於上，則百姓黎民化輯於下矣。學成治就，此殷周之所以長有道也。'"

②寬，寬厚包容。居，相與，共處。仁，施愛。《古文尚書·仲虺之誥》："克寬克仁，彰信兆民。"

九三重剛而不中，上不在天，下不在田。①**故乾乾因其時而惕，雖危无咎矣。**②

【校注】

①《集解》引虞翻曰："以乾接乾，故重剛。位非二、五，故不中也。"案上下卦皆乾，故謂"重剛"；三、四處上下銜接之際，皆不得二、五之中，故云"不中"。初、二爲地，三、四爲人，五、六爲天。此九三上不及五，故"上不在天"，下已過二，故"下不在田"。而其在人則當位，故此應隱含"中在人"之義。

②九三當位，中在人，故君子"乾乾因其時而惕"以行臣道，尚可以無咎害。

九四重剛而不中，上不在天，下不在田，中不在人，故或之。①**或之者，疑之也，故无咎。**

【校注】

①九四"重剛而不中，上不在天，下不在田"，義同九三，然以其不當位，故云"中不在人"。或，同惑。《集解》引虞翻曰："非其位，故疑之也。"案"中不在人，故或之"者，意謂此時君子不知何以處身。蓋此時乾道由四登五之革命已近在眼前，在三尚有臣道可守，在四則已逾臣道，而君道尚未立，恰當轉變之際，君子自試其德，故宜有疑惑也。

夫大人者，與天地合其德，①**與日月合其明，**②**與四時合其**

序,③與鬼神合其吉凶。④先天而天弗違,後天而奉天時。⑤天
且弗違,而況於人乎? 況於鬼神乎?⑥

【校注】

①此釋九五。夫,此也,發端詞。夫大人,意謂當此九五之大人。九
五君德既立,故由君子改稱大人。案此節言乾九五,實以乾兼坤,
以天兼地。"與天地合其德"者,德字甲骨文有作"𢔨",會意循路
而行,在此意謂君王與天地同循一道,同參化育,共有一德。又意
謂人君撫育萬民,若天地覆載萬物,二德相合。《集解》李鼎祚案
曰:"謂撫育無私,同天地之覆載。"

②此謂人君統治之廣大。李鼎祚《集解》案曰:"威恩遠被,若日月
之照臨也。"夫大人之居君位,猶日月在天,照臨下土。

③此謂人君治曆明時。《繫辭》云:"日往則月來,月往則日來,日月
相推而明生焉。寒往則暑來,暑往則寒來,寒暑相推而歲成焉。"
據日月之行,可成一年三百有六旬有六日,日月之行復參以星辰
之位,乃定春夏秋冬四時之序。《尚書·堯典》:"乃命羲和,欽若
昊天,曆象日月星辰,敬授人時。"

④人君必敬事鬼神,神權與王權合一。"與鬼神合其吉凶"者,一則
謂鬼神以蓍龜告吉凶,靈驗不爽;二則謂鬼神惟德是依,福善禍
淫。《尚書·湯誥》:"天道福善禍淫。"《左傳》僖公五年記宮之奇
云:"鬼神非人實親,惟德是依。"又案《集解》引虞翻説,乾爲神,
坤爲鬼。古者人與天地鬼神共在,以禮樂協和其間,《禮記·樂
記》:"樂者敦和,率神而從天;禮者別宜,居鬼而從地。"故"與鬼
神合其吉凶"者,亦謂人與天地鬼神共在一存在境遇中。

⑤"先天"者,謂九二,君子未及天位,已顯君德,故是在天命之前行
事,而天不違背之。《集解》引崔覲曰:"行人事合天心也。""後
天"者,謂九五,大人已登天位,而能奉天時以布政教。崔覲曰:
"奉天時布政,聖政也。"奉,承行。

⑥況，況且。人，謂人事。鬼神，謂蓍龜。"天且弗違"之天，乃概言天地、日月、四時、鬼神；此下言人、鬼神，當指人事與蓍龜。文中二"鬼神"當有所區分，前者指主宰吉凶之鬼神，後者則指"成變化而行鬼神"之鬼神，所謂造化之迹者也。《集解》李鼎祚案曰："大人惟德動天，無遠不屆，鬼神饗德，夷狄來賓。人神叶從，猶風偃草，豈猶違忤哉。"

亢之爲言也，知進而不知退，知存而不知亡，知得而不知喪，其唯聖人乎！①知進退存亡而不失其正者，其唯聖人乎！②

【校注】

①此釋上九。九五已得中正，復強爲進，則如亢龍必陷於悔。傳文中有兩句"其唯聖人乎"，《釋文》："王肅本作愚人，後結始作聖人。"依王肅本當讀爲："亢之爲言也，知進而不知退，知存而不知亡，知得而不知喪，其唯愚人乎！知進退存亡而不失其正者，其唯聖人乎！"余案：王肅本非，此傳文當分爲二："亢之爲言也，知進而不知退，知存而不知亡，知得而不知喪，其唯聖人乎！"乃釋上九；"知進退存亡而不失其正者，其唯聖人乎！"則釋用九。《集解》李鼎祚案已辨此傳文兼釋上九、用九，然其讀如"其唯聖人乎，知進退存亡而不失其正者，其唯聖人乎"，文贅，亦非。依余讀釋上九句，唯字可訓誰，唯、誰古通，"其誰聖人乎"者，意謂上九之時亢龍孤立無援，雖南面而極弱，當此際遇，其誰堪作聖人？

②此釋用九。此唯如字，訓惟有。《易之義》以亢龍爲"陽之失"，必待陰救之，而陰陽轉化之機，亦進退、存亡、得喪之機，此惟有聖人知之。聖人於此進退、存亡、得喪之際，若轉而用九，由乾之坤，則可以"知進退存亡而不失其正"。《三國志·蜀書·譙周傳》譙周釋此云："言聖人知命而不苟必也。"又譙周引傳作："亢之爲言，知得而不知喪，知存而不知亡。知得失存亡而不失其正者，其惟聖人乎！"

【疏義】

乾爲六十四卦之首。乾之大義，漢儒本諸宇宙生成論，重其初始創生之義，乾與坤分立天地、陰陽，同爲宇宙創生之基元，而由此拓展爲天地間萬物生生不息、始終往復之時空變化圖景。《大戴禮記·保傳》有云："《春秋》之元，《詩》之《關雎》，《禮》之冠婚，《易》之乾坤，皆慎始敬終云爾。"至魏晉、唐諸儒，王弼、孔穎達乃轉從本體論，以體用論說之，天爲體，健爲用，聖人以此教人也。宋儒以降，體用之上，復參以性命、性情説之，李光地《周易折中》引邵雍云："不知乾，無以知性命之理。"程頤云："天者，天之形體；乾者，天之性情。"朱熹云："乾，健也。健之體爲性，健之用是情。"。

經"元亨，利貞"，《文言》讀爲"元、亨、利、貞"，且謂之"四德"。後儒多由此闡發義理，或本諸孔穎達《正義》："元，大也。亨，通也。利，宜也。貞，正而固也。"或本諸程頤《易傳》："元者，萬物之始。亨者，萬物之長。利者，萬物之遂。貞者，萬物之成。"又"四德"循環爲用，故有"貞下起元"之説。清儒彭作邦《周易史證》云："《易》首乾坤，從開闢起義。文王觀乾之象，繫之詞曰：'元、亨、利、貞。'蓋自有天地以後，陰陽變化無非此四德之理，終始循環，充塞徧滿於兩間。"今人注《易》多復原"元亨，利貞"，轉以經爲主，遂區分經、傳爲兩重意義。

乾以龍爲象，《子夏傳》、馬融皆曰龍象陽氣。今學者多考索龍之本象，或以之爲遠古圖騰，或以之爲龍星、北斗，莫衷一是，皆失之過。余以爲龍當限定爲三代之物，乃王權與神權統一之國家權力之象徵，由此觀乾之六龍潛、見、惕、或、飛、亢，要在表徵國家權力之發生、發揮與轉變。又晉唐注家多以此乾卦之九二喻文王，九五喻武王，而殷周之際，由文王至武王，實有周代殷之革命，此一革命過程寓在乾卦之中，先儒雖能識之，而未敢發其大義矣。而此革命大義，實爲乾卦最精要之所在，今之讀者不可不察也。

《易》經之作與傳之作相隔久遠，其義有所不同。説者或謂經原爲占筮之參考用書,至傳始轉發義理。然則以經本無義,只是占筮資料之彙集,則陋矣,自文、武迄周公,周人政教之根基,經論天下之大法,胥在《易》焉。

坤

䷁坤下坤上

坤：①元亨，利牝馬之貞。②君子有攸往，先迷後得主。③利西南得朋，東北喪朋。④安貞吉。⑤

【校注】

①坤，帛書本作"巛"，石經、漢碑作"川"，王引之《經義述聞》以爲坤爲本字，川爲借字。朱駿聲《説文通訓定聲》認爲巛是卦畫☷之横寫，爲符號而非文字。以文字命卦，則當爲坤。《説文》："坤，地也。《易》之卦也。從土申，土位在申。"許慎"土位在申"乃據方位爲説，非坤字原義。坤卦名之義，當從土，從申。坤之從土，《左傳》莊公二十二年："坤，土也。"甲骨文中土作𝈓、𝈔，象土塊之形。[1] 大地亦謂之大塊。坤之從申，《説文》："申，神也，七月陰氣成體，自申束。"段玉裁《説文解字注》謂訓申爲神不可通，當是本作申。從丨以象其申，從臼以象其束。朱駿聲云："申，束身也。從臼，自持也。指事，與寅同意。"又云："寅，居敬也。以宀𠀡象人體，從臼，手自約束之形。"于省吾《雙劍誃易經新證》以爲李過《西溪易説》引《歸藏》卦名坤，字作夤，即寅字。申、寅同義，皆指事身體之束形。案人身有形體，萬物亦有形體，劉熙《釋名》：

---

[1] 參見陳夢家《殷虚卜辭綜述》，第 583 頁，中華書局，1988 年。

“申,身也。物皆成其身體,各申束之,使備成也。”故坤之從土、從申,合指土可以塑成形體,引伸則謂地上萬物各成其形體。由此言之,當乾,稟陽氣萬物初生,至坤,則稟陰氣萬物長成形體。又乾以天爲體,健爲用;坤則以地爲體,順爲用。乾取象龍,龍行健;坤取象馬,馬行順。其順本馴,《説文》:“馴,馬順也。”馬爲順,牝馬則順之至也。

②元亨,大亨。乾、坤同例,乾六爻皆陽爲大亨,坤六爻皆陰亦爲大亨,此乾坤二卦所獨有,不必固執陽大陰小之説。牝馬,母馬。《説文》:“馬,怒也,武也。”馬爲武獸,此言牝馬,乃取其性馴。母馬馴良,合於坤順。據于省吾《甲骨文字釋林》考證,有關於用牝之卜辭,即出行前選用牡馬,先卜問用牡或用牝;另有關於“馴左馬”、“馴右馬”之卜辭,亦當爲出行前之卜問。[1] 依此例,則“利牝馬之貞”者,意謂出行前貞問乘馬,告以乘馴良之牝馬有利也。

③攸,所。迷,迷路。主,主人。王引之《經義述聞》云:“上言有攸往,下言得主,蓋謂往之他國,得其所主之家也。”即往至一地,乃得其可以客居依止之主人。案王引之訓釋可從。又“先迷”,意謂“東北喪朋”也;“後得主”,意謂“西南得朋”也。《易之義》引經作“東北喪崩(朋),西南得崩(朋)”,與今本文序不同,然恰合先迷後得之義,余以爲因句前“利”字故顛倒也。“西南得朋”爲利,“東北喪朋”非利。

④利,舊注或從前句作“先迷後得主,利”。則“利”爲前句之判辭。依經文例,“利有攸往”、“不利有攸往”,“利”皆在“有攸往”之前,故“君子有攸往”,當同“利君子有攸往”,已含“利”義,後又言“利”則贅。《通典》引秦静《臘用日議》:“《易》曰:‘坤,利西南得朋,東北喪朋。’”以“利”爲下句之首,王引之《經義述聞》亦如是斷句,當從。案一説甲骨文及春秋前經典中言東、西、南、北四方,

---

[1] 參見于省吾《甲骨文釋林》之《釋“其㸚不卣”》、《釋牝》文,中華書局,1979 年。

皆單言正向，尚無以東南、西北、西南、東北表示偏向者，故此處言
“西南”，乃西與南，“東北”，乃東與北。此句意謂出行前分別貞
問四方，指示西與南爲利，東與北不利。一說甲骨文表方位詞，已
兼有東、西、南、北四正與東南、西北、西南、東北四維，若此則“西
南”、“東北”專指偏向。後說爭議較大，故於此取前說。朋，即相
友善可結盟或順服之邦國部落，亦即“得主”之主。阜陽本朋作
傰，朋、傰同，《周禮・秋官司寇・士師》：“七曰邦朋。”鄭玄注：
“古書朋作傰。”

⑤貞，正。“安貞吉”，意謂安守貞告之正，則吉。

《彖》曰：至哉坤元，①萬物資生，乃順承天。②坤厚載物，
德合无疆。③含弘光大，品物咸亨。④牝馬地類，行地无疆。⑤柔
順利貞，君子攸行。⑥先迷失道，後順得常。⑦西南得朋，乃與類
行。東北喪朋，乃終有慶。⑧安貞之吉，應地无疆。⑨

【校注】

①至，至美也。“至哉”謂坤元之至美。坤元與乾元並爲《易》之始
基。《集解》引《九家易》曰：“坤者純陰，配乾生物，亦善之始，地
之象也，故又嘆言至美。”又王弼注：“至，謂至極也。”乾嘆其大，
大配天，言其崇高之極也；坤嘆其至，至配地，言其方員之極也。

②《玉篇》：“生，產也。”“萬物資生”者，坤爲地，有地然後可以產萬
物。坤之“資生”須合乾之“資始”觀之，乾爲天，爲氣之始，坤爲
地，爲形之始；萬物有氣，是生之始，萬物有形，是生之成。乾元、
坤元，並爲天地之始；而就乾坤二者言之，則乾爲始，坤爲終，《大
戴禮記・保傅》：“《春秋》之元，《詩》之《關雎》，《禮》之冠婚，
《易》之乾坤，皆慎始敬終云爾。”以人之生產爲喻，《爾雅》胎訓
始，郭璞注：“胚胎未成，亦物之始也。”若以胚胎未盡成形，象乾
始，則十月懷胎後形骸完具而生產，象坤終。天地生物亦同理，天

與氣,地與形,《漢書·楊王孫傳》:"形骸者,地之有也。"萬物本地而有形骸,故可云坤賦予萬物以形骸。"順承天"者,順承,承乎上也;天,乾也。《逸雅》:"上順乾也。"《集解》引《九家易》曰:"謂乾氣至坤,萬物資受而以生也。"坤資萬物之形,須以順承乾資萬物之氣爲前提,乾氣坤形,共成萬物。

③"坤厚載物"者,坤爲地,地至深厚,故可以承載萬物。"德合无疆"者,無疆謂天,意謂坤德合於天之無疆,凡天所覆者,坤皆載之。《集解》引蜀才曰:"天有无疆之德而坤合之,故云'德合无疆'。"

④弘,廣大。"含弘"者,地包容至爲廣大,萬物皆在其內。"光大"者,天光朗朗,照明萬物。案此光字,或讀如字,或讀若廣,在此當如字。如讀廣,則"含弘"、"光大"義重,且失天地交、坤順承乾之義。"品物咸亨"者,萬物既生成,各顯其美,皆得通達。《集解》引荀爽曰:"天地交,萬物生,故咸亨。"又引崔覲曰:"含育萬物爲弘,光華萬物爲大,動植各遂其性,故言'品物咸亨'也。"

⑤"牝馬地類"者,牝馬馴順之性與坤地順承天同爲一類。《集解》引侯果曰:"地之所以含弘物者,以其順而承天也。馬之所以行地遠者,以其柔而伏人。"行地,牝馬行走於地。无疆,無遠弗屆。又帛書《易》傳《易之義》云:"易又(有)名曰川(坤),雌道也。故曰'牝馬之貞'。童獸也,川(坤)之類也。是故良馬之類,廣前而景後,遂臧,尚受而順,下安而靜,外又(有)美刑(形),則中又(有)□□□□□□□乎艮以來群,文德也。"

⑥貞,正也。柔順而守正,故君子可以有所遠行。案《集解》引《九家易》以"柔順利貞,君子攸行"爲句,今人有將"柔順利貞"承前二句,"君子攸行"起後二句者,亦通。

⑦王引之《經義述聞》云:"先迷者,始猶未得所主也。後得主者,其後乃得之也。""後得主"亦即"後順得常"。《集解》引何妥曰:"陰

道惡先,故先致迷失。後順得主,則保其常慶也。"

⑧此言西南、東北,已與經文不同,乃專指兩偏向。上古四方風至春秋之後發展爲八方八風之説,於《易》亦有文王八卦方位(如下圖)。坤位西南,與兌、離、巽爲四陰卦,故云"西南得朋","乃與類行"者,同屬陰類,相俱而行。孔穎達《正義》曰:"以陰而造坤位,是乃與類俱行。"東北爲艮,與乾、坎、震爲四陽卦,與坤不同類,故云"東北喪朋"。"乃終有慶"者,慶,賀也。《周禮·春官宗伯·大宗伯》:"以賀慶之禮親異姓之國。"坤行於東北,非同類,故"喪朋",然則若陰陽異類相和,則可以"有慶"。《漢書·律曆志》:"《易》曰:'東北喪朋,乃終有慶。'答應之道也。"孔穎達曰:"以陰而詣陽,初雖離群,終久則有慶善也。"余案:經文本義先"東北喪朋",後"西南得朋",如其終有慶,當慶在西南。竊以爲傳文亦應作"東北喪朋,乃與類行;西南得朋,乃終有慶"。傳之云"類聚"與"類行"當相對,類聚是同類合聚在一處,類行則是異類各行其道。

⑨應,隨也,謂吉凶與之相隨。《象》三言"无疆",始言爲坤合乾之無疆,再言爲牝馬所行無疆,三言爲君子安守貞吉,則行於大地,吉利隨之無疆。余案:此"无疆"言馬德,《詩·駉》言駉馬"斯臧無疆","斯才無期","斯作無斁","斯徂無邪",是以無疆爲馬德之首,亦可兼含無期、無斁、無邪數德也。

《象》曰:地勢坤。①君子以厚德載物。②

【校注】

①坤,順,同聲爲訓。"地勢坤",即地勢順。王弼注:"地形不順,其勢順。"地形不順,意謂地形有高下;其勢順,意謂形有高下則成勢,乘勢而行則順。李道平《周易集解纂疏》案云:"《坎·象辭》'山川丘陵,地險也','不順'甚矣。由西北而趨東南,其勢則'順'也。"余案:上説固爲歷代注家通解,然此解實難以關聯"君子以厚德載物"句義。《集解》引虞翻曰:"勢,力也。"則"地勢",即地在下載物之力。而以"坤"狀地在下載物之力者,坤,順承上也,物有輕重,則載物之力亦應順承之有小大,若物輕而托舉之力大,物重而托舉之力小,皆將失其衡。

②地至厚,君子法地而厚其德。"厚德"者,君子積累深厚之德,猶地之蓄有負載萬物之力。《禮記·中庸》曰:高明配天,博厚配地,"博厚,所以載物也;高明,所以覆物也"。又"載物"者爲車,《説卦》:"坤爲大輿。"《禮運》:"天子以德爲車。"是坤德如車,可以載萬物以順天,運行不息。又案孔穎達《正義》云:"君子用此地之厚德容載萬物。言君子者,亦包公卿諸侯之等,但厚德載物,隨分多少,非如至聖載物之極也。"孔氏言君子隨分多少而載物,與余前注"地勢坤"内有相通處,可思之。

初六,履霜,堅冰至。①

【校注】

①履,踐也。帛書本作禮,《釋文》:"鄭讀履爲禮。"禮爲履之假借字。王弼注:"始於履霜,至於堅冰。"孔穎達《正義》:"初六陰氣之微,似若初寒之始,但履踐其霜,微而積漸,故堅冰乃至。"意謂既見足下之霜,預知堅冰將至。此固舊注之通説也,然究其文法,句中兩謂語"履"、"至"當同一主語,即有攸往之君子,故不是堅

冰至，是當堅冰之時君子至。"履霜"者，君子踏霜而遠行。
《詩·大東》："糾糾葛屨，可以履霜。佻佻公子，行彼周行。"此
"履霜"謂出行之證。依鄭玄箋説，葛屨爲夏季之屨，履霜則指秋
冬時行役，以夏之葛屨，履秋冬之霜，乃貧困之貌。在此可取其秋
冬時出行之義。秋冬農功既畢，多出行之事，或從王役，或商旅往
來。而至冬深冰堅之時，則萬物閉藏，出行亦止。據上考述，則
"履霜，堅冰至"者，意謂君子秋季可以"履霜"出行，俟冬季"堅冰
至"時乃止。又依爻位言之，初六君子履霜而行，其行順秋冬之
時，在堅冰之前，乃至於六二中正之位也。

《象》曰："履霜，堅冰"，陰始凝也，馴致其道，至堅冰也。①

【校注】

①"履霜，堅冰"，略引爻辭。下三句同釋爻辭，不當分斷爲兩組。
"陰始凝也"，釋"履霜"。馴，順。《釋文》："馴，向秀云：從也。"
"馴致其道"，由陰始凝，順從陰之道而發展，則將"至堅冰也"。
案《象》之解經，於經作抽象之理解，捨棄君子以時行止之人事義，
抽取霜、堅冰二自然現象，擬諸天道，謂陰氣由小到大，漸至凝結，
由柔變剛，自霜至於堅冰。孔穎達《正義》云："'陰始凝也'者，釋
'履霜'之義，言陰氣始凝，結而爲霜也。'馴致其道，至堅冰也'
者，馴猶犿順也，若鳥獸馴犿然，言順其柔順之道，習而不已，乃至
堅冰也。褚氏曰：'履霜者，從初六至六三；堅冰者，從六四至上
六。'陰陽之氣無爲，故積馴履霜，必至於堅冰。以明人事有爲，不
可不制其節度，故於履霜而逆以堅冰爲戒，所以防漸慮微，慎終於
始也。"孔説參覈褚氏，以"履霜"當下體，"堅冰至"當上體，且視
堅冰爲君子當預先戒備者，此説恐非。余以爲依經義，履霜、堅冰
二者皆當屬初六。初六爻辭落脚在"至"，初六既言"至"，而後六
二有"直方大，不習，无不利"云爾。又《説文》："馴，馬順也。""馴
致其道"，謂君子乘馴良之牝馬，靜順而行於其道，則可至焉。傳

改"堅冰至"爲"至堅冰",則唯在霜、冰間立意,不涉人事。又"履霜,堅冰"句,朱熹《周易本義》據《三國志》注引經改作"初六履霜",亦備一説。

六二,直方大,^①不習,无不利。^②

【校注】

①朱駿聲《六十四卦經解》:"徑行曰直行,横行曰方行。""直方"者,意謂君子之行或直或方,方向明確。案卦辭"西南得朋,東北喪朋",特重方向,此"直方"之義,亦當指君子之行須按正確方向。《淮南子·齊俗訓》:"古者民童蒙,不知東西。"不知東西,則其行不能直方。"大"者,因《象》、《文言》皆未釋大,故學者每疑"大"字爲衍文,或疑當與下連言爲"大不習",而帛書《易》傳《二三子問》、《易之義》均有"直方大"明文,故懷疑之説可止矣。《禮記·深衣》疏引鄭玄注:"直也,方也,地之性。"君子之行,直方而已,"大"則爲"直方"所修飾之謂語。余以爲,大通達,與初六之"至"同義。楊樹達《積微居甲文説》釋卜辭"大今二月不其雨"等句之大,郭沫若釋爲達,楊氏釋爲逮,達、逮均有達至之義。"直方大"者,意謂君子所行直方,則可以無所不達至也。

②王弼訓習爲修營,不確。習,當訓重複、熟悉,初到一地爲"不習",數到一地則爲"習"。"不習"即卦辭之"迷"。又習可讀襲,于省吾《雙劍誃易經新證》讀習爲襲,然其訓襲爲侵襲,則非。襲有因襲、繼承之義,如《墨子·非攻》云武王"襲湯之緒","不習"乃謂初到一地,没有可以因襲者,亦即尚未"得主"。又帛傳《繆和》曰:"非人之所習也,則近害也。"到達初次至、不熟悉之地,則易於近害;若能所行直方,順大地之性,則雖不習,亦能遠害,無往不利,不習而備至。

《象》曰:六二之動,直以方也。^①"不習无不利",地道光也。②

【校注】

①六二當位中正,爲地道。《大戴禮記·曾子天圓》:"天道曰圓,地道曰方。"地道以直、方爲德,故君子當六二之行動,亦當效法地道之直方。

②光,同《彖》"含弘光大"之光,在此亦訓光顯、光明。案地道之光,乃承順自天之光。《集解》引干寶曰:"女德光於夫,士德光於國也。"是謂夫使女德光,國使士德光,同理,天使地道光。君子直方而行,則所至大地無不得天光照明。《詩·北山》:"溥天之下,莫非王土;率土之濱,莫非王臣。"故而"不習,无不利"。又"地道光",光訓廣,亦通。案初有攸往,二得至其地,二得中當位,故得據有其地,其地之"不習",猶云先公先王新開闢之領土,其如公劉之遷豳,地雖邊遠,莫非王土,故所行無疆焉。

六三,含章可貞,①或從王事,无成有終。②

【校注】

①含,藏於内。章,顯明,可辨識。《尚書·洪範》:"乂用明,俊民用章。"若"不用章",即是"含章",惟在此義爲君子自藏,不顯露自己。于省吾《雙劍誃易經新證》釋含同函,章同璋,函璋猶言櫝玉,即蘊美不發之義,亦通。"可貞",可以堅守之,亦即保持住此含章狀態。

②或,有機會。或從王事,意謂有機會從王之事。"无成"者,以"含章"故,雖從王事而無成乎名。"有終"者,意謂堅持下去,終將有所成就。案君子之所以從王事,乃爲學習王事。《易之義》釋此句云:"學而能發也。"然當此爻,君子雖開始學習,尚未成就。《易之義》又云:"子曰:'言《詩》《書》之謂也。君子筍(苟)得其冬(終),可必可盡也。'"《詩》《書》者,代指所從王事,云"苟得其

終,可必可盡"者,謂當此之際,尚未盡得發用其所學也。六二君子已達,六三、六四乃從王事,至于六五乃得其終。《淮南子·繆稱訓》云:"《易》曰:'含章可貞。'動於近,成文於遠。"六三"含章"是"動於近",至六五"黄裳"爲"成文於遠"。

《象》曰:"含章可貞",以時發也。①"或從王事",知光大也。②

【校注】

①發,動。"以時發"者,意謂君子按恰當時機有所作爲。《集解》引崔覲曰:"陽命則發,非時則含也。"陽命若云王命,在此爻未得王命,故含而不發。《易之義》云:"《易》曰'含章可貞,吉',言美請(情)之謂也。文人僮(動),小事時説,大[事]順成,知毋過數而務柔和。"美情,謂君子意願之善也。

②《釋文》:"知,音智。"智識。光,光顯,光大,謂發於事業。"知光大"者,意謂君子以其智識光顯其所從之王事。《毛公鼎》有云:"唯弘乃智,……大小猷毋折緘告余。"是謂臣以智識事王,且當獻言於王。董仲舒《舉賢良對策》引曾子曰:"尊其所聞,則高明矣;行其所知,則光大矣。"所聞、所知,即君子之所學,實踐君子之所學,則高明、光大。又前注引《易之義》云云,則謂君子以其所學,以《詩》《書》效力於王事。又如周公多才多藝,制禮作樂,可爲"知光大"之事證。

六四,括囊,①无咎,无譽。②

【校注】

①孔穎達《正義》曰:"括,結也。囊,所以貯物,以譬心藏智也。"括囊,意謂紮緊布袋,於此指緘默無言。《易之義》釋曰:"語無聲也。"

②《易之義》曰:"子曰:'不言之謂也。□□□□[何]咎之又(有)?墨(默)亦毋譽,君子美其慎而不自箸(著)也。'"是言默則無咎、無

譽。焦循《易章句》以爲"无咎，无譽"爲倒文，"无譽"爲"括囊"之述語，"无咎"則此爻之判辭。焦説可從。

《象》曰："括囊，无咎"，愼不害也。[①]

【校注】

①君子當此爻須愼言以遠害。案六三君子有言，六四則無言，孔子所謂"言必以時"。按諸爻位，三、四爲人道，當六三，君子含章以從王事，以言事王；當六四，雖當位，然逼進於五，故多懼，尤當防言之致禍，故君子雖有言，當此亦須謹愼應對，有所言有所不言。又案《二三子問》云："《易》曰：'聒（括）囊，無咎，無譽。'孔子曰：'此言箴小人之口也。小人多言多過，多事多患，□□□以衍矣，而不可以言箴之。其猶"聒（括）囊"也，莫出莫入，故曰"無咎無譽"。'二三子問曰：'獨無箴于聖□□□□□聖人之言也，德之首也。聖人之有口也，猶地之有川浴（谷）也，財用所剚出也；猶山林陵澤也，衣食□□［所］剚生也。聖人壹言，萬世用之。唯恐其不言，有何箴焉？'"是以"括囊"唯箴小人之口，而非箴聖人之口。《荀子·非相》亦指出，君子當有言則有言，斥以"括囊，无咎，无譽"爲無言者，爲腐儒之謂。余以爲上揭二説頗可留意，"括囊"者，於在四之君子乃誡其多言，非必默然無言。《道德經》有云："多言數窮，不如守中。"即此義也。

六五，黄裳，元吉。[①]

【校注】

①黄，有光華之貌。《釋名》："黄，晃也，猶晃晃，象日光色也。"裳，男子之下服，亦名裙。"黄裳"者，君子著有光華之下裙。王弼注曰："坤爲臣道，美盡於下。"孔穎達《正義》曰："上衣比君，下裳比臣也。"余案：《詩·裳裳者華》"裳裳者華"即可謂之"黄裳"，乃諸侯、大臣之象。"元吉"者，大吉。焦循《易章句》訓元爲乾元，則

"元吉"者,意謂坤居五,乃得同等於乾之吉。六居九位,猶臣居君位,以臣獲君之吉也。《隋書·李德林傳》引鄭玄注曰:"如舜試天子,周公攝政。"

《象》曰:"黃裳,元吉",文在中也。^①

【校注】

①文,美。王弼注:"用'黃裳'而獲'元吉',以'文在中'也。"案傳云"文在中",注家多訓中爲内心,亦即内在有美,鬱而不發。帛傳《易之義》云:"《易》曰:'黃常(裳)元吉。'子曰:'尉文而不發之謂也。'"尉,讀如鬱,鬱,積也。"尉文而不發"者,積累文美於内心而不顯發,亦即"文在中"。余以爲此説未盡傳義。據《文言》所云"美在其中,而發於四支,暢於事業",則先是内在有美,而後終有所發暢。李道平《周易集解纂疏》:"文德,柔順之德也。""在中"猶居中,五爲中位、君位。故"文在中"者,即以文德居中位,亦即君位,而發暢之。王弼注曰:"以柔順之德,處於盛位,任夫文理者也。"垂黃裳以獲元吉,非用武者也。王説最得之,"文在中"承前"黃裳",固有内美之義,然其居乎六五中位,又不得無所作爲,其作爲乃發揮文理,不用威武。文理者,禮樂也。

上六,龍戰于野,^①其血玄黃。^②

【校注】

①群龍交戰於郊野,龍戰喻征伐。案"龍戰于野"與乾"群龍無首"意象正相反。

②玄,赤黑色。玄黃,黑與黃相雜之色。《詩·何草不黃》"何草不黃"、"何草不玄",鄭玄箋以爲黃是秋天草色,玄爲春天草萌生之色,玄黃可形容大地季節顏色之變化。"其血玄黃"者,意謂群龍交戰,其血流淌於原野,斑斕而成文。

《象》曰:"龍戰于野",其道窮也。^①

【校注】

①經文"龍戰于野"意象清楚,惟何者爲龍,龍何以戰,與誰戰,頗難定論。舊注多謂當此爻陰道窮而與陽戰,王弼注云:"陰之爲道,卑順不盈,乃全其美。盛而不已,固陽之地,陽所不堪,故戰于野。"陰恒居下五爻,陰盛不已,至上六道窮,終與陽戰。龍爲陽物,非本卦之象,乃潛在於上六,故"龍戰",即陰至上六,必與陽龍戰。引申言之,則當此爻,乾與坤,天與地,陽與陰,將成衝突之局,致有兩傷之象。而惠棟《周易述》依據《説文》"戰,接也"及漢儒消息之説,釋"龍戰于野"爲陰消與陽息相接,並無相傷之象,以王弼謂陰與陽接戰而相傷爲失之。然如惠説,陰陽既接,勢將和諧,何以傳言"其道窮也"? 余綜覈經傳與帛傳,試作一新解釋。其一,何者爲龍? 龍非卦外潛在之乾陽,乃坤陰至其極,擬於陽,故得以陰稱龍。此有《文言》爲證。舊注多以上六之陰爲窮極之象,實則恰爲陰大有作爲之時,六五雖得中,但並不當位,故《易之義》釋"黃裳元吉"爲"有而弗發也"、"尉(蔚)而不發之謂也"。至上六則當位,故其勢由未發轉爲已發,故云"文而能達也"、"隱文且静,必見之謂也"。若此則"龍戰于野"乃謂上六君子當位,終發揮其六五所藴之文德也。《二三子問》亦云:"《易》曰:'龍戰于野,其血玄黄。'孔子曰:'此言大人之寶德而施教於民也。夫文之孝,采物暴存者,其唯龍乎? 德義廣大,法物備具者,[其唯]聖人乎? "龍戰于野"者,言大人之廣德而下綏(接)民也;"其血玄黄"者,見文也。聖人出法教以道(導)民,亦猶龍之文也,可謂"玄黄"矣,故曰"龍"。見龍而稱莫大焉。'"此説以龍謂大人,野謂下民,"龍戰于野",爲大人接下民,"其血玄黄",則爲大人以文法教化民衆。其二,何以有戰? 案帛傳之説,與惠棟説相似,並無陰陽交戰之象,然《易之義》以牝馬爲"陰之失也,静而不能僮(動)者也",又云"地之義,柔弱沈静而不僮(動),其吉[保安也,

無]剛□之,則窮賤遺亡",故當此陰难以獨成其功,必以陽救之。而此際非陰陽交戰,乃意謂陰藉陽而戰。陰柔爲文,陽剛爲武,以陽剛救陰柔,亦即以武濟文,故而亦含戰爭之義。其三,其戰爲何?所以"綏民"也,通過戰爭接民,意謂通過戰爭廣獲土地人民,而後復施以教化,文武兼濟。經文兩句,義當分斷,"龍戰于野"爲征伐之喻,"其血玄黄"則喻施教於民,征伐之後,乃行教化。大人以戰爭傳播文明,固爲上古之常事也。其四,傳云"其道窮也",窮,當如《論語·堯曰》"四海困窮"之窮,取廣大、遍及之義。

用六,利永貞。①

【校注】

①用六,例同乾卦用九,非占得之爻,乃發揮變通上六。"利永貞",非貞問所得之辭,故貞當訓正,意謂在"龍戰于野",亦即陰擬於陽而稱龍,專行征伐之權的情況下,能長久守其正道則利。《集解》引侯果曰:"用六妻道也,臣道也,利在長正矣。不長正,則不能大終陽事也。"

《象》曰:用六"永貞",以大終也。①

【校注】

①大,謂乾,君。"以大終"者,意謂坤雖有征伐、教化天下之功,而終以回歸乾道、君道而得長久。坤爲臣道,臣道莫過於周公,故可以周公事迹爲例證。《集解》引干寶曰:"陰體其順,臣守其柔,所以秉義之和,履貞之幹,唯有推變,終歸於正。是周公始於'負扆南面',以光王道,卒於'復子明辟',以終臣節,故曰'利永貞'也。"

《文言》曰:坤至柔而動也剛,①**至静而德方,**②**後得主而有常,含萬物而化光。**③**坤道其順乎! 承天而時行。**④

【校注】

①坤卦《文言》唯一章,此節通釋坤卦辭。《雜卦》曰:"乾剛坤柔。"坤本性至柔,其動則順承乾剛而剛。案地性順勢,是其柔;而地至厚有大力,可以承載萬物,是其剛。又坤積柔至於上,乃由文轉武,亦是"其動也剛"。

②坤性至静,其動則體現直方之德。德,坤德。方,直方。案《集解》引荀爽曰:"坤性至静,得陽而動,布於四方。"是訓"德方"爲德布四方。坤之直方,本就行走於大地四方言之,直方則四方無疆,故荀説亦可通。

③有常,得其常道。"後得主而有常"者,必待得主而後始能行其常道。《易之義》云:"'先迷後得主',學人謂也,何先主之(又)有?"坤爲臣道,不當先主,而應順從於君道,其猶弟子從學於師。"含萬物而化光"者,即"含弘光大",含蘊萬物而化天之光。

④坤、順同聲,故坤訓順。坤道之順,上順乾,亦即"承天"。"時行",考量時機而行,孔穎達《正義》曰:"言坤道柔順,奉承於天,以量時而行,即不敢爲物之先,恒相時而動。"又"時行"謂依四時而行,《集解》引荀爽曰:"承天之施,因四時而行之。"四時配四方,故因四時而行,亦即辨四方而行。

積善之家,必有餘慶;積不善之家,必有餘殃。①**臣弑其君,子弑其父,非一朝一夕之故,其所由來者漸矣,由辯之不早辯也。**②**《易》曰:"履霜,堅冰至。"蓋言順也。**③

【校注】

①此節釋初六。案舊注各本皆以"坤道其順乎!承天而時行"屬上節,而依余拙見,上節結於"含萬物而化光",後兩句"坤道其順乎!承天而時行"下移至此節之首,文義更佳。焦循《易章句》亦以此後兩句屬上節,謂上節申坤《象》之義;而在此節末句"蓋言

順也”下又云：“如冬甚寒，則承之以春，夏甚熱，則承之以秋，是爲時行，此之謂順。”似意識到上節之“時行”與此節之“順”，二者相通。余以爲，“坤道其順乎”歎美坤道本順，“承天而時行”乃言坤順之性質。承天，承乾也；時行，乃謂由乾天主宰之必然之勢。而“積善之家，必有餘慶；積不善之家，必有餘殃”正是此必然之勢例證。而能“時行”者，即“辯之早辯”者也；而“辯之不早辯”者，則不能“時行”者也。慶，福。殃，禍。餘，謂過度。小善不足以致福，小惡不足以致禍，由小積大，終過其度，積善變爲慶，積惡變至殃。此以“履霜”至“堅冰”爲象，喻善惡由幾微到顯著，由少浸多，終有質變之勢。案《集解》引虞翻説，以乾爲“積善”，坤爲“積不善”，推闡其説，則此坤卦順乾而發展，是“積善”，若逆乾而自爲，則是“積不善”也。

②辯，同辨。“辯之不早辯”者，不能及早辨其幾微之兆，則勢至無可免解。又《釋文》：“荀作變。”如按荀爽本作變，則意謂及時以變化順應之。

③順，順勢，由履霜至於堅冰，乃順其時而變化。《易之義》：“《易》曰：‘履霜堅冰至。’子曰：‘孫（遜）從之謂也。……君子見始弗逆，順而保斦（新）。’”可知君子知微見著，順受待其時變，隨時變而自新。又朱熹《周易本義》以爲順、慎通用，在此當作“蓋言慎也”。案朱説非是，此“順”當如字，與前“坤道其順乎”相呼應，且作慎與下文“蓋言謹也”義重。

　　直其正也，方其義也。①君子敬以直内，義以方外，敬義立而德不孤。②“直方大，不習无不利”，則不疑其所行也。③

【校注】

①此節釋六二。“直其正”者，直行乃敬守天命貞告之正。《詩·小明》：“嗟爾君子，無恒安息。靖共爾位，好是正直。神之聽之，介爾景福。”“方其義”者，義，宜也，方行則合事變之宜。君子行事，

當直則直,當曲則曲,直則中繩,方則中矩。《禮記·深衣》云:"負繩抱方者,以直其政,方其義也。故《易》曰:'坤,六二之動,直以方也。'"

②敬、義,君子二德。"敬以直內"者,君子以恭慎之敬德,內行直道。"義以方外"者,君子以合宜之義德,外行方道。余案:內、外,亦可就君子所行之境況言之,內,謂遇同類,外,謂遇異類。"西南得朋",故"敬以直內";"東北喪朋",故"義以方外"。有此敬、義兩德,則君子所行皆有所應和,故云"敬義立而德不孤"。《論語·里仁》云:"子曰:'德不孤,必有鄰。'"

③《釋文》:"張璠本此上有'《易》曰',眾家皆無。"不疑,沒有疑慮。"不疑其所行"者,一則謂君子秉敬義而行,必有應和者,故不須疑慮前途;二則謂君子之行,不致相遇者之疑慮也。

陰雖有美,含之。以從王事,弗敢成也。[①]**地道也,妻道也,臣道也。**[②]**地道无成,而代有終也。**[③]

【校注】

①此節釋六三。美,章也,含美同含章。"弗敢成"者,弗敢自立成名。《集解》引荀爽曰:"坤,陰卦也。雖有伏陽,含藏不顯。以從王事,要待乾命,不敢自成也。"

②地道順天,妻道順夫,臣道順君。《集解》引翟玄曰:"坤有此三者。"

③地道亦概言妻道、臣道。代,代替。終,終乎事,有所成就。地道、妻道、臣道不可自立成名,惟代行天道、夫道、君道而有所成就。《集解》引宋衷曰:"臣子雖有才美,含藏以從其上,不敢有所成名也。地得終天功,臣得終君事,妻得終夫業,故曰:'而代有終也。'"其事例如《後漢紀·孝章皇帝紀》:"是日,太子即位,年十歲,太后臨朝。袁宏曰:'非古也。《易》稱"地道無成而代有終",《禮》有婦人三從之義。然則后妃之在於欽承天,敬恭中饋而已。

故雖人母之尊,不得令於國,必有從於臣子者,則柔之性也。'"

天地變化,草木蕃;天地閉,賢人隱。^①《易》曰:"括囊,无
咎,无譽。"蓋言謹也。^②

【校注】

①此節釋六四。"天地變化",猶言天地開。"草木蕃",草木,喻賢
　人。蕃,衆出貌。蕃與隱相對言,天地開,則賢人出,而"天地閉",
　則"賢人隱"也。然在六四,賢人仍從王事,並無歸隱之象,惟時機
　微妙,如《集解》引荀爽云:"六四陰位,迫近於五,雖有成德,當括
　而囊之,謹慎敬畏也。"故當此爻,天地或開或閉,乃轉進之機,君
　子雖已成德,猶應言行謹慎。《論語·憲問》:"子曰:'邦有道,危
　言危行;邦無道,危行言孫。'"於義近之。

②《説文》:"謹,慎也。""蓋言謹"者,一泛言言行謹慎,一專謂言語
　之謹慎。皆通。《繫辭》云:"子曰:'君子居其室,出其言善,則千
　里之外應之,況其邇者乎? 居其室,出其言不善,則千里之外違
　之,況其邇者乎? 言出乎身,加乎民;行發乎邇,見乎遠。言行,君
　子之樞機,樞機之發,榮辱之主也。言行,君子之所以動天地也,
　可不慎乎?'"

君子黃中通理,^①正位居體。^②美在其中,而暢於四支,發
於事業,美之至也。^③

【校注】

①此節釋六五。"黃中"者,光美於中。坤六五陰居陽位,並不當位,
　故不能如乾全面光顯於天下,惟光美於中。《易之義》謂當此"有
　而弗發也"。"通理"者,通,達。理,文理。顯達於外而有文理,
　《易之義》所謂"文而能達也"。坤之本性含章順承,然得居五位
　之利,其所含之德可藉五位而發揮於外。又《集解》引虞翻説,以
　黃爲地之色,地居中位爲"黃中","通理"則謂乾坤相通,其義亦

有可取。

②五本陽位,陰六居之,不當位,故此言"正位"者,非就爻位言之,是言君子以臣攝君位,當受之以正,若恒卦《象》云"君子以立不易方",于省吾《雙劍誃易經新證》訓立爲位,"以位不易方",意謂守正而不改易。"居體"者,居,生也。使體得以在正位上生長伸展。乾爲體之始,坤則體之成。

③"美在其中"者,黃中,文在中。"暢於四支,發於事業"者,暢,伸展。四支,同四肢,謂身體之展開。事業,聖賢實踐所及之萬事萬物。"美之至"者,内外皆美,達到無限完美。案《孟子·盡心下》曰:"可欲之謂善,有諸己之謂信,充實之謂美,充實而有光輝之謂大,大而化之之謂聖,聖而不可知之之謂神。""充實之謂美",亦即"美在其中",擴充至大、聖、神,亦即"暢於四支,發於事業"。二者可以互明。又《集解》引荀爽、虞翻説,陽爲美,六三、六五之美,皆謂其内含之陽,故坤之美乃在發揮乾美,其説亦可參。

陰疑於陽,必戰。爲其嫌於无陽也,故稱龍焉。①**猶未離其類也,故稱血焉。**②**夫玄黃者,天地之雜也,天玄而地黃。**③

【校注】

①此節釋上六,亦含用六。《釋文》:"疑,荀、虞、姚信、蜀才本作凝。"又:"嫌,鄭作謙,荀、虞、陸、董作兼。"又《集解》據荀爽本"嫌於無陽"作"兼於陽"。王引之《經義述聞》云:"案荀本爲長。《説文》:'嫌,疑也。'嫌於陽,即上文疑於陽也。疑之言擬也,自下上至之辭也。陰盛上擬於陽,故曰嫌於陽。陽謂之龍,上六是陰之至極,陰盛侶陽,故稱龍。盛雖侶龍而猶未離於陰,故曰猶未離其類也,故稱血焉。文義上下相生,至爲顯著。"案王説甚諦,余據此申之,疑、嫌均爲擬義,依文義此句可校改爲:"陰擬於陽,必戰。爲其擬於陽也,故稱龍焉。"疑之訓擬,可從,"陰擬於陽"者,即陰自下上至,迫近於陽。而"必戰"者,當謂陰盛侶陽,陰陽必相接

焉。荀本“嫌於无陽”作“兼於陽”，兼字可直訓，《説文》：“兼，並也。”陰兼於陽，即《九家易》所謂“陰陽合居”，意指臣上接於君，與君相並位，得攝行君事，故此亦得稱龍也。

②“其類”者，陰類。古者以人之生也，秉父氣母血，乾爲父，坤爲母，血爲坤類，爲陰類。故“其血玄黄”乃謂坤之血玄黄，謂坤之功業。

③“天地之雜”，阮元《校勘記》：“古本雜下有色字。”案《周禮·考工記·畫繢》曰：“畫繢之事，雜五色。東方謂之青，南方謂之赤，西方謂之白，北方謂之黑，天謂之玄，地謂之黄。青與白相次也，赤與黑相次也，玄與黄相次也。”《説文》：“雜，五彩相合也。”故“天地之雜”者，意謂天地以玄黄及諸色錯綜以成文，彰顯天地之秩序。《易之義》云：“‘蠪（龍）單（戰）于野，其血玄黄。’子曰：‘耶（聖）人信弋（哉）！隱文且静，必見之謂也。龍七十變而不能去其文，則文其信于（按此字衍）而達神明之德也。’”是以“其血玄黄”乃爲龍顯現其文，非謂雜亂無章。

【疏義】

乾與坤乃爲對立統一體，一陽一陰，一剛一柔，一健一順，一天一地，一君一臣，一男一女，無乾坤互動，則無易道之生生變化。乾元、坤元，同爲宇宙生成之基元，爲萬物生生之原初動力。魏校《六書精藴》曰：“元，天地之大德，所以生生也。”

乾以龍爲象，龍行於天；坤以馬爲象，馬行於地。坤雖爲至陰，然非静止不動，乃順承天而行，凡龍所周行，馬亦攸往，天地合德而無疆焉。案《漢書·杜鄴傳》記杜鄴云：“坤以法地，爲土，爲母，以安静爲德。”此後注家亦有謂坤主安静、柔退者，其説近乎道家。而程頤《易傳》特明坤雖爲柔順，然又與乾同爲健行，曰：“取牝馬爲象者，以其柔順而健行，地之類也。行地無疆，謂健也。乾健坤順，坤亦健乎？曰：非健何以配乾？未有乾行而坤止也。”程説爲是。

又程頤謂坤同乾，亦有元、亨、利、貞四德，曰：“惟乾坤有此四德，在他卦則隨事而變焉。"又曰："四德同,而貞體則異。乾以剛固爲貞,坤則柔順而貞。牝馬柔順而健行,故取其象曰牝馬之貞。"余案:程氏此説則非是。經曰"元亨"、"利貞",本未分解爲四德,分解四德者乃乾卦《文言》,而《文言》於坤以下諸卦皆未以四德説之,故四德只配乎乾,坤以下諸卦無所謂四德也。若云《文言》所發坤德,可謂"直方",坤雖柔順,然非宛轉委蛇,所行必直必方。直內方外,孔穎達、程頤等儒皆謂君子之德,君子主敬以直其内,守義以方其外。張爾岐《周易説略》云:"六二柔順中正,得坤道之純者。柔順中正之主乎内,則爲直,廓然大公而無邪曲之私;柔順中正之見乎外,則爲方,物來順應而合至當之則。其直也,無一念不直,其方也,無一事不方,又何其大也。"

然則坤卦之關鍵必合乾卦以見之。自國家政教而論,乾坤二卦乃彰明君臣大義。乾天坤地,乾君坤臣,乾坤相對峙,則君臣分矣。王國維《殷周制度論》認爲,自殷之前天子諸侯君臣之分未定,至武王克殷,及周公東征之後,周公創立新制,君臣之分始定。余進而以爲,《易》作於殷周之際,其乾坤大義,適爲君臣分之體現。乾坤二卦皆擬象權力之確立與變化,乾爲君權,坤爲臣權。而君臣分,一則表明在上之君,專有君權,以"予一人"膺受天命,爲國家之主、宗法之本,自是無可僭越、逃逸者,"溥天之下,莫非王土,率土之濱,莫非王臣";一則亦表明在下之臣,掌有國家之執政權,可以制定典禮制度,輔貳君主。在理想狀況下,君臣一貫,君權、臣權相順承;在非理想狀況下,臣權可匡正君權,乃至攝政。故以坤順承乾言之,則坤非徒以虛無柔順應乾,乃以其勢上承,上下相峙。《説文新附》:"勢,盛力權也。"力權即權力,勢謂擁有權力。"地勢"乃表示坤,亦即臣擁有之權力,與"天行"代表乾,亦即君擁有之權力相對而言。坤卦六二,爲臣權之本,至六五,則臣權之極,其如鄭玄注云"如舜試天子,周公攝政"。當此際,周公之執政權達到與君權相擬之程度,所謂擬於陽而稱龍,然則猶未離其類,君臣之位終不可易也。如前揭王國維云:"當武王之崩,天下未定,國賴長君;

周公既相武王克殷勝紂，勳勞最高，以德以長，以歷代之制，則繼武王而自立，固其所矣。而周公乃立成王而己攝之，後又反政焉。攝政者，所以濟變也；立成王者，所以居正也。"

屯

䷂震下坎上

屯：①元亨，利貞。②勿用有攸往，利建侯。③

【校注】

①屯，卦名，由震☳、坎☵二單卦相重而成。《釋文》："屯，張倫反。難也，盈也。"案《廣韻》，屯一讀陟綸切，一讀徒渾切。卦名之屯，讀前者；"屯其膏"之屯，讀後者。余以爲，古音或同，然既有分讀，則當定一是。卦名之屯本當讀徒渾切，與"屯其膏"之屯同讀，乃以聚義爲主。《廣雅》："屯，聚也。"人所聚曰屯，物所聚亦曰屯。又屯同邨，村落乃至部落，皆人、物所聚之處，有人、物之聚而後邦國乃建焉。此屯卦大義所在焉。後儒讀陟綸切，乃將卦名之屯與"屯如邅如"之屯同讀，"屯如邅如"爲乘馬難行之貌，故訓卦名之屯，亦以難義爲主。屯本字象春季草木初生，草木初生之時，上須破土而出，下須縶根穩固，皆可謂難矣。《象》云"剛柔始交而難生"，由是屯難之説成也。又屯訓盈，乃言其後果，據經文言之，人、物聚多則盈；據傳文言之，草木出生，既生則漸多至盈。然則無論人、物之聚，抑或草木之生，盈滿則堵塞難通，故君子必以經綸引導衆庶出草昧而臻光明也。

②"元亨"者，始亨。屯卦陰陽始交而亨，故元當訓始。

③往，向外遷徙。《集解》引虞翻曰："之外稱往。""勿用有攸往"者，

不可長期向外遷徙,居無定所。建,立也。《爾雅》:"侯,君也。"
"建侯"者,宜建聚居之地,立人民之主。王弼注曰:"得主則定。"
案此處所言之侯,當指擁有土地、人民之方國部落主。而尤當注
意者,古建侯之地應在王畿之外,故是開闢新土,且直接面臨外
敵。舊注多釋"建侯"爲封建諸侯,然若以此卦值殷周之際,則周
之先公先王創業之初,雖云建侯,未可徑視爲封建諸侯之制,應指
周人不再遷徙奔走,開始擇地定居,建立邦國,推舉其首領,所謂
得國之卦也。

《彖》曰:屯,剛柔始交而難生,動乎險中,大亨貞。[①]雷雨
之動滿盈,天造草昧,[②]宜建侯而不寧。[③]

【校注】

① "剛柔始交而難生"者,震爲剛,坎爲柔,震、坎相交而成屯,而屯有
初始之義,故曰始交。于省吾《甲骨文字釋林》認爲,"屯"通"春"
字。上古以春秋紀一年之始終。剛柔相交於屯,即是相交於春,
草木初生於春,始生而難。"動乎險中"者,震爲動,坎爲險,由震
而坎,是"動乎險中"。亨,通。貞,正。孔穎達《正義》曰:"初動
險中,故屯難,動而不已,將出於險,故得'大亨貞'也。"又李道平
《周易集解纂疏》謂初陽爲大,初陽之動雖難,然動則通,通則正,
故是"大亨貞"。

② 震爲雷,坎爲水,在此爲雨象。雷震雨潤,則萬物孳生而繁多。滿
盈,萬物浸多貌。又《集解》本"盈"作"形",引荀爽曰:"雷震雨
潤,則萬物滿形而生也。"引虞翻云:"謂雷動雨施,品物流形也。"
案"滿盈",言萬物品類之豐;"滿形",則謂物之自未成形至成形。
二者皆通。造,造生。草昧,《釋文》引董遇云:"草昧,微物。"《後
漢書·班固傳》李賢注:"草昧,草創暗昧也。""天造草昧"者,意
謂天造生萬物,其初始形色不明,而後逐漸至分明。屯當此天地
初始,秩序未定之時。

③震爲侯,《逸禮·王度記》曰:"諸侯封不過百里,象雷震百里。"故
"宜建侯"者,宜開拓土境,安立邦國。不寧,不安順者。比卦有云
"不寧方來",《周禮·考工記·梓人》云"毋或若女不寧侯不屬于
王所",孫詒讓《周禮正義》訓"不寧侯"爲不安順之諸侯。"而",
《釋文》:"鄭讀而爲能,能,猶安也。"故"宜建侯而不寧"者,意謂
通過建侯以安其不安順者。又孔穎達《正義》釋卦辭"利建侯"
曰:"以其屯難之世,世道初創,其物未寧,故宜'利建侯'以寧
之。"孔謂宜通過建侯以安寧萬方之物。"不寧"謂屯卦動乎險
中,其體不寧,未將其訓爲不安順者。

《象》曰:雲雷,屯。①君子以經綸。②

【校注】

①坎爲雲,震爲雷,雲中雷動,屯聚而未發,故有類似密雲不雨之象。
《易之義》以小畜之"密雲"、屯之"泣血",均爲"陰之失"之象,
《象》總論屯卦,亦含此義。

②經,經紀。《淮南子·俶真訓》:"萬物百族使各有經紀條貫。"綸,
同《繫辭》"彌綸天地之道"之綸,訓知,知,治理也。"君子以經
綸",亦即君子通過確立經紀而治理萬物。案"雲雷,屯"有混沌
聚集之象,故須"以經綸",使之有經紀條貫,由此脱離草昧,品物
流形。又《集解》、《釋文》本"經綸"作"經論",《集解》引荀爽曰:
"屯難之代,萬事失正。經者,常也,論者,理也。'君子以經論',
不失常道也。"理,治也,"以經論",即以常道爲治。《釋文》:"經
論,音倫,鄭如字,謂論撰《書》《禮》《樂》施政事。黃穎云:經論,
匡濟也。"《書》《禮》《樂》爲經,以之施政事,則爲論也。

初九,磐桓。①利居貞,利建侯。②

【校注】

①磐桓,迴旋。《釋文》引馬融曰:"槃桓,旋也。"案磐桓,他本或作

槃桓、盤桓、般桓，帛書本作"半遠"，阜陽本作"般□"，[1]似爲聯綿詞，不可拆解。磐桓義在迴旋，但不是在原地迴旋不進，當指周匝而行，圈出一片領地。高亨《周易古經今注》訓磐爲大石，桓同垣，磐垣即以大石爲墻。若云石墻，亦是圍繞在其領地周圍。

②"利居貞"者，即貞告居此磐桓之地有利。"利建侯"者，於此建侯有利。上古侯之所長，爲王畿外偏遠地方，故此言建侯，亦有篳路藍縷以啓山林之義。

《象》曰：雖磐桓，志行正也。①**以貴下賤，大得民也。**②

【校注】

①《集解》引荀爽曰："盤桓者，動而退也。"言初陽退居在下不得進。又荀釋"天造草昧"曰："謂陽在下，造物於冥昧之中也。"則一陽在下適處冥昧之中，君子當此而能心志端正，亦即"志行正"。"志行"，心志之趨向。

②陽貴而陰賤，初九一陽居于三陰之下，猶君主之禮賢下士，可以廣得人民。其意通於益卦《象》之"自上下下"。劉向《説苑・尊賢》云："人君之欲平治天下而垂榮名者，必尊賢而下士。《易》曰：'自上下下，其道大光。'又曰：'以貴下賤，大得民也。'"

六二，屯如邅如，乘馬班如，①**匪寇婚媾。**②**女子貞，**③**不字，十年乃字。**④

【校注】

①邅，《釋文》本作亶。屯，亦有本作迍。"屯如"，遇阻難行貌。《玉篇》："邅，轉也。""邅如"，迴轉貌。"乘馬"，四馬之車。又《釋

---

[1] 本注所引用馬王堆帛書本、上海博物館藏竹簡本《易經》文字，均出自丁四新《楚竹書與漢帛書〈周易〉校注》，上海古籍出版社，2011年。引用阜陽漢簡《周易》文字，出自《阜陽漢簡〈周易〉釋文》，載《道家文化研究》第十八輯，生活・讀書・新知三聯書店，2000年。

文》：“鄭云：馬牝牡爲乘。”則此云乘馬，似專爲婚姻之事所設之車。“班如”，《釋文》：“《子夏傳》云：相牽不進貌。”帛書本“班”作“煩”，可讀作“頒”，頒同班、斑，均指雜色之貌。故班如，既可指四馬同駕相牽之陣勢，又可指馬色相雜，形容乘馬之華麗。此二句意謂外來乘華麗馬車之貴族遇阻不能前進，在遠處轉來繞去。舊注釋“班如”爲迴旋不進，非是，當謂“乘馬班如”而來，“屯如邅如”不進。

②“匪寇”，匪同非。寇，搶掠，群行攻劫曰寇。“婚媾”，統言婚姻之事。上古以通婚姻爲部落聯盟之主要途徑，《邶伯敢》：“好朋友，粤百諸婚媾。”婚媾即指有聯姻關係之外戚部落。“匪寇婚媾”者，意謂有外部落之人乘馬而來，但不是來搶掠，而是來求聯姻。

③貞，占問。既有來求婚者，則貞問女子出嫁之事。

④字，一解作妊娠。言外部落來求婚之時，爲女子占問，結果是不妊娠，十年後纔會妊娠。一解作許嫁，以女子許嫁則稱字。王引之《經義述聞》以爲，漢唐舊説皆以“字”爲妊娠，宋耿南仲之後始有將“字”釋爲許嫁者。案既有求婚者，或許嫁，或不許嫁，不應有當時不許，十年後又許之事，故以訓“字”爲妊娠爲是。然如若即時出嫁，縱非越十月生子，何期以十年之久？此事當參覈上古婚姻習俗，方可明之。古有童婚之制，男子幼年即代爲定妻，所定女子亦在幼年。婚姻既定，男女仍各在自己部落長大，若干年後始迎娶完婚。故此言“十年”者，謂定婚與完婚之間隔。如此則謂之十年後出嫁可，謂之十年後嫁而妊娠亦可。又所以在締結婚姻之前特貞問妊娠者，蓋以古之婚姻聯盟，非藉一次嫁娶完成，所謂“婚媾”者，包括部落間初結婚姻之後，雙方之子女與雙方兄弟姐妹之子女，復以交表婚之形式繼續聯姻。[1]《釋文》引馬融：“媾，重

---

[1] 參見馮漢驥《由中國親屬名詞上所見之中國古代婚姻制》一文，載《馮漢驥考古學論文集》，文物出版社，1985年。

婚。"《説文》:"媾,重婚也。"段玉裁注:"重疊交互爲婚姻也。"故
而能妊娠生子,乃爲媾之要件,不生子則媾無以爲繼。故必先行
占問之。

《象》曰:六二之難,乘剛也。^①十年乃字,反常也。^②

【校注】

①六二,指六二爻辭。相鄰之二爻,在上曰乘,在下曰承。此云"乘
剛",意指柔乘剛,指六二乘於初九之上。初九爲陽,六二爲陰,本
皆當位;然繼之三、四復爲陰爻,二、三、四互坤,是以大陰欺凌小
陽,陽道不得生長,故初九上行至六二乃遇難。

②反,同返。常,常道。《集解》引虞翻説,坤數爲十,故云"十年"。
孔穎達《正義》説,十者數之極,數極則變。十年後得妊娠,指歷
二、三、四互坤而後至九五陽爻,變爲陽乘陰,重又陰陽和諧,乃返
常道。以事理言之,男求而女嫁,爲婚姻之常道,男既求而女不
嫁,是非常道。十年後得完婚,則返於常道。

六三,即鹿无虞,惟入于林中。^①君子幾不如舍,^②往吝。^③

【校注】

①即,就。在此有追趕捕獵之義。"即鹿"即追捕鹿,鹿泛指禽獸。
虞,虞人,掌山澤禽獸之官,當田獵之時,則爲向導。惟,語辭。
"即鹿无虞,惟入于林中"者,意謂没有虞人爲向導,獨自追捕禽獸
而進入林中。又《釋文》:"鹿,王肅作麓,云山足。"《集解》引虞翻
亦訓"鹿"爲山足。帛書本"虞"作"華",華,光亮也。若合此二異
文爲訓,則意謂君子行至山麓,適當日色昏暗無華,進入山林中。
亦可爲一解。

②幾,近,又訓速。舍,捨棄。"幾不如舍"者,君子緊追禽獸而入於
林中,不如捨棄之。又《釋文》:"幾,鄭作機,云弩牙也。"意謂禽
獸入於林中,君子不當以機弩射之。亦通。

③《釋文》:"吝,馬云:恨也。""往吝"者,王弼注謂往則取恨辱。《集解》引虞翻曰:"幾,近。舍,置。吝,疵也。"君子當此仍一意前往必陷入困境。

《象》曰:即鹿无虞,以從禽也。①君子舍之,往吝窮也。②

【校注】

①以,因而。從,同縱,放縱。禽,鳥獸。《白虎通》云:"禽者何? 鳥獸之總名,爲人所禽制也。"郭京《周易舉正》本"以從禽也"作"何以從禽也",意謂之所以放縱禽獸而不追趕,乃因"即鹿无虞"。古人田獵,乃先由虞人從各方向將禽獸驅趕入田野,而後再行圍捕,並不單獨追逐禽獸,否則爲其引入山林之中,處境危險。

②"往吝窮也"者,一讀作"往吝,窮也",意謂經之云"往吝",蓋因前路"窮";一讀作"往,吝窮也",此"吝窮"同經之"吝"。《集解》引虞翻、崔覲,皆以"吝窮"爲辭,其説以三之上爲往,而上不應之,故云往必吝窮。余案:六三居互坤之中,依《説卦傳》,坤爲迷,爲黑,故入於林中,必定陷於吝窮。君子於屯難、冥昧之時,不可盲目行動,心存僥倖。《後漢書·何進傳》記陳琳曰:"《易》稱'即鹿無虞',諺有'掩目捕雀'。夫微物尚不可以欺以得志,況國之大事,其可以詐立乎?"

六四,乘馬班如,求婚媾。①往吉,無不利。②

【校注】

①此謂我方乘着華麗之馬車到其他部落求婚媾。《禮記·祭統》云:"既自內盡,又求外助,婚禮是也。故國君取夫人之辭曰:'請君之玉女與寡人共有敝邑,事宗廟社稷。'"則"求婚媾"者,乃邦國發展之大事。

②之外曰往,前往本部落之外。此行將吉利,無有妨害。

《象》曰:求而往,明也。①

【校注】

①此特言"求"者,乾《文言》:"同聲相應,同氣相求。"《繫辭》:"君子安其身而後動,易其心而後語,定其交而後求。"意謂選擇已結交之友善部落求婚媾,故往吉。明,光明。案四與三相較,三將入於黯,故往吝;四將進乎明,故往吉也。六四下應於初,上則近五,將出於重陰之冥昧,轉爲光明。

九五,屯其膏。①小貞吉,大貞凶。②

【校注】

①屯,屯積。按《周禮・考工記・梓人》:"天下之大獸五,脂者、膏者、蠃者、羽者、鱗者。宗廟之事,脂者、膏者以爲牲。"鄭玄注云:"脂,牛羊屬。膏,豕屬。"孫詒讓《周禮正義》云:"'宗廟之事'者,即《大宗伯》人鬼六享之事。"此云"屯其膏"者,言君主屯積脂、膏,以事宗廟,此爲君主必爲之事,亦所以當九五之中正也。

②小貞、大貞,注家謂小、大指貞問之事有大有小,恐非。帛傳《繆和》曰:"吕昌問先生曰:'《易》屯之九五曰:"屯其膏,小貞吉,大貞凶。"將何胃(謂)也?''夫《易》,上耴(聖)之治也。古君子處尊思卑,處貴思賤,處富思貧,處樂思勞。君子能思此四者,是以長又(有)其[利]而名與天地俱。今《易》曰:"屯其膏。"此言自閏(潤)者也。夫處上立(位)厚自利而不自血(恤)下,小之猶可,大之必凶。'"則小、大言屯積脂膏,亦即自潤之程度。又《漢書・谷永傳》云:"《易》曰:'屯其膏,小貞吉,大貞凶。'王者遭衰難之世,有饑饉之災,不損用而大自潤,故凶。"亦言自潤之小、大。案上説可從。屯積脂膏以事宗廟,何以言"大貞凶"耶?惟初創之際,雖必有所屯積,然不應過厚,尤不應耽於享樂,此《尚書》周誥諸篇屢有誡之。

《象》曰:屯其膏,施未光也。①

【校注】

①屯與施相對,因屯積過多,故施未光。光,同廣。案《集解》引虞翻曰:"坎雨爲膏,《詩》云'陰雨膏之',是其義也。"《廣雅》:"膏,潤也。""屯其膏",猶云雨不下;雨下,則"膏之"矣。又施,謂陽施惠於陰,王弼注謂五之施惠唯繫於二,《集解》引崔覲説,五屯膏施惠唯及於近旁之四。余以爲,兩説皆得之,五爲卦主,得五之膏者,皆有婚媾關係,或曰得預宗廟之事者,故二、四得膏,三、上則無與焉,故云"施未光"也。

上六,乘馬班如,泣血漣如。①

【校注】

①泣血,無聲而哭貌。《詩·雨無正》有"鼠思泣血"句,"泣血"乃指因心中憂怨而哭泣。漣如,流淚不斷貌。此"乘馬班如"同二、四,皆謂乘華麗之馬車來求婚媾,或往求婚媾。引伸言之,"乘馬班如"乃與人求和好之象。上六雖欲求和好,然無人應之,下不應三,又不能得五之膏惠,故轉而"泣血漣如"。桓寬《鹽鐵論》曰:"小人先合而後忤,初雖'乘馬',後必'泣血'。"桓意"乘馬"當"先合","泣血"當"後忤",推闡言之,則二、四之"乘馬"爲"先合";上之"乘馬"則爲"後忤",乃至"泣血"。

《象》曰:泣血漣如,何可長也。①

【校注】

①"何可長也"者,意謂如何能得長久。案上六乘五陽,其猶小人僭居上位。《淮南子·繆稱訓》曰:"聖人在上則民樂其治,在下則民慕其意。小人在上位,如寢關曝纊,不得須臾寧。故《易》曰:'乘馬班如,泣血漣如。'言小人處非其位,不可長也。"此謂聖人治國,則人民樂慕;小人治國,則人民泣血。或謂卦之九五爲有德之君,上六則君漸失其德,民遭其苦,猶如《雨無正》之刺周幽王,

故有“何可長也”之歎矣。

【疏義】

屯卦之大義,首在“利建侯”。彭作邦《周易史證》云:“乾坤之後繼以屯,想見開闢之初,萬物蒙昧,榛榛狉狉,無所歸往,不立君長以統理之,則弱肉強食,亂端方熾,是以《彖》言‘利建侯’,此封建之始也。”所謂“屯難”,皆根本於建侯之難。

“屯難”略有兩大端:其一言剛柔始交,萬物始生之難,此本諸屯之難義;其二言萬物既生,盈滿天地,經綸疏通之難,此本諸屯之盈義。屯通春,春爲草木初生之季。草木初生,須破土而出,是難也;扎根入地,亦難也。然則草木由初生至繁茂,又有陷於草昧之憂,出草昧而臻光明,尤其難也。謝靈運《撰征賦》:“國屯難而思撫。”此云“國屯難”顯非創始之難,乃混亂之難。《象》云“君子以經綸”,所經綸者,亂局也。

屯卦言“建侯”,又數言“婚媾”,則建侯之後,必通達內外,而通達內外之道,乃藉乎婚媾。按諸傳義,則婚媾亦剛柔始交之難事,君子須經綸者。陰陽通,婚媾成;陰陽不通,則婚媾不成。人倫秩序,子孫繁衍,皆賴婚媾。《白虎通·嫁娶》曰:“人道所以有嫁娶何?以爲情性之大,莫若男女,男女之交,人倫之始,莫若夫婦。《易》曰:‘天地氤氳,萬物化淳;男女構精,萬物化生。’人承天地施陰陽,故設嫁娶之禮者,重人倫,廣繼嗣也。”

又屯卦辭云“元亨,利貞”,後儒讀如“元、亨、利、貞”四德。孔穎達《正義》云:“屯之四德,劣於乾之四德。”余以爲四德唯乾《文言》一有之,自乾以外諸卦均無之,本無須牽強爲説也。

蒙

䷃坎下艮上

蒙:①亨。匪我求童蒙,童蒙求我。②初筮告,再三瀆,瀆則不告。③利貞。④

【校注】

①蒙,卦名,由坎☵、艮☶二單卦相重而成。《釋文》曰:"蒙,蒙也,稚也。"《稽覽圖》云:無以教天下曰蒙。《方言》云:蒙,萌也。"蒙卦之義,一者爲幼稚,一者爲蒙昧,合而言之,則可謂年幼小而蒙昧者。孔穎達《正義》曰:"微昧暗弱之名。"然則此類"微昧暗弱"者爲誰?概言之,即未受教化者也。案蒙本字當作冡。《説文》:"冡,覆也。從冃豕。"段玉裁注云:"凡蒙覆、僮蒙之字,今字皆作蒙,依古當作冡。蒙行而冡廢也。"冡字從豕,張舜徽《説文解字約注》:"蓋上古飼豕者,慮豚豕之善亡,偶自圂中散之田野,必以巾覆蔽其目使不遠走也。"其要在豕乃被畜養者,當此蒙卦,則引申謂被畜養之民。余以爲,豕者,蓋指某一種類之民,其民地位低下,如豕之爲主人所畜,若《尚書·盤庚》言"畜汝衆"、"畜民",皆謂畜養此類民。又蒙謂被畜養之民衆,在此又專指自外而來歸附之野民、新民。蒙通萌,萌、氓、甿三字通,《一切經音義》:"萌,古文甿。"《六書故》:"甿,通作萌。"《集韻》:"氓,通作甿。"又:"甿,

野民也。"《周禮·地官司徒·遂人》:"凡治野,以下劑致甿,以田里安甿,以樂昏擾甿,以土宜教甿稼穡,以興鋤利甿,以時器勸甿,以彊予任甿,以土均平政。"鄭玄注曰:"變民言甿,異外内也。甿猶懵,懵,無知貌也。"又《旅師》言"新甿",鄭玄注曰:"新甿,謂新徙來之者也。"則甿者,爲自外徙來之野民、新民,與本邦之原有之舊民有内外之别,且其文化遠遜於本邦,爲未經教化之蒙昧者。上古之開拓,一則以武力征伐,一則收服自四方來歸之民衆。方之周之先公先王事迹,自公劉、古公至文王,皆有大量自願來歸之民。又竹書本"蒙"作"尨",蒙與尨音同義通,皆有雜亂之義。

②匪,同非。牛羊無角曰童,山無草木曰童。此曰"童蒙",當謂來蒙身上無有邦國、氏族、主家之標誌,不可辨其來歷身份。又童,獨也。蒙無主家者,可謂獨也。故此"童蒙"者,言來歸附之無主、散落之流民。"匪我求童蒙"者,非我征伐所俘獲之童蒙。"童蒙求我"者,童蒙主動來歸附於我。《釋文》:"一本作來求我。"尤可見來附之義。

③《釋文》:"瀆,亂也。鄭云:褻也。"此三句言占筮之法則,謂同一事第一次占筮,天告吉凶,若再三占筮,爲褻瀆天,天則不告。案不知來歷之童蒙來求我,我收納之前,先與童蒙以卜筮相約。其事若《詩·氓》有云:"爾卜爾筮,體無咎言。"是謂男子誘引女子,若無良媒,亦可以卜筮相約。既相約則不可反悔,不得反復無常相瀆亂。《禮記·表記》:"子曰:'無辭不相接也,無禮不相見也,欲民之毋相褻也。《易》曰:初筮告,再三瀆,瀆則不告。'"

④"利貞"者,利於蒙事之貞問。斷辭後置,亦可在"亨"後。

《彖》曰:蒙,山下有險;險而止,蒙。①蒙亨,以亨行時中也。②匪我求童蒙,童蒙求我,志應也。③初筮告,以剛中也。④再三瀆,瀆則不告,瀆蒙也。⑤蒙以養正,聖功也。⑥

【校注】

①此釋上下卦象,上艮爲山,下坎爲險,故云"山下有險"。卦氣由下而上,坎爲險,先歷坎險,後遇山而止,艮爲止,故云"險而止"。又止,非戛然停止,艮之止義,如其《彖》曰:"時止則止,時行則行,動靜不失其時,其道光明。"

②"蒙亨",謂蒙何以爲亨。以,猶謂也,"以亨行時中"者,謂蒙之亨,爲"行時中"之亨,亦即行進在時中變化之中,故而亨通。朱駿聲《六十四卦經解》云一本"'蒙亨'下無'以亨'二字",即作"蒙亨,行時中也"。所謂"時中",本不中,因時而中。下云"以剛中",故知中謂二,而二不當位,故其以剛居中,乃以時居中。陳夢雷《周易淺述》云:"卦以九二當發蒙之任者,'以亨行時中',謂九二以可亨之道,發人之蒙,所行皆得時之中也。時者,當其可之謂。"

③帛傳《繆和》云:"非我求童蒙,童蒙求我者,又(有)知(智)能者不求無能者,無能者[求又(有)]能者。"志,心願。"志應"者,童蒙有志於我,我應童蒙之志。《集解》引荀爽曰:"二與五志相應也。"我爲九二,童蒙爲六五。

④"初筮告"者,爲五求於二,二乃告之,告猶言教育、教養。"剛中"者,謂九二爲此卦之主,爲我,爲君子。

⑤再謂三,三謂四,三、四與二不相應,且重陰而乘陽,故我不告。《集解》引荀爽曰:"再三謂三與四也,皆乘陽不敬,故曰瀆。瀆不能尊陽,蒙氣不除,故曰瀆蒙也。""瀆蒙"者,輕慢不守信之蒙,不可以教化。

⑥以,猶而,轉變之辭。養,教養、教化。"養正"又見頤卦《彖》"養正則吉",彼卦《集解》引姚信曰:"以陽養陰,動於下,止於上,各得其正,則吉也。"是謂教養之道應得其正。此處《集解》引虞翻曰:"聖謂二,二志應五,變得正而亡其蒙,故聖功也。"則是謂二教

化五,使五由蒙昧變爲中正。《集解》又引干寶曰:"武王之崩,年九十三矣,而成王八歲。言天後成王之年,將以養公正之道,而成三聖之功。"三聖,文、武、周公。干氏猶云周公教養年幼之成王。故"蒙以養正,聖功也"者,意謂由蒙昧經由教養轉變爲中正,其教養之道必正,故爲聖人之功。又案王弼注:"夫明莫若聖,昧莫若蒙。蒙以養正,乃聖功也;然則養正以明,失其道也。"孔穎達《正義》云:"言人雖懷聖德,若隱默不言,人則莫測其淺深,不知其大小,所以聖德彌遠而難測矣。若彰顯其德,苟自發明,即人知其所爲,識其淺深。"又云:"能以蒙昧隱默自養正道,乃成至聖之功。"皆言惟用蒙昧來養中正,或言隱在蒙昧中不自明,方能成就聖功。其説特異,備參。

《象》曰:山下出泉,蒙。①君子以果行育德。②

【校注】

①此釋上下卦之象,上艮爲山,下坎爲水,水,泉也。

②王引之《經義述聞》謂果、育皆訓成,坎有德行,艮以成之,故曰"果行育德"。案果、育訓成,是也。君子觀此蒙卦,乃以教化使人成其行,成其德。

初六,發蒙,①利用刑人,用説桎梏,②以往吝。③

【校注】

①《釋名》:"發,撥也,撥使開也。""發蒙",謂我開始辨別諸蒙。《管子·任法》:"君臣上下貴賤皆發焉。"則欲發而用之者,當先辨其身份,別其善惡。案經文中同類句式,如發蒙、包蒙、困蒙、童蒙、擊蒙,皆以我爲隱含主語,謂我使諸蒙達致發、包、困、童、擊諸種情狀。

②利,宜也,爲下"用刑人"、"用説桎梏"二事之判辭。用,表示動作。説同脱,《釋文》:"説,吐活反。"對於諸蒙,我用二事爲利,一

爲“刑人”,二爲“脫桎梏”。《尚書·康誥》:“非汝封刑人殺人,無或刑人殺人。”刑人,謂以刑加諸人。“用刑人”,謂以刑懲治諸蒙之有罪者。桎梏,刑具,《説文》:“桎,足械也。”又:“梏,手械也。”“用説桎梏”,謂脫其手足枷鎖,使無罪之蒙可以獲得行動自由。《説苑·貴德》記載武王既克商,乃問太公、邵公、周公如何處置商之遺民,邵公乃言:“有罪者殺之,無罪者活之。”與爻辭二事可參證。

③以,由此。往,之外。“以往吝”者,意謂既脫蒙之桎梏,然若由此任其自由行動,復往而之外,則有吝也。吝,小疵。

《象》曰:“利用刑人”,以正法也。[①]

【校注】

①“正法”者,意謂以刑法裁正蒙民。《集解》引虞翻曰:“發蒙之正。”意謂初六爲蒙始,而已失其正,故而須以法正之,使歸於正道。孔穎達《正義》云:“此經刑人、説人二事,《象》直云‘利用刑人’一者,但舉刑重故也。”

九二,包蒙,吉。[①]納婦,吉。[②]子克家。[③]

【校注】

①包,當作苞。《釋文》本作苞,帛書作枹。《爾雅》:“樸,枹者。”郭璞注:“樸屬叢生者爲枹,《詩》所謂棫樸、枹櫟。”郝懿行疏:“枹即苞也,苞積相叢緻也。《詩》‘上有苞櫟’,郭引作枹櫟,苞與枹古字通。”苞乃叢生之象。“包蒙”即苞蒙,亦即使蒙結合如叢,猶言使烏合之衆組織起來。又《釋文》曰:“鄭云:苞當作彪,彪,文也。”蔡邕《處士圈叔則碑》曰:“童蒙求我,彪之以文。”則“彪蒙”意謂使諸蒙各有其文飾,猶言不同組織之蒙民各有其標識,庶清晰可辨也。

②“納婦”,使既苞之蒙納娶婦人。我既“包蒙”,又使蒙“納婦”,此

二事皆我爲,且貞告吉也。

③《釋名》:"子,孳也。相生蕃孳也。"子,言增添之人丁。克,成也。
"子克家"者,前之"包蒙"、"納婦",均能增添人丁,能克成其家。
家,蒙之家也。"子克家"當爲"包蒙"、"納婦"之後續結果。

《象》曰:"子克家",剛柔接也。①

【校注】

①接,相續。"剛柔接"者,我在二爲剛,初之蒙爲柔,二以剛接柔,亦
即我接納初六之蒙。案傳繼"子克家"而言"剛柔接也",或亦意
謂我所接納者,爲一家一家之既已成組織之蒙也。

六三,勿用取女。①見金夫,不有躬。②无攸利。③

【校注】

①取,同娶。《釋文》:"本又作娶。""勿用取女"者,我不可娶蒙女爲
妾。案《左傳》昭公元年:"買妾不知其姓則卜之。"此爻當爲占問
是否買蒙女爲妾,貞告勿用。按古代婚姻禁忌,女子之來歷、姓
氏、身份未明者,不可以買娶爲妾,恐招致禍患。

②金,武器。"見金夫",亦即遇見配帶武器之蒙女之原主人。當此
際必生爭鬥,可能傷害自身性命,即"不有躬"。躬,身。

③"无攸利",取女之爲,將有害而無利也。

《象》曰:"勿用取女",行不順也。①

【校注】

①行,行將。"行不順"者,此舉將來會導致禍害而不順利。案《集
解》引虞翻釋此爻辭云:"謂三,誡上也。金夫謂二。"由虞說可推
知此爻諸人物之關係:女,謂六三之蒙女;欲取女者,謂上九;金
夫,謂九二。此女已屬於二,上不得取之,取則必與二衝突。又
《集解》引虞翻曰:"失位乘剛,故'行不順也'。"此爻之女,本與上

陰陽相應,然既已屬二,故不能上行應上。余以爲,虞翻説亦可反其道以説之,三之女,與上相應,本已屬上,上爲金夫,故二不當取之,取之則將與上衝突矣。"見金夫,不有躬"云者,顯爲預估未來之事,故以上爲金夫爲宜。

六四,困蒙,①吝。

【校注】

①"困蒙"者,我使蒙困居於一地,不相交通。

《象》曰:困蒙之吝,獨遠實也。①

【校注】

①王弼注云:"獨遠於陽,處兩陰之中,暗莫之發,故曰'困蒙'也。"又云:"實稱陽也。"六四處三、五二陰之間,又二五、三上皆得陰陽相應,而初四皆陰,不能陰陽相應,且上下爻皆陰,故於此卦獨遠於陽。案據文義言之,蒙陷於困,則不得其養。遠實,遠於食物、財富。實,穀也,富也。

六五,童蒙,吉。①

【校注】

①此"童蒙"不同於卦辭之"童蒙",彼者言蒙來歸之前無主、散落之狀,此者言經教化之後,歸屬於我之蒙。前者童做形容詞,後者則做動詞,意謂我"童"來歸附之蒙。來歸附前之蒙,雖流離無主,其背景複雜,如殷周之際,戰亂後之殷民;歸附我之後,我將之收納、組織、遷徙、教化,完全轉變爲周民,或曰成爲我之新民,其舊有之種種複雜背景,盡"童"之矣。又童通同,經教化之蒙,同化於我也。

《象》曰:童蒙之吉,順以巽也。①

【校注】

①順,順從。《釋文》曰:"巽,鄭云:當作遜。"余以爲,訓巽爲遜,固通,然順、遜義有重複,當讀此巽如《尚書·堯典》"汝能庸命,巽朕位"之巽,《史記》引經作"踐朕位",巽、踐聲近義通,故巽可訓踐。"童蒙"之踐,當謂既經教化之蒙各履踐其職。《廣雅》廝、役、扈、養與童,皆訓使,《公羊傳》宣公十二年何休注云:"艾草爲防者曰廝,汲水漿者曰役,養馬者曰扈,炊亨者曰養。"可知供役使者,各有其職。故"順以巽"者,意謂蒙皆能順從而履職也。又案王弼注及孔疏謂"順以巽"爲五順於二,王云:"委物以能,不先不爲,順以巽也。"孔云:"'委物以能',謂委付事物與有能之人,謂委二也。'不先不爲'者,五雖居尊位,而專委任於二,不在二先首唱,是順於二也;不爲者,謂不自造爲,是委任二也。不先於二,是心順也;不自造爲,是貌順也。"王、孔此説,與前釋"蒙以養正"相關,五在此特以蒙爲,而非以明爲也。然則承前虞翻説,在五當由蒙之正,承干寶説,則周公教成王,至五當告成功,故六五"童蒙"應爲中正光明之象,故云"吉"。此皆由傳義引伸,不盡合於經義,姑録之以備參。

上九,擊蒙,①**不利爲寇,利禦寇。**②

【校注】

①擊,當作繫。《釋文》:"擊,馬、鄭作繫。"《周禮·天官冢宰·大宰》:"以九兩繫邦國之民。"鄭玄注:"繫,聯綴也。"竹書擊作縠,《漢書·景帝紀》:"郡國或磽狹,無所農桑縠畜。"師古曰:"縠,故繫字。"故"繫蒙",即我使諸蒙聯繫起來,在此意謂組成武力集團。又如字讀擊,亦當取使蒙具有攻擊武力之義。

②寇,搶掠。《釋文》:"禦,本又作衛。""利禦寇"竹書作"利迎寇",帛書作"利所寇",迎同禦。"所寇"與"爲寇"對言,即被寇、受寇。"不利爲寇,利禦寇"者,言蒙之武力集團不利於用其外出搶掠,而

利於用其防衛外來之侵犯。案此爻辭所涉，或意謂外出搶掠，當爲本邦民之事，不宜用蒙；而抵禦來寇，則可以用蒙。舊注或引蔡邕《明堂月令論》："《易》曰：'不利爲寇，利用禦寇。'《令》曰：'兵戎不起，不可從我始。'"以否定"爲寇"之舉，固不知古者搶掠爲常事也。

《象》曰：利用禦寇，上下順也。[①]

【校注】

①依文義而論，上下謂尊卑。"上下順"者，蒙既聯繫起來，而由我所指揮、役使，上下關係順暢。又"上下順"或讀作在"上"者能"下順"，上九剛亢，有武夫之象，其能下順於六五，爲五所用。

【疏義】

蒙卦經義在於教養諸蒙，使投奔於我之流民歸化於我；而傳則提升其義，謂如何教育君子以成聖功。而自《序卦》以降，以"蒙"謂物之稚，年幼而蒙昧者，蒙卦遂以教養幼稚，發其蒙昧而成其德行中正爲大義。好古擬史者，謂此象周公之教成王，其餘則據之泛論師弟間求學、教學之道。諸引伸發揮之説，儼然成一教育理論。如"匪我求童蒙，童蒙求我"，説者以此喻指尊師，與《禮》云"古聞來學，未聞往教"，子曰"不憤不啓，不悱不發"同；"初筮告，再三瀆，瀆則不告"，喻指師生問答必舉一隅反三隅；至於"發蒙"、"包蒙"、"困蒙"、"童蒙"、"擊蒙"，則喻指教育之諸環節，而總其成則可謂"蒙以養正"也。

蒙者，蒙昧，固君子當去除者矣，而王弼注獨發一義，言以時隱養在蒙，適爲君子自處之道，必以蒙養正，不能以明養正。王氏此説，其有本乎《道德經》"明道若昧"之旨耶？

朱熹《本義》言"童蒙"爲求人者，"我"爲被人求者，云："人求我者，當視其可否而應之；我求人者，當致其精一而扣之。"則若"童蒙"爲"我求人者"，其必"致其精一"而求之。然則童蒙未教之時，何以能

"致其精一"？李光地《周易折中》引蔡清云："此之童蒙,言其有柔中之善,純一之心。純則不雜,一則不二。"又引俞琰云："童蒙之時,情竇未開,天真未散,粹然一出於正,所謂赤子之心是也。"此類之説,乃宋儒理學化之發揮也。

需

䷄乾下坎上

需：^①有孚，光亨，貞吉。^②利涉大川。^③

【校注】

①需，卦名，由乾☰、坎☵二單卦相重而成。《釋文》："音須，字從兩重而者，非。飲食之道也，訓養。"兩重而即需，需之俗字，《集韻》："需，俗作需。"盧文弨《經典釋文考證》校改"兩重而"爲"雨重而"，若雨重而，即需字，陸不應云非。《彖》曰："需，須也。"《説文》："需，頭也。遇雨不進而止頭也。"是需以等待爲義，其等待與雨有關。《釋文》訓養，則又與飲食有關。余案："需"之本字，當從雨，從而。而爲祭名，見於《殷虛文字乙編》："貞，而匕壬，雨……"《甲骨文字詁林》引姚孝遂説，而祭以煮熟食物獻祭，可能與祈雨有關。故需字當謂而祭之後等待雨下，其義關涉飲食、等待、雨，三者皆可用以釋此需卦，意謂備飲食以待賓客至，賓客未至猶雨未下，賓客至則猶雨之下，其有孚信也。總其義而言，卦名之需，以訓等待爲宜。有信則可待，無信則不可待。孔穎達《正義》曰："需，待也。"又曰："所待唯信，故云'需有孚'，言需之爲體，唯有信也。"又此卦有主人與賓客二象，九五爲主人，下乾三陽爲來客，九五主人備飲食以等待來客，需之等待，當謂主人等待來客。注家或以來客爲需之主語，來客遇雨不進而止頭。然則《彖》

云“剛健而不陷”，來客並未止頊，而是涉險而來。《釋文》：“需，
鄭讀爲秀，解云‘陽氣秀而不直前者，畏上坎也’。”需、秀古音近，
秀，同誘，誘，惑也，來客有所疑惑而不能直前，走走停停者，乃因
畏遇雨之險。故若以來客言需，則需當從鄭玄讀秀，言疑惑而不
能直前之貌。《左傳》哀公六年：“需，事之下也。”杜預注：“需，
疑也。”

②有孚，有信。《説文》：“孚，卵孚也。從爪從子。一曰信也。”段玉
裁注：“《廣雅》：‘孚，生也。’謂子出於卵也。”由孵卵之孚，引申出
守信之信，徐鍇《説文繫傳》：“鳥之乳卵，皆如其期，不失信也。”
此言“有孚”者，謂主客間既有約定之信，必當守之。光，豐盛貌。
亨，同烹，餁也。“光亨”，烹餁豐盛之食物，意謂主人爲來客準備
好酒食。其事類似《詩·吉日》：“既張我弓，既挾我矢。發彼小
豝，殪此大兕。以御賓客，且以酌醴。”案舊注多釋“光亨”爲大亨
或廣亨，固可通，然若如是爲訓，則“光亨”當視爲卦之判辭。余以
爲，需卦辭“有孚，光亨，貞吉”句式類似訟卦辭“有孚，窒惕，中
吉，終凶”，其中“光亨”與“窒惕”同爲述事之語，“貞吉”與“中吉，
終凶”同爲判辭。又“有孚，光亨”亦可句讀作“有孚光亨”，尤可
知“光亨”當爲申明“有孚”之述語。釋亨爲烹，乃應於九五之“酒
食”。“有孚，光亨，貞吉”句，謂九五；“利涉大川”句，則謂九二。

③涉，徒涉過河。《集解》引何妥曰：“大川者，大難也。”大川爲險要
阻隔，凡言“利涉大川”，皆謂能突破險阻。

《彖》曰：需，須也。①險在前也，剛健而不陷，其義不困窮
矣。②需有孚，光亨，貞吉，位乎天位，以正中也。③利涉大川，往
有功也。④

【校注】

①此釋需卦名之義，參前注。

②據乾下坎上之卦象釋需卦之德義。"險在前"者,上坎爲險;"剛
健而不陷"者,下乾剛健,雖歷坎險而不陷墜。"其義",王引之
《經義述聞》云:"其義者,其理也,其道也。言此一卦也,此一爻
也,其道固如是也。""其義不困窮",意謂乾秉剛健之德而行其所
當行,則終不爲坎險所困窮,需之道理應如是。舊注有以"需,須
也,險在前也"絕句,釋需爲遇險而止須之義,非也。

③此釋卦辭。所以"有孚,光亨,貞吉"者,謂此卦辭實現於九五,九
五爲"天位",而五爲中,九居五當位,故此"中正"。案此句轉釋
待客之主人,王弼注云:"謂五也,位乎天位,用其中正,以此待客,
需道畢矣。"

④往,進。王弼注云:"乾德獲進,往輒亨矣。"此云"往"者,言乾之
前進,亦即來客涉險而進,終成其功。

《象》曰:雲上於天,需。①君子以飲食宴樂。②

【校注】

①此釋需卦上下卦象,坎爲雨,乾爲天。《釋文》:"王肅本作'雲在
天上'。"雲上於天,可爲將雨之象,又可爲既雨之象。

②《釋文》:"宴,鄭云:享宴也。""飲食宴樂"者,意謂君子以飲食款
待來客,主客合歡。《易·中孚》:"鳴鶴在陰,其子和之;我有好
爵,吾與爾靡之。"《禮記·禮運》:"夫禮之初,始諸飲食。"《周
禮·春官宗伯·大宗伯》:"以飲食之禮親宗族兄弟。"故知"飲食
宴樂"者,非言君子獨享,乃以飲食之禮待賓客,親宗族。

初九,需于郊,①利用恒,②无咎。

【校注】

①郊,邑外之郊野,尚遠之地。《周禮·地官司徒·載師》:"近郊遠
郊。"鄭玄注:"五十里爲近郊,百里爲遠郊。"初九"需于郊"者,乃
言來客,故需在此訓疑,客行在郊野,有所疑畏。案帛書"郊"作

"茨",竹書作"蒿",茨、蒿均爲植物之象,非地理之名。尤以帛書作"茨"爲義勝。茨者,生於河灘水澤之植物。客之就我,需自遠而近,自彼岸達此岸。客行於茨,意謂客行於彼岸生滿茨之河灘之上,一則茨之意象與沙、泥等相類,二則先至彼岸河灘之茨,再至河中之沙,再至此岸近陸之泥,渡河之過程逐步完成。

②"用恒"者,持之以恒向目的地前行也。

《象》曰:"需于郊",不犯難行也。①"利用恒,无咎",未失常也。②

【校注】

①犯,遭遇。"不犯難行",意謂行於郊野時,尚未涉險境。孔穎達《正義》云:"'不犯難行'者,去難既遠,故不犯難而行。"

②"未失常"者,未失常道,當用恒以進。初當位應四,是其有常。四爲坎險之始,爲難行,初疑畏於四,然尚未犯難行,故當行則行。又《釋文》:"'利用恒,未失常也',本亦有'无咎'者。"知陸所見本惟作"利用恒,未失常也"。用恒乃常,不用恒則失常;未失常無咎,失常則咎也。

九二,需于沙,①小有言,②終吉。

【校注】

①沙,《説文》引《易》作沚,《釋文》:"鄭作沚。"《詩·蒹葭》:"宛在水中沚。"《毛傳》:"小渚曰沚。"是沙即沚,水中之地,或曰水傍之地。"需于沙",意謂來客行進至河中可以徒涉之沙渚,而有所疑畏。

②"小有言"者,小有,稍有,言,口舌之爭,形容渡河之衆發出爭吵喧鬧之聲。

《象》曰:"需于沙",衍在中也。①雖小有言,以吉終也。②

【校注】

①王引之《經義述聞》謂"衍"爲"行"之譌,"衍在中"當爲"行在中"。王説可從。二爲中,九居二,是水中之沙,猶云水中之剛。渡河而得履剛,故可行。

②九二陽居陰位,與九五不應,故有疑慮不信之象。"小有言"者,當是二疑畏於五。又二、三、四互兑,兑爲言,故曰"小有言"。"以吉終"即"終吉",二不因"小有言"而停滯,終升至五。又阮元《十三經注疏校勘記》云有本"吉終"作"終吉",阮據石經、岳本、監本、毛本改正。

九三,需于泥,①致寇至。②

【校注】

①泥,近此岸之泥沼地帶。"需于泥"者,意謂來客已行至近岸之泥沼,而有所疑畏。

②《釋文》:"寇,鄭、王肅本作戎。"戎指敵軍,寇則謂攻擊之舉,其義一。《孫子·行軍》曰:"客絶水而來,勿迎之於水内,令半濟而擊之。""致寇至"者,意謂客半濟而將上岸之時,恐招致敵軍之攻擊也。

《象》曰:"需于泥",災在外也。①自我致寇,敬慎不敗也。②

【校注】

①"災在外"者,非我之咎,災自外來。九三當位,然迫近坎險,故有外來之災。《集解》引崔覲云:"泥,近於外者也。三逼於坎,坎爲險盜,故致寇至,是災在外也。"外謂外卦,即坎。

②"自我致寇"者,以行於岸泥,半濟之際,處在不利之地位,故招致敵軍來襲。焦循《易通釋》云:"自我者,不從人之謂也。"其意謂處孤立之境。"敬慎不敗"者,如能謹慎小心,則不致敗亡。敬慎,亦即有所疑畏。又三、四、五互離,《説卦》:"離爲甲胄,爲兵戈。"

故有戎寇之患。

六四,需于血,①出自穴。②

【校注】

①血,同恤。帛傳《繆和》曰:"血者,卹也。"卹,憂也,同恤。《釋文》
於小畜"血去惕出"下云:"血,馬云當作恤,憂也。"《周禮·春官
宗伯·大宗伯》:"以恤禮哀寇亂。"是遭寇亂而後言恤。"需于
血"者,來客因遭寇亂之後而離憂之情狀,當此仍有所疑畏。

②穴,山岫。《爾雅》:"山有穴爲岫。""出自穴"者,謂雲出自山岫,
雨將下矣。《公羊傳》僖公三十一年曰:"觸石而出,膚寸而合,不
崇朝而遍雨乎天下者,唯泰山爾。"是謂泰山之雲出而天下雨。
《集解》引《九家易》曰:"雲從地出,上升於天,自地出者,莫不由
穴,故曰'需于血,出自穴'也。"故知若雲出自穴,則雨也。案雲
"出自穴"言雨下,雲"入于穴"爲雨止。來客行於未雨之時,止於
既雨之後。六四爲坎初,自此雲出雨下,而來客之渡河雖歷險阻
而終得在下雨前完成。

《象》曰:"需于血",順以聽也。①

【校注】

①由此爻入於坎險,當以柔順之道行之。王弼注云:"凡稱血者,陰
陽相傷者也。陰陽相近而不相得,陽欲進而陰塞之,則相害也。"
孔穎達《正義》云:"九三之陽而欲上進,此六四之陰而塞其路,兩
相妨害,故稱血。"則六四之有"血"象,在三、四間之相傷也。余
以爲,此"血"非相傷而流血,乃憂也,因寇而憂,因雨而憂。若云
九三之陽爲六四之陰所塞,非必謂之相傷相害,遇雲出雨下而已。
雨既下,無可奈何,惟"順以聽"也。又四脱離下難,上承五,則已
入主人之境,故當順從聽命於五,亦即來客順從聽命於主人,此亦
爲"順以聽"之義。

九五,需于酒食,^①貞吉。

【校注】

①此爻言主人,故需,當訓須,等待。《禮記·樂記》:"酒食者,所以
合歡也。"故此言酒食,意謂客至而後待之以酒食,主客共享酒食。
客既至而主仍言需者,猶言主人以禮拜迎門外,讓客人至於筵席。
《易·明夷》:"君子于行,三日不食。"不食者,在行途中不酒食。
此言酒食,則謂已抵達之後。六四雲出雨下,而當此九五,主客已
在室內以酒食合歡,乃合遇雨而止之義。

《象》曰:酒食貞吉,以中正也。^①

【校注】

①九五爲中正,當此主人需而來客至,有孚實現,主客合歡以飲食宴
樂,爲吉利之象。又《集解》引虞翻曰:"沈湎則凶,中正則吉。"是
當酒食之時,又有所教誡。

上六,入于穴。^①有不速之客三人來,^②敬之,^③終吉。

【校注】

①"入于穴"者,雲歸岫而雨止。

②《釋文》:"速,馬云:召也。"並引《爾雅·釋言》:"徵也,召也。"
"不速之客",未有約定,不期而來之客。三人,泛言多人。案《集
解》引荀爽曰:"三人,謂下三陽也。"說恐未安,此卦之客,有"速
客"與"不速之客"之別,下三陽當爲"速客"。

③《禮記·曲禮》曰:"大夫、士相見,雖貴賤不敵,主人敬客,則先拜
客;客敬主人,則先拜主人。""敬之"者,待之以賓客之禮。《詩·
振鷺》:"振鷺于飛,于彼西雍。我客戾止,亦有斯容。在彼無惡,
在此無斁。庶幾夙夜,以永終譽。"

《象》曰:不速之客來,敬之終吉。雖不當位,未大失也。^①

【校注】

①六居上本爲當位，九五中正則天下應，故“速客”有來，“不速之客”亦有來。而此言“雖不當位”者，以六陰乘五陽，猶“不速之客”乘於“速客”之上，是以不當位。不當位則宜有失，然主人若能對“不速之客”敬之，則彼亦可爲善友，故云“未大失也”。又或可以“不當位”謂“不速之客”，“未大失”謂君子亦敬之無失，《論語·顏淵》子夏曰：“君子敬而無失，與人恭而有禮，四海之內皆兄弟也。”亦通。

【疏義】

需卦主須待，然須待，於來客爲一義，於主人又一義，不可不辨也。於來客言之，其卦勢乾上行遇坎，坎爲險，《集解》引何妥曰：“有險在前，不可妄涉，故須待時，然後動也。”乾之行也，“需于郊”、“需于沙”、“需于泥”、“需于血”，步步皆有疑慮憂患，故似走走停停，有所須待焉。然則乾之上行終不可停，必蹈險而進，是則“利涉大川”、“往有功”矣。孔穎達《正義》曰：“由險難在前，故有待乃進也。”又曰：“由乾之剛健，前雖遇險而不被陷滯，是其需待之義，不有困窮矣。”又曰：“以乾剛健，故行險有功也。”又《集解》引侯果曰：“乾體剛健，遇險能通，險不能險，義不窮也。”故來客之需，可訓疑惑、停頓，然不可訓停止。而於主人言之，主人之需，方可訓静止等待，“需于酒食”，等待來客克險而至，待之以飲食之禮。《序卦》：“需者，飲食之道。”飲食之道，亦即主人待客之道。若來客遇險則不再進，何以終成此主客之會？

需卦之大義在於忠信，主客之道必以忠信，孔穎達《正義》曰：“需之爲體，唯有信也。”五爲“有孚”之主，以有此信，二始能仗忠信以涉大川，且其信不僅及於“速客”，亦及於“不速之客”，四海之內皆兄弟也。

又《雜卦》云：“需，不進。”《説文》：“需，𩓣也。遇雨不進而止𩓣也。”於卦體言之，雨至四始下，前三爻乃未雨之際，且涉河之中，在沙、在泥,皆不可停歇之險境,且疑慮過甚,將敗其事,故必以剛健進之。而乾行至四,入上坎之後,則不必再進,適合"遇雨不進而止頄也"。後儒或泛言此需卦,乾遇坎險,遂等待不進,則有失經義。

王夫之《周易內傳》云:"需,緩而有待也。乾之三陽欲進,而爲六四之陰所阻。……雖爲四所阻,不能不有需遲,而性本健行,不畏險而自卻,且有九五以爲主,非陰所能終阻,涉焉。"頗得需義。又《周易外傳》辨析云:"以往涉爲功者,需而不需,束濕苟且以求其成可,爲申、商之術;以宴樂爲務者,需以爲需,守雌處錞而俟其徐清,爲老、莊之旨矣。"余案:儒者以忠信爲本,守忠信,故雖險必涉。惟其涉渡以時,不冒既雨,遇雨則止;涉渡之爲用恒、敬慎、順聽,故始憂患而終吉慶。此乃有別乎申商、老莊者也。

訟

☵☰坎下乾上

訟：①有孚窒，惕中吉，②終凶。③利見大人，不利涉大川。④

【校注】

①訟，卦名，由坎☵、乾☰二單卦相重而成。《釋文》："訟，爭也，言之於公也。鄭曰：辯財曰訟。"《序卦》："飲食必有訟。"《集解》引鄭玄曰："訟猶爭也，言飲食之會，恒多爭也。"則鄭意此訟指辯財之訟，爭飲食之訟。孔穎達《正義》云："凡訟者，物有不和，情相乖爭，而致其訟。"則訟泛指爭競起訟。余案：鄭曰辯財，其意此訟卦之訟不同於獄，《周禮‧地官司徒‧大司徒》："而有獄訟者。"鄭玄彼注曰："爭罪曰獄，爭財曰訟。"則此訟爭財，不涉爭罪，非獄訟也。又《尚書‧盤庚》曰："今汝聒聒，起信險膚，予弗知乃所訟。"此訟乃政事之訟，亦非獄訟。《左傳》中頗有爭訟之例，如僖公二十八年"衛侯與元咺訟"，襄公十年"王叔與伯輿訟"，皆因政事所起之訟。此類諸訟皆言之於王公，而非有司可以決斷定罪。此訟卦之訟，乃訟於王公，故知其訟或涉爭財，或涉爭政，其下限未及爭罪也。蓋此類之訟，因未及罪，故雖訟亦可以不服從。《詩‧行露》："雖速我訟，亦不女從。"

②《釋文》："窒，馬作至，云：讀爲躓，猶止也。鄭云：至，覺悔貌。"他本《釋文》至或作咥，誤。又曰："'有孚窒'一句，'惕中吉'一句。"

窒,當從馬融讀爲躓,躓,礙也,有所礙,故止。《集解》引虞翻曰:
"窒,塞止也。"與馬訓同。"有孚窒"者,既有之信,有所窒礙也。
有孚通則無訟,有孚窒則訟起。鄭玄訓覺悔,乃説其義,既有孚而
後反悔,則必興訟矣。又窒,帛書作洫,竹書作懬。洫,謂溝渠堵
塞,有塞止義。懬,同懭,《廣雅》:"懭,止也。"惕,憂也。中,内
也。"惕中吉",即將憂慮藏在内乃吉。此言九二,故中之訓内,可
指内心,亦可指歸逋之邑,意謂二不克訟而憂,此憂不發,藏在心
内,或曰藏憂慮之二在己邑,以此獲吉,皆通。小畜卦"有孚",故
"惕出";此卦"有孚窒",故"惕中",惕不得出,蘊藏在中焉。帛書
作"寧中吉",寧,安也,意謂雖不克訟,安寧於中,則吉。竹書作
"悳中吉",余推斷悳爲悳省筆,《篇海》:"悳與惪同。"《説文》:
"悳,外得於人,内得於己也。"悳同德,德中吉,側重内得之義也。

③"終凶"者,承"惕中吉"而言,終謂終在己邑而不復朝,若此則凶
也。案之所以終在己邑而不復朝爲凶,蓋訟卦以克訟爲目的,不
復朝,則訟終不可成也。此云"終凶",非一卦之終爲凶。《集解》
引王肅曰:"以訟成功者,終必凶也。"此類説皆以訟爲壞事,凡興
訟者,成敗皆難免凶眚。然在此卦訟事終有成也。

④"利見大人"者,見讀如字,見大人爲有利,大人能決訟。"不利涉
大川"者,不利之外他往。

《彖》曰:訟,上剛下險;險而健,訟。①**訟,有孚窒,惕中吉,
剛來而得中也。**②**終凶,訟不可成也。**③**利見大人,尚中正也。**④
不利涉大川,入于淵也。⑤

【校注】

①此據坎下乾上之象釋訟卦之德義。坎爲險,乾爲剛、爲健,就上下
關係言,爲"上剛下險";就其先後次第言,先坎後乾,是"險而
健"。《集解》引盧氏曰:"險而健者,恒好争訟也。"

②此釋何以"有孚窒,惕中吉"。剛謂九二,九二歸逋於己邑,是"剛
　來而得中也"。來,還也,歸也。九二之剛不當位,爲爭訟者,在此
　"不克訟,歸而逋"。

③此釋何以"終凶"。九二至五乃"克訟",然若九二終在己邑,不再
　復朝,則不可以完成其訟也。

④"利見大人"者,大人應於九五,五爲君,臣之訟將決於君。"尚中
　正"者,九五既中且正,爲善聽之主,故能斷訟。

⑤"不利涉大川,入于淵"者,意謂九二在坎險之中,如陷入深淵。
　《集解》引荀爽曰:"陽來居二,坎在下爲淵。"案九二"不克訟,歸
　而逋",猶言涉大川而逃在外,是陷於淵之象。

《象》曰:天與水違行,訟。①**君子以作事謀始。**②

【校注】

①乾爲天,坎爲水,二者相背而行,曰"違行"。《集解》引荀爽曰:
　"天自西轉,水自東流,上下違行,成訟之象。"孔穎達《正義》亦取
　此説。案需卦亦爲天、水組合,然需卦爲相向而行,訟卦則是相背
　而行。以需卦言,水在上而下行,天在下則上行,故相向;以此卦
　言,水在下而下行,天在上而上行,故相背。故此當謂上下相違
　行,而非東西相違行。

②"作事",興作政事。既有所興作,則難免意見不一而起爭訟,故君
　子必先以中正之斷平息爭訟,然後乃可以作事,是之謂"謀始"。
　《集解》引干寶曰:"省民之情,以制作也。武王先觀兵孟津,蓋以
　卜天下之心,故曰'作事謀始'也。"如干寶説,君子有所興作之
　前,先要省民情,卜天下之心,猶謂先統一天下民情、民心而後乃
　可作事。余案:凡事之始,必有意見不同,不同則起訟,而若斷之
　以中正,則雖訟亦可吉;然若訟而不止,則事必不成也。此爲君子
　之所以"作事謀始"。後世注家往往以爲凡訟必凶,當杜絶訟之發
　生,是以無訟爲理想,此類解説,頗失經義。

初六,不永所事,^①小有言,^②終吉。

【校注】

①永,水流暢通爲永,堵塞則不永。"不永所事"者,所從事之事一開始就有所窒塞,不得順利進行。案孔穎達《正義》云:"'不永所事'者,永,長也,不可長久爲鬥訟之事。"余以爲,初六方訟之初始,實難言長久於訟事,且"不永所事"乃"小有言"之因,"小有言"爲訟始之狀也。

②"小有言"者,由"不永所事"而起小的口舌之争。

《象》曰:"不永所事",訟不可長也。^①雖"小有言",其辯明也。^②

【校注】

①長,生長,由小長大。"不永所事"乃生訟之根由,訟由此而始。然則傳云"訟不可長",意謂在初訟小,宜儘早辯明,不使訟長大。

②《集解》引虞翻曰:"初失位而爲訟始。"訟之始,即"小有言"。訟之始尚易辯其是非,故云"其辯明也"。意謂君子初有訟,而辯之早且明,故得"終吉"。《易之義》曰:"容(訟)者,得之疑也。"有疑則宜早辯,坤卦《文言》曰:"臣弑其君,子弑其父,非一朝一夕之故,其所由來者漸矣,由辯之不早辯也。"可相互參證。

九二,不克訟,^①歸而逋,其邑人三百户,^②无眚。^③

【校注】

①克,勝。"不克訟"者,没有在争訟中取勝。

②"歸而逋",竹書作"逗膚",無"而"字,逗同歸,膚爲逋之借字,即"歸逋"。歸,歸其封地。逋,逃避。"歸而逋"者,謂争訟之君子因不克訟而離朝,逃歸其封地以避難。"其邑人三百户",謂其封地有室家三百户,是其可以爲據者也。《穀梁傳》莊公九年:"十

室之邑,可以逃難;百室之邑,可以隱死。"

③眚,災禍。君子歸而逋,以有三百户之邑做庇護,故可以無災禍。

《象》曰:"不克訟,歸逋",竄也。[1]自下訟上,患至掇也。[2]

【校注】

[1]傳引經同於竹書,無"而"字。《説文》:"竄,匿也。"《廣雅》:"竄,藏也。"爲躲避之義。二五相應,然兩剛相忤,二臣不敢與五君訟,訟亦不克,故避之。孔穎達《正義》云:"'不克訟'者,克,勝也。以剛處訟,不能下物,自下訟上,與五相敵,不勝其訟,言訟不得勝也。"是以二五相訟,其説可從。余以爲,二、四同功異位,經皆言"不克訟",是爲一體,皆與五訟。

[2]"患至掇",意謂取患之易如拾小物。《集解》引荀爽曰:"下與上爭,即取患害,如拾掇小物而不失也。"若二與五訟,是自下訟上,易取禍患。又于省吾《雙劍誃易經新證》讀"掇"爲"綴",訓至爲大,意謂患結綴而成,越來越大。自初六"小有言",至九二"不克訟",訟自下至上,由小到大而漸長,患亦結綴至大。亦通。

六三,食舊德,[1]貞厲,終吉。[2]或從王事,无成。[3]

【校注】

[1]李道平《周易集解纂疏》據《乾鑿度》曰:"食舊德,食父故禄也。"君子既歸封地,雖失在朝之職田,然先人舊封之地猶可食。"舊德"者,謂先人在過去以功德所獲封賞。

[2]"貞厲"者,貞告爲厲,謂當下尚有危險。案逃歸封邑,雖可以食舊德,終究爲避難之舉,故貞告爲厲。"終吉"者,終將轉厲爲吉。

[3]"或從王事,无成"者,意謂君子避於封地,猶順隨於王事,不敢自成其事。此亦可謂所以"終吉"之道。

《象》曰:"食舊德",從上吉也。[1]

【校注】

①"從上吉"者,上謂王事,意謂君子避於封地而能從王事而不自成其事,故而轉屬爲吉。若依爻位言,三上陰陽相應,三雖無職,上則受服,故曰"從上吉也"。

九四,不克訟,復即命,渝,^①安貞吉。

【校注】

①復,歸返,謂返於朝。王引之《經義述聞》訓即爲就。《尚書·洛誥》"今王即命曰",《孔傳》釋爲"今王就行王命於洛邑曰",即爲就,命則指王命。"即命"者,爲就於王命。"復即命",意謂返朝而就王命,亦即復其舊職。《釋文》:"渝,鄭云:然也。"黄焯《經典釋文彙校》:"惠云:渝讀俞。盧云:鄭本當本作俞。"余案:當從鄭讀。《禮記·內則》:"男唯女俞。"鄭玄注:"俞,然也。"可知俞訓然,謂恭順聽命貌。又《釋文》:"渝,變也。"如字渝訓變,則此前爭訟,當此變而不爭訟,不爭訟則恭順聽命。亦通。

《象》曰:"復即命,渝",安貞不失也。^①

【校注】

①《集解》本作"復即命,渝,安貞吉,不失也"。"安貞不失"者,安位守正,不失王命。案二、四同功,同爲與五相訟者,二固執己見而遁逃,四則歸順而不爭訟,故四能安位守正,不失王命。

九五,訟,元吉。^①

【校注】

①訟,謂決訟。前此諸訟,得君王之決斷,是以大吉。

《象》曰:"訟,元吉",以中正也。^①

【校注】

①當此而訟能大吉者,以此爻爲君位,九五爲中正。王弼注云:"處

得尊位,爲訟之主。用其中正以斷枉直,中則不過,正則不邪,剛無所溺,公無所偏,故‘訟,元吉’。"案綜前諸爻,前此君子争訟,至是得決,由"不克訟"至於"克訟"。又舊注多謂此卦四與初、二、三相争訟,而五爲其決訟者,猶言臣與臣争訟,而決之於君。余以爲,此卦之訟爲二與五訟,恰是臣與君訟,九五之決斷,猶謂君終納臣言也。二、四同功異位,四亦與五訟者,惟二不順從,四屈服也。是臣訟於君之兩種不同態度。

上九,或錫之鞶帶,^①終朝三褫之。^②

【校注】

①或,有人。錫,同賜。鞶帶,皮質腰帶。《釋文》:"鞶,馬云:大也。"《説文》:"大帶也。""或錫之鞶帶",意謂有人因克訟而得王侯所賜之大帶。

②朝,早晨。終朝,《釋文》:"馬云:旦至食時爲終朝。"蓋指短時間内。褫,奪。"終朝三褫之",舊注多釋爲受賜之鞶帶,很快又多次被褫奪。案此説情同兒戲,不可從。余以爲,朝可訓朝覲之朝,"終朝",即在一次朝覲過程之中。帛書"褫"作"掠",掠當爲摋之簡寫。《釋文》:"褫,鄭本作扡,徒可反。"《集韻》:"扡,引也。或作拖。"《詩·小弁》:"析薪拖矣。"顧炎武《詩本音》:"拖,古音徒可反。"又《集韻》:"摋,或作拖。"摋同拖,亦同扡,摋、扡皆讀徒可反,其義爲引曳、拖曳。可知帛書"摋",當爲經之本字,鄭本"扡",音義同。而今本"褫",則爲摋之誤。摋帶者,引曳其帶,乃指大帶佩戴在身上,長而拖曳之貌。譬如《詩·彼都人士》:"彼都人士,垂帶而厲。……匪伊垂之,帶則有餘。匪伊卷之,髮則有旟。"此説又有竹書佐證,竹書作"三裏之",裏即表,《集韻》:"表,古作裏。"三表之,即三次佩戴以彰顯之。據此可將經"終朝三褫之"歸爲觀禮之表現。西周《頌壺》記王賜頌"玄衣、黹屯、赤市、朱黄、鑾旂、攸勒,用事。頌拜稽首,受令册,佩目出,

反入堇章。"[1]臣蒙王之賜,當佩戴出入,以顯榮耀。《左傳》僖公二十八年:"王命尹氏及王子虎、內史叔興父策命晉侯爲侯伯,賜之大輅之服、戎輅之服,彤弓一、彤矢百,玈弓矢千,秬鬯一卣,虎賁三百人,曰:'王謂叔父,敬服王命,以綏四國,糾逖王慝。'晉侯三辭,從命,曰:'重耳敢再拜稽首,奉揚天子之丕顯休命。'受策以出。出入三覲。"杜預注"出入三覲"云:"出入猶去來也,從來至去,凡三見王。"故此"終朝三褫之"者,意謂受王賜鞶帶,終朝之內三次佩戴出入,以示謝王賜也。

《象》曰:以訟受服,①亦不足敬也。②

【校注】

①服,即受賜之鞶帶。《集解》引虞翻曰:"服謂鞶帶。"

②敬,尊敬。王弼注曰:"處訟之極,以剛居上,訟而得勝者也。以訟受錫,榮何可保? 故終朝之間,褫帶者三也。"孔穎達《正義》曰:"以其因訟得勝,受此錫服,非德而受,亦不足可敬,故終朝之間,三被褫脫也。"案此類解説,皆以訓褫爲奪所致。經言"終朝三褫之",依經義當爲覲禮,三表以謝王,此卦之訟亦至是而止。而傳及舊注皆釋爲三奪,則意味訟仍不止,訟仍不止,則終凶,故此傳注有非訟之義。二者之間有重要差別。焦循《易通釋》注意到傳以後之注家往往執"終凶"之辭而非訟,與經中數次言訟之吉不相吻合。余以爲,卦辭"終凶"乃謂若始終不克訟則凶,克訟則吉,此至明顯。按諸歷史,自盤庚遷都,訟常言之,其爲政體所具,在禮之範圍。春秋之後,訟由政事之訟漸轉爲刑獄之訟,訟與禮相分,與刑爲一,故爲儒家所貶抑。《易之義》:"容(訟)獄凶得也。"《論語·顏淵》:"子曰:'聽訟,吾猶人也。必也使無訟乎!'"其若因

[1] 釋文引用劉翔、陳抗、陳初生、董琨編著《商周古文字讀本》,第115頁,語文出版社,1989年。

訟而獲取高官厚禄,則難免無恥之譏也。訟雖不可免,然儒家之理想端在無訟,董仲舒《對策》云:“古者修教訓之官,務以德善化民,民已大化之後,天下常亡一人之獄矣。”又案以爻位論之,此卦之訟,乃二訟五,二之克訟,乃使君從臣,故此訟雖勝,終是以上乘五,以臣乘君,故雖克訟而吉,其不敬大矣。

【疏義】

訟卦之義乃在爭訟,訟在上古乃關乎政教必有之事,其義大矣。王應麟《困學紀聞》云:“朱新仲謂一行《易纂》引孟喜《序卦》曰:‘陰陽養萬物,必訟而成之;君臣養萬民,亦訟而成之。’”可見漢儒猶能肯定訟,知訟乃政教之要事,非訟無以成事業。凡人心有向背,風俗有異同,政見不統一,利益分小大,皆必起訟焉,王公能斷之以中正,示以大公,然後政事通、教化行。《詩·行露》言召公聽訟,說詩者或以文王教化既久,不當再有訟生,然則訟焉可止息,有訟而能公斷,適爲召公行教化之舉也。

後儒雖知訟事難免,而以止訟爲明智,無訟爲理想,故經義遂轉化矣。按王弼、孔穎達説,訟乃由物有不和、情相乖爭而致,其不得已而爲之,明智之人能在中途止訟,則能得吉,免於終凶。若能謙虚退讓,與物不競,則可以閉塞訟之根源,使訟不至。“君子作事謀始”,即在初始之際,分職分明,不相干涉,使訟無所訟,亦即無訟也。至宋儒説訟,大義一致,如李光地《周易折中》引胡瑗云:“人所以興訟,必有由中之信,而爲它人之所窒塞,不得已而興訟。然雖已有信實,而爲人之窒塞,亦須恐懼兢慎而不敢自安,則庶幾免於凶禍,又中道而止,則可以獲吉也。”

又此卦之爭訟雙方,有曰二與五訟、二與四訟等諸説。九二爲起訟者,此無異見;惟二與誰爭訟,則有爭議。《集解》引虞翻、荀爽等説,皆謂二與四訟,而五爲大人,爲聽訟、斷訟者,是説乃躲避二臣與五君爭訟之尷尬局面。然則此卦之爻辭、爻象皆明指二與五訟,亦即臣與君訟。就專制時代君臣關係言之，臣與君訟乃爲大不道；而在上古君臣未分前，君臣有訟固不必論，其在君臣既分後，君臣爭訟亦爲常有之事。其若盤庚爲遷都而與群臣訟，盤庚既是爭訟之一方，又是訟之決斷者；又若前揭干寶説，武王觀兵孟津，以卜天下之心，作事謀始。其事方之此卦，頗可見義也。

師

≣≣坎下坤上

師：^①貞丈人，^②吉，无咎。

【校注】

①師，卦名，由坎☵、坤☷二單卦相重而成。《釋文》：“師，《彖》云：眾也。”師訓眾，在此謂軍隊。《集解》引何晏曰：“師者，軍旅之名。”李零《死生有命，富貴在天——〈周易〉的自然哲學》謂古代軍制，商代、西周以師爲最高一級，東周以來以軍爲最高一級。此卦當以師爲最高一級軍隊。《易之義》云：“師者，得之栽也。”栽同裁，裁，統制。又九二言“（王）在師”，則此師當爲“大師”，亦即王親率之征伐。曹操《孫子兵法序》云：“《尚書》八政曰師，《易》曰：‘師，貞丈人，吉。’《詩》曰：‘王赫斯怒，爰整其旅。’黄帝、湯、武咸用干戚以濟世也。”“用干戚以濟世”，可謂師卦之大義。

②《釋文》：“‘貞丈人’，絕句。”貞，謂出師前之貞卜儀式。丈人，師之統帥者。《釋文》：“丈人，鄭云：能以法度長於人。”又《周禮·春官宗伯·天府》疏引鄭玄曰：“丈之言長，能御眾，有榦正人之德，以法度爲人之長。吉而无咎，謂天子諸侯主軍者。”統帥在出師前貞卜，當爲軍禮，《周禮·夏官司馬·大司馬》：“及師，大合軍，以行禁令，以救無辜、伐有罪。若大師，則掌其戒令，蒞大卜，帥執事蒞釁主及軍器。”可知“大師”將出，統帥當“蒞大卜”，即蒞

臨出師前之貞卜。故"貞丈人"者,猶言"丈人貞",即由"大師"之統帥主持貞問,而貞告爲"吉"。此"吉"乃屬丈人之吉。下云"无咎"者,則言出師行險當有咎,然終得無咎。又《集解》引崔覲曰:"《子夏傳》作大人,竝王者之師也。"既云"王者之師",則大人當指王。按《集解》引《九家易》説,此言武王受命而未即位時,行師征伐天下,則"丈人"在此指九二之"王"也。

《彖》曰:師,衆也。^①貞,正也。能以衆正,可以王矣。^②剛中而應,行險而順。^③以此毒天下,而民從之,^④吉又何咎矣。^⑤

【校注】

①師之訓衆,非僅謂人多相聚爲衆,上古之衆,乃指既從事於農耕又從事征戰之民,爲戰爭之主要力量。西周金文屢見"六𠂤(師)"、"八𠂤(師)"之名,殷、周皆有,既是國家的軍事組織,以軍隊編制,又是自由民之地域組織,以鄉邑編制。[1] 衆爲師之基礎。

②貞,"貞丈人"之省。丈人貞卜得吉,由此行師,可謂正也。"能以衆正"之正,則讀若征,亦即能統領衆以行征伐,則可以王天下矣。李道平《周易集解纂疏》云:"《孟子》曰:'征之爲言正也。'以師正天下,故曰:'能以衆正,可以王矣。'"則征天下,即正天下,正天下者,可以爲王也。

③"剛中而應"者,剛中爲九二,應於六五之成功。下坎爲險,上坤爲順,故云"行險而順"。孔穎達《正義》曰:"'剛中而應'者,剛中謂九二,而應謂六五。'行險而順'者,行險謂下體坎也,而順謂上體坤也。若剛中而不應,或有應而不剛中,或行險而不柔順,皆不可行師得吉也。"

④《釋文》:"毒,役也。馬云:治也。""毒天下",役使天下之民衆以

_____

[1] 參見楊寬《古史新探》之《試論西周春秋間的鄉遂制度和社會結構》,第159頁,中華書局,1965年。

行征伐；"民從之"，謂民衆皆順從之。案《集解》引干寶云："坎爲險，坤爲順，兵革刑獄，所以險民也。毒民於險中，而得順道者，聖王之所難也。"干寶訓毒爲茶苦，特明兵革險民之義。又引崔覲説，訓毒爲亭毒，亭毒訓化育，謂征伐之後，使天下太平，民皆歸順。二説並可參考。

⑤吉凶者，得失之象，此"吉"者，言貞告爲吉。無咎與屬相表裏，師出爲屬，爲咎，"又何咎"者，言雖師出有咎，既貞告爲吉，又何有咎矣。

《象》曰：地中有水，師。①君子以容民畜衆。②

【校注】

①此據上下卦説師象，坤爲地，坎爲水，坎在坤内，猶水含在地中。

②容、畜，皆蓄養之義。民、衆則兼二義，無戰爭謂民，有戰爭則謂衆。"容民"側重養民，"畜衆"側重養師。"容民畜衆"者，廣納、畜養民衆於師中。以卦象論，"地中有水"，謂地能包水，水聚藏在地下。君子觀此卦，乃將兵寓於民衆中。君子能寓兵於民，一則可以養民，二則可用於征戰也。

初六，師出以律，①否臧凶。②

【校注】

①律，聲音節奏。"以律"者，以金鼓之聲節制軍隊。《周禮·夏官司馬·大司馬》云："辨鼓、鐸、鐲、鐃之用，……以教坐作、進退、疾徐、疏數之節。"又云："中冬，教大閱。……中軍以鼙令鼓，鼓人皆三鼓，司馬振鐸，群吏作旗，車徒皆作。鼓行，鳴鐲，車徒皆行，及表乃止。三鼓，摝鐸，群吏弊旗，車徒皆坐。又三鼓，振鐸作旗，車徒皆作。鼓進，鳴鐲，車驟徒趨，及表乃止，坐作如初。乃鼓，車馳徒走，及表乃止。鼓戒三闋，車三發，徒三刺。乃鼓退，鳴鐃且却，及表乃止，坐作如初。"即爲以律節師之情狀。《孫子·軍爭》云：

"軍政曰:言不相聞,故爲之金鼓;視不相見,故爲之旌旗。夫金鼓旌旗者,所以一人之耳目也。"王弼注曰:"爲師之始,齊師者也。齊衆以律,失律則散。故師出以律,律不可失。"案孔穎達疏以律爲軍中法律,亦通。

②《左傳》宣公十二年:"執事順成爲臧,逆爲否。"否臧,即不順律,亦即失律。軍隊之行動能應合鼓、鐸、鐲、鐃之節制則吉,不能應合則凶。

《象》曰:"師出以律",失律凶也。①

【校注】

①初六當出師之前,先驗師之戰法訓練,以合律、失律狀況預觀勝敗可能,如失律,則説明軍隊訓練不善,出師將敗。案後世釋"師出以律"爲軍聲合乎六律,合則吉,不合則凶,乃爲獨特之占驗術。《周禮·春官宗伯·大師》云:"大師,執同律以聽軍聲而詔吉凶。"《史記正義》引《兵書》云:"夫戰,太師吹律,合商則戰勝,軍事張彊;角則軍擾多變,失士心;宮則軍和,主卒同心;徵則將急數怒,軍士勞;羽則兵弱少威焉。"此説失之。王引之《經義述聞》云:"蓋律者,軍之常法,若進退有度,左右有局之類是也。傳云'失律凶也',正謂不循常法以致敗亡,豈失六律之謂乎?"

九二,在師中,吉,无咎,①王三錫命。②

【校注】

①"在師",謂王在師。《集解》引荀爽曰:"王謂二也。"于鬯《香草校書》云:"師卦以一陽統五陰,則九二當爲主爻。'在師'者,謂王在師也,故《象傳》云:'在師中吉,承天寵也。'惟天子乃克承天寵。玩'承天寵'字,則在師者之爲王,昭然也。其不言'王在師',而但曰'在師'者,以王字出於下句也。此即俞蔭甫太史《古書疑義舉例》所謂文没於前而見於後例。"此説可從。"師出"、

"師中"皆連言詞。"在師中",中,内也,意謂王居於師中發號施令,而非與軍同進攻。"吉"者,謂王在師,王有吉。"无咎"者,謂師無咎,故"吉"與"无咎"當點斷。讀作"在師中吉,无咎"亦可通。

②三,言多。錫,同賜。錫命,以功行賞賜之命。未戰而言錫命者,預立賞罰。其若《尚書·泰誓》記武王會於盟津,乃告司馬、司徒、司空諸節,"必力賞罰,以定厥功"。葛洪《抱朴子·用刑》云"盟津之令,畢立賞罰",皆可明此"錫命"之義。

《象》曰:"在師中吉",承天寵也。① "王三錫命",懷萬邦也。②

【校注】

①《釋文》:"寵,鄭云:光耀也。"承受來自天之光耀,亦即得天命。案九二爲王所居,王居二而不居五者,按《九家易》説,受命爲王而未即王位,其若伐紂之武王也。"承天寵"者,言王行征伐,其正當性乃得自天命。《禮記·王制》云:"王者將出,類乎上帝,宜乎社,造乎禰。"《白虎通·三軍》云:"出所以告天何?示不敢自專也。"則王者征伐,本於天命、祖先之命,是爲"承天寵"之義。

②懷,懷柔。萬邦,四方諸侯。王者出征,諸侯從行,猶武王伐紂,八百諸侯不期而至。王頒賞罰之命,將以懷柔四方諸侯。

六三,師或輿尸,①凶。

【校注】

①或,有。輿,車。尸,同屍,戰死者。"輿尸",以車載戰死者之屍。《吕氏春秋·開春論》:"扶傷輿死。"高誘注:"死與尸同。"輿尸即輿死者,爲戰敗之象。又軍中有輿官,負責在軍後收容亡衆、遺輜,亦當包括戰死者之屍。《周禮》夏官司馬職下有"輿司馬",其職文缺。《淮南子·兵略訓》:"收藏於後,遷舍不離,無淫輿,無

遺輜,此輿之官也。"高誘注云:"輿,衆也。候領輿衆在軍之後者。"

《象》曰:"師或輿尸",大无功也。①

【校注】

①六三爲師出戰之始,失位乘剛而與上無應,初戰失利,故凶。"大无功"者,戰敗而無功。又在軍後收容輿衆者,亦無戰功。案三、四、五爻皆涉戰事,五"長子"居首有功,三"弟子"居後無功。

六四,師左次,①无咎。

【校注】

①次,軍停舍。卜辭中已見右、中、左三師。三師爲作戰陣形,凡進軍,左師、右師爲前驅,兩翼相互配合。"師左次,无咎"者,亦即師之左翼停頓不進,無咎害也。案《集解》引崔覲云:"偏將軍居左,左次,常備師也。"其説雖本晚制,然其義在仍有一師未有戰損,可爲預備,故"无咎"也。又帛傳《昭力》訓左同佐,云:"《易》曰:'師左次,无咎。'師也者,人之聚也。次也者,君之立(位)也。見事而能左(佐)其主,何咎之又(有)?"釋次爲君位,左爲佐,則"師左次"謂師能佐衛王之所在。此説亦通。

《象》曰:"左次无咎",未失常也。①

【校注】

①六四得位而承五,已出坎險,入於坤順,故雖左次,猶未失常,可以觀變以進退。案舊注以"師左次"爲師駐紮於左方,《管子·版法解》云:"春生於左,秋殺於右。"左爲陽位,爲生位,故師次於左方,可無咎害。李零《死生有命,富貴在天》云左代表陽面,山之東南,水之西北。

六五,田有禽,①利執言,②无咎。長子帥師,弟子輿尸,貞凶。③

【校注】

①田,田獵也。禽,獸也。古者田獵、軍戰爲一事,故以田獵獲禽喻指戰鬥中有所俘獲。《釋文》:"禽,徐本作擒。"則"田有禽"者,既有所擒獲,戰事獲勝之義。

②執,控制。言,猶"小有言"之言,爭吵。"利執言"者,意謂控制爭吵異議則有利。余案:戰事既勝而後有言,當謂兄弟爭功也。又案《集解》引荀爽説,二帥師禽五,李鼎祚案云:"六五居尊失位,在師之時,蓋由殷紂而被武王禽於鹿臺之類是也。以臣伐君,假言田獵。"以臣伐君,必有流言,既勝之後,則可以控制此類流言。李説亦可備參。

③長子,兄長。帥,同率。"長子帥師",言長子統率前師,意謂其擒敵之功大也。弟子,兄之弟。"弟子輿尸",言弟子負責收容於軍後,意謂其功小也。此云"長子帥師,弟子輿尸",有兄弟爭功之象,此二句或即經所舉出當時之流言,亦即"利執言"之言。"貞凶"者,兄弟爭功則傷親親之道,故而貞告爲凶。

《象》曰:"長子帥師",以中行也。①"弟子輿尸",使不當也。②

【校注】

①六五爲戰勝之爻,然不當位,故不言王,而言王諸子。二五相應,二"王三錫命",至五則據王之錫命而論諸子之功。"中行",謂中軍,《左傳》僖公二十八年:"晉侯作三行以禦狄。荀林父將中行,屠擊將右行,先蔑將左行。"長子以統帥中軍,故而有戰勝之功。

②使,役使。"使不當"者,謂役使弟子在軍後輿屍,不在軍前戰鬥,分工不同,故致弟子不若長子之功大。不當,猶云不相直也。舊注多以九二互震,故爲長子,爲君子,有德有才,可統率衆陰,故帥

師有功;六三次於長子,故爲弟子,爲小人,無德無才,以之用師,師必敗而無功。然此決非經傳之義,爲漢儒以後之衍説。余以爲,按諸經義,九二爲王,長子、弟子均爲王諸子,從師而征,雖功有不齊,然皆當有所封賞。王諸子之封建,雖有襃有德有功之義,然當以親親之道爲先。《左傳》僖公二十四年記富辰曰:"周之有懿德也,猶曰'莫如兄弟',故封建之。其懷柔天下也,猶懼有外侮。扞禦侮者,莫如親親,故以親屏周。"又昭公二十八年記成鱄曰:"昔武王克商,光有天下,其兄弟之國者十有五人,姬姓之國者四十人,皆舉親也。"《史記·諸侯年表》:"武王、成、康所封數百,而同姓五十五,地上不過百里,下三十里,以輔衛王室。"皆言封建以親親之道爲先。若僅按有功則賞,無功則罰,是賢賢之道,賢賢之道用以治臣,非施於同姓。親親重於賢賢,猶舜之封象,此爲微言大義之所在,須加闡發者也。

上六,大君有命,開國承家,①小人勿用。②

【校注】

①"大君",舊注多謂天子。"有命",天子頒布論功封賞之命。孔穎達《正義》曰:"大君謂天子也,天子爵命此上六,若其功大,使其開國爲諸侯,若其功小,使其承家爲卿大夫。"余案:帛書"大君"作"大人君",竹書作"大君子",意指大人之君,君子之大者,雖有尊崇之義,而不等於天子。綜覈《集解》引荀爽等諸説,大君謂二,而二謂受命而未即位之王,其若武王,此未王之王,故稱"大人君"或"大君子"。此大君受命之後,乃爲天子。"大君有命"之命,《集解》引干寶曰:"命,天命也。"《文選》李善注引鄭玄此卦注亦云:"命,所受天命也。"此猶云武王克紂之後,終於受命爲天子。而必自武王天命有定,然後始可以"開國承家",亦即分封諸侯、卿大夫。又諸侯、卿大夫皆自武王分有天命,實則即指諸王子及貴族也。

②"小人",從征之民衆。李鏡池《周易通義》謂小人指庶人兵衆,封
賞之事惟及貴族,庶人兵衆則不及。張爾岐《周易略説》云:"此
封建之賞,唯君子可以當之。若夫小人,雖有功,但當優以金帛,
厚之禄秩,不可用此占,使之'開國承家'也。"

《象》曰:"大君有命",以正功也。^① "小人勿用",必亂
邦也。^②

【校注】

①上六當位,天子以功封賞。"正功"者,核定功之大小,封賞相應之
等級。余案:"正功"者,必據二者,一者論功,一者按宗法親疏之
別,如唯論功之大小,不過賢賢之道耳。傳云"大君有命,以正功
也",而非云"開國承家,以正功也"者,天命尤爲正功之準則也。
此爻之核心在大君受命爲天子,而後始及大人君子之封建。《集
解》引干寶曰:"湯武之事。"是謂湯武革命,天命改易,新王世系、
宗法由此而起。《易緯·乾鑿度》曰:"師者,衆也。言有盛德,行
中和,順民心,天下歸往之,莫不美命爲王也。行師以除民害,賜
命以長世,德之盛。"鄭玄注曰:"武王受命,行師以除民害,遂享七
百之祚,可謂之長世也。"

②"小人勿用,必亂邦也"者,大人君子"開國承家",乃合宗法、國
體;小人雖或有戰功,若同樣賜以"開國承家",則宗法之制必亂,
而宗法爲邦本,故"必亂邦也"。又《三國志·魏書·武文世王公
傳》明帝誡誨趙王曹幹書,將《易》曰"開國承家,小人勿用"與
《詩·無將大車》曰"大車惟塵"視爲同義,彼詩孔穎達疏云:"作
《無將大車》詩者,謂時大夫將進小人,使有職位,不堪其任,愆負
及己,故悔之也。"亦可參考。

【疏義】

國之大事,唯祀與戎。師卦大義在於用干戚以濟世,征天下、正天

下、王天下，其功皆在師。王奉天命以興師，師出以律，論功賞罰，則民眾樂從之。又師必終於"開國承家"，故能獲長久之安定。

師必有眾，傳云"容民畜眾"，乃軍民一體之謂。經辭以用師爲主，傳特發用師必先"容民畜眾"之旨。張爾岐《周易略說》云："地中有水，水寓於地，即兵寓於農之象，故爲師。君子體之，於平居無事之時，善其政教，厚其生聚，以容保其比閭周黨之民，即所以蓄聚其伍兩卒旅之眾也。蓋民生之厚，一旦有事而用之，不患於吾眾之不足也。"

又師行必屬，雖有"田有禽"之功，亦有"興尸"之難，故師云憂也。王夫之《周易內傳》云："蓋兵者，不得已之用，不但傷生費財，且小人乘之而立功攬權。貞而不吉，既以病國戮民；吉而不貞，又爲貪功啓禍。免此二者，然後師爲可興。聖人貴生惡殺，固本靖民之情，於斯見矣。"

又或謂此師卦乃兵法之祖，卦爻辭論及用兵之方方面面，胡炳文《周易本義通釋》云："六爻中出師駐師，將兵將將，罰罪賞功，靡所不載，其終始節次嚴矣。"

比

䷇坤下坎上

比：①吉。②原筮，③元永貞，④无咎；不寧方來，⑤後夫凶。⑥

【校注】

①比，卦名，由坤☷、坎☵二單卦相重而成。《説文》："比，密也。"段
玉裁注："其本義謂相親密也。餘義俌也、及也、次也、校也、例也、
類也、頻也、擇善而從之也、阿黨也，皆其所引伸。"案比字多義，於
此比卦，比乃就國與國之間而言。《周禮·夏官司馬·大司馬》
曰："比小事大以和邦國。"鄭玄彼注曰："比猶親，使大國親小國，
小國事大國，相合和也。《易》比《象》曰：'先王以建萬國，親諸
侯。'"國與國之間，大小相維，即比卦之事。又比同庀，庀，治也。
比之事乃謂中央大國團結與治理四方小國。四方小國既來相親
近，中央大國既要團結之，又須治理之，節之以禮義，使遠近親疏，
上下貴賤，有所差別，而後得以親近其內，秩序其外。故比卦之
比，可兼二者，相親近爲內義，協秩序爲外義。李零《死生有命，富
貴在天》以爲，比爲大團結，但"它不是平等聯合，而是一圈繞一
圈，由遠及近，團結在王這個核心的周圍"，頗得比卦大義。又段
玉裁注曰："許書無篦字，古衹作比。"篦之爲用，一者可以插在頂
上，總約頭髮，一者可以疏理亂髮，使條分縷析，就此篦象理解比
卦，亦有啟發。又比卦之事徵諸史事，則其事猶天子之會盟天下。

《逸周書·明堂解》："周公攝政君天下,弭亂六年,而天下大治,乃會方國諸侯於宗周。"《禮記·明堂位》："武王崩,成王幼弱,周公踐天子之位以治天下。六年,朝諸侯於明堂,制禮作樂,頒度量,而天下大服。"或可爲比卦之參證也。

②吉,此卦之總判辭。

③"原筮",有數種解説。孔穎達《正義》云"原謂原窮比者根本,筮謂筮決求比之情。"原,探求其本。又《集解》引干寶曰:"原,卜也。《周禮》三卜,一曰原兆。"如干訓,則"原筮",即卜筮,謂臨大事兼問於卜與筮。《尚書·洪範》七曰"稽疑",有疑則"謀及卜筮,龜從筮從"。案《周禮·春官宗伯·大卜》曰:"大卜掌三兆之法,一曰玉兆,二曰瓦兆,三曰原兆。"原兆即龜坼猶如原田之紋。然則以"原"代指卜,則過於牽強,亦未有見以"玉"、"瓦"代指卜者。又竹書本原作邍,學者以邍爲經本字,邍爲原野,故訓"邍筮"爲在原野中占筮。余案:原,再也。惠棟《周易述》據《爾雅》、漢儒説,訓原爲再,"原筮"即再筮。此前朱熹《周易本義》已訓原爲再,云筮者就比事一筮之後,必再次筮之,以示審慎。朱子以爲,主比事者,一筮決斷我是否爲衆人所來比,再筮則自審我德是否可以當衆人之來比。然則此説所指再筮,皆貞問我,恐不必兩筮,且就一事占筮兩次,恐不合"初筮告,再三瀆,瀆則不告"之例。古者固有就一事一卜再卜,如《尚書·金縢》"卜三龜",一筮再筮,若《洪範》"三人占則從二人之言",然這一過程當同屬一次貞問,亦即一筮而已,不得云再三筮。經既言"原筮",亦即再筮,當謂就我一筮,就來者一筮,比之事固當關涉雙方也。此可由卦辭證之,卦辭中"元永貞,无咎"爲一貞告,"不寧方來,後夫凶"爲另一貞告,一言我,一言來者,一吉,一凶,必爲不同占筮所得。如此則"原筮"爲再筮之義明矣。

④元,首,亦可訓大。"元永貞"者,建元爲首,則可永貞。永貞,即貞

問是否得長久。坤用六《象》曰:"永貞,以大終也。"以君爲元,爲首,爲大,天下比之於元,則得長久之正固。《詩·皇矣》曰:"王此大邦,克順克比。比于文王,其德靡悔。"依三家《詩》義,此謂文王治理天下,天下能順能比,其所順所比者,以文王爲元,爲首,爲大也。又王國維《觀堂集林·周開國年表》云:"元祀者,受命稱王配天改元之謂。""元永貞"之元,義通"元祀"之元。

⑤"不寧方",此前未順服之方國。孫詒讓訓《周禮·考工記·梓人》之"不寧侯"爲不安順之諸侯,"不寧方"則可訓不安順之方國。來,向我爲來,來歸順,或來盟會。"不寧方來"者,邊遠未化之方國,或此前未順服之方國,皆來與盟會,歸順於王。《詩·殷武》:"昔有成湯,自彼氐羌,莫敢不來享,莫敢不來王,曰商是常。"《古文尚書·大禹謨》:"四夷來王。"即爲此義。

⑥夫,代指人。"後夫"者,後於盟會而至之人,則不在約盟者之列,故不受盟約之庇護,或將罹凶。《國語·魯語》記仲尼曰:"丘聞之,昔禹致群神於會稽之山,防風氏後至,禹殺而戮之。"

《象》曰:比,吉也。①比,輔也,下順從也。②"原筮,元永貞,无咎",以剛中也。③"不寧方來",上下應也。④"後夫凶",其道窮也。⑤

【校注】

①比爲天下會同,相互親比,乃爲吉事。《集解》引干寶曰:"四方既同,萬國既親,故曰'比吉'。"孔穎達《正義》曰:"言相親比而得吉也。"

②《爾雅》:"比,俌也。"《説文》:"俌,輔也。"段玉裁注:"謂人之俌猶車之輔也。"於此比卦乃謂人與人,故當作:"比,俌也。"孔穎達《正義》訓輔爲人來相輔助。余以爲,輔在此訓依附、親附之附更切比義,《逸周書·柔武》:"四曰維勢是輔。"朱右曾《逸周書集訓

校釋》：“輔，附也。”

③“剛中”謂九五，王之位。九五以剛中統其下四陰，爲盟會之首。案卦辭言“元永貞”者，即據九五言之，九五爲元，據此元而相比，又得永貞也。王弼注曰：“夫群黨相比，而不以‘元永貞’，則凶邪之道也。若不遇其主，則雖永貞而猶未足免於咎也。使永貞而无咎者，其唯九五乎？”按王説，比必有主，主即元，元即九五。

④“上下應”者，上謂九五，下謂其下四陰，意謂王在上而其下皆應之，四方諸國包括“不寧方”，均能來王。王弼、孔穎達説“上下應”爲上陰與下陰皆應五，恐非。

⑤《集解》引荀爽、虞翻説，“後夫”謂上六，其後於九五。此爲未能及時應五者，依王弼、孔穎達説，下四陰上應九五，親比之道已成，後來者則衆嫌其離貳，故凶。“其道窮”者，其參與親比之道窮困而不通，有不爲友則爲敵之義。《集解》引荀爽曰：“後夫謂上六，逆禮乘陽，不比聖王，其義當誅，故其道窮凶也。”

《象》曰：地上有水，比。①先王以建萬國，親諸侯。②

【校注】

①此釋上下卦象，坤爲地，坎爲水，合而爲比。孔穎達《正義》曰：“地上有水，猶域中有萬國，使之各相親比，猶地上有水，流通相潤及物，故云‘地上有水，比’也。”案地上有水，水潤萬物，爲親比之義，固是矣；而《集解》引虞翻説，謂水性流動，是“不寧”之物，故對於地上之水，必加疏堰治理，而後可以無患，此義亦不可失也。

②孔穎達《正義》曰：“‘建萬國，親諸侯’，非諸候以下之所爲，故特云‘先王’也。”《説文》：“建，立朝律也。”段玉裁注曰：“今謂凡豎立爲建，許云建朝律也，此必古義，今未考出。”此言“建萬國”，非建立新國，當謂建立萬國之序，猶一國内之建朝律。進而言之，凡建立一國，必使其安位於天下萬國之序。孔穎達《正義》釋“建萬國”爲割土而封建之，非是。案天子大會方國、諸侯，建萬國爲禮，

親諸侯爲仁,比之義,有親有序焉。《象》此言揭示比之爲義在天子與諸侯之間,亦爲比事關乎盟會之確證。商周政體皆由部落、方國聚合而成,須藉由盟會實現大一統也。

初六,有孚,比之,无咎。①**有孚盈缶,**②**終來有它,吉。**③

【校注】

①有孚,守信。此言"有孚",意謂比之雙方當共同守信。天子會盟天下,以有孚爲至關重要之前提,一則有孚於人,天子、諸侯共守信於盟約,一則有孚於天,盟誓必祭天地鬼神。《左傳》定公元年:"縱子忘之,山川鬼神,其忘諸乎?"故"有孚",然後可"比之,无咎"。另如釋此句爲聖王有信於天下,則天下皆來親比,《集解》引荀爽曰:"聖王之信,光被四表,絶域殊俗,皆來親比,故无咎也。"於義亦通。

②此言"有孚",謂有孚之人,亦即守孚信而來比者。《説文》:"缶,瓦器,所以盛酒漿。"盈缶,即酒漿滿溢於缶。"有孚盈缶"者,謂有孚來比者得到滿缶之酒漿禮遇之。

③終,同既。"終來",既已來也。《釋文》:"它,本亦作他。"它、他爲古今字。《玉篇》:"它,非也,異也。"案《易》言"有它"皆不吉之象,如大過"有它吝",中孚"有它不燕"。於此卦,"有它"意指非順服於我,有異於我,可能爲我之患者,同於"不寧方"。"終來有它,吉"者,天子有孚於天下,致邊遠之"有它"既已來歸順,故"吉"。"有它"不來,則後患無窮矣。

《象》曰:比之初六,有它吉也。①

【校注】

①初六不當位而遠於九五之王,當爲"不寧方"、"有它"所居。若處僻遠之地而未化之"不寧方"、"有它"亦已有孚而來,則吉也。案《集解》引荀爽云:"缶者應内,以喻中國。孚既盈滿中國,終來及

初,非應,故曰它也。《象》云'有它吉'者,謂信及非應,然後吉也。"荀意二、三、四互坤爲缶,自二上應五,皆爲缶內,爲中國,初則在缶外、中國之外,爲非應之它,若亦能來親比,然後乃云吉。是以中國與化外方國爲對言。又《後漢書‧魯恭傳》魯恭上疏云:"夫人道義於下,則陰陽和於上,祥風時雨,覆被遠方,夷狄重譯而至矣。《易》曰:'有孚盈缶,終來有它,吉。'言甘雨滿我之缶,誠來有它而吉已。"亦是以我當中國,夷狄當"有它"。

六二,比之自內,[①]貞吉。

【校注】

①比者,有序相親,其序始自內。比之言內、外,可申三義。其一,《公羊傳》成公十四年:"《春秋》內其國而外諸夏,內諸夏而外夷狄。王者欲一乎天下,曷爲以外內之辭言之?言自近者始也。"是明內外之義以別中國、諸夏、夷狄。"比之自內"者,先使中國有序而相親,再使諸夏、夷狄有序而相親。其二,就中國言之,內爲親親,外爲賢賢,先使同姓相比,再使異姓相比。其三,就聖人君子而言,內德而外行,先有親仁之德,後有崇禮之行。三義皆通,亦可合而爲一。

《象》曰:"比之自內",不自失也。[①]

【校注】

①初"有它",外國也;二稱"內",中國也。六二居中得位,應於五,二、五之比乃比之根本也。"比之自內,不自失也"者,意謂欲比他國,先比我國,欲比他姓,先比我姓,故必內比不失,然後可以外比也。又《集解》引崔覲曰:"自內而比,不失己親也。"則比之自內,亦即自比我之親親爲比之始也。

六三,比之匪人。[①]

【校注】

①匪,非也。"匪人"者,《集解》引虞翻曰:"匪,非也。失位無應,三又多凶,體剝傷象,弑父弑君,故曰'匪人'。"又《集解》引干寶説,以"匪人"喻管、蔡之流。如此説,則"比之匪人"即指内比而後,其中含有不當親比而親比之人。又《釋文》曰:"王肅本作'比之匪人,凶'。"余案:"比之匪人"或非將不當親比之人納入比序,而是在比之過程中將之去除。匪,可訓分,"比之匪人"即在比事中分出某種人。若舊説比序中含有不當親而親之人,終將有害於比,故王肅本多一"凶"字爲是。然王弼本、《集解》本、上博本、帛書本均無"凶"字,可知此爻未必凶,既將不當親比之人分出,則可避免凶也。

《象》曰:"比之匪人",不亦傷乎?①

【校注】

①傷,損害。"比之匪人",猶比衆之中有害群之馬,將有所損害於比。六三之比,猶屬内比。李道平《周易集解纂疏》云:"比建萬國,而有同姓匪人以傷王政,必去其人,然後無弑父弑君之憂矣,否則傷之者至矣。"余案:如取前注余説,將"匪人"釋爲比中淘汰者,則傷可訓缺,亦即歎息有所缺也。

六四,外比之,①貞吉。

【校注】

①外,相較内而言。"外比之"者,向外比之,由内及外,由近及遠,由親親及賢賢,亦使之有序而相親。

《象》曰:外比於賢,以從上也。①

【校注】

①賢,賢臣,亦謂賢能、賢才。比於賢,意謂比之事施諸臣,使臣按賢

賢之道而成比。"以從上"者,五爲上,使四之上從於五,亦即使臣從於君。案經云"比之"者,謂治某一事,使之成比。此爻云"外比之",猶云使在外者成比,與在內者成比對言。《象》云"外比於賢",則進一步解釋"外比之"之義爲"比於賢",亦即使在外者按賢賢之道成比。尤當措意者,周人以親親之道治親,以賢賢之道治官,而此比卦適謂內比以親爲主,外比以官爲主,"比之自內",言比於親,"外比於賢",言比於官。《集解》引干寶曰:"四爲三公。在比之家而得其位,上比聖王,下御列國,方伯之象也。"干寶説四爲三公,三公爲官之長,三公上從君,下總百官,是爲外得比,亦爲"比於賢"。又案:若四爲三公,五爲君,則四之近五,猶三公之位之最近乎君位。汪中《述學·明堂通釋》嘗描述周公大會天下諸侯之明堂,其制天子之位,負斧扆,南面立,公卿士侍於左右;三公之位,在中階之前,北面立;侯、伯、子、男則在三公之下分列東西。四門之外,則九夷之國在東,八蠻之國在南,六戎之國在西,五狄之國在北。

九五,顯比。^①王用三驅,失前禽,邑人不誡,吉。^②

【校注】

①"顯比"者,顯,明也。"顯比",舉行田獵,以公開彰顯比事。孔穎達《正義》曰:"此假田獵之道,以喻顯比之事。"鄭玄謂此即習兵於蒐狩焉。蒐狩即行大蒐禮,大蒐禮亦爲會盟之一種,其禮按四季行田獵,大會天下。

②此數句爻辭乃言田獵之事,然又非叙事,乃以之喻比合衆國之事。"三驅"者,《釋文》:"驅,鄭作毆。"《集解》本作毆。竹書本、帛書本皆作驅,唯帛傳作毆。何爲"三驅"?《釋文》:"馬云:一曰乾豆,二曰賓客,三曰君庖。"王弼注曰:"夫三驅之禮,禽逆來趣己則舍之,背己而走則射之,愛於來而惡於去也,故其所施,常'失前禽'也。"孔穎達《正義》謂先儒皆云"三度驅禽而射之也",褚氏諸

儒皆以爲"三面著人驅禽"。又《左傳》桓公四年孔穎達《正義》曰:"《易》比卦九五'王用三驅,失前禽',鄭玄云:'王者習兵於蒐狩,驅禽而射之,三則已,法軍禮也。失前禽者,謂禽在前來者,不逆而射之,旁去又不射,唯背走者,順而射之,不中則已,是其所以失之。用兵之法亦如之。降者不殺,奔者不禦,皆爲敵不敵,已加以仁恩養威之道。'是説三驅之事也。狩獵之禮,唯有三驅。"《周禮·秋官司寇·士師》賈公彦疏亦引此鄭玄《易》注,文字基本相同。余案:上述諸説,或略而不詳,或詳而未審,兹不一一辯駁,試爲一通説。王者行蒐狩,先使邑人驅禽入於田,邑人之預先驅禽,四面合圍。而當王者將獵,王占一面,邑人占三面,褚氏所謂"三面著人驅禽"即此情況。而"王用三驅",驅非邑人驅禽之驅,《集韻》:"驅,《説文》:'馬馳也。'古作敺,或作毆。"驅同敺,"王用三驅"即王馳而射禽,共行三度。王射之時,有射有不射:禽背我而走者,我自後射之;而禽迎面而來者不射,左、右旁去者不射,背我而走一射不中者,亦不再射。必射之當宜,乃可以供祭祀之用。而所謂"失前禽"者,在王之前,或迎面而來,或左右旁去,或背走而一射不中者,皆屬其類。鄭云"是其所以失",賈疏作"是皆所失",可知非唯趣己者謂"前禽"也。失亦可讀佚,"佚前禽",亦即凡三驅之後未被射中之禽,皆可任其逃逸。"邑人不誡"者,意謂王三驅之後,邑人乃解除田之圍,放走所餘之禽。誡,竹書、帛書、《集解》本均作戒,阮元《校勘記》:"石經初刻作戒,後改。"當作戒。戒,警戒,猶云阻攔。至於馬融釋"三驅"爲乾豆、賓客、君庖,乃射後之用禽,是間接爲説,抑或其以此喻爲王所射取者將獲得之不同地位。余案:此爻乃以田獵喻比,比乃比合衆國,其關鍵在於爲王所射獲之禽,乃喻願與我比合之國,而未中射而失走之禽,則喻不願與我比合之國。古之部落方國間之聯盟,乃出於自願,故不願與比者,尚可離開也。

《象》曰:顯比之吉,位正中也。^①舍逆取順,"失前禽"也。^②"邑人不誡",上使中也。^③

【校注】

①九五爲正中之位,王之位。王既比天下,且彰顯之,爲吉。

②舍,捨棄。逆,迎面而來。順,與我同方向,亦即背我而去。"舍逆取順",釋"失前禽",孔穎達《正義》謂禽逆來向己者不射而捨之,順去背己而走者射而取之。余案:就爻辭言之,當以中射者喻願比我者,未中射者喻不願比我者,而我唯射取順我也。逆、順言來比者之情志,而舍、取言爲我之對待,逆我則舍,順我則取也。

③"上使中"者,上謂九五,二、五爲中,五爲中,五又使中,必使二。比卦唯二五相應,故五可以使二。又中,可訓内,此傳承"邑人不誡"而言"上使中",意謂上役使順取在比序之内者,而在比序之中者,唯二最堪五使。案五一陽爲卦主,群陰來比五,然能爲五所取,列入比序者,則不盡同。其若二、四同功,遂成内、外之比;三在内而"匪人",上在外而"无首",皆比事所棄者也。

上六,比之无首,^①凶。

【校注】

①"比之无首",竹書、帛書、阜陽本皆無"之"字,可從。此爻應卦辭"後夫凶"。比之有"首",亦即卦辭之"元",此首爲五,上後於五,猶謂錯過時會而來比,則無可比之首,故而凶也。

《象》曰:"比之无首",无所終也。^①

【校注】

①終,歸,歸依。"无所終"者,無所歸依。案陰當以陽爲首,上六無首,即不能以五爲首。上六居九五之後,錯過九五比初、二、三、四之比,故不能納入既成之比序,可謂失時、失道。王弼注曰:"'无

首'，後也。處卦之終，是'後夫'也。親道已成，無所與終，爲時所棄，宜其凶也。"略得傳義。余案：據九五言之，不得入比序者有二：一"失前禽"所喻參與比會而不合比者，此類方國，雖不合比而猶可云"吉"；一"後夫"之未能及時參與比會者，此類方國，必罹"凶"矣。

【疏義】

比之大義在於親親、賢賢而有序，其能聚合衆人、聚合方國，然後依親親、賢賢之道，依國家聯合之禮，建立大一統之秩序。

比必有元、有首，是比序建立之極，於卦爻論之，即九五一陽爲尊。彭作邦《周易史證》云："比以一陽居中而撫五陰，乃一人建極於上，而四方萬國順而從之，此大同之世，一人首出，億兆蒙麻。三代以後無復此景象矣。"語雖誇飾，然以此比序當乎三代封建之世，天子建萬國，親諸侯，則爲得義也。

九五一陽爲尊，必有相應之德，方足以當萬國之來比。朱熹《周易本義》釋"原筮"爲再筮，謂"以一人而撫萬邦，以四海而仰一人"之一人，"必再筮以自審，有元善長永正固之德，然後可以當衆之歸而無咎"。有德然後成比。

而比自初始，必以誠信，能公而無私，始終如一，始能致四方來比。王弼注初六爻辭，頗發此義。又自卦爻關係論，比卦群陰比五，而唯二、五正應，最有孚信，可謂比中之主幹。王夫之《周易外傳》云："當比之時，群方咸附，五之得衆，蓋莫盛焉。……群陰之比於五也，豈無所效哉？小人樂得其欲，報以奔走；君子樂得其道，報以忠貞。而二以柔得位，與五爲應，則五所懷集，莫有先焉。是大海之有江、漢也，太山之有云、亭也，夾輔之有周、召，列侯之有晉、鄭也。"

程頤《易傳》釋此比卦，則尤重比中所含親親、仁仁之義。其云："凡生天地之間者，未有不相親比而能自存者也，雖剛强之至，未有能獨立者也。比之道，由兩志相求，兩志不相求則睽矣。君懷撫其下，下親輔於上,親戚、朋友、鄉黨皆然,故當上下合志以相從。苟無相求之意,則離而凶矣。"又程釋"王用三驅",用天子田獵不合圍説,云"天子之畋,圍合其三面,前開一路,使之可去,不忍盡物,好生之仁也"。此説雖不合經義,然有其來源,且影響甚廣,幾成後世"王用三驅"通説,"好生之仁"云云,亦宋儒津津樂道者也。

小 畜

䷈乾下巽上

小畜：①亨。密雲不雨，自我西郊。②

【校注】

①小畜，卦名，由乾☰、巽☴二單卦相重而成。《釋文》云：“畜，本亦作蓄，同敕六反，積也，聚也。卦內皆同。鄭許六反，養也。”畜、蓄同音同義，皆取積聚義。帛書小畜作“少𡪠”，《易之義》又作“小蓄”。《説文》：“畜，田畜也。”段玉裁注：“田畜謂力田之蓄積也。艸部曰：‘蓄，積也。’畜與蓄略同，畜從田，其源也；蓄從艸，其委也。”亦即畜言自田所産者，蓄言田産之委積，皆與稼穡有關。鄭玄之訓養，則關乎畜養，於此卦亦可謂積聚而後施用爲養也。又案于省吾《雙劍誃易經新證》據《歸藏》逸文之“小毒畜”、“大毒畜”，釋“小畜”爲小厚積，“大畜”爲大厚積，二者皆爲厚積。舊注有云大畜爲厚，小畜爲薄，非也。按諸大畜、小畜之卦義，其大小之別，大者爲國之畜，小者爲家之畜。故“小畜”者，謂家庭之積聚田穀，泛言則謂積蓄財貨，此一重義；既有田穀、財貨，又能依倫理秩序分配之，以盡其養，此又一重義。李道平《周易集解纂疏》釋《序卦》“比必有所畜”云：“蓋必比閭族黨之法行，而後稼穡樹藝之事作，故曰‘比必有所畜’。”是畜之事必關乎比閭族黨，亦即倫理秩序也。

②"密雲不雨"者,陰雲密布而未下雨。"自我西郊",舊注或謂密雲起自我之西郊,如孔穎達《正義》云:"'自我西郊'者,所聚密雲,猶在我之西郊,去我既遠,潤澤不能行也,但聚在西郊而已。"然據爻辭中有車在道,牽復而歸家之象,其情境當爲我在西郊之時,密雲積聚於頭頂之上,以有此憂患,遂生載田産歸家之意。此由"自"連接之句式,前後各一事態,前一事態或依據後一事態,自訓由也,從也。亦有前後事態爲並列關係,自乃表示二事態處在同一過程,即我在後一事態之際,前一事態同時發生。"密雲不雨,自我西郊"二句卦辭各有主語,爲並列關係,"密雲"在西郊,"我"亦在西郊,即當我在西郊時,天上密雲不雨。又"密雲不雨"謂天上積雲,有積蓄之象;"自我西郊"乃以車載物歸家之起點,此舉亦有積蓄之象。然彼積蓄非此積蓄,據鄭玄説,前句象紂之積蓄,後句則謂文王之積蓄,其義必分而釋之。《太平御覽》引鄭注云:"密,静也。雲静止不雨,喻紂恩澤不加於民也。不雨之災,自其君也。西郊,亦謂文王也。"推鄭之意,"密雲不雨"謂紂之不施恩澤於此西郊,而文王在西郊,憂患其災,惟有自行積蓄。故"自我西郊"意謂文王在西郊開始自行積蓄,明畜事之始由也。上不施則下自畜,乃此小畜卦大義之一。

《彖》曰:小畜,柔得位而上下應之,①曰小畜。健而巽,②剛中而志行,乃亨。③"密雲不雨",尚往也。④"自我西郊",施未行也。⑤

【校注】

①"柔得位"者,六四當位,爲此卦之義所在。此卦一陰而五陽,舊注以少者爲多者所宗,故此卦陰爲陽主,曰"上下應之"者,上下五陽皆應此陰。余案:六四爲畜主,其下應謂九三家人分其畜,其上應謂九五鄰人分其畜,而其畜皆本自我之積蓄,故云"小畜"。

②此釋上下卦,乾爲健,巽爲順。

③“剛中”謂九二,九二剛居柔中,故特明之。又九二牽復,不可停留,故當“志行”。志行則亨,不志行則不亨。乃,難辭,言非剛中而志行,則不能亨也。案此亦明“健而巽”之義,非二之“剛中而志行”之健,則不能得四之“上合志”之巽。

④尚同上。上往,即密雲在上滾滾而過。京房《易傳》有云:“小畜之義,在於六四,陰不能固,三連同進,《傳》曰:‘密雲不雨,尚往也。’”案“三連”爲下乾三陽,密雲之象。帛傳《易之義》謂“密雲”爲“陰之失”,失在少陰,少陰則密雲不能成雨。下乾三陽,不能被陰所固,故同往上行,猶密雲滾過天際而不雨。

⑤施,施惠於他人,蓄與施適相反。“自我西郊”,意謂我在西郊開始自我積蓄,而既積蓄,則不施惠於他人,故云“施未行也”。案《集解》引荀爽曰:“時當收斂,臣不專賞,故‘施未行’,喻文王也。”推荀氏之意,文王當此,惟積蓄而不廣施。

《象》曰:風行天上,①小畜。君子以懿文德。②

【校注】

①此釋上下卦象,巽爲風,乾爲天。孔穎達《正義》云:“今風行天上,去物既遠,無所施及,故曰‘風行天上’。”案風雲一體,“風行天上”即“密雲不雨”過天際,按前揭鄭玄説,乃象商紂不施天下。《易緯·稽覽圖》以“多風,少雨,民苦”説此小畜卦。而當此云“小畜”者,則意謂既不得上施,惟自畜也。

②《集解》引虞翻曰:“懿,美也。”案懿亦可訓深,《詩·七月》:“女執懿筐。”《毛傳》曰:“懿筐即深筐也。”於此傳懿訓深,則有深藏之義。《周禮·考工記·梓人》:“必深其爪。”鄭玄注曰:“深,猶藏也。”“文德”者,陰柔之德。《説卦》以坤爲文。《易之義》以坤之“牝馬”爲文德,又曰:“川(坤)六柔相从順,文之至也。”又曰:“柔而不狂,然後文而能勝也。”皆以文德爲陰柔之德。“懿文德”者,

深藏文德,於此卦則意謂六四深藏其陰柔之德於諸陽滾過其上
之際。

初九,復自道,[①]何其咎?吉。

【校注】

①復,歸復。王引之《經義述聞》云道者,路也,所以行也,同"履道
坦坦"之道。王氏又以爲"復自道"有不行之象,其云:"九三'輿
説輹',九二'牽復',皆有不行之象,則初九亦出無所往,自塗而
復,故曰'復自道'也。"案王氏所云不行,不往外行也,轉而歸復
還家。《集解》"車説輹"下引虞翻云"馬君及俗儒皆以乾爲車",
則按馬融等説,下三爻皆當以車爲象。故"復自道"者,當上承卦
辭,謂密雲不雨之際,以車載財貨沿大路歸復還家。車載財貨云
云,可由下二爻知之。

《象》曰:"復自道",其義吉也。[①]

【校注】

①義,宜也。密雲不雨,是可憂慮者,當此須變通,不之外而復家,故
此"復自道",有變通之宜。《荀子・大略》云:"《易》曰:'復自道,
何其咎。'《春秋》賢穆公,以爲能變也。"董仲舒《春秋繁露・玉
英》云:"凡人有憂而不知其憂者,凶;有憂而深憂之者,吉。《易》
曰:'復自道,何其咎?'此之謂也。"是謂"有憂而深憂之",故"復
自道"。又帛傳《易之義》云:"小蓄(畜)者,[得]之未□也。"亦
有未雨綢繆之意。又王弼注以爲初九當位,初與四相應,故其義
當吉。亦通。

九二,牽復,[①]吉。

【校注】

①牽,帛書作堅。堅爲掔省,同牽。《集韻》:"牽,《説文》:'引前

也。'古作揫、撁。"案牽從牛,在此謂以牛引車,"牽復"者,以牛車載財貨而復。此爻要義在車,財貨皆聚斂裝載在車中,故吉。

《象》曰:牽復在中,亦不自失也。①

【校注】

①"在中",在車中。"不自失",猶云自守。案比六二《象》云"不自失",謂不失己親;此傳云"不自失",謂不失己財也。又失同佚,比之"不自失",意謂不使己親分散,比之有序;此之"不自失",不使己財分散,蓄之在中也。推闡其義,四爲小畜之主,當四則以其所蓄施養,是將散其財;而當二,則剛中自守,不散其財。惟二不散其財,故四乃有蓄可施,二、四同功,二見此卦之蓄義,四則見其養義也。

九三,輿説輻,①夫妻反目。②

【校注】

①"輿説輻",竹書大畜卦作"車敓复",帛書作"車説緮",《集解》本作"車説鞴"。作"輻"者非,當從《集解》本作"鞴",或從帛書本作"緮"。輿同車,即裝載財貨之車。説同挩,《釋文》:"説,《説文》云:解也。"王筠《〈釋文〉校跋》謂陸本之"説"當是"挩"字。竹書敓,同奪。《説文》:"敓,彊取也。"朱駿聲《説文通訓定聲》:"經傳皆以奪爲之。"注家徑謂説同脱,固通;然則訓脱,似謂意外脱落,而讀如挩、敓,則顯主動拆解之義。《釋文》:"輻,本亦作鞴,音服。馬云:車下縛也。鄭云:伏菟。"鞴作爲專名,指車下縛車軸之處。舊注據此釋"輿説鞴",指車軸之縛意外脱落,爲車行中途發生事故之象。余案:此卦之鞴,當與大壯卦"壯于大輿之鞴"之鞴同一部位,而就大壯言之,鞴不可能位在輿下,詳參大壯注。馬融云:"車下縛也。"《釋名》:"縛,在車下,與輿相連縛也。"鞴通縛,然縛亦可泛指束縛物,不必專指車下縛軸。余以爲,帛書作緮,緮

即縛,然非指車下縛軸,乃指車上縛物,亦即車上蒙覆之布也。古載物之車曰輜,凡輜車皆上有遮蔽。以車載物,外加布蒙覆以蔽之,即車縛,亦即車緮、車輹。此爻"輿説輻",確切當讀"車敓緮",即車上之蒙覆被主動揭開、拆解,而車脱掉蒙覆,則財貨顯露在外,或謂車上之財貨將被卸載矣。

②"夫妻反目"者,夫妻間發生爭執,互不正視之貌。據前注以"輿説輻"爲財貨顯露、車卸載之象,則繼之當分配財貨,於是遂有夫妻因爭奪財貨而起爭執,乃至反目。案此夫妻爭財之義,迄今未經發明,舊説多以古代家庭財産盡歸夫方所有,甚至婦女亦皆爲夫方所有,故不解夫妻間亦有財産分配問題。而徵諸人類學家之研究,婚姻關係必關涉夫妻財産關係,在初民社會中,夫方雖擁有絶大部分財産權,妻方亦可能擁有一定之財産權,其財産權雖不及土地屋宇之類不動産,然可領有部分家畜、器物之類動産。此種夫妻財産關係雖非四海一律,但在農耕游牧民族中常見。[1]以此説比例,小畜卦載歸之財貨,當屬動産,故而應有家庭中夫妻分配之問題。此類夫妻爭財之事,或未有確證,然則妻方可擁有自有財産,當屬無疑。退而求其次,此處夫妻可爲家人之代指,"夫妻反目"意謂家庭内部之爭財,庶幾近之。

《象》曰:"夫妻反目",不能正室也。①

【校注】

①《禮記·曲禮》鄭注云:"室,稱妻也。""不能正室"者,不能正妻室。孔穎達《正義》謂九三爲夫,上九爲妻,三、上不應,故"夫妻反目",夫不能正妻。余案:九三當位,故過不在己;而上九不當位,且有婦强之象,故在此爻猶言上之强婦來爭三之夫財。

六四,有孚,①血去惕出,②无咎。

___

[1] 參見羅維《初民社會》第九章"財産",商務印書館,1935年。

【校注】

①孚，信也。六四之"有孚"乃承前爻"夫妻反目"，謂當此爻夫妻間已有信。若上爻"夫妻反目"言家人間爭奪財產，至此爻"有孚"則意謂家中財產分配已成其功，家人相互有信，不復爭奪也。

②《釋文》："血，馬云當作恤，憂也。"惕，懼也。"血去惕出"，即憂懼消去。前"夫妻反目"，則生憂懼，若"有孚"，則可以去除憂懼。

《象》曰：有孚惕出，上合志也。①

【校注】

①"有孚惕出"，略引爻辭。"上合志"者，意謂六四上合九五之志。案凡傳云"上合志"者，乃謂此爻協同其上一爻以實現共同之志，且傳云"上合志"之爻必與其上一爻陰陽和合。六四爲小畜之主，然其當陰位，爲臣，故須上合九五君志。六四、九五皆曰"有孚"，則是合志之兆。二、四同功，二剛中自守，是"獨富"之象，四上合五志，而五"不獨富"，四亦"不獨富"，乃散財於家焉。

九五，有孚攣如，①富以其鄰。②

【校注】

①九五有孚，不同於六四有孚於內，乃有孚於外。《釋文》："攣，馬云：連也。"《集解》引虞翻曰："攣，引也。"攣如，相互連接、牽繫不絕之貌。又帛書中孚卦九五"有孚攣如"作"有孚論如"，《詩·靈臺》："於論鼓鐘。"鄭箋："論之言倫也。"《釋名》："論，倫也，有倫理也。"故知"攣如"所狀，亦有倫理秩序之義。

②富，財富。《集解》引虞翻曰："以，及也。""富以其鄰"，即富及其鄰。《說文》："鄰，五家爲鄰。從邑粦聲。"《漢書·揚雄傳》有顏師古注："鄰，邑也。"鄰爲與我家相鄰之家，相鄰之家當不出本邑。我家既富，再富及相鄰之家。《廣韻》："鄰，近也，親也。"而此近也者，親也者，皆當在"有孚攣如"之範圍內。故"富以其鄰"者，

意謂在以我爲中心之倫理秩序內分配其財貨,乃使與我相親近者共富也。

《象》曰:"有孚攣如",不獨富也。[①]

【校注】

①九五爲尊位、王位,爲倫理之元,而在此卦,惟謂君子,意謂君子當依倫理秩序廣施其德,内外皆得其養,故云"不獨富也"。四散財於家,五散財於鄰,此卦之大義始成。

上九,既雨既處,尚德載。[①]婦貞厲,[②]月幾望,[③]君子征凶。[④]

【校注】

①既,已也。"既雨",雨既下落。處,猶留也。"既處",猶云下落之雨被接受、保留。尚,同上。德,帛書、阜陽本、《集解》本均作得,當從。載,載負,亦即承受。"上得載",即自上而降之恩澤,得在下者之載負、承受。案前揭鄭玄説,卦辭"密雲不雨"喻紂王之恩澤不加於民,此爻曰"既雨",固非紂王又施恩澤,當喻文王自畜之後又施恩澤。經四、五兩爻,下乾所蓄之財在上巽已得合理分配,經義亦由蓄轉爲養也。

②婦,帛書作女。"婦貞厲"者,女子占問,貞告有危厲。案於此小畜,婦喻爭財者。又婦喻臣,臣於此爻,不當與君爭勝。

③幾,近也。《釋文》:"《子夏傳》作近。"舊注多以"月幾望"爲近於十五、十六月望之日。然若此經言"幾望"足矣,何以贅言"月"?帛書本作"月幾朢"。朢,專指日月之望,亦用以表示君臣關係。《説文》日月之望作朢,瞻望之望作望,兩字不相混用,以望言日月,乃假借也。案日月行速不同,導致兩種月象,《漢書·五行志》云:"晦而月見西方謂之朓,朔而月見東方謂之仄慝。"孟康注:"朓者,月行疾在日前,故早見。仄慝者,行遲在日後,當没而更

見。”此兩種非常月象，均兆示陰陽不協，《五行志》云：“劉向以爲朓者，疾也，君舒緩，則臣驕慢，故日行遲而月行疾也。仄慝者，不進之意，君肅急，則臣恐懼，故日行疾而月行遲，不敢迫近君也。”故此卦云“月幾望”者，當指朓象，《五行志》引京房《易傳》云：“‘婦貞厲，月幾望，君子征凶。’言君弱而婦彊，爲陰所乘，則月並出。”

④征，出行。君子當此爻而離家出行，必有凶險。

《象》曰：“既雨既處”，德積載也。①**“君子征凶”，有所疑也。**②

【校注】

①《集解》本德作得。案經“尚德載”，讀若“上得載”，意謂自上而降之恩澤，得在下者之載。而在下者所載者，亦即上之德也，故於傳“德積載”不宜改讀“得積載”。德，君子之德。蓄而不施，是財貨之積；蓄而後施，是恩德之積。載，載物。前云以車載物，此云以車載德。小畜始於蓄財，終於蓄德，亦即傳云“君子以懿文德”也。

②“有所疑”者，乃疑於“婦貞厲”、“月幾望”之徵兆，故不當再有所往。案上九爲陽爻之象，而此爻象爲婦強夫弱，臣強君弱，君子值此際不宜出行之外，之外則不能守內，內必生亂也。

【疏義】

小畜所說關乎以家爲中心之財產關係，具體涉及積蓄、分配、施與諸環節，固爲古代政教不可或缺之重要功用。小畜始自憂患，上不施乃下自畜，而畜兼有蓄、養二義，財貨之蓄，終以養人，故積蓄而後施與，富及家人、鄰人，藉此充實以我爲核心之倫理秩序。又小畜兼有蓄財、蓄德二義，蓄財猶蓄德，財之積蓄與施與，與德之積蓄與施與，其事功一也。

卦辭兩言“有孚”，可知財產之積蓄與施與，皆須在“有孚”之範圍內，四之有孚範圍爲家，五之有孚範圍爲鄰，說明這種財產關係局限在其親、其近，並非廣被也。注家或取文王爲喻，言文王之自畜，僅限在西岐，並不代天子施恩天下。小畜之小，恰在於此。

就卦爻論之，小畜卦一陰五陽，以六四爲卦主。六四爲卦主，其關鍵在於下應於初，上合五志。六四當位應初，初"復自道"，初所載財貨，歷二、三而後皆爲四畜，故曰四畜初，可也，曰四畜下乾，亦可也。然四並不畜五、上二陽，卦自四上合五志，則轉蓄爲施，五、上兩陽皆有散財之象。《彖》云"柔得位而上下應之"，四之應下與應上有所不同，應下以蓄，應上以施。小畜卦勢下乾三陽上行，六四以柔繫之，然繫之不能固，故五、上乃可視爲未能繫住之二陽。陽在內謂之蓄，陽在外可謂之施，此一由蓄轉施，正轉蓄財爲蓄德，乃小畜之大義所在焉。

又除初、四剛柔相應之外，二與五，三與上皆不應。二、五皆剛中，而二不當位，故自守而不施；至五當位，故能富及其鄰。三、上皆陽，然在此卦，君子懿文德，以陰柔爲德，陽之勢力反由女方體現，三、上皆有陽亢之象，均兆示夫弱婦強，由此知《象》所明"正室"之義，亦爲理解小畜卦之關鍵也。

履

☷兑下乾上

履虎尾,[①]不咥人,亨。[②]

【校注】

①按經文例,首"履"字應重讀,當作:"履,履虎尾,不咥人,亨。"履,卦名,由兑☷、乾☰二單卦相重而成。履,行走也。帛書履作禮。《釋文》:"履,禮也。"履,通禮。《詩·長發》:"率履不越。"《毛傳》:"履,禮也。"《韓詩》作"率禮不越",履、禮古通。《釋名》:"履,禮也,飾足所以爲禮也。"訓履爲禮,意謂行走之動作有禮儀也。案此卦之履,逐次言履者行走之諸情狀,尤當於各爻確定履者之位置、其行動方向,以及經此一步驟所導致之變化。履之爲禮,蓋由於履之初無禮,而履之終禮成也。"履虎尾"以下爲卦辭。"履虎尾"者,履隨在虎尾之後。王弼注:"言其危也。"虎象君,《説文》:"虎,山獸之君。"虎又象武人,《詩·常武》:"王奮厥武,如震如怒。進厥虎臣,闞如虓虎。"故臨近虎,猶臨近危險。此"履虎尾",當兼六三、九四兩"履虎尾"而言之。

②《釋文》:"咥,直皆反,齧也。馬云齘。"咥人,咬人。亨,通。

《彖》曰:履,柔履剛也。[①]説而應乎乾,是以履虎尾,不咥人,亨。[②]剛中正,履帝位而不疚,[③]光明也。[④]

【校注】

①以上下卦言之,兑柔履隨乎乾剛,故云"柔履剛",又特指兑之六三履乾之九四。此王引之《經義述聞》説,可從,當以在下者履在上者。案履之大義在"柔履剛"。以卦體論,爲兑履隨乾。《廣雅》:"乾,武健也。"《國語・楚語》:"天事武,地事文。"韋昭注云:"乾稱剛健,故武。"乾爲天,爲武。

②兑爲説,説,同悦,兑以和悦之文應和乾剛之武,故而能"履虎尾,不咥人,亨"。

③"剛中正"者,言九五當位而中正。舊注多以"履帝位"爲居帝王之位,孔穎達《正義》云:"以剛處中,得其正位,居九五之尊,是'剛中正,履帝位'也。"案"履帝位"者,當釋爲履經帝王之位,非履居帝王之位。於爻言之,"履帝位"爲三履五,五爲帝位,然於三而言,則居之貞屬,故君子"夬履"而過,可以無災害,故云"不疚"。《釋文》:"疚,馬云病也,陸本作疾。"

④"光明"者,言上九禮成而元吉。

《象》曰:上天下澤,履。①君子以辯上下,定民志。②

【校注】

①此説上下卦之象,乾爲天,兑爲澤,合而爲履。

②辯,同辨。"辨上下"者,辨上下等級之位。《禮記・哀公問》孔子曰:"非禮無以辨君臣上下長幼之位也。""定民志"者,使民心志所向有所正定。《大戴禮記・朝事》:"古者聖王明義,以別貴賤,以序尊卑,以體上下,然後民知尊君敬上,而忠順之行備矣。"孔穎達《正義》云:"天尊在上,澤卑處下,君下法此履卦之象,以分辯上下尊卑,以定正民之志意,使尊卑有序也。"

初九,素履,①往,无咎。

【校注】

①素,樸也,凡物無飾曰素。履之無飾,猶云行走之狀自然,無禮儀之飾。又帛書本素作錯,素、錯音義兼通。《禮記·祭義》:"行,肩而不並,不錯則隨。"鄭玄注:"錯,雁行也。"雁行爲斜形陣列,前後不在一條綫上,故無前後跟隨或自後逾前之舉動。雁行之際,群雁雖成陣列,然自單雁觀之,又猶如自行其道。素亦通乎此錯義,《禮記·中庸》:"君子素其位而行。"鄭玄注:"素讀傃。"傃訓向,"素履"讀若"傃履",則意謂履者按照自己既定之方向行走,不與他人相隨也。又"素履"與"夬履"、"視履"當同一句式,素、夬、視均言履行之狀態。

《象》曰:素履之往,獨行願也。①

【校注】

①《雜卦》:"履,不處也。"故履始於"素履之往"。獨,獨我。"獨行願"者,君子始於一人而往,履行其志願。以爻位論之,初九當位,然在初無位,若君子之未仕,《集解》引荀爽云:"初九者潛位,隱而未見,行而未成。'素履'者,謂布衣之士,未得居位,獨行禮儀,不失其正,故'无咎'也。"案履之爲禮,見於履者行走之際與他者之位置關係,一人獨行,是禮尚未立,猶質而無文,故荀"獨行禮儀"云云,言之過早。

九二,履道坦坦,①幽人貞吉。②

【校注】

①履道,君子所履行之道路。《釋文》:"坦坦,《説文》云:安也。《廣雅》云:平也,明也。《蒼頡篇》云:著也。"諸義皆通,意謂道路平安、平坦、光明。王弼注:"'履道坦坦',無險厄也。在幽而貞,宜其吉。"有險厄,則"幽人"難行也。

②《集解》引虞翻説,"幽人"謂被幽囚、幽繫之人,若文王之幽羑里。

案虞説可商榷。"幽人"爲被幽囚之人,是也,然此九二之幽人,爲正在行走之履者,故是或將被囚繫,或將被議罪者也。在此爻之所以以幽人喻履者,蓋因履者此際行走之狀未有禮儀,《三國志·魏書·管寧傳》云:"雖有素履幽人之貞,而失考父兹恭之義。"可知素履、幽人皆無禮也。此等無禮之人,或有遭繫囚之憂,《荀子·王霸》云:"公侯失禮則幽。"前云"履道坦坦"者,道路尚無虎也,當此際雖不合禮儀,尚可行之而吉;反之,若道路有虎,則幽人必凶矣。"貞吉",幽人貞問,告吉。

《象》曰:"幽人貞吉",中不自亂也。[①]

【校注】

①中,九二之位爲中。"中不自亂"者,九二幽人雖不當位,以其在中,尚能守正而不自亂。傳以"不自亂"釋"貞吉",可知傳訓"貞吉"之貞爲正。案當九二之時,雖尚無禮儀規範,然其身心乃可得自然中正,不自瀆亂。而六三之"眇能視,跛能履",則可謂自亂矣。此處義理在於君子若身心中正,則能發而中禮,當此雖尚不具禮儀,猶不致大失;若身心不中正,則須賴禮匡正之,彼時若無禮儀,則必致危殆。九二剛中而不當位,上不應五,而以其剛中之性,猶足以自守身心之中正。

六三,眇能視,跛能履,[①]履虎尾,咥人凶。[②]武人爲于大君。[③]

【校注】

①《集解》本"眇能視,跛能履"作"眇而視,跛而履",當從。王引之《經傳釋詞》云:"能,猶而也。能與而古聲相近,故義亦相通。"《釋文》:"眇,字書云:盲也。"《廣雅》:"眇,莫也。"《一切經音義》引此而釋之曰:"言遠視眇莫,不知邊際也。"故"眇而視"者,乃言看視之狀態不認真仔細,故而模糊不清。郭璞《方言注》:"跛者,

行跂踦也。"王念孫《廣雅疏證》:"跛者,行一前一却,故謂之跂踦。"跂踦同蹉踦,陸機《文賦》:"故蹉踦於短垣。"李善注引《廣雅》:"蹉踦,無常也。"又《莊子·秋水》夔謂蚿曰:"吾以一足趻踔而行。"趻踔亦同跂踦,一足趻踔,猶言跳躍而行。可知"跛而履"者,意謂其履跂踦,行步無常,或跳躍不定之貌。"眇而視,跛而履",乃言其視眇莫,視而不清,其履無常,進退不定,蓋指意態輕藐,漫不經心之狀。若以此狀而躡隨在虎尾之後,易遭虎反咥之凶。舊注多釋爲眇爲傷一目,跛爲病足,得其貌,未得其義。

②"履虎尾",履隨在虎尾之後。此言"眇而視,跛而履"所致之危險,以輕藐之狀而躡隨於虎尾之後,爲虎所反咥,故而凶也。

③武人,武臣。爲,用。大君,君王。意謂君王用武臣據守在此,其勢若虎,躡隨其後者易遭剛暴而致凶。帛本"爲"作"迥",迥,通也。

《象》曰:"眇能視",不足以有明也。"跛能履",不足以與行也。咥人之凶,位不當也。①"武人爲于大君",志剛也。②

【校注】

①"不足以有明"、"不足以與行"者,君子當此若輕藐而不敬慎其事,則其視不明,其行不正。案《國語·楚語》曰:"天事武,地事文。"乾爲天爲武,兌爲澤爲地爲文,當此履卦文弱於武。六三陰居陽,不當位,其勢尚弱而體能不全,以眇、跛之輕藐,躡隨虎尾之後,故有虎咥人之凶。

②"志剛"者,其志剛健。案此"志剛"乃言武人志剛,非六三履者志剛。《集解》引虞翻曰:"乾象在上爲武人。"三尚在兌,故爻辭雖言武人,然非此爻之象,當預指九四。履者當六三之際,迫近於虎,故爲九四所乘。王弼注謂武人剛健,欲陵武於人,是也;然其所陵武者,當爲四陵隨後之三,非三上陵於四。孔穎達以此爲六三欲自爲於大君,行九五之志,尤謬。六三雖不當位,然應乎上,

爲行禮之始。其"眇而視,跛而履"之狀,恰爲禮將有所規正者也。

九四,履虎尾,愬愬,終吉。[1]

【校注】

①六三曰"履虎尾",此又曰"履虎尾",二者當有區別。案"履虎尾",履者身位必在虎之後。六三"履虎尾",言三迫近四,亦即履者迫近武人;九四"履虎尾",當謂三逾過四之後,又迫近五,亦即履者迫近於王。《釋文》曰:"愬愬,《子夏傳》云:恐懼貌。馬本作虩虩,懼也。"愬愬而敬慎,其狀與六三之輕藐正相反,故云"終吉"。

《象》曰:"愬愬,終吉",志行也。[1]

【校注】

①履者無禮,在三"履虎尾"而致凶;在四"愬愬",改無禮爲有禮,故得"終吉",且亦爲王所用,其志得行也。《群書治要》引《尸子·發蒙》云:"《易》曰:'若履虎尾,終之吉。'若群臣之衆,皆戒慎恐懼,若履虎尾,則何不濟之有?"

九五,夬履,貞厲。[1]

【校注】

①夬同決,《集韻》:"夬通作決。"決,疾也。《莊子·逍遥遊》:"決起而飛。"《釋文》:"李頤云:疾貌。"故"夬履",言履過之急速。九五爲虎身位,亦即《象》所云"帝位",履者經此,急速履過。"貞厲",當此際貞問,告厲。

《象》曰:"夬履貞厲",位正當也。[1]

【校注】

①"位正當"者,謂九五中正而當位。案"夬履"之主體,仍同前之履者,在此爻履者惟履過帝位,非自登位爲王。"位正當"者,當謂居

九五之位者,亦即王"位正當",非指履過王者。王爲虎,故履者履過之際仍有危厲。履卦以六三爲主,六三若上登五位,則是以陰居陽,如何可謂"位正當"?故知履者唯履過王位,非履居王位。惠棟《周易述》以"夬履"當"制禮之人",其説頗有深意。推闡言之,履過帝位,猶周公之攝政而後反政。然則於此履卦,制禮之事當在上九,非在此九五也。

上九,視履,^①考祥,^②其旋元吉。^③

【校注】

①視,相察也。《釋名》:"視,是也,察其是非也。""視履"者,履而能察,與"眇能視"相反之貌。此"視履"兼視足明、履足行之義。

②考,成也。祥,《集解》本作詳,虞翻曰:"詳,善也。"余以爲,詳,周備,"考詳"者,亦即履之行禮成周備也。

③旋,同周旋、周還。帛書作睘,睘當作裛,《集韻》:"裛,復返也。通作旋。""其旋"即前之"視履,考祥","其旋元吉"者,承前云"視履,考祥",意謂履之周旋有序,則大吉也。

《象》曰:元吉在上,^①大有慶也。^②

【校注】

①"元吉",大吉。"在上",謂上九。案上九本不當位,且乘九五,何以謂之"元吉"?蓋以其當制禮之位,禮之既成,天地君臣皆在其序中焉。

②上九禮成,而大有慶。三、上相應,三履過四、五,與上會合,故云"慶"也。

【疏義】

《序卦》曰:"物畜然後有禮,故受之以履。履者,禮也。"《集解》引崔覲曰:"履,禮也,物畜不通,則君子先懿文德,然後以禮導之,故言'物畜然後有禮也'。"余案:以履繼小畜,似頗合儒家先富後教之旨。

　　履卦之核心在於明禮,其要在"柔履剛",自上下卦而論,兌柔履乾剛,兌文履乾武;兌爲禮之始,乾爲禮之成。人之行爲舉止無禮,則"履虎尾,咥人,凶";有禮,則"履虎尾,不咥人"、"終吉"。履者之有禮,乃謂履者與被履隨者之間有禮,換言之則在履卦"大有慶"之際,履者、被履隨者同成一禮也。惠棟《周易述》云:"《荀子・大略》曰:'禮者,人之所履也。失所履則顛蹶陷溺。所失微而其爲亂大者,禮。'是以取義於'虎尾'也。"

　　履卦以六三爲卦主,六三一陰履於五陽之間,其如何履?説此卦者頗有歧義。六三與初、二陽之關係,爲上履下,故注家訓履爲踐,踐踏其上。而六三與四、五、上之關係,爲下履上,故注家訓履爲躡,躡隨於其後。而無論上踐下、後躡前,六三以不中不正,皆處在危厲之中,故必戒懼敬慎,而後可以得吉。履卦處危之道,亦後儒所常發之義。胡炳文《周易本義通釋》云:"大抵人之涉世,多是危機,不爲所傷,乃見所履。《大傳》曰:'《易》之興也,其當文王與紂之事耶?是故其辭危。'危莫危於'履虎尾'之辭矣。"

泰

䷊乾下坤上

泰:①小往大來,②吉,亨。

【校注】

①泰,卦名,由乾☰、坤☷二單卦相重而成。《序卦》:"泰者,通也。"
《釋文》:"泰,大通也。鄭云:通也。馬云:大也。"泰訓通,泰小篆
作㣿,《説文》:"泰,滑也。從廾水,大聲。"段玉裁注云:"水在手
中,下溜甚利也。"案泰有大之極義,若以財言之,則泰意謂財甚豐
足。財既甚豐足,則須去之,去之則通。故馬融訓大,謂財之大,
鄭玄訓通,謂財之通,所指爲一事。《道德經》曰:"聖人去甚、去
奢、去泰。"固去泰而後通矣。余以爲,泰卦爻辭所涉本事當關乎
人與人之間財物關係,即藉相互賄贈與酬報,結成禮尚往來、交答
之關係。故此泰卦之泰,乃用財之泰,以用財之泰,成就人與人交
往之禮。應劭《風俗通義·愆禮》云:"《易》稱天地交,萬物生,人
道交,功勛成。"天地交而後萬物生,人道交而後功勛成,天地、萬
物、人道皆相交而通,即泰卦大通之義也。至於泰卦言君子、小人
之升降,則屬本諸卦體之引申。《漢書·劉向傳》載劉向云:"泰
者,通而治也。《詩》又云:'雨雪瀌瀌,見晛曰消。'與《易》同義。"
所引《詩》爲《角弓》,彼鄭玄箋云:"雨雪之盛,瀌瀌然。至日將
出,其氣始見,人則皆稱曰:'雪今消釋矣!'喻小人雖多,王若欲興

善政,則天下聞之,莫不曰'小人今誅滅矣'。"日出而雨雪消,喻君子、小人間之升降也。

②往、來,在此猶言始、終。小、大,得失之程度。"小往大來"者,始爲小,終爲大。或曰小者往,大者來。以終以大,故云"吉",以往來相通,故曰"亨"。

《彖》曰:泰,"小往大來,吉,亨",則是天地交而萬物通也,^①上下交而其志同也。^②內陽而外陰,內健而外順,內君子而外小人。^③君子道長,小人道消也。^④

【校注】

①此據上下卦象釋卦辭之義。下乾爲天,上坤爲地,故曰"天地交"。交,相互交接、交換。在此泰卦,天在下,而天氣上騰,地在上,而地氣下降,故天地之氣相交。又帛傳《易之義》謂坤"下就,地之道也",由此推論,則乾卦上就,坤下就,乾上就,故得以相交。泰卦之勢,下乾行於上坤,按《集解》引虞翻説,此卦"陽信陰詘",故"小往大來",意謂乾行於坤,乃陽之勢力伸張,由小變大,陰之勢力屈詘,由大變小之過程。"萬物通"者,因天地相交,萬物得以相通。

②上謂坤,下謂乾,"上下交"義同"天地交"。"其志同"者,意謂乾上行、坤下行,二者相向,同求一志。此言人道交而通也。《初學記》引《魏文帝集》有云:"夫陰陽交,萬物成;君臣交,邦國治;士庶交,德行光;同憂樂,共富貴,而友道備矣。《易》曰:'上下交而其志同。'由是觀之,交乃人倫之本務,王道之大義,非特士友之志也。"

③下卦乾爲內,上卦坤爲外,故云"內陽而外陰,內健而外順"。乾爲君子,坤爲小人,故云"內君子而外小人"。

④乾向上而長,故曰"君子道長";坤向下而消,故曰"小人道消"。

案據前揭之鄭玄釋《角弓》文，“君子道長，小人道消”意指君子升進，小人誅滅。而於此泰卦，似非必以君子、小人勢不兩立，乾上而化坤，坤下而順乾，猶言君子之治日長，小人之性日消，亦通也。

《象》曰：天地交，泰。^①后以財成天地之道，輔相天地之宜，以左右民。^②

【校注】

①此釋上下卦象，下乾爲天，上坤爲地，交合而爲泰。

②后，君王。《集解》引虞翻説，坤富稱財。案《釋文》：“財，荀作裁。”王引之《經義述聞》讀財同載，載訓成。舊注多類此説，改財字。余以爲，除虞翻外，《漢書·貨殖傳》引此《象》傳，亦以財謂財富之財，故不當改字。《貨殖傳》引此作“后以財成輔相天地之宜”，似有脱文。“財成天地之道”者，意謂順天地之道以成財。人按其身份職業而獲財，地按其稼穡、狩獵以生財。輔相，交通也，《國語·楚語》：“且夫誦詩以輔相之，威儀以先後之，體貌以左右之。”輔相，當謂交流之貌，與先後、左右同表相互關係。故“輔相天地之宜”者，意謂天地所産各有其宜，相互交換，乃使相與通功易事，交利而俱贍。“左右民”，意謂使民交通、聯繫。又左右，亦可讀如佐佑，謂相助。《貨殖傳》顏師古注曰：“言王者資財用以成教，贊天地之化育，以救助其衆庶也。左右讀曰佐佑。”

初九，拔茅茹，以其彙。^①征吉。^②

【校注】

①王弼注：“茅之爲物，拔其根而相牽引也。茹，相牽引之貌也。”《集解》引虞翻曰：“茹，茅根。”“拔茅茹”，即將茅連根拔起。案《集韻》：“茅，菅也。《易》‘拔茅連茹’，鄭康成讀。”鄭玄讀茅爲菅，菅爲一種可以編製席、屨、繩、器等物的植物，《左傳》成公九年：“雖有絲、麻，無棄菅、蒯。”菅、蒯皆所謂經濟作物，可以用來製

作器具者。《釋文》:"彙,音胃,類也。古文作𦞤。董作黃,出也。鄭云:勤也。"彙訓類,乃王弼説,鄭玄則訓勤。《漢書·劉向傳》顔師古注引鄭玄曰:"彙,類也。茹,牽引也。茅,喻君有絜白之德,臣下引其類而仕之。"疑非鄭玄原文。帛書本作"胃",胃當爲謂之省,《爾雅》:"謂,勤也。"《詩·摽有梅》"迨其謂之",《北門》"謂之何哉",鄭箋皆曰:"謂,勤也。"彙同謂,訓勤,勤者,願望也。《詩·江有汜序》:"勤而無怨。"孔穎達疏:"勤者,心企望之。"故"拔茅茹,以其彙"者,意謂收穫茅菅之後,希望以其作爲資本,換來好結果。在此茅菅喻己之財貨。又勤可訓行,《禮記·祭統》:"勤大命,施於烝彝鼎。"孔疏:"勤,行也。"與董遇作黃訓出合,黃,遠行也。

②孔穎達《正義》曰:"征,行也。""征吉",即之外遠行,吉。

《象》曰:拔茅征吉,志在外也。①

【校注】

①"志在外"者,志在外出遠行。案《集解》引虞翻謂外爲四,初、四相應,初自内之外,志在四之得財。上坤爲富,爲財。

九二,包荒。①用馮河,不遐遺。②朋亡,③得尚于中行。④

【校注】

①《釋文》包作苞,當作包。《集解》本荒作𣹑,荒、𣹑古今字。包,甲骨文作⊚,象孕,就⌒會意,則取包裹義,就ㄖ會意,則取在其中義。王引之《經義述聞》以此荒同《周禮》之荒服,"包荒"意謂包有四荒。《楚辭·離騷》:"將往觀乎四荒。"王逸注:"荒,遠也。"當此泰卦,包荒,非謂包裹四荒,乃謂進入荒遠之地。

②《爾雅》:"馮河,徒涉也。"不假舟楫而渡河。遐,遠。"不遐"爲預期未來之詞,猶言不久將發生者。《詩·思齊》"烈假不遐",謂將有烈假;《下武》"不遐有佐",謂將有遠夷來佐;《抑》"不遐有愆",

謂將有罪愆。遺,通饋,贈送。朱駿聲《説文通訓定聲》:"遺,假借爲饋。"《周禮·地官司徒·遺人》鄭玄注云:"以物有所饋遺。"故"不遐遺"者,言馮河而往,或將以己物饋遺他人。

③朋,古錢曰朋,《詩·菁菁者莪》:"錫我百朋。"在此概指財貨。"朋亡"者,承前云"不遐遺",既有所饋遺,則己之財貨有所亡失。

④尚,尊崇。中行,征途之中。"得尚于中行"者,意謂雖有"朋亡",然在征途中得到衆人之尊崇。

《象》曰:"包荒",得尚于中行,以光大也。①

【校注】

①行於包荒之地,以饋遺而得到衆人之尊崇,乃使其人顯赫光大。案王引之《經義述聞》訓尚爲右,助也,云:"中行謂六五,二應於五,五來助二,是得助於六五,故曰'得尚于中行'也。"若用此説,則"得尚于中行"非在二之事,要待至五方得實現。二得五之右助,即"帝乙歸妹",爲光大之事也。

九三,无平不陂,无往不復,①艱貞,无咎。②勿恤其孚,于食有福。③

【校注】

①平,道路平坦。《釋文》:"陂,彼僞反。徐甫寄反,傾也。又破河反,偏也。"陂,指山旁傾斜之處。"无平不陂",意謂平坦之路,終將遇到陂之傾斜。往,之外。復,回還。"无往不復",意謂往外之行,終將有所回還。

②貞告此行將艱難,然其終無咎害。

③勿恤,勿須憂慮。其孚,其先前以饋贈所結之孚信。"勿恤其孚"者,不必憂慮此前之約信不得實現也。食,生活所需,進而言受禄、獲財,孔穎達《正義》謂食即"食禄之道"。"于食有福"者,在食禄上將有福祐,孔氏云"飲食有福"。案此二句意謂據其前孚而

確信,有所饋贈必有所回報。

《象》曰:"无往不復",天地際也。①

【校注】

①《小爾雅》:"際,接也。"際者,言雙方有交有答。案《後漢紀》記竇憲云:"《禮》曰:'禮有往來。'《易》曰:'无往不復,天地際也。'"乃以經傳申說漢朝與烏孫國之交答關係。故"天地際",意謂天地間有來有往,相互交答。以爻位論,則謂九三位在下乾與上坤交接之際。又《釋文》、《集解》本均作"无平不陂,天地際也",《釋文》於"无平不陂"下云:"一本作'无往不復'。"即同今本,竇憲引《易》亦同今本。而《集解》引宋衷曰:"位在乾極,應在坤極,天地之際也。地平極則險陂,天行極則還復,故曰'无平不陂,无往不復'也。"似宋衷所見本兩句皆有。

六四,翩翩,①不富以其鄰,②不戒以孚。③

【校注】

①《釋文》"翩翩"作"篇篇",又云:"《子夏傳》作翩翩,向本同,云輕舉貌。古文作偏偏。"案當作翩翩。《詩·巷伯》:"緝緝翩翩。"《毛傳》:"往來貌。""翩翩"者,相互往來之貌。相互往來,則相互間有饋贈與回報。

②"富以其鄰"已見小畜卦,意謂倫理秩序內之親親共富。此云"不富以其鄰",則意謂不是在親親範圍內共富,而是與異姓外人相交接,廣行饋贈與回報,以結信於他者。

③戒,戒備。孚,信也。"不戒以孚",意謂不相互戒備而孚信廣達。

《象》曰:翩翩不富,皆失實也。①"不戒以孚",中心願也。②

【校注】

①"翩翩不富",概指經文"翩翩,不富以其鄰"句。《説文》:"實,富

也。""失實"者,失其財富。彼此翩翩往來,皆以財物贈送,故云"皆失實也"。

②"中心願"者,切中其心願。《集解》引《九家易》曰:"乾升坤降,各得其正。陰得承陽,皆陰心所願也。"案三、四爲天地之際,自四始下乾與上坤皆將有孚,初四、三上、二五,皆相應,上陰皆願下陽來,陽自此通行於陰中,是爲泰也。

六五,帝乙歸妹,①以祉,元吉。②

【校注】

①帝乙,殷之先王。據王國維《殷卜辭中所見先公先王考》,殷帝多以天干爲名,其名乙者五,湯名天乙,卜辭作大乙,此外有祖乙、小乙、武乙、帝乙。舊説多以帝乙謂商湯,不指商紂之父帝乙。《白虎通·姓名》:"《易》曰帝乙謂成湯,《書》曰帝乙謂六代孫也。"歸,嫁。妹,女子後生曰妹,謂帝乙之妹。《易緯·乾鑿度》以爲湯之妹。"帝乙歸妹",言帝乙嫁其妹於諸侯。

②以,以此、由此。《説文》:"祉,福也。"徐鍇《繫傳》:"祉之言止也,福所止不移也。""以祉",言以締結婚姻關係得到福祉。"元吉",大吉。

《象》曰:"以祉,元吉",中以行願也。①

【校注】

①中,内也。自初"志在外",二、三、四爻皆有行在途中之象,至五則不再行,居於中,亦即内,或曰不再有外志矣。案《集解》引《九家易》曰:"五應於二,當下嫁二。"又曰:"五下於二而得中正,故言'中以行願也'。"余以爲,五爲王位,經雖言及帝乙,然非帝乙莅此,帝乙作爲王者之統治以"歸妹"之形式行之。故云五下於二,不若云二上至五,在此位得"帝乙嫁妹"爲宜。既得"帝乙歸妹",則爲諸侯,居城邑之中。故"中以行願","中"謂在城邑中,"行

願"謂得以實現其願望。

上六,城復于隍,勿用師,①自邑告命,②貞吝。③

【校注】

①城,邑之城,此指城牆。復,重也。《禮記・明堂位》:"復廟重
檐。"鄭玄注:"復廟,重屋也。"《釋文》:"隍,城塹也。"城在內,隍
在外,"城復于隍"者,意謂城塹之上又有一重城牆,以城與隍爲兩
重屏障,閉而不通,故而下云"勿用師"。"用師",他卦經文或作
"用行師",之外征伐之謂。又《説文》引經復作覆,復、覆通。如
作覆,非傾覆之義,當取覆蓋之義,城在上,隍在下,故云"城覆于
隍",亦通。

②邑,城邑。顧炎武《日知録》云:"人主所居謂之邑。"又云:"《易》
之言邑者,皆内治之事。"告,同誥。"自邑告命"者,人主頒布誥
命於邑中,以求内治也。又帛傳《昭力》云:"又問:'奈(泰)之自
邑告命,何胃(謂)也?'子曰:'昔之賢君也,明以察乎人之欲亞
(惡),《詩》、《書》以成其慮,外内親賢以爲紀岡(綱),夫人弗告,
則弗識,弗將不達,弗遂不成。《易》曰奈(泰)之自邑告命,吉,自
君告人之胃(謂)也。'"

③"貞吝",貞告爲吝。此言"吝"者,當意謂之外而往則"吝"。初、
二、三、四皆有往象,五則爲止,若止後再往,必至吝窮。故而爻辭
云"城復于隍"、"勿用師"、"自邑告命",皆言由外往轉内治也。

《象》曰:"城復于隍",其命亂也。①

【校注】

①亂,治也。"其命亂"者,頒布誥命以内治。案三、上相應,三已預
言"无往不復",上則既復矣,既復而不往,故轉爲内治。泰之通至
此乃閉矣。

【疏義】

泰之大義在於天地交、萬物交、人道交，人倫、王道皆賴以成焉。《初學記》引《魏文帝集》曹丕云："夫陰陽交，萬物成；君臣交，邦國治；士庶交，德行光；同憂樂，共富貴，而友道備矣。《易》曰：'上下交而其志同。'由是觀之，交乃人倫之本務，王道之大義，非特士友之志也。"

交則亨通，王弼注云："泰者，物大通之時也。"孔穎達《正義》云："此卦亨通至極，而四德不具者，物既太通，多失其節，故不得以爲元始而利貞也。"是故當泰之時，必有所節制。

魏晉以後注家尤重釋《象》之"財成天地之道"爲"裁成天地之道"，以爲當此之際，君王當節制物之交通，不使上下失度，君子、小人混淆，必使君子道長，小人道消，而後方可成人倫、王道也。然則天地之道自若，何待人之剪裁？漢儒猶存"財"字之本訓，《集解》引虞翻曰："坤富稱財，守位以人，聚人以財，故曰成天地之道。"《易緯·乾鑿度》："孔子曰：'泰者，天地交通，陰陽用事，長養萬物也。"而長養萬物，亦必以財也。卦爻辭中亦屢見茅、朋、富、實等財象，人與人以財相交，通過饋贈與回報，以成孚信。故泰卦之"財"，當爲經傳本原之義。

關於上六爻辭之釋，本注與舊注差異甚大，此讀者須措意分辨者。舊注說此，多自泰卦延伸至否卦，如王弼注云："居泰上極，各反所應，泰道將滅，上下不交，卑不上承，尊不下施，是故'城復于隍'，卑道崩矣。'勿用師'，不煩功也。'自邑告命，貞吝'，否道已成，命不行也。"其義在上六泰道滅，否道興，於此爻之際泰、否即已轉換。又如《朱子語類》："問泰卦'无平不陂，无往不復'與'城復于隍'。曰：'此亦事勢之必然，治久必亂，亂久必治，天下無久而不變之理。'"亦以否、泰相乘說此。而按余之訓釋，上六爻仍爲泰道之必要環節，泰、否雖卦序相承，然不可直接援否釋泰。泰卦以行在途始，以居在邑終，而上六正當位，居邑中，正爲泰道功勛成之表現，並無亂政之象，何言泰道崩滅？上六之遭誣解可謂久矣。

否

䷋坤下乾上

否之匪人，^①不利君子貞，^②大往小來。^③

【校注】

①按經文例，首"否"字當重讀："否，否之匪人。"否，卦名，由坤☷、乾☰二單卦相重而成。《釋文》："否，備鄙切，閉也，塞也。"案否之訓閉、塞，取其不通義，此古今通訓。進而言之，當增訓隔義，《廣韻》："否，隔也。"隔，使分隔不相交。《集解》引宋衷曰："'天地不交'，猶君臣不接。天氣上升而不下降，地氣沉下又不上升，二氣特隔，故云否也。"深得否訓隔之義。於此否卦，阻塞與分隔可以合義，中有阻塞，故使兩造分隔也。否卦之大義，可旁見於《漢書·薛宣傳》，薛宣嘗云："鄉黨闕於嘉賓之懽，九族忘其親親之恩，飲食周急之厚彌衰，送往勞來之禮不行。夫人道不通，則陰陽否鬲。"此即否隔之諸情狀。若就君子、小人言之，否之爲隔，是小人隔於君王與君子之間；若就親者與疏者言之，則或謂疏者隔於君王與其親者之間。古者君王必有輔貳之臣，其輔貳之臣兼任同姓之親者與異姓之疏者。君王治國，自當親疏雙軌並用，若《文選》曹冏《六代論》曰："先王知獨治之不能久也，故與人共治之；知獨守之不能固也，故與人共守之。兼親疏而兩用，參同異而並

進,是以輕重足以相鎮,親疏足以相衛,並兼路塞,逆節不生。"如能親親賢賢,則國家深根固本,若李善注引班固曰:"昔周盛,則周召相其治,致刑措;衰則五伯扶其弱,與共守之。"然則親疏之間,和諧則治,鬥爭則亂。而當此否卦,恰爲親疏失衡,近疏而遠親,疏者當道,閉塞親者之途,故而傷及本根,或將君位不保,甚至有放誅之虞。故欲保全君位,首要必須依賴同姓之親者,不使疏者隔於君王與其親者之間。此義漢儒引經進言時每有揭示,而舊注多晦而不明。必明此義,而後否卦可釋。"否之匪人"者,意謂隔絕不當隔絕之人,亦即否隔大人、君子,使其進仕之路閉塞也。

②以君子進仕之路閉塞,故君子貞問,乃告不利。

③往、來猶始終,此言始爲大,終爲小。

《彖》曰:"否之匪人,不利君子貞,大往小來。"則是天地不交而萬物不通也,①上下不交而天下无邦也。②内陰而外陽,内柔而外剛,内小人而外君子。③小人道長,君子道消也。④

【校注】

①此據上下卦象釋卦辭之義。下坤爲地,上乾爲天,然乾上就,坤下就,二者趨向相背,故云"天地不交"。天地不交,則陰陽相隔,相隔則不合,不合則不能生物,故云"萬物不通也"。否通北,北從二人相背,故否有相背義。又自六爻觀之,否卦之勢下坤行於上乾,《集解》引虞翻説,此一過程中"陰信陽詘",故此坤行於乾,陰之勢力從小變大,若反觀之,則陽之勢力由大變小,故云"大往小來"。案卦辭之所指者,固當應乎貞問之君子也。

②上爲君,下爲臣,若君臣不相交,則無以治邦國。《集解》引何妥曰:"泰中言'志同',否中云'无邦'者,言人志向不同,必致離散而亂邦國。"又引崔覲曰:"君臣乖阻,取亂之道,故言'无邦'。"

③坤内乾外,故云"内陰而外陽,内柔而外剛,内小人而外君子"。

④"小人道長,君子道消"者,《集解》引崔覲曰:"君子在野,小人在位之義也。"君子在外爲在野,小人在內爲在位。案泰卦注嘗引鄭玄說,"君子道長,小人道消"謂君子升進,小人誅滅,與此傳適相反。又《漢書·劉向傳》載劉向說,謂泰"君子道長,小人道消"爲"通而治",否"小人道長,君子道消"爲"閉而亂"。二說皆就政治、人事言之。

《象》曰:天地不交,否。①君子以儉德辟難,②不可榮以祿。③

【校注】

①此就上下卦言否卦之德。

②孔穎達《正義》釋"儉德"爲節儉之德,云:"言君子於此否塞之時,以節儉爲德,辟其危難,不可榮華其身,以居祿位。"節儉與榮華相對言。余案:孔說不盡然。《集解》曰:"儉或作險。"儉德同險德。儉德乃爲通語,《古文尚書·太甲》:"無越厥命以自覆。慎乃儉德,惟懷永圖。若虞機張,往省括于度,則釋。"彼文儉德乃自我控制之德,自我控制以對應於天命,若張機之度準,必瞄準以後發射。又徵諸《莊子·繕性》云:"及唐虞始爲天下,興治化之流,澆淳散樸,離道以善,險德以行,然後去性而從於心。"郭象注云:"行者違性而行之,故行立而德不夷。"郭氏以"德不夷"釋險德,可知險德非德之常也。行險德之際,改德之淳樸、自然之狀態,乃爲達某一目的,違本性而用心術。《淮南子·俶真訓》亦云:"施及周室之衰,澆淳散樸,雜道以僞,儉德以行,而巧故萌生。"可知儉德之行,乃用智巧者也。辟同避。"辟難",非隱遁,以險德而行,故雖在行中可以避難也。

③榮,榮華。祿,祿位。"不可榮以祿"者,不可進求祿位,榮華其身。又《集解》本"不可榮以祿"作"不可營以祿"。營,謀求。前云儉德,已是心術智巧,君子不得已用之,可以用此避難,然則不可以此謀求祿位也。

初六,拔茅茹,以其彙,貞吉,亨。[①]

【校注】

①"拔茅茹,以其彙"已見泰卦,其涵義相同。與泰初由此出行,"征吉"不同,當否初則應守正安居。《集解》引荀爽曰:"貞,正也。謂正居其所,則吉也。"案此貞不訓貞問,當同"安貞吉"之例,《釋名》:"貞,定也,精定不動惑也。"其義可參。又泰卦"亨"在卦辭,概全卦,否"亨"唯在初爻。此"亨",非行通,乃志通,言君子雖安居未行,而勤望於君,志通於君也。

《象》曰:拔茅貞吉,志在君也。[①]

【校注】

①"志在君"者,謂志在於君王。初六在野無位,安居不出,故僅言其志之所向。王弼注:"志在於君,故不苟進。"此否卦與泰卦相類似,亦爲一自下向上之行往過程,然在其初不當位,故雖志在於君,不敢苟進也。

六二,包承,小人吉,[①]大人否亨。[②]

【校注】

①包,包裹在一起,混雜不別。承,奉也。"包承"者,言小人、大人混雜在一起,皆承奉王事。在此種情況下,小人易獲吉。

②否,讀同不。"否亨",大人難以亨通而進也。

《象》曰:"大人否亨",不亂群也。[①]

【校注】

①《說文》:"群,輩也。"《廣韻》:"隊也。"在"包承"狀態下,猶衆人擁擠而進,當此大人不欲亂群,或曰大人必欲依秩序而進,則爲小人所阻,故不得亨通。《集解》引虞翻曰:"陰亂弑君,大人不從,故'不亂群也'。"亂群者小人也,大人則不與焉。六二陰當位,且

二五相應,是當升進之位,然大人、小人混雜無別,小人競相而進,大人則阻塞難進。而小人升進,欲當道執政,必謂之弑君,則過矣。

六三,包羞。①

【校注】

①羞,進也。《尚書·盤庚》:"予念我先神后之勞爾先,予丕克羞爾,用懷爾然。"其"丕克羞爾",孔穎達《正義》釋爲"我能大進用汝,與汝爵位"。此爻辭之羞,當訓進用。"包羞"者,言小人、大人一起進用,亦是親疏、貴賤不別之象。

《象》曰:"包羞",位不當也。①

【校注】

①"位不當"者,通謂進用之人親疏、貴賤不別,其位皆不當。案《集解》引虞翻説,下坤三爻稱群,而在否卦,其群呈亂象,小人趁亂得勢,大人則被否隔。於此六三,乃爲群陰堵塞之極,此亦上九將傾而出者也。

九四,有命,无咎,①疇離祉。②

【校注】

①"有命"者,謂君王有命於大人,大人既得君命,則將復得其位。《古文尚書·大禹謨》曰:"君子在野,小人在位,民棄不保,天降之咎。"而此言君子有命而將復其位,故而云"无咎"。
②《釋文》:"疇,鄭作古疇字。"疇爲壽之古字,壽,保也。《國語·楚語》曰:"夫盈而不偪,憾而不貳者,臣能自壽也。"韋昭注:"壽,保也。"《晏子春秋》曰:"晏子對曰:'賴君之賜,得以壽三族。'"吴則虞《晏子春秋集釋》:"'壽三族'者,言保三族也。"帛書本離作羅,羅同罹,故離當訓罹,獲得。"疇離祉"讀如"壽罹祉",意謂君子

得以保全其所獲福祉。又孔穎達《正義》訓疇爲疇匹，君子既得位，其位疇匹於其所受福祉，亦通。

《象》曰："有命无咎"，志行也。①

【校注】

①"有命无咎"，概言爻辭。"志行"者，當此大人有命復位，故其志得以實現。案初"志在君"，而其志在下坤爲諸陰所阻，至九四陰已轉陽，四承五之命，下據群陰，故其志將行。《集解》引荀爽曰："謂志行於群陰也。"

九五，休否，大人吉。①其亡，其亡，繫于苞桑。②

【校注】

①《釋文》："休否，虛虯反，美也。又許求反，息也。"《文選》李善注引鄭玄注"休否"曰："休，美也。"當從鄭訓。案君王固當有所否隔也，而前此皆"否之匪人"，至此可謂否之得當，故贊之爲美。《集解》引《九家易》曰："否者，消卦，陰欲消陽，故五處和居正，以否絕之。"五所否絕者，乃陰，亦即諸小人也，若此之否，爲"休否"。其若《詩·青蠅》鄭玄箋曰："蠅之爲蟲，汙白使黑，汙黑使白，喻佞人變亂善惡也。言止於藩，欲外之，令遠物也。"青蠅若小人，詩云止於樊、止於棘、止於榛，均謂設藩籬以拒之。其通於此卦之否絕小人。"大人吉"者，大人與君王不再有否隔，故而吉。而若訓休爲息，則諸小人亦不加否隔乎？

②"其亡，其亡"者，爲感歎之辭。《集解》李鼎祚案云："其亡其亡，近死之嗟也。其與幾同，幾者，近也。""其亡，其亡"，乃感歎國家有將亡之危。《繫辭》云："君子安而不忘危，存而不忘亡，治而不忘亂，是以身安而國家可保也。《易》曰：'其亡，其亡，繫于苞桑。'"帛傳《要》亦有此言。繼而言"繫于苞桑"，則言雖有將亡之危，然以"繫于苞桑"之故，終不可亡也。何謂"繫于苞桑"？

《詩·鴇羽》:"肅肅鴇行,集于苞桑。"《毛傳》:"苞,積。"鄭箋:"積者,根相迫连梱致也。"孔穎達《正義》引孫炎曰:"物叢生曰苞。"故苞桑乃指叢生之桑,根深而纏繞,故不可拔除。而當此否卦,苞桑特指同姓親族。《詩·湛露》:"湛湛露斯,在彼豐草。"鄭玄箋:"豐草喻同姓諸侯也。"苞桑、豐草當爲同類之喻。曹冏《六代論》李善注引鄭玄曰:"苞,植也。否世之人,不知聖人有命,咸云其將亡矣。其將亡矣,而聖乃自繫於植桑,不亡也。"又《集解》引鄭玄曰:"猶紂囚文王於羑里之獄,四臣獻珍異之物而終免於難,繫於苞桑之謂。"據鄭意,桑者喻同受天命之本邦親族,故"繫于苞桑"者,意謂得同姓親族之捍衛,故本根不拔,國家不亡。

《象》曰:大人之吉,位正當也。[①]

【校注】

①"位正當"者,九五當位中正,當此大人得居其位。二、五相應,在二大人儉德避難,在五則大人在位。

上九,傾否,[①]先否後喜。[②]

【校注】

①傾,傾倒。"傾否",猶言將器中堵塞之物傾倒出來。此否字當讀如鼎卦"鼎顛趾,利出否"之否。釋此卦否字,須隨文轉義。

②此一否字應與喜字意義相對,否則不喜,喜則不否,故又引申訓否隔。而喜者,言人與人相會,彼此相好、相悦、相樂貌。未傾否時中有否隔,是"先否",既傾否則無否隔,爲"後喜"。當否之時,即如前揭薛宣云:"鄉黨闕於嘉賓之懽,九族忘其親親之恩,飲食周急之厚彌衰,送往勞來之禮不行。"而傾否之後,則鄉黨有嘉賓之歡,九族有親親之恩,有飲食周急之厚,有送往勞來之禮,此皆所謂喜也。

《象》曰:否終則傾,何可長也。[①]

【校注】

①傾否之否，爲堵塞之物，爲汙濁者。《淮南子·説山訓》云：“以清入濁，必困辱；以濁入清，必覆傾。”否即“以濁入清”，故至其終極，必將傾覆，不可長久否隔。案自爻位言之，三爲下否之極，三上相應，上九陽極，自下而來之陰，盡被其革除。又對比泰卦，泰卦始通終閉，否卦始閉終通也。

【疏義】

《雜卦》曰：“否泰，反其類也。”後世説此否卦者，皆對比於泰卦而論之。李過《西溪易説》云：“否，泰之反，《象》辭皆與泰反。”亦即否《象》辭與泰《象》辭語句適相反。就《象》傳言之，是也；就卦爻辭觀之，則泰、否所關涉之事不同，各爲一完足之卦，並無相反關係，故反其類爲説，當自《象》傳始。以天道論，泰天地交，否則天地不交；以人道論，泰人道交，否則人道不交。程頤《易傳》云：“天地交而萬物生於中，然後三才備，人爲最靈，故爲萬物之首。凡生天地之中者，皆人道也。天地不交，則不生萬物，是無人道，故曰‘匪人’，謂非人道也。”所謂“非人道”者，亦即“小人道長，君子道消”也。

後儒於泰、否二卦，多循環相釋，王弼、孔穎達已援否説泰、援泰説否，程頤《易傳》則申之甚明，其云：“泰雖極治，以命亂而成否；否雖極亂，以有命而成泰。”又云：“上九否之終也，物理極而必反，故泰極則否，否極則泰。”然則泰、否循環，乃發揮之説，於經傳則無據也。

否卦雖下坤上乾，天地相背，然則二、五正應，爲卦之主體。二當君子“儉德辟難”，五當君子“位正當”，故於此閉塞之時，君子仍須自二進五，歷包承、包羞而後行志、得位，惟其進非由正道，乃取權宜之道，不爭途於小人，亦不亂群。蔡邕《釋誨》云：“天地否閉，聖哲潛行。”潛行，即險德以行，躲避小人而行。尤其要者，君王與君子有“苞桑”之關係，故必賴君子之進，王之邦國始得不亡也。

同　人

䷌離下乾上

同人于野,亨,^①利涉大川。^②利君子貞。^③

【校注】

①首句“同人”當重讀:“同人,同人于野,亨。”同人,卦名,由離☲、乾☰二單卦相重而成。孔穎達《正義》曰:“同人,謂和同於人。”和同於人者,意謂和同衆人之言、和同衆人之心。《説文》:“同,合會也,從冃從口。”冃訓覆,段玉裁云:“口皆在所覆之下,是同之意也。”楊樹達謂同不從冃,甲文、金文之同字皆從凡。^[1]凡,皆也。凡口爲同者,口言皆一也。段、楊二説解字雖異,其意相通,皆以口言爲一爲同。故“同人”之同,當訓口言爲一之同。言同乃緣心同,《繫辭》有云:“二人同心,其利斷金,同心之言,其臭如蘭。”使衆人同心、同言,則可謂同人。《淮南子·繆稱訓》有云:“至德者言同略,事同指,上下一心,無歧道旁見者。遏障之於邪,開道之於善,而民鄉方矣。故《易》曰:‘同人於野,利涉大川。’”乃得此卦大義。又同人者,乃君王和同天下人,《集解》引鄭玄曰:“是猶人君在上施政教,使天下之人和同而事之。以是爲人和同者,君之所爲也,故謂之‘同人’。”依鄭意,人君施政教,同化天下

---

[１]　參見楊樹達《積微居小學述林》之《釋同》,第 92 頁,中華書局,1983 年。

之民,乃爲同人。而欲使天下和同,不得已必用武力。《周禮·春官宗伯·大宗伯》:"以軍禮同邦國。"鄭玄注:"同,謂威其不協、僭差者。"是同人有文同、武同二者。野,即郊。《説文》:"野,郊外也。"野在郊之外,郊野相連,故可同指,謂同人之地。"同人于野,亨"者,謂此卦上九終得"同人于郊",故得亨通。

②"利涉大川",謂利於行遠而達天下。帛傳《二三子問》云:"卦曰:'同人於野,亨,利涉大川。'孔子曰:'此言大德之好遠也。□□□□□□德,和同者衆,以濟大事,故曰"利涉大川"。'"大德好遠,即教化遠被也。

③君子,同人之主。"利君子貞"者,君子當此貞問同人之事,貞告爲利。

《彖》曰:同人,柔得位得中而應乎乾,曰同人。^①同人曰"同人于野,亨,利涉大川",乾行也。^②文明以健,中正而應,君子正也。^③唯君子爲能通天下之志。^④

【校注】

①此就下離上乾以釋卦義。"柔得位得中",謂下離之六二,"應乎乾",謂上應乾之九五,二五相應,同言同心,體現同人之大義。

②此釋卦辭。同人分兩階段,在下離爲文同,在上乾爲武同。"柔得位得中而應乎乾"屬下離之文同,卦辭所謂"同人于野"云云,屬上乾之以武同人,故特明其爲"乾行"。王弼注曰:"所以乃能'同人于野,亨,利涉大川',非二之所能也,是乾之所行,故特曰'同人曰'。"

③文明爲離,爲文;健爲乾,爲武。以,猶及。"文明以健"者,意謂下離進及上乾,先文而後及武。"中正而應"者,謂二、五皆得中得正而相應。《集解》引何妥曰:"離爲文明,乾爲剛健;健非尚武,乃以文明。應不以邪,乃以中正。"何氏云"健非尚武"者,此卦用

武,威之使同而已,非必毁滅之。"君子正"者,二爲君子,二行至
五,陰陽文武相濟,乃得正道。

④唯,語詞。此言君子,乃得正之君子,故可該二、五。"通天下之
志"者,君子以文武同人,使天下同言同心也。

《象》曰:天與火,同人。①君子以類族辨物。②

【校注】

①此釋同人卦之上下卦象,下離爲火,上乾爲天。《集解》引鄭玄云:
"天在上,火炎上而從之,是其性同於天也。"天氣上騰,火氣亦炎
上,故天、火同性。

②《釋文》、《集解》本辨作辯,古字同。族,惠棟《周易述》以族爲姓,
"類族"即使同姓、異姓各成其類。物,事物。孔穎達《正義》曰:
"'辨物',謂分辨事物,各同其黨,使自相同,不間雜也。"又王引
之《經義述聞》云:"類族辨物,乃對文。爲善爲惡,各如其類,以
比類之,則謂之類族;各如其品,以辨別之,則爲之辨物。"頗能發
揮大義,亦通。

初九,同人于門,无咎。①

【校注】

①門,國門。"同人于門"者,於國門詢謀於國人。《周禮·地官司
徒·大司徒》:"若國有大故,則致萬民於王門。"此當爲國人會
議,居於國中之民衆皆與焉。此言"无咎",意謂詢謀於國人,而國
人有與君同者,有不與君同者,尚無咎害也。

《象》曰:出門同人,①又誰咎也。②

【校注】

①"出門同人",義同"同人于門"。

②詢於國人,國人有同、有不同者,然國人爲烏合之衆,無可歸咎,故

曰"又誰咎也"。案王弼注謂"同人于門"意謂"出門皆同",余以爲在初九當位,與四不應,同人之事,有同有不同,故唯云"无咎",不云"吉"也。

六二,同人于宗,吝。①

【校注】

①宗,一訓宗社。《詩·鳧鷖》:"既燕于宗。"鄭玄箋:"宗,宗社也。"宗社當爲貴族議事會之地。[1] 宗,一訓衆,《集解》引荀爽曰:"宗者,衆也。"衆,在此當指同宗之衆。君詢於宗衆,有與君同者,有不與君同者,是爲吝窮之兆。

《象》曰:"同人于宗",吝道也。①

【校注】

①六二君子當位,當位而吝者,非君子之過,同宗同姓者相逆也。惠棟《周易述》引許慎《五經異議》云:"《易》曰'同人于宗',言同姓相取吝道也。"惠棟云:"合義不合姓,合姓,吝也。"合義,則二往同五;合姓,則不往同。六二君子志遠,欲遠順於五,初詢於國人,再詢於宗人,皆有不同,君子不得已從乎衆意,故將陷於吝窮。案《二三子問》云:"卦曰:'同人于門,无咎。'孔子曰:'此言其所同唯其門人□而已矣。小德好近也。'"又云:"卦曰:'同人于宗,貞閵。'孔子曰:'此言其所同唯其室人而已,其所同□,故曰"貞閵"'。"按孔子意,小德好近,大德好遠,由門至宗,再至郊,是由近到遠。然則君子好遠,門人、室人皆好近,故不能遂君子之志。又案惠棟據漢儒説,以二與五爲同姓,恐非是。其在六二,爲同姓之間;而二與五非必同姓。二與五之關係爲遠,《論語·季氏》云:"遠人不服,則修文德以來之。"遠人異姓。且玩味經文,二於五似

[1]　關於國人會議與貴族議事會之制,詳見張秉楠《商周政體研究》第三章"西周春秋政體"第一節、第二節,第56—72頁,遼寧人民出版社,1987年。

應爲異姓關係,猶云殷之遺民舉宗順從於周也。

九三,伏戎于莽,升其高陵,[①]三歲不興。[②]

【校注】

①戎,軍也。莽,草深貌。《莊子·逍遥遊》曰:"適莽蒼者,三餐而反。"《釋文》:"司馬云:莽蒼,近郊之色也。李云:近野也。"故莽可指郊野之地。"伏戎于莽"者,意謂在郊野四鄙設郊保,伏兵以防守。升,帛本作登。《説文》:"陵,大阜也。""升其高陵"者,占據高山以觀察形勢,亦防守之舉。

②興,起也。三,概數。"三歲不興"者,言數年不興大事,不與外族往來也。

《象》曰:"伏戎于莽",敵剛也。[①]"三歲不興",安行也。[②]

【校注】

①敵,謂上乾也。上乾勢剛,既不得往從之,乃"伏戎于莽,升其高陵",以求自保。《集解》引崔覲云:"盗憎其主而忌於五,所以隱兵於野。"崔説雖不可盡從,然其謂三憎於二而忌於五,頗識爻位之義。當此九三既不能行二上同五之志,又與五相敵,唯守以待變。

②孔穎達《正義》:"安,語辭也,猶言何也。"安行,即何可行也。案三雖自守,然上乾三剛,皆强敵,故不能有所行,是亦有遭受圍困之象。

九四,乘其墉,[①]弗克攻,吉。[②]

【校注】

①乘,處上而攻下,謂之乘。其,語助。墉,帛書、《集解》本作庸,《釋文》:"鄭作庸。"庸同墉。《説文》:"墉,城垣也。""乘其墉"者,意謂來伐者已乘壓在我之城垣之上。《左傳》襄公八年:"焚

我郊保，馮陵我城郭。”庶幾“乘其墉”之義。

②克，成也。“弗克攻”者，來伐者雖已馮陵我城郭，然而不再進攻，乃以勢相威脅，迫我歸順。若進攻，則我凶，“弗克攻”，則我“吉”也。

《象》曰：“乘其墉”，義弗克也。①其吉，則困而反則也。②

【校注】

①九四爲上乾初爻，故轉爲乾處上而攻下離。義，宜也，取當其宜之義。“義弗克”者，非不能攻而克之，取其當宜而止。

②“其吉”，釋“弗克攻”所以爲“吉”者。圍困之，威脅之，使之不得已而歸順。則，常也。“反則”，返至常道。《詩·文王》：“順帝之則。”此處乃謂迫使下離變其不來同之意，而順上乾之則。

九五，同人，①先號咷而後笑，②大師克相遇。③

【校注】

①此“同人”，意謂下離在上乾之武力威脅之下不得已來同，願歸順也。案徵諸史事，周初克商，而商之小邦尚多，或有自願事周者，或有征伐而後服周者。此卦以六二君子爲卦主，君子願從周，而國人、宗室皆不願，故先求自保，而後屈於周人武力，不得不順從。二得與五相應，遂成同人。

②《釋文》：“號咷，啼呼也。”“先號咷而後笑”者，當滅國殺身之難將臨，號咷而哭，後順服而得保全，喜慶而笑。又《漢書·王莽傳》載崔發曰：“《周禮》及《春秋左氏》，國有大災，則哭以厭之。故《易》稱‘先號咷而後笑’。”當此既失其我邦，則號咷以厭之；而後結交於大國，則和同而笑也。

③大師，來伐者之軍隊，或謂之乾之大師。由下離至上乾，卦之主體亦易位。《爾雅》：“克，能也。”引申可訓爲戰勝之義。王泗原云克

與能義有不同,凡言克,有完成之義。[1]《玉篇》:"遇,見也,道路相逢也。""大師克相遇"者,意謂來伐之大師得以完成與我相遇,亦即未發生戰鬥而相遇。此卦二、五相應,爲柔遇剛,柔遇剛則相和,不復相敵也。

《象》曰:同人之先,以中直也。①大師相遇,言相克也。②

【校注】

①中直,中正剛直。"同人之先,以中直"者,意謂乾先以强直威之,以武力强使其同。王弼注云:"凡處同人而不泰焉,則必用師矣。"又《集解》引侯果曰:"乾德中直,不私於物,欲天下大同。方始同二矣,三、四失義而近據之,未獲同心,故先號咷也。時須同好,寇阻其途,以言相克,然後始相遇,故笑也。"余案:二、五於義應同,而二受阻於國人、宗人而不得同,故五以强直使同。三爲阻同自守者,可謂失義,四兼强同者與被同者,就其被同者言之,亦可謂失義也。

②"大師相遇"者,繼"以中直"之後,大師與我相會。此克訓成,《左傳》莊公二十年:"鄭伯和王室,不克。"不克即未成。"相克"者,兩造相成。

上九,同人于郊,无悔。①

【校注】

①高亨《周易古經今注》謂"同人于郊"爲祭祀之事,可從。二、五既成"同人",雙方乃於郊野設壇祭祀,行盟誓,故云"无悔"也。《左傳》僖公九年:"齊侯盟諸侯於葵丘,曰:'凡我同盟之人,既盟之後,言歸於好。'"其事晚而義近。又案卦辭言野,側重於征伐,此爻辭言郊,側重於結盟。

---

[1] 參見王泗原《古語文例釋》,第 147 頁,上海古籍出版社,1988 年。

《象》曰:"同人于郊",志未得也。①

【校注】

①二志於五,二、五既同人,何以言"志未得也"?此卦下離終爲上乾所同,猶諸殷終爲周所同,故雖從之無悔,而己姓之志未得也。上爻不當位,雖得同人,其位則失。王弼注云:"楚人亡弓,不能亡楚。愛國愈甚,益爲它災。"孔穎達《正義》引《孔子家語·弟子好生篇》疏之:"楚昭王出遊,亡烏號之弓,左右請求之,王曰:'楚人亡弓,楚人得之,又何求焉?'孔子聞之曰:'惜乎,其志不大也!不言人亡弓,人得之,何必楚也。'"由此可見同人者,失其國而同天下之義,亦即合義而不同姓,合姓則不同義也。

【疏義】

同人卦就卦體言,下離上乾,其性相同,猶人君在上,下臣來同,進而言之,則亦天下人皆來同。就卦爻言,卦唯二五正應,是二往同五,是"柔得位得中而應乎乾",二與五之關係,實爲此卦之主幹也。

惠棟《周易述》揭示此卦有合姓、合義二端,可謂卓識也,惟其訓釋則有待商榷。惠氏據許慎《五經異義》以二、五爲同姓,然考諸許慎説,其云:"《易》曰:'同人于宗,吝。'言同姓相取,吝道也。"並無二、五同姓之義,惟云在二者皆爲同姓,取亦不當讀娶,乃取其同之義,即聽從諸同姓之意見。又按帛傳《二三子問》之説,二往同五,是大德好遠;而二僅同於門、宗,則是小德好近。而所言門人、室人,皆當在二同姓之範圍。余以爲,可藉惠棟合姓、合義二端説此卦,二取同於門、宗,是合姓也,然則合姓而不合義;二往同於五,是往同異姓,是不合姓也,然則不合姓而合義。叩此二端,則同人卦思過半矣。

後世闡發同人卦大義,首重同於公義,不同於私情。孔穎達《正義》釋卦辭"同人于野,亨"云:"'同人',謂和同於人。'于野,亨'者,野是廣遠之處,借其野名,喻其廣遠,言和同於人,必須寬廣,無所不同,用心無私,處非近狹,遠至于野,乃得亨通,故云'同人于野,亨'。"

程頤《易傳》進而云：“夫‘同人’者，以天下大同之道，則聖賢大公之心也。常人之同者，以其私意所合，乃暱比之情耳。故必於野，謂不以暱近情之所私，而於郊野曠遠之地，既不繫所私，乃至公大同之道，無遠不同也，其亨可知。能與天下大同，是天下皆同之也。”程氏乃將此同人卦與儒家“天下大同”之説相關聯。

程氏並發揮《彖》傳“文明以健，中正而應”之義，云：“下釋‘利貞’，則兼取明健中正之義，蓋健德但主於無私而已。必也有文明在於先，而所知無不明；有中正在於後，而所與無不當。然後可以盡無私之義，而爲君子之貞也。”

大《象》曰：“君子以類族辨物。”是大同之後，天下乃秩然有序，爲善爲惡，各如其類，萬事萬物，各如其品，猶云“方以類聚，物以群分”矣。

大　有

䷍下乾上離

大有：①元亨。②

【校注】

①大有，卦名，由乾☰、離☲二單卦相重而成。有，擁有。《釋文》："大有，包容豐富之象。"此説本王弼。大有之有，《説文》："有，不宜有也。《春秋傳》曰：'日月有食之。'從月，又聲。"許慎用《公羊傳》釋有，顯非有字本義，然其含微言大義，於此大有之卦頗爲關鍵，故不煩論之。段玉裁注云："謂本是不當有而有之稱，引伸遂爲凡有之稱。"所説猶未盡意。有分宜有與不宜有，其本性中含有，如人有四肢軀體，是宜有也，引申言之，以其位而當有者，亦屬宜有。而若人有功名利禄，是加諸本性之上者，是有而不宜有也，引申言之，非其位而居之，由此所有者，亦屬不宜有。徐鍇《繫傳》曰："月能掩日，掩而有之之象也。"月掩日而有日之位，則是不宜有之有也。此大有卦之有，即此類不宜有之有。《集解》引鄭玄曰："六五體離，處乾之上，猶大臣有聖明之德，代君爲政，處其位，有其事，而理之也。元亨者，又能長群臣以善使，嘉會禮通，若周公攝政，朝諸侯於明堂是也。"譬諸周公之攝政，正合此不宜有之有義也。帛傳《易之義》云："大有之卦，孫（遜）位也。"遜位，即五本陽位，遜讓陰代居之。《左傳》僖公二十五年筮遇大有之睽，卜

偃云："天爲澤以當日,天子降心以逆公,不亦可乎?"天爲澤,言三、四、五互體澤,天子降心以逆公,言五遜位以迎公也。其與鄭玄説大義相通,當爲此大有卦之正解。又朱駿聲《六十四卦經解》:"按有當讀爲祐,助也。"此訓本上九爻辭"自天祐之,吉无不利"。余案:天所祐者,爲天子,意謂雖遜讓五位於公,然則天命無改,仍屬天子。天命之於天子,爲其宜有;天命之於公,則不宜有也。大有之卦,關乎國家政教深矣。

②"元亨"者,大亨通。又案此卦之義含天祐之有,且爻辭言及"用亨"、"天祐"云云,故此"元亨"亦可釋爲大享,意謂大獻祭、大饗宴也。

《彖》曰:大有,柔得尊位大中,而上下應之,①曰大有。其德剛健而文明,②應乎天而時行,是以元亨。③

【校注】

①此就下乾上離及六五爻位以釋卦義。六五爲柔,五爲尊位,是"柔得尊位"。柔居剛之中,是"大中"。案同人卦"柔得位得中",乃謂其六二柔居柔位,故得位得中;而此卦六五陰居陽位,臣居君位,故特言尊、大,猶言此柔以五之位而尊而大。"上下應之"者,王弼注云:"處尊以柔,居中以大,體無二陰,以分其應,上下應之,靡所不納,大有之義也。"案王氏訓有,取包容廣大之義。

②"剛健而文明"者,卦體由下乾剛健進至上離文明。

③"應乎天"者,應順天道。孔穎達《正義》引褚氏、莊氏云:"六五應乾九二。"九二爲乾爲天,六五與之相應。"時行"者,其行合時,謂六處五位,則以時而攝行五之事。此云"元亨"者,五陽應一陰,乃成嘉會之象。

《象》曰:火在天上,①大有。君子以遏惡揚善,順天休命。②

【校注】

①此釋大有之上下卦象，上離爲火，下乾爲天，故云“火在天上”。案同人下火上天，是下火上同於天，此卦火在天上，猶天爲火所掩之象。天本有明，火以其明掩天之明，是代天照耀也，故下不云“先王”而云“君子”。

②遏，遏止。揚，顯揚。“遏惡揚善”者，遏止惡，顯揚善。休，美。“順天休命”者，謂上離文明，順行天道，以嘉禮休美天命。

初九，无交害，匪咎。①艱則无咎。②

【校注】

①“无交害”者，上下相交時無相害。害謂言語之害，《繫辭》：“君子上交不諂，下交不瀆。”諂、瀆皆可謂“交害”。匪同不，咎訓謗，《方言》：“咎，謗也。”“匪咎”者，即無言語之謗害，無諂、瀆也。

②《詩·何人斯》：“彼何人斯？其心孔艱。”鄭玄箋：“其持心甚難知，言其性堅固，似不妄也。”此爻辭之艱，類此。“艱則无咎”者，持守自身，不顯露內心，則無咎害也。

《象》曰：大有初九，无交害也。①

【校注】

①《集解》引虞翻曰：“害謂四，四離火爲惡人，故‘无交害’。”案在大有之始，初九剛健，上無所應，故當言語慎密以自保全。案徐鍇《說文繫傳》釋“害”云：“《周廟金人銘》曰：‘口是何傷？禍之門也。’‘言行，君子之樞機。樞機之發，榮辱之主’；‘尚口乃窮’；‘有攸往，主人有言’；‘家人嗃嗃，未失也，婦子嘻嘻，失家節也’；驪姬之占，曰‘齒牙爲禍’；孟姬之讒，晉亦以亂。”多處引《易》及其他文獻，庶可證言語之不慎密致害也。

九二，大車以載，有攸往，①无咎。②

【校注】

①《集解》本"車"作"轝",《象》傳同。《釋文》云："蜀才作輿。"均爲車。《詩·大車》："大車檻檻,毳衣如菼。"《毛傳》："大車,大夫之車。"載,乘也。"大車以載",意謂公乘大車以往。"有攸往",亦即公乘大車有所往也。

②言"无咎"者,前爻慎密,此爻顯赫,故以"无咎"明之。

《象》曰："大車以載",積中不敗也。①

【校注】

①積中,猶言和順積中。《禮記·樂記》："和順積中而英華發外。"雖以大車之顯赫,然則和順積於中,雖九二不當位而宜有咎,亦得無咎也。敗,謂車傾覆;不敗,謂車無傾覆。《集解》引虞翻曰："乾爲大車,故曰'大車以載',體剛履中,可以任重。"九二爲乾之中,乾剛健有力,故車秉乾德,載物任重而不敗。案虞氏於經文注謂坤爲大車,於傳文注又言乾爲大車,似相矛盾。王引之《經義述聞》於此有辯證,謂當以乾爲大車。

九三,公用亨于天子,①小人弗克。②

【校注】

①公,邦國之諸侯。亨,讀爲享,《釋文》："衆家並香兩反。京云:獻也。干云:享,宴也。姚云:享,祀也。"案"公用享于天子"者,享當謂享禮,屬於聘禮,乃諸侯覲見天子之禮。

②弗克,不能。公與小人對言,公與天子行享禮,小人則不能也。

《象》曰："公用亨于天子",小人害也。①

【校注】

①"小人害"者,小人有言語之害。此害與"无交害"之害義同。王弼注云："處大有之時,居下體之極,乘剛健之上而履其位,與五同

功,威權之盛,莫此過也。公用斯位,乃得通乎天子之道也。小人不克,害可待也。"余以爲,在此非謂小人被害,經唯云"弗克",並未言其被害,故傳云"小人害",當謂小人因"弗克"而生言語之害。

九四,匪其彭,①无咎。

【校注】

①"匪其"讀若"彼其",朱駿聲《說文通訓定聲》云:"匪假借爲彼,實發聲之辭。"彭有多訓,《釋文》:"彭,《子夏》作旁。干云:彭亨,驕滿貌。王肅云:壯也。虞作尫。姚云:彭,旁。徐音同。"《集解》本彭作尫,《象》傳同,從虞氏。帛書則同今本作彭。余案:彭,本義爲鼓聲。干寶讀若"彭亨",連綿詞。《詩·蕩》:"女炰烋于中國。"《毛傳》:"炰烋,猶彭亨也。"鄭玄箋:"炰烋,自矜氣健之貌。"《文選》左思《魏都賦》:"克翦方命,吞滅咆烋。"李善注:"咆烋,猶咆哮也,自矜健之貌。"則彭亨同咆哮,爲奮發怒吼之聲。故此云"匪其彭",即"彼其彭亨",亦猶"彼其炰烋",意謂公當此際發出咆哮之聲,而此非公自矜驕滿,乃爲震懾小人也。

《象》曰:"匪其彭,无咎",明辯晢也。①

【校注】

①辯,同辨。《釋文》:"晢,王廙作晰,又作晢,鄭本作遰,讀如'明星晢晢',陸本作逝,虞本作折。"《集解》本從虞氏作折。案《說文》:"晢,昭晢,明也。"此云"明辯晢",謂能明於辯晢,辯晢即辯明,與訟卦"雖小有言,其辯明也"意思近似,此云辯晢,彼云辯明,所辯者皆言也。案九四"匪其彭",公之所以咆哮,乃爲《象》所云"遏惡揚善",而"遏惡揚善",又適通此"明辯晢"之義。《集解》引虞翻說四小人爲害,故此公震懾之。之所以狀公咆哮貌,蓋前云小人有言語之害,故以大言懾小言也。

六五，厥孚，^①交如，威如，^②吉。

【校注】

①厥，其。孚，信。"厥孚"即"有孚"，與"罔孚"相對言。"厥孚"者，可兼有兩釋，其一有孚於上天、祖先，其二君臣之間有孚，故柔可居尊位，輔其君。案《左傳》閔公二年載，成季之將生也，桓公使人筮之，"遇大有之乾，曰：'同復於父，敬如君所。'"。此二句非經文，乃筮者推闡卦義之辭。其要有二：一者"同復於父"意謂季氏之尊與父同，亦即季氏與魯君同祖先；二者季氏其貴與君同，其國人之敬季氏，將如同敬魯君。筮者所云，可用釋經之"厥孚"。

②"交如"者，君臣上下交好之貌。"威如"者，威即威儀，謂禮容，舉行禮儀之貌。案《左傳》成公十三年："古之爲饗食也，以觀威儀，省禍福也。故《詩》曰：'兕觥其觩，旨酒思柔。彼交匪敖，萬福來求。'"所引《桑扈》，正爲天子饗宴諸侯之情況，其"兕觥其觩，旨酒思柔"，鄭玄箋云："兕觥，罰爵也。古之王者與群臣燕飲，上下無失禮者，其罰爵徒觩然陳設而已。其飲美酒，思得柔順中和，與共其樂。言不憮敖自淫恣也。"其"彼交匪敖，萬福來求"，箋云："彼，彼賢者也。賢者居處恭，執事敬，與人交必以禮，則萬福之禄就而求之，謂登用爵命，加以慶賜。"藉此可增廣"交如，威如"之義也。又于省吾《雙劍誃易經新證》云："威、畏古通。'威如'應讀作'畏如'，大有六五以柔處尊，常存戒畏之心，故吉也。"可備一説。

《象》曰："厥孚，交如"，信以發志也。^①威如之吉，易而无備也。^②

【校注】

①傳釋經文，以"厥孚，交如"爲一義，"威如，吉"爲一義。"厥孚"故上下有信，"交如"故得以發志。

②易,禮儀之變化。无,語助詞,説見王引之《經傳釋詞》。"易而无
備"當讀如"易而備"。《禮記・禮器》:"禮也者,猶體也。體不
備,君子謂之不成人。"《樂記》:"禮樂明備,天地官矣。"備,謂禮
樂完備。故"易而備"者,意謂君臣饗宴,揖讓周旋,禮樂完備,足
以成君子之德,官天地之位。

　　上九,自天祐之,吉,无不利。①

【校注】

①帛書本、《集解》本祐作右,《象》傳同。"自天祐之"者,意謂得自
天之嘉祐,吉祥,無不通利。帛書本"吉"作"終吉"。

　　《象》曰:大有上吉,自天祐也。①

【校注】

①案大有之卦,據前揭鄭玄説,大臣有聖明之德,代君爲政,其事應
在六五,而君位則應在此上九矣,故天所祐者,祐君也。《繫辭》
云:"《易》曰:'自天祐之,吉無不利。'子曰:'祐者,助也,天之所
助者,順也,人之所助者,信也,履信思乎順,又以尚賢也。是以
"自天祐之,吉無不利"也。'"余以爲,順者,順天命;信者,君信
臣。臣履君之信,代君爲政,其若不思乎順天命,則必欲取而代
之;惟其履信又思乎順,則君臣之位不易,止於尚賢焉。又案上九
不當位,猶君退居臣後,惟其仍爲天命主人,故以陽乘陰,得終吉,
無不利,應合卦辭所云"元亨"也。

【疏義】

　　後儒説大有之卦,一謂大富有、大豐收,一謂包羅萬有。王弼注
曰:"大有,包容之象也。"程頤《易傳》曰:"大有,盛大豐有也。"朱熹
《周易本義》曰:"大有,所有之大也。"而大有卦之主,則皆謂六五之
爻,王弼曰:"處尊以柔,居中以大,體無二陰以分其應,上下應之,靡有
不納,大有之義也。"而以君臣言之,此六五爻是君以柔順居尊位,而能

應合上下之賢者。王弼據《繫辭》說上九爻有履信、思順、尚賢三德。李光地《周易折中》引郭雍說，謂此三德“六五之君實盡此，而言於上九者，蓋言大有之吉，以此終也。故《象》曰‘大有上吉’，則知此吉，大有之吉也，非止上九之言也”。故此三德兼五、上，謂大有全卦具此三德亦無不可也。

《象》曰：“君子以遏惡揚善。”此亦大有卦之重要內涵。《周易折中》引司馬光曰：“火在天上，明之至也。至明則善惡無所逃。善則舉之，惡則抑之，慶賞刑威得其當，然後能保有四方，所以‘順天休命’也。”又朱熹《本義》曰：“火在天上，所照者廣，爲大有之象。所有既大，無以治之，則蘖蘖萌於其間矣。天命有善而無惡，故遏惡揚善，所以順天，反之於身，亦若是而已矣。”

在大有卦既有離之明，則又意謂君子有明辨之智。程頤《易傳》曰：“能不處其盛而得無咎者，蓋有明辨之智也。哲，明智也。賢智之人，明辨物理，當其方盛，則知咎之將至，故能損抑，不敢至於滿極也。”

注家或有將大有卦與比卦相關聯而論者，如李光地《周易折中》嘗比較比、大有二者之優劣，以比卦以九五一陽應五陰，爲民庶之象，大有以六五一陰應五陽，爲賢人之象，其說頗可玩味。又彭作邦《周易史證》發揮云：“《易》六十四卦，自乾、坤外最吉之卦，比、大有而已。大有與比反對，比以一陽居尊位，統治群陰，爲上下所歸往者，中天下而立，定四海之民，大一統之象也。……大有以一陰居尊位，上下五陽應之，董正百僚，師師濟濟，六服群辟，罔不承德，其性吉士，用勱相我國家之象也。”亦備一說。

謙

☷☶ 艮下坤上

謙:亨。[①]君子有終。[②]

【校注】

①首句當重讀作:"謙:謙亨。"據《彖》"謙亨"當連讀。謙,卦名,由艮☶、坤☷二單卦相重而成。帛本作嗛,上博竹書本作𠂩,《釋文》:"謙,《子夏》作嗛,云:嗛,謙也。"諸字皆從兼聲。《歸藏》謙作兼。《釋文》:"謙,卑退爲義,屈己下物也。"注者多謂謙爲謙退、謙讓。案謙卦之義,當本諸兼。兼,并也,字象右手同持二禾,示二禾相并爲兼;又示比量大小、長短,二禾等齊爲兼。若墨子之言兼愛,一曰愛無所遺,兼容並包,一曰愛無差等,公而無私,實得兼之二義。按兩禾比較,若非等齊,則必有餘者,君子之行謙,則是損有餘而益不足,而既損有餘而益不足,則兩造齊同也。《廣雅》:"兼,并,同也。"又《雜卦》:"謙,輕。"此輕概言輕重,《廣韻》:"輕,輕重。"輕重,意謂權衡輕重,《管子·七法》:"剛柔也,輕重也,大小也,實虛也,遠近也,多少也,謂之計數。"故謙之從兼,當謂君子權衡輕重,損多益少,最終達致公平。《韓詩外傳》:"孔子曰:'《易》有同人,後大有,承之以謙,不亦可乎?'"又云:"五帝既没,三王既衰,能行謙德者,其惟周公乎!"周公察天下之事尊卑、貴賤有所不等,乃損尊貴以益卑賤,處之以公平。注家釋

謙,皆重其謙退之義,謙固以退讓爲義,然則過猶不及,若一味退
讓,謙之又謙,則自此多彼少轉爲此少彼多,終不能齊同,殊失謙
卦大義也。"謙亨"者,君子行謙道,則所行皆得亨通。《繆和》:
"子曰:'嗛(謙)者,溓然不足也。亨者,嘉好之會也。夫君人者,
以德下其人,人以死力報之,其亨也不亦宜乎?'"

②"有終",事業終有成。《韓詩外傳》:"《易》有一道,大足以守天
下,中足以守其國家,近足以守其身,謙之謂也。"能守天下、守國
家、守其身,即有終之謂也。

《彖》曰:謙亨,天道下濟而光明,[①]地道卑而上行。[②]天道
虧盈而益謙,地道變盈而流謙,鬼神害盈而福謙,人道惡盈而
好謙。[③]謙尊而光,卑而不可踰,君子之終也。[④]

【校注】

①此釋卦辭"謙亨"。"天道下濟",天道謂上卦坤,上坤可視爲乾虧
之象,乾本上行,坤本下行,乾虧則同坤,不上行而下濟。"光明"
者,天道下濟,故以光明照下。案依王弼、孔穎達説,下艮爲山,爲
天,天之高明而處下體,是"天道下濟"之義。以艮爲天道,其説牽
強,此不從。

②地道謂下卦艮。艮爲山,山爲地之精質,帛傳《二三子問》:"根
(艮),精質也,君子之行也。"君子之行本諸地道,處卑而上行,猶
山之增益隆起於地中也。按王弼、孔穎達説,則坤體在上,故有
"地道卑而上行"之義,此亦不從。

③《釋文》:"虧盈,馬本作毀盈。"此段文字兩見帛傳,《二三子問》:
"天亂驕而成嗛,地辟(?)驕而實嗛,鬼神禍[驕]福嗛,人亞(惡)
驕而好[嗛]。"《繆和》:"天道毀盈而益嗛,地道銷[盈而]流嗛,
[鬼神害盈而福嗛],[人道]惡盈而好溓。"諸文相參釋,盈、驕,皆
謂盈滿。謙、嗛,皆謂不足。虧、變、害、惡及亂、辟、禍、銷,皆謂減

損其盈滿。益、流、福、好及成、實,皆謂增益其不足。又《繆和》:
"溓者,一物而四益者也;盈者,一物而四損者也。"孔穎達《正義》
云:"'天道虧盈而益謙'者,從此已下,廣説謙德之美,以結君子
能終之義。虧謂減損,減損盈滿而增益謙退,若日中則昃,月盈則
食,是虧減其盈,盈者虧減,則謙者受益也。'地道變盈而流謙'
者,丘陵川谷之屬,高者漸下,下者益高,是改變盈者,流布謙者
也。'鬼神害盈而福謙'者,驕盈者被害,謙退者受福,是害盈而福
謙也。'人道惡盈而好謙'者,盈溢驕慢,皆以惡之,謙退恭巽,悉
皆好之。"

④王引之《經義述聞》云:"案尊讀'撙節退讓'之撙。尊之言損也,
小也;光之言廣也,大也。'尊而光'者,小而大,'卑而不可踰'
者,卑而高也。上文曰'天道下濟而光明',猶此'尊而光'也,'地
道卑而上行',猶此言'卑而不可踰'也。"王説可從。案"謙尊而
光",言損盈滿;"卑而不可踰",言益不足。"君子之終",意謂君
子終成於損益之齊同也。

《象》曰:地中有山,[①]謙。君子以裒多益寡,稱物平施。[②]

【校注】

①此釋上下卦象,坤爲地,艮爲山。"地中有山"被視爲謙之主象,後
儒多據此發義。然則"地中有山"其爲何象?孔穎達《正義》云:
"此謙卦之象,以山爲主,是於山爲謙,於地爲不謙,應言'山在地
中'。""地中有山"通常意指地上矗立有山,乃地在下、山在上之
象。若地在上,山在下,則當云"山在地中"。《集解》引劉表曰:
"謙之爲道,降己升人,山本地上,今居地中,亦降體之義,固爲謙
象也。"然則"山在地中"實難以成象,若山不凸起於地,其可謂山
乎?人固可以屈高居下,山何能爲?説者泥於上下卦位而失於常
理也。余以爲,此卦雖下艮上地,然觀其兩者動勢,上地下濟,下
艮上升,由此乃成山在地中而出乎地之象也。地本平,山出乎地

則有不平焉,有不平,然後有謙事。陳夢雷《周易淺述》云:"蓋謙之爲名,生於過也,物過然後知有謙。謙者使物不過,期得中而已。聖人即謙之名,使一切返於中,善用謙者也。"

②《釋文》:"袞,鄭、荀、董、蜀才作捊,云:取也。字書作掊,《廣雅》云:掊,減。"《集解》本作"捊"。"袞多益寡"者,減取有餘以增益不足。稱,權衡多寡。施,施與。"稱物平施"者,權衡庶物之多寡,公平分配施與。案謙之爲義,以權衡多寡、公平施與爲核心。《漢書‧食貨志》贊曰:"《易》稱'袞多益寡,稱物平施',《書》云'楙遷有無',周有泉府之官,而孟子亦非'狗彘食人之食不知斂,野有餓莩而弗知發',故管氏之輕重,李悝之平糶,弘羊均輸,壽昌常平,亦有從徠。"顏師古注引《易》曰:"謙卦象辭。袞,取也。言取於多者以益少者,故萬物皆稱而施與平也。"又引《書》曰:"《虞書‧益稷》之辭。言勸勉天下遷徙有無,使相通也。"《漢書》、師古注,皆深得此卦大義矣。

初六,謙謙君子,用涉大川,吉。①

【校注】

①謙謙,竹書作嗛嗛,帛書作嗛嗛。王弼注釋"謙謙"爲謙之謙,亦即謙而又謙。案"謙謙",當同"鳴謙"、"勞謙"、"撝謙",皆爲動賓結構,前一謙,當同廉,察也,後一謙,則謙事也。"謙謙"者,意謂能明察謙事。《繆和》謂謙之初六,以之卦言之,爲謙之明夷,明夷下離,明也,亦可證此爻含明察之義。君子不能明察謙事,則不宜涉大川,能明察謙事,則用涉大川。卦辭言"利涉大川"爲判辭,此爻辭"用涉大川"爲述辭,承前"君子"爲主語。此爻辭亦可讀作:"謙謙,君子用涉大川,吉。"

《象》曰:"謙謙君子",卑以自牧也。①

【校注】

①卑，下就。牧，統治。《釋文》：“牧養之牧。”牧其臣，養其民。《繆
和》：“以使其下，所以治人情，牧群臣之僞也。”自牧，躬身、親身
以牧。“卑以自牧”者，意謂君子離其尊位，親至民間，體察民情，
牧治群臣。舊注多謂“卑以自牧”爲初六無位，君子處卑，惟自牧
養其身。然如其説，何以經云“君子用涉大川”耶？

六二，鳴謙，①貞吉。

【校注】

①“鳴謙”，叩問民間之謙事，有響應之鳴聲。《禮記·學記》：“叩之
以小者則小鳴，叩之以大者則大鳴。”鳴爲叩問之回聲。又《集
韻》：“鳴，相呼也。”《詩·伐木》：“嚶其鳴矣，求友之聲。”

《象》曰：“鳴謙，貞吉”，中心得也。①

【校注】

①中心，志也，“中心得”，猶言志得也。“鳴謙”之雙方相應合，是以
志得。六二君子當位居中，故爲人信服。《易之義》曰：“‘鳴謙’
也者，柔而□也。”推其意，乃以柔爲之。

九三，勞謙君子，有終，吉。①

【校注】

①《爾雅》：“勞，勤也。”“勞謙”者，勤勞於謙事。《繆和》云：“禹□
其四枝（肢），苦其思□，至於手足駢（胼）胝，頯（顔）色□□□□，
□能□細，故上能□果□□，下□號耴（聖）君，亦可胃（謂）冬
（終）矣，吉孰大焉？故曰‘勞[嗛]，君子又（有）冬（終），吉’。”是
以大禹勤於民事爲“勞謙”。又《韓詩外傳》云：“五帝既没，三王
既衰，能行謙德者，其惟周公乎！周公以文王之子，武王之弟，成
王之叔父，假天子之尊位七年，所執贄而師見者十人，所還質而友

見者十三人,窮巷白屋之士所先見者四十九人,時進善者百人,宮朝者千人,諫臣五人,輔臣五人,拂臣六人,載干戈以至於封侯,異族九十七人,而同姓之士百人。"則謂周公下己親賢亦可謂"勞謙"。此云"勞謙",乃勞於"哀多益寡,稱物平施"之事也。又此爻辭亦可讀作:"勞謙,君子有終,吉。"

《象》曰:"勞謙君子",萬民服也。①

【校注】

①君子勞謙,"哀多益寡,稱物平施",故萬民服其治。案九三爲謙卦主,《集解》引荀爽曰:"陽當居五,自卑下衆,降居下體,君有下國之意也。"而君下國而勤勞民事,則萬民賓服。

六四,无不利,撝謙。①

【校注】

①《釋文》:"撝,毀皮反,指撝也,義與麾同。《書》云'右秉白旄以麾'是也。馬云:撝,猶離也。鄭讀爲宣。"案《説文》:"撝,裂也。"段玉裁注:"《易》'撝謙',馬曰:'撝,猶離也。'按'撝謙'者,溥散其謙,無所往而不用謙。裂義之引申也。"鄭玄訓撝爲宣,《爾雅》:"宣,徧也。"徧同遍,"撝謙"即謙事周遍無遺,與馬融義相通。謙事周遍,故曰"无不利"。

《象》曰:"无不利,撝謙",不違則也。①

【校注】

①則,"哀多益寡,稱物平施"之法則。《説文》:"則,等畫物也。從刀貝。貝,古之物貨也。"段玉裁注:"等畫物者,定其差等而各爲介畫也。物貨有貴賤之差,故從刀介畫之。"案必依公平之法則,然後可以稱"利"。

六五,不富以其鄰,①利用侵伐,②无不利。

【校注】

①"富以其鄰"見小畜,"不富以其鄰"已見泰卦。"富以其鄰"在小畜,意謂我與我之家人、邑人同富;而泰之"不富以其鄰",意謂不限於家人、邑人,乃與外人相交通而共富也。前者言内,後者言外。在此謙卦意義與泰又有不同,"不富以其鄰"猶云不能做到富以其鄰,蓋服謙者"富以其鄰",不服謙者"不富以其鄰",故侵伐之也。

②"利用侵伐"者,對於不願與我行謙者,則必以侵伐,强行使其謙。《周禮·夏官司馬·大司馬》:"負固不服,則侵之。"又案《釋文》:"侵,王廙作寑。"寑伐,即不用征伐。此與《象》云"征不服"相悖,故注家多非之。

《象》曰:"利用侵伐",征不服也。①

【校注】

①"征不服",征討不服我之行謙事者。案《集解》引荀爽曰:"'不服'謂五也。"三爲謙卦之主,五雖君位,其不服三,亦當征伐之。李道平《周易集解纂疏》云:"荀注'不服'謂五者,五不正,征之爲言正也,三陽以正侵不正,故曰'征不服也'。"余案:荀、李説可商榷。此非征不服之五,乃五征不服之人也。五陰居陽位,爲弱君象,或有不服君者,則當征伐之。三、五同功,此謙卦惟三爲陽,是五之征伐出自三,三代五征伐不服者也。

上六,鳴謙,利用行師,征邑國。①

【校注】

①行師,興師。"征邑國",《釋文》作"征國",並云:"本或作'征邑國'者非。"帛本作"征邑國",而竹本作"征邦"。案《釋文》、竹本爲是,此言邦、國,當指外邦、外國,而邑仍屬邦内。六五謂本邦内有不服者,其征爲征内;而此上六云"征國"、"征邦",當指征外

邦、外國之不願與我行謙事者,是爲征外。上六"鳴謙"與六二相同,惟六二鳴於邦内,此則鳴於邦外。君主之以謙行,兼及邦内、邦外,外國與我交好者,以忠信卑讓之道待之,不交好者,則征伐之,是亦行謙事也。

《象》曰:"鳴謙",志未得也。[①]可用行師,征邑國也。[②]

【校注】

①此云"志未得"與六二之"中心得"適相反。六二"鳴謙"而後得到應合,上六則未得到應合,於是行師征伐也。

②"可用行師"者,意謂在國與國之間行謙道,可興師征伐也。三、上相應,"征邑國"者,征伐亦出自三。

【疏義】

按上述注解,謙卦所關涉者爲政教之事,其事以損多益少,達致公平爲旨歸,其範圍自人與人、家與家、國與國皆有行之,亦可謂之廣行謙事也。而後儒説此謙卦,皆轉其義言君子之品德,亦即謙退、謙讓、謙和之德,以此謙德行天下,無所不亨通也。

《象》曰"天道虧盈而益謙,地道變盈而流謙,鬼神害盈而福謙,人道惡盈而好謙",則又將此謙德擴展及天道、地道、鬼神及人道,可謂無所不用謙也。孔穎達《正義》乃云:"謙爲諸行之善,是善之最極。"

謙德之内涵,爲己雖依分應有,然自謙讓而不居。程頤《易傳》云:"有其德而不居謂之謙。"朱熹《周易本義》云:"謙者,有而不居之義。"而所謂"有而不居"之義乃據《象》"地中有山"發揮,程云:"爲卦坤上艮下,'地中有山'也。地體卑下,山高大之物,而居地之下,謙之象也。以崇高之德,而處卑之下,謙之義也。"朱云:"山至高而地至卑,乃屈而止於其中,謙之象也。"

然則謙德既非驕居人上,亦非刻意處下,謙之理想狀態本爲平。王弼注云:"多者用謙以爲衷,少者用謙以爲益,隨物施與,施不失平也。"其説甚諦。而後儒説謙德,多有自我抑制、甘居卑下之義,如程頤云,人以謙巽自處,樂天而不競,退讓而不矜,自卑而人益尊之,自晦而德益光顯。此種自卑、自晦之謙德,似通乎道家。《漢書・藝文志》謂道家者流,合乎"《易》之嗛嗛,一謙而四益",顔師古注云:"'四益',謂天道虧盈而益謙,地道變盈而流謙,鬼神害盈而福謙,人道惡盈而好謙也。"

又注家多以謙卦爲上善之卦,最爲完美,而王夫之《周易内傳》獨能發其内涵之憂患意識,王氏云:"謙,古與慊通用,不足之謂也。此卦惟一陽寄浮於衆陰之中,而不能如師、比之得中,復之振起,與剥略同,其不足甚矣,特陽未趨於泯喪而止於内耳。以其不足,伏處於三陰之下,安止而順受之,不爲中枵外侈以自剥喪,爲能受益而進於善,是以君子有取焉。"此有船山自況之意,亦可備一説。

豫

䷏坤下震上

豫：①利建侯，行師。②

【校注】

①豫，卦名，由坤☷、震☳二單卦相重而成。豫卦之豫，兼有二義，《釋文》曰：“豫，悦豫也，備豫也。馬云：豫樂。”《集解》引鄭玄曰：“豫，喜佚説樂之貌也。”《易緯·乾坤鑿度》：“御難設豫。”鄭玄注：“防備、預知。”是鄭亦兼取悦豫、備豫二義。案豫卦之複雜，在於其具有雙重結構。其一，豫卦關涉相對獨立之二事，即卦辭所言及“建侯”、“行師”。其二，《國語·晉語》載司空季子解説豫卦云：“其繇曰：‘利建侯，行師。’居樂、出威之謂也。”則又當以“建侯”對應“居樂”，“行師”對應“出威”。其三，《釋文》所云“悦豫”，當對應“建侯”、“居樂”，所云“備豫”，當對應“行師”、“出威”。其四，《集解》引鄭玄及《九家易》諸説，皆以坤爲行師，震爲建侯，依下坤上震次第，則爲先有行師，後有建侯。《藝文類聚》引魏武帝《又上書讓封》有云“臣聞《易》豫卦曰：‘利建侯，行師。’有功乃當進立以爲諸侯也。”可知先行師有功，然後建爲諸侯。綜上言之，此豫卦先行師、出威，所關涉之豫，爲備豫之豫；後建侯、居樂，所關涉之豫，爲悦豫之豫。《釋文》所舉兩義，分別包含在上下卦中，於下坤，當訓備豫，於上震，當訓悦豫。又案《象》曰“先王

以作樂崇德,殷薦之上帝,以配祖考”,可知此卦又關涉祭祀上帝、祖先之事。

②建侯,貞居,立主。行師,謂行田獵、征伐之事。

《彖》曰:豫,剛應而志行。①順以動,豫。②豫順以動,故天地如之,而況建侯、行師乎?③天地以順動,故日月不過而四時不忒。④聖人以順動,則刑罰清而民服。⑤豫之時義大矣哉!⑥

【校注】

①此據卦爻之關係釋豫卦之德,剛謂九四,剛動而諸柔應之,是以大行其志。《集解》引侯果曰:“四爲卦主,五陰應之,剛志大行,故曰‘剛應而志行’。”

②此釋上下卦象。《集解》引鄭玄曰:“坤,順也;震,動也。順其性而動者,莫不得其所,故謂之豫。”

③《集解》引虞翻曰:“如之者,謂天地亦動以成四時。”余案:“豫順以動”者,猶言順以動者必豫,此豫,猶言可預知也。“天地如之”者,天地有常,故可預知。“而況建侯、行師”者,建侯、行師之事,亦當有常而可預知。

④《玉篇》:“過,度也,越也。”“日月不過”,日月之行有序,不相度越。《釋文》:“忒,鄭云:差也。京作貣。”“四時不忒”,四時更迭有序,不相錯亂。“日月不過而四時不忒”者,意謂日月、四時運行有序,運行有常也。

⑤《集解》引虞翻曰:“清,猶明也。”“刑罰清”,刑罰之法清明而不錯亂。法不錯亂則萬民服從。

⑥豫之時義,即天地順動以時,聖人順動以時也。孔穎達《正義》謂嘆卦有三體,一直嘆時,二嘆時並用,三嘆時並義。時謂世運之治時、亂時、離散時、改易時也。時用謂適時之用也。時義謂不盡於所見,中有意謂者也。余以爲,義,宜也,“時義”,即時之宜,順時

而動焉。案此卦之時義,不僅謂動而順有常之時,亦謂動而順變通之時。《集解》引《九家易》曰:"震爲建侯,坤爲行師。建侯所以興利,行師所以除害。利興害除,民所豫樂也。天地有生殺,萬物有始終。王者盛衰,亦有迭更。猶武王承亂而應天地,建侯行師,奉辭除害,民得豫悦,君得安樂也。"

《象》曰:雷出地奮,豫。①先王以作樂崇德,②殷薦之上帝,以配祖考。③

【校注】

①此釋上下卦象。震爲雷,坤爲地,雷出於地,合爲豫。《廣韻》:"奮,揚也。"雷出地則聲揚,以喻豫樂之聲亦如雷聲之揚也。此豫,訓悦豫之樂聲。又孔穎達《正義》及《集解》引崔覲,斷作"雷出地,奮豫"。

②"作樂"者,歷代帝王皆制作本代之樂。《周禮·春官宗伯·大司樂》:"以樂舞教國子舞《雲門大卷》、《大咸》、《大韶》、《大夏》、《大濩》、《大武》。"是爲黄帝、堯、舜、夏、商、周六代之樂。《漢書·藝文志》:"《易》曰:'先王作樂崇德,殷薦之上帝,以享祖考。'故自黄帝下至三代,樂各有名。""崇德"者,以樂崇揚功德。《集解》引鄭玄曰:"崇,充也。……王者功成作樂,以文得之者作籥舞,以武得之者作萬舞,各充其德而爲制。祀天地以配祖考者,使與天同饗其功也。"

③《釋文》:"殷,馬云:盛也。《説文》云:'作樂之盛稱殷。'"薦,進獻。配,配享。祖考,祖先。王引之《經義述聞》謂薦、配互文,意謂王者以所作之樂大薦獻於上帝、祖先,亦配享於上帝、祖先。案《漢書·禮樂志》:"王者未作樂之時,因先王之樂以教化百姓,説樂其俗;然後改作,以章功德。《易》曰:'先王以作樂崇德,殷薦之上帝,以配祖考。'"由此推斷,此云"先王以作樂崇德",乃謂易代之際,作本代之樂,崇新王之德也。

初六,鳴豫,凶。①

【校注】

①豫,於下坤訓備豫,乃謂以鳴聲響以戒備。"鳴豫"者,鳴聲響以備豫。《繫辭》:"重門擊柝,以待暴客,蓋取諸豫。"即本此爻之義。又《乾坤鑿度》:"御難設豫。"鄭玄注:"防備、預知。"亦是此義。案孔穎達等注家或謂初六"鳴豫"爲獨自逸樂,過極淫荒之象,恐非是。

《象》曰:初六鳴豫,志窮凶也。①

【校注】

①窮,困也。"志窮凶"者,意謂志有所困而不得行,故凶。余案:以"鳴豫"戒備暴客,説明此際處於困境。此乃行師中之困窮,初不當位,故難行也。

六二,介于石,不終日,①貞吉。

【校注】

①《釋文》:"介,古文作砎。鄭古八反,云:謂磨砎也。馬作扴,云:觸小石聲。"石,玉石樂器,或謂磬。"介于石",言豫之樂聲,其聲如敲擊小石。余案:石即磬聲,介者,《集解》引虞翻曰:"介,纖也。"《繫辭》:"憂悔吝者存乎介。"故"介于石"者,即自磬聲中察知吉凶悔吝之纖介之兆,磬聲清,易辨識也。"不終日"者,言應時則改,不待終日也。《繫辭》:"君子見幾而作,不俟終日。《易》曰:'介于石,不終日,貞吉。'介如石焉,寧用終日,斷可識矣。君子知微知彰,知柔知剛,萬夫之望。"又《白虎通·諫諍》引此爻辭,亦有類似意思,可供參詳。

《象》曰:"不終日,貞吉",以中正也。①

【校注】

①六二當位得中,君子以中正,故"貞吉"也。案此亦在行師備豫之際,惟以能知幾,故中正不失也。自磬聲識吉凶悔吝,或指軍中聽律之術,《周禮·春官宗伯·大師》:"大師執同律以聽軍聲,而詔吉凶。"

六三,盱豫,悔。①遲有悔。②

【校注】

①《釋文》:"盱,睢盱也。向云:睢盱,小人喜悦之貌。王肅云:盱,大也。鄭云:誇也。《説文》云:張目也。《子夏》作紆。京作汙。姚作旴,云日始出,引《詩》'旴日始旦'。"案陸德明博引注家,可知其義難定。余以爲,當從王肅訓大,鄭訓誇。盱當作訏,《爾雅》:"訏,大也。"朱駿聲《説文通訓定聲》:"訏,《玉篇》引《説文》齊楚謂大言曰訏是也,字與誇略同。"訏謂大言,《説文》:"訏,詭譌也。"大言乃詭譌。在此豫卦,當謂聲音已由"介于石"之小聲漸發爲大聲,其聲亦不清晰而詭譌也,如此必"悔"。

②遲,遲疑。備豫不當則行動不知所當從,故行有遲疑。王引之《經義述聞》云:"此有字當讀爲又,古字有與又通。盱豫既悔,遲又悔也。"則"遲有悔"者,意謂盱豫既悔,遲疑而不行,則又增其悔。

《象》曰:盱豫有悔,位不當也。①

【校注】

①二有位而三失之,爲"位不當"。案下坤三爻均有備豫之象,初六無位遇困,凶,故始備豫;六二得位得中,乃能知幾而動,備豫得當;六三復失位,不能如二之知幾,故備豫不當,動而有悔。

九四,由豫,大有得。①勿疑,朋盍簪。②

【校注】

①《釋文》:"由,從也。鄭云:用也。馬作猶,云猶豫,疑也。"竹書由作猷,帛書本作允。余案:當從鄭訓。"由豫",即"用豫"。此"由"訓用,亦即《象》傳"先王以作樂崇德"之"以"。案上震之豫,當轉訓悦豫,就其聲言之,則爲樂聲。故"用豫"者何? 王者作樂崇德,以薦上帝、配祖考,行豫樂,封賞諸侯。"大有得"者,大得其下坤之衆。《集解》引虞翻曰:"坤以衆順,故'大有得',得群陰也。"

②"勿疑",與六三"遲"相對言,勿疑慮,勿遲疑。朋,友朋,此指下坤之衆。盍,合也。簪,《釋文》:"《子夏傳》同,疾也。鄭云:速也。《埤蒼》同。王肅又祖感反。古文作貸,京作撍,馬作臧,荀作宗,虞作戠。戠,叢合也。"王引之《經義述聞》謂"簪"正字爲"撍",撍,急疾也。"勿疑,朋盍簪"者,勿遲疑,友朋來合皆疾速而至也。

《象》曰:"由豫,大有得",志大行也。①

【校注】

①初"志窮",經由行師,除害興利,而後其志得大行。案下坤爲地,上震爲雷,雷震而萬物生,皆得舒展。《集解》引鄭玄曰:"雷動於地上,萬物乃豫也。"《説文》"豫"字段玉裁注曰:"《易》鄭注曰:'豫,喜豫説樂之兒也。'亦借爲舒字。如《洪範》'豫恒燠若',即'舒恒燠若'也。"

六五,貞疾,恒不死。①

【校注】

①"貞疾",有疾病而貞問,貞告"恒不死"也。案貞問疾病,乃常事。此云"貞疾,恒不死",是言疾病將除,實則天降福祐之辭也。

《象》曰:六五貞疾,乘剛也。"恒不死",中未亡也。①

【校注】

①"乘剛"者,六五不當位之柔而乘九四之剛。王弼注曰:"四以剛動爲豫之主,專權執制,非己所乘,故不敢與四爭權,而又居中處尊,未可得亡,是以必常至於'貞疾,恒不死'而已。"依王説,五乘四剛,故有疾,惟以居中處尊,勉强得保其未亡而已。《集解》引侯果曰:"六五居尊而乘於四,四以剛動,非己所乘。乘剛爲政,終亦病若。'恒不死'者,以其中也。"其説尤明晰。案此類之説皆以"貞疾,恒不死"爲憂患之辭,不知其實爲福祐之辭也。《序卦》豫序下《集解》引鄭玄曰:"言國既大而能謙,則於政事恬豫。"鄭所云"政事恬豫",尤當措意焉。余以爲,此六五爻,即爲"政事恬豫"之象。四既剛動專權,五則可以恬豫居君位,以其恬豫,故即便有"疾",亦可"恒不死";其雖不當位,亦猶未至失位,故曰"中未亡"也。

上六,冥豫,①成有渝,②无咎。

【校注】

①《釋文》:"馬云:冥昧,耽於樂也。王廙云:深也。鄭讀爲鳴。"王弼注則類似馬融,釋"冥豫"爲過豫不已。余案:冥,猶云冥冥。"冥豫"者,言豫之樂聲冥冥然,散亂不成音律。《禮記·月令》:"氛霧冥冥,雷乃發聲。"鄭玄注:"霜露之氣相散亂也。"《月令》此文亦見《吕覽·仲冬紀》、《淮南子·時則訓》,高誘彼注以清濁相干爲訓。

②成,樂章,樂一曲曰一成。"成有渝"者,樂章有變也。

《象》曰:冥豫在上,何可長也。①

【校注】

①"在上",在上位,當位。上六當位,故雖"冥豫"而"无咎",然則其事必不可長久。"何可長也"者,乃歎天地、聖人皆以順動,猶日月

相代,四時更替,六代之樂迭興,不可有恒在者。此亦見豫卦之時義。又於聲音言之,三、上皆不清晰也。

【疏義】

豫卦大義在建侯,其象主運用樂聲,在行師可以爲警戒,在居樂可以爲悦豫,乃至作樂崇德,殷薦之上帝,以配祖考。而悦豫同時,必懷憂患之心,樂聲不亂,則人事有則矣。

後儒説此豫卦,大多斟酌於逸豫、悦豫、和豫諸訓,且以此一義貫徹於建侯、行師。孔穎達《正義》云:"謂之豫者,取逸豫之義。以和順而動,動不違衆,衆皆悦豫,故謂之豫也。動而衆説,故可'利建侯'也;以順而動,不加无罪,故可以'行師'也。"程頤《易傳》云:"豫者,安和悦樂之義。……豫之義,所利在於'建侯'、'行師'。夫建侯樹屏,所以共安天下,諸侯和順,則萬民悦服。兵師之興,衆心和悦,則順從而有功。"

漢儒多據天地人之道論豫卦,尤以坤、震之"順以動"爲主,《漢書‧五行志》引劉向曰:"於《易》雷以二月出,其卦曰豫,言萬物隨雷而出地,皆得逸豫也。"《彖》云"天地以順動"、"聖人以順動",則天、地、人皆以其順動合時而得豫樂。

而宋儒説此豫卦,則多據爻辭論人事得失,且多告誡之言。如程頤論初六,謂小人爲上所寵,志意驕滿;論六三,則處身不正,進退皆有悔吝;論六五,爲沈溺於豫,柔弱不能自立之君;論上六,爲耽肆於豫,昏迷不知反者,若能渝變補過,則可以無咎。豫卦唯二、四爲得正,二當位得中,爲君子中正自守,知幾而明;四以一陽爲卦主,爲大臣,承柔弱之君,當天下之任,處危疑之地,以其至誠有信,乃得同德之助。朱熹及後諸儒,所説大略相同。

豫之時義大矣,當豫之時,天地順動,萬物生生,人民豫樂。而當此豫樂之際,又必懷憂患之心,乃可不致過咎。彭作邦《周易史證》云:"生於憂患,死於安樂,處豫順之境者,尚熟思焉。"

隨

䷐震下兌上

隨：^①元亨，利貞。^②无咎。^③

【校注】

①隨，卦名，由震☳、兌☱二單卦相重而成。《釋文》："隨，從也。"隨卦之隨，有民衆跟從君主遷徙之象。于省吾《雙劍誃易經新證》謂《歸藏》與隨相應之卦名曰"馬徒"，馬徒，當作馬走。《繫辭》曰："服牛乘馬，引重致遠，以利天下，蓋取諸隨。"意謂人民服牛乘馬而隨，遷徙致遠也。李鏡池《周易通義》以隨爲行商旅之卦，然徵諸史事，則以遷地、遷民爲宜。其如《乾鑿度》曰："譬猶文王之崇至德，顯中和之美，拘民以禮，係民以義。當此之時，仁恩所加，靡不隨從，咸悦其德，得用道之王，故言王用享于西山。"然則是爲美化此隨事者也，若使人民遷徙，往往在破國之後，其遷徙亦必用武力迫之、拘之、係之，故譬猶武王破殷之後，遷殷民之周，當更契合。而卦爻辭之諸象，皆出於此一遷徙過程。

②"元亨"者，大亨通。隨卦以"王用享于西山"終，故可謂通體皆亨。"利貞"者，貞問遷徙之事，告爲利也。

③"无咎"者，隨事，亦即遷徙之事無咎害。

《彖》曰：隨，剛來而下柔。^①動而説，隨。^②大亨，貞无咎，^③

而天下隨時。^④隨時之義大矣哉！^⑤

【校注】

①孔穎達《正義》曰："剛謂震也，柔謂兌也。震處兌下，是剛來下柔。"案孔據上下卦之剛柔釋"剛來而下柔"，固通，然未得傳義之要。《集解》引虞翻曰："否乾上來之坤初，故'剛來而下柔'。"乃據爻位釋此。余以爲，剛來下柔，應指初九居卦之最下，亦在二柔爻之下，此乃爲出之始，《左傳》襄公九年載史曰："隨，其出也。"出者，初九"出門交有功"也。初九在下始發震動，遂振奮、引領諸陰隨之而出也。

②此則釋上下卦德。震，動也；兌，説也。《集解》引鄭玄曰："震，動也。兌，説也。内動之以德，外説之以言，則天下之人咸慕其行而隨從之，故謂之隨也。"

③《釋文》："'大亨貞'，本又作'大亨利貞'。"故有注家讀"大亨貞，无咎"同"大亨利貞，无咎"，亦即同卦辭"元亨利貞，无咎"。前揭鄭玄云："既見隨從，能長之以善，通其嘉禮，和之以義，幹之以正，則功成而有福，若無此四德，則有凶咎焉。焦贛曰：'漢高帝與項籍，其明徵也。'"鄭一則以"四德"訓"大亨利貞"，一則以"四德"爲引領隨事之王者應有之德行。此一説最早見於《左傳》襄公九年穆姜語。余案：此句傳文當讀作"大亨，貞无咎"，不宜加"利"字。"大亨"即卦辭"元亨"，"貞"則訓正，言此卦雖大亨，然亦有不正焉，若得其正，則無咎。朱熹《周易本義》釋卦辭"元亨，利貞"下有類似之説，云："其占爲元亨，然必利於貞，乃得无咎；若所隨不貞，則雖大亨，不免於有咎矣。"余以爲"四德"乃專爲《文言》釋乾之辭，唯用於彼一處，他卦及傳皆無與也。

④《釋文》："'天下隨時'，王肅本作'隨之'。"朱熹《周易本義》從王肅。余案：當從王肅本。前云"大亨，貞无咎"，故繼云"而天下隨之"，而，承上之詞，猶則也。

⑤《釋文》:"'隨時之義',王肅本作'隨之時義'。"朱熹《周易本義》
從王肅。余案:當從王肅本,豫、遯、姤、旅諸《彖》皆曰"時義"。
"隨之時義"即隨卦之時義,亦即與時變通之義,《繫辭》曰:"變通
者,趣時者也。"

《象》曰:澤中有雷,隨。①**君子以嚮晦入宴息。**②

【校注】

①此釋上下卦象,兌爲澤,震爲雷。"澤中有雷"者,《集解》引《九家
易》謂"雷藏於澤"。余案:"澤中有雷"與《彖》"剛來而下柔"同
義。《文子》有云:"高莫高於天,下莫下於澤,天高澤下,聖人法
之。"澤爲至下,故不得曰"雷在澤下",然其意在此。雷在澤下,
將出也,其勢陽動而出,陰悦而隨之,故不宜謂雷歸藏於澤中。

②王弼注以嚮爲所嚮,謂隨者既悦隨,則所嚮雖晦暗,亦不勞明辨,
無爲而隨之之狀。案王氏説非。嚮,勸也。《尚書·洪範》:"嚮
用五福。"《孔傳》:"言天所以嚮勸人,用五福。"嚮乃謂以某一目
標引導、勸勉人。晦,形容凋零、殘存之貌。以晦字形容植物,《文
選》江淹《雜體詩·王徵君養疾》"寂歷百草晦"句,李善注云:
"《説文》曰:'晦,盡也。'謂彫盡也。一曰:'毛萇《詩傳》曰:"晦,
昧也。凡草木華實榮茂謂之明,枝葉彫傷謂之晦。"'"以晦字形
容人物,《文選》班固《幽通賦》"鮮生民之晦在"句,李善注云:"曹
大家曰:'晦,亡幾也。'"此傳所言"晦",當謂人物,即遭遇離亂後
凋零、稀少之民衆也。故"嚮晦"者,意謂引導、勸勉此類民衆,使
其隨己而遷。而"入宴息"者,使之遷徙而後得安居也。宴,安。
息,休息。

初九,官有渝,貞吉,①**出門交有功。**②

【校注】

①《釋文》:"官有,蜀才作館有。"當從蜀才讀。館,居舍。《詩·公

劉》：“于豳斯館。”意謂在豳建造宮室城邑。渝，變也。“官有渝”
者，原居住之地有變故，然貞告爲吉。又貞訓正，同征。

②出門，出城門。《小爾雅》：“交，俱也。”又交，交接、連接貌。“出
門交有功”者，謂出城門，集合在一處，相互交接，則可以成功。
功，可成其事。案《集解》引鄭玄曰：“是臣出君門，與四方賢人
交，有成功之象也。”余以爲，在此隨卦，恐非謂與四方賢人交，或
謂與將參與遷徙者交也。

《象》曰：“官有渝”，從正吉也。①“出門交有功”，不失也。②

【校注】

①“從正吉”，釋“貞吉”。“官有渝”爲變故，而貞告爲吉者，乃意謂
可棄舊業而從新主，能“從正”則“吉”。以卦論之，從，隨也，正謂
二、五皆正，“從正”者，近則隨二，遠則隨五，皆可得吉也。

②“不失”者，交則不失也。遷徙致遠，若團結在一起，則不失散。
失，即“失丈夫”、“失小子”之失。初陽當位而動，又動而從正，故
“不失也”。

六二，係小子，失丈夫。①

【校注】

①《説文》：“係，絜束也。”段玉裁注：“絜，麻一耑也。絜束者，圍而
束之。”亦即綑綁之義。于省吾據甲骨文字形，釋係爲用繩索綁在
俘虜或罪人之頸上，牽之以行。[1] 在此引申爲約束、控制之義。
小子，未成年者，此指小人一類；丈夫，成年男子，此指有身份、地
位之家主。“係小子，失丈夫”者，意謂率領人民遷徙者，控制住小
子，但尚未控制住丈夫。《易之義》：“隋（隨）之卦，相而能戒也。”
相，謂相隨；能戒，謂能控制相隨之民衆。

---

[1]　參見于省吾《甲骨文字釋林》之《釋係》，第298頁，中華書局，1979年。

《象》曰：“係小子”，弗兼與也。①

【校注】

①與，相與。“弗兼與”者，不能兼相與，顧此則失彼。余案：係與隨不同，上爻於下爻曰係，下爻於上爻曰隨，又陽爻象主遷徙者，陰爻象被遷徙者，故在上之陽爻係在下之陰爻，在下之陰爻隨在上之陽爻。初九在下，乃發動遷徙者，非係者；係者乃爲九四，亦即係二、係三者。九四之係二，二爲被遷徙者中之君子，或曰家主，以其當位得中，故不受係，故於此爻僅得係小子，未能係丈夫也。

六三，係丈夫，失小子。①隨有求，得，利居貞。②

【校注】

①言控制相隨之丈夫，但未控制小子。

②“隨有求，得”，竹書作“隨求有得”，可斷作“隨求，有得”。“隨有求”或“隨求”，即在遷徙途中失走之小子來求我，此求猶“童蒙求我”之求，“得”或“有得”，即我在途中收容之。居，蓄養也。“利居貞”者，貞問蓄養此來求我之衆，貞告爲利。

《象》曰：“係丈夫”，志舍下也。①

【校注】

①“係丈夫”即四係三，二之君子進三則失位，失位遂被係焉。舍通捨，捨之。下謂丈夫以下，亦即小人。“志舍下”，謂我所用心致力者唯在“係丈夫”，於小人則捨而不係。何者？丈夫猶羊群之頭羊，執得頭羊，則群羊自隨。此與六二爻傳“弗兼與”相關，意謂“係小子”弗兼與，“係丈夫”則兼與也。

九四，隨有獲，①貞凶。有孚在道，②以明何咎。③

【校注】

①《説文》：“獲，獵所獲也。”在此“隨有獲”指隨事，亦即遷徙之事所

獲之民衆,於爻言,則指二、三所係諸小子、丈夫。

②孚,約信,亦可謂法令。在道,途中。"有孚在道"者,遷徙途中已
有約信、法令。

③何,誰也。咎,過也。"以明何咎"者,即衡之以既有之約信、法令,
可以明誰有過咎。案此九四爻所關涉之事,大略爲遷徙已達目的
地,主遷徙者將按照被遷徙者途中之表現,給與賞罰。何以知爲
行賞罰?爻辭云"以明何咎",傳云"明功",合此二義,即明賞罰
也。然則爻辭僅言明其咎,故而貞告爲"凶"矣。

《象》曰:"隨有獲",其義凶也。①"有孚在道",明功也。②

【校注】

①"其義凶"者,其宜爲凶也。

②"明功"者,與爻辭互明,誰有咎,誰有功,賞罰分明。案四陽居陰
位,爲剛武之象。又至四下震入上兌,遷徙之事當止於是,止而後
行賞罰。傳乃補充經義,謂雖曰"其義凶",然則能在途中遵守約
信、法令者,亦明其功也。

　九五,孚于嘉,①吉。

【校注】

①嘉,美,善,在此當指禮。"孚于嘉"者,上下之信,共成於禮。亨
者,嘉之會,上下成禮,則大亨也。

　《象》曰:"孚于嘉,吉",位正中也。①

【校注】

①九五爲王者之位,其得位得中,故云"位正中也"。《周禮・春官
宗伯・大宗伯》曰:"以嘉禮親萬民,以飲食之禮親宗族兄弟,以婚
冠之禮親成男女,以賓射之禮親故舊朋友,以饗燕之禮親四方之
賓客,以脤膰之禮親兄弟之國,以賀慶之禮親異姓之國。"則"孚于

嘉"大略如是。遷徙既成,終成其禮焉。

上六,拘係之,乃從維之。[①]**王用亨于西山。**[②]

【校注】

①此句爻辭異讀多,歧義多,莫衷一是。案竹書本作"係乃敏之,從乃繼之",帛書本作"枸(拘)係之,乃從襠之"[1],余以爲竹書本含義最爲清晰、完整,唯竹書本繼,當作襠,帛書本襠,當作繼,亦即竹書本當作"係乃敏之,從乃襠之",帛書本當作"拘係之,乃從繼之"。帛書本與今本一致,繼同維。先據竹書本釋義,"係乃敏之",謂被係縛者將被擊殺之。《説文》:"敏,擊也。""從乃襠之"者,從同縱,與係相對,謂解開其係縛。襠,《禮記·曲禮》:"立視五襠。"鄭玄注:"襠,猶規也。"《釋文》:"車輪轉一周曰襠。"襠之,即規之,指爲其劃出一居住地,或曰將其圈住在一地。若據帛書本、今本釋義,則稍簡略,亦言兩種情況,一者"拘係之",一者"從維之",從同縱,維同繼,指係縛之繩。乃,猶之後,即將有罪者拘係之後,無罪者則從其維。然"敏之"、"襠之"之義則省焉。又劉向《説苑·貴德》云:"武王克殷,召太公而問曰:'將奈其士衆何?'太公對曰:'臣聞愛其人者,兼屋上之烏;憎其人者,惡其餘胥。咸劉厥敵,使靡有餘,何如?'王曰:'不可。'太公出,邵公入,王曰:'爲之奈何?'邵公對曰:'有罪者殺之,無罪者活之,何如?'王曰:"不可。"邵公出,周公入,王曰:'爲之奈何?'周公曰:'使各居其宅,田其田。無變舊新,唯仁是親。百姓有過,在予一人。'王曰:'廣大乎,平天下矣。'"上述三公對武王之言,頗有資理解此"係乃敏之,從乃襠之"之義。

②亨同享,《集解》引陸績曰:"亨,祭也。"西山,國西之山,或謂即西

---

[1] 識讀從李零《死生有命,富貴在天——〈周易〉的自然哲學》,134頁,生活·讀書·新知三聯書店,2013年。

岐。"王用亨于西山",隨之事既成,王祭祀於西山,以告天地
鬼神。

《象》曰:"拘係之",上窮也。^①

【校注】

①在上六,有"拘係之",亦有"從維之",傳唯言"拘係之"者,言此類
人在上將陷入窮困。案上六當位,且多爲逸象,故亦當有"從維
之"者,而傳略而未言也。

【疏義】

隨卦以隨從爲義,而隨從,有他人來隨從我與我隨從他人之別。
此一別於經文本甚分明,隨事關乎遷徙,遷徙則有主遷徙者與被遷徙
者,前者於爻爲陽,後者於爻爲陰,陽之於陰爲係,陰之於陽爲隨。隨
卦卦名,雖取義被遷徙者隨從主遷徙者,然則卦爻辭皆本主遷徙者爲
言也。李零《死生有命,富貴在天——〈周易〉的自然哲學》以追捕逃
犯事解説隨卦,雖未必恰當,然其已明此卦之叙事乃自"抓人者"起,而
非"被抓者"矣。

後儒説此隨卦,最大失誤在於不能明"係"與"隨"之不同。程頤
《易傳》釋隨,猶分物來隨己與以己隨人二者,然朱熹以降注家多側重
後者,如李光地《周易折中》案云:"卦義所主,在以己隨人,至於物來
隨己,則其效也。若以爲物所隨爲卦名之本義,則非矣。"由此隨卦之
大義乃轉爲如何以己隨人之道。

以己隨人之道,其一在變,其二在正,其三在時。

孔穎達《正義》釋初六爻辭"官有渝",最有別趣,其云:"人心所主
謂之官。渝,變也。初九無應,無所偏係,可隨則隨,是所執之志能渝
變也。唯正是從,故貞吉也。所隨不以私,見善則往隨之,以此出門,
交獲其功。"孔訓官爲心官,亦即人之心志。人之心志臨事而有所渝
變,然後選擇其當隨者而隨之;而心志之選擇將決定隨事之成敗,故隨

者之心志必正，必不爲私，必見善則遷也。

程頤、朱熹説隨卦，以陽來下於陰、陰上隨於陽爲上下卦之基本關係，其所釋隨義，基本取隨從之義，唯其隨從必從乎正，隨正則大亨也。程頤《易傳》云："君子之道，爲衆所隨，與己隨於人，及臨事擇所隨，皆隨也。隨得其道，則可以致大亨也。凡人君之從善，臣下之奉命，學者之徙義，臨事而從長，皆隨也。隨之道，利在於貞正。隨得其正，然後能大亨而無咎；失其正則有咎矣，豈能亨乎？"

除隨必得其正，隨亦必得其時。程頤云："君子之道，隨時而動，從宜適變，不可爲典要。非造道之深，知幾能權者，不能與於此也，故贊之曰：'隨時之義大矣哉！'"

又自《左傳》穆姜以降，注家有誇大此卦具元、亨、利、貞四德者，實非經傳本義。朱熹《周易本義》云："今按四德雖非本義，然其下云云，深得占法之意。"畫蛇添足矣。

蠱

䷑巽下艮上

蠱:①元亨,利涉大川。②先甲三日,後甲三日。③

【校注】

①蠱,卦名,由巽☴、艮☶二單卦相重而成。《釋文》云:"蠱,音古,事也,惑也,亂也。《左傳》云:'於文皿蟲爲蠱。'又云:'女惑男,風落山,謂之蠱。'徐又姬祖反。一音故。"又《集解》引伏曼容曰:"蠱,惑亂也。萬事從惑而起,故以蠱爲事也。"李鼎祚案曰:"《尚書大傳》云:'乃命五史,以書五帝之蠱事。'然爲訓者,正以太古之時無爲無事也。今言蠱者,是卦之惑亂也。時既漸澆,物情惑亂,故事業因之而起惑矣。"又孔穎達《正義》引褚氏曰:"蠱者,惑也,物既惑亂,終致損壞,當須有事也,有爲治理也。"又朱熹《周易本義》云:"蠱者,壞極而有事也。"上述諸説,皆以蠱卦之蠱,爲因惑亂所引起之事。而王引之《經義述聞》謂蠱之訓事與訓惑,二義各不相因,不當混淆,蠱爲故之假借,故爲事,《尚書大傳》所言"蠱事"即"故事",而其事不必因惑亂而起也。王説排除惑亂生事義,固是矣,然若蠱通故,故訓事,則蠱事、故事,惟言事而已,而事之善惡無以見。余以爲,蠱之爲事,當進而曰有罪之事。蠱通故,又通辜,辜、故皆有犯罪之義。周宣王時盨器銘文:"邦人、正人、師氏人又辜又故。"有辜、有故皆謂有罪。辜即辜,《莊子·

則陽》:"至齊見辜人焉。"《釋文》:"辜,謂應死人也。"辜人即罪人,《尸子》有云:"堯養無告,禹愛辜人,湯武及禽獸。"再進而言之,於此蠱卦,蠱爲有罪之事,乃謂父罹此有罪之事。蠱卦涉及父子,《雜卦》曰:"蠱,則飭也。"飭者,子飭父之過失。《漢書·五行傳》引《京房易傳》釋蠱卦言及"先人之非",可證蠱事應指父之罪。綜全卦之辭而言,蠱卦乃謂父罹有罪,而子往而救之之事。明此原委,則蠱卦之義盡可通達矣。又案以辜指罪事,與以蠱指罪事,應有所不同,辜爲分裂肢體之刑,蠱或爲巫蠱之刑。蠱之本字,爲致病之蟲,其字見於甲骨文;蠱又指巫蠱,爲原始巫術,其術不僅使用毒蠱,亦包括詛咒、射偶人等懲治法門。原始時代巫蠱之用,有正邪二途,正者用爲某種特殊之司法手段,以之懲治罪犯;邪者則是爲害人之術,致人以疾病死亡,此爲國家所嚴厲禁絕。[1] 文獻尚言及後者,前者則湮没無聞。惟《左傳》隱公十年記載鄭伯使卒出豭,行出犬、雞,以詛射潁考叔者,而當時君子指責鄭伯失政失刑,邪而詛之,將何益矣。可知早期以巫蠱爲懲罰手段,後世以爲不祥而棄用也。

②"元亨",大亨通。案帛書本作"吉,亨",尤洽,吉,謂蠱事終得吉,亨,其事通達。如云"元亨"則似有未安,蓋帛書上九爻辭多一"凶"字,可知非通體咸亨。"利涉大川"者,利有所往也。

③"先甲三日,後甲三日"者,古以甲、乙、丙、丁、戊、己、庚、辛、壬、癸十天干紀一旬,甲前三日,謂辛、壬、癸,甲後三日,謂乙、丙、丁。孔穎達《正義》云:"褚氏、何氏、周氏並同鄭義,以爲甲者,造作新令之日,甲前三日,取改過自新,故用辛也,甲後三日,取丁寧之義,故用丁也。"而王引之《經義述聞》非之,謂先甲三日,後甲三日,皆行事之吉日,實無關造令。余以爲,鄭義未可輕非。《周禮·秋官司寇·大司寇》:"一曰刑新國用輕典。"鄭玄注:"新國

[1] 參見瞿同祖《中國法律與中國社會》,第264—268頁,中華書局,1981年。

者,新辟地立君之國。用輕法者,爲其民未習於教。"賈公彥疏引鄭玄答趙商問云:"《康誥》之時,周法未定天下,又新誅三監,務在尚寬,以安天下。"據此而觀卦辭,"先甲三日,後甲三日"即指示此種"新國用輕典"之特殊時機,在此一時機法令尚寬,刑罰尚輕,故有利於待罪者尋求轉圜,當此而往,易於成功。

《彖》曰:蠱,剛上而柔下。^①巽而止,蠱。^②蠱元亨,而天下治也。^③利涉大川,往有事也。^④先甲三日,後甲三日,終則有始,天行也。^⑤

【校注】

①此據上下卦言蠱卦之德。艮剛在上,巽柔在下。

②亦言上下卦義。巽爲風,爲令,艮爲山,爲止,風止於山,猶言既發之令被中止。

③此言使蠱卦之事得元亨,則天下可治。案蠱以下柔承剛上,亦含子孝父之義,《孝經》有云"昔者明王之以孝治天下",故孝大行則"天下治也"。

④"往有事"者,涉大川而往,以幹父事。以卦爻論之,則二往之五,二、五陰陽相應,故得成其事也。

⑤"先甲三日,後甲三日",含自舊變新之際,亦是"終則有始"之際。此舊變新、終則始,其猶天道之行,故云"天行"。

《象》曰:山下有風,蠱。^①君子以振民育德。^②

【校注】

①此言蠱卦之象,艮爲山,巽爲風。此同《彖》"巽而止"之義。

②《釋文》:"振,師讀音真,振,振仁厚也。"振仁厚於民,即以仁厚寬宥之。又《説文》:"振,舉救也。"《史記·秦始皇紀》有云"振救黔首",即"振民"。在此"振民"意謂使民相救,亦即父子相救。"育德",言培育孝悌之德。《説文》:"育,養子使作善也。從𠫓。"段

玉裁注：“不從子而從倒子者，正謂不善者可使作善也。”又案《論語·子路》：“葉公語孔子曰：‘吾黨有直躬者，其父攘羊，而子證之。’孔子曰：‘吾黨之直者異於是。父爲子隱，子爲父隱，直在其中矣。’”可證其義。

初六，幹父之蠱，^①有子，考无咎。^②厲，終吉。^③

【校注】

①“幹父之蠱”句，爲此卦之關鍵。總舊注之説，大略有二：一者父因惑亂而將事情做壞；二者子來代行父之事，其能匡正父之惑亂，遂使事情好轉。在此“父之蠱”即指父因惑亂而做壞之事，“幹”爲匡正，正父之失之義。余案：此幹通干。《毛公鼎》：“以乃族干吾王身。”干，保衛也。《公羊傳》宣公八年：“萬者何？干舞也。”何休注：“干，謂楯也。能爲人扞難而不使害人。”干通扞、捍、戟，皆有保衛之義。蠱，有罪之事。“幹父之蠱”，則意謂父罹有罪之事，子乃往而保全父，或曰營救父也。卦辭有云“利涉大川”，故知子必有攸往。爻辭三言“幹父之蠱”，當參覈爻辭中其他字句以及爻位變化區別其涵義。

②考，父。《爾雅》：“父曰考。”“有子，考无咎”者，意謂有子來救，則父可無咎。又《釋文》：“周依馬、王肅，以考絕句。”則是讀作“有子考，无咎。”于省吾《雙劍誃易經新證》讀考作孝，句爲“有子孝，无咎”。亦通。

③“厲，終吉”者，言子迅速有所作爲，則終可獲吉。厲，奮起有爲。謂初始有危厲，亦通。

《象》曰：“幹父之蠱”，意承考也。^①

【校注】

①意，意願。承同拯。《列子·黃帝》：“孔子觀於呂梁，見一丈夫游之，使弟子並流而承之。”彼《釋文》曰：“出溺爲承，諸家直作拯。”

於此經明夷卦"用拯馬壯",《釋文》:"拯,承也。"又《說文》:"出
溺爲拯。"拯,拯救。"意承考"者,即子之意願在於拯救父出於所
陷溺之罪事。案由傳"意承考"一句知此卦"幹父之蠱"爲救父於
罪,明矣。下巽爲令,初爲巽始,猶云子初聞父罹罪事之訊,遂起
而往,其"幹父之蠱",尚屬意願也。

九二,幹母之蠱,不可貞。①

【校注】

①邦壞,則父黨、母黨皆罹罪事,"幹母之蠱"者,欲救母黨之罪也。
貞,貞問及貞告。"不可貞"者,與貞不相應也。案此卦所貞問及
貞告者,乃"幹父之蠱",而"幹母之蠱"不在此範圍內。此句爻辭
意謂若父黨有罪,可往而救之,母黨則否。《禮記·王制》:"凡聽
五刑之訟,必原父子之親、立君臣之義以權之。"古者量刑與服制
相應,本宗服親,可以往救之,外姻服疏,則不當往救之。

《象》曰:"幹母之蠱",得中道也。①

【校注】

①九二得中,是謂"得中道"。言子居中道,行而合禮。案傳以"幹
母之蠱"概言"幹母之蠱,不可貞"全句,實則謂其不"幹母之蠱"
乃"得中道也"。九二雖不當位,然應於六五,五所應二者,爲"幹
父之蠱",非"幹母之蠱"。換言之,自九二往五,以"幹父之蠱"
往,則獲應,以"幹母之蠱"往,則不獲應也。

九三,幹父之蠱,①小有悔,无大咎。②

【校注】

①經言"幹父之蠱",逐次遞進。初言之,謂起而往,意在救父;三言
之,則謂至該地,行救父之事。

②悔,亦咎也。《公羊傳》襄公二十九年:"尚速有悔於余身。"何休

注：“悔，咎也。”此云“小有悔，无大咎”者，意謂子來救父之事，當此小有咎而無大咎。

《象》曰：“幹父之蠱”，終无咎也。①

【校注】

①此亦是解釋“小有悔，无大咎”，與前爻“得中道”解釋“不可貞”類似。九三陽得位，故“幹父之蠱”可見初功。又九三巽令之終位，在除舊令、更新令之際。

六四，裕父之蠱，①往見，吝。②

【校注】

①《釋文》：“裕，馬云：寬也。”在此爲寬裕、解緩之義。焦循《易章句》：“裕，解緩不急也。”“裕父之蠱”者，謂子使父罪得以解緩。此“先甲三日，後甲三日”之際。

②“往見”者，子往見君，見君而不獲君之新令，父罪終未除，故“吝”。

《象》曰：“裕父之蠱”，往未得也。①

【校注】

①舊注多謂“往見”爲子往見父，子不能爭父之過，往見則有吝。又謂初爲子，初、四不應，故相見而不相得。余案：依卦行之勢，四之言“往見”，當往見五，五爲君，非父。四、五相見不相得。故“往未得”者，意謂子當此往見君，猶未得君赦宥父罪。

六五，幹父之蠱，用譽。①

【校注】

①此云“幹父之蠱”，乃謂進一步之救父行動，其行動爲“用譽”。譽，名譽。《詩·振鷺》：“以永終譽。”鄭玄箋：“譽，聲美也。”《詩·思齊》：“古人之無斁，譽髦斯士。”《毛傳》：“古人無厭於有

名譽之俊士。"故"用譽"以救父者,承前爻之"往見",子往見君,以自己的名譽做擔保也。

《象》曰:幹父用譽,承以德也。①

【校注】

①承,拯也。德釋譽。"承以德",亦即以德拯救父。《集解》引虞翻曰:"譽謂二也。"則二以己譽質於五,五遂應二。又孔穎達《禮記正義》引《援神契》:"大夫之孝曰譽。"故譽之爲德,乃孝德,亦即《象》"振民育德"之德,孝悌之德。亦通。

上九,不事王侯,高尚其事。①

【校注】

①"幹父之蠱"既成,則終事而退,不從政於王侯,以歸養父母爲高尚。惠棟《周易述》發揮鄭玄義云:"《詩·四牡》云:'王事靡盬,不遑將父。'又云:'王事靡盬,不遑將母。'《蓼莪》序云'刺幽王也,民人勞苦,孝子不得終養'云云。若然,人臣事君,不以家事辭王事,故《四牡》有'不遑將父'、'不遑將母'之詩。至《蓼莪》之詩,不能終養,作詩刺王,是人臣親老,人君有聽其歸養之義。故《王制》載三王養老之事云'八十者,一子不從政;九十者,其家不從政',是不事王侯之事也。《小雅》笙詩序云:'《南陔》,孝子相戒以養也;《白華》,孝子之潔白也。'是親老歸養,乃事之最高尚者。故臣不得事君,君猶高尚其所爲事也。"案依惠氏說,"不事王侯,高尚其事",意謂奉父歸養,不在朝事君,君猶高尚其事。然帛書此句爻辭作"不事王侯,高尚其德,凶"。較今本多一"凶"字,推闡其義,"不事王侯,高尚其德"並非爲君所贊許,其事有凶,乃類似訟之"歸而逋",而"高尚其德"之德,亦類似"食舊德"之德也。帛書之義最古。

《象》曰:"不事王侯",志可則也。①

【校注】

①可，猶合也。《荀子·正名》："故可道而從之。"楊倞注："可道，合道也。"則，天則，即《象》云"終則有始，天行"之則。"志可則"者，意謂其志合乎天行之則。案《孟子外書·文説篇》引《易》"高尚其事"作"高尚其志"，傳云"志可則"，與"高尚其志"更契合。上九既與三不應，又不敢以亢陽乘六五之陰，故且逸去。

【疏義】

余以爲，此蠱卦乃指邦國更立之際，父黨、母黨獲罪，而子往而救之。依卦義並不一定指此罪源自惡，或曰無論父因何種原因而獲罪，子皆當往而救之，此乃孝德之體現也。《象》云"君子以振民育德"，此蠱卦大義在焉。

蠱卦中至爲關鍵之父子關係，按王弼、孔穎達之説，爲子繼承父事，堪任父事，並未確指父事爲壞事，子須糾正之，唯言須量事制宜，有所損益。而伏曼容訓蠱爲惑亂，蠱兼事與惑二義，遂有注家直言父事爲惑亂之事，甚至爲男女淫亂之事，而子之所爲，乃匡正父之惡矣。宋儒又將此種父子關係抽象爲治亂先後關係，如蘇軾《東坡易傳》云："器久不用而蠱生之，謂之蠱；人久宴溺而疾生之，謂之蠱；天下久安無爲而弊生之，謂之蠱。蠱之災，非一日之故也，必世而後見，故爻皆以父子言之。"

諸家説蠱卦大義，最重視治亂相因、終始循環之理。程頤《易傳》亦釋蠱爲事，乃爲由蠱而生之亂事也。以蠱之象言之，爲風在山下，遇山而回，物皆擾亂；以蠱之義言之，猶皿中有蟲，乃爲壞亂。此蠱亂乃父所造成者，而子來行父事，則將治此蠱亂，使由亂返治，重歸正道。故程氏再釋蠱之爲事，兼爲治亂事。以蠱之才言之，所以治蠱，治蠱之道也。

《象》曰："先甲三日，後甲三日，終則有始，天行也。"治亂、終始循環變化乃爲天道流行之自然過程。朱熹《周易本義》云："亂之終，治之始,天運然也。"而其間亦有聖人之知幾憂患意識,朱又云:"甲,日之始,事之端也。先甲三日,辛也;後甲三日,丁也。前事過中而將壞,則可自新以爲後事之端,而不使至於大壞;後事方始而尚新,然更當致其丁寧之意,以監前事之失,而不使至於速壞。聖人之深戒也。"

　　蠱卦亂極思治,興廢舉墜,正君子有爲之時也。然則君子進退以道,用舍隨時,有爲、無爲有節。上九爻辭"不事王侯,高尚其事",程頤《易傳》闡之曰:"是賢人君子不偶於時而高潔自守,不累於世務者也,故云'不事王侯,高尚其事'。古之人有行之者,伊尹、太公望之始,曾子、子思之徒是也。不屈道以徇時,既不得施設於天下,則自善其身,尊高敦尚其事,守其志節而已。士之自高尚,亦非一道:有懷抱道德,不偶於時而高潔自守者;有知止足之道,退而自保者;有量能度分,安於不求知者;有清介自守,不屑天下之事,獨潔其身者。所處雖有得失、小大之殊,皆自高尚其事者也。"

臨

䷒兌下坤上

臨：①元亨，利貞。②至于八月有凶。③

【校注】

①臨，卦名，由兌☱、坤☷二單卦相重而成。《釋文》："臨，大也。"此用《序卦》文。臨卦之臨，當有兩重涵義。其一，如《序卦》臨訓大，乃取大人、君義。帛書本臨作林，《爾雅》："林，君也。"《詩·賓之初筵》："有壬有林。"《毛傳》："林，君也。"朱駿聲《説文通訓定聲》云林假借爲臨，林、臨通，皆指君。其二，此爲君者乃以尊適卑，下臨某地以統治其地之民。《説文》："臨，監臨也。"段玉裁注謂後一"臨"爲複字，許氏原作："臨，監也。"又《説文》："監，臨下也。"是臨、監同義，皆自上視下。臨者，可有上監視下及上保護下、管治下、征伐下等諸多義，總而言之，則上統治下也。徵諸史事，《逸周書·作雒》曰："武王克殷，乃立王子禄父，俾守商祀。建管叔於東，建蔡叔、霍叔於殷，俾監殷臣。"謂周代殷之後，仍長期監視殷之遺民，防其作亂，亦即臨也。《集解》引鄭玄注，言及此卦當文王之時，商紂無道，爲殷家著興衰之戒，余以爲不恰當。于省吾《雙劍誃易經新證》謂李過《西溪易説》引《歸藏》臨作"林禍"，是此卦亦含災禍義。

②元亨，大亨通。利貞，就此臨事貞問，貞告爲利。

③《集解》引虞翻説,八月爲周正八月,當夏正六月。有凶,謂有凶事。案何以“八月有凶”,其義難明。若依虞翻説,以此經言八月,當夏正六月,六月興戎事,故有凶。其如《詩·六月》曰:“六月栖栖,戎車既飭。四牡騤騤,載是常服。玁狁孔熾,我是用急。王于出征,以匡王國。”鄭玄箋云:“記六月者,盛夏出兵,明其急也。”夏、商、周三正之説是否適用訓釋此經,尚有疑問。故權以“八月有凶”喻指夏季興兵征伐,庶幾可通。

《象》曰:臨,剛浸而長,説而順。①剛中而應,大亨以正,天之道也。②至于八月有凶,消不久也。③

【校注】

①浸,漸也。“剛浸而長”者,臨始於陽,初、二連陽,是剛漸而增長,以臨上四陰。此釋卦義。“説而順”者,下兑爲説,上坤爲順,故云“説而順”。此釋上、下卦。又“剛浸而長”,言下卦義;“説而順”,言上卦義。

②此釋卦辭“元亨,利貞”。剛中,謂九二,爲臨卦之主。以二爲主,以陽臨陰,陰皆應之,故是“剛中而應”。九二臨諸陰,故大通,是爲“大亨”;且二能禁諸陰而爲正,故是“大亨以正”。“天之道”者,九二之臨,乃合乎天道也。

③此釋卦辭“至于八月有凶”句。“至于八月有凶”,喻指以夏季急行征伐。消,滅也。久,固也。升卦《象》“消不富也”,《集解》引荀爽曰:“陰用事爲消。”此卦之消,當謂陽消陰也,陰爲作亂者,陽消之,使其不久固,是爲“消不久也”。卦辭“至于八月有凶”當對應九二之“咸臨”,亦即臨之以征伐。九二《象》云“未順命”,彼“未順命”者,即作亂者,亦即九二征伐之對象,以征伐及時,故其亂不得長久,不得穩固也。案《集解》引鄭玄説,“至于八月有凶”爲預先告誡之語。臨卦陽氣浸而長大,將達到極盛,然則“人之情盛則奢淫,奢淫則將亡,故戒以‘凶’也”。又何以戒以“八月”?

蓋自氣候言之,夏曆八月爲陽衰陰長之月。王弼注云:"'八月'陽衰而陰長,小人道長,君子道消,故曰'有凶'。"孔穎達《正義》云:"陽長之卦,每卦皆應'八月有凶'。但此卦名臨,是盛大之義,故於此卦特戒之耳。若以類言之,則陽長之卦至其終末皆有凶也。"後世注家多襲用此説。然此説以八月爲夏曆八月,本注前用虞翻説,以八月爲周正八月,夏正六月,六月非陽衰陰長之月,故此亦不用鄭、王之説。又注家訓"至于",多訓爲等到、將至,預言未來之時刻,實則"至于八月"即達到八月、適至八月,乃及時之謂也。

《象》曰:澤上有地,臨。①**君子以教思无窮,容保民无疆。**②

【校注】

①此釋上下卦象,兑爲澤,坤爲地,合而爲臨。《集解》引荀爽曰:"澤卑地高,高下相臨之象也。"地在高,澤在低,臨者在地而俯視澤。澤者,喻民所居焉。

②《集解》引虞翻曰:"君子,謂二也。"君子當臨卦,教化民衆。此二句意謂君子"以教思民无窮","以容保民无疆"。教思、容保之對象皆民衆,無窮、無疆則言其廣大。思,通司,司,察也。"教思"者,教化、司察民衆。容,容受。保,保護。"容保"者,容受、保護民衆。此謂君臨者之事業。

初九,咸臨,貞吉。①

【校注】

①"咸臨",帛書本作"禁林"。咸字,甲骨文作𢦏、𢦏、𢦏等形,金文作𢦏,均從口從斧鉞形,本義當爲殺。[1] 咸、禁旁紐疊韻,故音義可通。咸同戜、戡,有殺、克、勝等義,禁亦有勝義,《廣韻》:"禁,力

---

[1] 參見劉翔等編著《商周古文字讀本》,第309頁,語文出版社,1989年。

所加也,勝也。"故"咸臨"、"禁林"相通者在於以武力監之、治之。"貞吉",貞問"咸臨"事,貞告爲吉。

《象》曰:"咸臨,貞吉",志行正也。①

【校注】

①志行,由志而行,猶言往臨之志也。案初九當位而動,動前貞問,是在其事將行之際。《集解》引荀爽曰:"陽始咸升,以剛臨柔,得其正位而居,是吉。"意謂初九得位居正,將以剛臨柔,以行天之道,故曰"志行正"。

九二,咸臨,吉,无不利。①

【校注】

①"咸臨",帛書本亦作"禁林"。再云"咸臨",言其事已行也。既以"咸臨",則"吉,无不利"。案《集解》引虞翻曰:"得中多譽,兼有四陰。""得中多譽"謂二,二剛中,爲臨之主位;"兼有四陰",謂君子居此下臨四陰也。

《象》曰:"咸臨,吉,无不利",未順命也。①

【校注】

①"未順命"者,言何以行"咸臨"之故,因有"未順命"者,故必以武力監治之。案《集解》引荀爽曰:"陽感至二,當升居五,群陰相承,故無不利也。陽當居五,陰當順從,今尚在二,故曰'未順命'也。"荀訓咸爲感,兹不從;然其謂君子在二之際猶有"未順命"者,其義可用。

六三,甘臨,无攸利。①既憂之,无咎。②

【校注】

①焦循《易章句》曰:"甘,緩也。"《莊子·天道》:"斲輪徐則甘而不固,疾則苦而不入。"《釋文》引司馬彪注:"甘者,緩也。苦者,急

也。"《淮南子·道應訓》:"大疾則苦而不入,大徐則甘而不固。"
高誘注:"甘,緩意也。"此云"甘臨"者,意謂監治之事鬆懈柔緩。
緩於監治,故"无攸利"也。

②"甘臨"則有過,過而能憂則可"无咎"。董仲舒《春秋繁露·玉
英》云:"凡人有憂而不知憂者凶,有憂而深憂之者吉。"

《象》曰:"甘臨",位不當也。①"既憂之",咎不長也。②

【校注】

①三當陽而陰居之,是不當位。依《集解》引鄭玄説,下卦如浸長成
三陽,則可成乾而具四德,然三轉爲陰而消初、二陽之勢,故將有
凶也。

②雖有咎,若能憂之,則咎不長久。"憂之"者,知所陷溺,奮發而起。
前引董仲舒有云:"反道以除咎。"三既無上應,故反乘初、二之剛,
乃得無咎也。

六四,至臨,①无咎。②

【校注】

①《説文》:"至,鳥飛從高下至地也。"今人則釋"至"爲矢自遠處射
來落地。無論鳥、矢,皆謂至於地。由此釋"至臨"者,意謂主臨事
者至於其地方,躬親相接,以施行監治、教化也。《詩·節南山》:
"弗躬弗親,庶民弗信。"

②"无咎"者,臨者親至地方,有武力之保障,故無咎害。四應初,故
初援四。

《象》曰:"至臨,无咎",位當也。①

【校注】

①四居陰當位,且與初九相應,是爲"位當"。《釋文》:"'位當',本
或作'當位實',非也。"案《集解》本有本作"當位實",引虞翻注作

“當位實”。虞翻云：“至，下也。謂下至初應，當位有實，故‘无咎’。”則“當位實”之實指四下應於初，初陽爲實。六四當位，又應初，得初實之援，故云“當位實”。《集解》本優於今本。

六五，知臨，①大君之宜，②吉。

【校注】

①知，主也，爲也。《左傳》襄公二十六年：“子産其將知政矣。”杜預注：“知國政。”“知臨”者，意謂臨之事得到主持，得以實施。

②大君，君主。“大君之宜”，阜陽本作“大君之義”。宜、義音義通。“大君之宜”者，主持、實施臨之事，乃君主之所當爲也。

《象》曰：“大君之宜”，行中之謂也。①

【校注】

①五爲中，大君居中位而行命，是“行中”。案五爲帝位，大君爲君主之稱，注家據此謂二升至五，乃變其身份，由君子轉爲大君。《乾鑿度》曰：“臨者，大也。陽氣在內，中和之盛，應於盛位，浸大之化，行於萬民，故言宜處王位，施大化，爲大君矣。臣民欲被化之詞也。”鄭玄注釋“大君”：“臨之九二有中和美異之行，應於五位，故曰百姓欲其與上爲大君也。”此種解釋乃變“大君之宜”爲“宜爲大君”。余以爲此説嫌過，阜陽本作“大君之義”，宜、義相通者在於行爲之應當、適宜，“大君之宜”即君主所當爲、宜爲者，非關革命、登位事。“大君之宜”乃謂此“知臨”之最終權力屬於大君，臨之事雖由二主之，而其事之成，則歸諸大君也。

上六，敦臨，吉，无咎。①

【校注】

①“敦臨”者，即以王事敦民也。《詩·北門》：“王事敦我。”鄭玄箋云：“敦，猶投擲也。”孔穎達疏：“箋以役事與之。”又《釋文》：“《韓

詩》云：敦，迫也。”故“王事敦我”，意謂將王事投擲之於我，迫我勤勞王事也。上六“敦臨”，正通此詩義。又敦亦可訓厚，勤勞王事必有豐厚賞禄，故“敦臨”或指王將以豐厚賞禄勸勤勞王事者。何以將此兩義聯繫在一起？蓋帛傳《繆和》云：“貪亂之君不然，群臣虛立（位），皆又（有）外志，君無賞禄以勸之。”所述乃臣有外志，則不能盡王之事，王亦無賞禄以勸之。而此爻《象》恰云“志在内”，與前述相反，故可以推闡，此爻當爲有内志，勤勞王事，王有賞禄也。

《象》曰：敦臨之吉，志在内也。①

【校注】

①“志在内”者，謂其志在勤勞王事。案上爻多逸，其志或在外，此言“志在内”，是謂志在事君。案《集解》引荀爽曰：“上應於三，欲因三升二，過應於陽，敦厚之義。”又引《九家易》曰：“志在升二也。陰以陽爲主，故‘志在内’也。”兩說相同，皆謂上與三不應，故上越過三應二，此是陰過於求陽之象，故謂之敦厚，是志在内。余以爲，上下應三，既兩陰不應，當以相敵爲說，不必强謂上過三而應二。比較三、上爻辭，三“甘霖”爲失於緩，有咎，上“敦臨”則是逼迫使不懈怠，無咎，二義適對立。且三不當位，上當位，亦可視爲臨之自不正而之正也。

【疏義】

自《詩》、《書》等經觀之，臨之義大略有三：日月照臨，上帝之臨，君主臨四方、臨下民。日月照臨，乃爲自然過程；而上帝臨天子，天子臨臣、臣臨民，其間皆有福善禍惡，賞功罰亂之權力施行。此臨卦之臨，即本此義。又《左傳》宣公十二年知莊子有云：“不行之謂臨。”杜預注：“水變爲澤，乃成臨卦。澤，不行之物。”臨之卦象爲“澤上有地”，澤水停而不行，若皿中盛水，而地上臨澤者，乃可以此澤爲鑒。天視自我民視，天聽自我民聽，民固君所臨者，然民不得教思、容保，則君亦難對上天之臨也。

臨爲居上者臨在下者，即上臨下。而以卦之陰陽論，則陽迫近於陰，亦爲臨。此卦以陽之浸長爲綫索，陽浸長中將臨陰，於是有咸、甘、至、知、敦等諸臨之德義。

初、二兩云“咸臨”，王弼注釋初曰：“咸，感也；感，應也。有應於四，感以臨者也。”釋二曰：“有應在五，感以臨者也。”按此説則上臨下者，必以上下相互感應爲前提。進而言之，則此一相互感應關係猶云相互信任，以德感人，以誠待人也。王弼又釋《象》傳云：“相臨之道，莫若悦順，不恃威制，得物之誠，故物無違也。是以‘君子教思無窮，容保民無疆’。”

又若釋六五“知臨”，知同智，謂聰明睿智。《禮記·中庸》曰：“唯天下至聖爲能聰明睿知，足以有臨也。”又有學者謂“知臨”者，爲知人善任之臨。六五以柔中之德，任九二剛中之賢，不自用其知，而兼衆知，取天下之善，任天下之聰明。

此卦最糾葛不清者，爲釋“至于八月有凶”。姑不論其月建之説多歧，總其大義，則注家多釋爲預戒陽長過盛將導致凶。孔穎達《正義》將其推廣爲卦例，云：“陽長之卦，每卦皆當‘八月有凶’。但此卦名臨，是盛大之義，故於此卦特戒之耳。若以類言之，則陽長之卦至其終末皆有凶也。”程頤《易傳》亦有類似之義，云：“二陽方長於下，陽道嚮盛之時，聖人豫爲之戒，曰陽雖方長，‘至于八月’，則其道消矣，是‘有凶’也。大率聖人爲戒，必於方盛之時，方盛而慮衰，則可以防其滿極，而圖其永久。若既衰而後戒，亦無及矣。自古天下安治，未有久而不亂者，蓋不能戒於盛也。方其盛而不知戒，故狃安富則驕侈生，樂舒肆則綱紀壞，忘禍亂則釁孽萌，是以浸淫不知亂之至也。”

觀

坤下巽上

觀：①盥而不薦，②有孚顒若。③

【校注】

①觀，卦名，由坤☷、巽☴二單卦相重而成。《釋文》：“觀，示也。”
《説文》：“觀，諦視也。”段玉裁注云：“凡以我諦視物曰觀，使人得
以諦視我亦曰觀，猶之以我見人，使人見我皆曰視。一義之轉移，
本無二音也。而學者强爲分別，乃使《周易》一卦而平去錯出，支
離殆不可讀，不亦固哉！”段氏所説《周易》一卦，當指此觀卦，而
觀卦之觀，當兼有視與示二義，前者謂能觀，後者謂所觀。《韻
會》：“觀，所觀也，示也。”余以爲，此觀卦以示義爲主，亦即王者
有所示，使人民有所觀。王者所示者何？王弼注云：“王道之可觀
者，莫盛乎宗廟。”王者於宗廟所示者又爲何？大禘祭禮也。由此
大禘祭禮所展示者，乃爲“神道設教”之政教大事，四方諸國及萬
民觀此禮，能被其教而化也。若引申言之，於此禮中亦可見王者
道德之美。孔穎達《正義》云：“觀者，王者道德之美而可觀也。”
朱熹《周易本義》云：“觀者，有以中正示人而爲人所仰也。”舊注
之釋此觀，多謂王者示之以道德、中正，而使人民有所觀。其示
禮、觀禮之義，則漸晦矣。

②盥，灌也，祭祀宗廟時以酒灌地以降神之禮。薦，獻也，祭祀時向

神獻饗之禮。案此卦所涉當爲宗廟大禘之禮,列尊卑,序昭穆,爲國之大本。《論語・八佾》:"或問禘之説,子曰:'不知也。知其説者之於天下也,其如示諸斯乎?'指其掌。"故王弼有"王道之可觀者,莫盛乎宗廟"云云。"盥而不薦"者,舊注如馬融、虞翻、王弼等,多謂觀其灌禮而不觀既灌後之薦禮。《集解》引馬融曰:"盥者,進爵灌地以降神也。此是祭祀盛時,及神降薦牲,其禮簡略,不足觀也。國之大事,惟祀與戎。王道可觀,在於祭祀。祭祀之盛,莫過初盥降神。故孔子曰:'禘自既灌而往者,吾不欲觀之矣。'此言及薦簡略,則不足觀也。"余案:孔子之所以不欲觀薦,乃因魯禘之禮既灌之後則亂矣。劉寶楠《論語正義》引凌曙難馬融説云:"案灌後禮文甚繁,不知何故以爲簡略,且聖人致敬盡禮,亦斷不因簡略遂云'不欲觀之'也。此義非是。"魯禘禮既亂,故孔子不欲觀,而此經之禘禮自當完善,何以不觀?《釋文》:"'盥而不薦',王肅本作'而觀薦'。"黃焯《經典釋文彙校》云雅雨本"觀薦"上有"不"字。若作"盥而觀薦",文意不通,盥、薦皆觀者,何不曰"觀盥而薦"?若雅雨本作"盥而不觀薦",則似據孔子語而改經。余案:經之"不薦"當讀作"丕薦",丕,大也,既灌之後,復有大薦之禮可觀。帛書"薦"作"尊",若作"盥而不尊"句之"不"字表否定,殊難通,亦必讀不若丕,"盥而丕尊"者,王者於宗廟大禘,盥而神降,大尊崇神也。

③《集解》引虞翻曰:"顒顒,君德有威容貌。……《詩》曰'顒顒卬卬,如珪如璋',君德之義也。"案《詩・卷阿》:"顒顒卬卬,如珪如璋。"《毛傳》:"顒顒,溫貌;卬卬,盛貌。"鄭玄箋:"體貌則顒顒然敬順,志氣則卬卬然高朗。"則"有孚顒若"當謂行禮者之儀容,其與神有信,舉止敬順。又《集解》引馬融曰:"以下觀上,見其至盛之禮,萬民信敬,故曰'有孚顒若'。"依馬説,則"有孚顒若"乃指觀禮之萬民,見禮盛而生信敬。余以爲二説皆通,即如前揭段玉

裁釋觀字，前說乃使人觀，後說乃人觀之。又帛書本顓作趔，[1]趔疑爲趄字，《篇韻》："趄與趣同。"趣、顓音近，韻部對轉，故或爲顓之假借。或如字讀作"趣若"，趣，向也，觀禮者上觀之貌。與馬融說類似。

《彖》曰：大觀在上，①順而巽，中正以觀天下，②觀。盥而不薦，有孚顒若，下觀而化也。③觀天之神道，④而四時不忒。⑤聖人以神道設教，⑥而天下服矣！

【校注】

①"大觀在上"者，王在上行大禘降神之禮，示在下民衆觀之。此卦上巽爲木，下坤爲地，地上之木易觀。《漢書·五行志》曰："《易》地上之木爲觀，其於王事，威儀容貌亦可觀者也。"王弼注："下賤而上貴也。"若就上下人之地位言之，亦得其義。

②"順而巽"者，謂觀卦之勢由下坤行至上巽。坤爲順，巽同踐，言其上進而踐位。"中正以觀天下"者，中正謂二、五，二、五中正，故可以昭示天下，且爲天下所仰觀。朱熹云："觀者，有以中正示人而爲人所仰也。"

③此引卦辭並釋之，大觀在上而示下，下仰觀上而從上之教化。君在上行禮有德容威儀，其下仰觀而敬畏之、順從之，被其教化。

④"天之神道"，當承此卦大禘而言，謂大禘所祭在天之諸祖先神明。《文選》王逸《魯靈光殿賦》："敷皇極以創業，協神道而大寧。"李善注"神道"爲"神明之道"。而神明之道，當謂祖先神明列在宗廟，依宗法之序而分享天命。或以"神道"指祭祀，亦通。神明之道正是通過祭祀儀式而彰顯。觀，示之，通過宗廟祭祀儀式以示神人交通，神人同行一道。

⑤忒，差也。"四時不忒"者，謂除此禘、祫二大祭外，四時宗廟祭祀

[1] 此字從劉大鈞《今帛竹書〈周易〉綜考》讀，第 36 頁，上海古籍出版社，2005 年。

亦無爽差。《禮記・王制》曰："天子、諸侯宗廟之祭：春曰礿，夏曰禘，秋曰嘗，冬曰烝。"

⑥ "以神道設教"者，本諸祖先神明之神道，設定人世間之政教。余案：觀卦"神道設教"之義大矣！王國維《殷周制度論》有論，殷人祭祖，愈遠愈尊，遍祀先公先王；而周人祭祖，惟尊高祖至玄孫五世親。《禮記・王制》云天子七廟，三昭三穆，與太祖之廟而七。鄭玄彼注云，周人以后稷爲太祖，以文、武爲受命之王，此三廟爲常設不毀之廟；以下則爲親廟四，親廟非常設，依五世親而有增毀；而在世諸後裔，則按昭穆及五世親之關係而定嫡庶、長幼，據之以繼統、封爵。據此而言之，觀卦所云宗廟禘祭之大義，乃以祖先之神道爲根本，由神道延展到人道，神人同道一體，從而確定貫通神人之宗法制度。王弼、孔穎達釋此"神道設教"，則全然將"神道"等同天道，而天道不言不爲，神妙無方。王弼注云："神則無形者也。不見天之使四時，而'四時不忒'，不見聖人使百姓，而百姓自服也。"孔穎達《正義》云："'神道'者，微妙無方，理不可知，目不可見，不知所以然而然。"其後程頤《易傳》有云："天道至神，故曰'神道'。觀天之運行，四時無有差忒，則見其神妙。聖人見天道之神，體神道以設教，故天下莫不服也。夫天道至神，故運行四時，化育萬物，無有差忒。至神之道，莫可名言。惟聖人默契，體其妙用，設爲政教，故天下之人涵泳其德而不知其功，鼓舞其化而莫測其用，自然仰觀而戴服，故曰'以神道設教而天下服矣'。"此類之説離經義可謂遠矣，然則影響甚廣，故亦不能不知其説。余以爲，觀卦之"神道"，乃以大禘爲背景，故首重祖先神明，在此基礎上亦可擴展言之，兼含祖先之天命與四時之天道。然則上古先天命，後天道，必神人之秩序得定，而後乃言天行有常。故説之以天命及天道，可也；唯説之以天道，不可也。

《象》曰：風行地上，觀。①先王以省方觀民設教。②

【校注】

①此釋觀上下卦之象，上巽爲風，下坤爲地，合而爲觀。風行地上，有上教化下之義，猶云風行草偃也。

②《彖》云聖人以"神道設教"，《象》則云"先王以省方觀民設教"。省，視也，亦可訓觀。孔穎達《正義》云："'先王以省方觀民設教'者，以省視萬方，觀看民之風俗，以設於教。非諸侯以下之所爲，故云'先王'也。"依孔説，"先王"謂天子，天子"省方觀民"，而後據萬方、人民之情以"設教"。余案：《易》所言"先王"，通常概指天子，然於此卦，當特指大禘所祭之祖先神明，猶云先公、先王。《詩·皇矣》："皇矣上帝，臨下有赫，監觀四方，求民之莫。"其"監觀四方，求民之莫"與此傳"省方觀民"類似，"皇矣上帝"亦可包含祖先神明。故此傳乃謂祖先神明，先公、先王在上，下觀四方，觀萬民，而非僅泛言在世天子之省視萬方，觀看民之風俗也。由此言之，"省方觀民設教"與夫"神道設教"，所設教實爲一體。《集解》引虞翻説，"神道"謂五，又引《九家易》説，"先王"謂五，可知舊解亦有合"神道"、"先王"爲一指也。

初六，童觀，^①小人无咎，君子吝。^②

【校注】

①《釋文》："童，馬云：童，猶獨也。鄭云：稚也。"案童，光秃之貌，牛羊無角，山無草木，均謂之童。大畜卦"童牛之牿"，《集解》引虞翻曰："童牛，無角之牛。"《莊子·徐無鬼》"童土之地"，彼《釋文》："童，土地無草木也。"童亦指人之蒙昧無知狀，《新書·道術》："亟見窕察謂之慧，反慧爲童。"在此曰"童觀"，就上示者言之，尚無禮文可以示人；就觀看者言之，無所觀故亦不知化，尚蒙昧無知也。

②小人，謂庶人。君子有禮者，小人無禮者，當"童觀"時，禮尚未成，故上下、尊卑未別，是故利小人，不利君子。《禮記·哀公問》：

"孔子曰:'丘聞之,民之所由生,禮爲大。非禮無以節事天地之神也,非禮無以辨君臣、上下、長幼之位也,非禮無以別男女、父子、兄弟之親,昏姻疏數之交也。君子以此之爲尊敬然,然後以其所能教百姓,不廢其會節。'"是謂有禮,君子始尊,無禮義,則"君子吝"也。

《象》曰:初六童觀,小人道也。[①]

【校注】

①初六失位,利小人不利君子。君子禮義之道尚未成,故君子之道吝,小人之道行。就觀而言,君子之道見諸禮樂,小人之道則見諸稼圃醫卜,朱駿聲《六十四卦經解》云:"稼圃醫卜之小道,小人之事。雖有可觀,君子弗爲也。"又案:余釋"童觀"爲禮未成,故無所示焉;王弼注則自觀看者爲言,謂初當觀五,然"失位處下,最遠朝美,無所鑒見,故曰'童觀'。處大觀之時而童觀,趣順而已。小人爲之,無可咎責。君子爲之,鄙吝之道"。其説亦可參。

六二,闚觀,[①]利女貞。[②]

【校注】

①"闚",《釋文》:"本亦作窺。"帛書作覝。闚、窺、覝同。《説文》:"闚,閃也,謂傾頭門中視也。"《集解》引虞翻曰:"竊觀曰闚。""闚觀"者,所觀之禮在門內舉行,故觀看者只能竊觀。余案:此於門內舉行隱秘之禮,或可指祭先妣之禮,若《詩·閟宮》之祭姜嫄者。《説文》:"閟,閉門也。"王國維《殷禮徵文》謂殷人有專祭先妣之禮,周人則合祀於祖。而周人之祭姜嫄,單立神廟,似屬專祭先妣。若於閟宮中祭先妣,則外人只能闚觀之矣。

②"利女貞",據阜陽本當作"利女子之貞"。

《象》曰:闚觀女貞,亦可醜也。[①]

【校注】

①"闚觀女貞",概言爻辭。醜,類,比。離上九"獲非其醜",虞翻曰:"醜,類也。"漸卦《象》"離群醜",孔穎達《正義》:"醜,類也。"焦循《易通釋》亦云:"醜之言儔也。"故"亦可醜"者,意謂後世子孫皆爲先妣姜嫄所生,故與先祖同爲血緣之本,可由此比類其序。《荀子·禮論》:"先祖者,類之本。"先妣姜嫄,亦爲類之本。《詩·斯干》:"似續妣祖,築室百堵。"鄭玄箋:"妣,先妣姜嫄也。祖,先祖。"案此卦六二得中得位,上應於五,五爲先王,二爲先妣,固宜也。舊注訓醜爲醜陋、醜羞,則失之遠矣。

六三,觀我生,進退。①

【校注】

①生,一說通姓。《尚書序》:"別生分類。"《孔傳》:"生,姓也。"李鏡池《周易通義》釋"我生"爲我之同姓。案"我"已包含同姓之義,"生"則言"我"之動作情狀,猶云同姓諸人在禮儀中之行動。此"生"乃指在生之人,非神鬼也。總言之謂"生",細別之則又有"進退"。"進退",當謂在行禮之中有升進者,有黜退者。同屬我姓,亦有親疏遠近,故於禮之序位各有不同。又案六三"觀我生"與九五"觀我生"當同義,其差別在於六三尚在"進退",禮尚未成,九五則禮成也。

《象》曰:"觀我生,進退",未失道也。①

【校注】

①道,常也。"未失道"評論"進退"過程,在六三之際,有進者,有退者,禮之序位尚未確定,然進退有常,故云"未失道也"。

六四,觀國之光,利用賓于王。①

【校注】

①王弼注云："居觀之時，最近至尊，'觀國之光'也。居近得位，明習國儀者也，故曰'利用賓于王'也。"依王弼説，四近五，五王位，"觀國之光"乃謂觀王者之光；以觀國之光，故明習國儀，可以作賓於王庭也。孔穎達疏不破注，解釋頗略。而《左傳》莊公二十二年記陳侯筮，遇觀之否，曰"觀國之光，利用賓于王"。孔於彼疏，則説解詳盡，異於此經。依孔説，此二句乃謂朝王之事，孔云："此言'觀國之光'，謂所爲筮者觀他人有國之光榮也。"彼"爲筮者"，與此卦在下之觀者同一視角，故"觀國之光"謂居此位者有"有國之光榮"，而爲衆人所觀。孔又云："此有國之人，利用爲賓客於王朝也。"則進而言此有國者，朝王爲賓客，亦爲衆人所觀。孔説至諦，惟以"利用賓于王"泛言朝觀王之事，似有未安，於此卦或謂以賓之身份助祭於王，更切卦義。惠棟《周易述》據《國語》、《孝經》等書云"助祭尚賓"。《古文尚書·康王之誥》："賓稱奉圭兼幣。"《孔傳》："賓，諸侯也。"有國者，即諸侯，"賓于王"，即諸侯以賓禮助祭於王，奉圭兼幣，此事有大光榮，故可觀也。

《象》曰："觀國之光"，尚賓也。①

【校注】

①"尚賓"，尊尚賓客。四得位而賓於王，故有"尚賓"之象。《集解》引侯果曰："得位比尊，承於王者。職在搜揚國俊，賓薦王庭，故以進賢爲'尚賓'也。"案侯説以"尚賓"同"尚賢"，有國者不必同姓，故有以親親進者，亦有以賢賢進者。

九五，觀我生，①君子无咎。②

【校注】

①"觀我生"者，王位既定，王之同姓皆在宗法昭穆之序，其行禮可觀。在三，"我生"尚在進退之際；在五，則上下尊卑之位定矣。

②此言同姓之君子以各居其位,故無咎害。

《象》曰:“觀我生”,觀民也。①

【校注】

①“觀民”者,示民也。九五爲觀卦之主,禮大成於斯,可爲天下人觀看。

上九,觀其生,君子无咎。①

【校注】

①其者,與我對言。九五“我生”謂同姓,上九“其生”則謂異姓。《漢書·五行志》引京房《易傳》云:“經稱‘觀其生’,言大臣之義,當觀賢人,知其性行,推而貢之;否則爲聞善不與,兹謂不知。”京氏釋“生”爲性行,“其生”指大臣、賢人。“觀其生”者,異姓之大臣、賢人亦得居上下尊卑之序,其禮可觀。此爻言“君子无咎”,謂異姓之君子以各居其位,故無咎害。

《象》曰:“觀其生”,志未平也。①

【校注】

①“志未平”者,猶云志意未洽公平、得滿足也。朱駿聲《六十四卦經解》引一説云:“此諸父、諸舅同異姓之尊,或不在牽牲薦幣之列者,上爻似之。”案前揭京房義,以“觀其生”爲觀大臣、賢人,而尚賢之事,難致公平,故宜其有“志未平也”。

【疏義】

觀之義,在於君王示下以禮,下上觀禮而化。至於説爲君者上觀天道,下觀民風,抑或君爲德政於上,民仰觀受教於下,皆引申之義。

朱熹《周易本義》云:“卦以觀示爲義,據九五爲主也。爻以觀瞻爲義,皆觀乎九五也。”後儒説此觀卦者,最核心處在於五居尊位,以陽剛中正之德,爲下所觀。故各爻之觀,皆由與五之關係言之。如初“童觀”，謂初距五遙遠，所見不明，若童稚然；二“闚觀”，雖稍有所見而不能甚明；三“觀我生”，欲觀五而隔於四，故觀己身之進退以自審；四“觀國之光”，則觀見人君之德，國家之治，光華盛美，宜仕於朝爲賓；五“觀我生”，則九五居尊，爲觀之主，五之觀我，乃自觀民反觀於我，觀民之俗，以察己道，百姓有罪，在予一人；上“觀其生”，其乃自我又分出主賓，五有位，在尊位而爲下四爻所觀，上無位，則以其道德爲天下所觀也。

余以爲，觀卦示人以政教，俾人觀此政教而化，其政教之根本在於《象》“聖人以神道設教”一句。所謂“神道設教”，意謂本諸祖先神明之神道，神人一體設定人世間之政教。然則自王弼、孔穎達以降，多以不言不爲、神妙無方之天道釋之。程頤《易傳》亦云：“天道至神，故曰‘神道’。觀天之運行，四時無有差忒，則見其神妙。聖人見天道之神，體神道以設教，故天下莫不服也。”《周易折中》引楊時云：“‘聖人以神道設教’，所謂‘神道’，誠意而已。誠意，天德也。”則進而以誠配天道。

《象》曰“先王以省方觀民設教”，亦關乎政教。注家釋爲天子巡省四方，觀視民俗，而設爲政教，然則政教乃國家之本，省方、觀民實不足以確立政教也。若如王弼説，觀民之俗，以察己道，庶幾近之。蓋天子以政教示民，民觀而化，則可以自民俗知政教施行之善惡，其《周南》、《召南》可見周、召之化。

至於觀卦中有禘禮所見神人之際，親親、賢賢之等，其義重大，然則後儒少有言及也。

噬嗑

䷔震下離上

噬嗑：[①]亨，利用獄。[②]

【校注】

①噬嗑，卦名，由震☳、離☲二單卦相重而成。王弼注曰："噬，齧也。嗑，合也。凡物之不親，由有間也，物之不齊，由有過也，有間與過，齧而合之，所以通也。刑克以通，獄之利也。"孔穎達《正義》曰："物在於口，則隔其上下，若齧去其物，上下乃合而得亨也。此卦之名，假借口象以爲義，以喻刑法也。"依王、孔說，則噬，猶言咬斷；嗑，爲口上下相合。噬嗑之所以喻刑法，蓋用刑猶咬斷中隔之物也。案王、孔說雖通行，猶有可商榷者。余以爲，噬嗑即上下齧合，爲吃食物之狀，此無疑義。關鍵在口中有物，如能齧合，乃爲正常；若其物不能齧合，則爲異常。因有異常，乃起爭執，故而興獄焉。《説文》謂獄字從㹜從言。段玉裁注云："獄字從㹜，取相爭之意。"《易之義》曰："筮（噬）間（嗑）紫紀，恒言不已，容（訟）獄凶得也。"紫，或讀紫，同疵。《釋名》："紫，疵也。"疵同訾。紀，事之常。訾紀，即訾議事情，意謂吃食物之時有異常發生，爲此起爭執，恒言不已，乃有獄。若直謂"噬嗑"以口象喻刑法，則失矣。又案既定噬嗑爲因吃食物遇異常而爭執興獄，則可由此推出兩假定：其一，興獄必有兩造，噬嗑者應食他人之食物，而非食自己之

食物,獄當在食者與供食者之間;其二,噬嗑之獄當發生在市場。
何以見得?《繫辭》曰:"日中爲市,致天下之民,聚天下之貨,交
易而退,各得其所,蓋取諸噬嗑。"又孫詒讓《周禮正義》釋《周禮》
司徒職下廛人云,屠六畜者亦於市爲肆,並引《莊子·讓王》屠羊
説曰:"願復反吾屠羊之肆。"既有屠者之肆,亦必有食物交易。可
知噬嗑與市場相關,市場中交易食物,或有吃所得食物而遇異常,
進而興獄也。《論語·鄉黨》子曰:"沽酒市脯,不食。"可參證此
噬嗑也。

②阜陽本作"亨,利用獄訟者"。訟,言之於公也。市場相争者言之
於公,是爲獄訟;而主獄訟者,當爲市場之有司。《周禮·地官司
徒·司市》:"市師涖焉,而聽大治大訟。胥師、賈師涖於介次,而
聽小治小訟。"故"利用獄"者,意謂利於有司以獄訟治民。獄訟
平,則亨通也。

**《彖》曰:頤中有物,曰噬嗑,噬嗑而亨。①剛柔分,動而明,
雷電合而章。②柔得中而上行,雖不當位,利用獄也。③**

【校注】

①此釋卦義。頤,口。"頤中有物,曰噬嗑"者,口中有物,上下齧合
而食之,是謂噬嗑。"噬嗑而亨"者,進而言若口中有物,不能上下
齧合,則不亨;能上下齧合,則亨也。《集解》引崔覲曰:"物在頤
中,隔其上下,因齧而合,乃得其亨也。"

②此三句皆據上下卦象爲説。"剛柔分"者,下震爲剛,上離爲柔,上
下相分。"動而明"者,下震爲動,上離爲明。又震爲雷,離爲電,
故"動而明"亦可謂雷聲動,電光明。然則雷電之發,常不相合,聲
光不一;若雷電相合,聲光相一,同時彰顯,是謂"雷電合而章"。
下文《象》曰"雷電,噬嗑",亦同此義。傳乃以"雷電合"喻用刑之
道,《集解》引宋衷曰:"雷動而威,電動而明,二者合而其道章也。
用刑之道,威明相兼。若威而不明,恐致淫濫;明而不威,不能伏

物。故須雷電並合,而噬嗑備。"

③此卦二、五皆"柔得中",而既云此爻"上行",必指二而非五。初、二當位,往上三、四、五、上,皆"不當位"。而不當位諸爻,適爲"利用獄"者也。

《象》曰:雷電,噬嗑。先王以明罰勑法。[①]

【校注】

①罰,懲罰。《周禮・地官司徒・司市》職文多言及罰,諸如司市掌市刑,"小刑憲罰,中刑徇罰,大刑撲罰",質人"掌稽市之書契,同其度量,壹其淳制,巡而考之,犯禁者舉而罰之",胥師"察其詐僞、飾行、儥慝者而誅罰之",胥"掌其坐作出入之禁令,襲其不正者,凡有罪者,撻戮而罰之"等等。勑,《釋文》:"恥力反,此俗字也。《字林》作勅。鄭云:勑,猶理也。一云整也。"勑當爲敕之借字,本應作"明罰敕法"。又《漢書・藝文志》《潛夫論・三式》引此傳皆作"明罰飭法",敕、飭同。鄭玄云:"勑,猶理也。"此勑亦當爲敕。法,謂刑法。罰、法皆謂用刑,義兼賞罰,明、敕則明於賞罰、理於賞罰也。案《漢志》云:"法家者流,蓋出於理官,信賞必罰,以輔禮制。《易》曰:'先王以明罰飭法。'此其所長也。及刻者爲之,則無教化,去仁愛,專任刑法而欲致治,至於殘害至親,傷恩薄厚。"此説頗有助於理解傳文。"明罰敕法"者,意謂專任刑法,信賞必罰也。而先王用此道於市,則無涉《漢志》所説傷親之弊。《乾鑿度》云:"親疏噬嗑。"鄭玄注:"間隔。"親相近,疏相遠,此卦有相間隔之象,故"親疏"意謂不相近而相遠也。注家引申言之,以此"明罰敕法",可推及國家用刑之道。《集解》引侯果曰:"雷所以動物,電所以照物,雷電震照,則萬物不能壞邪,故先王則之,'明罰敕法',以示萬物,欲萬方一心也。"王符《潛夫論・三式》論及噬嗑卦云:"夫積怠之俗,賞不隆則善不勸,罰不重則惡不懲,故凡欲變風改俗者,其行賞罰也,必使足驚心破膽,民乃

易視。"

初九,屨校滅趾,[①]**无咎。**

【校注】

①屨同履,踐履,即所站立之處。校,指市場中之肆位。案舊注訓校爲械,謂刑具,兹不從。校者,連木以爲欄,以欄圈定一個或多個單位。由《周禮》司市職文可知,市場要預先"以次叙分地而經市",亦即劃分出成行列之諸肆位。又"凡市入,則胥執鞭度守門,市之羣吏平肆展成奠賈",鄭玄注曰:"平肆,平賣物者之行列,使之正也。"可知賣者進入市場,須居於有司分配之特定位置,不可隨意占位,亦不可隨意移動。此一情境,即市場之"校"也,其猶養馬之校,軍壘之校,"屨校"即踐履在此"校"。"滅趾",言不得隨意行走。"屨校滅趾",意謂進入市場中,踐履在分配之特定位置,不能遊走也。

《象》曰:"屨校滅趾",不行也。[①]

【校注】

①《説卦》:"震爲足。"初九爲下震之初,當位,故初九之事可行,亦即有發展之可能。傳云"不行"者,乃釋爻辭,足不得行也。

六二,噬膚滅鼻,[①]**无咎。**

【校注】

①《釋文》:"馬云:柔色肥美曰膚。"此云膚者,當謂粥狀流食。《禮記·內則》:"麋膚,魚醢。"鄭玄注:"膚,切肉也。"膚爲切成細碎之肉,置於豆類食器中,捧器而食膚,難免擋住鼻子,即"噬膚滅鼻"。朱駿聲《六十四卦經解》謂"噬膚"之狀,膚實鼎中,捧而食之,則上掩其鼻也。或曰"滅鼻"爲鼻子被嗆,亦通。

《象》曰:"噬膚滅鼻",乘剛也。[①]

【校注】

①"乘剛"者,謂二柔乘初剛。注家或謂"乘剛"爲噬過其分,急躁進食之象。余以爲,"乘剛"乃釋所以"无咎",初、二皆當位,二雖不應於五,然有初剛可乘,故没有大的異常發生,不致争執生獄也。焦循《易通釋》謂鼻通臭,"滅鼻"故不能嗅其臭,意謂二因此不能應於五,若二五相應,則"其臭如蘭"也。

六三,噬腊肉,遇毒,①小吝,无咎。②

【校注】

①腊肉,曬乾之肉。《釋文》:"馬云:晞於陽而煬於火曰腊肉。鄭注《周禮》:小物全乾曰腊。"《集解》本腊作昔,《説文》:"昔,乾肉也。"《集解》引虞翻、荀爽義,皆謂"腊肉"謂四,三噬四之腊肉,故遇四"矢"之"毒"也。矢在肉中,在三尚未現,故此"遇毒"者,當謂咬到肉中之矢,感到疼痛。《廣雅》:"毒,痛也。"王念孫《廣雅疏證》謂《詩·桑柔》"寧爲荼毒"之"荼毒",皆疼痛之義。又孔穎達《正義》:"'噬腊肉'者,腊是堅剛之物,毒者,苦惡之物也。"依孔説,則謂噬腊肉時遇到有苦惡異味之處。《國語·周語》:"高位實疾顛,厚味實腊毒。"腊肉固多霉變之毒。亦通。

②遇毒而止,小有憂吝,尚無咎害。

《象》曰:"遇毒",位不當也。①

【校注】

①"位不當"者,三不當位,上噬四而遇矢毒也。三上噬四,爲貪食之象。三在互艮,艮爲止。《集解》引荀爽曰:"昔肉謂四也。三以不正,噬取異家,法當遇罪,故曰'遇毒'。爲艮所止,所欲不得,故'小吝'也。所欲不得,則免於罪,故'无咎'也。"案荀説三上噬四,其位不正,故當有所節制,適可而止。

九四,噬乾胏,得金矢,①利艱貞,吉。②

【校注】

①《釋文》：“馬云：有骨謂之肺。鄭云：簀也。《字林》云：𩱏，食所遺
也。”案諸說雖異，其義相通，馬云食之見骨，爲食將盡狀，鄭所云
簀，本義床棧，其於食器當指器之底部，食器見底，亦是食將盡狀，
亦通《字林》所謂“食所遺”也。又帛本肺作𩱏，亦以食器言之，意
謂得金矢於食器之中。金矢，銅箭鏃，王肅云：“金矢所以獲野禽，
故食之得金矢。”意謂獵獸之箭鏃遺存於肉食中，食將盡乃見也。

②“艱貞”，帛書本作“根貞”，根同艱。“利艱貞”者，艱，難也，事在
艱難，而貞告爲利也。噬乾肺，可謂艱難，然仍有可食，故吉也。

《象》曰：“利艱貞，吉”，未光也。①

【校注】

①《釋文》“未光也”作“未光大也”。光，廣。“未光”者，意謂食之不
足，不能盡飽。義通乎屯卦《象》云“施未光”。《集解》引陸績曰：
“噬肺雖復艱難，終得信其剛直。雖獲正吉，未爲光大也。”又惠棟
《周易述》釋“未光”云：“爲五陰所弇，故未光。”案四之“噬乾肺，
得金矢”與五之“噬乾肉，得黃金”適成對照，四食少，五食多，故
云四爲五所掩也。

六五，噬乾肉，得黃金，①貞厲，无咎。②

【校注】

①帛書本“得黃金”作“遇毒”，阜陽本同今本，疑帛書本爲抄寫之
誤。黃，中。金，金矢。“得黃金”者，謂得埋在乾肉中之金矢，此
與四之金矢外現不同。案帛書作“遇毒”，或非草率之誤，蓋三之
“遇毒”，謂咬到腊肉中之矢而被刺痛，此五“得黃金”於乾肉中，
抑或同有刺痛之狀，故亦是“遇毒”也。

②食遇金矢，貞告爲厲，止而不食則無咎害。案食遇金矢，抑或觸犯
某種飲食禁忌，故須貞問之。貞告爲厲，故當止而不食。四之金

矢顯露在外,食時無危險;五之金矢埋在肉中,食時有危險。

《象》曰:"貞厲,无咎",得當也。①

【校注】

①"得當",言貞厲而止,得當。案五得中而不當位,在貴位而多肉,然雖多肉而能止而不食,是飲食得當也。《吕氏春秋·先識覽》:"周鼎著饕餮,有首無身,食人未咽,害及其身。"

上九,何校滅耳,①凶。

【校注】

①《釋文》:"何,本亦作荷。王肅云:荷,擔。"帛書本亦作荷。何、荷與呵同。《山海經·南山經》:"青丘之山……有鳥焉,其狀如鳩,其音若呵。"郭璞注:"如人相呵呼聲。""何校",即呵校,校中呵呼聲大作貌。"滅耳",使耳不能聽也。《易之義》云:"《易》曰:'荷校則凶,屨(屨)校則吉。'""屨校"言校中井然有序,故吉;"何校"言校中争競喧嘩,故凶。

《象》曰:"何校滅耳",聰不明也。①

【校注】

①《釋文》:"聰不明也,馬云:耳無所聞。"上九不當位,以剛乘柔,亢躁之象,終致觸刑。《易之義》云:"《易》曰'何校',剛而折也。"

【疏義】

噬嗑大義在於"明罰敕法",亦即專任刑法,信賞必罰。先王用此道於市,不在親親之間,則無涉於親疏之弊,庶幾有變風改俗之效。推及國家用刑之道,則猶後世法家之以此致治,或儒家以此爲禮制之輔,皆政教之不可或缺者也。

後儒闡發此噬嗑卦義,大抵據一卦之象及六爻之旨兩方面説之。就一卦之象而言,除上揭王弼、孔穎達釋卦名義,朱熹《周易本義》

亦云："爲卦上、下兩陽而中虚，頤口之象。九四一陽，間於其中，必齧之而後合，故爲噬嗑。其占當得亨通者，有間故不通，齧之而合，則亨通矣。"是謂上下兩陽若上下二齒，九四一爻若口中食物隔在中間，必嗑之而後可以合，合則亨也。

而自六爻之旨言之，當以初、上兩爻爲受刑者，中間四爻爲用刑者，王、孔以降諸儒，皆如此説。其在初九，受刑者爲無位之下民，當用刑之始，罪小而刑輕，取小懲大誡之義；其在六二，轉爲用刑之道，用刑者居中得位，用刑亦得其中正，惟乘剛而用刑，未免過深；其在六三，用刑者自身不正，故以刑加人，受者不服，乃生怨咎；其在九四，用刑者以剛居柔，雖用刑不能服物，而能得其剛直；其在六五，用刑者雖不當位，然能用刑得當；其在上九，復轉爲受刑者，積惡不改，故受刑罰之極也。

然則上述舊説實難通貫。若自一卦觀之，九四爲當嗑去者，亦即受刑者；自六爻觀之，九四又恰爲用刑者，得剛直用刑之道。《周易折中》引王宗傳曰："以一卦言之，則九四頤中之物也，所以爲強梗者也。以六爻言之，則九四剛直之才也，所以去強梗者也。"自己去自己，不爲矛盾耶？抑或此卦六爻，皆兼有用刑者與受刑者之象耶？

賁

☲☶ 離下艮上

賁：①亨。小利有攸往。②

【校注】

①賁，卦名，由離☲、艮☶二單卦相重而成。賁有多種讀音，《釋文》：
"賁，彼偽反。徐甫寄反。李軌府瓮反。傅氏云：賁，古班字，文章
皃。鄭云：有也，文飾之皃。王肅符文反，云有文飾，黃白色。"黃
焯《經典釋文彙校》謂班，寫本作斑，有，寫本作變。王力《同源字
典》謂賁字今讀多從《釋文》讀彼偽反，古音當從王肅讀符文反。
帛本賁作繁，《唐韻》附袁切，《韻補》汾沿切，亦證當從王肅讀。
于省吾《雙劍誃易經新證》以爲《歸藏》有分卦，分即賁。鄭玄訓
賁爲變，又曰文飾之貌，統合其義，亦即以文飾顯示變化也。若革
卦云"大人虎變，其文炳也"、"君子豹變，其文蔚也"，虎變、豹變，
皆謂以文飾顯示變化。《釋名》："飾，猶加文於質上也。"人徒質
而無文，則難以識別身份，加文於質上，則其身份乃至行動之意圖
皆可辨識。案古代之文飾大抵分兩類，一者紋身、飾髮之類身體
之文飾，一者衣服、旗幟、用器之附加文飾。文之本義在於文身，
由文身至於各種附加文飾，可顯示多重含義，如標誌其氏族圖騰、
邦國徽幟、身份地位、巫術法力、行爲善惡等等。又孔穎達《正義》
云："賁，飾也。以剛柔二象交相文飾也。"剛柔相文飾云者，當屬

後義也。

②亨,通達。小,此言近也。《禮記·表記》:"有長短大小。"孔穎達疏:"小,謂所施狹近也。"柔爲小,《繫辭》曰:"柔之爲道,不利遠者。""小利有攸往"者,賁而出行,其行較近,則貞告爲利。《集解》引鄭玄曰:"不利大行,小有所之則可也。"

《彖》曰:賁亨。①柔來而文剛,故亨;分,剛上而文柔。②故小利有攸往,天文也。③文明以止,人文也。④觀乎天文,以察時變;⑤觀乎人文,以化成天下。⑥

【校注】

①孔穎達《正義》謂"賁亨"當連讀,不同於卦辭"賁,亨"。依文例,當讀如"賁,賁亨",意謂賁卦之義,在於"賁亨"。而"賁亨"則爲下四句所釋。

②孔穎達《正義》云:"賁,飾也。以剛柔二象交相文飾也。""柔來而文剛",即以柔文剛,顯柔之性,故亨。"剛上而文柔",即以剛文柔,顯剛之性,故分。案賁有分義,《歸藏》賁作分,已見前注。此四句猶云"柔來而文剛,故亨;剛上而文柔,故分",實則釋前"賁亨"之義也。

③郭京《周易舉正》於"天文也"前補"剛柔交錯"四字,作"剛柔交錯,天文也。文明以止,人文也",以爲今本脫簡。《集解》本無此四字。朱駿聲《六十四卦經解》云:"'利有攸往''往'字與'文明以止''止'字對,不得妄增'剛柔交錯'四字。"案今本"天文也"下王弼注云:"剛柔交錯而成文焉,天之文也。"可知王弼本原有此四字,故亦可從郭京補。余以爲,若不增字爲訓更善。前云柔來而文剛爲亨,剛上而文柔爲分,即是剛柔相錯也,兼攝天文、人文。下文"小利有攸往,天文也。文明以止,人文也",意謂以"天文"故,惟宜"小利有攸往",以"人文"故,宜乎"文明以止"。《集解》

引虞翻曰："日月星辰爲天文也。"又曰："日月星辰進退盈縮,謂朓、側朏也。"是謂日月星辰在剛柔相錯之下,有進退盈縮之時變也。而欲有攸往,必先察乎天文之時變,既有時變,則不盡然利有攸往,"小利有攸往"耳。

④"文明",猶言人間之秩序,"文明以止",意謂以文明秩序限止人類之行爲。"天文"爲天之陰陽相錯,"人文"爲人之陰陽交錯,而人之陰陽交錯,乃成典禮也。以典禮限止人類之行爲,亦即"文明以止,人文也"之大義所在也。吳澄《易纂言》云："文明者,文采著明,止者,不踰分限,在人,五典之叙,五禮之秩,粲然有文,而各安所止,故曰'人文'也。"五典、五禮之類,作《易》時未必有也,略取其義而已。

⑤觀,示。賁飾以示人,故可觀。"觀乎天文,以察時變"者,天文章明,俾以察時變也。《漢書·藝文志》云："天文者,序二十八宿,步五星日月,以紀吉凶之象,聖王所以參政也。《易》曰:'觀乎天文,以察時變。'"

⑥"觀乎人文,以化成天下"者,人文章明,俾以化成天下。《集解》引干寶曰："四時之變,懸乎日月;聖人之化,成乎文章。觀日月而要其會通,觀文明而化成天下。"案注家多以文章、經典釋"人文"及"化成天下",如孔穎達《正義》云"言聖人觀察人文,則《詩》、《書》、《禮》、《樂》之謂,當法此教而化成天下",於義固通,然此可謂人文之常。乾卦《文言》有云"見龍在田,天下文明",文明端賴聖人膺天命而顯現,此可謂人文之變。天文有常有變,人文亦有常有變。

《象》曰:山下有火,①**賁。君子以明庶政,无敢折獄。**②

【校注】

①此釋上下卦象,上艮爲山,下離爲火。《集解》引虞翻曰："夫山之爲體,層峰峻嶺,峭嶮參差,直置其形,已如彫飾,復加火照,彌見文章,賁之象也。"

②庶，衆。政，政事。"以明庶政"，即使諸多政事班班彰明。案傳以政言賁卦，實大義所在。前揭《漢志》云天文者，聖王所以參政；又王充《論衡·佚文》云："《易》曰：'大人虎變，其文炳；君子豹變，其文蔚。'又曰：'觀乎天文，觀乎人文。'此言天、人以文爲觀，大人、君子以文爲操也。"可知國家政教當本諸天文、人文，大人、君子之行爲亦當本諸天文、人文。无敢，不敢，有所敬慎之辭。折，斷。折獄，斷獄。之所以"无敢折獄"，在於賁飾過多，則難辨其黑白實情，故獄不敢妄斷。《吕氏春秋·慎行論》："孔子卜，得賁。孔子曰：'不吉。'子貢曰：'夫賁亦好矣，何謂不吉乎？'孔子曰：'夫白而白，黑而黑，夫賁又何好乎？'"《説苑·反質》："孔子卦，得賁，喟然仰而嘆息，意不平。子張進，舉手而問曰：'師聞賁者吉卦，而歎之乎？'孔子曰：'賁非正色也，是以歎之。吾思夫質素，白當正白，黑當正黑，夫質又何也？吾亦聞之，丹漆不文，白玉不雕，寶珠不飾，何也？質有餘者，不受飾也。'"

初九，賁其趾，①舍車而徒。②

【校注】

①《釋文》："趾，一本作止。鄭云：趾，足。"趾，指脚趾。《左傳》中屢見敬稱國君之來，爲"舉玉趾"、"步玉趾"，其言"玉趾"，謂尊貴之人以玉賁趾。案此云"賁其趾"，當不限於屨上飾玉，鄭玄訓趾爲足，楊樹達《釋足》謂古人自股脛至蹠跟，全部爲足[1]，若如此，則"賁其趾"即賁其足，賁其足即賁其腿部動作，亦即賁其步態也。《國語·周語》："先民有言曰：'改玉改步。'"韋昭注："玉，佩玉，所以節行步也。"則賁趾之玉，抑或不僅戴在脚部，亦可戴在腿部，以節行步。案古人行走時，足有禮容。《論語·公冶長》："巧言、令色、足恭。"邢昺疏"足恭"云："謂前却俯仰，以足爲恭也。"是言

---

[1]　參見楊樹達《積微居小學述林》，第82頁，中華書局，1983年。

步態恭順貌。

②舍,同捨。舍車,棄車不乘。徒,步行。《集解》引王肅曰:"在下故稱趾,既舍其車,又飾其趾,是徒步也。"

《象》曰:"舍車而徒",義弗乘也。[①]

【校注】

①義,宜也。乘,乘車。乘車則無以見足容,故宜弗乘車,徒步而行。案《集解》引崔覲曰:"徒,塵賤之事也。"其說似可商榷。初九當位而行,雖在下位,不應謂其塵賤。《管子·參患》云:"將徒人。"尹知章注:"徒人,謂無甲兵者。"此"舍車而徒",猶謂不乘車而徒步,表示無進犯之意,觀其所賁飾之足容,可知來者友善也。

六二,賁其須。[①]

【校注】

①注者釋須爲頤下之毛,即䰇鬢。案《説文》:"須,面毛也。"王筠《説文句讀》改作:"須,而。毛也。"須專指頤下之毛,本作而字;須又作總名,謂頭部之毛,頭部其他部位之毛,皆可説之以須,如頾,口上須,䶏,頰須,又須髮常連言,頒,須髮半白,䯱,短須髮貌。余以爲,此"賁其須"之須,即須髮,概指頭部毛髮,若趾不限於脚趾而指足部,此須亦不限於指䰇鬢。"賁其須"者,即須髮有所賁飾。

《象》曰:"賁其須",與上興也。[①]

【校注】

①與,猶以。上謂頭。興,盛也。"與上興"者,以頭上之賁飾彰顯文德之盛也。案賁卦以柔文剛,二爲下柔之中,得位得中,爲文德之本體。

九三,賁如濡如,[①]永貞吉。[②]

【校注】

①"賁如濡如"者,言衣裳之賁飾貌。《詩·羔裘》:"羔裘如濡,洵直且侯。"《毛傳》:"如濡,潤澤也。"孔穎達《正義》:"言皮毛光色潤澤也。"案衣裳之賁飾,乃對應於素衣、素冠,若《詩·素冠》云者。

②"永貞吉",貞問衣裳賁飾之情況能否得長久,貞告爲吉。

《象》曰:永貞之吉,終莫之陵也。①

【校注】

①陵,相越而亂節。"終莫之陵",意謂衣裳賁飾之正,終不得相陵而亂節。九三爲下離之終,下離三爻皆當位,無相陵。案前揭《吕覽》、《説苑》引孔子説,賁卦最堪嘆者,在於因相雜而亂,而賁卦之爲吉卦,其義正在剛柔相雜而"終莫之陵也"。

六四,賁如皤如,白馬翰如。①匪寇,婚媾。②

【校注】

①《釋文》:"皤,白波反。《説文》云:老人貌。董音槃,云:馬作足横行曰皤。鄭、陸作燔,音煩。荀作波。"阜陽本同今本作皤,帛書作藩。異文頗多,其訓各異。余案:當如鄭、陸讀煩,煩同班,"皤如"與屯卦"乘馬班如"之"班如"同義,意謂乘馬被賁飾,其色相雜。"翰如",《釋文》:"董、黄云:馬舉頭高卬也。馬、荀云:高也。鄭云:白也。"案董遇、黄穎説是。翰通幹,體幹如,謂馬站立,舉頭高卬貌。

②以賁飾而出行,故望而可知來者非盜寇,爲求婚媾者。君子出行以禮,莫過於婚姻之往來。

《象》曰:六四,當位疑也。①"匪寇,婚媾",終无尤也。②

【校注】

①"當位疑"者,六四雖當位而有疑。案六四爲上艮之初,故有止象。

下離賁飾而來,自四轉上艮。卦意爲我賁飾求婚媾,接待者見來者賁飾過於複雜,難辨真實,故而有疑。《禮記·檀弓》:"戎事乘翰。"鄭玄注:"翰,白色馬也。"白馬本常爲戎事所乘,見白馬疑其爲寇。舊注有謂六四雖當位應初,然二、三、四互坎,坎有盜寇之象,故見來者而生疑。亦通。

②尤,異也。來者爲寇,則有異,爲求婚媾,則無異,故云"終无尤也"。

六五,賁于丘園,①束帛戔戔,②吝,終吉。③

【校注】

①丘園,半山之園,象隱士所居。"賁于丘園"者,意謂賁飾以行,至於丘園而徵聘賢人也。《集解》引荀爽説,云此爻有隱士在山林之間之象。《文選》李善注引王肅説,云此爻乃束帛聘隱士。《後漢書·逸民傳》云:"光武側席幽人,求之若不及,旌帛蒲車之所徵賁,相望於巖中矣。"李賢注引賁六五爻辭以釋"徵賁"。漢唐諸儒均以爲此爻事關乎徵聘賢人。君子賁飾而行,其目的除四之求婚媾外,又爲五之聘賢徵隱。案王弼注不用聘賢説,而以不尚華侈而貴儉約爲釋,孔穎達復申之,其説影響後世甚大,亦可參考。

②"束帛戔戔",謂聘禮之多。《釋文》:"束帛,《子夏傳》云:五匹爲束,三玄二纁,象陰陽。"又:"戔戔,馬云:委積貌。薛、虞云:禮之多也。"

③吝,同遴,行難。"吝,終吉"者,丘山層峰峻嶺,峭嶮參差,雖行難,終可聘得賢人,爲吉。

《象》曰:六五之吉,有喜也。①

【校注】

①喜,樂也。《詩·彤弓》:"我有嘉賓,中心喜之。"《菁菁者莪》:"既見君子,我心則喜。""有喜"者,得會遇賢者之喜樂。案六五居君位而不正,若得賢者之輔,則"終吉"、"有喜"也。

上九,白賁,^①无咎。

【校注】

①白,素也。案下卦賁飾而來,上卦四求成婚媾,五徵聘賢者,亦可謂受其賁也。唯上不受賁,故曰"白賁"。不受賁者以質素爲體,自然素白,非謂增飾以白色。又上與五同爲求賢者,五之賢在半山受聘,上之賢在山頂不受聘,或曰逸而在上也。

《象》曰:"白賁,无咎",上得志也。^①

【校注】

①"上得志"者,逸而在上之賢者,得遂其志,其猶蠱卦上九"高尚其志,不事王侯"者也。王弼注云:"處飾之終,飾終反素,故任其質素,不勞文飾而無咎也。"孔穎達《正義》云:"守志任真,得其本性,故《象》云'上得志也',言居上得志也。"又李道平《周易集解纂疏》發揮云:"孔子雖不受賁於當時,而删《詩》、《書》,訂《禮》、《樂》,則賁於萬世。"可謂增廣"白賁"之義。

【疏義】

賁卦之義在文飾,有文飾,然後人有所分,行有所亨;進而言之,有文飾,則禮可立,政可明也。賁之最大者莫過於天文、人文,《尚書‧堯典》謂堯有五德,其三曰文,馬融、鄭玄咸曰"經緯天地謂之文",人在天地之中,参天地之化育,天地人共成文明。又《象》傳云"君子以明庶政",此政可兼於禮,《大戴禮記‧哀公問》孔子曰:"爲政先禮。禮者,政之本與!"而爻辭中所涉婚媾、聘賢,皆禮之象。傳云"不敢折獄",則此政乃有別於刑。由此可知賁在政教中之地位也。

賁爲飾,則未飾爲質,既飾爲文,遂由賁卦生文質關係問題。孔子有"文質彬彬"之説,叩其兩端,則兼有質勝文與文勝質二者。《吕覽》、《説苑》載孔子説,嘆賁非正色,然則賁爲吉卦,孔子誠其過當也。子曰:"人而不仁,如禮何?人而不仁,如樂何?""禮云禮云!玉帛云乎哉？樂云樂云！鐘鼓云乎哉？"

　　後儒説此賁卦，大義皆落在文質關係上。無質不立，無文不行，有質有文，乃可亨通。以六爻論，初"舍車而徒"、五"賁于丘園，束帛戔戔"、上"白賁"，三爻爲不賁飾者，二"賁其須"、三"賁如濡如"、四"賁如皤如"，三爻爲賁飾者。

　　初九有德而無位，唯自賁飾其所行而已。六二雖有賁飾，然其處於被動之位，必待九三之動而後動。九三處六二、六四之間，爲賁之中，文過則質喪，質喪則文弊，守正則吉。六四恰當由賁飾反質素之際，皤訓白，皤白爲崇素返質之義。六五柔中，爲賁之主，敦本尚實，得賁之道，"丘園"爲山林農野，"束帛戔戔"爲節儉，朱熹説是務農尚儉，實則已經很少有賁飾。上九則反本至於無賁飾，抑或説"白賁"意謂尚質而不失其本真，並非絶對没有賁飾，唯不使文湮没質也。

剥

☷坤下艮上

剥：^①不利有攸往。^②

【校注】

①剥，卦名，由坤☷、艮☶二單卦相重而成。《釋文》："剥，邦角反。《象》云：剥，剥也。馬云：落也。《説文》云：裂也。"舊注釋剥，多取剥落義，依卦言之，則群陰剥陽。案剥卦之剥，不讀邦角反，讀普卜反。剥與扑、仆二字音義通。一者剥通扑。《廣雅》："扑、剥，擊也。"王念孫疏云剥與扑音義同。扑訓擊，亦可訓踣，《説文》有撲無扑，撲、扑同，《增韻》："撲，踣也。"《爾雅》郭璞注："踣，前覆也。"一者剥通仆。于省吾《雙劍誃易經新證》云《西溪易説》引《歸藏》有僕無剥，黃宗炎謂僕爲剥。阜陽本剥作僕，可證此説。僕爲仆之借字，《説文》："仆，頓也。"段玉裁注："頓者，下首也。以首叩地謂之頓首，引伸爲前覆之辭。《左氏音義》引孫炎曰：'前覆曰仆。'玄應三引《説文》：'仆，頓也。'謂前覆也。"又《玉篇》："仆，傾倒貌。"扑、仆可通用，《史記·周本紀》："秦破韓魏，扑師武。"裴駰《集解》引徐廣曰："扑，一作'仆'。"故此綜合剥、扑、仆三字，當兼有向前仆倒、扑擊二義。就剥卦言之，"剥牀"連言，其情狀當爲有人向前仆倒在牀，扑擊在牀上之人。古者牀爲男子所坐卧者，男子與女子兩性之事，謂之牀笫之事。於此剥卦，

即以牀笫之事爲背景,安坐在牀者,爲君子,仆倒、扑擊在牀者,爲宮人,而宮人仆倒、扑擊在牀,必將危及牀上君子矣。剝卦取義甚古,以今語言之,有女權侵奪男權之義。商代女性擁有之權力明顯多於周代,不僅先妣之祀衆多,實際生活中亦多女性掌權。又藉婚姻關係,女家之勢力亦將隨女而浸長。此二者皆合乎剝卦群陰剝陽之象。而周人轉而尊男權,黜女權,而郭沫若《中國古代社會研究》推斷,女權在殷周之際尚有遺留之迹,故亦宜有此剝卦之事也。後儒晦此古義,遂以小人、君子泛論之。又案《左傳》襄公二十八年孔穎達《正義》嘗引鄭玄注云:"復,反也,還也。陰氣侵陽,陽失其位,至此始還,反起於初,故謂之復。陽,君象。君失國而還反,道德更興也。"其所云"陰氣侵陽,陽失其位"、"君失國"者,皆當就剝卦言之,可見其權力爭奪之劇,至有失位、失國之危也。

②牀笫之事象内,内有不安之際,不宜之外幹事,故"不利有攸往"。

《彖》曰:剝,剝也;①柔變剛也。②"不利有攸往",小人長也。③順而止之,觀象也。④君子尚消息盈虛,天行也。⑤

【校注】

①此釋剝卦之義。"剝也",言剝爲傷害。《尚書·泰誓》:"剝喪元良。"《孔傳》:"剝,傷害也。"

②此進而釋"剝也",《集解》引鄭玄曰:"陰氣侵陽,上至於五,萬物零落,故謂之剝也。"案此卦柔變剛,唯至於五,非盡變也。《易緯·乾鑿度》曰:"孔子曰:'夫陰傷害爲行,故剝之爲行,剝也。當九月之時,陽氣衰消,而陰終不能盡陽,小人不能決君子也。謂之剝,言不安而已。'"

③"小人長也"者,小人在内,勢力極盛。案《集解》引鄭玄曰:"五陰一陽,小人極盛,君子不可有所之,故'不利有攸往'也。"余以爲,"君子不可有所之",乃攘外必先安内之意。而孔穎達《正義》云:

“小人道長,世既暗亂,何由可進？往則遇災,故‘不利有攸往’也。”其意似謂不當入內也。

④下坤爲順,上艮爲止。《集解》引虞翻曰:“坤順艮止。”案此“順而止之”者,而,則也。群陰剥陽,若能理順群陰,剥之傷害則止。於爻言之,則五使其順,上使其止。群陰在下,一陽在上,惟此一陽能理順群陰,止剥之害。“觀象”者,亦即以上一陽觀五陰貫魚之象也。

⑤消,滅。息,生。“天行”,天道運行之法則。孔穎達《正義》云:“君子通達物理,貴尚消息盈虛,道消之時,行消道也,道息之時,行息道也,在盈之時,行盈道也,在虛之時,行虛道也。若值消虛之時,存身避害,危行言遜也;若值息盈之時,極言正諫,建事立功也。”案於此剥卦,陰終不能盡陽,陰陽終有轉換之時。尚,主也,掌也。“君子尚消息盈虛”,當從君子主動把握此陰陽消息、盈虛轉換之時着眼。“天行”者,亦言順天行以把握生命之機。《莊子·刻意》:“聖人之生也天行,其死也物化。”

《象》曰:山附於地,①剥。上以厚下安宅。②

【校注】

①此釋上下卦象,上艮爲山,下坤爲地。《集解》引陸績曰:“艮爲山,坤爲地,山附於地,謂高附於卑,貴附於賤,君不能制臣也。”又引盧氏曰:“山高絶於地,今附地者,明被剥矣。”孔穎達《正義》曰:“山本高峻,今附於地,即是剥落之象。”案舊説多類此,然余試作一新解。就卦象言,山在地上,附同坿,《説文》:“坿,益也。”故“山附於地”,意謂山自地而坿益,遂高絶於地上,其象若一陽在群陰之上,亦象君子之高坐牀上。山高絶於地上,則易崩壞。

②上,山也,亦指君子。厚,深。宅,根也。解卦《象》“草木皆甲坼”,馬融、陸績坼作宅,云根也。“厚下安宅”者,即深植、安固其下其根,猶謂山愈坿益而升高,其根愈應深植於地,方可免崩壞之

危。當此卦,下謂牀,亦即君子必深固其牀,方能不爲陰所動,陽終不被陰剝盡。此誠孤懸在上,君子處剝之道也。

初六,剝牀以足,^①蔑,貞凶。^②

【校注】

①剝牀者,謂宮人。以,及也。足,謂宮人之足。"剝牀以足"者,宮人欲近牀上君子,其足撞擊到牀,以致仆倒。王弼注謂"剝牀以足"爲剝牀之足,猶云牀足剝落、裂壞,以下之辨、膚,亦皆謂牀之各部位,恐非是,不若實指人身體各部位爲貼切。《雜卦》:"剝,爛也。"《周易參同契》:"剝,爛肢體,消滅其形是也。"可知剝當有傷及身體之義。

②《釋文》:"蔑,猶削也。楚俗有削蔑之言。馬云:無也。鄭云:輕慢。荀作滅。"當從鄭玄義。"蔑",即蔑如。蔑字本義爲目視不清,以目視不清,故無意間撞到牀,是謂宮人輕慢之貌。"貞凶",貞告爲凶。

《象》曰:"剝牀以足",以滅下也。^①

【校注】

①滅,通蔑。下,牀下。"以滅下"者,以其輕慢,以足擊牀,仆倒在牀下,不得上牀。初六不當位,且無應,故爲失正之象。

六二,剝牀以辨,^①蔑,貞凶。

【校注】

①鄭玄曰:"足上稱辨,謂近膝之下,屈則相近,申則相遠,故謂之辨。"王引之《經義述聞》申鄭説,謂辨當讀爲踊,指人之膝頭。《釋文》:"薛、虞:膝下也。"部位略同。踊亦指行不正貌,故同爲蔑如也。"剝牀以辨"者,猶云宮人以膝頭磕擊於牀,以致仆倒。此仍爲宮人仆倒在牀下,而由足至辨,體位上升,以喻宮人愈近乎

牀上君子焉。

《象》曰:"剥牀以辨",未有與也。[1]

【校注】

①與,接也。"未有與",言仍未能與牀上君子相接。二雖得中得位,然不得與五相應,五宮人得寵,二不應五,則未在寵列也。

六三,剥之无咎。[1]

【校注】

①帛書本、《釋文》、《集解》本均作"剥无咎",當從。《釋文》特云"一本作'剥之无咎'非"。"剥无咎",當讀作"剥,无咎"。剥通仆,前覆,謂全身仆倒在牀上,是得近身於君子之象也,故云"无咎"。"无咎"者,乃言宮人無咎,亦即無以足、以辨以致仆倒在牀下之凶。《集解》引荀爽曰:"衆皆剥陽,三獨應上,無剥害意,是以'无咎'。"

《象》曰:"剥之无咎",失上下也。[1]

【校注】

①"剥之无咎",當依經作"剥无咎"。"失上下"者,孔穎達《正義》云:"上下群陰皆悉剥陽也,己獨能違上下之情而往應之,所以無咎也。"案依孔説,似謂三無剥陽之義,且有扶陽之功。余案:傳云"失上下"顯有責備之義。"失上下"猶言失序。三於群陰之中,獨承君寵,故"失上下";至於五則貫魚,群陰皆得君寵,故"无不利"。《後漢書·皇后紀》載梁皇后爲貴人時,常特被引御,從容辭於帝曰:"夫陽以博施爲德,陰以不專爲義,螽斯則百,福之所由興也。願陛下思雲雨之均澤,識貫魚之次序,使小妾得免罪謗之累。"

六四,剥牀以膚,[1]凶。

【校注】

①膚通腹。《説文》膚字，籀文作臚，《一切經音義》：“腹前曰臚。”故膚、臚可指腹部。惟此膚不同於足、辨屬宮人，轉屬君子身體。以，及也。宮人仆倒上牀之後，傷及君子之腹部，故凶。《集解》引王肅曰：“在下而安人者，牀也。在上而處牀者，人也。坤以象牀，艮以象人。牀剥盡以及人身，爲敗滋深，害莫甚焉，故曰‘剥牀以膚，凶’也。”余於王氏，唯取其六四傷及牀上之人之説，而以下坤爲宮人之狀，上艮爲君子之狀。

《象》曰：“剥牀以膚”，切近災也。①

【校注】

①《釋文》：“切，鄭云：切急也。”近，近身。災，害物曰災。四近五，五爲君，宮人切急而近乎君身，以致有傷害。初、二所傷及者牀，四則傷及人身。而四之切急近君，乃爲相爭而進之貌，非如下爻之貫魚有序也。

六五，貫魚以宮人寵，①无不利。

【校注】

①《釋文》：“貫，穿也。”以繩穿衆魚曰貫魚。又《正字通》：“魚行有甲爲之長，衆魚從之，駢頭相次，如貫然。”寵，寵御。宮人，后妃嬪妾。“貫魚以宮人寵”者，意謂君子像貫魚一樣有秩序地寵御衆宮人。帛本作“食宮人寵”，寵爲寵借字，此“食”與上九之“不食”相對，御宮人，爲食，不御爲不食。案此剥卦之象，以牀爲主，牀笫之事，則必關乎君子寵御宮人。寵御失當，故群陰剥陽。當此寵御宮人若“貫魚”，則“无不利”也。

《象》曰：“以宮人寵”，終无尤也。①

【校注】

①尤,憂也,失也。"終无尤"者,意謂前此有憂,至此則終無可憂也。《集解》引何妥曰:"夫剥之爲卦,下比五陰,駢頭相次,似貫魚也。魚爲陰物,以喻衆陰也。夫宮人者,后夫人嬪妾,各有次序,不相瀆亂。此則貴賤有章,寵御有序。六五既爲衆陰之主,能有貫魚之次第,故無不利也。"是謂爻至六五,内乃得安。

上九,碩果不食。①**君子得輿,**②**小人剥廬。**③

【校注】

①碩果,大果實,此喻君子。"碩果不食"者,君子猶大果實,終不被群陰食盡。《集解》引虞翻曰:"艮爲碩果。"艮爲止,即當此乃止群陰之食陽。若前揭《乾鑿度》云"陰終不能盡陽,小人不能決君子也"。

②"得輿",《釋文》:"京作德輿,董作德車。"《集解》本同董遇。帛本作"得車"。得、德通,輿、車通。當從今本讀。《廣雅》:"輿,舉也。""君子得輿"者,言君子猶碩果,被舉之在上也。

③剥,落也。此用馬融訓。君子舉、小人落,相對爲言。落,亦即被摒棄,故亦可訓離,《廣雅》:"剥,離也。"廬,值宿之所。《漢書·嚴助傳》:"君厭承明之廬。"顏師古注:"張晏云:'直宿所止曰廬。'"又《金日磾傳》:"日磾小疾卧廬。"師古注:"殿中所止曰廬。"故此"小人剥廬"者,言小人離開君子之廬,亦即宮人不得與君子同廬也。

《象》曰:"君子得輿",民所載也。①**"小人剥廬",終不可用也。**②

【校注】

①載,承也。"民所載"者,君子可以被舉在上,是爲民所載也。案此剥卦惟言宮内事,未及宮外之人民,故若此民訓百姓人民,則失

當。《説文》民字下，又有古文民❀，余以爲，今、古文民，實爲兩字，今文民金文有作◁，本義爲奴隸，後泛指百姓人民；而古文民爲另一字，朱駿聲《説文通訓定聲》云："按古文從母，取蕃育也，上下衆多之意。"若《詩·生民》："厥初生民。"《緜》："民之初生。"固非謂生奴隸，應指祖先生育子孫。民亦訓衆，《詩·載芟》："緜緜其麃。"《釋文》："《韓詩》作民民，云衆貌。"故"民所載"之民，當指君子所生育之衆子孫。

②"終不可用"者，言小人終不能有所作爲也。又楊名時《周易劄記》云"用"爲"害"字之誤，"終不可害"，即小人終不能害君子，於義亦通。案《集解》引虞翻説，此卦小人道長，有"子弑其父，臣弑其君"之象。余以爲，實則此卦陰剥陽，乃喻女權侵奪男權，而男權之所以得維護，除君子有剛直之德外，且有衆子孫爲其保障，故不被剥盡也。

【疏義】

剥卦所言乃君子御宮人之事，誡其後宮男女兩性之事失治，乃至傷及君子，《後漢書·皇后紀》梁皇后語及此卦，可謂明證。此於政教關係重大，《關雎》美后妃之德，爲《詩》之首篇。而剥之爲甚，將若陰之剥陽，女權侵奪男權，虞翻説此卦有"子弑其父，臣弑其君"之象，實則更恰當之喻爲女弑男也。以卦論之，下卦爲宮人之象，上卦爲君子之象。就宮人言之，自初至三，逐漸近君子，而初、二皆不應陽，唯三應陽；就君子言之，在四御女而被傷，在五寵御有序，在上則不再寵御，故保一陽在上。

後儒釋此剥卦，晦其男女之事，多自陰陽義理言之，以爲剥卦大義在於陰剥陽，亦即陰始自下生，漸長至於盛極，群陰消剥於陽。而此一過程猶如天地之消息盈虛，爲一必然循環過程，君子於此卦，當能知幾而順應，把握變化之機，使陽終不被剥盡，一陽復生。

注家釋此剥卦，以牀及牀上君子爲剥之主體，剥之過程自牀漸至牀上君子。經所云足、辨乃指牀之部位，膚則指君子身體。初六，謂牀之足剝壞；六二，謂牀之干剝壞；六三，與上陽相應，故無剝害意；六四，則牀已剝完，漸至剝害牀上君子之身；六五，能順承於陽，得處剝之善；上九，一陽在上，剝之未盡而將復生也。

此卦上九，爲君子所居之位，陽之碩果僅存者。陽何以保持此一爻終不被剝，且能轉化復生？其要有二。一者陽被陰剝雖不可避免，然則陰剝陽，未必是傷害陽。若六三與上陽相應，則雖剝而無害；六五能有序若貫魚，亦不害陽。害陽者，乃無應、亂序之陰也。再者陽孤懸在上，其勢甚危，故必“厚下安宅”，得“民所載”，而後可以不亡。而尤當措意者，當此勢危之際，君子乃依賴民之保障而獲安，依余之見，此民乃謂君子之衆子孫，否卦所云“其亡其亡，繫于苞桑”，殆通此義也。

復

䷗震下坤上

復：①亨。②出入无疾，朋來无咎。③反復其道，七日來復。④利有攸往。⑤

【校注】

①復，卦名，由震☳、坤☷二單卦相重而成。《釋文》："復，反也，還也。"於此卦，謂既出而後，又反還也。案舊注解此復卦，多就往復爲義，往必有復，又承剥卦而言，剥極則必復。《集解》引崔覲曰："夫易窮則有變，物極則反於初，故剥之爲道，不可終盡，而受之以復也。"以反還解此復卦之復，固是；然則復爲反還，乃謂方向，其將反還於何處，則未明也。《集解》引何妥曰："復者，歸本之名。"何爲復之本，又未明也。《説文》："復，往來也。"又："复，行故道也。"段玉裁注以爲复爲本字，疑復爲後增字。复字甲骨文作，象人在一建築物中往返出入。此字金文逐漸變形，變爲、諸形，甲骨文字形中之，改作，學者識爲食器，或獻祭時盛食物之器。《説文》小篆作，上部，當識爲亯，《説文》："亯，獻也。從高省，曰象進孰物形。"亯爲居所之象形，徐中舒釋亯、釋复，均説象有臺階、可出入的穴居之所。[1] 而後來居住之所，演變爲祭祀之地，

---

[1] 參見徐中舒主編《甲骨文字典》關於亯、复字之釋義，第601、621頁，四川辭書出版社，1989年。

故而复之中心有可能指示某一建築物,此建築物當爲祭祀之地。進而言復卦之復,其所復歸之處,當指祭祀之地也。鄭玄《易》注云:"復,反也,還也。陰氣侵陽,陽失其位,至此始還,反起於初,故謂之復。陽,君象。君失國而還反,道德更興也。"則此復卦之主爲君,君乃主持祭祀者也。

②"復:亨"當重讀作"復,復亨",亨同享,意謂復而享祀也。

③疾,咎,皆指禍害。"出入无疾"者,出而能反入者,可以無疾。《釋文》:"朋,京本作崩。"當從京本。崩,猶散去也,對言來。《漢書·韋賢傳》:"五服崩離,宗周以墜。""崩來无咎"者,散去而能反來者,可以無咎。

④"反復其道"者,即自出而反入,自崩而反來之過程。"七日來復"者,即前云自出至反之時間,大約七日也。王引之《經義述聞》云:"蓋日之數十,五日而得其半,不及半則稱三日,過半則稱七日,欲明失而復得多不至十日,則云七日得。此卦之'七日來復',亦猶是也。復爲剛反,有去而復來之象,占者得此,則凡已去者可以來復,至多不過七日,故云'七日來復'。七日者,人事之遲速,非卦氣之遲速也。"依王氏之説,七日非必確數,概言期未盡於十日,已經回復也。余案:七日雖言日期,亦可指示以日期計算之路途遠近。又自王國維作《生霸死霸考》,今人有據西周青銅銘文中所見之"四分月相"解説"七日來復"者,以初吉、既生霸、既望、既死霸四種月相,分一月爲四期,每期約七日。漢儒多據卦氣説解之,或言剝、復之間,主六日七分,概言則七日;又或言剝一陽在上,變至復一陽在下,須經七日。

⑤"利有攸往",此攸往,乃有去有來之往,亦是"七日來復"之往,則貞告爲利。

《彖》曰:復亨,剛反,動而以順行。①是以出入无疾,朋來无咎,反復其道,七日來復,天行也。②利有攸往,剛長也。③復

其見天地之心乎?④

【校注】

①此"復亨",亨訓通。《釋文》本以"剛反"絕句,從之。"剛反"者,謂初九。此卦惟初一陽,而傳云"剛反",明指初爲反。反,猶重也。《論語·述而》:"必使反之。"皇侃疏:"反,猶重也。"初九剛動而往,然不遠即返回。"動而以順行"者,一者以上、下卦言,下震爲動,上坤爲順,震行於坤中;一者震之動乃按照坤之順而行。震雷將入息於坤地,故是震由動轉静,順坤之道也。

②"出入无疾,朋來无咎,反復其道,七日來復"四句卦辭,皆可謂之"天行"也。蓋因自卦中可見"剛反,動而以順行"之理,故此四句卦辭,皆可謂合乎天地之道。"天行",天地之道。案剥卦《彖》言"天行",要在陰陽轉換之機,此亦陰陽轉換之機也。又蠱卦《彖》以"終則有始"爲"天行",而此卦以始必有終爲"天行"。

③剛長,剛道既反而後浸長,由初復於五,故"利有攸往"。

④其,疑問詞。《釋文》謂見當讀賢遍反,同現。復"見天地之心"者,意謂由此復卦可以彰現天地之心。何謂"天地之心"?漢儒或指初九一陽,《集解》引荀爽曰:"陽起初九,爲天地心,萬物所始,吉凶之先,故曰'見天地之心'矣。"宋儒多承之而發揮義理,歐陽修《易童子問》云:"天地之心見乎動,復也。一陽初動於下,天地所以生育萬物者本於此,故曰'天地之心'也。天地以生物爲心者也。"程氏《易傳》同此説。王弼注則不同,乃就復之動以静爲本言之,云:"復者,反本之謂也,天地以本爲心者也。……然則天地雖大,富有萬物,雷動風行,運化萬變,寂然至無,是其本矣。故動息地中,乃天地之心見矣。"按王弼之説,動息地中而後方可見天地之心,而下震之動,至於上坤乃息,故亦有天地之心見於六五之義。焦循《易通釋》云:"復之爲復,解者多指初爻。傳云'復其見天地之心',惟五稱心,復者,復其五也。"在此余從焦循之説,"天

地之心”當指六五,六五君位,惟君可應“天地之心”,其位固應在五,而非在初矣。

《象》曰:雷在地中,^①復。先王以至日閉關,商旅不行,后不省方。^②

【校注】

①此釋上下卦象,震爲雷,坤爲地。雷動而後息藏於地中,是爲復。

②先王,謂君也。至日,冬至之日。關,關市。商旅,《考工記》曰:“通四方之珍異以資之,謂之商旅。”后,王官之稱。省方,巡視四方。“以至日閉關,商旅不行”者,按《禮記‧月令》所載,仲秋之月易關市,來商旅,冬至之後,則關市閉,商旅復歸,以助天地之閉藏。而“后不省方”者,則謂王官亦不再省察四方。其史事或關乎天子籍田之制,自孟春之月天子行籍禮,公卿以下諸王官,皆須按時巡視籍田,而當季秋之月,藏帝籍之收於神倉,故於冬季“不省方”。《白虎通‧誅伐》云:“冬至所以休兵,不舉事,閉關,商旅不行何?此日陽氣微弱,王者承天理物,故率天下靜,不復行役,扶助微氣成萬物也。”

初九,不遠復,^①无祇悔,^②元吉。

【校注】

①不遠,往之不遠。“不遠復”者,意謂往之不遠即歸復。案經云“七日來復”,即未足十日即復,若足十日而後復,則是“遠復”也。

②帛書本“祇”作“提”,阜陽本作“智”。《釋文》:“祇,音支,辭也。馬同,音之是反。韓伯祁支反,云:大也。鄭云:病也。王肅作禔,時支反。陸云:禔,安也。九家本作䘏字,音支。”音義之歧見頗多,王引之《經義述聞》據九家本釋“祇”爲多,“无祇悔”即“无多悔”。王說可從,“不遠”與“无祇”對言,意謂往愈遠則悔愈多,不遠則不多。又鄭訓“祇”爲病,與卦辭“出入无疾”相應,即無出入

有疾之悔。亦通。

《象》曰：不遠之復，以修身也。[①]

【校注】

①此謂"不遠之復"，可以喻修身之道。《繫辭》云："子曰：'顏氏之子，其殆庶幾乎！有不善未嘗不知，知之未嘗復行也。《易》曰："不遠復，无祇悔，元吉。"'"是"不遠之復"之於"修身"，意謂人於行事之初，即能知過、改過，歸復正道，不致事之不可挽回。復卦獨此一陽，居初得位，且上有四相應，故若人性之初，雖或有盲動，尚易導之復正也。

  六二，休復，[①]**吉。**

【校注】

①《正字通》："休，宥也。"《尚書·呂刑》："雖休勿休。"蔡沈《書集傳》："休，宥之也。"休、宥，皆寬容待人之義。《尚書·秦誓》："其心休休焉。"鄭玄注："休休，寬容貌。"此言"休復"者，意謂復之過程中對待眾人皆寬容、不苛刻也。案《三國志·魏書·彭城王據傳》引《魏書》，魏明帝與彭城王書，云及彭城王有過錯，而帝詔有司宥之，曰"昔羲、文作《易》，著'休復'之語，仲尼論行，既過能改。王改其行，茂昭斯義，率意無怠！"於此文中，"休復"即爲寬宥之義。

《象》曰：休復之吉，以下仁也。[①]

【校注】

①"以下仁"者，施仁於下民。《詩·昊天有成命》："夙夜基命宥密。"鄭玄箋："行寬仁安靜之政，以定天下。寬仁所以止苛刻也。"案初當位而動，二當位得中有仁，此皆復之善者，亦猶知過能改者，故無須苛責也。

六三，頻復，^①厲，^②无咎。

【校注】

①《釋文》："頻，本又作嚬，嚬眉也。鄭作矉，音同。馬云：憂頻也。"《集解》引虞翻曰："頻，蹙也。"余案：《詩·桑柔》："國步斯頻。"《毛傳》："頻，急也。"鄭玄作矉，當同顰，《說文》："顰，涉水顰戚。"段玉裁注曰："戚，迫也。各本作蹙，誤。"顰即顰戚，急迫貌。各本作蹙，亦不誤，《廣雅》："蹙，急也。"可知"頻復"，或作顰復，或訓蹙復，皆謂急迫而復。注家訓"頻復"爲憂貌，蓋因前"休復"訓爲喜貌，實則自行動言之，前者從容而復，此則急迫而復，故其態度一喜一憂，亦通。

②厲，按王弼注意，乃指它厲，亦即復中所遇外來危難也。

《象》曰：頻復之厲，義无咎也。^①

【校注】

①王引之《經義述聞》云："義者，理也，道也。言此一爻也，理固然也。"案六三不當位，故有厲，何以有厲而又理當無咎？蓋在三若能"頻復"，則雖遭它厲而無咎；若不能"頻復"，則有它厲必咎也。

六四，中行獨復。^①

【校注】

①案"中行"，見於泰、復、益、夬四卦，泰之"中行"爲中途，益之"中行"爲官名，而復、夬之"中行"，有擇行正路之義。復者，行故道也。復得中行，亦即行在故道焉。獨，單獨。"中行獨復"者，意謂擇行正路者得復，不能行正路者則不得復也。

《象》曰："中行獨復"，以從道也。^①

【校注】

①道，正道，亦即故道。四當位應初，初始反，歷下震至上坤，是復至

其舊地也。

六五,敦復,^①**无悔。**

【校注】

①敦,竹書作𦎫。有學者云𦎫爲敦之異體字,又或謂𦎫爲亯之轉注字。《説文》:"𦎫,孰也。從亯、羊。讀若純。"《廣韻》:"凡从𦎫者今作享,同。"𦎫同亯、享。此"敦復"之敦,當從竹書作𦎫,𦎫即以熟物獻祭,"𦎫復"即復歸至祭祀之地。案此卦言復,在上、下卦稍有不同,下卦震動,言正在復之過程中,"不遠復"、"休復"、"頻復",不遠、休、頻皆爲復行之狀語;而上卦坤息,爲復歸之目的地,故"中行獨復"猶云復於中行,亦即復行故道,"𦎫復"猶云復歸至祭祀之地。復之目的地在五,五爲天地之心,此天地之心即顯現於王之祭祀焉。案此經復六五"敦復",臨上六"敦臨",艮上九"敦艮",唯此復卦爻位在中,故其敦訓享,臨、艮二卦之敦則訓督促之義。

《象》曰:"敦復无悔",中以自考也。^①

【校注】

①中者,五得中。五爲天地之心,爲復之目的地。《釋文》:"鄭云:考,成也。"案《尚書·洪範》:"考終命。"鄭玄注:"考,成也。終性命,謂皆生佼好以至老也。"可知鄭訓考爲成,取其得以保持至終之義。"中以自考"者,意謂即復居中位,則得以保持至終。經言"无悔",不能復居中位而自成則悔,成則無悔也。前揭鄭玄曰:"君失國而還反,道德更興也。"即當此爻。五雖陰居陽位,無應失位,然則此恰爲復國之象,若五當位而應,則是未失國之象也。又《釋文》:"考,察也。"自察是否得天地之心,亦通。

上六,迷復,^①**凶,有災眚。**^②**用行師,終有大敗,以其國君凶,**^③**至于十年不克征。**^④

【校注】

①復者迷途,不得歸其本。《左傳》襄公二十八年,子大叔解説《周易》復☷☳之頤☶☳"迷復,凶"云:"欲復其願,而棄其本,復歸無所,是謂迷復。"案此"迷復"者,與"中行獨復"成對照,或曰不能"中行獨復",而致"迷復"也。

②災眚,爲人爲所致禍害,亦即以"迷復"所導致者。

③"用行師,終有大敗",意謂"迷復"之情況下用師,必有大敗。以,及也。"以其國君凶",意謂"迷復"在外,不能復國,用師大敗,及致其國君有凶。案《集解》引虞翻説,坤爲異國,君若迷失在異國,固當凶也。

④克,完成。七日而復,乃吉。十年言時間過長,所往過遠,故已失復還之機,故在外征伐不止而不能反國也。

《象》曰:迷復之凶,反君道也。①

【校注】

①反,違也。"反君道"者,違反爲君之道。君道當在位、在國,不當迷失在外。案上六重陰,故而易迷。復卦始自剛反,亦即以初陽爲始之來復,經"休復"、"頻復"、"中行獨復",至五"敦復",乃復歸於君位;再至上"迷復",則又違失復君位之機,故云"反君道也"。

【疏義】

復卦之義,自卦象言之,一陽復生,君子之道消極而復長,故爲復歸於善之義。自初九迄六五,爲復道之諸情狀,初九行之不遠即復,六二親仁善鄰而復,六三處在危中,而能堅持屢復,六四爲專心致志於復,六五爲敦厚篤誠於復。至於上六,則迷而不能復也。此復之過程,猶如君子長養其善,陳夢雷《周易淺述》云:"天地之一陽初動,猶人善念之初萌,聖人所最重。"注家説復卦,大義若此。

《象》曰："復其見天地之心乎？"何爲"天地之心"，爲此復卦最爲關鍵之問題。後儒説此，殆分兩類：一者王弼以"天地之心"爲動息止於静之處，故其位在六五；一者荀爽以爲陽起於初爲天地心，故其位在初九。

宋儒大發初九爲"天地之心"説，程頤《易傳》云："'復其見天地之心'，皆謂至静能見'天地之心'，非也。復之卦下面一畫，便是動也，安得謂之静？自古儒者皆言静見'天地之心'，唯某言動而見'天地之心'。"又云："'復其見天地之心'，一言以蔽之，天地以生物爲心。"朱熹《周易本義》亦以"天地之心"爲天地生物之心，云："積陰之下，一陽復生，天地生物之心幾於滅息，而至此乃復可見。在人則爲静極而動，惡極而善，本心幾息而復見之端也。"其後注家據之言"天地之心"爲人之本心、爲仁。王應麟《困學紀聞》云："人者，天地之心也。仁，人心也。人而不仁，則天地之心不立矣，爲天地立心，仁也。"李光地《周易折中》云"天地之心"，亦即人心、道心，復卦六爻之變，盡通乎"人心惟危，道心惟微，惟精惟一，允執厥中"十六字心法也。

然則漢儒説"天地之心"，乃謂天地神明之心，亦即天地之主宰意志。天地之心對應於君王之位，如《史記·天官書》："其内五星，五帝坐。"張守節《正義》云："占：五座明而光，則天子得天地之心；不然，則失位。"又《後漢書·光武帝紀》載光武帝即位，告天之祝文有曰："上當天地之心，下爲元元所歸。'"又《詩緯·含神霧》："詩者，天地之心，君德之祖，百福之宗，萬物之户也。"可知天地之心亦與君德相關，當得天地之心，則有君德，失天地之心，則必無君德。《繫辭》云"復，德之本也"，天地之心、君王之位、君王之德，當一貫也。於此復卦，如鄭玄所云，復之過程，先爲君失位、失國，乃失天地之心；而後復位、復國，則見天地之心也。

无　妄

☷震下乾上

无妄：①元亨，利貞。②其匪正，有眚，不利有攸往。③

【校注】

①无妄，卦名，由震☳、乾☰二單卦相重而成。《釋文》：“无妄，无虚妄也。《説文》云：妄，亂也。馬、鄭、王肅皆云：妄猶望，謂无所希望也。”自來解“无妄”者，多本此二説，王弼、孔穎達諸儒，訓妄爲虚妄，“无妄”，即無敢詐僞虚妄；漢儒多訓妄猶望，同馬融、鄭玄、王肅，“无妄”同“无望”，即無所希望。而無所希望，不是没有希望，而是在無常之狀況下，所希望者與所得到者往往不相應。帛傳《易之義》曰：“無孟（妄）之卦，有罪而死，無功而賞，所以嗇（？），故□。”“有罪而死”疑爲“無罪而死”之誤，無罪者望生，有功者望賞，若“無罪而死”、“無功而賞”均非所望矣，非正常福禍相應之道。故必先有一無常之原，乃使人難以預料。《史記·春申君列傳》朱英謂春申君曰：“世有毋望之福，又有毋望之禍。今君處毋望之世，事毋望之主，安可以無毋望之人乎？”張守節《正義》曰：“毋望，謂不望而忽至也。”又曰“謂生死無常”、“謂喜怒不節也”、“謂吉凶忽”，皆屬此類。《雜卦》：“无妄，災也。”非訓“无妄”爲災，乃謂災導致“无妄”。災之發生，無常也，非人所能預料，亦無法有所希望。然則若“无妄”指災之發生無常，使人無所

希望,何以卦辭云"元亨,利貞"?《左傳》宣公十五年有云"天反時爲災",《詩·正月》疏引鄭玄《駁異議》與《洪範五行傳》皆以"非常曰異,害物曰災",孔穎達疏云:"此以非時而降謂之異,據其害物,又謂之災。"天爲時,天行有常,其常見於時;而凡災異,必反時、非時。天道之常,固可以正災異之無常也。人當此"无妄"之際,不當隨之亦行無常,而當勉力於無常中行其常。行無常者,天不祐之,而行其常者,天祐之也。由此言之,王弼、孔穎達以降注家訓"无妄"爲"无虛妄",亦曲得卦義,愈是遭"无妄"之災,愈須誠敬"无虛妄"。王弼注謂此卦"使有妄之道滅,无妄之道成",其言"有妄",相當馬、鄭之無所希望,其言"无妄",則猶無所希望中守常也。

②"元亨,利貞"者,此卦終於乾,天命大通,能正無常爲常,故貞告爲利。

③其,人之望也。匪,非。《後漢書·李通傳》李賢注引鄭玄曰:"妄之言望,人所望宜正。行必有所望,行而無所望,是失其正,何可往也。"又正,竹書作返,同復,亦即還。《説文》:"望,出亡在外,望其還也。"此云"其匪復",可知望之無所望也。眚,災也。《説文》:"眚,目病生翳也。""有眚"者,必望之不清,猶前途不明,吉凶未料云云。"其匪正,有眚",故"不利有攸往"。

《彖》曰:无妄,剛自外來而爲主於内。①動而健,剛中而應,大亨以正,天之命也。②其匪正,有眚,不利有攸往,无妄之往,何之矣?③天命不祐,行矣哉?④

【校注】

①此釋上下卦之義。上乾爲剛、爲外,是"剛自外來";下震爲内,爲外來之剛所主,是"主於内"。王弼注於句下云:"震也。"案注家多以此謂初九爻,余以爲不確。初九爲雷震之始,其在有常無常

之間，並非卦主。剛乃上乾，進而曰五，五下應二，是"剛自外來而
爲主於内"，内謂下震之内，當指二。二柔得五剛爲之主，乃於雷
震之際，無常中得常也。

②此亦釋上下卦。"動而健，剛中而應"者，下震爲動，上乾爲健，故
云"動而健"；剛中謂五，五得位得中，與二相應，故云"剛中而
應"。"大亨以正，天之命"者，《集解》引虞翻云"大亨謂乾"，乾爲
天，下震之動無常，而乾下來主震，使震之動能順"天之命"而行
正，故此大亨。《集解》李鼎祚案云："无妄大亨，乃天命恒道也。"

③"无妄之往"，即指在"其匪正，有眚"之情況下有所往，其往必失
正不利，故感嘆曰"何之矣"。之，往也。

④祐，《集解》本作右，助也。"天命不祐"，意謂天命不佑助行不正
者。"行矣哉"，再感嘆之，言不可行也。按前揭鄭玄説，人之行必
有所望，而所望正，則得天命之祐，所望不正，則天命不祐也。

《象》曰：天下雷行，物與无妄。①先王以茂對時，育
萬物。②

【校注】

①"天下雷行"，震雷之行無常。與，相與、相應。"物與无妄"，即萬
物之應雷，無可希望者。案雷所以鼓萬物者，若雷行有常，則萬物
有所望；若雷行無常，則萬物不知何以應，故無所希望。《漢書·
谷永傳》有云："遭无妄之卦運。"應劭釋云："天必先雲而後雷，雷
而後雨，而今無雲而雷。无妄者，無所望也。萬物無所望於天，災
異之最大者也。"

②《釋文》："馬云：茂，勉也。對，配也。"茂對，猶云勉力應對。時，
天地變化之時。此時有常有不常，故先王教民勉力應對時之變化
也。若此卦之"天下雷行"，其順時生物，其反時爲災，王充《論
衡·雷虛》云："盛夏之時，雷電迅疾，擊折樹木，壞敗室屋，時犯殺
人。"是謂雷行無常。而《禮記·月令》云："先雷三日，奮木鐸以

令兆民曰:雷將發聲,有不戒其容止者,生子不備,必有凶災。"先
王知時令之政,故可以有所預備,使雷不爲害,可以保育萬物。時
者,乾也,天行也,可以制雷以時。

初九,无妄,往吉。①

【校注】

①"无妄"者,無有希望。"往吉"者,既無有希望,遷而往則吉也。
案《京氏易傳》以爲此卦乃"大旱之卦,百穀草木,咸就枯槁,萬物
皆死,無復所望"。前揭應劭說,亦謂無雲而雷,必爲不雨。《集
解》引虞翻斥此說爲非,余以爲,此類說雖無信徵,可以權取其意,
即若逢此雷患、大旱之災,則當有所往也。

《象》曰:无妄之往,得志也。①

【校注】

①"无妄之往"者,即在"无妄"情況下之往。又王引之《經傳釋詞》:
"之,猶則也。"無所望則往,亦通。"得志"者,意謂居此不能滿足
其心願,"往"則"得志"。初九爲震之始,雷無常,人無望,故當位
可行,不可居也。

六二,不耕獲,不菑畬,①**則利有攸往。**②

【校注】

①獲同穫。"不耕獲",竹書本作"不耕而穫",耕同耕,穫同穫。《釋
文》:"不耕穫,或依注作'不耕而穫',非,下句亦然。"《禮記·坊
記》引此經:"《易》曰:'不耕穫,不菑畬,凶。'"鄭玄注曰:"言必先
種之乃得穫,若先菑乃得畬也。安有無事而取利者乎? 田一歲曰
菑,二歲曰畬,三歲曰新田。"然則鄭於彼注所說,乃常道也,而在
此卦恰爲非常道,亦即耕而不能穫,菑而不得畬,當爲遭災之非常
情況。陸氏謂作"不耕而穫"者非,其實亦通。郭京《周易舉正》

作"不耕而穫",《易林》"无妄之訟"有云"不耕而穫,家食不給",帛傳《昭力》有云"不耕而穰,戎夫之義也",皆作"不耕而穫"例證。其要在"不耕而穫"應讀若不能"耕而穫",故而"家食不給"。又"不菑畬",帛書作"不菑餘"。《尚書·大誥》:"厥父菑。"《孔傳》:"菑,耕田也。"則"不菑餘",意謂不能耕田有餘糧也,於義尤善。竹本作"不畜之",畜,積蓄,與帛書義類似。又《坊記》引經多一"凶"字,余以爲此"凶"爲衍字,不當補。

②若遭逢"不耕穫,不菑畬"之非常情況,生活必難以爲繼,則宜遷徙他往,或從事王役,以求生活之資。二與五相應,五爲王,二從王事,故"利有攸往"也。

《象》曰:"不耕穫",未富也。①

【校注】

①若當常道,耕而穫,菑而畬,是爲可望之富。若當非常情況,則不可以耕菑希望致富,故曰"未富也"。六二雖得位得中,然值此无妄之際,不能以己之耕菑希望致富,而宜往之五,從王之事,食王之祿。帛傳《昭力》曰:"无孟(妄)之卦,邑途之義也。不耕而穰,戎夫之義也。"戎夫,從王役、食王祿者也。

六三,无妄之災,①或繫之牛,行人之得,邑人之災。②

【校注】

①"无妄之災",無常無兆之災。

②或,譬如之辭。行人,過路之人。邑人,居村邑之人。言此"无妄之災",若以牛繫於樹下,爲過路之行人得之,邑人則有失牛之災。又王弼注以爲,行人謂有司,有司繫走邑人之牛。案此一解幾爲通說,然余以爲猶可作新解。帛書繫作毄,可讀繫,亦可讀擊,余以爲在此當讀擊。"无妄之災"謂雷,"或擊之牛",意謂牛任耕在田,或遭雷擊殺也。"无妄之災,或擊之牛"二句成一義。"行

人",即前初之"往"、二之"有攸往"者,既已往,則得以避雷,故得吉、利。"邑人",即未往而留在邑中者,將遭災害。"行人之得,邑人之災"二句又成一義。

《象》曰:行人得牛,邑人災也。[1]

【校注】

[1]舊注通説,此釋爻辭"或繫之牛,行人之得,邑人之災"。孔穎達《正義》云:"以行人所得,謂得牛也。此則得牛,彼則爲災,故云'邑人災也'。"而據余之新解,此傳之義在於行人之牛得以保全,邑人之牛則遭災害,傳乃互文言之也。蓋失牛尚不足以稱災,災者,雷之災也,行人既往,其牛當隨往,邑人駐留,其牛亦留焉。此牛乃象人之財産。依卦勢,雷當起於初,在下卦雷行無常矣。

九四,可貞,无咎。[1]

【校注】

[1]貞,貞問。"可貞",即可以貞問,貞問而有告。無妄之際,貞問無告,故無所希望;若貞問有告,則有所希望;有所希望,則"无咎"也。

《象》曰:"可貞,无咎",固有之也。[1]

【校注】

[1]王引之《經傳釋詞》:"固,猶必也。""固有之"者,猶云必有之,是謂貞告之無虛妄也。案九四爲上乾之始,亦爲以乾正震之始,震雷由在下卦之無常,至此轉爲常道。四本陰位,以陽居之,猶雷仍在天上,危險尚存,然其行止可預知也。

九五,无妄之疾,勿藥有喜。[1]

【校注】

[1]疾,病。"无妄之疾"者,意謂因前"无妄之災"所致之疾。藥,治

病之藥。喜,喜慶,此言病愈。"勿藥有喜"者,毋須服藥而得愈。蓋因無望而致疾,至此有望,則疾亦自愈也。

《象》曰:无妄之藥,不可試也。①

【校注】

①"无妄之藥",謂治療"无妄之疾"之藥。試,用也。"无妄之藥,不可試"者,意謂不可擅自用藥,當聽其自愈,猶云聽從天命、天道之常,使無常者自消也。案九五得中得位,與二剛柔相應,乃爲大亨之正,承天之命,其宜無疾,故雖罹"无妄之疾",亦可"勿藥有喜",不可自試其強。又藥不可試,《論語・鄉黨》:"康子饋藥,拜而受之。曰:'丘未達,不敢嘗。'"以未達之藥治疾,猶以無常對無常,而非以常對無常也。

上九,无妄行,有眚,无攸利。①

【校注】

①帛書作"无孟(妄)之行,有省(眚),无攸利"。竹書同今本。此"无妄行",亦即"无妄之行",而"无妄之行",亦即卦辭"其匪正"之行,故其行"有眚,无攸利",同卦辭"有眚,不利有攸往"。

《象》曰:无妄之行,窮之災也。①

【校注】

①窮,窮極。竹書"其匪正"作"其匪復",匪復,故窮也。卦至九五,已歸常道,往而有復,是行而有望;若猶窮極而行,行而無望,則不得天命之祐,故謂"窮之災也"。案三上相應,三有行人之象,當無常之震,行可以避災,然至上九,已當有常之乾,仍亢行不止,故轉有災也。

【疏義】

无妄卦以雷行言災異無常,人於無望中如何應對,於無望中望其正，以得其常道，大亨以正，得天之祐，此義於上注中已有詳述，不再贅言。

自王弼以降注家訓"无妄"爲無虚妄，由此闡發之大義，影響至深至廣，故雖不盡合本注，亦宜綜而言之，以備學者參考。

孔穎達《正義》云："无妄者，以剛爲内主，動而能健，以此臨下，物皆無敢虚妄詐僞，俱行實理，所以大得亨通，利於貞正，故曰'元亨利貞'也。"

程頤《易傳》云："无妄者，至誠也。至誠者，天之道也。天之化育萬物，生生不窮，各正其性命，乃无妄也。人能合无妄之道，則所謂'與天地合其德'也。"是説乃以天道無妄，人欲則可能有妄，若人能正心、正理，上合天道，則亦可無妄。自此注家皆以此經之"无妄"當《中庸》之"誠"，幾爲通説矣。

《象》曰："天下雷行，物與无妄。先王以茂對時，育萬物。"程頤《易傳》釋云："雷行於天下，陰陽交和，相薄而成聲，於是驚蟄藏，振萌芽，發生萬物，其所賦與，洪纖高下，各正其性命，无有差妄，物與无妄也。先王觀天下雷行發生賦與之象，而以茂對天時，養育萬物，使各得其宜，如天與之无妄也。"

然則"天下雷行"，有常與不常，當其有常，程説盡是，然當其無常，災異最甚，豈可以雷行爲準則，使人茂對而"誠"耶？朱熹知其扞格，故欲彌補其説，謂漢儒以"无妄"爲無所期望而有得焉者，其義亦通，《朱子語類》云："无妄一卦，雖云禍福之來也無常，然自家所守者，不可不利於正，不可以彼之無常，而吾之所守亦爲之無常也。"按朱子説，即便天行有妄，人亦當對之以正，誠敬無妄也。

大　畜

☶乾下艮上

大畜：^①利貞。^②不家食，^③吉。利涉大川。

【校注】

①大畜，卦名，由乾☰、艮☶二單卦相重而成。《釋文》：“畜，本又作蓄。”帛書作“泰蓄”，泰同大，蓄通畜。畜者，積蓄其財產。小者蓄積其財於家，大者蓄積其財於國，家與國，皆爲財產之來源。詳見小畜卦注。大畜之卦，乃謂往而事君，以求君禄爲畜。又小謂近，大謂遠，于省吾《雙劍誃易經新證》據《歸藏》逸文“小毒畜”、“大毒畜”，釋“小畜”爲小厚積，“大畜”爲大厚積，二卦皆爲厚積，故不以多少爲別，惟一來之於近，一來之於遠也。又自卦爻辭可知，小畜蓄田穀，大畜蓄牲畜，此亦爲一別。又案《集解》引崔覲説，以《詩·隰桑》“中心藏之”釋大畜義，藏於中心者爲德，德本諸天命，而天命來自君王，李道平《周易集解纂疏》云：“乾爲天德，艮以止之爲大畜。”是必事君王而受命，受命而有德，有德而後可畜也。

②貞告爲利。

③竹書作“不家而食”。“不家食”者，不在家而食其小畜，往而之國以求大畜，乃謂食君禄也。《禮記·表記》：“子曰：‘事君大言入則望大利，小言入則望小利；故君子不以小言受大禄，不以大言受

小禄。《易》曰:"不家食,吉。"'"正謂"不家食"爲往而事君,以食君禄之義。

《彖》曰:大畜剛健篤實,^①輝光日新。^②其德剛上而尚賢。^③能止健,大正也。^④不家食,吉,養賢也。^⑤利涉大川,應乎天也。^⑥

【校注】

①《釋文》斷句:"大畜剛健,篤實輝光,日新其德。"又云:"鄭以'日新'絶句,'其德'連下句。"《魏志·管輅傳》注引《輅別傳》作"剛健篤實,輝光日新"。王、孔注疏則作"剛健篤實,輝光日新其德"。綜各家説,當讀作"大畜剛健篤實,輝光日新"。"剛健篤實"者,以下上卦言之,"剛健"謂乾,"篤實"謂艮,山厚重,故云篤實也。

②輝同輝,前揭管輅曰:"朝旦爲輝,日中爲光。"故"輝光"謂乾。日新,日日增新。爲輝光日日增新者,山也,故"日新"謂艮。

③"其德",言卦之德。就卦體言之,乾上行而得艮之畜,是"尚賢"。又"剛上"謂二上應五,二爲剛,爲賢人,上而應五。"尚賢"乃君尚賢,五爲君,五陰應二陽。

④《集解》本作"能健止",虞翻曰:"舊讀言'能止健',誤也。"乾爲健,艮爲止,卦體先乾後艮,故當曰"能健止"。而王弼注以爲此大畜卦有制健、尚賢兩義,制健,即"能止健",艮能止乾之健之也。余案:乾二健上,止於艮五,是"能健止",其"大正",乾之正。若云"能止健",則乾二被艮止於五,其"大正",艮之正也。兩説相較,余取乾正之義。蓋乾健而上,非盲動而上,乃多學識而干君禄,而乾止於艮,非被限制在艮,乃成事在艮也。

⑤"養賢"者,蓄養賢人。蓄養賢人者,爲五,五爲艮之中。《集解》李鼎祚案云:"乾爲賢人也,艮爲宮闕也。令賢人居於闕下,'不家

食'之象。"

⑥"利涉大川"者,言其利其遠行而成就大業。"應乎天"者,《集解》
引京房曰:"五天位,故曰'應乎天'。"余以爲,此言上九"何天之
衢"也。

《象》曰:天在山中,大畜。①君子以多識前言往行,以畜
其德。②

【校注】

①此釋上下卦象,乾爲天,艮爲山,合而爲大畜。《集解》引向秀曰:
"止莫若山,大莫若天,天在山中,大畜之象。天爲大器,山則極
止,能止大器,故名大畜也。"

②識,《集解》作志。《釋文》:"識,劉作志。"識、志通。"君子以多識
前言往行"者,君子謂賢人,賢人多識前言往行,積學以干君禄
也。《潛夫論·贊學》云:"是故工欲善其事,必先利其器;士欲宣其
義,必先讀其書。《易》曰:'君子多志前言往行,以畜其德。'"是
謂賢人以其學干君禄。然則傳義有先後,非謂君子畜其學、畜其
德而後干君禄,乃言君子以畜其學干君禄,而後乃得畜其德。"多
識前言往行"爲因,"以畜其德"爲果。此德若"食舊德"之德。

初九,有厲,利已。①

【校注】

①《爾雅》:"厲,作也。"《春秋穀梁傳》:"始厲樂矣。"楊士勛疏云:
"厲,興作也。"又《廣雅》:"厲,上也。"王念孫《廣雅疏證》云:"厲
訓爲上,故自下而上亦謂之厲。"厲訓興作、自下而上,皆通。"有
厲"者,君子將欲有所作,有所上行也。《釋文》:"已,夷止反。下
及注'已則'、'能已'同。"陸謂經本作已,讀夷止反。而王弼注中
前云"四乃畜己",此己乃"自己"之己,非訓經字;而後云"進則有
厲,已則利也",爲訓經字。《釋文》又云:"已,或音紀,姚同。""利

已”當讀作“利紀”,《詩·節南山》:“式夷式已。”《釋文》:“已,毛音以,鄭音紀。”鄭玄箋云:“爲政當用平正之人,用能紀理其事者。”以已、紀同。“利紀”者,意謂能紀理其事者有利也。又《廣雅》:“紀,識也。”《象》所云“君子以多職前言往行”,亦即紀也。案王注以厲爲危厲,故已而不進,而余以爲厲當訓興作,適當進之際,唯其進不可盲進,當有所“紀”也。

《象》曰:“有厲,利已”,不犯災也。[1]

【校注】

[1]災,災咎。初九當位,爲乾動之始,故當有所作,然上行之初,應有所謹慎,能紀理其事,多識前言往行則不犯災,否則或將犯災。案舊注多訓厲爲危,且謂危在四,初不可上犯四,然初、四陰陽相應,且四曰“元吉”,何危之有?

九二,輿説輹。[1]

【校注】

[1]“輿説輹”已見小畜卦,余據帛書“輹”作“緮”,釋爲撤去車之蒙覆,大畜卦此語當與小畜卦類似。小畜之輿爲載物之車,此大畜之輿則與下爻“閑輿衛”之輿同指,是謂戰車。據《後漢書·輿服志》記載,輕車,古之戰車,不巾不蓋。此九二乃去其車之巾蓋,用作戰車,從事田獵、征戰也。

《象》曰:“輿説輹”,中无尤也。[1]

【校注】

[1]中者,言二爲下乾之中,亦謂行在中途之中。尤,過失,亦同憂。大畜下乾健行,且二、五相應,故居中無憂也。又案中謂車中,尤謂怪異者。“中无尤”意謂撤去車之蒙覆之後,可見車中無可驚異之事物也。亦備一説。

九三，良馬逐，利艱貞。^①曰閑輿衛，利有攸往。^②

【校注】

①《釋文》："良馬逐，鄭本作逐逐，云：兩馬走也。"竹書作"良馬由"，帛書、阜陽本作"良馬逐"，可知不當作"逐逐"。"良馬逐"，當謂田獵事，《淮南子・山林訓》有云"撰良馬者，非以逐狐貍，將以射麋鹿"，可爲以良馬逐射之證。《集解》本"利艱貞"作"利艱貞，吉"。竹書、帛書皆無此"吉"字，疑增。艱，難也，此言有食物之困難。因有"良馬逐"，田獵有獲，故雖有艱難，貞告爲利。

②《集解》本"曰"作"日"。《釋文》："鄭人實反，云：日習車徒。"又云："閑，馬、鄭云習。"余以爲，曰，在此爲語辭；按鄭玄讀如日，亦通。"閑輿衛"，衆説紛紜，以鄭玄義最善，即"習車徒"。閑，熟習也。輿衛，即車徒。輿爲戰車，衛指圍護在戰車周圍之步卒。羅振玉云，卜辭韋、衛爲一字，從止從囗，象足守衛囗内之形。^[1]守在戰車周圍亦爲類似情況，葉大慶《考古質疑》云"守車曰徒"，《戰國策・齊策》"徒百人"，鮑彪注云："徒，從車者。"此乃謂嫻熟於戰鬥之術，故曰"利有攸往"。

《象》曰："利有攸往"，上合志也。^①

【校注】

①"上合志"者，《集解》引虞翻曰："謂上應也。"案三與上同爲陽，並不相應，當謂九三上合六四之志，三上合四志，又與五同功，四、五皆云吉，是謂三之有才能立功，於四、五將獲禄、賞之吉也。

六四，童牛之牿，^①元吉。^②

【校注】

①《釋文》："童牛，無角牛也。"又："牿，劉云：牿之言角也。陸云：牿

---

[1]　參見《古文字詁林》第五册，第 696 頁引羅氏《殷墟文字甲編考釋》。

當作角。九家作告，《説文》同，云：牛觸角著橫木所以告人。"案
牿是以橫木著牛角，止其觸人。若童牛是無角牛，何以加橫木？
《説文》："牿，牛馬牢也。從牛，告聲。《周書》曰：'今惟牿牛
馬。'"所引《周書》即《費誓》，其文："今惟淫舍牿牛馬。"《孔傳》
云："今軍人惟大放舍牿牢之牛馬。"孔訓牿爲牿牢，亦即圈養牛馬
之所。故"童牛之牿"，意謂有童牛在牿牢中焉。案大畜養賢之
卦，其在三有才立功，上合君志，而君必給之以祿，此"童牛"之屬，
即爲所給之祿。楊樹達《釋蓄》云，古者問財富之多少，往往數畜
以對。[1]

②"元吉"，初獲祿，始吉也。

《象》曰：六四元吉，有喜也。①

【校注】

①四爲艮始。下乾剛上而入艮，不家食而食君祿，始於此也。故曰
"元吉"。喜，樂也，受祿而樂，故曰"有喜也。"

六五，豶豕之牙，①**吉。**

【校注】

①"豶豕"者，《釋文》："劉云：豕去勢曰豶。"《集解》引虞翻曰："劇
豕稱豶，令不害物。"案豶指被閹割之豕，謂之"豶"已足，不必重
言"豶豕"。余疑豶當爲獳，獳、獳同字，《廣雅》釋獸，獳爲犬屬，
曰："狌、獳。"王念孫《廣雅疏證》："《説文》：'狌，黃犬黑頭也，讀
若注。'《初學》引《篆文》云：'守犬爲獳，扶本反。'"可知"豶豕"
即犬與豕。牛羊犬豕雞，皆牲畜類。《左傳》閔公二年載，衛侯之
廬於曹，齊歸衛以牛羊豕雞狗皆三百。《釋文》："牙，鄭讀爲互。"
互同柜，《韻會》："柜者，交互其木，以爲遮欄也。"故"豶豕之牙"

---

[1] 參見楊樹達《積微居小學述林》，第31頁，中華書局，1983年。

當讀如"貕豕之柸",亦即犬與豕之遮欄處。朱駿聲《六十四卦經解》引一説云:"牙,所以畜貕豕之杙,作序馬之序。"若牙同序,亦是蓄養牲畜之所。又案舊注乃以"童牛之牿"、"貕豕之牙"皆爲譬喻説法,"童牛之牿"即以橫木著牛角,止其觸人;"貕豕之牙"即爲豕去勢,豕本剛猛,去勢後性變溫和,雖仍有利牙,而不足害物矣。

《象》曰:六五之吉,有慶也。①

【校注】

①慶,賞也。喜者,受禄者之樂也;慶者,君之賞臣,養賢也。案大畜卦乾畜於艮,所畜之位即四、五爻。若直言以干禄、君賞,則所畜之童牛、貕豕,亦即牲畜之屬,爲積蓄財產,乃"不家食",而獲食於國也。

上九,何天之衢,①亨。

【校注】

①何,通荷,亦即承受。《詩‧長發》:"何天之休。"何通荷。《釋文》:"衢,馬云:四達謂之衢。"此衢乃謂其行若在衢之四方通達之狀。《集韻》:"衢,行也。""何天之衢"者,意謂領受王命而行達四方。其云"何天",亦即《象》所謂"應乎天也",而云"衢",言道路之美,可謂因受王命,故往來四方,皆若通衢也。

《象》曰:"何天之衢",道大行也。①

【校注】

①"道大行"者,意謂王道亦隨之大行也。案上不當位,不應三而又乘五,何以贊之曰"道大行"? 余以爲,大畜卦"利涉大川",其卦勢周而復始,自初興作,至二、三功成,至四、五得禄、賞,至上則重新開始一行程。惟此際已經有功受命,有命則可以蓄德,若周而

復始行此,乃可以"日新"矣。

【疏義】

大畜卦與小畜卦爲相關兩卦,若依卦爻辭義言之,小畜言家中積蓄財產,大畜則干禄於國,小畜懿文德,大畜尚武功也。若依卦體言之,孔穎達《正義》云:"謂之大畜者,乾健上進,艮止在上,止而畜之,能畜止剛健,故曰'大畜'。"又云:"小畜則巽在乾上,以其巽順,不能畜止乾之剛,故云'小畜'也。"

大畜艮能畜止乾,爲卦義之關鍵。孔穎達用"畜止"言艮之於乾,畜義易明,即畜留在内,猶養賢也;止義含混,止訓停止,則與畜相類;如止訓制止,則意謂乾有不正,艮能正之。乾上往,其剛健之勢或善或惡,至艮則止其惡、存其善而後畜之,然後可以上下通達也。而艮之止惡存善,可見舊注所説牿牛、豶豕之象。按諸卦爻言之,初、四相應,初被四畜止;二、五相應,二被五畜止;三、上不相應,故上不畜止三,同爲前進之象。《彖》云"尚賢",又云"養賢",所指似有不同。四畜初,五畜二,使初、二"不家食",是謂"養賢"也;上不畜三,任其通過,是謂"尚賢"也。王弼注云:"'剛上而尚賢',謂上九也。處上而大通,剛來而不距,尚賢之謂也。"則卦至六五,皆在畜中,至上九,乃不畜而大通矣。

本注雖與舊注有較大差異,尤其説四、五兩爻,然其卦勢脈絡大體一致。余以爲,大畜之卦,初、二爲健行,三爲以其才能立功,四、五爲得禄、賞,是謂"不家食"、"養賢"也,上爲受命行王事,通達四方,可謂之"尚賢"也。此卦初四、二五相應,唯三上不相應,而傳贊爲"上合志"、"道大行",何也?此卦陽上行,遇陰則畜止,遇陽則繼進也。君之養賢終當用之。

帛傳《昭力》論及大畜"闌輿之衛"、"豶豕之牙",謂其爲大夫治其國、安其君者也。其釋"闌輿之衛",言大夫能以輿衛其國,不若以德衛其國;其釋"豶豕之牙",言豶豕之牙,成而不用,笑而後見,喻修兵而不

戰，但威之而已。余案：據此則"童牛之牿"亦可謂之牛有角而不用，與
"豶豕之牙"同喻。此解引申云治國之道，由武功轉爲文治。本注雖不
採此解，然其取義頗新穎，亦值得讀者思考。

頤

䷚震下艮上

頣：①貞吉。觀頣，②自求口實。③

【校注】

①頤，卦名，由震☳、艮☶二單卦相重而成。《釋文》："頤，養也。"頤訓養，乃引申之義。《集解》引鄭玄曰："頤者，口車輔之名也。震動於下，艮止於上。口車動而上，因輔嚼物以養人，故謂之頤。"段玉裁《説文解字注》引鄭注並釋云："鄭意謂口下爲車，口上爲輔，合口、車、輔三者爲頤。"此説最確。下車即下頷，上輔即上頷，以口食物之際，下頷上動，上頷不動，此合乎震動於下，艮止於上，頤卦由此取象焉。頤卦大義在於通過觀察頤之動作情況，由此推斷人是否得養，及行養之道是否得宜。鄭玄繼曰："頤，養也。能行養則其幹事，故吉矣。二、五離爻，皆得中。離爲目，觀象也。觀頤，觀其養賢與不肖也。頤中有物，曰口實。自二至五有二坤，坤載養物，而人所食之物皆存焉。觀其求可食之物，則貪廉之情可别也。"余以爲，鄭云頤體離，離爲目，及云二至五互二坤，皆牽强之説；而其云觀養賢與不肖，觀貪廉之情，則頗可參詳。頤卦乃明兩種可觀之頤象，下卦、上卦各爲一頤象，下卦曰凶，上卦曰吉，總一卦而言之，則曰貞吉也。至於此種"觀頤"之事是否如李零《死生有命，富貴在天》中説爲某種相術，尚難以確認。

②“觀頤”，兼二義，一則總言觀頤養之道，一則按《彖》云“觀其所養
也”，“所養”者，即我以食物養他人。

③口實，口中食物。“自求口實”，即爲自己求食物，《彖》云“觀其自
養也”，“自養”者，以食物養己，而不養他人。

《彖》曰：頤，貞吉，養正則吉也。①觀頤，觀其所養也。自
求口實，觀其自養也。②天地養萬物，聖人養賢以及萬民。③頤
之時大矣哉！④

【校注】

①經云“貞吉”，意謂貞告爲吉。傳之釋經，訓貞爲正，以頤之“貞
吉”在於“養正”，“養正”者，養道得其正也。

②此四句上參卦辭注。

③此言養道之範圍也。

④“頤之時”，意謂養道之行皆應適合其時。

《象》曰：山下有雷，頤。①君子以慎言語，節飲食。②

【校注】

①此釋上下卦象，艮爲山，震爲雷，合而爲頤。《集解》引劉表曰：
“山止於上，雷動於下，頤之象也。”

②“慎言語”，謹慎言語。“節飲食”者，節制飲食。言語、飲食，皆欲
之動，慎、節，乃止之也。孔穎達《正義》云：“人之開發言語、咀
嚼、飲食，皆動頤之事，故君子觀此頤象，以謹慎言語，裁節飲食。
先儒云‘禍從口出，患從口入’，故於頤養而慎節也。”

初九，舍爾靈龜，觀我朵頤，①凶。

【校注】

①舍，同捨。靈龜，朱駿聲《六十四卦經解》云：“古者制簠簋，刻龜
於蓋，示飲食之節也。”余案：“靈龜”在此當指祭祀時之食器，亦

可指祭祀之食物，"爾"在此指鬼神，"我"指與鬼神相對之人。爾、我，猶云彼、此。《釋文》："朶，動也。鄭同。京作揣。"朶，謂頤之動。王弼注："朶頤，嚼也。"合此兩句釋之，意謂觀察到人們在没有爲祭祀鬼神準備好食物的情况下，而自己却在大嚼食物。又京本朶作揣，《廣雅》："揣，動也。"

《象》曰："觀我朶頤"，亦不足貴也。[1]

【校注】

[1] 初九當位爲實，爲有食之象，亦爲養道之始。然不先備足祭祀之用，而施之於養，是以雖有食養，亦不足以顯其貴。貴，尊也。

六二，顛頤，[1]拂經于丘頤，[2]征凶。[3]

【校注】

[1] 焦循《易章句》訓顛爲填。頤，養也。填，滿也。於此"顛頤"，乃謂以食物養人，完全滿足之。

[2] 拂，帛書本作梻。阜陽本六二、六三作弗，六五作不。余以爲，諸爻拂皆當作弗，同不，否定之詞也。經，經營。丘，聚也。孔安國《尚書序》："九州之志，謂之九丘。言九州所有，皆聚此書也。""弗經于丘頤"者，意謂在行養之時，没有聚積必要之食物。或承前"顛頤"言之，即放量吃，未留來日之糧也。

[3] 没有聚積足够之食物，就大行養道，當其有征伐之事，必凶矣。

《象》曰：六二征凶，行失類也。[1]

【校注】

[1] 行，行養。類，養之道。"行失類"者，初、二皆當位，故其行養，亦其宜也，然則國之大事惟祀與戎，初未有備於祀，二未有備於戎，如此行養，則失養道之正，故初、二雖當位得養而其將有凶。

六三，拂頤，貞凶。[1]十年勿用，无攸利。[2]

【校注】

①"拂頤"者,不能養也。初二不能節口實,終至饑荒,故貞告爲凶。

②"十年勿用",十年不能舉大事,舉則"无攸利"。

《象》曰:"十年勿用",道大悖也。①

【校注】

①悖,亂。"道大悖"者,頤養之道大亂也。三失位,故無食,不得養。初、二、三爻爲一頤象,喻養而無節,終凶。案此頤下卦二、三皆食初,上卦四、五皆食上,因此分成兩象。若破上下卦,以初四、三上相應言之,言三求養於上,四求養於初,實則難通。

六四,顛頤,吉。①虎視耽耽,其欲逐逐,②无咎。

【校注】

①四以上三爻爲又一頤象,養而有節者也。"顛頤,吉"者,與二同功。

②耽同眈,《集解》本作眈。眈訓覘,錢大昕《説文答問》曰:"覘即虎視耽耽之眈。"余案:《説文》:"覘,内視也。"此爻之辭,"吉"、"无咎"不應同判一事,故當分兩段讀之,"顛頤,吉",謂施養在内者也,得養故"吉";"虎視耽耽,其欲逐逐,无咎",則言在外不得其養者也,不得養者自外視内之施養,其如虎之覘覘食物,作爭相疾進之狀。錢大昕謂逐逐當作跾跾,《説文》:"跾,疾也。"因行養内、外有分,故云"无咎"。前揭鄭玄云觀賢與不肖,此爻在内得養者,賢人也;在外不得養者,不肖也。或曰養道之正,養賢,不養不肖。虎喻不肖、貪,《大戴禮記·保傅》:"虎狼生而有貪戾之心。"

《象》曰:顛頤之吉,上施光也。①

【校注】

①上謂上九。光同廣,廣,遠也。"上施光"者,意謂上施食及四,爲

遠也。傳未及虎，顯謂虎非得養者。頤卦養賢之義見於此爻。

六五，拂經，①居貞吉，不可涉大川。②

【校注】

①"拂經"，無確定賓語，就卦義言，即不經營於養事。三之"拂頤"，
謂不能養；五之"拂經"，謂不行養，不行養即不以食物養他人，亦
即自食以自養也。

②當國無厚積，安居，則貞告爲吉，不可涉大川，舉大事。《尚書·大
誥》："有大艱于西土，西土人亦不静，越茲蠢。"是當大艱之際，人
心蠢動，若能安居則吉。《洪範》："用静吉，用作凶。"亦同此義。

《象》曰：居貞之吉，順以從上也。①

【校注】

①順，無爲。上，上九之養。"順以從上"者，言順承上之養也。案此
頤卦初、上爲食物所在，陽爲食。五爲君位，陰居五，不當位，當此
君待民養之，而不施養於民。此爻亦即"自求口實"。君之養民與
民之養君，乃養道之一體兩面。《禮記·禮運》："君者所養也，非
養人者也。"即明百姓養君之義。而程頤《易傳》云："君者養人者
也，反賴人之養，是違拂于經常。"則偏失矣。

上九，由頤，①厲吉，②利涉大川。

【校注】

①"由頤"句法同豫卦之"由豫"，《釋文》"由豫"下云："由，從也。
鄭云：用也。"案"由頤"亦當訓用頤，意謂用行養道，使當養者皆
得其養也。六三之"拂頤"與此"由頤"爲正相反之義。

②厲，興作。養道既行，則可以興作，吉也。

《象》曰："由頤，厲吉"，大有慶也。①

【校注】

①君王、賢人以及萬民皆得其養，則可以興作，利涉大川，則無遠弗屆，四方來歸，是以"大有慶"也。案此頤卦，初、上爲陽，皆爲有食之象，初雖有食，然行養無節，故貞告爲凶；上則行養有節，乃使各得其養，故轉凶爲吉也。

【疏義】

古之頤養之道大矣哉！《尚書·大禹謨》云："禹曰：'於！帝念哉！德惟善政，政在養民。'"《禮記·禮運》云："大道之行也，天下爲公，選賢與能，講信修睦。故人不獨親其親，不獨子其子，使老有所終，壯有所用，幼有所長，矜寡孤獨廢疾者皆有所養。"《孟子·梁惠王》亦云："（使民）養生喪死無憾，王道之始也。"由經典論述可知，頤養之道乃關乎國家政教根本之事也。

以卦爻辭之義而論，凡行養事，必先足備祀與戎之用，然後養人、養己。又於禮分賢、不肖，於德辨其貪、廉，君當養民，民亦當養其君，養道正，則可以興作幹事也。又王符《潛夫論·班禄》論及頤傳"聖人養賢以及萬民"，謂其"使皆卑於養生而競於廉恥也"，故養生必知廉恥。觀諸卦體，則下卦爲一頤象，以養之無節而貞告爲凶；上卦爲一頤象，以養之有節而貞告爲吉；總全卦言之，又曰"貞吉"。

《彖》言頤養之道，論及"天地養萬物，聖人養賢以及萬民"。孔穎達《正義》云："'天地養萬物'者，自此已下廣言頤卦所養事大，故云'天地養萬物'也。'聖人養賢以及萬民'者，先須養賢，乃得養民，故云'養賢以及萬民'也。聖人但養賢人使治衆，衆皆獲安。有如虞舜五人，周武十人，漢帝張良，齊君管仲，此皆養得賢人以爲輔佐，政治世康，兆庶咸説，此則'聖人養賢以及萬民'之養也。"依孔氏説，此頤卦以君養賢臣爲主旨，養萬物爲虛言，養民則間接及之也。此義亦於卦有本，頗爲關鍵。

宋儒以降論頤卦，皆由食物之養推及君子修養之養。程頤《易傳》

推闡義理云："頤，養也。人口所以飲食，養人之身，故名爲頤。聖人設卦，推養之義大至於天地養育萬物，聖人養賢以及萬民，與人之養生、養形、養德、養人，皆頤養之道也。動息節宣，以養生也；飲食衣服，以養形也；威儀行義，以養德也；推己及物，以養人也。"養之爲道可謂廣矣。程子又區別口體之養與德義之養，分養身、養德、養人、養於人四者。其後吳愼乃繼程子之説，其以養人、養己、養德、養體四者概括養之爲道，李光地《周易折中》引吳氏云："養之爲道，以養人爲公，養己爲私；自養之道，以養德爲大，養體爲小。"其義理頗顯精當，然則離頤卦之本義漸遠也。

大　過

䷛巽下兌上

大過：^①棟橈，^②利有攸往，亨。^③

【校注】

①大過，卦名，由巽☴、兌☱二單卦相重而成。此大過之過，王弼注云："音相過之過。"孔穎達《正義》云："過謂過越之過，非經過之過。"孔辨過越之過與經過之過，乃進而釋王弼相過義，過越即超越尋常，孔氏又云："此衰難之世，唯陽爻乃大能過越常理以拯患難也，故曰大過。以人事言之，猶若聖人能過越常理以拯患難也。"故此有二事須明。一者，患難爲何？余以爲，大過卦之患難，在大洪水之災。卦辭云"過涉滅頂"，《象》云"澤滅木"，皆指示此卦當關乎洪水，《繫辭》有云："古之葬者，厚衣之以薪，葬之中野，不封不樹，喪期無數。後世聖人易之以棺椁，蓋取諸大過。"按諸古制，葬必以棺椁者，一則避水患，一則避狐貍、螻蟻、蛇蟲之患。古之葬無棺椁，逢水患必壞，易之以棺椁，則可以保全。《彖》"剛過而中"，王弼注云"拯弱興衰"，《釋文》："弱，本亦作溺，下'救其弱'、'拯弱'皆同。"依陸氏所見之本，王弼注文數言拯弱、救弱，皆有本作拯溺、救溺，《釋名》："溺，死於水者曰溺。溺，弱也，不能自勝之言也。"拯溺、救溺，亦即拯救於洪水之中也。又袁宏《三國名臣序贊》有云："火德既微，運纏大過。洪飆扇海，二溟揚

波。”亦以洪水形容大過世。一者,聖人當此如何過越常理? 余以爲,遭大洪水之災,必有衆多喪亡,故生子繼嗣乃最爲重要之事,爲達此目的,乃可以過越常理,老夫之配女妻、老婦之配士夫,皆屬此類也。王引之《經義述聞》云大者,陽也;過者,差也,失也,兩爻相失也。大過二五皆陽,不相應而相失,故曰大過。余案:當此大過,二、五不相應,猶云不能依禮以女妻配士夫,唯有過越乎禮,以老夫配女妻、老婦配士夫也。《詩·桃夭》孔穎達疏云:“《易》大過‘九二,老夫得其女妻,无不利’,‘九五,老婦得其士夫,无咎无譽’,彼鄭注云:‘以丈夫年過娶二十之女,老婦年過嫁於三十之男,皆得其子。’彼言老,若容男六十、婦五十猶得嫁娶者。”於禮,婦人五十不嫁,男子六十不復娶,爲鰥、寡之限。而當此大災之世,爲繼世承嗣,不得不違禮也。《孟子·離婁》云舜不告而娶,爲無後也,即通此義。

②帛書“棟橈”作“棟羣”,羣同隆,是爲重要異文,可並存。今本作“棟橈”,與《象》同,乃承卦名而言,謂大過之世,在於“棟橈”,“棟橈”爲凶象也。帛書本作“棟隆”,乃承下文而言,以“棟隆”,故“利有攸往,亨”,“棟隆”爲吉象也。《説文》:“棟,極也。”棟爲屋之脊梁。阜陽本棟作橦,《説文》:“橦,帳極也。”亦即帳之脊梁,與棟義通。棟,即屋脊也。此卦言“棟橈”、“棟隆”,舊注多言“棟橈”爲向下彎曲,“棟隆”爲棟梁向上拱起。然若棟梁如此,無論上拱下彎,其屋皆壞,除非曲言夢兆,否則有凶無吉。余以爲,隆與橈,爲上下對言,司馬相如《上林賦》:“穹隆雲橈。”郭璞曰:“龍起回宛也。”《説文》:“宛,汙衺下也。”徐鍇注引杜預《春秋傳》注云:“《魏都賦》曰:‘宛隆異等。’宛隆,猶卑高也。”可知隆通龍,言其高起;橈通宛,言其垂下。按諸洪水之災,以水面爲準,“棟橈”者,則謂屋脊漸下沉,水面抬升,洪水增大之象;“棟隆”者,謂浸於水中之屋脊漸隆起,水面下降,洪水減退之象也。在此不據帛本

改今本,仍作"棟橈"。

③"利有攸往"者,若按今本作"棟橈,利有攸往",則二者爲並列關係,"棟橈"言洪水之災,"利有攸往"在洪水消退之後。若按帛本作"棟隆,利有攸往",則二者爲遞進關係,"棟隆"之後"利有攸往"。"亨"者,當讀如享,乃得承祭祀也。卦辭"亨"出現在"利有攸往"前,可訓亨通;在其後,則當讀享,損卦"利有攸往"下,言"二簋可用享",可爲例證。

《彖》曰:大過,大者過也。①棟橈,本末弱也。②剛過而中,巽而説行。③利有攸往,乃亨。④大過之時大矣哉!⑤

【校注】

①此釋卦名之義。王引之《經義述聞》云,陽爻稱大,二、五兩陽爻相失,故曰"大過"。又按前揭孔穎達説,二、五兩陽爻皆能過越常理,亦爲"大過"。

②"棟橈"當同卦辭,屋脊沉入水中之象,乃言洪水之災。本、末,在此分指父母輩與子孫輩。弱,同溺。九三"棟橈"下王弼注有云"宜其淹溺而凶衰也","本末弱"即謂本末皆被淹溺,以至於凶衰。又黄焯《經典釋文彙校》謂寫本《周易》衰作喪,寫本《釋文》"淹溺"條下又出"喪"條,可知"凶衰"或作"凶喪",有死亡之義。故"本末弱"者,言當洪水之災,長、幼皆有損失也。

③"剛過而中"者,按前揭王引之説,"二、五皆剛,兩爻不相應而相失,但所處之位尚得中也"。中謂二、五爲中位,君子居中可有爲焉。"巽而説行"者,釋上下卦,下卦巽,上卦兑,説即兑。又巽,入也,下巽,木入乎澤。兑,直貌,《詩·皇矣》:"松柏斯兑。"《毛傳》:"兑,易直也。"上兑,木直出澤也。

④"利有攸往,乃亨",較卦辭多一"乃"字,意謂"利有攸往"而後乃得享祀也。

⑤"大過之時"者,亦即當大過之際以時權變。《孟子·公孫丑》曰:

"以其時考之則可矣。"即此時義。"大矣哉"者,不僅稱贊大過時義之美,亦言君子直此當大有作爲。王弼注曰:"是君子有爲之時也。"又《集解》引虞翻曰:"國之大事,唯祀與戎。'藉用白茅','女妻'有子,繼世承祀,故'大矣哉'。"依虞説,君子當大過之時有所作爲,乃在於繼世承祀也。

《象》曰:澤滅木,大過。①君子以獨立不懼,遯世无悶。②

【校注】

①此釋上下卦象。《説卦》巽爲木,兑爲澤,澤在木上,水漫過木,是謂"澤滅木"。案於此卦木謂棟,水滅棟,亦即房舍被水淹没之象。又《集解》李鼎祚案曰:"兑,澤也。巽,木。滅,漫也。凡木生近水者,楊也。遇澤太過,木則漫滅焉。二、五枯楊,是其義。"亦備一説。

②"獨立不懼"者,君子若被澤之木,雖爲水浸漫,然能獨立水中而無所畏懼。《釋文》:"遯,又作遁。"遯同遁,遁乃違悖之義。《莊子·養生主》:"遁天倍情。"遁天即悖天。此言"遯世"即違悖世俗常理也。而違悖世俗常理者,多隱遁之人,而在此卦,則在世間者也。无悶,則猶云察察。"遯世无悶"者,言君子在世不渾渾噩噩,而是内心察察,有所作爲,故能過越常理而拯弱興衰也。

初六,藉用白茅,①无咎。

【校注】

①《釋文》:"藉,馬云:在下曰藉。""藉用白茅",即將白茅墊在下面。注家或以"藉用白茅"謂用白茅包墊在祭品下,《周禮·地官司徒·鄉師》鄭玄注引鄭衆已有此説。案古者白茅之用途甚廣,非必指用其包墊祭品,若人之站立、坐卧亦可在白茅上,其若《莊子·在宥》:"築特室,席白茅。"《達生》:"十日戒,三日齊,藉白茅。"《六韜》:"呂尚坐茅而漁。"故知以白茅爲藉,取其潔净、辟

邪,在此又或有上承重物,防止下陷之義。《繫辭》:"子曰:'苟錯
諸地而可矣,藉之用茅,何咎之有? 慎之至也。夫茅之爲物薄,而
用可重也,慎斯術也以往,其无所失矣!'"余以爲,"可重"當同
《周禮·考工記·輪人》"可規、可矩、可水、可縣、可量、可權"語
例,"用可重",即用以承載重物焉。

《象》曰:"藉用白茅",柔在下也。①

【校注】

①初六爲柔,以白茅爲象,故曰"柔在下也"。孔穎達《正義》曰:"以
柔處下,心能謹慎,薦藉於物,用潔白之茅,言以潔素之道奉事於
上也。"

九二,枯楊生稊,①老夫得其女妻,②无不利。

【校注】

①《集解》引虞翻曰:"稊,穉也。楊葉未舒稱稊。"虞訓稊爲"楊葉未
舒",楊木春生時先吐穗而後長葉,"楊葉未舒"實指其吐穗。《釋
文》:"枯楊,鄭音姑,謂無姑山榆。榆,羊朱反。"又曰:"稊,楊之
秀也。鄭作荑,荑,木更生,音夷,謂山榆之實。"《釋文》先引鄭讀
枯爲姑,謂無姑山榆,又出榆字反切,似謂鄭讀"枯楊"作"姑榆",
鄭後讀稊爲荑,謂山榆之實,與前相應,故鄭當讀"枯楊生稊"爲
"姑榆生荑"。榆之荑,即榆之莢。《爾雅》:"無姑,其實夷。"郭璞
注:"無姑,姑榆也。生山中,葉圓而厚。"郝懿行《爾雅義疏》據
《急就篇》注引葉作莢,謂應作"莢圓而厚"。余以爲虞讀與鄭讀
取象雖異,取義却無別,姑榆在長葉前先出莢,枯楊在長葉前先出
穗,若以莢、穗爲實,爲子之象,則二者皆有子先出之義。

②老夫,過其娶時之夫。女妻,得其嫁時之妻。年老之夫得其年少
之妻,可以生子,猶楊之生稊,榆之生荑也。

《象》曰:老夫女妻,過以相與也。①

【校注】

①二剛居柔位，故稱老夫。過，相錯。以，猶而。相與，相得而合。老夫少妻，年歲不相般配，然猶可以相得而合，是爲"過以相與"。案《集解》引虞翻説，老夫謂二，女妻謂上，並非舊説以初爲女妻。可知漢儒"老夫女妻"已有兩説，舊説以爲二與初，虞以爲二與上。余從舊説，依經義初與二皆洪水未大至之時，尚可居屋舍中，故有娶妻生子事。案此爻雖"過以相與"，然適爲過越常理而拯弱興衰之關鍵，王弼注云："拯弱興衰，莫盛於此爻，故'无不利'也。"

九三，棟橈，凶。①

【校注】

①"棟橈"者，浸於洪水中之屋舍之棟逐漸下沉。《尚書·皋陶謨》曰："禹曰：'洪水滔天，浩浩懷山襄陵，下民昏墊。'"孔穎達《尚書正義》引鄭玄曰："昏，没也。墊，陷也。禹言洪水之時，人有没溺之害。"是爲"棟橈，凶"之義。

《象》曰：棟橈之凶，不可以有輔也。①

【校注】

①輔，救助。屋舍下沉之際，只能聽之任之，救助之則益沉。案九三居下卦之極，有淹溺而凶衰之象，下卦爲木、爲棟，至於三，則盡爲上澤所滅。

九四，棟隆，吉。①有它，吝。②

【校注】

①"棟隆"者，浸於洪水中之屋舍之棟逐漸上升，出乎水面，故云"吉"。

②它，意外。"有它"，謂當此尚有可能導致異常事故者，處在危險之中，故云"吝"。又《説文》："它，蟲也。上古草居患它，故相問無

它乎。"它爲蛇之本字,當此卦或用其本義,意謂洪水稍退,蛇蟲之
屬隨之而至,可致屋舍毀壞,故吝也。

《象》曰:棟隆之吉,不橈乎下也。①

【校注】

①"不橈乎下"者,其勢上升而不下沉。余案:九二、九四皆爲拯溺興
衰之爻,其義當本二、四同功之例言之。《國語·魯語》子叔聲伯
曰:"吾聞之,不厚其棟,不能任重。重莫如國,棟莫如德。"九二之
爲雖"過以相與",然其過越常理,生育子孫,猶爲增厚其棟,以其
棟厚,故洪水不能毀之,故歷九三溺衰之後,在九四猶能隆起,乃
有復興之基也。

九五,枯楊生華,①老婦得其士夫,②无咎无譽。③

【校注】

①華,枝葉茂盛。"枯楊生華"者,意謂枯楊已生長呈現出枝葉繁盛
之貌。案此華承二之稊,二之稊生長爲五之華也。
②"老婦士夫",舊注皆謂年老之婦得少壯之夫,與"老夫女妻"適相
反,前釋卦名已徵引,有所採用。案舊注之説幾成定論,固不宜輕
非,然則余猶試爲一新解。九二"老夫女妻"謂娶妻生子事,九五
"老婦士夫"則不再關乎嫁娶。九二"枯楊生稊"與九五"枯楊生
華"爲同一枯楊,而稊至華,則由初始之芽長爲枝葉,二者有一時
間延續變化。由此言之,五之"老婦"即二之"女妻","士夫"則爲
二"老夫女妻"所生之子,其自幼及長,猶稊之成華。而《易緯·
稽覽圖》云大過卦"子無下,父去死",其意猶云子未生,父先死。
變通其説以釋經"老婦得其士夫",亦猶謂父先死,母唯守其子也。
前揭虞翻曰:"'藉用白茅','女妻'有子,繼世承祀。"其"'藉用白
茅','女妻'有子"當謂二,"繼世承祀"則當謂五也。
③"士夫"者,夫爲成年男子之稱,士則謂其尚未有爵名也。"无咎

无譽"者,有子故無咎,子無爵名故無譽。

《象》曰:"枯楊生華",何可久也。[①]老婦士夫,亦可醜也。[②]

【校注】

①"何可久也"者,嘆其不可持久。《漢書·西域傳》載:"匈奴縛馬前後足,置城下,馳言'秦人,我丐若馬'。……易之,卦得大過,爻在九五,匈奴困敗。公車方士、太史治星望氣,及太卜龜蓍,皆以爲吉,匈奴必破,時不可再得也。"太卜等謂之"吉",是謂匈奴自縛其馬,乃有極其衰弱之象。至於匈奴用詐,使卦兆反謬,則不關卦理也。

②《周易》醜字凡五見,經離卦云"獲匪其醜"、漸《象》"離群醜",二醜皆當訓類、儔。"亦可醜"之句,見於觀、大過、解之《象》,舊注於此句,多訓爲醜惡之醜。焦循《易通釋》以爲,傳之言醜,皆當從經訓類、儔。案此醜,訓類,類者,族類。"亦可醜"者,謂亦可延其族類,繼世承祀。寡母孤兒以繼世承祀,亦是"過越常理"也。

上六,過涉滅頂,[①]凶,无咎。[②]

【校注】

①過,渡也。《説文》:"涉,徒行厲水也。"《爾雅》:"繇膝以上爲涉。"過涉,謂其徒步涉深水而過也。"過涉滅頂"可以作兩解。一者,滅,没也。頂,首也。"過涉滅頂"意謂涉水而過時,水淹没其首,故而凶也。舊注多若此。一者,滅,訓隱没不見,《莊子·應帝王》季咸自失而走,列子追之不及,反以報壺子曰:"已滅矣,已失矣,吾弗及已。"彼《釋文》:"已滅,崔云:滅,不見也。"故"過涉滅頂"亦可意謂過涉者漸入水中,漸行漸遠,以致看不見其首也。案此兩解之前者,實謂過涉失敗,凶之甚也,而繼之言"无咎",殊難理解。而後者其事雖凶,但終得過涉,與卦辭"利有攸往"相合,亦不犯下言"无咎"。余以爲,後説爲長。

②“凶，无咎”者，其勢凶險，然終得過涉而無咎害。

《象》曰：過涉之凶，不可咎也。①

【校注】

①“過涉滅頂”有冒險逃亡之象，其實犯禁，然在大過之世，此種過激
　　行爲亦無可責咎。《集解》引《九家易》曰：“君子以禮義爲法，小
　　人以畏慎爲宜。至於大過之世，不復遵常，故君子犯義，小人犯
　　刑，而家家有誅絶之罪，不可咎也。”又以史事相類比，《九家易》
　　以比干諫而死説此爻辭，余以爲不一定確切，不若以文王逃歸西
　　岐，乃得保全其世祀，更契經義。上六當位，多爲隱遁之爻。九五
　　當位得中，然在此大過卦，乃過越常理，雖出災難，衰弱至極。然
　　其在上六，若冒險而行，則“利有攸往”，雖“凶”而“无咎”也。

【疏義】

　　大過卦以“澤滅木”爲主象，其澤木相接處在三、四爻，初、二與五、
上則分居其前後，猶云洪水之災，來而去也。其要旨在歷災難而能繼
世承祀，其作爲則過越常理，以時權變。孔穎達《正義》云：“此衰難之
世，唯陽爻乃大能過越常理以拯患難也，故曰大過。以人事言之，猶若
聖人過越常理以拯患難也。”大過之義，孔説最諦。

　　大過之過，首在世運之過，《集解》引《九家易》以爲大過之世，猶
桀、紂之世，處乎此世，君子犯義，小人犯刑，家家有誅絶之罪，此皆上
化致然，罪不在民也。而君子欲救此亂世，亦必逾越禮義，若比干直諫
而死，殺身成仁，行雖過而理無害。故大過之過，雖亦是君子之過，惟
此過乃直道而行，權變以時，逾小義而成大義，故聖人贊之以“獨立不
懼，遯世无悶”。後儒或於此卦責難君子之過，謂其自恃剛健，輕死重
氣，蹈險履禍，不能剛柔相濟，平衡適中，以此道明哲保身云云，是幾乎
鄉愿矣。

　　綜合注家之説，於諸爻關係觀之，大過卦有二特點。其一，以中分

反對爲例,即初與上相反對,初"藉用白茅"爲謹慎,上"過涉滅頂"爲犯進;二與五相反對,二"老夫得其女妻",五"老婦得其士夫";三與四相反對,三"棟橈",四"棟隆"。釋此卦不用初四、二五、三上爻相應例。其二,中四陽爻以陽居陰爲吉,不以得位爲美,二、四陽居陰位,皆吉,三、五陽居陽位,皆凶。又注家多以初、上對言本、末,程頤《易傳》訓稊爲下根,華爲上秀,故"枯楊生稊"是復生、生機始發之象,"枯楊生華"則是過盛而衰之象。用上述諸例闡此大過卦,亦可得完善之義理,詳可參李光地《周易折中》本卦下各家之説。

坎

䷝坎上坎下

習坎：^①有孚，維心亨，^②行有尚。^③

【校注】

①習坎，亦稱坎，卦名，由二單卦坎䷝相重而成。《釋文》："習，便習
也。重也。劉云：水流行不休，故曰習。"習當訓重，從《彖》。又
《釋文》："坎，本又作埳。京、劉作欿。險也，陷也。"坎、埳、欿三
字音義相通，埳，井也，欿，坑也，皆謂掘地成穴。案坎同壙，皆可
用指墓穴，《說文》："壙，塹穴也。"段玉裁注："謂塹地爲穴也。墓
穴也。"在此卦，坎亦指塹地爲穴，然非用作墓穴，乃用作人居，指
藏人於坎中。據卦爻辭推測，此藏人之坎，乃爲雙重設施，内爲人
居住之坎，此坎爲掘入地下之穴，謂之窨，位在中央、底部；外復有
環繞此窨之坎，此坎爲地上所掘之溝，中有水流。此即"習坎"之
設施，一者將人藏在窨中；一者環繞以水溝，且隔絕内外之交通。
聞一多《周易義證類纂》以坎爲囚禁犯人之地牢，略有得之。而余
據此"習坎"之象，爲一大膽推測，此卦或與古時之防疫有關。疫
爲疾病之大流行，《說文》："疫，民皆疾也。"楊樹達《釋疫》謂疫同
易，疫之延易，即今語之傳染。^[1] 古時大疫流行，須將染疫者隔

---

[1]　楊樹達《積微居小學述林》，第 2 頁，中華書局，1983 年。

離,窨乃隔離之所,坎乃隔離之水溝,又復以食藥治之,以巫術禳之,遷地以居之,故有爻辭之諸象也。又習坎之內窨無水,外坎則其中有水。《説卦》:"坎爲水,爲溝瀆。"古時疫疾流行,與聚落之溝洫關係密切。疫疾之起,每每因溝洫中多汙穢,故防治疫疾,首要者在於清除溝洫中汙穢。考古發現夏、商、周三代,均建有給水、排水之水道系統,《周禮》亦有專司清潔溝洫之職官。若溝洫之水清潔,流行不休,則可以袪除疫疾之害也。又《左傳》襄公三十一年:"盜賊公行,而夭癘不戒。"杜預注:"癘,猶災也,言水潦無時。"夭癘即疫,水潦,謂水氾濫、積水腐,乃致疫之因。《集解》引虞翻説,特明習坎卦之水行往來,本有常性,不失其時,故知習坎之要即在調節水流狀況,使之有常、合時也。

②孚,信,此猶云效驗。"有孚"者,意謂以習坎治疫,乃有效驗也。維,維繞。心,中心,此指人所居之窨也。亨,連通。"維心亨"者,意謂外坎維繞內窨,內外相連通。案《説卦》:"坎爲亟心。"此心即坎之中心。《莊子·大宗師》曰:"維斗得之,終古不忒。"成玄英《莊子疏》云:"維斗,北斗也。爲衆星綱維,故謂之維斗。""維斗"與此云"維心"其狀相類。

③于鬯《香草校書》謂尚讀常,"行有尚"者,意謂當坎險,行爲有常法而不亂也。

《象》曰:習坎,重險也。①水流而不盈,行險而不失其信。②維心亨,乃以剛中也。③行有尚,往有功也。④天險不可升也,地險山川丘陵也。⑤王公設險,以守其國。⑥險之時用大矣哉!⑦

【校注】

①此釋上下卦。習訓重。坎之訓險,義通檢,《釋文》六三爻辭"險且"下云:"古文及鄭、向本作檢。鄭云:木在手曰檢。"檢,制也,

止也。險在此卦，既有危險之險義，又有檢止之檢義。上下皆坎，故爲"習坎"，爲"重險"也。

②此釋"有孚"。"水流而不盈"者，坎中之水流行不休而不盈溢。坎之爲險，意在限制水流，使之不盈溢氾濫。"行險而不失其信"者，水行在有所限制之坎中，故其流不失常，亦即不失其信也。

③此釋"維心亨"。剛中，謂二、五爲剛爲中。以"乃以剛中也"釋"維心亨"者，意謂非以二、五剛中則不能維其心。《集解》引侯果曰："二、五剛中，則心亨也。"案坎爲亞心，爲二坎所環繞，二爲下坎之樞紐，其所主者在内窨；五爲上坎之樞紐，其所主者在外坎。

④"行有尚"者，在二行爲有常法。"往有功"者，至五可收其功。《集解》引虞翻説，行謂二，功謂五。

⑤此就卦象釋"重險"。天險，言其高不可登上。升，登也。地險，用山川丘陵喻指相互隔絶之狀態。《宋書·禮志三》："地險俗殊，民望絶塞，以爲分外，其日久矣。"

⑥此引申言設險之大義。《集解》本"國"作"邦"。王公法天地，設立險阻，限止出入，以守衛其國家。

⑦"險之時用"，因時而用險也。王弼注曰："非用之常，用有時也。"亦即用險非常道，而非常時期，險可爲大用也。《集解》引王肅曰："守險以德，據險以時，成功大矣。"

《象》曰：水洊至，習坎。①君子以常德行，習教事。②

【校注】

①《釋文》："洊，《爾雅》云：再也。劉云：仍也。"下坎水，上坎水，是水再至，習坎之象。

②"常德行"者，據卦辭"行有尚"發揮，意謂君子當坎險，德行有常而不亂。"習教事"者，教化之事當反復行之。常、習皆有一而再、持續進行之意，"常德行，習教事"，亦可互文讀之，即恒常、一再進行德行與教事也。余以爲傳之大義在於習坎之際，不能一蹴而

就,必持之以恒,久久爲功也。

初六,習坎。入于坎窞,凶。①

【校注】

①“習坎”,坎中有坎,言重坎之設施。“入于坎窞”,意謂染疫之人,入於坎,再入於窞也。案初民之時,以鬼神、生産、死亡、疾病諸因而行禁忌之俗,禁忌之主要措施,即將受禁忌者與普通人隔離開來,使居於封閉之所。推闡其義,此言“入于坎窞,凶”者,或以某人有疫癘而遭禁忌隔離,故凶。

《象》曰:習坎入坎,失道凶也。①

【校注】

①“習坎入坎”,概言爻辭二句。當此爻以重坎與外界隔離,無進出之道,故云“失道凶”。初爲坎底,故當窞。初欲上行之道,將爲九二所阻也。

九二,坎有險,求小得。①

【校注】

①險,義通檢。“坎有險”,意謂在坎窞中者,被限止、阻隔也。“求小得”,其欲求少有得,亦即不能完全滿足。居於坎窞之人,行爲當有所禁忌,不能盡遂其願也。

《象》曰:“求小得”,未出中也。①

【校注】

①“未出中”,居於坎窞者,不能出離其隔離之所也。案二“未出中”、五“中未大”,此二“中”,皆剛中之中,有限止之作用。

六三,來之坎坎,險且枕。①**入于坎窞,勿用。**②

【校注】

①“來之坎坎”者,水來流在習坎設施中。坎坎,即習坎。“險且枕”,《釋文》:“險,古文、鄭、向本作檢。”又:“枕,古文作沈。”可知陸氏所見古文本作“檢且沈”。依此訓釋,險同檢,言阻攔外來之水也。枕同沈,《説文》:“沈,陵上滴水也。一曰濁黕也。”段玉裁注:“謂陵上雨積停潦也。黑部曰:黕,滓垢也。黕、沈同音通用。”“檢且沈”,言阻攔外來之水,外水在坎外積澱成沈也。此水爲汙濁之水。《莊子·達生》:“沈有履。”彼《釋文》:“司馬云:沈,水汙泥也。”

②“入于坎窞,勿用”者,在坎窞者,猶且勿有所作爲也。

《象》曰:“來之坎坎”,終无功也。①

【校注】

①“終无功”者,乃言來水之無功也。就我欲以坎制水言之,則是有功矣。三、五同功,無三之“檢且沈”,則無五之“坎不盈”。

六四,樽酒,簋貳,用缶,①納約自牖,②終无咎。

【校注】

①樽,酒器。簋,食器。缶,瓦盆也。《釋文》斷句如此,並謂舊讀有“樽酒簋,貳用缶”爲句者。“樽酒,簋貳,用缶”者,王引之《經義述聞》謂一樽酒,二簋食,然不以樽、簋進之,以缶盛之,代樽、簋而進。案王説是。初民之受禁忌者所用食器爲專備,必不與普通人同器用,故用缶代樽、簋以進飲食也。

②“納約”,《集解》本作“内約”,帛書作“入葯”。當從帛本,納、内、入同義,葯同藥,治療疾病之藥。牖,窗。此云酒食、藥,皆自窗牖遞入室中。酒食用缶,特言之。《論語·雍也》:“伯牛有疾,子問之,自牖執其手。”何晏注引包咸曰:“牛有惡疾,不欲見人,故孔子從牖執其手也。”伯牛有惡疾,隔離在室中,故惟自牖與外界溝通,

其情形與此相類。案坎窞深在地中無牖,此既云牖,明已出坎窞,亦即轉居室中。此上、下卦之別,下卦在坎窞中行禁忌,上卦出坎窞居室中仍行禁忌。

《象》曰:"樽酒簋貳",剛柔際也。[①]

【校注】

①際,相接。六四得位,以柔接九五之剛,故是剛柔相際。余案:《説文》:"際,壁會也。"段玉裁注:"兩墻相合之縫。"故際既有相接義,又有分界義,《小爾雅》:"際,界也。"四與五相接,然則五亦爲制止四之剛中也。四爲五所止,其猶初爲二所止。又二、四同功,二在坎窞,唯"小有得";四在室中,已有酒食、藥物也。

九五,坎不盈,[①]祗既平,[②]无咎。

【校注】

①"坎不盈"者,坎中之水習習而流,不盈溢散漫。

②祗,《釋文》:"祗,鄭云:當爲坻,小丘也。"王引之《經義述聞》:"鄭云小丘,則以爲'水中坻'之坻,然祗從氏聲,古音在支部,坻從氏聲,古音在脂部,二部絶不相通,不得以祗爲坻也。"王氏以爲,祗當讀爲疧,病也。"祗既平"者,病已平復也。余案:王説可從。又復卦"无祗悔",鄭玄即訓祗爲病,而王氏據九家本讀敊,訓多。若協合兩字,此"祗既平"之祗,亦可訓多。坎中水多則流溢,水少則平静,"祗既平"意謂水從多變少,亦從溢轉平也。此卦水多爲病象,水少則病平復之象,故兩説相通。

《象》曰:"坎不盈",中未大也。[①]

【校注】

①"中未大也",《集解》本作"中未光大也"。"中未大"者,意謂水居坎中而不盈,未大則不盈,大則盈也。九五剛中當位,故能止水不

盈,使之持平。《爾雅》:"坎,律,銓也。"樊光注曰:"坎卦,水也。水性平,律亦平,銓亦平也。"郭璞注曰:"《易》坎卦主法,法律皆所以銓量輕重。"可知坎以其調節水流,使水平,故象法。

上六,係用徽纆,寘于叢棘,①三歲不得,②凶。

【校注】

①係,拘繫也。寘,置也。《集解》引虞翻曰:"徽纆,黑索也。獄外種九棘,故稱叢棘。"案此卦非關牢獄,當謂對於染疫者以黑索繫之,荆棘叢圍繞之,亦爲隔離之義。其不同於"入于坎窞"者,當謂既出坎窞之後,仍遷居單獨之隔離地,以防其復發。楊樹達《積微居甲文説》釋甲骨文"凶祉",謂古有患病遷地之俗,殷人已早有此風。因染疫而遷地,以避其邪祟也。

②三歲,三年或數年。得,相遇於道路。不得,不相往來。"三歲不得"者,意謂遷地隔離者三歲不得與外界正常往來,仍有凶險。案《集解》引《九家易》曰:"坎爲棘叢,又爲法律。"此卦處置疫疾,亦可比諸刑獄,《周禮·秋官司寇·司圜》:"掌收教罷民。凡害人者,弗使冠飾而加明刑焉,任之以事而收教之。能改者,上罪三年而舍,中罪二年而舍,下罪一年而舍。其不能改而出圜土者,殺。雖出,三年不齒。"比類言之,對於染疫者之隔離,亦須三年而後,乃可甄別其健康者與非健康者,分別對待之。

《象》曰:上六失道,凶三歲也。①

【校注】

①"凶三歲"者,凶險持續三歲,而後乃可解除對染疫者之隔離。何休《公羊傳解詁》宣公元年云:"古者疑獄三年而後斷。《易》曰'繫用徽墨,寘於叢棘,三歲不得,凶'是也。"大疫之後,亦須三年而後得安。又"上六失道",同初之"失道",乃言與遭禁忌者往來之道失。孔穎達《正義》云:"'三歲不得,凶'者,謂險道未終,三

歲已來,不得其吉而有凶也。險終乃反,若能自修,三歲後可以求復自新,故《象》云'上六失道,凶三歲也'。言失道之凶,唯三歲之後可以免也。"是謂上六當位,失道唯一時,最終可以解除凶險也。

【疏義】

按照本注之推斷,坎卦乃關乎治理傳染性之疫疾,疾疫流行與水有關,故建立習坎之設施,以之對染疫者行隔離禁忌。此種禁忌之事雖徵諸經傳難覓明確之證據,然據人類學家之觀察與研究,凡初民生活中,皆理應有之。

本注與舊注差異過大,已難以歸併論之。在此唯綜合王、孔以及宋儒諸家説,通論此坎卦之大義。坎之爲卦,一陽陷於二陰之中,其象爲水,其德爲險。上、下皆坎,故又名習坎。坎卦明君子處險之道,亦即在危險之中如何自處以及如何出險。坎卦六爻,皆象險之狀況與君子之應對。當其下坎,三爻皆不正。初六陷在坎底,柔弱無援,最爲凶險;九二雖尚在坎中,然以其剛中,亦可以小有得;六三處兩坎之間,居不當位,進退皆險。當其上坎,三爻皆正。六四與五剛柔相接,將欲順五以出坎;九五雖仍在坎中,然以陽剛中正居尊位,已上達出坎之際;上六陰陷至極,被捆縛幽囚,凶至三年。又李光地《周易折中》引龔焕説,自卦體觀之,坎爲一陽陷於二陰,然卦爻辭所言,則陰陽皆陷,不以陽陷於陰爲義矣。而在陰陽皆陷之時,陽以剛中,二險中自保,五奮力出險,是陽之陷爲可出;而陰則陷之反爲甚,初與三入於坎窞,上三歲不得,唯四以親比於五,剛柔共濟,稍有所安也。

諸儒闡發最著者,莫過於"維心亨"。王弼注云:"剛正在內,'有孚'者也;陽不發外而在於內,'心亨'者也。"王、孔已將心説爲人內心之心。至程頤《易傳》云:"'維心亨',維其心誠一,故能亨通。至誠可以通金石,蹈水火,何險難之不可亨也?'行有尚',謂以誠一而行,則能出險,有可嘉尚,謂有功也。"此心又被引申爲誠心之心,君子處險境，必有此誠心，始能出乎險，往有功。二、五剛中皆此誠心之表現。

《彖》云：“險之時用大矣哉！”諸儒説坎卦，於君子處險之道，可謂詳盡，然則君子用險之道，則未見其發覆。至於坎水平，有法象，以及由禁忌生法律，此一類涵義於古代政教至關重要，然亦爲諸儒所忽視。孔穎達疏《左傳》杜預注時，猶有闡明坎爲法象之義，而於此經疏王弼注，則未有提及。王、孔以降，知其義者鮮矣。

離

䷝離下離上

離：^①利貞，亨。^②畜牝牛吉。^③

【校注】

①離，卦名，由二單卦離☲相重而成。帛書離作羅，揚雄《方言》：
"羅謂之離。"離、羅音義皆同。離字象以羅網捕捉飛鳥之形，小過
卦上六："飛鳥離之。"乃用離字本義。《繫辭》曰："作結繩而爲罔
罟，以佃以漁，蓋取諸離。"以網捕鳥與以罟捕魚，其義一也，換喻
而已。離作爲卦名之大義，當意謂像以網捕鳥、以罟捕魚一樣網
羅四方之民。《彖傳》訓離爲麗，附麗也。王弼注："麗，猶著也，
各得所著之宜。"孔穎達《正義》："麗謂附著也，言萬物各得其所
附著處，故謂之離也。"鳥本群飛，其中有著於羅網者，則失其群，
由此離又通渙散、離別義，焦循《易通釋》據《序卦》"渙者，離也"，
謂離卦既有麗義，復有散義。焦云："凡卦多兼兩義，離之義爲麗，
《彖傳》明之。離之義爲散，則於渙傳補明之。"焦釋離兼麗、散兩
義，至確。其説遠自荀爽，《集解》引荀爽曰："陰麗於陽，相附麗
也。亦爲別離，以陰隔陽也。離者，火也。託於木，是其附麗也；
煙焰飛升，炭灰降滯，是其別離也。"荀説附麗、別離二義爲得，惟
其以火説離，則失離本爲羅，取象捕鳥之古義也。又案《文選》左
思《吳都賦》："赤須蟬蜕而附麗。"李善注云："赤須子本非吳人，

故言附麗也。"故離之訓附麗,乃有人離別其本邦,轉附於新國之義。

②貞告爲利,亨通。

③畜,蓄養。牝牛,母牛。《禮記·月令》季春之月"遊牝於牧",仲夏之月"遊牝別群",皆言使牛馬之牝遊而就牡,以交配也。牝爲陰,牡爲陽,牝來就牡,猶陰來麗陽,"畜牝牛",猶言蓄養來附麗於我之牝牛,故爲吉。案此離卦六五,陰附麗於陽位,猶牝牛之來附我而被我所蓄,亦即《象》"離王公"也。

《彖》曰:離,麗也。①日月麗乎天,百穀草木麗乎土,②重明以麗乎正,③乃化成天下。柔麗乎中正,故亨,④是以畜牝牛吉也。⑤

【校注】

①麗,附麗。孔穎達《正義》云:"麗,謂附著也。以陰柔之質,附著中正之位,得所著之宜,故云'麗也'。"案《彖》訓離爲麗,以附麗義爲主,未及離別義。

②日月附麗於天,百穀草木附麗於地。《集解》本"土"作"地"。案離同羅,天地如羅網,則日月、百穀草木若嵌在羅網中之物,不得自主,將隨天地之行而行也。王充《論衡·説日》云:"日月之行也,繫著於天也。日月附天而行,不直行也。何以言之?《易》曰:'日月星辰麗乎天,百果草木麗於土。'麗者,附也。附天所行,若人附地而圓行,其取喻若蟻行於磑上焉。"

③上下卦皆離,離爲明,故曰"重明"。"重明"即《象》云"繼明",兩離以一明繼一明,使天下重歸於正,故曰"麗乎正",由此乃化成天下。

④"柔麗乎中正"者,孔穎達《正義》云:"謂六五、六二之柔,皆麗於中,中則不偏,故云'中正'。以中正爲德,故萬事亨。"孔以此句

兼指二、五。余案:此句指六二,唯六二當中正。"亨"者,言此二上麗五,亨通也。

⑤ "畜牝牛吉"者,乃指六五,二來麗五,爲五所蓄,是爲吉。王弼注"畜牝牛"云:"柔處於內而履中正,牝之善也。"是以六二當牝牛,然此六二之牝牛,將蓄於五焉。

《象》曰:明兩作,離。①**大人以繼明照于四方。**②

【校注】

① 《釋文》:"鄭云:作,起也。荀云:用也。"此據上下卦釋離象,孔穎達《正義》云:"離爲日,日爲明。"故上下兩離即上下兩日、兩明。案《集解》引虞翻曰:"兩,謂日與月也。"以日月釋兩,須用互體例,離日坎月,所涉非上下卦,與傳義不合。故"明兩作",當謂兩日相繼而作,相繼用其明也。

② 大人,謂王公,亦指君王。繼明,兩日相繼而明。案此兩日繼明,可有兩喻。一者父子繼明,《文選》顏延年《應詔讌曲水詩》李善注引鄭玄曰:"喻子有明德,能附麗於其父之道。文王之子發、旦是也。"一者舊君與新君繼明,《漢上易傳》引鄭玄曰:"明明相繼而起,大人重光之象,堯、舜、禹、文、武之盛也。"依鄭意,所謂"繼明",即一君之明德繼一君之明德,其猶堯、舜、禹、文、武相繼而明。余據此說推闡,其一,《易》之興,當殷之末世,周之盛德,當文王與紂之事,故此"繼明"者,前爲殷明,後爲周明也。其二,此卦涉及遷殷之事,故殷、周兩明相繼,當延後至管、蔡之時,管、蔡監殷,殷人尚未改其舊,平管、蔡之叛後,遷殷民於周,是兩明轉換之際也。"照于四方"者,意謂殷、周兩明相繼而作,四方之民則無不被其照矣。

初九,履錯然,①**敬之,无咎。**

【校注】

①履,行也,此謂鳥群飛行。錯然,鳥群雁行之狀。《禮記·祭義》: "不錯則隨。"鄭玄注:"錯,雁行也。"

《象》曰:履錯之敬,以辟咎也。①

【校注】

①辟,避也。王弼注云:"錯然者,警慎之貌也。處離之始,將進而盛,未在既濟,故宜慎其所履,以敬爲務,辟其咎也。"又《集解》引荀爽曰:"初爲日出,二爲日中,三爲日昃,以喻君道衰也。"初當位,行之始,值此殷明尚未衰也。

六二,黃離,①元吉。

【校注】

①黃,光明。離,讀如羅,謂張設之羅網。"黃離"者,當日中之時,羅網光明可見。案此離卦主語當是附麗者,附麗者亦即被羅網所捕者,亦即飛鳥也。日中時,羅網光明可見,故飛鳥不失群、不落網,是以大吉。

《象》曰:"黃離元吉",得中道也。①

【校注】

①二得中得位,故曰"得中道也"。王弼注云:"居中得位,以柔處柔,履文明之盛而得其中,故曰'黃離元吉'也。"案《文選》李善注引鄭玄曰:"喻子有明德,能附麗於其父之道。文王之子發、旦是也。"以"黃離"喻武王、周公,或謂當此之際武王、周公尚未行征伐。武王、周公爲張羅網者,其時殷人敬慎良善,故羅網雖張設而無撲殺之爲也。

九三,日昃之離,①不鼓缶而歌,②則大耋之嗟,③凶。④

【校注】

①昃同昗。日昃,日將西落。承前"黃離","日昃之離",意謂張設在日暮時之羅網,以光綫昏暗,鳥最易落網也。

②缶,瓦器,可鼓之以節歌。《風俗通義·聲音》:"缶者,瓦器,所以盛漿。秦人鼓之以節歌。""不鼓缶而歌",則歌無節也。

③則,帛書作即,則、即通用。耋,老也。嗟,嘆息。《詩·車鄰》:"今者不樂,逝者其耋。……今者不樂,逝者其亡。""大耋之嗟"者,意謂歌既失節,故使人不樂,有將耋、將亡之嘆息。案上述乃以人事釋之,亦可以捕鳥事釋之。帛書本作"大経之嗟",《釋文》:"京作経。"《説文》:"経,喪首戴也。"経在喪服,爲麻繩在首之象,而鳥之入羅網,亦被纏其首,故経可訓以繩纏鳥首。嗟同嗟,同嗟。節卦"不節若,則嗟若",虞翻彼注曰:"嗟,哀號聲。"故"大経之嗟"者,意謂衆多飛鳥撞入羅網,被纏其首而發出驚叫哀號聲。再返讀上句"不鼓缶而歌",猶言捕鳥者以亂聲驚散鳥群,以使鳥群亂飛而撞入羅網,正與下句"大経之嗟"相應也。

④《釋文》:"古文及鄭無'凶'字。"帛書本有"凶"字。

《象》曰:"日昃之離",何可久也。①

【校注】

①《象》專以明釋離,故其云"日昃之離,何可久也",當意謂日昃將落之明,勢不可長久。《集解》引《九家易》曰:"日昃當降,何可長久。"言下離之明至此爻漸熄也。

九四,突如,其來如,①**焚如,死如,棄如。**②

【校注】

①"突如,其來如",帛書作"出如,來如",阜陽本作"其出如,其來如",故知今本"突如"亦當斷句,與"其來如"並列。《集解》本突作㒸,《説文》:"㒸,不順忽出也。從到子。"又:"㒸,或從到古文子。"

徐鍇本六、焱下皆有"即《易》突字也"。突,挣脱貌。"突如,其來
如"者,鳥群爲羅網所困,有挣脱者,又有撞來者,挣扎於羅網之貌。

②帛書焚作纷,阜陽本同今本作焚。依帛本,纷,亂也,纷如,鳥群纷
亂之貌。死如,死亡之貌。棄如,遭遺棄之貌。依今本讀"焚如"
者,則爲火燒山林之貌。古人捕鳥亦可能火燒山林,以絕其巢。
案舊注解經,多不明捕鳥之事,而徑以人事解之。注家以古人逐
出不孝之子爲焱,而被逐之不孝子若復來,則加以焚、殺、棄之刑。
李道平《周易集解纂疏》引《孝經》如淳注曰:"'焚如,死如,棄
如',謂不孝子也。不畜於父母,不容於朋友,故焚、殺、棄之。"又
《鹽鐵論·雜論》:"《易》曰:'焚如,棄如。'處非其位,行非其道,
果隕其性,以及厥宗。"其言"以及厥宗"尤可證"焚如"爲焚其巢,
使失其宗。余以爲,此離卦經文以鳥取譬,故有雙重義涵,先以鳥
喻人,無意間則已出喻,由言鳥轉爲言人,其在三、四,雙重意涵相
雜,似言鳥,又似言人,至五、上,則專言人事矣。故在此爻,以人
事、捕鳥事解之皆可通。若三爲鳥之投羅,四則爲鳥喪亡之象;若
三爲鴽、亡之嘆,則四爲不孝子之不見容也。

《象》曰:"突如,其來如",无所容也。①

【校注】

①傳乃就人事言之。容,包容。師卦《象》曰:"君子以容民畜衆。"
此"无所容"者,言無所容於王公也。李道平《周易集解纂疏》云:
"四爲惡人,來則焚、死且棄,故曰'无所容也'。"方之殷周史事,
鳥群乃象殷及四方民,周則象羅網,其頑惡不服周命者,招致殺
罰;其服周命者,得附麗於王。有罪者殺之,無罪者活之。案下離
象在殷,上離則象遷乎周,既在周,其生死之命,掌於周王也。

六五,出涕沱若,①戚嗟若,吉。②

【校注】

①出涕，流淚。沱若，淚流多之貌。

②《釋文》：“戚，《子夏傳》作嘁。”嗟同咨。戚嗟，同嘁咨，亦同忸怩。《廣雅》：“忸怩，嘁咨也。”王念孫《廣雅疏證》：“忸怩、嘁咨，皆局縮不伸之貌也。”案《後漢書·蔡邕傳》：“於是公子忸怩而避。”李賢注：“忸怩，心慚也。”味其文意，忸怩乃形容避之動作，其動作是局縮不伸之貌，而心慚爲心理活動，由此動作所體現。故“戚嗟若”，謂身體局縮，卑恭屈服之貌，其所面對者，正是王公，故傳言“離王公”也。

《象》曰：六五之吉，離王公也。①

【校注】

①《釋文》：“離，鄭作麗。”在此離讀若麗，附麗。“離王公”者，“戚嗟若”附麗於王公。當六五，既失其本宗，乃附麗於新主。六五以柔居中，下應於二，二爲殷民之良善者，故五懷柔而容其附麗焉。案李過《西溪易説》以爲六五爲重明之主，以明繼明之際。據此言之，至此由殷明轉周明，民亦由附麗殷轉而附麗周矣。又案此卦之兩明，當乎六二、六五，是非以陰當明，乃謂陰附麗於陽之狀態，以明者爲背景焉。

上九，王用出征，有嘉折首，①獲匪其醜，②无咎。

【校注】

①“王用出征”，帛書作“王出正”，正同征，即王出征討伐。嘉，獻以樂神，《禮記·禮運》：“交獻以嘉魂魄。”折，同斬。首，既有首級義，又有首領義。故“有嘉折首”者，意謂斬敵首領之首級，進獻於神社焉。

②于省吾《雙劍誃易經新證》謂匪當讀爲彼。醜，衆。“獲匪其醜”者，言獲彼之民衆也。《漢書·陳湯傳》引劉向疏曰：“《易》曰‘有

嘉折首,獲非其醜',言美誅首惡之人,而諸不順者皆來從也。"是言首惡者既誅,彼之民衆則轉而來從我。帛書本"獲匪其醜"作"獲不戴",戴或同戴,討也。"獲不戴",即獲而不殺。王國維《與友人論〈詩〉〈書〉中成語書》云:"《多士》云'昔朕來自奄,予大降爾四國民命',……蓋四國之民與武庚爲亂,成王不殺而遷之,是重予以性命也。"《古文尚書‧胤征》:"殲厥渠魁,脅從罔治,舊染汙俗,咸與惟新。"亦可爲佐證。

《象》曰:"王用出征",以正邦也。①

【校注】

①"正邦"者,以征伐安定國家秩序。孔穎達《正義》云:"言所出征者,除去民害,以正邦國故也。"案五雖以陰居王位,然可藉上陽以行征伐。李道平《周易集解纂疏》云:"五上相麗,五王上公,可用上以服四,故吉也。"又《釋文》:"王肅本此下更有'獲匪其醜,大有功也'。"多兩句傳文。

【疏義】

離卦大義不外《彖》所發"麗"與《象》所發"明"二者,而二者又相輔相成。

離爲附麗,萬物與人莫不有所附麗,其猶日月附麗於天,百穀草木附麗於地,天地既張列尊卑貴賤之秩序,萬物與人附麗於其中,各得其位與其宜,是可謂文明之盛也。

凡附麗之關係,必有主從,使人來附麗者爲主,來附麗人者爲從。故離爲明,乃謂君之明德,其照耀四方,使四方民來麗也。君之明德,乃離卦之主腦,不知君,則民不知何所麗。而當君明有所轉換,所麗之民亦必隨之轉換,而此轉換之際,乃爲此離卦憂患之所由生焉。説此離卦者皆知,人之所麗必得其正,乃可以亨通。然若附麗在一君明之下,固易爲於此,而當兩君明相繼,其將何去何從?殊不知舊明之附麗者,必經離散、哀傷,乃至生死抉擇,而後得轉附麗於新明,其間種種憂患,適爲聖人思之者也。後儒或不明兩明之間有改代易君之事,其説以六二爲明德之正,三、四爲明德昏,五爲昏極轉明,上則重明。是爲一明之變化而已,非"明兩作"也。

離卦居上經之末,坎、離互爲變卦。坎、離在六十四卦中有重要意義。李道平《周易集解纂疏》云:"六十四卦乾、坤居其首,坎、離居其中,既、未濟居其終。"

咸

䷞艮下兑上

咸：^①亨，利貞。^②取女吉。^③

【校注】

①咸，卦名，由艮☳、兑☱二單卦相重而成。《釋文》："咸，《彖》云：感也。"竹書、帛書此卦均作欽，《歸藏》亦作欽。余案：感、咸、欽三字固可訓爲同聲假借，然其義不宜混同，三字同指一事，而各表其一端。其一，感者，依《彖》爲陰陽二氣相感應，於經本義，則當爲鬼神感應於巫之謂也。其二，咸者，有充滿之義。《左傳》昭公二十一年："窕則不咸。"杜預注："不充滿人心。"其義在於聲音細小則不能充滿人心，不能感人。於此咸卦，乃謂鬼神之靈充滿巫之身體也。其三，欽者，同吟，呻吟發聲。《山海經·西山經》："剛山是多神魃，其狀人面獸身，一足一手，其音如欽。"郭璞注："欽亦吟字假音。"《集韻》："吟，《説文》呻也，亦作欽。"於此卦，乃謂鬼神之靈充滿巫之身體後，最終發聲於口舌也。綜覈此咸卦，當謂巫召鬼神之靈來附體，代鬼神有所宣示。此爲初民時代普遍之宗教行爲，亦即薩滿術也。

②神人相感之道亨通，貞告爲利。

③《釋文》："取，本亦作娶。"女，女巫，神在女曰巫。《説文》："巫，祝也。女能事無形，以舞降神者也。""取女吉"者，當謂爲神鬼娶巫

女,以此事神鬼,則吉。案《後漢書·宋均傳》記宋均爲九江太守時,當地衆巫常取百姓男女事山神,均乃下書曰:“自今以後,爲山娶者,皆娶巫家,勿擾良民。”娶巫女以事神鬼,當爲上古以來舊俗。

《彖》曰:咸,感也。[1]柔上而剛下,二氣感應以相與,止而説。[2]男下女,是以亨利貞,取女吉也。[3]天地感而萬物化生,聖人感人心而天下和平。[4]觀其所感,而天地萬物之情可見矣。[5]

【校注】

①此釋卦名之義。感,陰陽相感。此卦六爻皆陰陽相應,故有陰陽相感之義。

②此釋上下卦,上兌爲陰卦,爲柔,下艮爲陽卦,爲剛,故謂“柔上而剛下”。“二氣”,陰陽二氣。此咸卦,上兌下艮,初四、二五、三上,均陰陽相應。“相與”,相配合。《釋文》:“相與,鄭云:與,猶親也。”鄭訓相與爲相親,意謂男女相親也。“止而説”,舊注與下“男下女”連言,余以爲當從前二句,此言上下卦象,下艮爲止、爲山,上兌爲説、爲澤,山澤通氣,故云“二氣感應以相與”。此數句亦可讀如“止而説,柔上而剛下,二氣感應以相與”。此數句言天道,“男下女”以下言人事。

③“男下女”者,五爲男,二爲女,“男下女”乃意謂男求婚媾於女,或男迎娶女,於禮或有納采、問名、納吉、納徵、請期、親迎諸節也。《集解》引鄭玄曰:“咸,感也。艮爲山,兌爲澤,山氣下,澤氣上,二氣通而相應,以生萬物,故曰咸也。其於人也,嘉會禮通,和順於義,幹事能正,三十之男有此三德,以下二十之女,正而相親説,娶之則吉也。”按鄭説,“亨利貞”當連讀,或斷作“亨、利、貞”,是謂三德。凡男娶女,均應有此三德,或曰有此三德而後“取女吉”也。

④天地,乾坤,乾陽坤陰。天地相感,則萬物生生不息。此言天道也。"聖人感人心",亦謂聖人與人心相感也,惟天地相感以天爲主,聖人與人心相感以聖人爲主,其猶"男下女"也。聖人與人心相感,則可致天下和平。乃言人事也。

⑤所感,即天地感,聖人感人心。天地萬物與人,皆遵陰陽相感之道,觀其陰陽相感之狀況,則可以見天地萬物與人之情實也。孔穎達《正義》曰:"感物而動,謂之情也。"

《象》曰:山上有澤,咸。①君子以虛受人。②

【校注】

①此釋上下卦象,下艮爲山,上兌爲澤。孔穎達《正義》云:"澤性下流,能潤於下;山體上承,能受其潤。以山感澤,所以爲'咸'。"案"山上有澤"之象,當視爲山以深虛之體包容澤水,猶堰塞湖之狀。澤在地則漫流,在山則蓄積而得止也。

②虛,虛己之體。受人,受納自他而來者。孔穎達《正義》云:"君子法此咸卦下山上澤,故能空虛其懷,不自有實,受納於物,無所棄遺。"又徐幹《中論·虛道》云:"人之爲德,其猶虛器歟? 器虛則物注,滿則止焉。故君子常虛其心志,恭其容貌,不以逸群之才加乎衆人之上,視彼猶賢,自視猶不足也。故人願告之而不厭,誨之而不倦。《易》曰:'君子以虛受人。'"余案:《象》僅就山澤之象爲言,未及男女事,此不同於《彖》者,尤當措意焉。

初六,咸其拇。①

【校注】

①《釋文》:"拇,馬、鄭、薛云:足大指也。子夏作踇。"《玉篇》:"踇,大踇指。"《集解》作母,虞翻曰:"母,足大指也。"諸說所指相同。"咸其拇"者,意謂巫之足大指始有神靈感應而動,巫舞之將興。古禮樂舞始於足,將舞,必先三舉足,以見將舞之漸也。

《象》曰:"咸其拇",志在外也。①

【校注】

①志,在此謂神靈之志。"志在外"者,意謂神靈尚未附巫體,在巫體之外。又《集解》引虞翻説,外謂四也。初、四相應,至四神與巫相交,在初尚未交,故云"志在外"。

六二,咸其腓,凶,①居吉。②

【校注】

①《釋文》:"腓,鄭云:膞腸也。王廙云:腓,腓腸也。荀作肥。"帛書作𦟝,應同荀本。諸説所指身體部位相同,即小腿脛骨後之肉,俗稱小腿肚。初足感神靈而動,二則小腿感神靈而動。李零《生死有命,富貴在天》:"凶,與下'居吉'相反,疑指往凶。"是也。小腿既受感而動,則有可能走動,而當此不應走動,否則有凶。巫之身位乃代表神位,故不得走離其位,其各種肢體動作,均當在原地。

②居,不走動,不離其位,則吉。

《象》曰:雖凶居吉,順不害也。①

【校注】

①"順不害"者,順從神靈所使,乃不受其害也。案二當位居中,爲巫之正位,亦爲巫所代表之神之正位。下艮爲止,二居艮中,故用静吉,用作凶。又朱駿聲《六十四卦經解》謂二之腓不自動,一聽於三之股。

九三,咸其股,①執其隨,②往吝。③

【校注】

①股,膝之上謂股,指大腿。"咸其股"者,雙股既感神靈,其必大動。

②執,持也。隨,謂股以下之腓、拇,皆在股之帶動下隨之而動。"執其隨"者,神靈感及雙股,控制其腿部之動作。王引之《經義述

聞》云："隨之爲道，動静由人而己無事。"神靈既附體，行動則任由神靈所使。咸爲神靈感之，執亦爲神靈執之。

③"往吝"者，當此巫隨神靈所使兩股大動，作行走狀，然亦非真有所往，往則吝矣。

《象》曰："咸其股"，亦不處也。①志在隨人，所執下也。②

【校注】

①處，制也。"亦不處"者，巫之股受感而動，然巫亦不自制，任由隨其感而動。王弼注曰："非但進不能制動，退亦不能静處也。"所言即此不由自主之狀。

②三無己志，聽隨神靈所使，是謂"志在隨人"。"所執下"者，神靈所執在於下體。案下卦之拇、腓、股，均在下體，上卦之脢、輔、頰、舌，則均在上體。

九四，貞吉，悔亡。①憧憧往來，朋從爾思。②

【校注】

①貞告爲吉，前此諸悔亡。前此諸動作皆有憂悔，至此憂悔亡去。

②《説文》："憧，意不定也。"《集韻》："書容切，音舂。與惷同。駥昏也。"憧憧一曰戇憧，痴愚貌。案"憧憧"，形容神靈附於巫體時，巫似心意莫定，瘋癲昏愚，神志不清貌。"往來"，則言巫之往來行動貌。帛書朋作倗，當爲佣字誤。朱駿聲《説文通訓定聲》："朋實假借爲佣，佣者，備也。"《説文》："備，輔也。"備，人相依之貌。故"朋從"，即相依從。"爾思"，謂降於巫之神靈之志。竹書"思"作"志"。"朋從爾思"者，意謂此際巫已無自己之意識，全以附體之神靈之志爲意識。

《象》曰："貞吉，悔亡"，未感害也。①"憧憧往來"，未光大也。②

【校注】

①“未感害”者,神巫交感,未感其害。神來附巫,由初至三,乃神與巫身體交感,至四,則神與巫始有心神交感,此一降神過程終未成害。王弼注曰:“居上卦之初,應下卦之始,居體之中,在股之上,二體始相交感,以通其志,心神始感者也。”王説此爻心神始感,得上下卦轉捩之幾,是矣。

②“未光大”者,猶言未顯現清楚。巫與神雖心神交感,然在此際巫瘋癲昏愚,神志不清,舉止不能自制,故尚不能清楚顯示神之意志。

九五,咸其脢,^①无悔。

【校注】

①《釋文》:“脢,心之上,口之下也。鄭云:背脊肉也。《説文》同。”脢在人體心之上、口之下,此王弼説,按鄭、許説,則脢指人體背脊部位。朱駿聲《六十四卦經解》云指咽喉部位。余案:此脢非本字,本字當爲敏。竹書作“欽其拇”,拇通敏。《爾雅》:“敏,拇也。”《詩·生民》:“履帝武敏歆。”鄭玄箋:“敏,拇也。”竹書之所以作拇,非重複初六爻辭,應是敏之通假。故此爻當改作“咸其敏”,敏可訓聰明,《廣韻》:“敏,聰也,達也。”巫爲鬼神所感,乃突然顯示出非常之聰明也。《國語·楚語》觀射父曰:“古者民神不雜。民之精爽不攜貳者,而又能齊肅衷正,其智能上下比義,其聖能光遠宣朗,其明能光照之,其聰能聽徹之,如是則明神降之,在男曰覡,在女曰巫。”

《象》曰:“咸其脢”,志末也。^①

【校注】

①木上曰末。在人體,頭爲末。《逸周書·武順》:“左右手各握五,左右足各履五,曰四枝,元首曰末。”孔晁注:“元首,頭也。”末可

指頭部。《春秋元命苞》：“頭者，神所居。”《素問》：“頭者，精明之府。”故“志末”者，猶云神靈之志已在於頭部，顯示爲聰明。九五在頭，由五及上，即由頭至口，“滕口説也”。

上六，咸其輔頰舌。①

【校注】

①《釋文》：“輔，馬云：上頷也。”輔、頰、舌皆言口部，爲發言語之樞機，“咸其輔頰舌”者，意謂感應至於口部，巫將代神發言語，宣示神諭。

《象》曰：“咸其輔頰舌”，滕口説也。①

【校注】

①《集解》本滕作媵，虞翻曰：“媵，送也。”《釋文》：“滕，達也。《九家》作乘，虞作媵，鄭云：送也。”當依今本作滕，滕，水超踊也。鄭、虞皆云送，送，縱也，意謂脱口而出，輔、頰、舌爲神靈所感，則不由自主説出神之諭旨。孔穎達《正義》引鄭玄曰：“咸道極薄，徒送口舌言語相感而已，不復有志於其間。”薄，淡也，亦即虛也。言巫徒送神言，不含己志於其間。余案：此咸卦之感，自下至上，初、二、三降於身體，四始交心神，五上感於頭，上則發出言語。上兑，説也。初民之薩滿降神之術，神靈先降於巫，巫乃癲狂不能自制，手舞足蹈，神志不清，終則發出言語，代神宣諭，告以吉凶。以此觀察咸卦六爻，恰爲一完整之薩滿降神過程。

【疏義】

咸卦以感應爲基本義，而何種感應見諸此卦，則莫衷一是。以本注所考覈，咸之經義，一在感應，鬼神與巫相交感；一在充滿，鬼神之靈逐次充滿巫之身體心神；一在發言，鬼神藉巫之口發諭旨；乃爲一完整之薩滿巫術過程。而依傳義，此咸卦相感者，乃爲男女相感，引申言之，則天地萬物，聖人與百姓，皆有陰陽相感之關係，若皆得其感應之道,則天下和平也。余以爲,經義本諸天命,傳義本諸天道。以天命言之,神人之交感,固爲政教建立之關鍵,巫術之地位,與卜筮同等,同爲人神交通之管道,天命之傳達者。而據天道言之,則以陰陽交感爲基礎,推及男女、夫婦、父子、君臣、上下,禮儀制度由此建立也。神人之感與男女之感皆爲全身心相接觸之感,乃感之最深切、最典型者,其他之人與人、人與物以及物與物之相感,莫不根源於此二者。而神人之感,猶重於男女之感也。

自傳以降,注家多以男女相感説此咸卦。按諸《説卦》,艮爲少男,兌爲少女,咸卦男下女,則爲男迎娶女,二少相交,爲夫婦之始。而卦爻辭之取象,皆身體部位,故言男女感應,必及身體之交合,又必及乎情慾之事,此適爲説卦者所避諱,故每每抽象言感應之道,謂之父子、夫婦、親戚、朋友,凡情意相感者皆然,皆須本之以正,正則亨,邪則凶矣。何爲感之正?《集解》引鄭玄云:"其於人也,嘉會禮通,和順於義,幹事能正。"其説乃本諸卦辭之"亨利貞",從人外在行爲言之。宋儒釋此感之正,轉從人内心德性言之,尤其側重在辨析私心之感與無心之感。若以私心感物,則所感偏狹,不能遍得天下之應;唯有無心感物,以至誠感天下,方能無所不應,無所不亨通。

咸爲下經首卦,咸與恒爲覆卦,其義關聯。按照傳統之説,兩卦皆言夫婦之義,咸爲夫婦之始,恒爲夫婦之終。《序卦》韓康伯注謂先儒有以乾至離爲上經言天道,咸至未濟爲下經言人事者,而韓氏非之。余以爲,若以上經皆言天道,下經皆言人事固不盡通,然若以上經以首乾、坤啓天道,下經以首咸、恒發人事,則庶幾得卦序之大義也。

恒

䷟巽下震上

恒:①亨,无咎,利貞。利有攸往。②

【校注】

①恒,恆之俗體字,卦名,由巽☴、震☳二單卦相重而成。《釋文》:
"恒,久也。"《集解》引鄭玄、虞翻皆訓恒爲久。《説文》:"恆,常
也。"段玉裁注:"常當作長。"長即長久。《説文》:"恆,常也,從心
舟在二之間上下,心以舟施,亙也。"段玉裁注:"上下,猶往復也。
謂往復遥遠而心以舟運旋,歷久不變,恆之意也。𠄚,古文恆,從
月。"此乃恆之本義,二象河之兩岸,舟行於兩岸間,而兩岸之起止
處爲固定之渡口,而水中無固定之道,須以心志維持方向,使舟往
復行於兩點之間而無爽差也。竹書作𠄞,即《説文》古文恆,許慎
以爲從月,段玉裁注謂漢簡從舟,當以從舟爲是。甲骨文恆字有
一形作𠀠,余以爲其指事舟行兩岸間,或直行,或曲行,皆須達至相
對應之點,若加心旁,則會意以心維舟而行也。又《周易折中》引
《朱子語類》亦舉恒古字亙,象一支船兩頭靠岸也。余案:恒卦之
恒爲長久,即某一狀態保持長久而不變。此一狀態要在兩點相對
應,且兩點位置固定,故可以相向往復,猶如兩渡口間構成舟行之
常道。恒之成立,必有位有方也。進而言之,渡河者以心行舟,其
心必專一,是以心志、行動皆得恒焉。恒卦之取象,有取自本義之

渡河,亦有取於婚配,二者於恒義乃同類也。

②"亨,无咎,利貞,利有攸往"者,王弼注云:"恒而亨,以濟三事。"孔穎達《正義》引褚氏、莊氏以"无咎"、"利貞"、"利有攸往"爲三事,周氏則以"亨"、"无咎"、"利貞"爲三事,孔是前者,以爲"亨"當在三事外。余以爲,此處"无咎"當按述語讀之,《説文》:"咎,災也。從人各,各者,相違也。""无咎"亦即相對應,無相違。故當讀爲"亨,无咎,利貞。利有攸往"。二事也。

《彖》曰:恒,久也。①剛上而柔下,雷風相與。②巽而動,剛柔皆應,③恒。恒亨,无咎,利貞,久於其道也。④天地之道,恒久而不已也。⑤利有攸往,終則有始也。⑥日月得天而能久照,四時變化而能久成,⑦聖人久於其道而天下化成。⑧觀其所恒,⑨而天地萬物之情可見矣!

【校注】

①此釋卦名之義,恒,長久也。

②此釋上下卦象,上震爲剛,爲雷,下巽爲柔,爲風。"雷風相與",通《説卦》"雷風不相悖"。

③巽爲順,震爲動,由下巽而至上震,是柔順而剛動。"剛柔皆應"者,謂初四、二五、三上皆陰陽相應。

④此釋卦辭"亨,无咎,利貞","久於其道",意謂以此長久保持在行常道之狀態。

⑤天地之道恒久,謂其有恒久之位置與軌迹。已,止也。"天地之道,恒久而不已",則謂既有恒久之位置與軌迹,又運行不止也。

⑥此釋"利有攸往"。始猶渡河之起點,終猶渡河之終點,起點、終點相對而恒常不變,則可以往來其間,始則有終,終則有始,是以"利有攸往"。

⑦"日月得天而能久照"者,日月循天道而行,故得以久照也。"四

時變化而能久成”者,四時變化有終有始,故得以久成也。

⑧聖人以道治天下,亦當在一恒久之過程中以成其功。《論語‧子路》:“子曰:‘善人爲邦百年,亦可以勝殘去殺矣。誠哉,是言也。’”又:“子曰:‘如有王者,必世而後仁。’”孔融《聖人優劣論》云:“孔以堯作天子九十餘年,政化洽於民心,雅頌流於衆聽,是以聲德發聞,遂爲稱首,則《易》所謂‘聖人久於其道而天下化成’,百年然後勝殘去殺,必世而後仁者也。”

⑨“所恒”,即天道之恒與聖人之道之恒。

《象》曰:雷風,恒。①君子以立不易方。②

【校注】

①此釋上下卦象,震爲雷,巽爲風。案風雷組合,乃利有攸往,他卦如風雷益。在益卦爲風順從雷,在此恒卦則是雷之傳聲,緣乎風向。八方之風,各有其向。

②于省吾《雙劍誃易經新證》謂立讀爲位。方,志之所向。易方,改易其志向也。“君子以立不易方”者,意謂君子受命而後有位,有位則素其位而不改易其志向。《禮記‧中庸》:“君子素其位而行,不願乎其外。”若君子不得其命其位,則其方亦不定也。

初六,浚恒,①貞凶,无攸利。②

【校注】

①《釋文》:“浚,鄭作濬。”浚、濬,深也。深亦有遠義,《玉篇》:“深,遠也。”《禮記‧禮運》:“深而通。”孔穎達疏云:“深謂九州之外也。”恒,同卦名之恒,即渡河時在此岸對準彼岸目的地之方向。“浚恒”者,自出發者而言,其在彼岸之目的地過於遙遠,亦可意謂其目標杳渺不明確,乃至未有固定之目標也。帛書本浚作夐,夐,遼遠之貌。《穀梁傳》文公十四年曰:“長轂五百乘,緜地千里,過宋、鄭、滕、薛,夐入千乘之國。”范甯注:“夐,猶遠也。”

②貞告爲凶，無有所利。

《象》曰：浚恒之凶，始求深也。①

【校注】

①始，起始處也。求，所欲求之目標。深，亦遠也。"始求深"者，言其初始之欲求目標過於遙遠杳渺也。案初六不當位，無位故不知方。

九二，悔亡。①

【校注】

①憂悔之事亡去。

《象》曰：九二悔亡，能久中也。①

【校注】

①久，久留，稽留。《孟子·公孫丑》曰："久於齊，非我志也。"孫奭疏："久留於齊，非我之志也。"《公羊傳》莊公八年："何言乎祠兵？爲久也。"何休注："爲久，稽留之辭。"中，中位。"能久中"者，能够長久保持在中位也。孔穎達《正義》云："失位故稱'悔'，居中故'悔亡'也。"案九二爻辭無述語，自傳"能久中"推測，當謂久留其位，居中不動。又案九二悔亡，乃以其剛中，猶云其意志堅定，亦即"制義"也。

九三，不恒其德，①或承之羞，②貞吝。

【校注】

①德可用指人之心志，亦可指人之行動，其心志、行動必有恒常之軌迹可循。若心志、行動無常，使他人無法逆知，不知其位其方，亦無可對應，是謂"不恒其德"。

②《釋文》："或，有也。一云常也。鄭本作咸承。"案此"或"非疑而未定之詞，當訓常。皇侃《論語義疏》釋《論語·子路》章嘗引經

而後有云:"羞辱必承而曰或者,或,常也,言羞辱常相承也。"《道德經》:"或不盈。"河上公注:"或,常也。""不恒其德"者,其必承羞也,無不定之意。鄭作咸,亦通。

《象》曰:"不恒其德",无所容也。[1]

【校注】

[1]孔穎達《正義》云:"'无所容'者,謂不恒之人,所往之處,皆不納之,故'无所容'也。"余案:孔説猶有可申者。據經傳所言,無恒之人,不可爲巫醫,不可爲卜筮,祭祀亦不與爵,故謂之"无所容",而此亦即"或承之羞"之辱也。又王引之《經傳釋詞》:"所,猶可也。"故"无所容"猶言"无可容",容,與德相稱之容,《爾雅》:"顒顒、卬卬,君之德也。"君之德可見諸顒顒、卬卬之容。若不恒其德,其容亦無可顯現也。亦備一解。此爻頗難明者,九三之爻何以無恒焉?孔穎達《正義》疏王弼説云:"九三居下體之上,處上體之下,雖在三陽之中,又在不中之位,上不全尊,下不全卑,執心不定,德行無恒,故曰'不恒其德'。"又《集解》引荀爽説,謂三欲據初隔二,欲悦五隔四,意無所定也。注家又有謂九三本諸下巽,巽爲進退,故無恒也。余以爲諸説皆不確切。此恒卦剛柔皆應,而其相應也,爲剛者待柔者來應。剛久居不動,則柔可來應,剛動,則柔應之難矣。二、三、四三陽爻,二、四不當位,故皆久留其位不動,可待初、五來應。而三當位而動,其動不止,亦即無恒,則致上不知如何來應也。

九四,田无禽。[1]

【校注】

[1]田,田獵也。禽,田獵所獲鳥獸。"田无禽"者,田獵而無所獲也。

《象》曰:久非其位,安得禽也。[1]

【校注】

①孔穎達《正義》云:"有恒而失位,是'久非其位',田獵而無所獲,是'安得禽也'。"余案:此"久"亦停留義,"久非其位"者,即停留之地非其宜至之位也。初上來應四,其起始"浚恒",亦即所欲求之目標過遠,實難確定;而初既至於四,猶云渡河者非能以心維舟從此渡口到彼渡口,而是隨波漂流抵達一陌生之地,陌生之地又"安得禽"耶?

六五,恒其德,①**貞,婦人吉,夫子凶。**②

【校注】

①"恒其德","不恒其德"之反,或曰"恒其德"爲常道,爲恒卦之主,五與二相應而爲恒也。

②既"恒其德",則卜筮乃告,所告爲婦人吉,丈夫凶。

《象》曰:婦人貞吉,從一而終也。①**夫子制義,從婦凶也。**②

【校注】

①何以"婦人吉"?以婦人從一夫而終焉。

②"制義",即立以爲主,主持其事也。《左傳》成公八年:"大國制義,以爲盟主。"自來注家以爲,婦人以柔順爲恒,故在此爲吉,而夫子亦如婦人以柔順爲恒,則爲凶矣,故夫子當有決斷裁制,不應一味從唱於人。余案:此說不確。孔穎達《正義》云:"'從婦凶'者,五與二相應,五居尊位,在震爲夫,二處下體,在巽爲婦,五繫於二,故曰'從婦凶也'。"注家之說多本此。然則孔氏疏《禮記·緇衣》引鄭玄說云:"以陰爻而處尊位,是天子之女。又互體兌,兌爲和説。至尊主家之女,以和説幹家事,問正於人,故爲吉也。應在九二,又男子之象。體在巽,巽爲進退,是無所定,而婦言是從,故云'夫子凶'也。"鄭説至要者,乃謂五爲女,二爲男,與孔氏此疏適相反。余以爲鄭説可取,五爲婦人,從一而終,下應於二,二

爲夫子。二之夫子久於其位,不得上來應五,若來應五,則是從婦,宜其有凶也。咸卦男下女,恒卦女下男也。

上六,振恒,凶。①

【校注】

①《釋文》:"馬云:動也。鄭云:搖落也。張作震。"《集解》本"振"作"震"。竹書"凶"作"貞凶"。余案:馬、鄭説可合義,振爲動,又爲搖落,搖落猶搖亂,皆從搖而不定之義。《管子·心術》:"搖者不定。"又《漢書·天文志》:"天星盡搖。"爲恒者當專一,不當搖而不定,其所以搖者,因其所對應之三無恒也。此卦以柔應剛爲恒,唯五應二爲成功,爲此恒卦之典範;初以"浚恒",雖應四而不獲其位,以"田无禽"終;上欲與三相應,而三"不恒其德",故上亦"振恒",亦即隨之搖而不定,難成其功。帛書本"振"亦作"夐",初之"浚"可通"夐",上之"振"則不當改。

《象》曰:振恒在上,大无功也。①

【校注】

①君子雖在上當位,然若心志不固,搖而不定,則完全無法成功。《重定周易費氏學》引吕祖謙云:"立天下之大功,必悠久膠固,然後能成。若振動躁擾,暫作易輟,安能成功?"略得其義。

【疏義】

恒卦之關鍵在於"恒其德"。恒兼常與變。張爾岐《周易説略》發恒常之義云:"此卦震剛在上,巽柔在下,爲分之常;震雷巽風,二物相與,爲氣之常;以巽而動,爲應事之常;陰陽皆應,爲人情之常:四者皆理之常,故其卦爲恒。"而恒常之道中間又必有所權變。程頤《易傳》云:"恒非一定之謂也,一定則不能恒矣。唯隨時變易,乃常道也,故云'利有攸往'。明理之如是,懼人之泥於常也。"李光地《周易折中》引《朱子語類》云:"恒非一定之謂,一定則不能恒矣。體之常,所以爲用之變;用之變,乃所以爲體之常。"

又君子欲恒,必守中,位不及中或過乎中,皆不能長久。《周易折中》引邱富國云:"恒中道也,中則能恒,不中則不恒矣。恒卦六爻,無上下相應之義,唯以二體而取中焉,則恒之義見矣。初在下體之下,四在上體之下,皆未及乎恒者,故泥常而不知變,是以初'浚恒',四'田無禽'也。三在下體之上,上在上體之上,皆已過乎恒者,故好變而不知常,是以三不恒,而上'振恒'也。唯二、五得上下體之中,知恒之義者,而五位剛爻柔,以柔中爲恒,故不能'制義',而但爲婦人之吉。二位柔爻剛,以剛中爲恒,而居位不當,亦不能盡守常之義,故特言'悔亡'而已。恒之道,豈易言哉!"

又後儒説此恒,多謂其與咸同爲夫婦之卦,咸爲夫婦之道之始,恒爲夫婦之道之終。咸交感而成夫婦,夫婦既成則終身不變,故咸之後受之以恒也。

以上諸説,皆可備參詳者。而余釋此恒卦,乃取渡河、婚配之象,以兩相對應,長久不變爲其義。兩相對應而成恒,必有固定之位與方,故《象》云"君子以立不易方"也。尤爲重要者,在於"恒其德"、"不恒其德",當以恒與不恒論德之有無,不當謂先有一德,而後察其恒與不恒也。恒卦雖以渡河、婚配當兩兩相應爲恒爲言,其至爲精深之義則在人之對越天命以爲恒也。《論語・子路》有云:"子曰:'南人有言曰:"人而無恒,不可以作巫醫。"善夫!''不恒其德,或承之羞。'子曰:'不占而已矣。'"《禮記・緇衣》有云:"子曰:'南人有言曰:"人而無恒,不可以爲卜筮。"古之遺言與? 龜筮猶不能知也,而況於人乎?《詩》云:"我龜既厭,不我告猶。"《兑命》曰:"爵無及惡德。"民立而正,事純而祭祀,是爲不敬;事煩則亂,事神則難。《易》曰:"不恒其德,或承之羞。恒其德,貞,婦人吉,夫子凶。"'"皆引及此經辭。不可爲巫醫,不可爲卜筮,自來有兩解,一者謂不恒之人不可擔任巫醫、卜筮,一者謂不恒之人,巫醫不能治之,卜筮不能告之。不恒之人即惡德之人,亦不能與祭祀。後一解出自鄭玄，其釋“不可以作巫醫”云“巫醫不能治無恒之人”，其釋“不可爲卜筮”云“言卦兆不能見其情，定其吉凶也”。又釋“爵無及惡德”云“言君祭祀，賜諸臣爵，毋與惡德之人也”。余以爲鄭説可從。恒之根本在於人對越天命，若人而無恒，亦即不能對越天命，則何德之有？無命無德，亦必無位無方也。《象》云“夫子制義”，《大戴禮記·五帝德》有云“依鬼神而制義”，是謂夫子制義，亦必本諸天命也。咸、恒二卦相貫，咸既由巫傳達天命，受命者必對越以恒，自命而德，以德配命，有始有終。舊説以男女説咸、恒，以咸爲男女之始，恒爲男女之終。若將之轉換爲天人之際，亦同爲一始一終也。《象》更自巫醫、卜筮之天命擴展至日月、四時之天道，對越天命推及對越天道，聖人以之化成天下，恒之義可謂廣大矣。

遯

䷠艮下乾上

遯：[1]亨，[2]小利貞。[3]

【校注】

①遯，卦名，由艮☶、乾☰二單卦相重而成。《釋文》："遯，又作遂，又作遁，同隱退也。匿迹避時，奉身退隱之謂也。"遯、遂、遁三字同，《一切經音義》："遁，又作遯、遂二形。"《漢書·叙傳》："攜手遂秦。"師古注："遂，古遯字。"又《匈奴傳》："遂逃竄伏。"師古注："遂，古遁字。"可知顏師古以爲遂爲遯、遁之古字。故此卦之遯，亦當以遂爲本字。《歸藏》亦作遂。遯有逃亡、退避、遠遷等義。《象》曰："君子以遠小人。"《集解》引虞翻説，小人道長，避之乃通，故君子之所以遯者，乃爲退避小人。《序卦》曰："物不可久居其所，故受之以遯。"遯爲自一地遷居另一地。君子所遯之地，當自王朝之中心遠遷至王朝之邊緣。《集解》侯果釋此卦引及《尚書·微子》"吾家耄遜於荒"，遜通遯，荒，荒遠之地。又《説文》："遁，遷也。"徐鍇注："《尚書》殷高宗曰：'既乃遁于荒野。'是遷於荒野也，當作此遁。今文《尚書》借遯字。"此卦之遯，與因罪而逃亡或後世之隱逸不同，乃有退歸本邦本邑之義。三代之初，國家爲各部落之聯盟，王之國與諸方國組成政治共同體，此種聯盟關係尚屬寬鬆，不完全是臣屬關係，各方國有相對之自主權，擁有自

己之武裝、土地、人民,故凡王召集盟會,諸侯尚可自願參與,即便王國之內,君子之從王事,亦尚可自願往來。必有此自主進退之寬裕空間,始可以言遯事也。而尤當注意者,此遯卦雖始於君子之遠遯,而終於王之徵聘。《集解》引鄭玄曰:"遯,逃去之名也。艮爲門闕,乾有健德,互體有巽,巽爲進退。君子出門,行有進退,逃去之象。二五得位而有應,是用正道,得禮見召聘。"鄭説遯卦,兼有逃去、得禮見召聘二義至明。

②亨,通。《彖》連言"遯亨",孔穎達《正義》亦連言"遯亨",或卦辭"亨"前闕一遯字,應作"遯,遯亨"。

③小,小事。國事爲大,家事爲小。《集解》引荀爽釋九三傳文曰:"大事謂與五同任天下之政。潛遯之世,但可居家畜養臣妾,不可治國之大事。"故"小利貞"者,利小事之貞,即退而經營家事,貞告爲利。

《彖》曰:遯亨,遯而亨也。①剛當位而應,與時行也。②小利貞,浸而長也。③遯之時義大矣哉!④

【校注】

①此釋卦辭,以遯而得亨通。孔穎達《正義》云:"小人之道方長,君子非遯不通,故曰'遯而亨也'。"案此言"遯而亨",一則如孔説,謂君子遯避小人,乃得通;二則謂君子先退避小人,遠遷於外,而後又獲徵聘還朝,二五嘉會,乃得通。《漢上易傳》引鄭玄注:"正道見聘,始仕他國,亦遯而後亨也。"依鄭説,遯之亨,非遯逃即可得亨,當在既遯之後又得禮見召聘,始成亨義。此説是也,然鄭云遯者乃應他國之聘,仕於他國,亨在他國,譬若陳敬仲奔齊,則不可從也。

②"剛當位而應"者,剛謂九五,五下應二,猶言五召聘二。"與時行"者,相時而行。"與時行"承上"剛當位而應",故當是二以時上行,應五之召。

③君子當遯時,爲小事則利,可以積累而漸進。案小事謂家事,家事
得治,則君子勢力可由此"浸而長"也。舊注或謂"浸而長"指二
陰生於下,陰道浸而長。然則二得中得位,雖陰何害?於爻言之,
"小利貞"謂二,"浸而長"謂二浸而長以上應乎五也。

④君子當遯之際,必相時度宜,動靜不失其時。《論語·衛靈公》孔
子稱贊蘧伯玉:"邦有道則仕,邦無道則可卷而懷之。"

《象》曰:天下有山,遯。①君子以遠小人,不惡而嚴。②

【校注】

①此釋上下卦象,上乾爲天,下艮爲山,合而爲遯。孔穎達《正義》
曰:"山者陰類,進在天下,即是山勢欲上逼於天,天性高遠,不受
於逼,是遯避之象。"又《集解》引崔覲曰:"天喻君子,山比小人。
小人浸長,若山之侵天。君子遯避,若天之遠山。"余案:朱駿聲
《六十四卦經解》云:"天下無邦,惟山可遯。"其説是也,山爲君子
遯居之所,焉爲小人之象?

②不惡,謂不與小人交惡。嚴,尊嚴,保持自身尊嚴。孔穎達《正義》
云:"君子當此遯避之時,小人進長,理須遠避,力不能討,故不可
爲惡,復不可與之褻瀆,故曰'不惡而嚴'。"余案:嚴同巖,《説
文》:"巖,厓也。"段玉裁注:"各本作岸也,今據《太平御覽》所引
正。厓者,山邊也。"《正字通》:"山邊水際皆曰厓。"故"不惡而
嚴"者,意謂君子不與小人交惡,而遯避於山邊水際,亦即"天下有
山"之山也。

初六,遯尾,厲,勿用有攸往。①

【校注】

①"遯尾",竹書作"𦞤丌尾",多一其字。古者言山言水,皆有首尾
之次,言國,亦有首尾,《國語·楚語》:"夫邊境者,國之尾也。"故
"遯尾,厲,勿用有攸往"者,意謂遯至國之邊境,或有危厲,不宜再

有所往也。

《象》曰：遯尾之厲，不往，何災也？①

【校注】

①遯至國之邊緣，雖有危厲，然不再前往，則何災之有？初六在下，乃遯之盡頭。

六二，執之用黃牛之革，莫之勝説。①

【校注】

①帛書作“共之用黃牛之勒，莫之勝奪”。革卦初九“鞏用黃牛之革”，帛書鞏作共。余以爲，此爻辭之與革卦初九爻辭義同，執同繫，繫、鞏皆有捆束之義，引申則爲保全、守衛。黃牛之革，革，革盾，當指黃牛皮所製革盾。“執之用黃牛之革”，即使用黃牛皮所製之革盾，加以保衛。説，當從帛書作奪，奪同敓，今本説爲敓字之譌。“莫之勝奪”，即保衛財產、人民，不使被外人侵奪。

《象》曰：執用黃牛，固志也。①

【校注】

①“固志”者，意謂遯退之志堅固。六二當位得中，君子遯於山中之象，固守中正之道，遯而不出。案《集解》引侯果説，此爻“體艮履正，上應貴主，志在輔時，不隨物遯”，是以不遯爲象。余以爲，初已遯至尾，二則謂固守其遯地。二之上應貴主，志在輔時，非自始至終堅持不遯，乃既遯而後又將應五之召聘也。

九三，係遯，有疾，厲；①畜臣妾，吉。②

【校注】

①《釋文》：“係，本或作繫。”此係同隨卦“係小子”、“係丈夫”之係。“係遯”，意謂人衆相互牽連而遯。阮元《十三經注疏校勘記》：“凡相連屬謂之係，此‘係遯’是也。”案此卦言“係遯”、“好遯”、

"嘉遯"、"肥遯",皆言遯之行爲狀態。"有疾",遯之途中有憂患、苦難。《管子・小問》:"凡牧民必知其疾。"尹知章注:"謂患苦也。"此一"係遯"過程,有危厲。

②畜,蓄養也。臣妾,謂家中之奴隸,亦即隨主人而遯來者。此類跟隨之臣妾得主人蓄養,則吉也。

《象》曰:係遯之厲,有疾憊也。①"畜臣妾,吉",不可大事也。②

【校注】

①《釋文》:"憊,鄭云:困也。《廣雅》云:極也。王肅作斃。"斃,死。"疾憊"訓疾,亦即困苦乃至死亡也。

②《集解》引王肅曰:"三下係於二而獲遯,故曰'係遯'。病此係執而獲危懼,故曰'有疾憊也'。比於六二畜臣妾之象,足以畜其臣妾,不可施爲大事也。"案王説大義爲是,然猶當稍加辨析。於爻二言主人,三言臣妾,三之臣妾乃係屬於二之主人而來,乃得主人蓄養。或曰六二君子既得穩固之遯地,則可以蓄養牽連而來之臣妾也。"不可大事"者,若前揭荀爽説:"潛遯之世,但可居家蓄養臣妾,不可治國之大事。"荀氏此言,可概説下卦之大義。下卦三爻,乃言君子遯於山,其時君子不在位,如訟卦之逃歸舊邑,君子在邑,治其家室,亦即荀爽云居家蓄養臣妾,爲小事也。案九三當位,爲下艮之終,艮爲止爲山,遯至於此,宜棲止於山中。

九四,好遯,①君子吉,小人否。②

【校注】

①"好遯"言遯之狀態,好謂和好、結好,意謂雖在遯中,猶能不與世隔絕,與外相通。又可謂君子在遯,有好名聲也。

②"君子吉"者,因"好遯"而有吉也。《釋文》:"否,鄭、王肅云:塞也。""小人否"者,小人無内外交通,在遯遂被塞絶也。案孔穎達

《正義》云:"九四處在於外,而有應於內。處外即意欲遠遯,應內則未能棄捨。若好遯君子,超然不顧,所以得吉。小人有所係戀,即不能遯,故曰'小人否'也。"就初、四相應言之,似有道理,然自卦勢觀之,下艮爲遯止之地,上乾則出遯之地,四已入上乾,乃君子出遯之際,將與五嘉會也。至若超然遠遯,其象在上,不在四也。

《象》曰:君子好遯,小人否也。①

【校注】

①否,王弼注:"音臧否之否。"乃謂君子以遯而有美名,小人有惡名。《集解》引宋衷曰:"太公遯殷,四皓遯秦之時也。"案太公、四皓,雖遯而名聲尤著。遯而無名,亦難有召聘之事也。

九五,嘉遯,①貞吉。

【校注】

①嘉,嘉會也。遯者得王之禮見召聘,是爲"嘉遯"。《周禮·春官宗伯·大宗伯》:"以嘉禮親萬民。"《詩·鳧鷖》:"爾酒既多,爾殽既嘉。""嘉遯"者,意謂王者以嘉禮召聘既遯之君子也。

《象》曰:"嘉遯,貞吉",以正志也。①

【校注】

①六二"固志"之志,乃君子遯志。此九五言"正志",亦即正其遯志,使其志復歸向於朝廷也。

上九,肥遯,①无不利。

【校注】

①《釋文》:"《子夏傳》云:肥,饒裕。"案肥通飛,《文選》注引淮南九師:"遯而能肥。"《後漢書》注引作:"遯而能飛。"肥、飛同。張衡《思玄賦》:"欲飛遯以保名。"飛遯者,無所據也,無邑國人民之繫累,遯逸出世外矣。《集解》引侯果曰:"潁濱巢、許當此爻也。"

《象》曰:"肥遯,无不利",无所疑也。①

【校注】

①"无所疑"者,君子遯而他往,而王者無所疑於遯者。又疑同擬,君子無擬於王,龍德而隱,無亢龍之患,故可以聽其遯。綜此遯卦,始自下卦君子遯於山,猶前揭荀爽所云不任邦國大事,營室家以待時;終於上卦君子既得君召聘,猶不願居其高位,復飛遯而去,則是遯於天者也。

【疏義】

王弼注曰:"遯之爲義,遯乃通也。"孔穎達《正義》曰:"'遯亨'者,遯者,隱退逃避之名。陰長之卦,小人方長,君子日消。君子當此之時,若不隱遯避世,即受其害。須遯而後得通,故曰'遯亨'。"余案:注家以遯卦爲君子避小人之卦,蓋本諸《象》傳"君子以遠小人"及九四"君子好遯,小人否"。然則就經文而言,君子、小人乃指主人與臣妾,不同於泰、否之君子、小人。所謂遯卦爲君子避小人,不過爲此卦之背景或原因,並不見諸卦爻象與卦爻辭。另注家以"小利貞"之小爲陰,爲小人,《象》傳"浸而長"爲陰長,小人浸長,皆不合經義,前揭荀爽說,小謂小事、家事,君子雖在遯中,猶應爲小事、家事,自小浸長而大,乃有應乎君之召聘也。

解此遯卦,必知先有六二之固遯,而後有九五之嘉遯,此爲鄭玄注所揭示,本注亦有所闡發。亦必知下卦之遯與上卦之遯不同,下卦遯於山,上卦遯於天。遯於山者雖隱遯而待徵聘,遯於天者則決然飛逸而去矣。

《後漢書》首立逸民列傳,其文首曰:"《易》稱:'遯之時義大矣哉。'又曰:'不事王侯,高尚其事。'是以堯稱則天,不屈潁陽之高(李賢注:潁陽謂巢、許也);武盡美矣,終全孤竹之絜(孤竹謂夷、齊也)。自茲以降,風流彌繁。長往之軌未殊,而感致之數匪一。或隱居以求其志,或回避以全其道(《論語》:"孔子曰:'隱居以求其志,行義以達其道。'"求志,謂

長沮、桀溺;全道,若薛方詭對王莽也),或靜己以鎮其躁(謂逢萌之類也),或
去危以圖其安(四皓之類也),或垢俗以動其概(謂申徒狄、鮑焦之流也),或
疵物以激其清(梁鴻、嚴光之流)。"可知後世史家乃以此遯卦爲士人隱逸
傳統之濫觴,且隱逸之緣由、隱逸之方式與欲達之目的,亦隨世事變
遷,逐漸變得多樣化了。

大　壯

☰乾下震上

大壯：①利貞。②

【校注】

①大壯，卦名，由乾☰、震☳二單卦相重而成。《釋文》：“壯，威盛强猛之名。鄭云：氣力浸强之名。王肅云：壯，盛也。《廣雅》云：健也。馬云：傷也。郭璞云：今淮南人呼壯爲傷。”《集解》引虞翻曰：“壯，傷也。”于省吾《雙劍誃易經新證》讀壯同戕，故訓傷。綜覈諸説，大壯之壯，兼有强健與傷害二義。王引之《經義述聞》訓壯爲止，其説乃自《序卦》、《雜卦》推闡而來，頗有理據。故大壯之壯，又可增一義，即“大壯則止”也。余案：大壯之根本在於陽之强健，陽爲大，陽之强健，乃爲大壯。孔穎達《正義》云：“壯者，强盛之名。以陽稱大，陽長既多，是大者强盛，故曰‘大壯’。”於卦言之，下乾爲大，故大壯乃謂下乾之强健上行，强健上行則與其當面必有所衝撞，故必有所傷。然則非謂乾上行傷震，震乃止乾之健者，於乾有所正，震之止乾、正乾，乃使乾自身受傷也。此義可由《左傳》昭公三十二年史墨説此卦證之。趙簡子問於史墨曰：“季氏出其君，而民服焉，諸侯與之。君死於外而莫之或罪也。”對曰：“物生有兩、有三、有五、有陪貳。故天有三辰，地有五行，體有左右，各有妃耦，王有公，諸侯有卿，皆有貳也。天生季氏，以貳魯

侯,爲日久矣。民之服焉,不亦宜乎! 魯君世從其失,季氏世修其勤,民忘君矣。雖死於外,其誰矜之? 社稷無常奉,君臣無常位,自古以然。故《詩》曰:'高岸爲谷,深谷爲陵。'三后之姓於今爲庶,主所知也。在《易》卦,雷乘乾曰大壯,天之道也。"杜預注:"乾下震上,大壯。震在乾上,故曰雷乘乾。乾爲天子,震爲諸侯而在上,君臣易位,猶臣大强壯,若天上有雷。"按照史墨、杜預説,魯君爲乾,季氏爲震,魯君有失,季氏正之,而魯君失國,政在季氏,季氏乘乎魯君之上,是於魯君有所傷也。於此史例中,大壯之健、傷、止三義皆可見矣。惟杜預説"臣大强壯,若天上有雷",似謂上震强壯過於下乾,稍有失義,當謂下乾强壯,震乃節制此乾者也。而若臣能制君,固可謂之臣强君弱,然自卦象言之,下乾爲君,上震爲臣也。又案上述説大壯義,乃據乾、震卦象言之,此爲據傳而發之後義,非卦爻辭原義。卦爻辭之取象,乃在馴羊,羊鬥狠,向前衝撞,而馴羊者設藩籬以阻攔之,而漸使其馴順。若轉喻人事,則意謂君子之制服小人也。羊、陽相喻,健、傷、止三義,亦可從馴羊過程中見之。

②貞告爲利。亦可依《象》訓貞爲正,意謂當其强健而發動之時,守正則利也。

《象》曰:大壯,大者壯也。①剛以動,故壯。②大壯利貞,大者正也。③正大而天地之情可見矣。④

【校注】

①大,陽也。"大者壯"者,下乾之陽,健而上行,此壯當訓健。

②"剛以動"者,下乾爲剛,上震爲動。"故壯"者,乾、震皆陽卦,乾上遇震,兩陽相敵,必有所傷,此壯則當訓傷。

③"大者正"者,大者謂乾,正謂乾爲震所正。

④"正大"者,正此大也,亦即能使陽氣之壯大歸於正。天地本陽氣而生生,陽氣壯而正,則天地變化之情可得而見。案天道變化,以

陽氣爲主,而陽氣壯盛,亦須以雷節之。《後漢書·郎顗傳》有云:
"雷當發聲,發聲則歲氣和,王道興也。"雷亦陽氣,然則雷以時而
發,有節制陽氣之功用。

《象》曰:雷在天上,大壯。①君子以非禮弗履。②

【校注】

①此據上下卦言之,上震爲雷,下乾爲天,故有"雷在天上"之象。

②"非禮弗履"者,意謂君子之行履必合乎禮,不合乎禮者,君子弗爲
也。王弼注曰:"壯而違禮則凶,凶則失壯也,故君子以大壯而順
禮也。"余案:乾天健而行,猶人性之天也,以震雷節之,猶以禮節
性也,是猶言君子之行履不得純任天性,必以禮節性。《論語·雍
也》:"子曰:'人之生也直,罔之生也幸而免。'"乾之爲健,猶"人
之生也直",以禮節之,則猶"罔之生也幸而免"。又阮元《性命古
訓》言經典節性之義頗詳,可參考。

初九,壯于趾,①征凶,有孚。②

【校注】

①壯,勇健、莽撞向前。趾,脚趾。勇健之勢始於脚趾,猶言躍躍欲
試,若牛羊之相鬥,先躁動其前蹄。又《漢書·叙傳》:"安國壯
趾。"孟康曰:"《易》'壯于趾,征凶',安國臨當爲丞相,墮車,蹇。
後爲將,多所傷失而憂死。此爲不宜征行而有凶也。"師古曰:
"'壯于趾',大壯初九爻辭也。壯,傷也。趾,足也。直謂墮車蹇
耳,不言不宜征行也。"以"壯于趾"爲傷趾,訓壯爲傷,乃言其莽
撞於行之後果,亦通。

②"征凶"者,意謂"壯于趾"者,好勇鬥狠,以此出征必有凶。"有
孚"者,與他人有孚信。據《象》義推斷,"征凶,有孚"句義顛倒,
讀若"有孚,征凶",因"壯于趾"與"征凶"爲因果,故錯置二句,猶
言既有孚於他人,又欲征之,則凶也。

《象》曰："壯于趾",其孚窮也。①

【校注】

①窮,盡也。"壯于趾"爲欲征伐之貌,若聽其征伐,則既有之孚盡
　失矣。

九二,貞吉。①

【校注】

①貞告爲吉。案爻辭未言何種行爲當此貞吉,依下乾推測,當謂壯
　而上行,貞吉。

《象》曰:九二貞吉,以中也。①

【校注】

①九二陽居陰位,爲壯而上行之象,然其壯得中而應五,不失其正,
　故云"貞吉"。九二爲下乾上行之主,乾上行,乃天之道;乾不上
　行,則震亦無可節之者也。

九三,小人用壯,君子用罔,貞厲。①羝羊觸藩,羸其角。②

【校注】

①《釋文》:"罔,網羅也。馬、王肅云:無。"帛書作亡。余以爲,不當
　讀無或亡,當如字讀罔,罔者,即藩籬也。"小人用壯"者,言小人
　勇壯而直前;"君子用罔"者,言當小人用壯之際,君子以藩籬限制
　其盲目衝撞。《詩·瞻卬》:"天之降罔。"鄭玄箋:"天下羅罔,以
　取有罪。"案《易緯·稽覽圖》云大壯"小人用事,君子奪之",當應
　此爻。"貞厲",有衝突故厲也。

②羝羊,公羊。"羝羊觸藩"者,公羊以角頂觸藩籬。《釋文》:"羸,
　馬云:大索也。王肅作縲,鄭、虞作纍,蜀才作累,張作虆。"案縲、
　纍、累、虆通,皆謂以繩索拘繫之。而余以爲,藩,籬也。羸,困也。
　《釋名》:"籬,離也,以柴竹爲之,疏離離然也。"藩並非以繩索編

織而成,乃以木枝爲之,其中疏離離然有空隙,羊以角頂觸之,角卡在藩之空隙,困而不能進退,是謂"羸其角"。又案此爻辭羝羊象小人,而君子乃設藩籬者也。

《象》曰:"小人用壯",君子罔也。①

【校注】

①君子罔小人之壯,猶以藩籬拘羝羊也。案帛傳《易之義》謂"壯之觸藩,剛之失也"。九三剛當位,故用壯,然受制於藩,是謂剛之失。《集解》引侯果曰:"藩謂四也,……四藩未決,三宜勿往,用壯觸藩,求應於上,故角被拘羸矣。"依侯氏説,三羊欲之上,而爲四藩所阻。三剛羝觸四剛,是必見傷也。

九四,貞吉,悔亡。①藩決不羸,壯于大輿之輹。②

【校注】

①九四陽居陰位,處互乾之終,其壯未止,然已轉上卦,壯而遇柔,故"貞吉,悔亡"。

②決,破也。"藩決不羸"者,藩籬爲公羊撞破,不復被困。此處言壯,猶觸,向前衝撞。帛書"大輿之輹"作"泰車之緮"。緮,車之圍緣,柔物也,公羊撞在車緮之上,遇柔則不被傷也。此二句意謂羊壯於車緮,故可以穿過藩籬而出。《集解》本輹作腹,《説卦》:"坤爲腹。"亦言柔。案舊注訓輹爲車下縛木,而輹在車下,羊無從觸之。又訓輹爲輻,羊觸車輻,以剛觸剛,必傷其角,不合"貞吉,悔亡"之義,亦不合《象》"尚往"之義。

《象》曰:"藩決不羸",尚往也。①

【校注】

①"尚往"者,言壯而不止,沖決而去。《集解》引虞翻曰:"《象》曰'尚往'者,謂上之五也。"五爲疆場,再無藩籬之困拘也。

六五，喪羊于易，[①]无悔。

【校注】

①喪，亡也。帛書作亡。《釋文》：“易，陸作埸，壃埸也。”王引之《經義述聞》云此易即古埸字。案喪羊，舊注多謂丟失羊，實則喪同亡，奔也，“喪羊于易”，猶云羊衝出藩籬，奔跑於曠野之場，乃遊牧之象。遊牧之羊，必是已馴化之羊，羊雖剛狠，至此卑於陰，已化爲柔順也。今人多謂此“喪羊于易”乃取王亥故事，王國維《殷卜辭所見先公先王考》謂王亥遷殷，遊牧於有易高爽之地，有易之人殺王亥而取其牛羊。余以爲旅卦之“喪牛于易”或本王亥，而大壯之“喪羊于易”則非是也。

《象》曰：“喪羊于易”，位不當也。[①]

【校注】

①“位不當”，五陰居陽位，不當用壯，當用柔順。孔穎達《正義》云：“‘位不當’者，正由處不當位，故捨其壯也。”案九二壯而上行，至於六五，轉而柔順，或曰至此壯乃得其正也。

上六，羝羊觸藩，不能退，不能遂，无攸利，[①]艱則吉。[②]

【校注】

①《集解》引虞翻曰：“遂，進也。”“不能退，不能遂”者，羊角卡在藩籬上，不能退出來，亦不能穿過去。案此“羝羊觸藩，不能退，不能遂”，乃是九三之象，意謂當其三，不能退亦不能進，“无攸利”也。

②《說文》：“艱，土難治也。”當此羊難治亦爲艱，雖難治，而堅持治之，則吉也。故“艱則吉”者，意謂九三之困，堅持至上六方得治理，則可轉吉也。

《象》曰：“不能退，不能遂”，不詳也。[①]“艱則吉”，咎不長也。[②]

【校注】

①《釋文》:“詳,鄭、王作祥,善也。”“不詳”者,言羊爲藩籬所羸,不能進退,故而不祥也。

②三壯而上,爲上陰所治,故其處於咎中不長。《雜卦》云:“壯則止也。”

【疏義】

大壯卦之義,在於陽自下而上生長强盛,體現在下四爻皆陽。孔穎達《正義》云:“陽爻浸長,已至於四,是大者壯盛。”朱熹《周易本義》亦云:“大謂陽也,四陽盛長,故爲大壯。”又云:“陽壯,則占者吉亨不假言,但利在正固而已。”如何使陽在用壯之時能得其正,乃此卦之關鍵。王孔、程朱以降諸儒,大多從如何使大壯得正解説此卦,義理上大同小異。姑舉彭作邦《周易史證》之説爲例,彭氏論卦云:“四陽盛長,乘剛以動,故爲大壯。壯不難於有爲,若不以正,則血氣之壯,而非義理之壯矣。”彭氏分釋六爻云:“初之壯趾,一於進者也,不審義理,不顧名節,直前而已。二在壯時,居陰不正,本不獲吉,以居中之故,能以義理約束身心,故得貞吉。三以陽處陽,過剛不中,君子、小人以位言之,所謂君子有勇而無義爲亂,小人有勇而無義爲盜也。四以陽居陰,剛而有節,不極其威者也。五處壯時,以柔居中,不以用武爲壯,而能喪人之壯,善於用壯者也。上六處壯終動極,志於進而不知退者也,故爲藩所困,而進退皆窮。”

説卦者皆以大壯之義主要體現在四陽爻,觀察此四陽爻,當按諸王弼注所説“陽爻以居陰位爲美”,故初九、九三陽爻居陽位,皆凶,九二、九四陽爻居陰位,皆吉。又李光地《周易折中》引項安世云:“大壯之時義,其所謂‘利貞’者,利守事理之正,不以爻位言也。是故九二、九四、六五三爻,不當位而皆利;初九、九三、上六三爻,當位而皆不利。”則爲擴展王弼之説兼及六爻。不當位之爻即陽居陰或陰居陽者,當位之爻即陽居陽或陰居陰者。陽居陰者爲二、四,陰居陽爲五,皆得陰陽相協,故有利;而陽居陽者爲初、三,陰居陰者爲上,皆不利也。

　　案舊注説此大壯卦,乃一以君子之作爲當之,未涉君臣之關係。而本注乃據《左傳》史墨之説,杜預之注,按君臣無常位,震臣乘乎乾君之上,説此大壯。當大壯之時,下卦乾爲君爲大,強健上行,而上卦之震,則爲臣,其能節制君之過甚者。就下乾上震及諸爻相應而言,亦蘊含陰陽相協之理。四乃正初,初剛居剛位,壯而窮凶,至四變爲剛居柔位,貞吉,悔亡。五乃正二,二剛居柔,五柔居剛,本自陰陽和合,然則君居二,臣居五,故有臣乘君之象。上乃正三,三剛居剛,又有強進之象,上柔居柔,則爲終止之象。下乾之強健乃爲上震節制,遂轉入於柔順之中。又案大壯一卦兼有強健、傷害與終止三義,其自初、二始進,見強健之義,在三、四之間觸藩,復見傷害之義,而在五、上,則又見終止之義,五爲疆場,爲羊所樂居之地,而在上不能退,不能遂,大壯遂終止於是焉。

　　後儒中唯王夫之能識此卦之有憂患意識,《周易內傳》云:“陽道充實而嚮於動,志盈氣盛而未得天位,則爲強壯有余而未乘乎時之象,故僅言其壯,若有勉之惜之之辭焉。乾之四德,大壯所可有,不言元亨者,以未得天位,尚不足以統天,而達其雲行雨施之大用也。”然則船山尚未明此卦有臣正君之古義,抑或隱晦不忍言也。大壯之乾,固已有天位矣,然則失之過於強健,其憂患實在乎君王強壯而有不正之行,故不足以統天,而達其雲行雨施之大用。卦象以雷節天,猶云臣據天道以節制君王,故雖以臣正君,亦不爲過禮也。

晉

䷢坤下離上

晉：^①康侯用錫馬蕃庶，^②晝日三接。^③

【校注】

①晉，卦名，由坤☷、離☲二單卦相重而成。《釋文》：“《彖》云：進也。孟作齊，齊，子西反。”《彖》與《序卦》均訓晉爲進。《彖》之訓進，乃就上下卦言之，其訓晉爲進，爲讀晉同晉，取日出而進之義。《説文》：“晉，進也，日出而萬物進。從日，臸聲。《易》曰：‘明出地上，晉。’”《序卦》之訓進，乃承大壯則止言之，物不可終壯，故受之以晉。案此晉卦所關涉之事，乃爲康侯之行馬政，而由馬政釋晉，晉既訓進，又當訓抑，亦即對馬之進，有所抑也。《周禮·夏官司馬·田僕》：“凡田，王提馬而走，諸侯晉，大夫馳。”鄭玄注：“提，猶舉也。晉，猶抑也。使人扣而舉之、抑之，皆止奔也。馳，放不扣。”按鄭彼注意，晉馬即扣住馬，使之不能急奔。又《釋文》云孟氏晉作齊，讀子西反，晉、齊皆精紐雙聲。由馬政訓齊，亦有抑義，《莊子·馬蹄》曰：“饑之、渴之、馳之、驟之、整之、齊之。”成玄英疏云：“馳驟過分，饑渴失常，整之以衡枙，齊之以鑣轡。”齊之，即以鑣轡抑制馬行。故合晉之進、抑二訓，則馬欲進而抑之，或曰使馬有所抑而進之，爻辭所謂“晉如”即是此貌。晉卦馬欲進而抑之，其事不在田獵，乃在馬之蕃庶，亦即馬之牡牝交配之

際也。

②康侯，舊注多釋爲尊崇、安樂之侯，《釋文》：“康，美之名也。馬云：安也；鄭云：尊也，廣也；陸云：安也，樂也。”于省吾《雙劍誃易經新證》謂康侯當指《尚書·康誥》之康叔封，金文中多見康侯之名，成王平武庚之亂，命康侯自康圖於衛。顧頡剛《周易卦爻辭中的故事》亦有相近之考證。“錫馬”者，錫同賜，當指王賜康侯之種馬。“蕃庶”，《釋文》引鄭玄云：“謂蕃遮禽也。”蕃，繁殖。遮同庶，多也。禽，禽獸，在此指馬。《管子·侈靡》曰：“六畜遮育，五穀遮熟。”“康侯用錫馬蕃庶”者，意謂康侯以王所賜種馬繁殖出衆多之馬。古者重馬政，徵諸《周禮》夏官司馬屬下有校人，掌王馬之政，校人之下有牧師，掌“中春通淫”，合馬之牝牡，亦即使馬交配繁育也。

③晝日，言一日之内。三，概言其多。《釋文》：“接，鄭音捷，勝也。”余案：接，言馬相接而交配。鄭音捷，當讀若插，《集韻》：“插，《說文》：刺肉也。或作捷。”故接讀捷，訓插，尤可明其爲馬交配之貌。又鄭訓爲勝，牡之配牝，可謂之勝。漸卦“終莫之勝”，義有相通。“晝日三接”者，意謂一日之内多次交配，故能繁殖衆多。李鏡池《周易通義》訓“三接”爲多次交配。

　　《彖》曰：晉，進也。①明出地上，順而麗乎大明，柔進而上行。②是以康侯用錫馬蕃庶，晝日三接也。③

【校注】

①《說文》：“晉，進也。日出而萬物進。”許說本自《彖傳》，乃爲引申之義。

②“明出地上”，釋上下卦，下坤爲地，上離爲明。“順而麗乎大明”者，亦就上下卦言之，下坤爲順，上離爲大明，麗，附麗，意謂下坤順而附麗於上離大明。“柔進而上行”者，謂下坤三柔逐次上行，相接於四剛。孔穎達《正義》釋此爲六五以柔而進，上行貴位。孔

義當指六二柔進至於五,亦通。

③《集解》引荀爽曰:"陰進居五,處用事之位。陽中之陰,侯之象也。陰性安静,故曰'康侯'。馬謂四也,五以下群陰錫四也,坤爲衆,故曰'蕃庶'矣。"案荀説與本注頗多不同,唯以六五爲康侯,九四爲馬,余以爲可取也。用此義而言之,則意謂康侯居六五用事,使初、二、三陰上進,三接於四陽,此陰陽相接,亦即指牝、牡馬之交配也,是以卦辭云"康侯用錫馬蕃庶,晝日三接"。

《象》曰:明出地上,晉。①君子以自昭明德。②

【校注】

①與《彖》同。

②《集解》本昭作照。昭,昭顯。"君子以自昭明德"者,猶云君子自我昭顯己身所有之明德。案古云"明德",既指上承天命之德,又指受天命者自身之德,乃天人合德之德。《集解》引鄭玄曰:"地雖生萬物,日出於上,其功乃著,故君子法之,而以明自照其德。"依鄭説,萬物在下坤,必待上離之明照之,而後其功乃著;同理,君子自有之德,若不爲上天之明所照,亦不足以彰顯。故君子者,其猶地上種種事物,當日没時,皆在晦暗中,而當日出之時,則援日光之明以照己,使自身之德行得以顯現。方諸馬政,與王之種馬交配後所生之馬可稱王馬也。注家或以君子本身當日,謂君子應如日之升,而自昭明德,甚誤矣。

初六,晉如摧如,貞吉。①罔孚,裕无咎。②

【校注】

①此爻辭帛書作"潛如浚如貞吉悔亡復浴无咎",當斷作"潛如浚如,貞吉,悔亡,復,浴无咎"。又《説文》裕字下引《易》作"有孚,裕无咎",王筠《説文句讀》云段玉裁、桂馥皆疑"有"爲"罔"字誤,而王筠以爲不誤。以此二者校今本,可讀作"晉如摧如,貞吉,悔

亡。有孚,裕无咎”。“晉如摧如,貞吉,悔亡”爲一句。晉,同卦名之訓,“晉如”,即馬欲進而抑之,或曰使馬有所抑而進之。“摧如”,《説文》:“摧,擠也。”帛書本浚,同踆,踢也,《集韻》:“以足逆蹋曰踆。”摧、踆,言衆馬擁擠、馬足互有踢踏之貌。衆馬擁擠欲配爲“摧如”,故必“晉如”,亦即抑之,控制其争競,乃得“貞吉”。又《釋文》:“摧,鄭讀如‘南山崔崔’之崔。”崔崔,則言南山群峰連綿之狀,用此形容馬群擁擠貌,亦通。“悔亡”二字今本無,疑爲衍文。

②帛書“復浴无咎”,可讀作“孚,裕无咎”,然經中未見以“孚”字爲一句者,多“有孚”連言,故當從《説文》作“有孚,裕无咎”。余案:此卦云孚,乃言馬牡牝之間有孚。裕,延緩也。“有孚,裕无咎”者,意謂理應有孚而成配,當此暫且延緩而未成配,是無咎害。王筠《説文句讀》云:“(初)與四合德,故‘有孚’,但席珍待聘,不可衒玉求售耳,故‘裕无咎’。”余以爲,此據《説文》異文爲讀,與據今本“罔孚,裕无咎”爲讀,二者並無大殊,“罔孚,裕无咎”,乃直謂不能有孚成配,暫且延緩而無咎害。可知二者相同之基本情況爲“裕”,亦即暫緩成配也。

《象》曰:“晉如摧如”,獨行正也。[①]“裕无咎”,未受命也。[②]

【校注】

①獨,單個。摧如,爲衆馬擁擠争競貌,獨行,則衆馬得以控制,一一行之之貌。

②“未受命”者,未承受天命,猶言牝馬之未受孕。初六以陰居下,失位,距陽遥遠,故爲裕緩而待配者也。

六二,晉如愁如,[①]貞吉,受兹介福于其王母。[②]

【校注】

①愁,憂愁。《釋文》:"愁,鄭云:變色貌。"變色,乃言馬驚慌之貌。
余案:愁亦訓恚,怒也。《廣雅》:"爰嫒愠愁也。"王念孫《廣雅疏
證》云各本愁字下俱脫恚字,當作"爰嫒愠愁,恚也"。《戰國策·
秦策》:"上下相愁,民無所聊。"謂上下相恚也。則"愁如"意謂交
配之二馬相互排拒。又愁通騷,騷如,言馬相擾而騷動之貌。總
之"晉如愁如"者,謂控制住馬之驚慌、敵意、騷動,使交配行動順
利進行。

②《釋文》:"介,大也。"介福,大福也。"受茲介福于其王母"者,猶
言"其王母受茲介福"。案以王賜種馬與康侯之牝馬交配繁殖,受
精於王馬之牝馬,亦即"王母"。因並非所有牝馬皆能孕王馬,故
以"其"特指之。

《象》曰:"受茲介福",以中正也。①

【校注】

①"以中正"者,六二得中得位,爲中正,故能受孕,亦即"受茲介
福"也。

六三,衆允,悔亡。①

【校注】

①允,信也。衆允,亦即衆孚,衆皆有孚。"衆允"者,意謂衆馬依次
皆得成交配,故悔亡也。案初六有孚而裕,至此下卦之終,則皆實
現其孚也。

《象》曰:衆允之,志上行也。①

【校注】

①《集解》引虞翻曰:"坤爲衆,允,信也。土性信,故'衆允'。""志上
行"者,陰志順陽,柔進而上行也。

九四,晉如鼫鼠,[①]貞厲。

【校注】

①帛書鼫作炙,爲鼫之借字。《集解》本鼫作碩。《釋文》:"鼫,《子夏傳》作碩鼠。鼫鼠,五技鼠也。"鼫鼠與碩鼠,非一獸,必取其一。余以爲,當作"碩鼠"。《詩・碩鼠》孔穎達疏引陸機云:"今河東有大鼠,能人立,交前兩脚於頸上跳舞,善鳴。"釋此經"晉如碩鼠",可用陸機説,以碩鼠比象於馬,九四之馬爲牡馬,其類乎碩鼠之人立云云者,乃牡馬以兩足直立,躍身欲配之貌,在此喻牡馬之貪淫也。

《象》曰:鼫鼠貞厲,位不當也。[①]

【校注】

①四以陽居陰位,不當位,貪淫於下三陰。又四陽上迫五陰,爲多懼之位。四爲離初,當敬慎以辟咎,若貪淫無已,必有危厲。

六五,悔亡,失得,勿恤,[①]往吉,无不利。[②]

【校注】

①五不爲四所傷,故云"悔亡"。"失得",帛書、《集解》本失作矢。《釋文》:"失,孟、馬、鄭、虞、王肅本作矢。馬、王云:離爲矢,虞云:矢,古誓字。"《集解》引荀爽亦作矢。可知今本作失爲誤,當以作矢爲正。虞訓矢爲古誓字,誓,信也。《禮記・曲禮》:"約信曰誓。"誓得,必將有得也。陰在二既受介福,至五則必將有得,猶謂經懷孕之期,孚而有信,至期必生也。"勿恤",無憂慮。

②往,謂行將。依卦言之,往謂自内往外。"往吉,无不利"者,陰自二往五,在二受福,至五必有得,其往爲吉,無有不利也。

《象》曰:"失得勿恤",往有慶也。[①]

【校注】

①"往有慶"者,謂自二往五,行將有慶。案慶者,相合。初傳云"獨
行正",此則承之而云"往有慶",其猶履卦初傳云"獨行願",上傳
云"大有慶",皆先言獨,然後言慶,語例一也。又慶,福也。二云
"受兹介福",此云慶,則意謂其福得以實現,亦通。

上九,晉其角,①**維用伐邑,**②**厲吉,无咎。**③**貞吝。**④

【校注】

①角,角力,馬相角鬥。"晉其角",意謂控制住好鬥之馬。上九之
馬,牡馬也。

②帛書維作唯,《集解》本作惟,當從《集解》本。"惟用伐邑"者,好
鬥之馬不能用作種馬以蕃庶,惟用作戎馬以伐邑也。

③厲,興作也。以戎馬興作伐邑,其於戎事吉而無咎。

④既云"吉"、"无咎",復云"貞吝"者,此乃就錫馬蕃庶言之,蕃庶不
成,故貞告爲吝也。

《象》曰:"維用伐邑",道未光也。①

【校注】

①上九亢陽,故象牡馬好鬥。光同廣。"道未光"者,晉卦蕃庶之道
未能廣施,猶言王道尚未盡被,故尚有征伐之事也。

【疏義】

晉卦明確關涉康侯之馬政,其關鍵又在以王賜之種馬繁殖衆多
之馬。按諸《周禮·夏官司馬·校人》,校人"辨六馬之屬,種馬一物,戎
馬一物,齊馬一物,道馬一物,田馬一物,駑馬一物"。其中"種馬",爲
馬之最善者,可駕玉路,亦可作爲繁殖之用。尤其是王可備六馬,諸侯
只能備後四馬,不得自養種馬與戎馬。故由卦辭"康侯用錫馬蕃庶",
可知康侯得到王之恩寵,賜其種馬以供繁殖;上六卦辭"維用伐邑",可
知康侯亦得擁有戎馬矣。晉之爲進,乃指臣之升進,而此升進即體現

在馬政之優寵也。

　　按注家通説,晉卦一則明人臣之升進,一則明君王之恩寵,其若《集解》引崔覲所云"臣以功進,君以恩接"也。余以爲,此卦確有注家常論之臣君關係,然則乃以馬政之事喻之,且這種關係甚爲複雜。依經文之叙事,並非臣先以功進,然後王乃以恩接,實則起始於王賜種馬,而臣用此王馬繁殖衆馬,以成馬政之功。此一叙事次第頗有深意。晉卦大義盡在《象》"君子以自昭明德"一句。晉之爲晉,猶萬物在日光照耀之下自身昭晰其本性,亦猶君子在承受天命、君命之德同時彰顯自身之德。若康侯不受王恩寵之德,錫馬蕃庶,則無由順行其馬政,不能行馬政,則不能見康侯之德也;而若康侯之馬政成功,則君德、臣德皆見焉,若康侯行馬政失敗,則王德、臣德皆不見。後儒或釋"君子以自昭明德",僅爲君子自我昭顯自身固有之德,是不知經傳所蘊含之君德與臣德,乃至天德與人德之辯證關係也。

　　又晉卦之晉,兼有進與抑二重含義,以進而抑、抑而進,故晉之爲進,爲柔進也。據帛書本校今本,則初、三、五三言"悔亡",可見君子柔進之過程危機四伏,在在憂患也。

明　夷

☷☲離下坤上

明夷：^①利艱貞。^②

【校注】

①明夷，卦名，由離☲、坤☷二單卦相重而成。“明夷”者，明，日也，或曰日光。夷，傷也。《序卦》：“夷者，傷也。”《集解》引鄭玄曰：“夷，傷也。日出地上，其明乃光，至其入地，明則傷矣，故謂之明夷。日之傷明，猶聖人君子有明德而遭亂世，抑在下位，則宜自艱，無幹事政，以避小人之害也。”又《集解》引《九家易》云：“日在坤下，其明傷也。”另如虞翻、孔穎達訓夷爲傷，蜀才訓夷爲滅，諸説類似，皆據卦體上坤下離而言日自地上轉入地下，其光明傷矣，滅矣。案據上坤下離之卦象釋“明夷”爲日光之傷滅，乃成古今通説，然則徵諸六爻實際，則猶不盡契合。余以爲，夷除訓傷之外，亦當兼訓易，“明夷”，即日光之逐次變易。《淮南子·天文訓》釋十二律之夷則曰：“夷則者，易其則也。”是訓夷爲易，取變易之義。由此卦六爻所表示之日光變易，乃爲一客觀過程之描述，李零《死生有命，富貴在天》釋此卦六爻，謂初九日出東方，六二日上三竿，九三日當中天，六四日影西斜，六五日薄西山，上六日没於地。“明夷”之爲日光變易，若以陰陽言之，則二氣兼行。前三爻日東升至於中天，陽氣行焉，後三爻日西斜至於没地，陰氣行焉。闡發

此陰陽之義至關重要。《史記·律書》釋十二律之夷則曰："夷則,言陰氣之賊萬物也。"而裴駰《集解》引徐廣曰"陰"一作"陽","賊"一作"則",亦即有本作"言陽氣之則萬物"。余以爲二者實爲一體兩面。《漢書·律曆志》曰："夷則,則,法也,言陽氣正法度,而使陰氣夷當傷之物也。"可知漢儒所理解之夷則,乃包含陰陽兩方面之變易,其當陽氣爲正,其當陰氣爲傷也。於此明夷卦,亦當作類似之理解,若唯言"夷者,傷也",僅得其半矣。"明夷"作爲卦名,尚可採用鄭玄諸家之常訓,以見一卦之大義;而諸爻辭中"明夷",則當據文本另作考釋。又《彖》言此卦涉及文王、箕子之德,則其事應在殷周之際。

②"利艱貞"者,艱爲困難,其情狀因卦或不同,此卦之艱,謂處亂世也,一若文王之難,一若箕子之難。處此困難之中而貞告爲利。

《彖》曰:明入地中,明夷。①內文明而外柔順,以蒙大難,文王以之。②利艱貞,晦其明也。③內難而能正其志,箕子以之。④

【校注】

①此釋上下卦象,下離爲明,上坤爲地,其象若日入地中,其明滅也。

②"內文明"者,離爲文明,居於內卦。"外柔順"者,坤爲柔順,居於外卦。《釋文》:"蒙,鄭云:蒙猶遭也。一云:蒙,冒也。"余以爲,以冒義爲優,冒兼蒙昧與直前,《說文》:"冒,蒙而前也。"言直前而若無所見,引申則言即使有所干犯而不顧。"以蒙大難"者,謂無視乎、不顧前有大難而行進。而承前"內文明而外柔順",在此又有自晦其明、蒙混過關之意。《釋文》:"以之,鄭、荀、向作似之。下亦然。"當從之。"文王以之"者,意謂文王之事與此類似。又《集解》引虞翻說,以"蒙大難"當文王之拘羑里,然其與初六爻辭云"君子于行"不合,故不盡確,當比諸文王之脫難歸周也。

③"晦其明"乃釋卦辭"利艱貞",意謂君子當艱難之時,宜自晦其明德也。案此句實該上文王、下箕子兩例,謂文王、箕子皆"利艱貞",亦皆宜"晦其明",然則二者之應對有所不同,文王趁夜逃之,箕子佯狂守之。

④"內難",指殷人一姓內部之難,箕子作爲殷宗室,實無可逃避者也。《集解》引虞翻曰:"箕子,紂諸父,故稱'內難'。""內難而能正其志"者,言箕子處於內難之中而能守正其心志。又李光地《周易折中》引俞琰曰:"'大難',謂羑里之囚也,其難關係天下之大,民命之所寄,故曰大難。'內難',謂家難也,其難關係一家之內,宗社之所寄也,箕子爲紂之近親,故曰內難。"余案:俞說"大難"不確,文王拘羑里,尚未受命。《集解》引荀爽曰:"文王君臣相事,故言大難也。"意謂文王之難來自紂也。俞說"內難"爲家難則是。

《象》曰:明入地中,明夷。①君子以莅衆,用晦而明。②

【校注】

①句同《象》。

②莅爲莅之俗體,莅,臨也,亦可訓位,意謂身處焉。"君子以莅衆"者,意謂君子身處在衆人之中,或曰混同在衆人中。《集解》引虞翻曰:"而,如也。"李道平《周易集解纂疏》釋虞說云:"'用晦如明'者,雖在晦,猶自明也。"李說是也,君子身處亂世,行動可用晦,然則非心志亦晦,其心志自明。後儒或曰當此卦君子不用明察,然則不用明察,何以知明晦之幾哉!

初九,明夷于飛,垂其翼。①君子于行,三日不食。②有攸往,主人有言。③

【校注】

①帛書作"明夷于飛,垂其左翼",當從。案此卦初、二、三、四爻辭,

當有相同之語例,此爻二句當讀如:"明夷,夷于飛,垂其左翼。"明夷,即日光之變化,《左傳》昭公五年卜楚丘釋明夷初九,曰其時在旦,《説文》:"旦,明也,從日見一上,一,地也。"知初九之明夷,其時在旦,謂日將出地之際,明之未融,其光晦暗。《釋文》:"夷于,子夏作睇,鄭、陸同,云旁視曰睇。京作眱。"眱、睇通,皆訓視。飛,飛鳥。日光之變化,體現在可見之物情況之不同,此言日光照及飛鳥,自我視飛鳥,因日光自左照射,又初升之日光自下出,故可見飛鳥左翼,且翼下明亮,若其翼下垂也。案初"君子于行",至三"夷于南狩",可知君子之行南向,南向行,則其左爲東,適爲日出之位。

② "君子于行",謂明夷之際,君子正在行中。甲骨文中已見旦與食對言,旦而後食,不食,意謂不俟旦食而後行也。三日,概言數日。"三日不食"者,君子每日皆乘旦儘早出行,不食而行也。

③ 此明何以君子"有攸往",乃因"主人有言"。主人,謂殷人。文王居殷爲客,殷人則爲主人。言,非議、讒言。"主人有言"者,殷人既有非議,君子宜早行以避害也。又《集解》引荀爽曰:"不食者,不得食君禄也。"不食君禄,亦即謂君子遠君而他往。

《象》曰:"君子于行",義不食也。①

【校注】

① 義同宜。"義不食"者,宜乘旦不待食時,及早出行。案於義理言之,《集解》引荀爽曰:"暗昧在上,有明德者,義不食禄也。"初爻得位,即有明德者,不再食君禄,故宜及早遠行也。

六二,明夷,夷于左股。①用拯馬壯,②吉。

【校注】

① 股,車上近轂者。《周禮·考工記·輪人》:"參分其股圍。"鄭玄注:"股,謂近轂者也。""夷于左股"者,意謂日又漸升高,已平照

及地上行馳之車之左側車股,或曰左側車股已能睇見,遠行者愈加顯露也。

②用,以也。拯音承,李鏡池《周易通義》謂拯同乘,拯馬即乘馬,駕車之馬也。壯,奮力向前。"用拯馬壯"者,以乘馬奮力向前,免爲追逐者所獲也。

《象》曰:六二之吉,順以則也。①

【校注】

①以,猶而。則,常也。"順以則"者,順其勢而前往,可以得常也。王引之《經義述聞》云:"明夷六二,用拯馬壯,應天合衆,處順安常,故明夷《象傳》曰:'六二之吉,順以則也。'順以則,猶言順而有常。坤《象傳》曰:'後順得常。'是也。"六二當位,故君子"順以則"也。

九三,明夷于南狩,得其大首,①不可疾貞。②

【校注】

①帛書"明夷于南狩"作"明夷,夷于南守",《釋文》:"狩,本亦作守。"當從帛本。狩,狩獵,喻征伐。南狩,即征伐於南方。舊注多謂"得其大首",指誅殺所征伐之南方之首領。更甚者以此爲湯武革命,"大首"謂暗君,亦即殷紂。余以爲不確。"得其大首"承前"夷于南狩",南狩、大首,皆"夷于"之賓語,皆爲睇見者,睇見其征伐於南方,亦睇見其爲大首。"得其大首"猶云得見其爲大首,大首,其首顯赫矣。故"明夷,夷于南狩,得其大首"者,意謂自左視之,初、二君子自北向南行,至南方時,日升至正中,天光大明,君子在南方展開征伐,成爲南方之首領也。

②"不可疾貞",意謂貞告此事不可疾爲之。舊注訓疾爲速,不可疾爲之,亦即漸爲之。余案:在此疾訓壯、美,意謂其事聲勢大、顯揚遠。《爾雅》:"疾,壯也。"《管子·七臣七主》:"嗚呼美哉,成事

疾。"尹知章注:"疾,美也。"君子雖脱暗,得爲大首,然不可張揚也,其猶文王有文明柔順之德,三分天下有二以服事殷。

《象》曰:南狩之志,乃大得也。[1]

【校注】

[1]猶言大得南狩之志。孔穎達《正義》云:"初藏明而往,託狩而行,至南方而發其明也。"然若云九三臣伐君則過甚,自立邦國已足以稱大得志矣。案《左傳》卜楚丘釋明夷,言有"將行"與"子祀"二象,杜預注"將行"云:"行出奔。"注"子祀"云:"奉祭祀。"於卜楚丘,二象皆應於叔孫穆子,而於經本卦,則當分應文王與箕子。下離三爻言文王事,取"將行"象,亦即《象》云"以蒙大難,文王以之";上坤三爻言箕子事,箕子爲殷宗室,取"子祀"象,亦即"内難而能正其志,箕子以之"。

六四,入于左腹,獲明夷之心,于出門庭。[1]

【校注】

[1]帛書"入于左腹"作"明夷,夷于左腹"。合文當作"明夷,夷于入于左腹"。腹,腹地,在此指王庭,或曰朝廷内部。左,旁側也,其指東方抑或指西方,則據主體之所向而定,此云"夷于"左腹,乃指自西睰見王庭之腹地。此爻方向之辨至關重要。在前三爻釋左爲東方,一則日初生在東,光綫自東照射,一則前三爻言文王離殷而往西南,其左亦爲東方。後三爻釋左爲西方,一則後三爻言箕子在殷,殷位在東北,朝向東北者,其左爲西方,一則日已自中天轉西,光綫亦自西照射。就爻辭而言,"入于左腹"與"于出門庭"乃指入王庭與出王庭,當其入王庭,必自南面北,故其左亦必爲西。獲,同前"得其大首"之得,獲見、得見。心,心腹,能出入禁中者謂之心腹之臣。"獲明夷之心"承接前"入于左腹"句,入於腹而見心,亦即得見在日光所照王庭中之心腹之臣。綜上言之,此

數句爻辭云日已轉至西下,故其光自西照入殷之王庭,可見王之心腹之臣進出王庭之狀也。

《象》曰:"入于左腹",獲心意也。[1]

【校注】

①坤爲腹,四得位而入於坤。心謂五,"獲心意"者,四獲五之心,猶云箕子於此尚且當位於殷之王庭也。

六五,箕子之明夷,利貞。[1]

【校注】

①"箕子之明夷"者,猶云"明夷,夷于箕子之明夷",前一"明夷"猶云日光進一步變暗,後一"明夷"則謂箕子之明被傷,或曰隨日色之昏暗而轉昏暗也。案此"箕子之明夷"乃言箕子之用晦。《集解》引馬融曰:"箕子,紂之諸父,明於天道,《洪範》之九疇,德可以王,故以當五。知紂之惡,無可奈何,同姓恩深,不忍棄去,被髮佯狂,以明爲暗,故曰'箕子之明夷'。卒以全身,爲武王師,名傳無窮,故曰'利貞'矣。"余案:馬説得之。箕子在四當位,在五則漸陷於晦暗,然則猶能傳殷之祀,故貞告爲利。前揭《左傳》卜楚丘釋明夷,言有"將行"與"子祀"二象,文王既當前者,箕子乃當後者也。

《象》曰:箕子之貞,明不可息也。[1]

【校注】

①"箕子之貞",意謂箕子明夷而猶"利貞"者,因"明不可息也"。息,同熄。孔穎達《正義》:"息,滅也。"此明者,箕子之明,而箕子之明即殷人之明,雖紂一人爲惡,亦不當盡滅殷明。在六五已日薄西山,然猶能照到箕子,是殷明之唯可存者。其後箕子爲武王陳《洪範》,微子之封宋,皆殷明之不息者也。《集解》引侯果曰:

“體柔履中，内明外暗，群陰其掩，以夷其明。然以正爲明而不可息，以爻取象，箕子當之，故曰‘箕子之貞，明不可息也’。”

上六，不明晦，①初登于天，後入于地。②

【校注】

①朱駿聲《六十四卦經解》云“不明晦”三字，一作“至晦”二字。王弼注曰：“處明夷之極，是至晦也。”似王本作“至晦”。“不明晦”者，意謂其晦至深，不可復明也。下卦明夷象旦，上卦明夷象昏，當其昏時，日將入地平綫，其勢不可復明也。

②“初登于天”，謂旦之時，日出地平綫而升於天；“後入于地”，謂昏之時，日入地平綫而下於地也。

《象》曰：“初登于天”，照四國也。“後入于地”，失則也。①

【校注】

①王引之《經義述聞》云：“明照四方，乃日之常，入於地中，則失常道，故明夷《象傳》有曰：‘後入于地，失則也。’失則，猶言失常。”此可作兩解。其一，唯以之喻殷，“初登于天”，言起初殷如日上升，照臨四國；而終末則“後入于地”，失其常道，乃至滅亡。其二，兼喻殷、周更代，三、上相應，於三文王已顯明，至上則登於天、照四國；而與此同時殷失常道，其日夷滅，終入於地。余案：後解乃爲勝義，三、上相應爲關鍵，上之應三，實則黜舊君、迎新王也。

【疏義】

孔穎達《正義》云：“夷者，傷也。此卦日入地中，明夷之象。施之於人事，闇主在上，明臣在下，不敢顯其明智，亦明夷之義也。時雖至闇，不可隨世傾邪，故宜艱難堅固，守其貞正之德。故明夷之世，利在艱貞。”明夷卦義，大略盡矣。

余案：明夷卦兼有二義。一爲明之變化，其勢由明之暗，就其終局言之，明夷之世乃爲昏暗之世，其猶紂王之時也；二爲明者如文王、箕子,在此世受到傷害,不得不晦其明,以保全自身乃至天下也。聖人君子處難之際,如何運用"用晦如明"之道,如何辨識明暗變化之幾,至爲關鍵。卦中文王、箕子皆能用晦如明矣,而依其身份、地位不同,所在之難不同,其用晦之道亦有所不同。按孔穎達説,文王"内懷文明之德,撫教六州,外執柔順之能,三分事紂",此其處"大難"之道;而箕子"内有險難,殷祚將傾,而能自正其志,不爲邪諂",則是處"内難"之道。又依卦體、卦爻而言,明夷並非通體傷明,一卦六爻乃顯示出完整之日行軌迹,且内含雙重之明暗變化,下離喻文王,始乎暗而終乎明,上坤喻箕子,始乎明而終乎暗,可知明夷之道,亦明暗變化之道也。

《象》曰:"君子以莅衆,用晦而明。"此一傳文最易遭誤解。君子必有大智慧乃能處難,晦其明,乃權變之術,藏明於内,外顯若晦而已。或謂君子當此閉目塞聽,無爲清淨,不運聰明,謬矣。或謂君子當於明晦中求其中庸,不可盡用其明,以免傷於太察,無含弘之道,亦謬矣。六五傳云"明不可息也",君子愈是在患難之際,愈應保持其心志之明,非有此心志之明,將無以守艱中之正也。

《序卦》明夷次於晉,晉、明夷爲覆卦。《集解》引侯果釋上六"初登于天,後入于地"云:"此之二象,言晉與明夷往復不已。"按後儒之説,晉乃臣以功進,君以恩接,明夷則暗君傷明臣,有相反之義。